KB271029

소설과 서사문화

Novel and Narrative Culture

저자 **나병철**(羅秉哲, Na Byung-Chul)은 연세대학교 국문학과를 졸업하고 같은 대학교 대학원 국문학과를 졸업하였다. 수원대학교 국문학과 교수를 거쳐 현재 한국교원대학교 국어교육과 교수로 있다. 저서로는 『소설이란 무엇인가』, 『문학의 이해』, 『전환기의 근대문학』, 『근대성과 근대문학』, 『한국문학의 근대성과 탈근대성』, 『소설의 이해』, 『모더니즘과 포스트모더니즘을 넘어서』, 『근대서사와 탈식민주의』, 『탈식민주의와 근대문학』이 있으며, 역서로는 『중국문화 중국정신』(C. A. S. 윌리엄스), 『문학교육론』(제임스 그리블), 『해체론과 변증법』(마이클 라이언), 『포스트모더니즘 이후의 정치와 문화』(마이클 라이언), 『문화의 위치』(호미 바바)가 있다.

소설과 서사문화

2006년 05월 20일 1판 1쇄 발행
2008년 06월 20일 1판 2쇄 발행

지은이 _ 나병철
펴낸이 _ 박성모
펴낸곳 _ 소명출판
등록 _ 제13-522호
주소 _ 137-878 서울시 서초구 서초동 1621-18 (란빌딩 1층)
대표전화 _ (02) 585-7840
팩시밀리 _ (02) 585-7848

somyong@korea.com | www.somyong.co.kr
ⓒ 2006, 나병철
값 27,000원
ISBN 89-5626-213-6 93810

소설과 서사문화
Novel and Narrative Culture

나병철

소명출판

　이 책은 서사문화의 관점에서 본 소설과 서사에 대한 논의이다. 구체적으로는 근대 이전의 서사문화와 근대 전환기의 논설적 서사, 그리고 다양한 근대소설과 영화를 다루고 있다. 그 점에서 이 책은『소설의 이해』의 속편인 동시에 아직 쓰여지지 않은『서사문화의 이해』의 전편인 셈이다.

　그러면 서사문화란 과연 무엇인가. 이제까지 인류의 역사에는 단지 두 가지 종류의 문화가 있었다고 할 수 있다. 하나는 신화 이전의 주술이며 다른 하나는 신화 이후의 서사이다. 주술은 프로이트가 '관념의 전능'이라고 부른 일종의 텔레파시의 능력을 믿었던 시대의 문화이다. 주술시대는 인간의 정신세계와 외부세계가 자연스럽게 일치하던 시기로서 과학이 필요하지 않던 시대였다. 그러나 주술이 극복할 수 없었던 것은 죽음이었으며 죽음에 대한 본능적인 공포는 영혼 관념을 탄생시켰다. 죽은 후에도 살아 있는 영혼이란 죽음을 부정하는 방식이지만, 그 죽음의 부정은 '관념의 전능'의 일부를 영혼에 양도함으로써 죽음에 굴복하게 만들었다.

그 같은 '관념의 전능'의 실패로부터 영혼이 스스로 움직이는 애니미즘적 신화가 만들어진다. 즉, 죽음에 패배한 주술을 대신해서 서사가 탄생한 것이다. 서사란 그처럼 주술이 잃어버린 자연상태의 삶을 회복하려는 '죽음과의 싸움'이라고 할 수 있다. 서사는 죽음과의 싸움을 통해 공동체의 불행을 치유하고 자연과 화합된 삶으로 나아가려는 운동을 보여준다.

그러나 서사가 탄생한 시대는 인간의 정신세계와 외부세계의 분리를 인정하는 과학과 계몽의 충동이 시작된 시기이기도 했다. 화해된 삶을 추구하는 서사와는 달리 과학은 주객의 분리를 냉정하게 인정한다. 하지만 공동체적 화합에 대한 소망으로 인해, 그에 대해 무능력한 과학은 오랜 세월 동안 결코 서사를 위협하는 지위에 오를 수 없었다. 과학이 서사를 능가하고 서사문화를 허구적 문학에 가두어 버린 것은 근대 이후의 세계에서였다.

과학은 주술처럼 목적성을 직접 드러내면서도 그와는 달리 자연과의 화해를 시도하지 않는다. 다른 한편 과학은 서사와도 다르게 공동체적 유대에 관심을 갖지도 않는다. 바로 그 때문에 이 냉정한 '우리시대의 주술'은 자신도 모르게 서사를 다시 끌어들이지 않을 수 없었다. 과학과 이성에 근거해 행복한 삶을 건설한다는 계몽사상은 일종의 서사에 다름이 아닌 것이다. 과학이 결코 서사의 품에서 벗어날 수 없다는 사실, 허구적인 보충물로 폄하된 서사가 실상은 문화의 주역이라는 사실은, 20세기 후반에 와서야 비로소 발견된다. 20세기 후반은 과학의 정당화 형식인 대서사를 불신하는 탈근대론이 제기된 시대이다. 아이러니하게도 대서사에 대한 불신은 서사에 대한 의존심리를 웅변하면서, 다시 그 형식을 문화의 장에 복귀시킨 것이다.

서사문화의 시대란 이처럼 서사가 소설 같은 허구물이 아니라 우리의 문화적 삶 자체의 형식임을 인정하는 시대를 말한다. 반대로 말하면, 우리의 삶은 단지 과학에 냉정하게 지배되는 것이 아니라, 과학을 존중하면서도 또한 그것을 넘어서서 소설이나 영화 같은 서사형식으로 이루어져 나간다는 뜻이다. 그처럼 근본적으로 소설의 형식이 삶의 원리와 일치된다는 점에서, 우리는 루카치의 『소설의 이론』과 들뢰즈의 '사건의 철학'을 연결시킬 수 있었다.

루카치는 소설의 여정을 '여로'에 비유한다. 또한 들뢰즈는 문화적 삶을 '선의 형식'으로 설명한다. '소설의 여로'는 서사적 형식에 따라 다양하게 나타나며, '사건의 선' 역시 삶의 형식에 따라 여러 가지로 드러난다. 그 같은 소설의 여로와 사건의 선을 연결시킬 수 있다는 사실은, 소설이 소설 외부의 문화의 장에서 현실화되는 서사문화의 시대를 상징한다.

소설의 여로는 은유적인 여로와 실제적인 여로로 나타난다. 은유적인 여로는 리얼리즘에서 흔히 그려지며, 실제적인 여로는 내면고백체·성장소설·유랑소설·서정소설, 그리고 모더니즘과 포스트모더니즘에서 제시된다. 이 책에서는 특히 후자의 여로형 소설을 자세히 살펴보았다. 그것은 『소설의 이해』에서 다뤄지지 않은 서사형식을 세밀히 고찰하여 소설론을 이론적으로 보충하기 위해서였다. 그 같은 『소설의 이해』의 2편의 관점에서, 이 책은 내면고백체와 성장·유랑·서정소설, 모더니즘, 포스트모더니즘의 여로의 다양한 차이를 살펴보았다. 그 결과 서사의 중요 원리인 '인물과 환경의 상호작용'뿐만 아니라 '소설의 여로'의 차이에 의해 여러 가지 서사의 미학적 원리가 드러남을 알 수 있었다.

흥미로운 것은 리얼리즘의 은유적 여로를 포함해서 다양한 '소설의 여로'가 들뢰즈의 '사건의 선'에 연관된다는 점이다. 예컨대 '여행이 끝나자 길이 시작되는' 리얼리즘의 아이러니의 여로(은유적인 여로)는, 몰적 선분의 삶(여행)을 살아가는 중에 자신도 모르게 유연한 분자적 선(길)으로 균열을 내는 경우이다. 또한 답답한 '방'에서 나와 길을 나서는 내면고백체의 '여로'는 몰적 삶에 포개진 상태에서 환멸을 느끼며 내면으로 탈주하는 선을 보여준다. 그와 비슷하게 '방'과 '여로'의 경험을 그리는 모더니즘은, 내면고백체와는 달리 몰적 삶에서 단절된 상태에서 내면으로 탈주하는 서사이다. 그 둘과는 달리 화해의 표상을 찾아가는 성장·유랑·서정소설은 방황의 선에서 창조의 선으로 나아가는 여로를 그린다. 마지막으로 타인과의 결락된 만남을 보여주는 포스트모더니즘의 여로는 '회유된 분자적 선'에서 탈주하는 탈영토화의 경험을 드러낸다.

한편 소설의 여로나 사건의 선은 삶의 '의미'를 생성시키는 과정인데, 그처럼 의미의 생성과정이라는 점에서 '서사-사건의 선'은 '담론-언표작용'과 만나게 된다. 그 같은 사건과 담론의 만남은 들뢰즈의 사건의 철학(『의미의 논리』『천개의 고원』)과 푸코의 언표이론(『지식의 고고학』)의 접촉을 보여준다. 그런데 뜻밖에도 그 둘의 교섭을 시각적으로 가시화하는 것은, 미시적인 언표들의 운동이 사건의 선을 만들면서 의미를 생성시키는 그레마스의 사각형이다. 그레마스의 사각형에서 눈에 보이게 드러나듯이, 사건의 선과 언표의 운동, 서사와 담론(지식)의 생성은, 문화의 장을 형성하는 두 개의 축이라고 할 수 있다.

다른 한편 그 같은 문화의 장에서의 '사유(담론)와 서사(사건)의 변증법'을 소설론을 통해 전개한 사람은 바로 바흐친이다. 바흐친은 사상이 소설 속에 들어오면 이미 사건이 된다고 말하고 있다. 들뢰즈가 사건의 선이 의미의 생성을 통해 사유로 나갈 수 있음을 말했다면, 바흐친은 사건의 맥락(소설)에 들어온 사상은 스스로 사건의 선으로 전개됨을 논의한 셈이다. 더욱이 바흐친과 들뢰즈는 서사-사건의 분류기준에서도 일치한다. 바흐친은 담론으로서의 소설을 독백과 대화로 나누고 있는데, 독백적 소설은 들뢰즈의 몰적 선분에, 대화적 소설은 분자적 선분—탈주선에 상응한다.

바흐친의 논의가 '언어적 서사(소설)'에서의 사상과 사건의 교류를 말했다면, 그 반대쪽에서 사물들 자체와 교류하는 것이 '이미지 서사(영화)'이다. 들뢰즈의 사건의 선은 담론과 만날 수도 있지만 반대로 '계열화된 사물들'의 표면과 접촉할 수도 있다. 담론과 만나는 사건을 다룬 것이 바흐친의 대화이론이라면, 사물들의 표면과 접촉하는 사건을 말하는 것이 들뢰즈의 이미지 이론이다. 들뢰즈의 사건의 철학이 시뮬라크르(이미지)의 철학이기도 한 점에서 알 수 있듯이, 사건과 이미지는 동전의 앞뒷면을 이루고 있다. 그 점에서 바흐친의 소설론과 대척점에 놓인 서사론이 들뢰즈의 영화이론인 셈이다. 이미지 서사인 영화에서는 시뮬라크르의 두 얼굴인 '재현'과 '숭고'를 통해 세 가지 사건의 선이 나타나는 양상을 다시 확인할 수 있다.

이상의 다양한 서사이론들이 암시하는 것은 문화의 공간에서의 서사의 위치이다. 오늘날의 서사론들은 서사가 허구적 예술에 국한되지 않고 일상적 삶 속에서 전개됨을 말하고 있다. 그 같은 서사문화는 한편으로 사상이나 정치학과 교류하면서, 다른 한편으로는 물질로 된 사물들 자체와 교섭한다. 왜 오늘날 우리는 다양한 사상들을 서사(대서사, 미시서사)라고 부르는 것일까. 또한 허구적 문학의 경쟁상대로서 새로 나타난 뉴미디어들은 왜 한결같이 서사의 형식을 지니는 것일까. 그리고 현대 같은 과학의 전성시대에 왜 판타지문학이 유행하는 것일까. 그것은 어떤 사상도 서사형식을 떠나서는 의미가 없으며, 물질을 규명하는 과학이 발달할수록 서사적 무의식의 충동이 더욱 자극된다는 증거일 것이다.

그런 사실들은, 사상과 물질, 그리고 의식세계과 객관세계를 매개하는 최종심급으로서의 '서사의 선차성'을 말해준다. 서사의 선차성이란 사상과 물질세계의 변화는 서사적 무의식의 변화로부터 비로소 시작된다는 뜻이다. 즉, 인간의 의식과 물질세계가 달라지기 이전에 소설이나 영화와도 같은 우리의 문화적 삶(서사문화)이 변화되어야 새로운 세상이 시작될 수 있다는 진리이다.

태초에 주술이라는 '관념의 전능'의 대안으로 탄생했고, 오늘날 과학이라는 '물질의 전능'을 넘어서기 위해 부활한 서사는, 관념과 물질을 화해시키면서 더 나은 세계로 나아가려는 운동을 보여준다. 책과 스크린을 넘어서서 물질적 삶의 전영역인 문화의 공간에서 움직이면서, 서사는 오랫동안 우리의 소망이었던 화해된 세상의 꿈을 버리지 않게 하고 있다. 문학과 사상의 영역이 빈곤해지는 오늘날, 문학이 꿈꾸었던 것들이 사라져 가는 현실에서 화해의 희망을 포기하지 않을 수 있는 것은, 일상적 영역에서 다시 서사적 무의식이 확산되고 있기 때문일 것이다. 이제 우리는 그처럼 서사적 무의식이 펼쳐지는 문화의 공간에 오래된 미래의 유산들을 부활시켜야 할 것이다.

이 책의 서사론과 소설론은 교원대학교 학생들과의 토론에서 맹아가 만들어졌다. 우리 모두가 꾸었던 문화의 공간의 꿈을 책 속에 담으면서, 그 꿈이 책의 공간을 넘어 일상의 영역에까지 확대되길 바래본다. 또한 지금 연구 중인 박기범 선생의 영화이론과 김미란 선생의 판타지이론을 보완해서 더욱 풍성한 서사론이 만들어지길 기대한다. 아울러 이 책을 정성껏 꾸며주신 소명출판의 박성모 사장님과 편집부 가족들에게도 고마움을 전한다.

2006년 3월

나 병 철

소설과 서사문화

차례

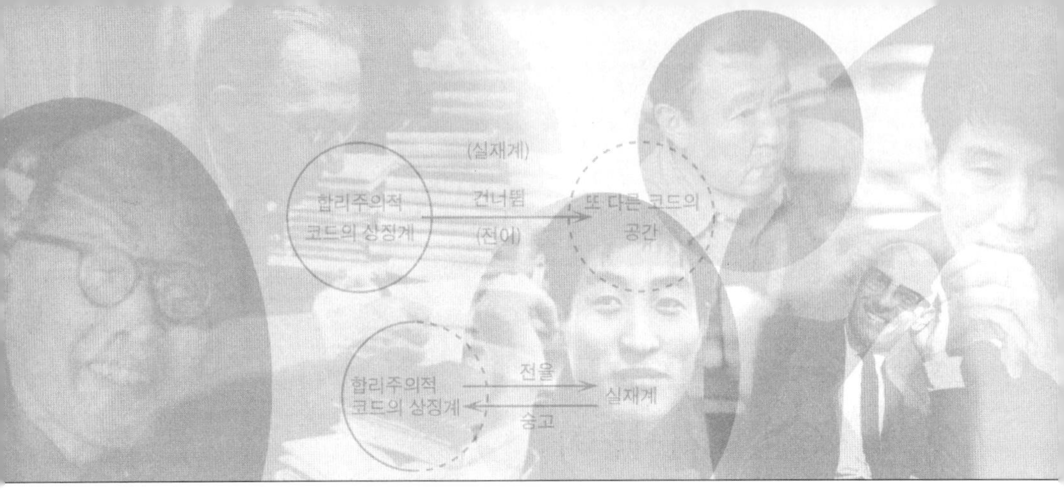

(실재계)
합리주의적   건너뜀   또 다른 코드의
코드의 상징계   (전이)   공간

합리주의적   전율
코드의 상징계   실재계
              숭고

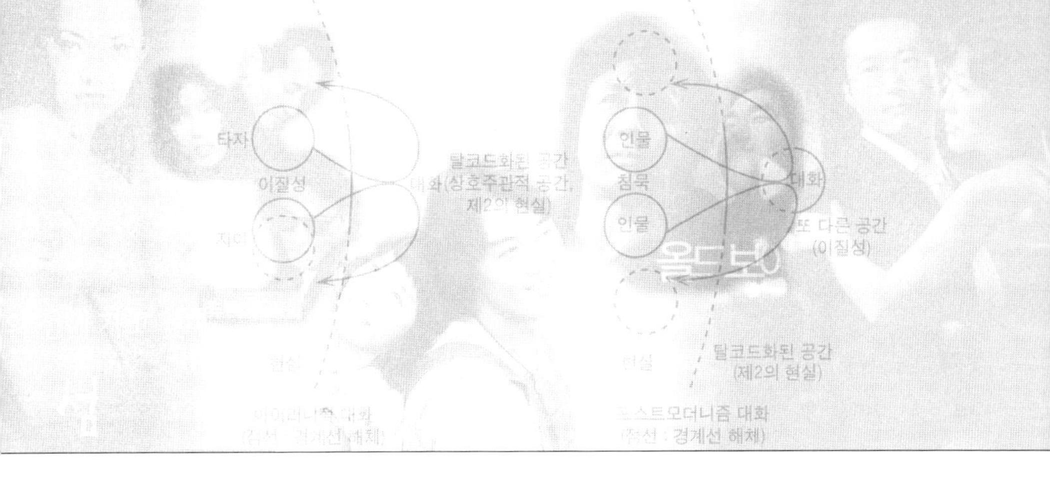

제6장 언어적 서사와 이미지 서사 __461

제7장 서사문화의 시대를 위하여 __507

제1장
소설과 서사문화

1. 소설의 위기와 서사의 부활

지난 세기까지 소설은 백 년 이상 동안 가장 중요한 문화양식의 자리를 누려 왔다. 소설가는 감각적인 예술가이자 위대한 사상가였으며, 소설의 독서는 대중적인 흥미와 함께 심오한 예술적인 자극을 제공했다. 사상과 감각의 통일, 그리고 대중성과 예술성의 화해는, 소설을 첨단의 문화장르의 지위에 오르게 한 것이다.

그러나 20세기 말엽부터 소설의 화려한 역사는 빛이 바래기 시작했다. 이제 더 이상 예술적인 소설은 대중들에게 읽히지 않으며, 대중소설은 예술성을 지니고 있지 않다. 음악과 회화와 시의 역사가 그랬듯이, 소설은 이제 열광적인 독자를 잃어버린 유물로 변해가는 것일까. 오천 년 서사문학의 최종 주자인 소설은 그렇게 서사장르의 종말을 알리고 있는가.

하지만 소설의 위기는 결코 서사의 종말을 상징하는 것이 아니다. 그렇기는커녕 소설이 구경꾼을 잃어버린 사실은, 오히려 서사가 문화의 무대에 당당하게 복귀하게 된 점과 연관이 있다. 사실 서사의 개념과 명칭이 요즘처럼 폭넓게 사용되었던 적은 일찍이 없었을 것이다. 지난 세기말부터 서사는 소설의 형식을 넘어서서, 유머·드라마·뉴스 등의 다양한 문화영역뿐만 아니라, 일상생활에서 철학 사상에 이르기까지 각종 담론들을 이해하려는 형식으로 부각되기 시작했다.

역설적인 것은 소설 이외의 영역에서의 그 같은 서사의 부활이 첨단의 서사형식인 소설의 스펙터클적인 가치를 빼앗아 가고 있다는 점이다. 소설보다도 더 소설적인 볼거리들이 넘치는 세상에서 소설책은 더 이상 가슴 졸이는 구경거리를 담지 못한다. 더욱이 헤겔 사상과 마르크스주의조차 일종의 서사이자 소설이라면, 위대한 사상가의 허구적 진술인 소설은 그런 서사에 대한 중언부언일 뿐이다.

그 같은 문화적 사건, 즉 소설의 위기와 서사의 부활은 우리시대의 최대의 역설일 것이다. 분명히 근대의 출발은 서사가 문학적 소설로서 위대한 영향력을 얻는 과정과 관련이 있다. 그러나 오늘날은 소설의 위대함이 축소된 대신 서사는 문학 이외의 다른 영역에서 명성을 떨치고 있다.

소설의 지위를 더욱 뒤흔든 것은 문화매체로서 뉴미디어의 등장이다. 이미 20세기 전반에 나타난 영화 이외에도, TV·비디오·컴퓨터 등의 전자매체는 가장 강력한 소설의 경쟁상대들이다. 영화가 대중성과 함께 예술성을 얻어가고 있다는 사실, 그리고 게임이 문화적인 잠재력을 넓히고 있다는 점은, 소설을 위축시킨 직접적인 요인으로 들 수 있다. 하지만 소설을 위협하며 새로 등장한 뉴미디어들이 대부분 서사매체들이라는 사실은 우리 시대가 과거 어느 때보다도 서사의 시대임을 웅변해준다.

이처럼 사상과 담론의 영역에서부터 시각적인 뉴미디어에 이르기까지, 서사는 소설의 칸막이를 넘어서서 오히려 영토를 넓혀가고 있다. 오늘날 흔히 사상과 담론을 장기와 같은 언어게임이라고 부르는데, 그런 게임의 비유 자체가 분명히 서사성과 연관을 갖고 있다. 말할 것도 없이 영화나 컴퓨터 게임 같은 이미지 게임들 역시 언어게임처럼 서사적 형식을 보여준다. 뒤에서 (영화를 논의하면서) 살펴보겠지만, 이미지 게임은 언어게임보다도 더 근원적인 서사적 상황에 우리를 부딪치게 한다. 언어게임과 이미지 게임은 서사의 두 형제들이며, 우리 시대의 문화가 서사로서 가장 잘 이해될 수 있음을 알려준다. 허구적인 언어게임으로서 서사의 선두주자였던 소설은, 이제 자신의 경쟁자이자 동료인 그 문화형식들과 어깨를 나란히 겯고 있다.

따라서 소설이 위기에서 벗어나려면 다른 서사 형식들과의 긴밀한 교섭을 통해 후기문자 시대를 열어가야 한다. 실제로 오늘날 소설은 영화·TV드라마·인터넷소설들과 서로서로 넘나드는 관계에 놓여 있다. 이제 소설의 문자언어는 영상언어로 번역되는 과정에서 자신의 약분불가능성을 드러낸다. 우리는 문자언어를 넘어서는 영상언어의 생생함에 매료되는 한편, 영상언어로 전부 번역될 수 없는 문자언어의 미덕을 재발견한다. 역설적으로 새로운 영상언어의 등장으로 인해 잊고 있었던 문자언어의 특수성이 밝혀지게 된 것이다. 뿐만 아니라 문자문화는 책의 공간에 한정되지 않고 인터넷 등의 뉴미디어와 결합하고 있다. 전자매체의 새로운 공간의 창조로 인해 문자문화는 제2의 전성기를 예감하고 있는 것이다.

문화매체의 문제 못지 않게 중요한 것은 서사형식이 사회사상이나 철학적 담론과 교차된다는 점이다. 예컨대 데카르트의 『방법서설』("나는 생각한다. 고로 나는 존재한다")이 일종의 성장소설이라는 주장[1]은 단순한 비유에 그치는 것이 아니다. 데카르트는 자신의 명제를 통해 근대적 주체를 확립하려 했지만, 그의 의도와는 달리 데카르트의 명제에는 주체의 이중적 분열의 문제가 포함되어 있다.[2] 이는 성장소설에서 주체의 확립을 위한 성장의 과정이 이중적 분열을 일으키게 되는 서사[3]와 상응성을 지닌

---

1) 리오타르, 유정완 외역, 『포스트모던의 조건』, 민음사, 1992, 90면.
2) 이진경, 『노마디즘』 1, 휴머니스트, 2002, 381~385면.

다. 데카르트의 철학적 서사의 이중성은 성장소설의 이중적 아이러니의
예고편이었던 셈이다. 소설의 보다 폭넓은 이해를 위해 서사의 범주를 철
학적 사상적 담론에까지 확장시킬 필요가 있는 것은 그 때문이다.

그런데 이처럼 서사의 개념을 확대하는 문제는 비단 우리 시대의 문
화와 지식의 혁명을 의미하는 것만은 아니다. 과학 담론이 권력을 얻기
전인 근대 이전의 시기에는 지식과 문화의 영역에서 서사가 보다 폭넓
은 기능을 지니고 있었다. 서사가 '허구적'인 소설의 영역에 축소된 것
은 과학이 지식의 영역에서 압도적인 권위를 얻게 된 사실과 연관된다.
그러나 근대 과학에 대한 탈근대적인 질문이 시작된 이후 서사는 소설
의 경계를 월경하여 문화 전반의 무대에서 부활하기 시작한다. 비단 허
구적 문예뿐만 아니라 문화(그리고 지식) 전반에 가치와 의미를 부여하는
서사는 과학과 다른 어떤 기능을 지닌 것일까. 이제 그 '소설을 넘어선
서사'의 기능과 특성을 살펴보자.

2. 소설을 넘어선 서사

소설은 서사문학의 한 갈래이다. 단군신화부터 시작된 서사문학의 유
구한 역사에서 소설은 가장 늦게 나타난 장르인 것이다. 우리 시대의 서
사문학인 소설에 이르기까지 서사문학의 역사에는 각기 다른 여러 장르
들이 명멸해 왔다. 흔히 말하는 신화·전설·민담·고소설·근대소설(소
설) 등이 그것이다.

그러나 '신화에서 소설까지'라는 이 연속성의 계보는 화석 속에 각인

---

3) 나병철, 「여성 성장소설과 아버지의 부재」, 『여성문학연구』 제10호, 예림기획, 2003.12,
　184~188면.

된 생물의 진화 같은 '자연스러운' 과정은 아니다. 신화에서 소설에 이르는 서사문학의 계보는, 그 자체가 '근대'에 만들어진 '서사의 역사'라는 서사 기획의 산물인 것이다. 즉, 서사문학의 역사는 '서사'와 '문학'에 대한 근대적 에피스테메에 근거해 '쓰여진' 것이다.

근대는 문학이 '창조적 예술'에 한정된 시기이며, 서사가 그 같은 '문학'에 제한된 시기이기도 하다. 즉, 근대 이전에는 문학(혹은 文)이 단지 '창조적 예술'에만 국한되지 않았고 서사 역시 문학에 갇혀 있지 않았다. 문학(文)이란 경서류의 학문을 포함한[4] 지식과 문화를 총괄하는 개념이었으며 넓게는 우주적 질서의 외현을 상징했다.[5] 또한 서사 역시 통념과는 달리 '허구적인 문학'에만 제한되지 않았다. 이제 살펴보겠지만, 서사는 지식과 문화의 의미(그리고 가치)를 정당화하는 보다 일반적인 방법으로 나타나고 있었다.

서사하면 으레 소설 같은 이야기를 떠올리고, 이른바 서사의 역사에 대해서는 설화와 소설의 계보를 생각하는, 그런 통념을 재고해야 하는 것은 그 때문이다. 물론 서사문학의 역사 중에 구전에서 문자 형식으로의 전환, 즉 설화(신화·전설·민담)에서 소설로의 변화는 중요한 이정표를 노정한다. 그 같은 변화는 문학뿐만 아니라 문화 일반에서의 본질적인 차이를 나타내기 때문이다. 그러나 민담 등의 구전 서사는 분명히 구비 문학뿐만 아니라 민간 지식의 기능을 하고 있었다. 그리고 더욱 문제가 되는 것은 문자문화의 총괄적인 개념으로서의 文(문학)의 변화과정이다. 文이나 文學이 허구적 문예뿐만 아니라 지식 일반을 의미하던 시기에는 그 지식을 정당화하기 위해 서사와 결합하는 경우가 빈번했기 때문이다. 文學 혹은 文의 일종인 한문 논변류가 서사의 형식을 차용하는 것은 그런 대표적인 예일 것이다.

---

4) 임화, 『개설 신문학사』, 『조선일보』, 1939.9.2~11.25(임규찬·한진일 편, 『신문학사』, 한길사, 1993, 13~18면).
5) 권보드래, 『한국 근대소설의 기원』, 소명출판, 2000, 80면.

서사 형식을 차용한 한문 논변류는 결코 오늘날의 의미에서의 서사문학은 아니다. 그러나 論(논), 辨(변), 難(난), 議(의), 說(설), 解(해), 原(원), 對(대), 問(문), 喩(유) 등의 한문 논변류는, 빈번히 지식인 동시에 또한 서사이기도 했다. 후대에 그 같은 서사적 한문 논변류에서 한문단편(즉 소설)으로 이행하는 계보가 나타나는데, 이는 지식 일반의 영역에서 허구적인 문학서사가 분화되는 양상으로 볼 수 있다. 그처럼 근대에 가까워질수록 지식(논변)과 허구적 서사, 文과 소설문학의 분화가 일어났던 것이다.

흥미로운 것은 그와 비슷한 양상이 근대계몽기에도 발견된다는 점이다. 즉, 서사적 논설이 논설적 서사를 거쳐 소설로 이행하는 과정6)은 지식 일반의 영역(文)에서 허구적인 문예가 독립하는 양상인 것이다. 그런데 근대계몽기에 그처럼 서사문학이 자율성을 얻는 과정은, 잡스러웠던 서사를 순수예술로 분화시킨 근대의 축복만은 아니다. 다른 한편, 그것은 서사가 지식을 정당화하는 기능을 잃어버리고 허구적인 문학영역에 갇혀버린 과정이기도 한 것이다.

사실 서사의 기능에 그런 변화를 유발한 이면에는 지식을 정당화하는 강력한 담론 형식으로서 과학의 등장이 놓여 있다. 과학의 출현은 서사를 허구적 문학 영역으로 몰아넣으면서 문화영역에서 지(과학)·정(문학)·의(도덕)이라는 분화를 만들어 냈다. 근대 이후 서사와 소설은 지식의 정당화와는 무관한 것이 되었으며 과학의 경쟁상대가 되지 못한다.

아이러니한 것은 과학에 대한 탈근대적 질문이 시작되면서부터 서사와 과학의 지위가 역전된 점이다. 이제 지식의 정당화에 대한 과학의 유일무이한 권위가 의심받기 시작한 것이다. 그리고 그처럼 과학의 지위가 흔들리면서부터, 문학(허구적 문예)의 영역에 한정되었던 서사는 점차로 문화와 지식 일반을 정당화하는 기능을 회복하게 된다. 서사가 소설과 문학의 영역(情의 영역)을 넘어서고 과학이 지식의 영역에서 절대 권력을

---

6) 이에 대해서는 김영민, 『한국근대소설사』(솔, 1997)와 정선태, 「개화기 신문 논설의 서사 수용 양상에 관한 연구」(서울대 박사논문, 1999) 참조

잃어감에 따라 문화 영역의 3분법 역시 의심받게 된다. 즉, 지·정·의의 경계선이 해체되기 시작한 것이다. 그러면 그 같은 변화와 연관해서 과학과 서사는 문화 및 지식에 대해 어떤 다른 기능을 갖고 있는 것일까.

3. 과학과 서사

지식은 단지 과학의 형식을 갖춘 것에 한정되지 않는다. 근대의 인식론에서 특권적인 권위를 지닌 과학 담론은 담론과 지시대상 간의 일치에 따라 진리를 판단하는 형식을 갖고 있다.[7] 그러나 지식은 그 같은 지시적 진술의 집합에만 그치지 않는다. 지식은 그밖에 인생을 살아가는 방법이나 정의와 행복에 관한 윤리적 지혜, 미학적인 감수성의 기준을 결정하는 능력 등을 포함한다.[8]

근대적 인식론의 특징은 그런 인생이나 윤리, 미학에 관한 지식조차도 과학을 지향하는 경향이 있다는 점이다. 즉, 대상에 대한 관찰과 실험을 일삼는 자연과학은 물론, 인간과 사회에 관한 인문사회학의 영역에서도 과학이 지배력을 갖게 된 것이다. 예컨대 18세기 말에 출현한 서구의 인문과학은 인간을 대상(지시대상)으로 삼아 조사하고 검증하는 방법을 사용한다. 자연과학이 자연을 대상으로 과학적 법칙을 찾아낸 것처럼, 인문과학은 인간(인간의 삶)을 관찰 대상으로 학문적 규율을 만들어낸 것이다. 푸코에 의하면, 이런 인문과학의 방법은 인간을 대상화하여 조사하고 감시하는 점에서 감시장치라는 감옥구조의 원리에 상응한다. 파놉티콘(원형감옥)으로 상징되는 감시장치는 19세기 이후의 새로운 권력

---

7) 리오타르, 유정완 외역, 앞의 책, 70면.
8) 리오타르, 유정완 외역, 위의 책, 71면.

행사방식을 시사한다. 그와 마찬가지로 인문과학은 인간을 규율에 길들이는 권력과 연계되어 있다.

푸코가 이처럼 인문과학(지식)이 지배권력과 연계되어 있다고 비판한 것은 그 과학적 지식이 단지 인간을 '대상화'할 뿐이기 때문이다. 앞서 말했듯이, 과학은 대상에 대한 지시적 관계에만 관심을 갖는 언어게임이다. 그러나 인간은 담론의 '대상(지시대상)'일 뿐만 아니라 대화적인 상대로서의 '주체'이기도 하다. 또한 인간은 개개인으로 존재할 뿐 아니라 사회적 유대를 지닌 공동체의 맥락에 존재한다. 그런데 인문과학은 개별적인 인간을 관찰과 조사의 대상으로만 여길 뿐 담론의 대화적 상대(주체)로 삼지 않는다. 그리고 개인을 넘어선 진정한 공동체적 유대9)의 맥락에서 주체의 위치를 고려하지 않는다.

예컨대 어떤 사람의 일탈된 행동은 조사와 감시의 대상일 따름이며, 그와의 대화는 이루어지지 않는다. 또한 그의 일탈이 사회적 유대의 맥락에서의 문제점 때문임을 유념하지 않는다. 하지만 그의 규율의 위반은 사회적 규율의 문제점을 드러내면서 그 사회를 더 좋게 변화시키기 위한 일탈일 수도 있다. 인문과학은 그런 사람들과 대화하는 대신, 그들을 조사하고 감시하며 규율 내부로 끌어들이려는 점에서, 지배체계의 권력을 행사한다고 볼 수 있다.

이 같은 권력과 지식(담론)의 연계는 자연과학의 경우에도 마찬가지이다. 만일 자연과학이 자연을 대상화할 뿐 인간과 동등한 존재로 배려하지 않는다면, 자연과학은 인간중심적 권력을 행사하는 담론(지식)이 될 뿐이다. 실제로 근대 이후의 자연과학은 자연을 인간중심적 입장에서 대상화함으로써 엄청난 환경파괴를 가져왔다.

이 같은 과학의 문제점을 보완하려면 과학 이후의 다른 종류의 담론이 필요할 것이다. 과학 이후의 담론으로 우리가 주목해야 할 것은, 실

---

9) 사회적 규율에 지배되는 형식적인 유대를 넘어선 진정한 유대를 말함.

상 과학 이전부터 있어 왔지만 근대 과학에 의해 우화가 되어 버린 서사적 지식이다. 이제 과학의 문제점에 연관해서 과학적 지식과 서사적 지식의 차이를 살펴보자.

반복해서 말했듯이, 과학의 문제점은 대상에 대한 지시적 기능만을 강조할 뿐 다른 모든 언어게임을 배제한다는 점이다.10) 과학이 지시적 기능을 특권화한다는 것은 과학 담론의 대상을 객체화시켜 대화의 상대로서의 위치를 박탈함을 뜻한다. 그처럼 인간이나 자연을 대상화하여 대화적 교류를 고려하지 않음으로써, 과학은 결과적으로 사회적 유대나 인간 이외의 다른 존재(자연)와의 교섭을 간과한다. 과학 담론이 그같이 지시대상과의 부합에만 신경을 뿐 다른 사람(혹은 자연)과의 유대에는 관심을 갖지 않는 것은, 그것이 궁극적으로 개인의 '내면'에서 진행되는 활동이기 때문일 것이다.11)

지시대상과의 일치성이나 과학적 규칙(언어)과의 부합 여부는 일차적으로 논리적인 검증을 필요로 하는 일이다. 그리고 그 같은 논리적인 정당화 방법의 특징은 개개인의 내면에서 이루어진다는 점이다. 논리적 검증이란 개인의 오성과 이성으로 판단할 문제이지 타자와의 대화를 통해 이견을 좁혀 가는 문제가 아닌 것이다. 설령 타자와의 대화가 이루어지는 경우에도 그것은 개개인의 논리적 검증의 진리 여부를 판단하기 위한 것일 뿐이다.

이처럼 개개인의 내적 판단을 필요로 한다는 점에서 과학적 정당화 방법은 근대의 '내면의 발견'과 연관되어 있다. 근대적인 이성적 내면이 발견되기 이전에는 과학이 출현하기 어려웠던 것은 그 때문이다. 내면의

---

10) 리오타르, 유정완 외역, 앞의 책, 82면.
11) 리오타르는 과학 담론의 진리성이 지시대상(자연과 인간)에 대한 검증과 반증에서 얻어진다고 말한다. 물론 과학은 그밖에도 다음과 같은 두 가지 보조적인 조건을 필요로 한다. 첫째로 지시적 진술이 지칭하는 대상은 반복적으로 접근할 수 있어야 한다. 둘째로 주어진 진술이 과학자들이 적절하다고 판단하는 언어(규칙)에 부합하는지 우리(공동체의 구성원)가 판단할 수 있어야 한다. 리오타르, 유정완 외역, 위의 책, 70면.

발견은 초월적 이념(유교이념 등)에 의존하던 근대 이전의 형이상학을 해체하고 과학적 엄밀성의 세계를 가져다주었다.

그러나 과학과 내면의 발견은 그 대가로 개인들간의 유대를 보장하는 언어게임을 배제하게 된다. 근대 이전에 지식을 정당화하는 방법은 그런 과학과는 달리 공동체적 유대를 보장하는 것을 전제로 했다. 즉, 근대 이전의 진리는 개개인이 대상을 얼마나 논리적으로 인식하느냐보다는, 어떻게 공동체(그리고 우주)에 의미를 부여하는 방식으로 대상을 보느냐에 달려 있었다. 과학이 '내'가 직접 아는 것이라면 근대 이전의 진리는 '우리(그리고 우주)'의 인식을 통해서만 알 수 있는 것이었다. 만일 공동체 내에서 의미를 지니지 못한다면 그것은 진리가 될 수 없는데, 왜냐하면 '우리'의 인식이 맹목이 되기 때문이다.12)

이처럼 근대 이전의 진리에서는 대상에 대해 정확히 아는 것만큼이나 인간들 상호간의 결속을 보장하는 의미작용의 기능이 중요했다. 여기서의 진리의 기준에는 담론과 지시대상과의 정확한 일치(과학의 기준)에 앞서서 우주와 공동체에 의미를 부여하는 기능이 우선시되었다. 개개의 사실에 대한 논리적 검증보다는, 사실과 사건들이 연결되고 구성되어 모든 사람들에게 의미 있는 것으로 수용되도록 하는 방식, 그것이 바로 과학과 구별되는 '서사적 진리'의 특성인 것이다.

과학이 등장하기 이전의 시대에는 그처럼 서사가 진리를 입증하는 매우 중요한 방법이었다. 서사는 문학의 범주에 한정되지 않고 지식 일반의 영역을 정당화하는 기능을 했던 것이다. 예컨대 가장 권위 있는 지식의 총화인 경전들은, 논리적 검증보다 비유와 예시를 통한 이야기(서사)들을 들려준다. 역사적 담론들 역시 일종의 서사였으며, 논설의 형식을 지닌 논변류 또한 서사를 사용했다.

근대 이전의 지식이 서사적이었음을 알려주는 좋은 예 중의 하나는

---

12) 나병철, 『근대서사와 탈식민주의』, 문예출판사, 2001, 23면.

의학적 지식의 경우일 것이다. 주지하다시피 현대적인 서양의학의 지식은 과학에 의존한다. 자연과학에 기초를 둔 현대의학은, 지시대상인 인체의 세포조직을 관찰하여 외적인(혹은 내적인) 병인들을 제거하기 위한 지식들을 축적한다. 물론 그런 지식들은 자연과학의 법칙에 부합해야 하며, 임상을 통해 합당성이 검증되어야 한다.

그 같은 과학적인 의학은 지식과 대상(인체) 간의 일치성에 신경을 쓰는 반면, 사회나 우주의 총체적인 그물망(텍스트) 속에 놓인 인체의 의미에는 아무런 관심도 갖지 않는다. 그와 달리 전통적인 한의학은 인체(의학 담론의 대상)를 전체 우주 속에 위치한 소우주로 보고 우주의 운행원리인 음양의 법칙을 인체에 적용한다. 인체의 병적 현상은 병인이 되는 신체의 세포조직의 이상이기도 하지만, 그것은 근본적으로 몸 전체에서 우주의 원리인 음양의 조화가 깨졌기 때문이다. 또한 그 같은 평형의 파괴는 주위 사람들과의 관계에서 감정의 균형이 깨져 신체의 생명의 기운이 억눌린 때문이기도 하다. 따라서 병의 치료는 이상이 생긴 신체 조직에 대한 처방이기도 하지만, 그에 앞서 몸 전체에서 우주의 원리인 음양의 조화를 회복하고, 사람들과의 관계에서 감정의 균형을 바로 잡아야 한다. 신체 조직의 병인을 제거하는 데만 주력하는 서양의학이 과학적이라면, 우주와 사회 속에서 신체적 평형의 파괴를 바로 잡으려는 한의학 담론은 서사적이라고 할 수 있다.

구체적인 예를 들어보자. 예컨대 서양의학에서는 당뇨병을 이렇게 규정한다. 즉, 당뇨병은 '인슐린 량의 부족으로 혈액 중의 포도당(혈당)이 (정상인보다) 농도가 높아져 소변으로 포도당을 배출하는 만성질환'이다. 그 같은 당뇨병에 대한 처방은 혈당 조절에 이상이 생기지 않도록 식이요법을 시행하고 복약이나 주사로 혈당을 조절하는 것이다.

반면에 한의학에서는 당뇨병을 소갈(消渴)이라고 부르는데, 이는 마르고 삭아버리는 병이라는 뜻이다. 소갈은 칠정(七情)으로 속을 끓인 후 열이 식을 때 김이 서리고 습해진 조직이 막혀 생긴다. 조직이 막히면 진액이 구정물이 되며 자꾸 이를 끓이면 열이 습기를 줄여 조직에 녹이 슬어 버린다. 녹슨 조직에 음식이 들어오면, 당분은 만들어지지만 각종 영양을 만들지 못해 그냥 타든지 밖으로 새버린다.

따라서 소갈을 치료하려면 짜증을 바짝 내지 말고 생활양식과 습관화된 감정 표출방식을 개선해야 한다. 그와 함께 막힌 조직을 촉촉하게 적셔주고 통하게 해주는 치료법을 사용해야 한다. 그래서 우리 체내에 피와 진액이 순조롭게 출입하게 해서 조직이 말라들어 가는 것을 치료해야 한다.[13]

이제 양자를 비교해 보자. 서양의학은 신체에 대한 자연과학적 검사를 통해 병인을 없애주는 직접적인 처방을 내린다. 그 같은 과학적인 의학의 관점으로 보면 한의학은 직접적으로 검증할 수 없는 비과학적인 담론으로 느껴진다. 한의학은 치료를 위해 신체 조직을 과학적으로 검사하는 대신에, 질병을 우주와 사회 속에 놓인 신체에서 일어난 하나의 '사건'으로 보고 있다. 한의학의 비유적인 설명은 실제로 검증할 수 있는 과학적 '사실들'이라기보다는, 소우주로서의 신체에서 균형의 파괴가 일어난 '사건'에 대한 묘사이다.

그런 '사실'의 담론과 '사건'의 담론, 즉 과학적 의학과 서사적 의학은 어떤 차이를 지니는 것일까. 과학적 '사실'의 검증은 담론(의학 지식)과 지시대상(신체)과의 부합성에 의해 얻어지지만, 서사적 '사건'의 확인은 지시대상(신체)이 사회와 우주의 문맥에서 어떤 상태에 놓여 있느냐에 따라 이루어진다. 과학적 의학(현대 서양의학)은 신체(지시대상)의 병인을 직접 없애려는 담론이며 그것의 사회적, 우주적 차원의 언어게임에는 (일차적으로는) 관심을 갖지 않는다. 반면 서사적 의학은 신체의 병을 치료하기 위해 사회적, 우주적 문맥에서 의미작용하는 언어게임을 끌어들인다.

우리는 냉정한 사실의 검증에 의존하는 과학적 의학의 엄밀성을 부인

---

13) 소문학회 한의학 칼럼(www.somun.or.kr) 참조.

할 수 없을 것이다. 그러나 담론(지식)과 지시대상(신체)과의 일치성에만 관심을 갖는 과학적 의학은 관찰과 검증을 위해 신체를 '대상화'한다. 우리의 신체는 과학적 의학 앞에서 일방적인 처방을 기다리는 물화된[14] (객체적) 대상일 뿐이다. 반면에 지시대상을 사회적. 우주적 문맥에 놓는 서사적 의학의 경우, 신체는 의술의 대상인 동시에 일종의 소우주로서 사회와 우주의 주체이기도 하다. 서사적 의학은 병든 우리의 신체를 사회와 우주의 흐름을 타는 주체로서 회복시킴으로써 병을 고친다. 이처럼 담론(지식)의 지시대상을 규율의 객체로 대상화하느냐, 혹은 담론의 대상인 동시에 삶의 주체로 존중하느냐, 이것이 과학적 지식과 서사적 지식의 중요한 차이이다.

물론 '사실의 검증'의 형식을 지닌 과학적 지식은 서사적 지식이 초월성에 예속된 형이상학이 되지 않게 하는 기능을 한다. 오늘날 한의학이 음양이론이라는 형이상학에 얽매이지 않게끔 과학적 규명이 요구되는 것은 그것을 말해준다. 그러나 삶 속에서 언어게임을 중시하는 서사적 지식은 과학 담론이 지시대상을 규율에 예속되도록 대상화하는 것을 넘어서게 한다. 실제로 과학적 지식이 우리의 삶 속에 적용되는 단계에서는 반드시 서사의 도움을 필요로 한다.[15] 이처럼 과학적 지식과 서사적 지식은 서로 보완적 관계에 있다고 할 수 있다.

---

14) '물화'되었다는 것은 지식의 규율에 의해 일방적으로 대상화되는 관계에 놓인 것을 말한다.
15) 리오타르는 과학이 스스로의 지위를 정당화하기 위한 담론을 생산하며, 공공연히 모종의 대서사에 호소한다고 말한다. 리오타르, 유정완 외역, 앞의 책, 33면 참조. 또한 우리가 든 예와 연관해서, 실제로 좋은 의사의 처방은 과학적 진단 이외에 일종의 서사적 맥락의 담론을 포함한다고 볼 수 있다.

4. 상호적 대화로서의 서사—설과 소설

이제까지 우리는 과학이 지시적 언어게임을 특권화하는 반면 서사는 보다 넓은 맥락(우주적, 사회적 맥락)에서 사회적 유대(그리고 삶의 문제16))에 관심을 가짐을 살펴봤다. 서사의 의미를 보다 분명히 하기 위해서는 서사적 담론이 과학과는 달리 근본적으로 대화적 성격을 지님을 유념할 필요가 있다. 과학적 담론은 지시대상에 부합하도록 논리적 체계를 세우는 데 전력하며 타자와 대화하는 언어게임은 배제한다. 설령 다른 사람과 의견을 나누는 경우에도 그것은 과학적 담론이 규칙에 적합한지 논리적으로 검증하기 위해서일 뿐이다. 그런 의견의 교환은 근본적으로 개개인의 내면에서 이루어지는 논리적 독백을 중심으로 한다.

반면에 담론의 대상을 사회적, 우주적 맥락의 주체로 보는 서사적 담론은 본질적으로 대화적 특성을 지닌다. 서사적 지식은 담론의 대상을 공동체 내의 또 다른 주체로 보아, 그 또 다른 주체로서의 타자의 말에 대한 응답의 형식을 갖게 된다.

그 같은 대화적 성격은 특히 지시대상이 인문사회학의 영역일 때 도드라진다. 즉, 인간(인간의 삶)에 대해 논술하거나 주장을 펼칠 때 우리는 항상 타자의 말(질문이나 반대의견)을 염두에 두고 진술을 하게 된다. 물론 그것은 인간이라는 담론의 대상이 논리적으로 단일하게 법칙화하기 어려운 특성을 지님을 말해준다. 그러나 그것보다도 더 중요한 것은 담론의 대상인 인간이 또한 공동체적 장에서의 주체이기도 하기 때문이다.

그처럼 인간의 삶에 대한 담론이 대화적이 되는 근본적인 이유는, 담론의 대상이 또한 공동체적 삶의 주체이기도 하며, 그에 대한 담론의 내용은 주어진 공동체 내에서 의미 있는 가치를 지녀야 하기 때문이다. 어

---

16) 삶이라는 것 자체가 근본적으로 인간들간의 유대를 내포하고 있다.

떤 담론이 공동체 내에서 의미와 가치를 지니려면 그 담론의 진리성이 공동체의 유대를 보장하는 것을 전제로 해야 한다. 만일 공동체의 결속을 깨뜨린다면 그 담론은 진리가 될 수 없는데, 왜냐하면 인간의 삶이란 공동체적 유대 속에서만 의미(그리고 가치)를 지니기 때문이다. 따라서 어떤 담론이 진리성을 보장받기 위해서는 그에 대한 반대 의견과의 논쟁을 반드시 필요로 하게 된다. 만일 반대의견을 충분히 설득하지 못한다면 그 담론은 정당화될 수 없는데, 왜냐하면 그의 주장은 공동체를 분열시킬 뿐이기 때문이다. 반면에 반대의견을 조리 있게 설득시킨다면 그 담론은 공동체의 결속을 가져오며 또한 진리성을 보장받게 된다. 이처럼 인간의 삶에 대한 어떤 담론의 정당화 과정은 공동체의 유대를 보장하는 과정과 연계되어 있다.

'인간의 삶'을 대상으로 하는 담론들이 빈번히 반대 담론에 대한 대화와 논쟁의 형식을 지니는 것은 바로 그 때문이다. 인간의 삶에 관한 담론들은 자신의 주장을 정당화하기 위해 흔히 (예상되는) 반대 담론에 대한 응답의 형식을 취하게 된다. 그처럼 반대 담론과의 논쟁을 견뎌내야만 공동체의 유대가 보장되고 담론의 진리성이 정당화되기 때문이다.

흥미로운 것은 그런 논쟁과 '대화의 형식'이 지식과 사상에 관한 담론을 '서사화'시키는 과정을 보여준다는 점이다. 바흐친은 대화성을 소설의 담론적 특성으로 말하면서 그 뿌리를 소크라테스적 대화에서 찾고 있다.17) 이는 '지식'의 형식에서 나타난 대화성을 '서사'문학(소설)의 기원으로 보는 재미있는 계보학적 견해이다. 그와 유사하게 우리는 근대 이전의 '지식'의 형식에서 드러난 대화성이 차츰 '서사'화되어 소설로 이행되는 계보를 추적할 수 있다. 이제 그 같은 지식의 대화성과 서사화 과정을 살펴보자.

---

17) 바흐친, 전승희 외역, 『장편소설과 민중언어』, 창작과비평사, 1988, 42면. 물론 바흐친은 대화적 소설을 탈중심화된 다성적 담론의 관점에서 논의하고 있다. 우리는 대화의 개념을 보다 넓은 맥락에서 서사가 지닌 특성의 하나로 논의할 것이다.

예컨대 유명한 이황과 기대승의 논쟁은 두 사람 사이의 '書(서)'인 동시에 각각 한편의 작은 논문들이었다고 할 수 있다.[18] 즉, 그들의 서한들은 논쟁과 대화의 형식이면서 또한 독립된 지식과 사상의 담론이었던 셈이다. 여기서 주목되는 것은, 그 논문들에서처럼 반대 의견에 대한 응답의 형식을 지닌 대화적 특성이 훌륭한 논문의 내용을 구성하고 있다는 점이다. 다시 말해, 두 사람의 논문들은 지식의 대화성을 보여주고 있는 것이다. 물론 書에 속하는 그들의 대화적 담론들은 아직 서사적 형식에 이르렀다고 볼 수는 없다. 그러나 論(논), 辨(변), 難(난), 議(의), 說(설), 解(해), 原(원), 對(대), 問(문), 喩(유) 등으로 세분되는 한문 논변류를 살펴보면, 논쟁과 대화의 형식을 거쳐 서사화되는 과정이 발견된다. 한문 논변류는 일종의 논설과 비슷한 성격을 지니는데, 그 중 특히 說(설)은 대화적인 서사와 결합된 형식을 보여주고 있다.

예컨대 「검설(劍說)」(고려시대 작품)은 검에 대한 설명을 통해 불교의 우월함을 주장하는 설(說)의 일종이다. 그런데 「검설」은 불교적 지식의 진리성을 정당화하기 위해 일방적으로 논증하지 않고 반대되는 지식과의 대립관계를 설정하고 있다. 그리고 그 같은 논쟁과 대화의 과정은 자연스럽게 서사의 형식으로 발전되고 있다.

「검설」의 내용은, 도인(道人)과 선비(莊周)가 각자 갖고 있는 칼(劍)에 대한 설명으로 대립하다가, 도인이 자신의 검의 우월성을 설명하고 실제 행동으로 선비를 패주시킨다는 이야기이다. 이제 이 작품에서 설(說)과 서사가 어떻게 결합되고 있는지 살펴보자. 먼저 「검설」의 내용을 요약하면 다음과 같다.[19]

① 중구선생(中丘先生)이 도인(道人)에게 칼을 주었다.

---

18) 이강엽, 『토의문학의 전통과 우리소설』, 태학사, 1977, 111면.
19) 민족문화추진회 역, 『국역 동문선』 7권(솔, 1977)과 이강엽, 『토의문학의 전통과 우리소설』(태학사, 1977), 40~41면 참조.

② 선비(蔣周)가 도인의 칼을 보러 왔다.

③ 선비가 자신의 세 가지 칼(天子劍, 諸侯劍, 庶人劍)에 대해 설명했다.

④ 도인이 선비의 칼은 말(末)이고 자신의 칼은 본(本)임을 말했다.

⑤ 선비가 제자되기를 청했다.

⑥ 도인의 네 가지 칼(如來劍, 菩薩劍, 祖師劍, 道者劍)이 있음을 말하고 각각
에 대해 설명했다.

⑦ 도인이 도자검을 설명하는 중에 선비가 자신의 서인검과 다른 점을 물었다.

⑧ 도인이 도자검을 우월성을 설명하고 칼을 휘둘렀다.

⑨ 도망가는 선비를 쫓아가 보니 한 마리 나비였다.

이 작품이 설(說)로 분류되는 것은, 검에 대한 설명을 통해 불교적 지
식의 우월성을 입증하려는 의도가 뚜렷하기 때문이다. 그런데 불교적 지
식의 진리성을 입증하기 위해 불교적 체계의 담론에만 의존하지 않고
그 반대되는 지식과 대립시키고 있다. 그것은 만일 불교적 코드에만 의
존한다면 공동체 내의 지식의 장에서 다른 코드의 지식과의 분열을 피
할 수 없기 때문이다. 그 경우 앞서 우리가 논의한 '공동체의 유대를 보
장'해야 한다는 진리성의 조건에 위배되며 불교적 지식은 진리로서 정
당화될 수 없다. 위의 설이 불교적 지식을 정당화하기 위해 그와 대립된
지식(선비의 검에 대한 설명)과 논쟁적 관계에 있게 한 것은, 불교적 지식의
우월성이 공동체 내에서 분열 없이 받아들여지게 하기 위해서이다. 이는
인간의 삶에 대한 지식은 (과학과는 달리) 논리적으로 하나로 통합될 수
없으며, 반드시 반대되는 지식과의 논쟁을 통해서만 진리로서 정당화될
수 있음을 보여준다.

그런데 위의 설은 불교적 지식과 다른 지식과의 대립관계를 설정하는
데 그치지 않고 자신이 주장하는 지식을 가상의 인물을 통해 객관화시
키고 있다. 이는 설의 주관적인 주장을 객관적으로 입증하기 위한 것인
데, 이로써 화자인 작가와 인물 간의 거리가 생겨나게 된다. 따라서 위
에서는 인물들간의 논쟁과 대립이 갈등을 지양하는 방향으로 운동할 뿐

만 아니라 그런 사건의 전개를 화자가 거리를 두고 객관적으로 기술하고 있다. 여기서 서사(narrative)의 두 가지 조건, 즉 갈등에 의해 운동하는 '이야기(사건)'의 전개와 그런 이야기에 대해 객관적 거리를 두고 서술하는 '화자'의 두 요건이 나타난다. 일반적으로 서사는 이야기와 화자(혹은 중개자), 그리고 그 둘 사이의 서사적 거리를 필요로 한다.20)

이처럼 「검설」은 주관적인 설이 지식의 진리성을 객관적으로 입증하기 위해 대화의 형식을 거쳐 서사화됨을 보여주고 있다. 위의 「검설」에서는 주관적인 설과 객관화된 서사, 그리고 지식의 진리성과 허구적 문학이 결합되고 있다. 이는 문화의 영역에서 논설과 서사, 지식(학문)과 문학이 미분화된 단계를 보여준다.

물론 조선조 이후 소설이 등장하면서부터 차츰 서사성이 강화되고 문학성이 부각되는 작품들이 나타나기 시작한다. 그러나 조선조 시대의 소설들은 방외인(김시습) 등에 의해 쓰여진 것이거나 대중소설(영웅소설)의 형식을 지니고 있었다. 그리고 그런 소설들에서도 교술과 서사, 교양(교화)과 문학21)이 완전히 분화된 것은 아니었다. 논설과 서사, 그리고 지식과 문학 사이에 경계선이 생겨난 것은 근대적인 과학 담론이 등장하면서부터였다. 과학이 지식의 영역에서 특권화된 위치를 얻으면서부터 서사문학은 학문과는 무관한 예술적 영역으로 독립하게 된 것이다.

하지만 근대 이전에 논설과 서사(그리고 지식과 문학)가 미분화된 상태에서도 설(說)보다는 소설(小說)에 가까운 작품들이 등장하는 과정은 매우 흥미로운 관심거리이다. 예컨대 『금오신화』(김시습)의 「남염부주지」의 경우 설(說)의 형식을 지니면서도 소설로 분류될 수 있는 특징을 보여준다.22) 「남염부주지」는 작가의 주장을 객관적으로 정당화하기 위해 반대

---

20) 나병철, 『소설의 이해』, 문예출판사, 1998, 15~28면 참조.
21) 당시의 설화나 영웅소설은 문학인 동시에 민간지식과 유교적 교화의 기능을 담당하고 있었다고 볼 수 있다.
22) 「남염부주지」는 사실은 적는다는 志를 표방하고 있지만 실제로는 설 형식의 흔적이 나타나고 있다. 그러면서도 志를 표방한 점 자체가 소설적인 의도를 엿보게 한다. 이

의견을 지닌 인물과의 대화의 형식을 설정하고 있다. 또한 작가의 주장을 주관적으로 드러내지 않고 가상의 인물을 등장시켜 서사적으로 객관화하고 있다. 이런 설(說)과 서사의 결합은 「검설」에서 나타난 특징과 동일한 것이다.

그러나 「남염부주지」의 가상적(허구적) 인물의 설정은 단지 작가의 주관적 사상을 객관화시키기 위한 서사적 장치에 그치지 않는다. 이 작품의 허구성(가상적 설정)은 근본적으로 현실이 작가의 사상을 실현하기 어려운 부조화(공동체적 유대의 훼손)의 상태에 있다는 인식과 연관이 있다. 만일 세계가 조화된 상태라면 「검설」에서처럼 공동체 내의 반대의견과의 논쟁을 통해 작가의 주장을 (공동체 내에서 수용되도록) 객관화시킬 수 있을 것이다. 그러나 부조화된 현실에서는 단순히 반대의견과의 대화만으로 공동체적 조화를 회복할 수는 없게 된다. 부조화된 세계에서 이데올로기적으로(허위적으로) 평형을 유지하는 것은 억압적 권력과 습속화된 관습이다. 그런 허위의식의 이데올로기에 포위된 세계에서는 단지 논쟁과 대화의 방법만으로 작가의 사상을 객관화시킬 수 없게 된다. 허위의식으로 혼란된 세계에서는 사상적 논쟁만큼이나 허위의식에서 벗어난 위치를 찾는 것이 중요하기 때문이다. 그 같은 혼란된 세계를 벗어나려면 현실과의 상이한 경험적 공간이 필요한데 「남염부주지」의 허구적 설정은 바로 그 또 다른 공간을 창조하기 위한 것이다.23)

「검설」의 허구적 서사(가상적 설정)가 작가의 주관을 객관화하기 위한 장치라면 「남염부주지」의 또 다른 허구성은 혼란한 현실과는 구분되는 상이한 공간을 창조하기 위한 설정이다. 이것이 설(說)의 서사성과 구분되는 소설의 문학적 서사성의 특징일 것이다. 설의 허구적 서사는 사상적 논쟁을 전개하기 위한 장치일 뿐이지만 소설의 그것(허구적 서사)은

강엽, 『토의문학의 전통과 우리소설』, 태학사, 1977, 62면 참조
23) 로만스적 영웅소설 역시 또 다른 공간의 창조인 셈인데, 영웅소설의 경우에는 현실의 혼란을 환상의 방식과 유교이념으로 바로 잡으려는 서사적 공간이 나타난다.

(현실과 구분되는) 또 다른 공간을 실재하는 듯이 꾸미는 문학적 수사를 수반한다. 이처럼 미학적 수사를 통해 독자를 허구적 공간에 설득력 있게 끌어들여야 한다는 것이 문학적 서사(소설)의 또 다른 특징일 것이다.

지식으로서의 서사와 문학적 서사의 차이에 대해서는 뒤에서 다시 살펴보기로 하자. 여기서는 설과 소설의 차이를 보다 분명하게 하기 위해 「검설」과 「남염부주지」의 서사성을 면밀히 비교해 보도록 하자. 「남염부주지」의 전개는 다음과 같이 요약될 수 있다.

① 박생은 과거에 급제하지는 못했지만 강직한 선비였다.
② 박생은 일리론(一理論)이라는 논문을 지어 이단(불교, 무격 등)의 유혹에 빠지지 않으려 했다.
③ 어느날 『주역』을 읽다 잠이 들어 딴 세상(남염부주)으로 들어가 염왕을 만나게 되었다.
④ 염왕은 박생에게 주공과 공자가 정도이고 석가가 사도임을 말하면서도, 궁극에서는 모두 바른 도리로 이끈다고 논의했다.
⑤ 박생은 귀신에 대해 질문하는 중에 인간세계에서 불교의 거짓된 행적에 대해 말하게 되었다.
⑥ 염왕은 인간세계의 일에 한탄하면서 세속적인 불교의 비판에 동조했다.
⑦ 박생이 역대의 제왕들을 비판하고 현실정치를 한탄하자 염왕이 이에 동조했다.
⑧ 염왕은 박생의 강직함을 인정하고 인간세계에서 간신배였던 사람들을 다스리는 남염부주의 왕이 될 것을 부탁했다.
⑨ 박생은 승낙을 하고 돌아왔는데 얼마 후 세상을 떠나고 염라대왕이 될 것이라는 소문이 전해졌다.

이처럼 「남염부주지」는 박생의 일리론에 근거한 유교를 옹호하고 염왕의 불교를 비판하는 내용을 담고 있다. 그 같은 주장을 담은 담론은 일종의 설(說)의 형식을 지니며, 설에서처럼 대화의 형식과 서사적 전개를 보이고 있다. 즉, 「검설」에서처럼 박생(유교)과 반대되는 위치(염왕의 불교를 설정해 논쟁을 거쳐 박생의 사상을 서사적으로 객관화하고 있는 것이다.

그러나 「남염부주지」는 「검설」과는 달리 단순한 설을 넘어서는 중요한 특징을 드러낸다. 「남염부주지」의 경우 염왕의 위치는 단지 박생의 의견을 듣고 그에 설복되는 논쟁의 상대역만은 아니다. 염왕이 박생의 현실정치 비판에 동조한 것은 박생의 설득에 의한 것이 아니라 원래부터 그가 유교를 정도로 보는 관점을 갖고 있었기 때문이다. 또한 염왕이 유교를 정도로 보면서도 저승의 왕을 하고 있다는 사실은 현실(인간세상)에서 유교를 설파하는 것(설)만으로는 현실의 거짓된 일을 바로잡기 어려움을 암시한다.

이처럼 저승의 왕인 염왕의 허구적 설정은, 저승을 부정하는 유교적 설의 논쟁적 상대역일 뿐만 아니라, 설만으로는 미흡한 혼탁한 현실의 비판을 위해 또 다른 상상적 공간을 그리기 위한 것이다. 그 같은 또 다른 (허구적인) 상상적 경험의 공간이 바로 문학적 서사의 공간이라고 할 수 있다. 따라서 「남염부주지」는 설의 형식을 통해서 뿐만 아니라 그것을 넘어선 소설(문학적 서사)의 형식을 통해서 작가의 주장을 전달하고 있다.

이처럼 소설은 설로써 미처 다 말할 수 없는 것이 있을 때 시작된다고 할 수 있다. 설은 허구적 공간을 서사화하는 경우에도 무엇보다 현실에서의 설의 주장이 일차적이다. 반면에 소설은 현실에서의 설로는 미처 말할 수 없는 것을 말하려 할 때 현실을 넘어선 상상적 공간에 의존하게 된다. 이는 대개 현실이 부조화된 공간이며 소설을 통해 그것을 넘어서려고 할 때의 경우이다. 이 경우 현실에서의 설보다는 그것을 넘어선 상상적 공간에서의 서사적 형상화가 우선적이 된다.

그처럼 담론적 설보다 서사적 형상화가 우선적이기 때문에, 설과는 달리 소설에서는 독자가 스스로 자기인식하는 형상적 경험이 중요해진다. 담론적 지식인 설이 독자를 설득하는 형식이라면 형상적 경험인 소설은 독자가 형상을 통해 자기인식하도록 하는 형식이다. 즉, 설이 논설을 정당화하기 위해 허구적 서사와 결합되는 것이라면, 소설은 허구적 공간의 형상적 경험을 통해 스스로 설(주제)을 인식하도록 꾸며진다. 그 점에서 설이 독자를 설득하는 인식적 담론인 반면, 소설은 독자 스스로 지식을 수용하게 하는 자기인식적 담론이라고 할 수 있다.[24]

소설이 설과 구분되는 또 다른 특징은 논쟁이 명확하고 단순한 결론에 이르지 않는다는 점이다. 「남염부주지」의 경우 박생과 염왕의 논쟁은 단지 박생의 유교가 염왕의 불교에 승리함을 보여주는 것이 아니다. 대화 과정에서 염왕이 박생에게 동조한 것은, 세속적 불교의 비판과 초월적 공간으로서 천당과 지옥의 부인이다. 염왕은 인간세상에서 거짓되게 행해지는 불교를 비판한 것이지 자신이 위치한 저승의 존재 자체를 부정한 것은 아니다. 초월적 공간으로서의 저승은 부인하지만, 현실공간에서 미처 다하지 못한 유교의 일리를 실현하기 위해 현실 외부의 공간으로 저승을 인정하고 있는 것이다. 염왕이 박생에게 생전에 간신배였던 사람들을 다스리는 남염부주의 왕(염라대왕)을 부탁한 것은, 박생의 유교적 일리를 충실히 실현하기 위해 불교적 저승관을 말하고 있는 셈이다. 기묘하게도 여기서는 불교를 이단시하는 유교의 일리를 실현하기 위해 불교가 보충되고 있다. 김시습은 설로는 말하기 어려운 이런 자신의 주장을 위해 소설적 형상화의 방법을 선택한 것이다. 불교가 유교적 일리에 의해 재해석되는 과정은 다음과 같이 표시될 수 있다.

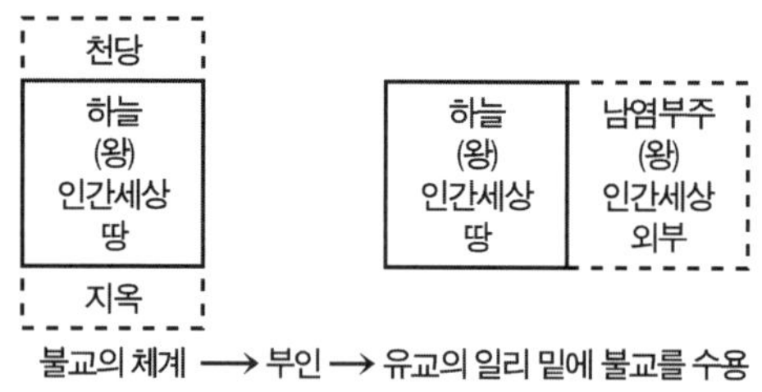

---

24) 이 양자의 구분이 뚜렷한 경계선을 갖는 것은 아니다.

이상에서 우리는 서사적 담론이 과학적 담론과는 달리 근본적으로 대화적 성격을 지님을 살펴봤다. 서사적 담론은 담론의 진리성이 공동체적 유대를 보장하는 것을 전제로 한다. 즉, 어떤 담론이 진리로 정당화되려면 논리적인 설득력은 물론 공동체적 유대를 가져오는 기능을 지니고 있어야 한다. 그것을 위해 진리를 주장하는 담론은 공동체 내에서 예상되는 반대의견과의 논쟁을 통해 객관화되어야 하는데, 그런 전개는 자연스럽게 서사적 형식을 지니게 된다.

우리는 또한 그 같은 서사적 담론에 두 가지 종류가 있음을 살펴봤다. 하나는 설이며 다른 하나는 소설이다. 먼저 설은 인식적 담론으로서 작가의 주장을 객관적으로 정당화하기 위해 서사와 결합하는 양상을 보인다. 설이 허구적인 서사적 공간을 이용하는 것은 그처럼 작가의 주관을 객관화하려는 장치이다.

반면에 문학적 담론인 소설에서 허구적 경험이 중요한 것은 단지 작가의 주관적 사상을 객관화시키려는 장치만은 아니다. 소설의 허구적인 형상적 구성은 근본적으로 현실이 작가의 사상을 실현하기 어려운 불화(공동체적 유대의 훼손)의 상태에 있다는 인식과 연관이 있다. 즉, 작가의 사상을 통해 불화의 현실을 넘어서기 위해 허구적인 상상적인 공간을 형상화하는 것이다.[25]

또한 설은 서사를 통해 객관화되긴 하지만 궁극적으로 인식적 담론인 반면, 형상적 경험이 중심이 되는 소설은 서사적 형상을 경험하는 중에 작가의 주장을 스스로 자기인식하도록 꾸며진다. 설과 소설의 또 다른 차이는, 설의 대화적 논쟁은 비교적 단일하지만 소설은 서사적 논쟁이 (명확하고 일방적인 승리로 끝나지 않고) 복합적인 성격을 지닌다는 점이다. 설과 소설, 인식적 서사와 문학적 서사의 차이에 대해서는 대화적 소설을 살피면서 다시 고찰하기로 한다.

---

25) 그 같은 특성은 이른바 문제제기형 소설의 경우 매우 분명하게 나타난다. 반면에 영웅소설은 불화의 현실을 극복하기 위해 로만스적인 환상을 도입한 경우이다.

5. 사실과 사건

앞에서 살펴 본 것처럼, 근대 이전에는 지식과 사상을 정당화하는 방법으로 과학보다는 서사 형식이 일반적이었다. 과학적 지식과 서사적 지식의 차이는 사실의 형식과 사건의 형식의 차이로도 설명될 수 있다. 근대 이전의 지식과 사상26)이란 공동체 내에서 일어난 일종의 '사건'이었던 셈이다. 반면에 근대 이후 과학에 특권이 부여되면서부터, 지식은 담론과 사실 간의 지시적 언어게임에 우선권을 두는 형식(과학)을 중시하게 된다. 그것이 바로 서사적 지식을 대신하는 근대적인 사실의 형식이다.

근대 이전의 지식의 형식(文)은 기사류(記事類)와 입언류(立言類)로 분류되었는데27) 양자 모두에서 서사는 지식을 정당화하는 중요한 방법이었다. 예컨대 입언류의 대표적인 형식인 설은 앞서 살핀 대로 흔히 서사형식과 결합되어 나타났다. 설과 서사의 접합은 차츰 설이 약화되면서 문학적 서사(소설)로 이행되는 전개를 보이기도 했다.

주지하다시피 그와 비슷한 과정은 근대계몽기(근대의 문턱)에도 반복된다. 근대계몽기의 신문논설들은 빈번히 서사와 결합된 형식을 드러냈다.28) 논설과 서사의 혼합은 대화와 토론의 형식으로 나타나거나 교훈적 이야기로 표현되었다. 과학의 형식이 확립되기 전까지 그처럼 대화나 토론을 통해 서사화되는 형식29)은 공동체 내에서 지식과 사상이 의미

---

26) 지식과 사상의 차이는 후자가 신념에 근거한다는 점이다. 그러나 신념에 근거하는 사상의 형식 역시 넓은 의미의 지식에 포함될 수 있다.

27) 이강엽, 『토의문학의 전통과 우리소설』, 태학사, 1977, 37면. 기사류는 사실을 기록하는 것이고 입언류는 작가의 뜻을 효과적으로 전달하는 것이었다. 물론 기사류의 사실의 기록에서도 서사의 형식이 중시되며, 그 점에서 서사보다는 합리성에 의존하는 근대적인 사실의 형식과는 구분된다.

28) 김영민, 『한국근대소설사』(솔, 1997)와 정선태, 『개화기 신문 논설의 서사 수용 양상』(소명출판, 1999) 참조.

29) 객관화된 대화적 관계나 인물들간의 갈등은 서사 형식을 전개하는 본질적인 추동력

있는 것으로 인정되는 유력한 방법이었다. 근대계몽기의 논설들이 토론(대화)의 형식이나 교훈적 이야기를 표방한 것은 그런 서사 형식을 통해 작가의 주장을 (공동체 내에서 수용되도록) 정당화하기 위한 것으로 볼 수 있다.30) 토론이나 우화를 매개로 한 서사형식은 지식과 사상이 공동체 내에서 설득력 있게 수용되도록 정당화하는 핵심적인 방법이었던 것이다. 이를 독자의 측면에서 보면 서사형식은 독자들이 지식과 사상을 '스스로 인식(자기인식)'하게 만드는 방법으로 볼 수 있는데, 이런 측면이 강화되면 '서사적 논설'은 문학적 서사(논설적 서사나 소설)로 이행된다.31)

주목되는 것은 이 시기에는 논설뿐만 아니라 신문기사 역시 빈번히 서사를 차용했다는 점이다. 이는 근대적이고 합리적인 '사실의 형식'이 확립되기 이전에는 논설과 기사 양쪽 모두에서 서사가 지식을 정당화하는 유력한 형식이었음을 암시한다. 합리적인 사실의 형식은 개인의 내면에 근거한 인식의 형식에 의해 확립된다. 서사는 그 같은 개인적 인식의 형식(그리고 사실의 형식)이 형성되기 이전에, 즉 개인과 공동체(혹은 공과 사)가 미분화된 단계에서 지식을 전달하는 중요한 형식이었던 것이다.

근대적인 '사실의 형식'은 공과 사가 분화되고 개인의 '내면이 발견'되면서부터 확립된다. 근대적이고 합리적인 그 같은 사실의 형식에는 과학, 신문기사, 법률적 해석 등을 들 수 있다.32) 과학적 사실이나 신문기사, 법률적 사실 등은 '공적인' 사실의 형식이지만, 그것의 인식은 공동체로부터 분화된 '개인의 내면'에 의해 가능해진다.

우리의 경우 1910년대 이후 개인의 내면('자아')이 발견되고33) 과학에

이라고 할 수 있다. 즉, 대화 · 토론이나 인물들의 갈등과 그것을 해소하려는 추동력에 의해 서사적 형식이 형성된다.

30) 이를 독자와 연관해서 보면 공동체 내의 독자들을 설득하기 위한 것이라고도 할 수 있다.

31) 작가가 자신의 주장을 정당화하고 설득하려는 측면이 강한 것이 논설적 서사라면 독자가 자기인식하도록 만드는 측면이 우세해진 것이 문학적 서사이다.

32) 마이클 폴라니, 표재명 외역, 『개인적 지식』, 아카넷, 2001, 369면.

33) 개인이나 자아라는 단어가 자주 쓰이기 시작한 것은 1910년대부터였다. 권보드래,

대한 관심이 고조되면서[34] 그런 사실의 형식이 확립된 것으로 볼 수 있다. 1910년대 이후 논설이나 신문기사에서는 더 이상 서사와 결합된 형식이 나타나지 않으며, 서사는 문학적 서사(소설)의 영역으로 분화된다.

과학이 그런 것처럼 사실의 형식 역시 지시적 언어게임(담론과 지시대상과의 일치)에 우선권을 두며, 공동체의 유대는 기껏해야 이차적인 관심사일 뿐이다. 물론 과학이나 신문기사에서 사실의 확립은 공권인 권위에 근거하지만, 그런 권위는 개개인 내면에서 합리적으로 검증 가능함을 의미하는 것이다. 따라서 그 같은 '공적인 사실'의 권위가 공동체적 유대를 보장하는 것은 아니다.

결과적으로 과학과 사실의 형식이 등장한 이후부터 공동체적 유대와 연관된 일은 문학의 몫이 되었으며, 문학적 서사는 사실의 형식과는 아무런 연관이 없는 허구적 형식으로 분리된다. 논설(기사)과 서사의 분화, 지식과 문학(서사)의 분리는 그처럼 과학적 사실의 형식이 출현한 일과 연관된다. 흔히 말하는 지(지식)·정(문학)·의(도덕)의 분화 역시 그와 긴밀한 관련이 있다.[35]

그런데 역설적인 것은 개인의 내면(자아)에 근거한 사실의 형식이 지배하는 근대의 세계에서 지식의 타당성을 입증하기 위해 다시 서사의 형식을 불러들인 점이다.[36] 과학적 지식은 사실의 검증만으로 진리성이 입증되지만 그것이 공동체 내에서 어떤 의미를 갖느냐는 질문에 답하기 위해 또다시 서사적 기획이 필요했던 것이다.[37] 예컨대 진리의 근거로

앞의 책, 222면 참조.

34) 과학에 대한 관심이 고조되기 시작한 것 역시 1910년대 이후였다.

35) 지·정·의의 구분이 확립된 시기는 자아와 과학에 대한 관심이 고조되었던 시기 (1910년대)와 일치한다. 예컨대 이광수의 「문학의 가치」(1910)는 문학을 '정의 분자를 포함한 문장'으로 정의하고 있으며, 「문학이란 하오」(1916)는 지·정·의의 구분을 분명히 세우고 있다. 권보드래, 앞의 책, 29~30면, 260~263면 참조

36) 리오타르, 유정완 외역, 앞의 책, 87~93면.

37) 앤더슨이 말했듯이 신문기사의 사실의 형식 역시 인과관계가 없이 병치된 서사들로써 상상적 공동체를 표방하는 것으로 볼 수 있다. 베네딕트 앤더슨, 윤형숙 역, 『민족

서 '자아'와 '과학'에 열광했던 1910년대의 신지식층은, 단지 과학의 강조에 그치지 않고 그에 기초해 문명사회를 만들자는 '우리의 이상'을 말하고 있다. 문명사회를 건설하자는 '우리의 이야기'는 소설 같은 서사 담론은 아니지만 그 논설적인 주장 속에 '우리'를 주인공으로 한 서사를 내포하고 있다.38) 논설의 전제로서의 이 서사(대서사)의 주인공은 민족(혹은 국민)이며, 그 서사를 통해 과학적 지식이 정당화되는 공간은 민족의 상상적 공동체39)이다.

그러나 상상적 공동체가 진정한 유대를 지닌 사회적 공간이 아니듯이, 그 공간에서 과학적 지식을 정당화하려는 서사(대서사) 역시 분열의 위험을 지니고 있다. 예컨대 이광수는 『무정』에서 논설에서의 서사적 기획을 소설의 서사 담론으로 보여주려 했지만 결국 식민화된 민족주의40)를 드러내는 데 그쳤다. 또한 현상윤과 양건식은 소설(서사 담론)을 통해 논설의 서사적 기획과는 달리 '우리의 이상'의 좌절과 자아의 분열을 그릴 수밖에 없었다.

과학적 지식을 정당화하려는 서사(대서사)에 대한 불신을 한결 더 노골적으로 드러낸 것은 탈근대론이었다.41) 물론 탈근대론의 대서사에 대한 불신이 대서사를 폐기 처분해야 한다는 사형선고는 아닐 것이다. 또한 그것이 서사에 대한 관심의 소멸을 의미하는 것은 더 더욱 아니다. 그렇기는커녕 탈근대론이 등장한 이후 오히려 지식과 문화를 서사(사건)로 보려는 관점이 점점 대두되고 있다.42)

주의의 기원과 전파』, 나남, 1991, 53~58면.
38) 리오타르는 이처럼 과학을 공동체 내에서 정당화하기 위한 서사를 대서사라고 부르고 있다.
39) 상상적 공동체의 개념에 대해서는 베네딕트 앤더슨, 윤형숙 역, 앞의 책 참조
40) 나병철, 「근대문학의 기원과 주체의 계보학」(『현대문학이론연구』 15집, 2001.6), 89~95면과 황병주, 「근대와 식민의 오디세이」(『트랜스토리아』 제2호, 2003.3), 102~159면 참조.
41) 리오타르, 유정완 외역, 앞의 책, 33~34면.
42) 문화의 생성을 사건의 형식으로 보는 대표적인 철학자는 들뢰즈이다.

대서사에 대한 불신은 실상 과학적 사실을 진리로 보는 관점에 대한 회의일 것이다. 과학과 이성에 근거해 아름다운 사회를 건설한다는 서사에 대한 회의는, 개인의 내면에 기초한 과학과 이성이 개인들 간의 유대를 가져오는 관점을 낳지 못하기 때문인 것이다, 그런 계몽서사의 모순에서 벗어나기 위해, 탈근대론은 공동체 내(혹은 내외43))에서 의미를 지니는 지식과 문화의 근거를 과학적 '사실'이 아니라 서사적 '사건'에서 찾고 있다.

그러면 이런 '사건의 형식'의 부활은 오늘날 무슨 의미를 지니는 것일까. 그리고 과학의 근거인 사실과 서사의 근거인 사건은 근대−탈근대의 세계에서 어떤 지위를 갖는 것일까.

앞서 언급했듯이, 과학처럼 사실의 형식 역시 지시적 언어게임을 특권화한다. 반면에 서사가 그렇듯이 사건의 형식 역시 공동체에서 의미를 생성시키는 과정을 중시한다. 이 같은 사실과 사건의 차이는 사물(실재계)44)과 문화의 세계(공동체의 장)의 접촉지점에서 나타나는 서로 다른 형식을 의미한다.

'사실'이란 지시대상을 담론에 일치되는 '점'으로 보는 형식이다. 반면에 '사건'이란 지시대상을 공동체 내에서 의미를 갖는 '선'의 생성으로 보는 형식이다.45) 사실은 사물을 점의 상태로 고립시키지만 사건은 어떤 사물을 다른 사물들과 접속되는 선의 관계 속에서 파악한다. 사건의 선이 만들어내는 공동체 내에서의 의미란, 어떤 사물들을 어떻게 접속시키느냐에 따라 달라지며, 그것은 선의 기울기와 궤적으로 나타난다.

---

43) 근대−탈근대 세계에서의 공동체는 근대 이전의 닫힌 공동체가 아닌 해체적으로 열린 공동체이다.

44) 실재계 영역의 사물이란 상징계를 통해 인식되기 이전의 사물 자체를 말한다. 그런 실재계의 영역은 어떤 상징계에서 다른 상징계로 번역(translation, 전이)되는 순간 언뜻 나타난다.

45) 점과 선의 비유에 대해서는 들뢰즈·가타리, 김재인 역, 『천개의 고원』(새물결, 2001), 367~394면과 이진경, 앞의 책, 593~601면 참조.

그러나 사물을 점으로 고립시키는 관점은 그 같은 선의 의미를 만들 수 없게 된다.

물론 선이 점의 연쇄라는 점에서 사건(선)의 형식은 사실(점)의 검증을 필요로 할 수도 있다. 또한 반대로 점(사실)을 연결시켜 선(사건과 서사)을 만들어낼 수도 있을 것이다. 실제로 앞에서 과학에 근거한 계몽서사는 과학적 사실들(점들)을 연결해 서사적 사건의 선을 그려낸 경우일 것이다.

그러나 그처럼 점들(과학적 사실의 형식)을 연결해 만들어낸 선(서사적 사건)은 점들 사이를 가장 효과적으로 잇기 위해 경직된 목적론적 서사[46]를 낳게 된다. 반면에 사물(지시대상)을 점(사실)으로 고립시키지 않고 점을 지나는 선(사건)으로 파악하게 되면 가변적이고 유연한 선으로 된 서사가 만들어진다. 이 경우 점(사실)으로 고착되지 않은 어떤 사물(지시대상)의 의미는 그 점을 지나는 선의 미분계수일 것이다. 미분계수로서의 사물의 의미는 점(사실)이 아닌 선(사건)의 형식을 통해서만 얻어질 수 있다. 이 같은 사실과 사건, 점과 선, 그리고 과학과 서사의 차이는 다음과 같이 표시될 수 있다.

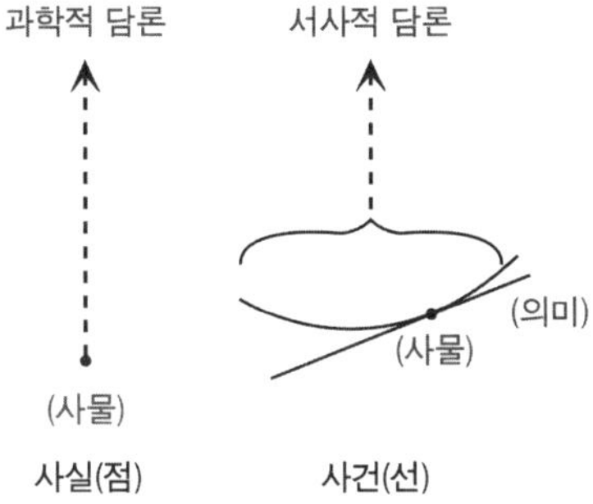

탈근대적 담론이 나타나면서 지식과 문화의 장에서 서사가 부활했다

---

46) 목적론적 서사란 미리 정해진 목적(목표점)을 우선시하여 그에 이르는 과정의 가변성을 고려하지 않는 경직된 서사를 말한다.

는 것은, 위의 사실의 형식을 지닌 과학에서 사건의 형식을 지닌 서사로
초점이 이동했음을 뜻한다. 그것은 점의 사유에서 선의 사유로의 전환이
기도 하다. 물론 그렇다고 오늘날 점의 사유와 사실의 형식이 불필요해
진 것은 아니다. 점의 사유에 연관된 사실의 형식의 출현 역시 중세와
구별되는 근대의 중요한 특징의 하나이기 때문이다. 그러면 사실과 사
건, 그 둘은 근대-탈근대의 문화의 장에서 어떤 의미를 지니는 것일까.
이제 사실과 사건의 의미와 위치를 구체적인 예를 통해 살펴보자.

6. 사실과 사건의 의미-〈살인의 추억〉

사실과 사건의 차이를 알려주는 좋은 예로서 흔히 살인사건의 경우가
언급된다.[47) 사실(과학)이나 사건(서사)은 '물질적인' 대상에 대한 어떤 판
단인 셈인데, 누군가의 죽음은 물질적인 것의 중요한 변화를 나타내는
셈이다. 살인사건이 벌어지면 반드시 두 종류의 사람이 현장에 달려온
다. 즉, 하나는 의사이고 다른 하나는 경찰이나 기자이다. 그 둘 중 의사
는 죽은 사람의 사인에 대한 '사실'들을 자연과학적으로 규명한다. 그
같은 자연과학적인 판단은 공동체 내에서의 의미와는 아무런 상관이 없
는 '사실'에 대한 확인이라고 할 수 있다.

물론 자연과학적인 사실의 판단도 객관적인 사실 그 자체라기보다는
인간이 만들어낸 의학적인 개념의 틀에 대상(사물)을 맞춰보는 것이며,
그 점에서 공동체 내에서 어떤 의미를 갖는다고 할 수 있다. 의학적인
수준에 따라 사인이 달라지고 사실 자체가 변화될 수도 있는 것이다. 그

---

47) 이정우, 『시뮬라크르의 시대』, 거름, 1999, 136~138면; 이진경, 앞의 책, 594면.

런 측면에서 의학적이고 자연과학적인 사실 역시 일종의 사건인 셈이다. 그처럼 사물에 대한 과학적 판단 역시 미시적으로는 얼마간 사건의 성격을 지니는데, 그것을 객관적인 사실의 점으로 판정하려는 것이 과학(그리고 의학)의 권력이라고 할 수 있다.

다른 한편 자연과학적인 사실은 사회적인 차원에서 다른 사물들과의 관계로부터 의미를 만들지는 않는다. 그 점에서 살인사건에 대한 의사의 임무는 경찰이나 기자와는 다르다고 할 수 있다. 의사가 신체 자체에 대한 과학적인 규명에 관심을 갖는 반면 경찰이나 기자는 그것에 기초해 다른 사물들이나 사람들과의 관계를 추적한다. 의사의 임무가 죽은 사람에 대한 '사실'의 규명이라면 경찰이나 기자는 그것에 연관된 '사건'을 다룬다고 할 수 있다.

경찰은 과학적인 '사실'에 기초해 살인의 의미를 추적하며 '사건'을 해결하려 노력한다. 그런데 경찰이 사건을 해결해 범인을 찾는 순간 그 '사건'은 사법적인 '사실'의 대상으로 전이된다. 물론 법적인 사실의 형식은 공동체 내에서 중요한 의미를 갖고 있다. 그러나 늘상 법적인 사실의 판단과 사건이 지닌 다양한 의미 사이에는 괴리가 생기기 마련이다. 그처럼 복합적이고 다양한 의미를 지닌 사건을 법적인 사실의 형식 속에 제한하는 점에서 법적 제도 역시 권력의 형식이라고 할 수 있다.

다른 한편 기자는 사건을 다루면서 그 사건에 포함된 다양한 의미들 중에서 자신의 관점에 맞는 것을 선택한다. 그리고 그처럼 자신의 논리가 포함된 '사건'의 기록을 공적인 '사실'로서 공표한다. 물론 그 사실 속에는 이미 의사와 경찰(그리고 검찰)이 규명한 사실이 상당부분 포함되어 있다. 그러나 기자는 그 같은 사실(들) 이상의 의미를 지닌 사건을 신문(혹은 자신)의 논조에 맞게 기록해 사실로 제시한다. 이 점에서 신문의 사실의 형식 역시 권력 행사를 내포하고 있다.[48]

---

48) 물론 이 권력행사가 비판적으로 올바르게 행사될 수도 있다.

　그런데 사건의 현장에 달려오지는 않지만 누구보다도 유심히 그 사건을 주시하는 또 다른 사람이 있다. 그것은 유난히 사건의 다양한 '의미'에 관심을 갖는 소설이나 영화의 작가이다. 소설가나 영화감독은 어떤 사건을 객관적 사실로 판정하는 것을 최대한 '지연'시키는데 그것은 사건에 포함된 다양한 의미를 충분히 드러내기 위해서이다.

　소설가나 영화감독이 앞의 세 사람과 다른 점은 사실의 부합성에 크게 연연하지 않는다는 점이다. 경찰이나 기자는 어떤 사고를 '사건'으로 다루는 경우에도 우선적으로 사실의 부합성에 유념해야 한다. 반면에 소설가나 영화감독은 실제로 일어난 일을 소재로 하는 경우에도 사건의 사실성보다는 그것의 의미를 추적하는 일에 더 관심을 갖는다. 만일 사건의 의미를 풍성하게 되살릴 수 있다면 세부적인 사실이 실제에 부합되지 않더라도 아무런 상관도 하지 않는다. 사건의 의미를 충분히 살릴 경우 그들이 만들어낸 서사는 사건의 사실적 기록보다도 그 사건에 대해 더 많은 것을 말해준다고 생각하기 때문이다.

　예컨대 〈살인의 추억〉(봉준호 감독)은 화성에서 일어난 실제의 사건을 소재로 한 영화이다. 이 영화는 세부 사실에서는 실제와 일일이 부합하지 않지만 어떤 기록보다도 화성 연쇄 살인사건에 대해 많은 '의미'를 생각하게 만든다. 영화라는 미학적 '형식' 자체가 사실보다는 사건의 의미에 관심을 두는 서사인 셈인데, 이 영화는 '내용'을 통해서도 '사실'과 '사건'관계에 관한 이야기를 들려준다.

　〈살인의 추억〉에서 살인의 범인에 관련된 '사실'은 끝내 명확히 해명되지 않는다. 그러나 그처럼 사건이 '지연'되는 불확정적인 상태가 오히려 더 '사건'에 대해 많은 의미를 드러내 준다. 사실이 해명되지 않은 사건은 경찰이나 기자에게는 답답하고 무의미한 것일 뿐이다. 그러나 사실이 밝혀지고 범인이 붙잡혔다고 해서 사건의 의미가 충분히 다 드러나는 것은 아니다. 그 경우 살인의 범법자를 처벌한다는 사회적 규범으로서 의미를 지니지만, 그것은 진정한 공동체에서의 의미라기보다는 법적 권력이 제한하는 공간 내에서의 의미일 뿐이다. 우리는 늘상 이렇게 질문할 수 있는 것이다. 실제로 사건의 범인(원인)이 단지 그 살인을 저지른 사람뿐일까.

바로 그 같은 질문에 대한 답변이 〈살인의 추억〉의 서사라고 할 수 있다. 만일 이 영화에서 범인이 쉽게 검거되었다면 우리는 법적 권력이 제한하는 공간에 갇히게 되며 (우리가 소망하는) 보다 다양하고 열려진 공동체의 맥락에서 사건의 의미를 추적하지 못하게 된다. 그러나 법적 권력이 제한하는 공간에서의 사실 규명에 실패함으로써 우리는 보다 더 복합적인 관계들 속에서 사건의 의미를 생각하게 된다. 사건의 의미란 법적 판단에 의해 한정되는 것이 아니라 그 사건을 둘러싼 복합적인 텍스트(계열체[49]) 속에서 나타나는 것이기 때문이다.

〈살인의 추억〉은 지능적인 범인과 그를 뒤쫓는 형사들 사이에서 '사실' 관계를 밝혀 가는 추리적인 게임이 아니다. 아무런 이유 없이 저질러지는 살인 사건은 미궁에 빠지며, 그 속에서 이루어지는 형사들의 수사는 우스꽝스러울 정도로 미숙하기만 하다. 그럼에도 우리는 수사에 전력하는 형사들의 열정에 공감을 느끼는데, 그것은 그들의 어설픔이 근본적으로 뒤떨어진 공공의 시스템[50]에서 기인된 것이기 때문이다. 평범한 사람들이 어둠 속에서 죽어가도록 방기하는 공적인 사회적 체계, 그 시대적 어둠이 이 영화가 드러내려는 살인의 '배후'일 것이다. 범인은 누구인가? 영화의 플롯에 서스펜스를 제공하는 이 질문에 대한 답변은 명확한 '사실'로서 제시되지 않는다. 그러나 미궁 속을 허우적거리는 동안 배면에 드러나는 시대적 어둠, 그 사회적 텍스트가 이 영화가 침묵으로 말하고 있는 '사건'의 '의미'일 것이다.

---

49) 계열화에 대해서는 들뢰즈, 이정우 역, 『의미의 논리』, 한길사, 1999, 98~106면 참조
50) 이는 단지 치안의 체계를 말하는 것이 아니다. 보다 근본적으로는 1980년대의 모순된 사회체계와 연관이 있다.

7. 의미와 사건

　여기서 사실과 사건, 그리고 의미의 관계를 다시 한번 정리해 보자. 과학적 사실은 지시적 진술에만 연관될 뿐 다른 언어게임은 배제하며 그 자체로서는 사회 문화적 의미를 지니지 않는다. 과학적 사실이란 사물의 표면 위의 한 '점'과도 같은 것으로서 과학적 담론과의 지시적 게임으로만 규정되기 때문이다.

　물론 과학적 사실은 (과학적) 담론이 지시하는 대상(사물)의 의미로서 '지시적 의미'를 나타낼 수도 있다. 예컨대 과학적 담론이 어떤 미지의 물질(지시대상, 사물)을 우라늄이라는 언표로 규정했을 때, 밝혀진 원소의 특성인 사실(사물의 표면의 한 점)은 우라늄이라는 언표(과학적 담론)의 지시적 의미가 된다. 우라늄이라는 과학적 언표(담론)는 미지의 물질(실재계[51]) 이 아니라 과학적으로 특성이 밝혀진 어떤 원소(과학적 사실)를 지시함으로써 의미를 지닌다.

　그러나 그런 과학 담론의 지시적 의미는 객관적 사실로서 주어질 뿐[52] 그 자체로서 우리의 삶에 어떤 의미를 지니는 것은 아니다. 과학적으로 밝혀진 사실은 다른 사실이나 사물들과 연관됨으로써 비로소 우리에게 의미를 생성시키게 된다. 예컨대 우라늄이 플루토늄[53]과 연관되면 핵개발이나 핵무기 제조라는 의미를 만들게 된다. 핵개발이나 핵무기 제조는 우리의 삶에 중요한 '의미'를 지니는 하나의 '사건'이라고 할 수 있다. 이

---

51) 과학적 언표는 라캉이 말한 실재계 그 자체보다는 실재계의 미지의 물질을 표상하는 한 점으로서의 과학적 사실을 지시한다.

52) 이 객관적 사실이 사물 그 자체의 진리는 아니다. 다만 과학 담론에 의해 우리에게 객관적 사실로서 만들어진 것일 뿐이다. 그러나 우리는 그것을 우리와 무관하게 객관적으로 존재하는 것으로 여긴다.

53) 우라늄이 중성자를 흡수하여 생겨난 94번 원소로 질량 239인 플루토늄은 원자폭탄과 수소폭탄의 재료로 사용됨.

사건이 'NPT 탈퇴'라는 또 다른 사건과 연결되면 '북핵 문제'라는 표제를 지닌 하나의 서사가 만들어진다. 여기에 이르면 우라늄이나 플루토늄이라는 원소는 더 이상 과학적 사실이 아닌 정치적 사건의 요소가 된다.

그런데 만일 우라늄이 플루토늄이 아니라 원자로와 연결되면 원자력 발전이라는 전혀 다른 의미를 만든다. 그리고 그 원자력 발전이라는 사건(그리고 의미)이 핵폐기물 처리라는 또 다른 사건과 관련되면 '원전 문제'라는 표제를 지닌 중요한 서사가 형성된다. 이처럼 우라늄이라는 똑같은 사물(과학적 사실)이 어떤 종류의 사실이나 사물과 연관되느냐에 따라 전혀 상이한 의미를 지닌 사건과 서사가 만들어지게 된다.

앞서 언급했듯이 과학적 사실이 어떤 사물을 점으로 인식하는 것이라면 서사적 사건은 그 점들이나 사물들을 연결시킨 선과도 같은 것이라고 할 수 있다. 하나의 점(사실)이나 사물은 어떤 종류의 사물(혹은 점으로서의 사실)과 연결되느냐에 따라 전혀 다른 '의미(기울기)를 지닌 선(사건)'이 된다. 이처럼 '의미'란 사물(사실)들을 어떻게 연결되느냐 라는 '관계' 방식 속에서 나타난다. 과학적 사실 역시 담론과 대상을 연결하는 지시적 의미를 지니지만 그 의미는 우리의 삶에 대해 아무런 관심도 포함하고 있지 않다. 우리의 삶에 대한 의미는 사물들과 사실들을 연결하는 사건의 선의 특성과 기울기(점에서의 미분계수)에 의해 드러나게 된다.

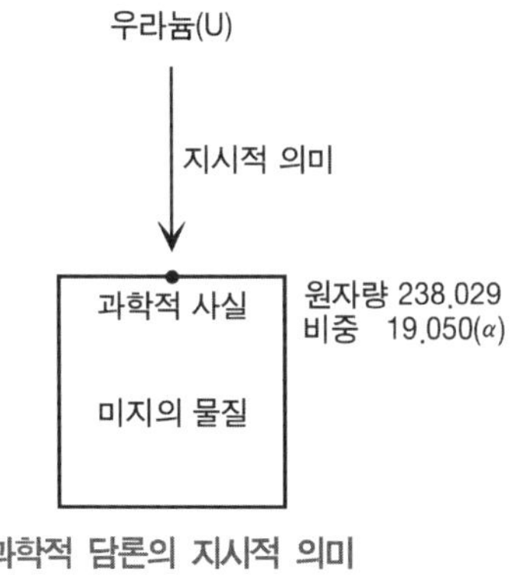

과학적 담론의 지시적 의미

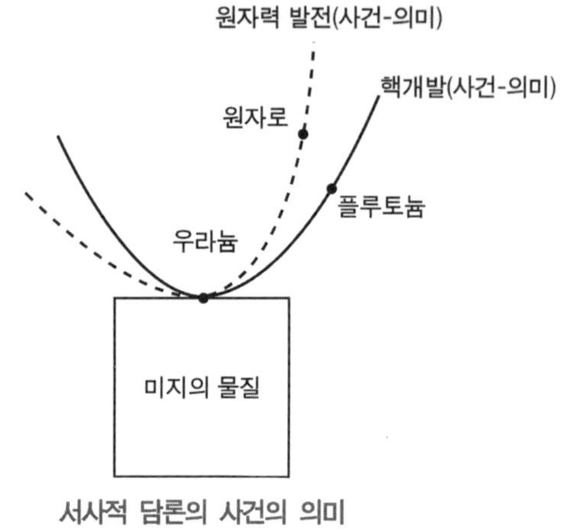

서사적 담론의 사건의 의미

과학적 담론은 미지의 물질(실재계)을 객관적인 과학적 사실로서 인간세계에 끌어들인다. 반면에 서사적 담론은 미지의 물질(사물, 실재계)을 다른 사물(사실)들과의 관계 속에서 우리의 삶에 의미를 지니는 것으로 만든다. 여기서 어떤 사물이 (우리의 삶 속에서) 의미를 지니게 만드는 관계들의 망은 텍스트[54] 혹은 계열화[55]의 그물이라고 할 수 있다. 우리는 '우라늄' 하면 저절로 핵폭탄·핵개발 등을 떠올린다. 그것은 우리의 의식 속에 우라늄·플루토늄…… 등으로 연결된 핵개발이라는 텍스트가 쓰여져 있기 때문이다. 반대로 그것은 우리가 어떤 미지의 물질(우라늄)의 표면 위에 우라늄-플루토늄-핵폭탄이라는 텍스트를 써 놓은 것일 수도 있다. 이처럼 의미를 발생시키는 텍스트는 (어떤 문화의 장 속에서) 인간의 의식과 사물(미지의 물질)이 상호작용하는 접촉점에서 형성된다고 할 수 있다.[56]

어떤 계열화 속에서 텍스트가 만들어진다는 것은 특정한 의미를 지닌 사건이 발생하는 것이라고 할 수 있다. 그 사건은 물질과 인간의 문화가

---

54) 데리다의 텍스트 개념임.

55) 계열화에 대해서는 들뢰즈, 이정우 역, 앞의 책, 98~106면 참조.

56) 순수한 인간의 의식이나 사물 그 자체라는 것은 있을 수 없는데, 왜냐하면 인간의 의식이나 사물은 텍스트의 형식으로서만 의미 있는 것으로 나타나기 때문이다.

접촉하면서 의미를 생성시키는 양상이다. 물질에 근거한 사건이 발생했다는 것은 이미 문화의 장에서 (의미를 생성시키는) 텍스트(계열화)가 구성되고 있음을 뜻하며, 반대로 어떤 텍스트(계열화)가 만들어지고 있다는 것은 물질적인 사건이 일어났음을 나타낸다. 언어들로 된 텍스트가 만들어지기 이전에 사물들로 된 텍스트(계열화)가 만들어지는데 그런 '의미'를 생성하는 사물들로 된 텍스트(계열화)가 바로 '사건'인 것이다.

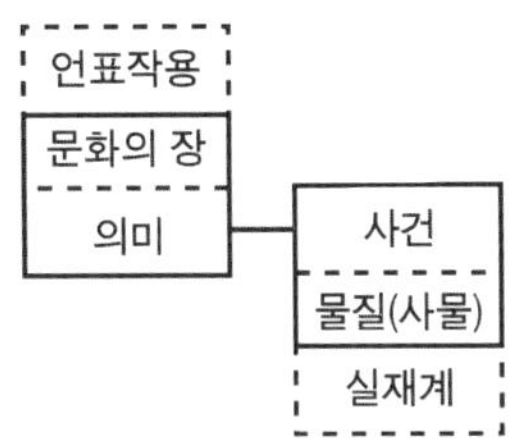

　따라서 의미는 (사건을 해석하는) 해석의 과정에서 얻어지는 것이기보다는 사건 자체의 또 다른 이면이라고 할 수 있다. 의미는 사건의 발생과 동시적으로 이루어지는 텍스트(계열화)구성의 산물이기 때문이다.

　이처럼 물질에 근거한 사건의 발생이 어떤 계열화에 의해 의미를 생성시키는 텍스트의 형성으로 생각되는 점에서, 사건은 앞서 언급했듯이 계열화의 선으로 표시될 수 있다. 그런데 그런 사건의 선은 선의 종류에 따라 특성이 달라지며 사건의 의미 역시 달라진다. 어떻게 계열화하고 텍스트를 만드느냐에 따라 사건 자체가 변화되며, 그 의미 역시 변화되는 것이다. 우선 앞서 논의했던 살인 사건의 경우를 예로 들어 생각해 보자.

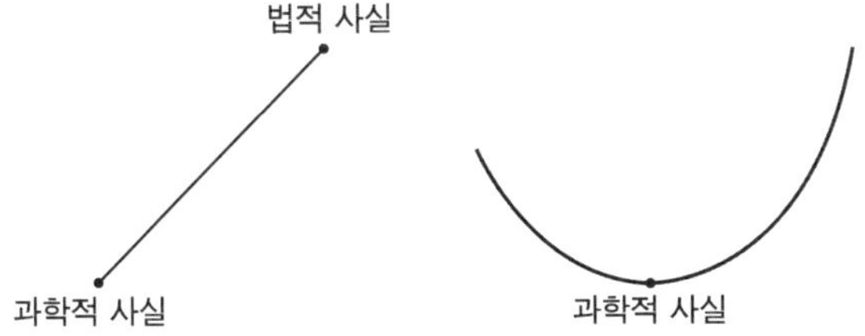

살인사건이 발생하면 경찰은 의사(그리고 과학 전문가)가 규명한 과학적 사실에 근거해 사건을 해결하기 위해 단서들을 추적한다. 그 같은 경찰의 수사는 살인행위의 의미를 찾기 위해 사건의 계열화된 텍스트를 구성하는 일이라고 할 수 있다. 사건의 텍스트를 만드는 경찰의 수사는 범인이라는 법적인 사실을 규명하는 데서 종결된다. 이 경우 사건의 계열화(텍스트화)는 과학적 사실과 법적 사실을 가장 합리적으로 연결하는 선으로 표시된다. 또한 그 사건(텍스트)의 의미는 법적으로 통제되는 사회체계(상징계) 내부에서 형성된다. 이처럼 과학적 사실과 법적 사실을 연결하는 선은 경직된 목적론적 성격을 지니며, 과학과 법이라는 출발점과 종결점은 사회체계에 의해 미리 정해진 위치를 지닌다. 체계에 의해 규정되는 점들을 연결하는 경직된 선분인 이런 사건은, 고정된 사회체계 내부에서 비슷하게 반복된다고 할 수 있다. 또한 그처럼 사회체계 내부에서 반복되는 사건은 그 체계가 한정하는 범위 내에서만 의미를 지닌다.

반면에 〈살인의 추억〉에서처럼 명확하게 법적으로 규정된 종결점(법적 사실)을 찾을 수 없을 경우, 사건의 계열화(텍스트화)의 선은 법으로 통제되는 사회체계의 한계를 넘어서서 나아간다. 물론 계열화의 선은 사건의 물질적 상태에 대한 과학적 사실 규명의 점을 지나가야 할 것이다. 그러나 그 점을 통과한 선을 이을 수 있는 명확한 점을 찾을 수 없기 때문에, 사건의 계열화의 선은 유연하고 가변적이다.

또한 〈살인의 추억〉처럼 사건 자체가 미궁에 빠진 경우가 아니라도 사건의 성격이 법적인 제한을 넘어서는 경우가 있다. 흔히 사법적 판단이 아니라 역사의 심판에 맡겨야 한다고 말하는 경우가 있는데, 이는 사건의 성격이 제한된 사회체계의 통제를 넘어서는 것임을 암시한다. 사회체계는 '역사적'으로 변화되는 것이므로, 어떤 사건이 체계의 변화에 긍정적인 작용을 했을 경우, 법적인 위반이 되더라도 또 다른 의미가 부여되어야 하는 것이다.

그처럼 법이나 사회체계의 제한에서 이탈하는 사건의 계열화는, 긍정적인 역사적 변화의 방향으로 창조적이고 유연한 선을 생성시킨다. 또한 기존의 사회체계의 한계를 넘어서는 맥락에서 복합적인 새로운 의미를 만들어낸다.

그런데 그런 유연한 선과 창조적인 의미를 지닌 사건들은 흔히 문학 작품 속에서 형상화된다. 예컨대『죄와 벌』(도스토예프스키)은 법으로 통제되는 사회체계에서 이탈하는 사건의 의미를 복합적으로 드러낸다. 이 소설에서 그려지는 사건의 선은, 법적 사회체계의 내부와 외부 사이에서 동요하면서 복잡한 의미들을 생성시킨다. 또한『인간문제』(강경애)에서 첫째는 '법이란 뭐냐'라고 반복해서 질문하는데, 이는 그의 내면에 자본주의적 법의 통제를 넘어서는 삶의 충동이 들끓고 있음을 뜻한다. 채만식의『탁류』역시 법적 제한을 넘어서는 인간적인 삶의 맥락에서 초봉의 살인사건을 그리고 있다.

이상에서처럼, 일반적으로 서로 다른 의미를 지닌 사건이 있음을 알 수 있다. 하나는 법이나 상징계,[57) 사회체계 내부에 제한되는 사건이다. 다른 하나는 사회체계(법, 상징계)의 제한을 넘어서는 선을 그리는 사건이다. 전자는 어떤 사회체계 내부에서 반복되는 사건이며 체계를 동일하게 유지시킨다. 반면에 후자는 사회체계를 이탈하는 창조적인 선을 그리면서 체계의 변화를 요구한다.

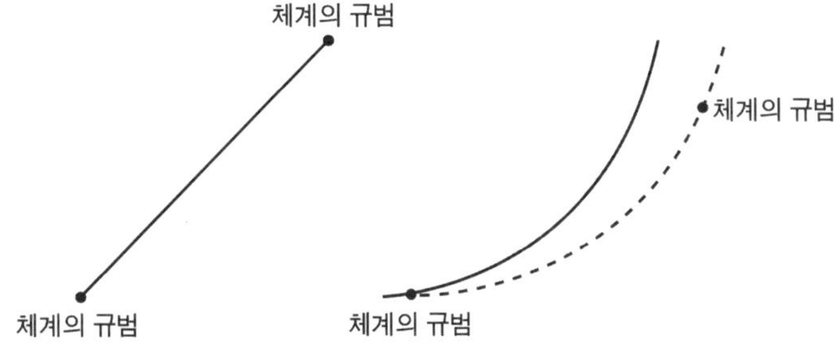

---

57) 라캉의 상징계는 사적 영역에서는 아버지에, 공적 영역에서는 법에 상응하는 개념이다.

그런데 이런 두 종류의 사건은 (거시적 차원에서) 그 사건에 연관된 인간(인물)과 환경의 관계로 설명될 수 있다.[58] 인물(인간)과 환경의 관계는 행위주체(사건의 주체)와 사회구조(사회체계)의 관계를 표상한다. 인물이 살아가는 조건인 사회환경은 인물을 사회체계 내부로 끌어들이려는 구조로 되어 있다. 그런 사회환경 속에서 인물이 경험하는(상호작용하는) 사건은, 사회체계 내부에 갇힌 것일 수도 있고, 반대로 외부로 이탈하는 것일 수도 있다.

예컨대 어떤 사람(인물)이 저지른 살인사건은 사회환경(사회체계) 내에서 범인으로 규정됨으로써 종결될 수 있다. 이는 인물과 환경의 상호작용이 체계와 법의 위반이라는 사건으로서 사회체계 내에 갇히는 경우이다. 이 경우의 사건은 사회체계를 안정되게 유지하려는 목적에서 이탈했다는 '의미'를 지닌다.

그러나 『죄와 벌』에서처럼 자본주의적 사회환경에서 어떤 인물의 살인사건은 법적 체계의 한계를 넘어서는 선을 그릴 수도 있다. 이 경우 인물(라스르니코프)과 환경(자본주의 사회체계)의 상호작용(전당포 노파의 살인)은 사회체계 자체를 문제시하는 '의미'를 지닌다.

소설의 경우 일반적으로 근대 이전에는 사회체계를 안정되게 유지하려는 사건들이 그려졌다. 그러나 근대 이후의 소설[59]에서는 인물과 환경의 갈등이 사회체계와의 충돌을 나타내는 경우가 대부분이다. 근대소설에서 그처럼 사회체계와 갈등하는 (그런 '의미'를 지닌) 사건들

---

58) 사건의 선은 거시적 차원에서 인물과 환경의 관계로 설명될 수 있다. 물론 인물과 환경은 뗄 수 없는 관계에 있으며, 그 양자의 상호관계에서 나타나는 사건의 선이 선차적(서사의 선차성)이라고 할 수 있다. 즉, 사건의 선이 먼저 나타나고 우리는 사후적으로 인물과 환경을 분리해서 생각하게 된다. 그리고 미시적 차원에서는 사건의 선이 변화되어야 인물(인간)과 환경(사회구조)이 변화된다고 볼 수 있다. 그러나 우리는 분석을 위해 인물-환경의 변화와 사건의 선(서사)의 변화를 연관시킬 수 있으며, 거시적 차원에서 인물-환경의 관계가 변화되면서 사건의 선(서사)이 변화된 것으로 설명할 수 있다.
59) 그 점에서 「운수 좋은 날」은 『흥부전』의 패러디이다.

이 그려지는 것은 근대(근대 자본주의 사회) 자체의 사회적 특성과 연관되어 있다.

　신이나 유교이념 같은 초월적 층위를 지니지 못한 근대사회는 근본적으로 통합될 수 없는 분열을 드러낸다.[60] 물론 그런 분열은 근대 자본주의 사회의 모순과도 연관되어 있다. 분열과 모순의 사회를 통합시키려는 근대의 사회적 환경(사회체계)은 인물에게 억압적으로 작용한다. 환경의 억압과 인물의 반작용, 즉 인물과 환경의 상호작용은, 사회체계를 변화시키려는 '의미'를 지닌 사건들을 계열화한다.

　근대소설에서 빈번히 환경으로부터 이탈되려는 사건들의 선(탈주선[61])이 나타나는 것은 그 때문이다. 물론 그런 이탈의 선은 근대소설 중에서도 리얼리즘. 모더니즘. 포스트모더니즘에 따라 각기 다르게 드러난다. 그 같은 다양한 이탈의 선(유연한 선, 탈주선)을 그리는 사건들의 계열화에 대해서는 '서사의 유형'을 살피면서 다시 생각해 보자.

8. 사건의 주체와 언어의 주체

　사건이 사물들(사실들)의 계열화인 점에서 그 접속의 선이 점점 확장되면 플롯이나 서사의 개념과 연결된다. 즉, 사물들의 접속에서 의미를 생성시키는 미시적 사건은 다른 사건과 접속되어 (소설의 사건 같은) 거시적 사건으로 발전한다. 또한 거시적 사건들이 연결되어 계열화되면 이야

---

60) 괴델의 불확정성의 원리에 의하면, 메타레벨을 지니지 않는 어떤 체계는 필연적으로 체계 내부와 외부에 동시에 속하는 불확정적 요소를 발생시키면서 완결성을 잃어버린다.
61) 폐쇄적이고 억압적인 체계로부터 해방되려는 흐름을 말한다.

기 줄거리인 플롯이나 서사가 구성된다. 그 같은 거시적 사건들과 플롯의 계열화는 '인간의 삶'의 양상을 보여준다고 할 수 있다.

따라서 앞에서 살핀 두 종류의 사건은 거시적 차원에서 인간의 삶의 두 양상에 상응한다. 즉, 법이나 사회체계 내부에서 반복되는 사건의 계열화는 사회체계에 예속된 인간의 삶의 선(계열화)으로 이어진다. 반면에 사회체계를 넘어서는 사건의 계열화는 그 체계에서 탈주하는 인간의 삶의 선(계열화)으로 발전된다.

그런데 인간의 삶이란 인간과 사회체계와의 상호관계, 즉 인물과 사회체계에 지배되는 환경과의 상호작용(상호관계)으로 나타낼 수 있다. 따라서 두 종류의 사건은 거시적 차원에서 두 가지 '인물과 환경의 상호작용'에 상응한다. 즉, 사회체계 내에서 반복되는 사건은, 영웅소설·공상과학소설·만화영화·헐리우드영화 등에서 볼 수 있는 '인물과 환경의 상호작용(혹은 플롯, 서사)'으로 이어진다. 또한 사회체계를 넘어서는 사건은, 리얼리즘·모더니즘·포스트모더니즘 등에서 나타나는 인물과 환경의 상호관계(상호작용이나 단절관계)로 발전된다.

예컨대 영웅소설은 사회체계에 지배되는 인물이 혼란된 환경을 다시 회복하는 체계의 자기회귀적 운동을 그린다. 반면에 리얼리즘은 인물과 환경의 역동적 상호작용을 통해 사회체계를 넘어서려 하며, 모더니즘은 탈주의 욕망을 지닌 인물이 환경과 단절된 상태에서 겪는 미시적 사건을 그린다. 또한 포스트모더니즘은 환경을 해체하면서 탈주하려는 인물의 다양한 모습을 보여준다.

이처럼 사건의 계열화는 거시적 차원에서 여러 가지 인물과 환경의 상호관계로 연결된다. 미시적 차원에서 사건이란 사물들의 접속관계(계열화)이지만 거시적 차원에서는 인물(행위자)과 환경(사회체계)의 상호연관으로 나타난다. 이 점에서 환경(사회체계)과 다양한 관계를 이루는 인물(인간)이란 거시적 사건의 주체(행위자[62])라고 할 수 있다.

그런데 사건들 혹은 서사의 텍스트에는 사건의 주체와는 구분되는 또 다른 주체가 있다. 예컨대 살인사건의 '사건의 주체'는 살인자이지만, 용의자를 추적하며 사건의 텍스트(계열화)[63]를 만드는 경찰은 텍스트적 행위(계열화)의 주체라고 할 수 있다. 또한 기자나 작가, 영화감독 역시 또 다른 '텍스트의 주체'인 셈이다.

이처럼 하나의 사건은 (텍스트의 주체가 누구냐에 따라) 여러 가지로 텍스트화(계열화)될 수 있으며 그에 따라 다양한 의미를 지닐 수 있다. 이는 (해석의 차원의 문제라기보다는) 사건 자체가 다양한 계열화(텍스트화)와 의미화의 가능성을 갖기 때문이다. 여기서 중요한 것은 어떤 방식의 계열화(텍스트화)가 사건의 의미를 보다 복합적으로 드러내느냐일 것이다.

그런데 경찰, 기자, 작가가 사건의 계열화(텍스트[64])를 만드는 행위는 머리 속에서 진행될 수도 있고 언어로 쓰여질 수도 있다. 머리 속에서 사건을 계열화(텍스트화)하는 것은 우리의 의식 속에 텍스트를 쓰는 것이지만, 또한 그것은 미지의 사물들 위에 텍스트를 기입하는 행위이기도 하다. 그 점에서 언어로 쓰여지기 이전의 사건이란 '사물들로 된 텍스트'라고 할 수 있다.

그런 '사물들로 된 텍스트'는 사건조사서·신문기사·소설 등으로 종이 위에 언어로 쓰여진다. 이 '언어로 된 텍스트'는 언어를 선택하고 연결하는 과정에서 불가피하게 사물로 된 텍스트를 변형시킨다. 그처럼 언어의 구사에 의해 가변성이 생기는 점에서 언어로 된 텍스트의 '텍스트적 주체'는 '언어의 주체'라고 할 수 있다.

---

62) 행위자(agent)란 어떤 사건을 유발하는 요소이지만 '주체'와는 달리 사건의 과정에서 복합성과 가변성을 지니는 미시적인 개념이다.

63) 사건의 텍스트란 사건에 대해 텍스트를 만드는 것이 아니라 사건이라는 텍스트를 계열화하는 것을 말한다.

64) '사건이라는 계열화'를 말한다.

언어로 된 텍스트

언어(서술)	의미 – 사건	사물의 이미지
언표 작용	의미 – 사건	사물(물질)

사물로 된 텍스트

위의 '사물들로 된 텍스트'에서 사건의 텍스트(텍스트로서의 사건)가 표면에 쓰여지는 사물들의 공간은 미지의 물체, 즉 라캉이 말한 실재계와도 같은 것이라고 할 수 있다. 미지의 물체(실재계) 위에 '사건'의 텍스트(계열화)가 쓰여지는 과정은 언표작용(언표들의 의미작용)에 의해 '의미'가 생성되는 과정과 일치한다. 사건(텍스트)이 사물들이 접속되고 운동함으로써 발생한다면, 의미는 미지의 물체(사물)들 위에 언표들이 쓰여지면서(접속되고) 운동하는 과정에서 생성된다.[65] 그 점에서 의미를 만드는 '언표작용'이란 상징계(언표-언어)와 실재계(미지의 사물), 그리고 문화와 사물이 접촉하고 상호작용하는 공간에서 일어난다.

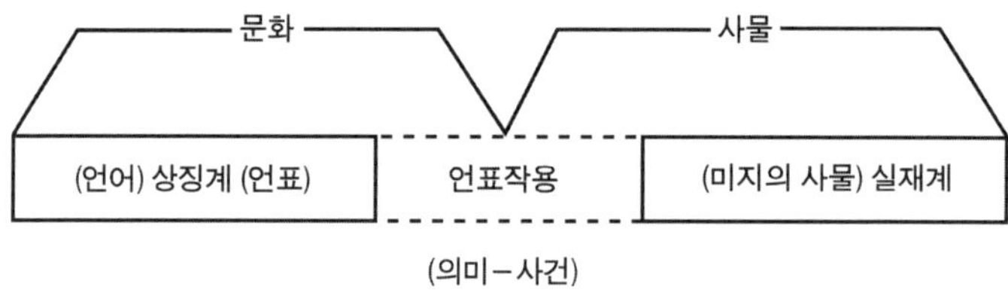

한편 '언어로 된 텍스트'는 '사물들로 된 텍스트'를 종이 위에 언어로 옮긴 것이므로 사물들의 접속과 그것의 이미지, 그리고 언표작용과 서술된 언어는 상응하는 관계에 있다. 그러나 인간의 의식과 사물이 접촉하면서 생겨나는 언표작용이 종이 위에 실제의 언어로 쓰여지는 순간 언

---

65) 사건이 발생하는 과정과 의미가 발생하는 과정은 서로 일치하는데, 이는 들뢰즈의 의미의 논리와 푸코의 지식의 고고학이 만나는 지점이기도 하다. 이정우, 앞의 책, 115~124면 참조.

어적 기법(시점, 선택과 배열 등)의 문제에 의해 얼마간 변형이 일어난다. 따라서 언표작용과 서술된 언어, 사물들의 접속과 그것의 이미지는 완전히 일치하지는 않는다.

언어로 된 텍스트에서 사물들의 이미지는 우리가 머리 속으로 상상하는 것이라고 할 수 있다. 그런데 흥미로운 것은 20세기 이후 언어로 된 텍스트(사건조사서·신문기사·소설) 이외에 직접 이미지를 보여주는 텍스트(영화)가 나타난 점이다. 언어로 된 텍스트가 종이 위에 언어로 텍스트를 쓰는 것이라면 이미지로 된 텍스트는 스크린 위에 '사물들의 이미지'로 텍스트를 만든다. 이미지-텍스트(이미지로 된 텍스트)는 '사물들의 이미지'를 통해 사물-텍스트의 사물들의 접속관계(계열화)를 직접 보여준다. 이 점에서 이미지-텍스트는 언어-텍스트보다 사물들로 된 텍스트에 보다 가깝게 접근해 있다. 사물-텍스트(사물로 된 텍스트)가 사물과 인간의 의식의 접촉에서 생겨난다면 이미지-텍스트는 사물이 카메라에 찍혀 스크린에 영사되어 나타난다. 그 점에서 사물이 스크린에 영사되기까지의 과정은 사물이 인간의 의식에 접촉되는 과정과 유사하다고 할 수 있다. '뇌는 스크린이다'[66]라는 말은 단순한 은유 이상의 실감을 지니고 있는 것이다.

그러나 사물들의 이미지가 사물로 된 텍스트와 완전히 똑같은 것은 아니다. 사물-텍스트의 의미는 사물들의 접속관계에 의해, 혹은 사물들 위에 쓰여지는 언표들의 의미작용(언표작용)에 의해 생성된다.[67] 반면에 이미지-텍스트의 의미는 단순한 사물-이미지를 넘어서는 영상기법(몽타주·오버랩·클로즈업 등)을 통한 영화언어에서 생겨난다.[68] 영화언어는 다양한 영상기법을 포함하는 점에서 사물-텍스트의 언표작용과는 구분

---

66) 들뢰즈 외, 박성수 역, 『뇌는 스크린이다』, 이소출판사, 2003, 529~544면.
67) 그런 두 과정은 서로 일치하는데, 여기서 들뢰즈『의미의 논리』와 푸코『지식의 고고학』의 만남이 나타난다. 이에 대해서는 뒤에서 살펴볼 것임.
68) 이미지-텍스트 중에서 TV뉴스 등의 기록물은 그 같은 영상기법이나 영화언어를 사용하지 않는다.

된다. 또한 영화의 영상인 사물들의 이미지 역시 영화언어를 만들기 위한 이미지 기법[69]을 내포하는 점에서 사물─텍스트의 사물들의 접속관계(계열화)와는 구별된다.

이미지로 된 텍스트

영화언어	의미 ─ 사건	사물들의 이미지

언어─텍스트가 이미지─텍스트와 다른 점은 텍스트 속에 배열된 언어를 통해 사물들의 이미지를 머리 속으로 상상할 뿐이라는 것이다. 그에 반해 이미지─텍스트에서는 스크린(텍스트) 위의 사물들의 이미지를 통해 영화언어를 머리 속으로 구성한다. 언어─텍스트는 처음부터 언어적 기호를 사용해 텍스트를 구성하지만 이미지─텍스트는 이미지로 텍스트를 만드는 과정에서 영화언어의 기호작용이 나타난다.[70]

한편 언어─텍스트와 이미지─텍스트를 통틀어서 중요한 사실은 기록적 텍스트와 예술적 텍스트를 구분해야 한다는 점이다. 예컨대 경찰의 사건조사서, 기자의 신문기사, 그리고 TV뉴스의 언어와 영상 등의 기록적 텍스트는 우리를 실제 현실에서의 사물들로 된 텍스트(사건)와 접촉하게 만든다. 그래서 우리는 그런 기록적 텍스트의 언어나 영상에 국한되지 않고 실제현실의 사물들로 된 텍스트의 사건과 의미에 대해 생각하게 된다.

그런데 기록적 텍스트의 언어나 영상 자체는 사물들로 된 텍스트의 '사건'을 하나의 '사실'로서 전달하려는 경향을 지닌다. 즉, 사건조사서, 신문기사, TV뉴스의 언어와 영상은 사건의 의미를 복합적으로 계열화하

---

69) 영화의 기법들은 우리의 의식(뇌)과 사물이 접촉하는 방식과 상당히 유사하다. 예컨대 어떤 사물을 클로즈업하는 것은 우리가 그 사물을 내용이 아닌 표현의 층위로서, 즉 일종의 얼굴로서 대면하는 것을 나타낸다(이에 대해서는 뒤에서 살펴볼 것임). 그러나 그런 영화기법을 포함한 이미지 배열은 사물─텍스트의 계열화 자체와는 구분된다.

70) 로트만, 박현섭 역, 『영화기호학』, 민음사, 1994, 72면.

기보다는 합리적으로 규명된 낱낱의 사실들을 보도하는 일을 우선시한다.71) 그로 인해 기록 텍스트의 언어와 영상 자체는 복합적으로 계열화된 '사건'의 의미보다는 '사실'을 지시하는 의미를 만들게 된다.

반면에 소설이나 영화 등의 예술 텍스트는 실제 현실에서 소재를 취하는 경우에도 (현실의) 사물-텍스트(사건)의 낱낱의 '사실'들과는 정확하게 일치하지 않는 경향이 있다. 이처럼 언어나 영상이 실제의 사실들과 일일이 부합하지 않는 점에서 예술 텍스트는 허구적 경향을 지닌다. 그러나 그처럼 실제의 '사실들'을 정확하게 지시하지 않는 대신 현실의 사물-텍스트의 복합적으로 계열화된 '사건-의미'를 기록 텍스트보다도 훨씬 풍부하게 생산하는 특성을 갖는다. 기록 텍스트가 사건의 선(계열화)에 위치한 '사실'의 점들을 지시하는 기능을 지닌 반면, 예술 텍스트는 사실의 점 대신 허구적인 점들을 이용하면서도, '사건'의 계열화의 잠재인 의미들을 풍부하게 생성시키는 것이다. 그로 인해 예술 텍스트의 언어(소설)와 영상(영화)은 기록 텍스트(사건조사서·신문기사·TV뉴스)와는 달리 사물-텍스트의 언표작용이나 사물들의 접속관계와 유사한 특징을 보여준다.

물론 예술 텍스트는 불가피하게 허구성에 의존함으로써 실제 현실의 사실의 세계로부터 유리된 채 미적 '자율성'을 지니게 된다. 그러나 다른 한편 예술 텍스트는 어떤 기록물보다도 인간의 삶의 사건들을 풍부하게 계열화하는 점에서 현실 세계와 긴밀한 연관을 맺고 있다. 이처럼 현실세계로부터 유리되는 동시에 또한 밀접하게 연관된다는 뜻에서 예술 텍스트는 '상대적' 자율성을 지닌다고 할 수 있다.

예술적 서사 텍스트의 또 다른 중요한 특징은 서사적 기록물(기록 텍스트)들이 현실 세계의 내용을 전달하는 것과 유사한 관계를 '텍스트 자체

---

71) 우리 자신은 그런 보도를 읽고 보면서 복합적 계열화의 성격을 지닌 사건을 접할 수 있지만, 기록 텍스트의 언어나 영상 자체는 그 같은 사건을 사실로 보도하는 데 한정되는 경향이 있다.

내에서' 만들어내야 한다는 점이다. 즉, 소설이나 영화는 마치 사건조사 서나 신문기사, TV뉴스가 현실의 사건을 전달하는 것처럼 허구적 텍스트 내에서 담론(전달자)과 이야기 세계의 관계를 구성해야 한다. 그래야 만 허구적인 이야기 세계(서사적 사건들의 세계)의 서술이 실제 현실의 사건의 전달인 듯이 여겨지기 때문이다.

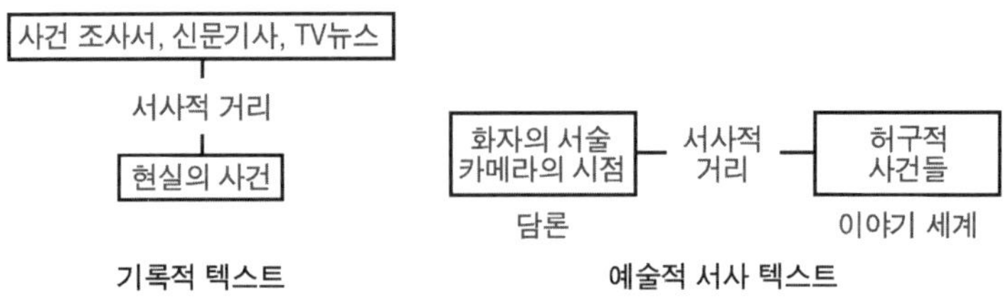

이처럼 소설의 화자나 영화의 카메라의 시점이 이야기 세계에 대해 객관적 거리를 두는 것은 허구적 이야기가 실제 현실 세계의 사건인 것처럼 만들기 위해서이다. 이야기 내용이 주체의 의식 속에서 꾸며진 것이 아닌 독립된 객관세계의 사건인양 만드는 이 거리를 '서사적 거리'라고 부른다. 물론 소설이나 영화는 신문기사나 TV뉴스처럼 건조한 사실 전달에만 주력하지는 않는다. 그것은 소설이나 영화의 경우, 허구 텍스트에 감상자를 끌어들이기 위해 미학적 기법을 사용해야 하고, 또한 사건의 복합적 계열화를 풍부하게 드러내려 하기 때문이다. 그러나 다른 한편 소설과 영화는 서정시·수필·연극 등과는 달리 신문기사나 TV뉴스에서처럼 이야기 내용을 독립된 객관세계의 사건으로서 그려내야 한다. 바로 그 같은 특성으로 인해 서사적 예술 텍스트에서는 서로 구별되는 두 개의 주체가 필요하게 된다.[72] 하나는 객관적이 이야기 세계의 사건의 주체(인물)이며, 다른 하나는 그로부터 서사적 거리를 두고 있는 서술이나 시점의 주체(화자나 카메라의 시점)이다.[73] 사건의 주체와 담론(언어,

---

72) 이는 서사적 기록물에서도 마찬가지이다.

영상)의 주체는 사건조사서나 신문기사에서도 마찬가지로 요구된다. 그러나 기록적 서사물에서는 그 두 개의 주체가 실제 인물-화자인 반면 예술적 서사물에서는 허구적 인물-화자(시점제공자)로 나타나게 된다.

9. 의미의 층위들과 실재계-「나의 가장 나종 지니인 것」

소설이나 영화는 허구적 이야기 세계를 실제 현실세계처럼 만들기 위해 두 가지 담론적 작업을 필요로 한다. 첫째로 이야기 세계가 화자(카메라의 시점)의 의식의 편린들이 아닌 독립된 세계인 것처럼 만들기 위해 '서사적 거리'를 유지해야 한다. 둘째로 이야기 세계가 허구적 세계가 아닌 실제 현실로 여겨지게 하기 위해 생생한 극적 환영을 조성하는 수사학을 구사해야 한다.

소설과 영화의 또 다른 특징은 이야기 세계뿐만 아니라 그것을 전달하는 화자 역시 극화될 수 있다는 점이다. 대부분의 소설에서 화자는 객관적 입장을 취하며 영화의 경우 화자는 대개 등장하지 않는다. 그러나 1인칭 소설이나 1인칭 화자가 도입된 영화에서는 화자가 자주 극화되는 일이 일어난다. 특히 소설의 경우 채만식의 「치숙」「소망」이나 박완서의 「나의 가장 나종 지니인 것」에서처럼 화자가 인물처럼 극화되기도 한다. 이처럼 객관적 화자에서 인물처럼 극화된 화자에 이르기까지 폭넓은 스펙트럼을 형성하고 있는 것이 예술적 서사의 담론적 특성이다.

또한 소설과 영화의 중요한 내용적 특징은 인간의 삶을 빈번히 복합적으로 계열화된 사건으로 제시한다는 점이다. 예컨대 염상섭의 『삼대』

---

73) 다양한 서사적 기법에 의해 시점은 거리가 없어진 인물시점이 사용되기도 한다. 그러나 인물시점 역시 서사적 거리를 둔 화자의 서술이 암암리에 전제된다.

에는 1930년대 사회환경을 바라보는 서로 관점이 다른 두 인물(조덕기와 김병화)에 의해 식민지 현실이 복합적으로 계열화되어 제시된다. 이 소설에서 다양하게 계열화되는 사건들의 의미는 어느 한 인물의 위치(관점)에서 나타나지 않고 각 인물들의 관점이 대화적으로 충돌하면서 '해체'되는 과정에서 드러난다.[74]

앞서 살폈듯이 사건과 그 의미는 사건이 어떤 방식으로 계열화되느냐에 따라 다르게 나타난다. 이는 사건 자체가 복합적인 계열화 가능성과 의미를 잠재적으로 내포하고 있음을 암시한다. 소설과 영화는 인간의 삶을 복합적인 사건과 의미들로 제시하면서 그 어느 하나의 맥락으로 수렴될 수 없는 열려 있는 공간을 보여준다. 이에 따라 소설과 영화의 서사 역시 어느 한 맥락에 고착된 무미건조한 객관성을 넘어서게 된다.

박완서의 「나의 가장 나종 지니인 것」은 그 같은 예술적 서사의 담론과 내용(이야기)의 특성을 매우 잘 보여주는 소설이다. 이 소설은 인물처럼 극화된 화자를 사용하고 있는데, 이 독특한 서술방식은 이야기 세계의 사건에 다양한 의미를 부여하려는 시도와 연관이 있다. 1인칭 화자란 대개 경험자아로서의 인물('나')이 중요한 변화를 겪은 후 자기 자신의 경험을 이야기하려는 서술자아로 나타난다. 경험자아에서 서술자아로, 즉 인물에서 화자로의 이 같은 전이는, 인생에서 충격적인 경험을 한 후 그 경험을 계열화된 사건으로 구성해 의미를 부여하려는 충동에서 이루어진다.

「나의 가장 나종 지니인 것」에서 '나(창환의 어머니)'의 인생의 전환을 가져온 경험은 아들 창환의 죽음이다. 창환의 죽음은 7년이 지난 후에도 메워지지 않는 '나'의 내면의 빈 구멍으로 남아 있다. '나'의 서술적 충동은 창환의 죽음을 계열화된 사건으로 구성해 의미를 부여함으로써 내면의 구멍을 메우려는 욕망이다. 서술자아로서 '나'는 창환의 죽음을 객

---

74) 이 경우에는 상징계와 실재계가 상호작용하는 위치에서 불확정적인 의미가 나타난다.

관적으로 계열화된 사건으로 구성하기 위해 그 경험으로부터 '서사적 거리'를 둔 화자가 된다. 물론 이 객관적인 계열화 방식 역시 내면의 구멍을 메우려는 시도에서 나온 것이며, '나'의 복합적 성격과 위치에 의해 다양한 계열화 방식으로 나타난다.

그런데 그런 서술자아가 되기 이전에 '나'의 창환의 죽음으로 인한 정서적 혼란은 자신도 모르게 생경한 감정으로 노출되어 버린다. 그런 혼란한 감정을 진정시키기 위해 '내(화자)'가 사용하는 두서 없는 담론방식이 바로 극화된 화자의 '수다'이다. 그 같은 수다를 산만하게 늘어놓은 후에야 나는 서술자아의 객관적 서술을 수행할 수 있게 되는 것이다. 이처럼 극화된 화자의 '감정적인' 수다와 서술자아의 '객관적인' 서사적 거리의 방식이 뒤섞인 것이 이 소설의 독특한 담론의 방식이다.

정서적 진정의 효과가 있는 '수다'는 사소한 삽화나 언어에 분산적으로 의미를 부여하는 여성적인 담론이다. 수다는 내면의 상처를 치유하기 위해 삶의 의미를 부여할 수 있는 언어들을 쏟아내는 것으로서, 그것이 생활의 미세한 틈새들을 들춰내는 것은 의미의 미립자들이 삶의 곳곳에 분산되어 있음을 나타낸다. 그러나 그 파편화된 언어들 자체만으로는 내면의 구멍을(아들의 죽음)을 메울 수 있는 의미 있는 사건의 선을 만들어 내지 못한다. 따라서 이 소설에서 극화된 화자의 '수다'는 분산적인 언어들을 객관적인 (서사적 거리를 지닌) 사건의 선과 연결시키면서, 생활의 미세한 틈새들을 의미 있는 서사적 사건의 세부들로 만들고 있다.

그 같은 서술(수다와 객관적인 서사)의 충동을 일으키는 '나'의 내면의 상처란 아들의 죽음으로 생긴 실재계[75]의 구멍을 말한다. 그런데 이 소설에서 아들의 죽음은 단순히 실존적인 존재의 결여 이상의 의미를 지니고 있다. 남편이 없는 '나'에게 아들 창환은 남성중심적인 상징계[76]에서 남근의 기표의 위치를 차지하고 있었다. '나'의 창환에 대한 애착이 그

---

75) 실재계란 상징계를 통해 인식되기 이전의 실존의 장을 말한다.
76) 남성중심적인 상징계는 남근이라는 초월적 기표를 중심으로 구조화된다.

가(남성중심적 상징계에서) 누구보다도 '잘난 아들'이었음을 강조하는 말들은 창환이 실제적인 남근의 기표였음을 암시한다. '나'에게 창환의 죽음은 상징계의 핵심적인 기표의 상실이었으며 그것이 바로 '나'의 내면의 구멍이었던 것이다.

남근 중심적 상징계에서 삶의 '주체'가 된다는 것은 그 초월적 기표(남근)에 '예속화'됨을 뜻한다. 창환의 죽음은 '나'에게 남근의 상실인 동시에 중심을 잃어버린 주체의 죽음을 의미했던 셈이다. 실재계의 구멍, 즉 어떤 사람의 죽음은 천국에서 지옥까지를 총체화하는 상징계의 기표 체계의 의식(rites)[77]을 통해서만 메워질 수 있다. 그러나 남근을 상실하고 주체의 중심을 잃어버린 '나'에게 그 같은 총체화하는 애도의 의식이 제대로 이뤄질 수는 없었다. '나'의 쉴새 없는 말의 쏟아냄(수다)은 잃어버린 중심에 대한 그리움을 그 중심 기표의 흔적이 남아 있는 생활 주변의 곳곳을 방황함으로써 해소하려는 충동에 다름이 아니다. '나'는 그같은 언어의 방황(수다)과 생활의 소요를 거치는 과정에서 비로소 아들의 죽음을 의미 있는 사건으로 계열화하는 객관적 서술의 화자가 된다.

그처럼 수다를 통해 두서 없이 말이 쏟아지는 중에 아들의 죽음은 1980년대 후반의 중요한 사회적 사건으로 서사화된다. 아들 창환은 그때 시위 도중 경찰의 쇠파이프에 맞아 세상을 떠난다. 창환은 '나'의 삶에서 남근의 기표였지만 그는 자신보다 훨씬 큰 권력을 지닌 남근 중심적 독재체제에 예속되길 거부함으로써 죽음을 맞게 된 것이다. 창환을 죽음에 이르게 한 경찰의 쇠파이프는 독재권력의 상징계=법에 내포된 사형선고의 명령문을 상징하는 것이었다. 즉, 독재권력의 상징계에는 그 체제의 법을 위반하고 권력에 저항할 경우 죽음을 맞게 된다는 명령어가 포함되어 있었다. 창환의 죽음은 그의 시위가 그 같은 죽음의 명령문을 돌파(탈주)하려는 사회운동이었음을 역설적으로 보여준다.

---

77) 라캉, 민승기 외역, 『욕망이론』, 문예출판사, 1994, 168면.

물론 '내'가 처음부터 창환의 죽음을 그런 사회운동의 서사로 계열화
시켜 의미화하려 했던 것은 아니었다. '나'에게 창환의 죽음은 남근의
기표와 존재의 중심을 잃어버린 결여의 구멍이었을 뿐이다. 그러나 남근
의 기표에 예속된 삶을 살던 타자(여성)로서의 '나'는 스스로 그 구멍을
메울 기표를 찾을 수 없었다. 남편의 대체물인 아들마저 잃고 다만 타자
의 위치에 있게 된 상태에서, '나'는 결여의 구멍을 채울 어떤 기표도 얻
을 수 없었던 것이다. 그처럼 부득이 여성으로서의 타자의 위치가 노출
된 '나'는 아들이 서 있었던 또 다른 타자인 민중의 위치에 기대게 된다.
그리고 그런 맥락에서 새로운 삶을 서사화하는 기표들을 빌려 비로소
구멍을 메운다.

> 죽음은 어차피 돌이킬 수 없는 운명인 거 아닌가요? 게다가 철저하게 개개의
> 것이구. 그게 너무 무서워서 우선 피하고 싶었어요 우선 개별적인 것에서 피하
> 는 방법은 휩쓸리는 일이었죠 집단적인 열정 속으로 형님도 기억하시죠 우리
> 창환이의 장엄한 장례식을요 백만 학도가 우리 창환이를 열사로 떠받들었죠
> 형님, 제발 그렇게 말씀하시지 마세요 젊은이들이 제 몸에다 불을 붙여 시대의
> 횃불을 삼으려 든 세상이었잖아요? 죽은 목숨을 횃불 삼으려 든 것쯤 아무것도
> 아니었죠[78]

위에서처럼 '나'는 독재권력을 전복시켜 민중이라는 타자를 주체화하
려는 서사를 빌려 존재의 구멍을 봉합한다. 그 순간 '나'는 타자에서 주
체로 전이됨으로써 빈자리를 메울 수 있는 기표를 얻을 수 있었던 것이
다. 즉, '백만학도의 열사, 시대의 어둠을 밝히는 횃불'이라는 기표들로
써 아들의 죽음은 구멍이 메워진다. '나'는 그런 서사화를 통해 창환의
죽음에 의미를 부여함으로써 창환의 부활을 경험한다. '나'의 민가협의
가담과 6·10항쟁의 참여 역시 아들의 죽음을 사회운동의 서사로 의미

---

78) 박완서, 「나의 가장 나종 지니인 것」, 『동인문학상 수상 작품집』, 조선일보사, 1994,
29면.

화하려는 행위의 연장으로 볼 수 있다.

그러나 그런 서사적 의미부여 역시 아들의 빈 자리를 완전히 채워주지는 못한다. 물론 그것은 '내'가 그 사회운동의 서사와 기표들을 온전히 내면화해 타자로서의 '나'에게 접속시키지 못했기 때문이다. 사회운동에 참여하면서도 '나'는 무의식 속에서는 그 서사적 기표들을 여전히 남근으로서의 아들을 대체하는 기표들로 받아들이고 있었다. 살았을 때 남근의 기표로서의 잘난 아들은, 죽은 후에도 '열사'라는 또 다른 잘난 아들, 또 다른 남근의 기표였던 것이다. '나'의 변함 없는 남근 중심주의(가부장주의)는, 죽은 오빠에 대한 집착을 탓하는 딸의 항변과, 그에 대꾸하는 '나'의 생각에서 분명히 드러난다.

> 엄마, 해도 너무해, 이제 그만 해. 오빠 죽은 지 벌써 칠 년째야. 오빠만 자식이야.[79]

> 세상에 에미 가슴에 비수를 꽂아도 분수가 있지, 감히 그런 소리를 어떻게 입 밖에 낼 수 있을까요? 형님, 전 한 번도 창환이 목숨을 제까짓 것들과 비교하거나 바꿔치기해서 생각한 적 없어요, 맹세코 아들 딸을 층하하지 않겠다는 지어먹은 마음 따위하곤 달라요. 창환인 전무후무한 하나뿐인 창환이고 아무하고도 비교할 수 없이 잘났기 때문이에요.[80]

이 같은 잘난 아들 곧 남근의 기표에 대한 집착은, 아들을 '산 법관' 부럽지 않은 잘난 아들로 느끼게 하는 사회운동의 공간에서 해소되지만, 그것의 영향력에서 벗어난 집(가정)과 개인의 삶으로 돌아오는 순간, '나'는 다시 남근의 결여라는 상실감에 시달린다. 이 소설의 내용을 이루는 '나'의 서술의 충동은 바로 그에서 기인된 것이다. 즉, '내'가 6·10항쟁과 6·29를 혼동하는 보수적인 형님에게 자꾸 수다를 떠는 것은, 그처럼

---

79) 박완서, 위의 글, 위의 책, 22면.
80) 박완서, 위의 글, 위의 책, 24면.

사회운동의 서사로 완전히 채워지지 않는 내면의 빈 구멍(남근의 결여) 때문일 것이다.

'나(동서)'와는 달리 매번 침착한 형님은 창환을 죽게 한 시위를 다만 안정된 사회를 혼란시키는 법의 명령의 '위반'으로만 이해한다. 이는 창환의 죽음을 또 다른 방식으로 계열화하는 경직된 서사화인 셈이다. 형님은 사회적으로나 가정적으로 철두철미 남근 중심적 권력에 예속된 모습을 보이고 있는 것이다.

'나'는 그처럼 '절벽'같은 형님에게 따지듯이 '통곡'의 수다를 떠는데, 이는 외견상 사회운동을 인정하지 않는 보수적인 그에게 항의하는 것으로 보인다. 그러나 '나'는 흔들리지 않는 남근 중심적인 형님에게 항의하는 동안, 실상은 (사적 공간에서) 사회운동의 서사로도 메울 수 없는 남근의 결여에 집착하는 자기 자신에게 항변하는 셈이다. 즉, 그 순간 '나'는 오히려 '열사'나 햇불의 기표로써 미처 다 메우지 못한 내면의 빈 틈을 열어 보이는 것이다.

물론 의식적 차원에서는 '나'와 형님은 창환의 죽음을 두 가지 다른 사건으로 계열화하고 있다. 형님에게 창환의 죽음은 법의 위반과 가문의 불명예일 뿐이다. 반면에 '나'에게는 세상을 밝히게 한 시대의 햇불로 의미화(그리고 사건화)된다. 그러나 '나'는 문을 열고 아들이 없는 집에 들어서는 순간 그 시대의 햇불이 어두운 빈 자리로 바뀜을 절감한다. '내'가 시대의 햇불을 인정하지 않는 형님을 '통곡의 벽'으로 삼아 수다를 떠는 것은 바로 그 햇불로도 지워지지 않는 빈 자리 때문인 것이다.

'나'는 '열사'나 '햇불'의 기표로 메울 수 없는 창환의 빈 자리를 의식하며 또 다른 방식의 계열화를 모색한다. 즉 '나'는 존재의 중심(남근)의 상실을 장미꽃과 향기의 존재론이나 은하계의 주문으로 의미화한다. 장미꽃과 향기의 존재론이란 모든 사물이 육체와 향기라는 두 가지 방식으로 존재할 수 있다는 것이다. 숨어 있는 꽃향기처럼 형체가 눈에 안 보여도 향기가 오히려 존재를 더 잘 알려주는 경우가 있는 것이다. 그것은 꼬리고기를 태웠을 때 고기는 오그라들어 소멸했어도 냄새는 도리어 팽창하여 진동하는 것과 같은 이치이다. '나'는 그처럼 존재의 상실로서의 창환의 죽음을 육체의 소멸과 향기의 팽창으로 의미화(서사화)한다.

또한 은하계의 주문이란, 우리의 은하계나 우주 속 또 다른 은하라는 무한한 거리의 단위로 볼 때, 지구 위의 인간의 사건은 모래알에 붙어사는 존재의 운명으로 극소화된다는 것이다. 그런 주문 속에서 아들의 죽음으로 인한 태산 같은 설음은 안개의 입자처럼 미소하고 하염없는 것이 된다. 그처럼 창환의 죽음을 우주적 차원의 사물들로 계열화함으로써, '나'는 존재의 상실을 극소화하고 잃어버린 중심에 무의미의 의미를 채우게 된다.

그러나 '나'는 교통사고로 하반신 마비에 치매까지 된 친구의 아들을 보며 새로운 의식의 변화를 경험하게 된다. 친구는 불구가 된 아들에게 온갖 욕설을 퍼부으며 힘든 모습으로 그의 수발을 들고 있었다. 하지만 '나'는 죽는 것보다 못한 그 지옥 같은 모습 속에서도 남들이 끼어들 수 없는 모자간의 애정이 흐르고 있는 것을 보게 된다. 물건처럼 무표정하게 누워 있던 아들이 다른 사람의 손길에 괴성을 지르는 반면, 친구가 그를 만지면 흐리멍텅한 눈으로 편안함의 극치를 보였던 것이다.

아무런 능력도 명예도 없는 물건 같은 아들과 그처럼 '생명'의 교류를 나누는 모습을 보며, '나'는 이제까지 자신을 버텨왔던 '장한 어머니', '향기'의 존재론, '은하계의 주문'이 모두 떠내려감을 느낀다. 아들의 죽음을 각기 다른 방식으로 사건화하는 그 세 가지 서사의 공통점은 잘난 아들이라는 남근의 기표에 대한 집착을 포함하고 있다는 점이다. 장한 어머니 '나'에게 '열사'가 된 아들은 또 다른 잘난 아들(남근의 기표)이었을 뿐이다. 또한 향기의 존재론은 남근의 기표에 대한 집착을 존재론적 자기기만으로 해소하려는 것에 다름이 아니었다. 은하계의 주문 역시 무한한 은하계의 규모에 대비시키는 최면의 방식 속에 남근의 기표(잘난 아들)의 소중함에 대한 애착을 역설적으로 숨기고 있었다.

그러나 이제 중요한 것은 잘난 아들(남근의 기표)이 아니라 생명 그 자체의 소중함이었다. 잘난 아들에 집착하는 서사가 모두 떠내려간 자리에 '생명' 그 자체라는 또 다른 서사가 나타나고 있었던 것이다.

> 저는 별안간 그 친구가 부러워서 어쩔 줄을 몰랐어요 남의 아들이 아무리 잘나고 출세했어도 부러워한 적이 없는 제가 말예요 인물이나 출세나 건강이나 그런 것 말고 다만 볼 수 있고, 만질 수 있고, 느낄 수 있는 생명의 실체가 그렇게 부럽더라구요.[81]

이제 '나'에게 결핍된 것은 '잘난 아들(남근의 기표)'이 아니라 '생명'의 실체였다. 이런 '나'의 변화는 중요한 인식론적 전환을 암시한다. 이제까지 '나'는 상징계(남근 중심적 상징계)의 차원에서 남근의 기표에 집착하고 있었다. 즉, '나'는 지금까지 남근 중심적 상징계에서 자신의 아들이 (살았건 죽었건) 남근의 명예를 빛내는 존재라고 여겨온 것이다. 그러나 이제 '나'는 그런 남근의 자리(상징계) 대신 실재계의 차원에서 생명의 빈 자리를 확인한다.

'내'가 발견한 실재계의 구멍은 남근 중심적 상징계의 어떤 기표로도 메워질 수 없는 것이었다. 즉, '나'는 남근의 빈 자리를 대체할 상징계의 기표들에 매달려왔지만, 실재계의 구멍은 그 어떤 기표로도 메워질 수 없는 생명의 소멸이었다. 상징계에서 실재계의 위치로 전환됨으로써, '나'는 이제까지 자신이 남근의 기표에 집착한 나머지 억지로 꾸며진 상징계에 머물러 있었음을 인식한다. 구멍을 메울 수 없는 상징계의 위장에서 벗어남으로써, 나는 해방감 속에서 슬픔을 슬픔으로 받아들이게 된다. 그와 함께 상징계를 지배하는 남근에 대한 애착에서 풀려나 실재계에서 생명 그 자체의 소중함을 깨닫는다.

그런데 여기서 생명 그 자체에 대한 인식이란 단지 실존적인 존재론

---

81) 박완서, 위의 글, 위의 책, 42면.

을 의미하는 것은 아니다. '나'는 실재계에서 실존적인 경험을 하는 데 그치지 않고, 남근(남근 중심적 상징계)의 권력에서 벗어난 그 위치에서 독한 세상을 응시하게 된다. 독한 세상이란 남근의 권력에 맞서는 사람들의 생명을 빼앗는 죽음의 명령문을 지닌 상징계에 다름이 아니다. 물론 '나'는 아들의 뒤를 따라 그런 독한 세상과 독재정권을 무너뜨리는 일에 참여해 왔다. 그러나 내가 남근의 기표(잘난 아들)에 집착하는 한 그런 독재정권을 무너뜨리려는 서사 역시 또 다른 남근 중심적 상징계일 수밖에 없었던 것이다.

하지만 이제 '나'는 잘난 아들이라는 남근의 기표에서 해방됨으로써 남근 중심적 상징계(독재정권과 장한 어머니의 기표 둘 다)에서도 풀려나게 된다. 그리고 생명 그 자체를 소중하게 생각하는 위치에서 독한 세상에 맞서는 또 다른 공간(실재계와 상징계 사이)을 얻게 된다. 이 공간은 독재정권의 독한 세상에 저항하는 위치인 동시에 사회운동이 경직된 (남근 중심적) 상징계로 환원되는 것을 경계하는 위치이기도 하다.

또한 사회운동의 상징계가 아닌 그 위치에서의 '나'의 슬픔은, 독한 세상에 저항하려는 사람들은 물론 사회운동을 반대하는 형님마저도 공감시키게 된다. 통곡의 벽으로서의 형님이 무너지는 순간, '나'의 눈물은 독재정권의 독한 세상뿐만 아니라 모든 경직된 상징계에 저항하는 위치를 드러낸다. 내가 슬픔을 슬픔으로 받아들이게 되었다는 것은 권력(남근)에 집착하던 상실의 감정에서 벗어나 자연 상태의 슬픔으로 되돌아왔음을 뜻한다. 그 같은 자연 상태의 슬픔이야말로 경직된 상징계에 저항하는 최대의 무기일 것이다. '내'가 독재정권이 무너진 후에도 독한 세상이 꼬리고기의 냄새처럼 남아 있다고 의심하는 것은, 바로 그 경직된 상징계에 저항할 수 있는 위치를 얻었기 때문이다.

잘난 아들(남근의 기표)에서 생명 그 자체로의 전환, 남근에 집착한 상실감에서 슬픔 그 자체로의 되돌아옴, 요컨대 상징계에서 실재계(상징계와 실재계 사이)로의 이동은, 친구 아들과의 만남에서 '나'에게 발생한 미시적 사건이라도 할 수 있다. 이 미시적 사건은 독한 세상과의 싸움에서 생명을 잃은 '나'의 아들의 서사(대서사)와 접합됨으로써 비로소 중요한 의미를 얻는다. 이 같은 미시적 사건(서사)과 거시적 사건(서사)의 접합은, 소설이 삶의 핵심적 의미를 얻기 위한 매우 중요한 계열화 방식을 보여 준다.

「나의 가장 나종 지니인 것」은 '나'의 아들의 죽음이 의미화(그리고 사건화)되는 다양한 방식의 계열화를 드러낸다. 그처럼 복합적이고 다양한 계열화 방식을 풍부하게 제시하는 것이 문학적 서사(소설)의 특징일 것이다. 그러나 그 여러 계열화 중에서도 가장 중요한 측면은 미시적 사건(계열화)과 거시적 사건(계열화)이 접합되는 위치를 얻고 있는 양상이다. 근대소설의 중요한 과제의 하나는 그 같은 미시서사와 거시서사의 접합점을 찾아내는 일일 것이다.

10. 서사적 지식과 과학적 지식, 그리고 문학적 서사

지금까지 우리는 '소설을 넘어선 서사'에서 출발해서 다시 '서사 속의 소설'로 되돌아왔다. 서사는 소설 같은 허구적 문학만을 뜻하지는 않으며 문학을 포함한 문화와 지식의 장 전체에서 중요한 기능을 지니고 있다. 예컨대 각종 경전들이나 민담에서 보듯이 근대 이전의 지식들은 흔히 서사에 의해 그 정당성을 부여받아 왔다. 또한 근대 이후의 중요한 사상과 철학들 역시 대서사나 미시서사 등으로 불리고 있다.

문화가 인간의 삶이 가능하도록 물질세계를 의미화하는 영역이라면 지식은 문화적 삶이 영위될 수 있도록 객관세계를 인식하는 장이다. 지식이란 각 시대의 문화의 장에서 객관화된 체계를 이루고 있으며, 세계

에 대한 (인간의) 인식들이 문화의 장에서 수용되려면 그 같은 지식으로
서 정당화되어야 한다.

예컨대 논설이나 학설 같은 인식적 담론들이 문화의 장에서 정당화되
기 위해서는 지식으로서 인정받을 수 있는 수단들에 의존해야 한다. 그
처럼 인식적 담론들을 지식으로 정당화시키는 중요한 방법의 하나가 바
로 ‘서사’이다. 근대 이전의 지식들이 서사적이었으며 오늘날 정치적, 사
회적 사상들과 철학이 서사를 주목함은 그를 입증한다.

그런 지식과 서사의 접합성은 푸코의 『지식의 고고학』과 들뢰즈의
『의미의 논리』의 연관성에서도 확인된다. 『지식의 고고학』과 『의미의
논리』는 둘 다 사물(물질)의 세계와 문화의 세계가 만나는 접촉점에 대해
서 논의하고 있다.82) 푸코는 그 접촉점에 언표─실증성을 놓고 있으며
들뢰즈는 의미─사건을 위치시키고 있다. 푸코는 개인 주체의 인식이
아니라 공동체의 (언표들에 기초한) 지식에 대해 말하고 있는데, 이는 들
뢰즈가 개인 주체가 해석하는 의미가 아니라 문화의 장에서 사물들이
계열화되는 의미─사건을 논의한 점에 상응한다. 공동체 혹은 문화의
장에서, 푸코가 객관세계(실재계)에 대해 아는 것(지식)을 말하고 있다면,
들뢰즈는 객관세계(실재계)에서 의미가 생성되는 방식(계열화된 사건)에 대
해 말하고 있는 셈이다. 라캉은 실재계(객관세계)란 상징계를 통해서만 알
수 있다(의미화될 수 있다)고 논의했는데, 푸코와 들뢰즈는 구조화된 상징
계 대신에 탈구조화된 지식과 사건(사물들의 계열화)을 거론하고 있는 셈
이다.

이 점에서 지식과 사건은 사물(물질)과 문화가 만나는 장에서 비슷한
위치에 놓여 있다고 할 수 있다. 지식이란 사물들이 계열화된 사건(의미)
을 체계적인 담론으로 개념화한 것이라고 할 수 있다. 어떤 인식적 담론
이 지식(담론)으로 정당화되기 위해 그에 상응하는 사건(사물들의 계열화)의

---

82) 이는 실재계와 상징계의 만남에 대한 논의라고도 볼 수 있다.

형식을 빌리는 것은 그 때문이다.

지식과 서사의 교류가 문제가 된 것은 근대과학이 등장한 이후일 것이다. 과학은 지식 중에서 가장 고도로 체계화된 특성을 지니고 있다. 그러나 가장 체계화된 과학이 지식으로서 최고의 권위를 지니긴 하지만, 사실에 대한 '지시적 의미'를 지닐 뿐 (그 자체로는) 공동체의 결속을 보장하는 '의미'를 생성시키지는 못한다.

그럼에도 과학이 근대적 지식 중에서 가장 권위 있는 지위를 지니는 것은 근대의 세계에서는 과학의 장을 떠나서는 삶이 유지될 수 없기 때문이다. 과학적 지식은 제도화된 규율과 사실의 형식에 의존하는 근대적 사회체계의 근거를 제공해 준다. 물론 사회체계 내에서의 인간의 삶은 과학적 지식(혹은 제도화된 규율)이나 사실의 형식이라는 '점의 위치'에서만 영위되지는 않는다. 과학에 의존함에도 불구하고 사회체계 내에서의 삶은 일정한 방향(국가의 목표)과 삶의 주체(국민)를 지닌 서사(점을 연결한 선)로서 나타난다. 그러나 그 같은 서사적 삶의 선이 과학적 지식(그리고 제도화된 규율)의 점에 예속될 경우 인간의 삶은 물화된 대상의 위치에 놓일 뿐이다.

하지만 서사적 지식은 과학적 지식(제도화된 규율)의 점을 연결하는 경직된 선의 위치에서만 나타나는 것은 아니다. 과학적 지식의 점을 통과하면서도 제도화된 규율에 얽매지 않는 유연한 선으로서 서사적 지식(그리고 서사적 삶의 선)이 생성될 수 있는 것이다. 그런 맥락에서 서사적 지식은 (지시적 게임을 특권화하는) 과학적 지식과는 달리 문화의 장을 가로지르는 삶의 선의 궤적에 관심을 갖는다. 특정한 방향을 지닌 그 같은 서사적 선은 삶의 이상(유토피아)으로 나아가려는 가치지향을 지닌다. 그 점에서 서사적 지식은 인간을 규범에 예속된 '대상'의 위치에서 대화와 삶의 '주체'의 지위로 이동시킨다. 서사적 지식은 과학과는 달리 문화의 장에서 '공동체적 유대'에 우선적으로 관심을 두며, 지식의 논증방식 자체가 공동체 구성원들(주체들)간의 '대화'를 전제로 하는 것이다.

이 같은 서사적 지식이 규율에 예속된 물화된 삶에서 탈출하려는 (미시적) 사건의 형식을 취할 경우 문학적 서사와 매우 유사한 특징을 드러내게 된다. 실제로 들뢰즈의 사건의 철학은 로고스 중심적 철학에 비해 문학적 서사(소설)와 비슷한 측면을 보여준다. 들뢰즈는 인간의 삶을 사변적인 철학으로 개념화하는 대신 사물들이 계열화된 사건과 서사의 형식으로 설명한다. 그처럼 인식론적 사유에서 서사적 사유로 전환됨으로써 들뢰즈는 문학과 철학(그리고 지식) 사이의 경계를 해체하고 있다.

그러나 사건의 철학이나 서사적 지식(대서사, 미시서사)이 문학적 서사와 동일한 것은 아니다. 근대 이후의 서사적 지식은 사물들로 계열화된 서사(사건)의 선이 현실에 존재하는 과학적 사실의 점을 통과하도록 해야 한다. 또한 사물들의 계열화(즉 사건이나 서사)를 이미지로 형상화하는 것이 아니라 개념화를 통해 설명한다. 즉, 문화와 사물(물질)의 만남을 사물들의 계열화라는 서사(사건)로 논의하면서도 그것을 개념화된 지식으로 담론화하는 것이다.

반면에 문학적 서사는 복합적인 서사와 의미를 생성시키는 데 우선권을 두어 (사물들이 계열화된) 서사의 선이 과학적인(혹은 규율화된) 사실의 점을 이탈하는 것을 용인한다. 또한 사물들의 계열화된 서사를 개념들이 아닌 이미지들로 형상화한다. 그 같은 형상화를 지향하는 담론(예술)은 세계에 대한 인식을 지식이 아닌 생생한 경험으로 수용하게 하여 '자기인식'에 이르게 한다. '자기인식'이란 세계에 대한 인식—지식이 내면화되어 스스로 받아들이게 되는 것을 말한다.[83] 자기인식의 형식은 우리의 의식 속에 체계화된 지식을 축적하는 것이 아니라 무의식의 공간에서 세계와 만나게 한다.

문학적 서사가 그처럼 무의식의 공간을 움직인다는 사실은 자율적인 허구적 형상화를 지향하는 점과도 연관된다. 문학적 서사는 (담론의) 지

---

83) 그것은 또한 세계를 내면의 이상과의 연관 속에서 인식한다.

시적 의미의 진실성의 요구(사실과의 부합)를 중단시켜 허구적인 점을 통과하는 서사의 선(사물들의 계열화)을 허용한다. 즉, 담론이 실제의 사물들을 지시하는 대신 허구적 공간의 사물들의 이미지를 형상화하여, 문화와 사물의 만남 혹은 주체와 세계의 상호작용이 실제 현실이 아닌 내면 공간에서 일어나게 한다. 내면공간에서의 주객상호작용의 경험이 중요한 것은 무의식의 공간을 운동하도록 만들기 때문이다. 무의식이란 세계의 사물들을 타자로서 받아들이는 순간 우리의 내면 속에서 일어나는 주객상호작용에 다름이 아니다. 허구적 공간에서의 인간과 세계의 상호작용은, 우리의 내면에서의 주체와 객관세계의 상호작용으로 전이되며, 그 순간 세계에 대한 인식은 무의식적인 자기인식으로 내면화된다.[84]

그처럼 허구적 담론이 자기인식의 공간을 형성하려면 자율성을 지니도록 미학적 수사학이 동원되어야 한다. 만일 미학적 수사학이 미흡하면 허구적 담론은 진부한 현실의 파편이거나 허위진술로 전락한다. 미학적 수사학이란 감상자를 자율적 공간 내부로 끌어들이는 방법(기법)으로서 '심미적 즐거움(그리고 욕망)'도 그와 연관되어 있다. 심미적 즐거움(재미)이란 자율적 공간을 형성하여 자기인식의 공간이 운동하도록 하는 무의식의 쾌감에 다름이 아니다. 자기인식을 통한 무의식의 운동은 심미적인 자율적 공간을 형성하여 그 속에서 더 나은 세계(유토피아)를 지향하는 욕망의 운동과 같은 방향으로 나아간다. 심미적 즐거움이란 단지 의미에 부가되는 장식물이 아니라, 무의식이 운동하도록 자율적 공간을 형성하여 욕망의 운동이 가능하게 하는 미학적 행위의 등가물인 것이다.[85]

물론 그처럼 유토피아를 지향하는 운동이 나타나는 것은 대서사나 미

---

84) 이는 내면의 이상과의 연관 속에서 현실을 인식하는 자기인식의 특성과도 연관된다.
85) 심미적 즐거움은 형식주의적인 감각적 쾌락이나 심미주의 견지에서 논의되어 왔지만 보다 깊은 차원에서 무의식적 자기인식의 문제와 연관되어 있다. 즉 무의식이 운동하는 자기인식에 의해, 억압적 상징계에서 벗어나려는 내면의 이상의 충동이 자극을 받을 때 우리는 쾌감을 느끼게 된다. 그처럼 무의식이 운동하는 심미적 쾌감의 순간은 해방된 삶을 소망하는 탈주의 욕망이 운동하는 순간이기도 할 것이다.

시서사로 불리는 정치적, 사회적 사상의 경우도 마찬가지일 것이다. 다만 지식(그리고 사상)으로서의 서사와 문학적 서사의 차이는 개념화된 지식으로 담론화하느냐 형상적 경험을 통해 자기인식하도록 하느냐에 있다.86) 또한 대서사와 미시서사의 차이는 의식적 의도를 강조하느냐 무의식적 욕망을 내세우느냐의 문제이다. 대서사든 미시서사든, 혹은 지식으로서의 서사든 문학 서사든, 더 나은 세상과 해방된 세계를 지향하는 점에서는 일치할 것이다. 따라서 문화의 장에서 유토피아를 지향하는 추동력으로 운동한다는 것은 모든 서사의 공통점일 것이다. 그러면 이제 서사와 유토피아의 관계에 대해 살펴보자.

---

86) 이상(유토피아)을 향해 운동하는 세계를 개념적으로 인식하도록 하느냐 내면의 이상과의 연관 속에서 자기인식하도록 하느냐의 차이이다.

제 2 장

서사—죽음과의 싸움과 유토피아

1. 서사적 사유와 유토피아

서사적 사유의 등장은 인식론에 있어서의 중요한 전환을 암시한다. 전통적인 인식론에서는 주체가 대상(사물)을 올바르게 인식하는 진리의 발견이 핵심적이었다. 그러나 그 같은 인식론에는 간과할 수 없는 문제점이 내포되어 있다. 먼저 존재 그 자체로서는 알 수 없는 어떤 것(미지의 물체)인[1] 사물들(실재계의 존재)을 정확한 인식이 가능한 실체로서 가정한다는 점이다. 그처럼 사물을 실체로 보는 관점은 실상은 인식 주체에 특권을 부여해 사물들을 주체가 통제할 수 있는 로고스 중심적 공간으로 끌어들인 결과이다.

반면에 서사적 사유는 사물들을 '실체'로 보는 대신 사물들이 접속되

---

1) 칸트의 물 자체는 알 수 없다는 언급은 이런 실재계의 존재를 말한다.

어 계열화되는 '관계'를 주목한다. 물 자체(실재계)는 알 수 없는 것이지만 사물들이 계열화되어 사건의 형식을 지니게 되면 문화의 장(공동체의 장)에서 의미 있는 것으로 나타나게 되는 것이다. 문화의 장이란 로고스 중심적 규율로 구조화된 상징계가 아니라 사물이 존재하는 실재계와 상징계 사이의 공간이라고 할 수 있다.[2] 따라서 사건의 형식의 출현, 즉 문화의 장과 사물의 만남은 그 같은 실재계와 상징계 사이의 공간에서 가능해진다. 여기서 사건의 형식으로 계열화된 사물들은 로고스 중심적 공간으로 끌어들여짐으로써가 아니라 상징계에 대해 열려 있는 실재계의 위치에서 알 수 있는 것(의미 있는 것)이 된다. 그러나 그 위치는 사물들 자체의 공간(실재계)이기도 하지만 사물들이 계열화되면서 문화의 장과 만나는 위치, 즉 실재계와 (열려 있는) 상징계 사이의 공간이기도 하다. 사물들 자체의 공간인 동시에 문화의 공간에 놓여 있는 사물들은 알 수 없는 것(물 자체)인 동시에 알 수 있는 것(계열화된 사물)이 된다. 사물들 자체는 무의미한 것(알 수 없는 것)이지만 그것이 계열화된 사건은 의미 있는 것이기 때문이다. 사물들이 계열화되어 불확정적인 유연한 사건의 선을 그릴 경우 계열화된 사물들은 의미와 무의미 사이에서 미결정적인 의미를 발생시킨다.[3]

그 자체로서는 무의미한 사물들이 계열화되어 의미를 발생시킨다는 사실은 '사물들이 계열화된' 사건과 서사의 형식이 문화적 공동체를 형성하는 중요한 근거임을 알려준다. 사건과 서사의 형식이 의미를 생성하는 순간은, 사물들이 계열화되어 문화로 전이되는 순간이기 때문이다. 그처럼 사물들이 계열화된 사건과 서사의 형식은 문화의 장을 형성하고 공동체를 결속시키는 데 핵심적인 기능을 한다. 그 점에서 사건의 선이

---

2) 이는 근대 이후의 문화의 장을 말한다. 근대 이전의 문화는 신이나 초월적 이념에 의해 초코드화된 상징계에 지배되고 있었다.
3) 반면에 경직된 선은 고착된 의미를 발생시키며 이 순간 사물은 로고스 중심적 공간에 폐쇄된다.

연결되는 서사의 방향은 문화의 장을 형성한 공동체가 나아가는 방향과 중요한 연관을 지닌다. 문화의 장은 공동체가 '더 나은 삶'을 향해 나아가려는 추동력에 의해 유지된다고 볼 수 있는데, 왜냐하면 그런 역동적인 운동이 없다면 문화의 장은 해체될 것이기 때문이다. 마찬가지로 문화의 장에서 의미를 발생시키는 사건과 서사의 선 역시 '더 나은 삶'을 향해 나아가려는 추동력에 의해 운동한다고 할 수 있다. 그 같은 운동의 선을 그리지 못한다면 역동적인 문화의 장에서 의미를 생성시킬 수 없으며 사건(서사)의 형식은 해체되기 때문이다. 더 나은 삶을 향해 운동하는 문화의 장에서, 사건(서사)의 형식은 의미를 생성시키기 위해 그와 똑같은 방향으로 운동하고 있는 것이다. 그처럼 사건과 서사의 선을 운동하게 하는 추동력은 더 나은 삶에 대한 욕망이라고 할 수 있다. 공동체를 운동하게 하고 사건과 서사의 선을 움직이게 하는 추동력의 요인으로서, 그 같은 더 나은 삶의 궁극적 목표를 우리는 '유토피아'라고 부를 수 있을 것이다.

실제로 서사의 형식을 지닌 담론들은 어떤 식으로든 유토피아를 지향하는 운동을 보여준다. 예컨대 과학과 이성에 근거해 화합된 공동체와 행복한 삶을 이루려한 계몽서사는 암암리에 유토피아를 꿈꾸었던 셈이다. 주체중심적 계몽사상의 모순을 변증법적으로 극복하려 한 헤겔주의 역시 인륜적 공동체라는 유토피아를 기획하고 있었다. 또한 물구나무선 헤겔주의를 두 발로 서게 하려던 마르크스주의는 공산주의라는 유토피아를 건설하려는 서사였다. 물론 마르크스 자신은 유토피아적 사고에 비판적이었고, 일부 마르크스주의자들은 과학적 필연성과 유토피아적 명상을 대비시키기도 했다. 그러나 공산주의를 목적론적 목표로 삼지 않고 그에 끝없이 접근하는 과정을 중시할 때 마르크스주의는 과학이기보다는 유토피아를 지향하는 서사라고 할 수 있다.

그처럼 마르크스주의를 서사로 해석하는 경향은 레닌주의를 넘어서려는 해체론적 마르크스주의에서 특징적으로 나타난다. 네그리의 자율

주의나 라이언의 문화이론은, 레닌주의의 목적론적 기획(혹은 서사)을 해
체론이나 탈구조주의의 미시서사를 통해 해체하면서, 해방된 사회(일종의
유토피아)로 나아가는 과정 자체를 중시한다. 해방된 사회 혹은 공산주의
는 단 한번의 혁명으로 건설되는 것이 아니라 자본주의를 미시적 전략
으로 전복해가는 과정 자체에서 나타나는 것이라고 할 수 있다. 이는 해
방된 사회를 목적론적 목표로 삼지 않고 그에 이르려는 주체의 열망을
서사적 추동력으로 이용하는 것이라고 할 수 있다. 그 같은 서사적 추동
력으로서의 유토피아적 열망은 레닌주의 같은 목적론적 서사의 이성적
금욕주의와 구분된다.

마르크스주의뿐만 아니라 주체중심적 철학(그리고 계몽서사)을 비판하는
현대사상들은 암암리에 유토피아를 지향하는 서사를 기획한다고 볼 수
있다. 예컨대 『계몽의 변증법』에서 계몽이 실현된 현대사회를 디스토피
아로 비판한 아도르노는 그에서 벗어난 '미메시스'4)가 실현된 사회를
소망했다고 볼 수 있다.5) 또한 주체중심적 이성 대신에 '의사소통적 이
성'을 주장한 하버마스는 의사소통적 이성이 실현된 사회를 해방된 사
회로 꿈꾸고 있는 셈이다. 뿐만 아니라 동일성의 권력을 차연(차이)으로
전복시키려 한 데리다의 미시서사조차도 차이(차연)가 해방된 사회라는
유토피아를 소망하고 있다고 볼 수 있다.

흥미로운 것은 계몽서사(그리고 주체중심적 철학)를 비판하는 담론들에
의해 계몽의 서사적 기획6)이 중단된 것이 아니라 그와 연관된 담론들을
통해 여전히 확장되고 있는 점이다. 즉, 자유주의에서 신자유주의에 이
르는 서사적 기획들은 자본주의적 근대사회로부터 풍요로운 유토피아가

---

4) 미메시스란 주체와 객체 간의 비억압적이고 화합적인 교감을 말한다. 아도르노, 홍
   승용 역, 『미학이론』, 1984 참조
5) 물론 아도르노가 말한 미메시스는 현실적으로 실현하기 어려운 막연한 이상이라고
   할 수 있다.
6) 하버마스적인 '계몽을 계몽하려는 서사'가 아니라 계몽서사를 변형된 전략으로 이어
   받고 있는 담론들을 말한다.

목전에서 실현될 것으로 선전한다. 신자유주의가 과거의 자유주의와 다른 점은 유토피아적 환상을 불러일으키는 욕망의 장치들이 훨씬 잘 개발되었다는 점이다. 푸코가 말한 '삶의 방식의 권력'[7]에 의해 이제 유토피아는 실현해야 할 목표가 아니라 눈에 보이는 이미지들로 나타나고 있는 것이다. 그러나 그런 매력적인 이미지와 욕망에 사로잡혀 있는 동안 우리는 보이지 않는 권력에 예속되며 역사 허무주의에 빠지게 된다. 신자유주의에 의한 유토피아가 디스토피아적인 이면을 지니는 것은 그 때문이다.

자유주의나 신자유주의의 거짓 유토피아를 비판하는 서사들이 계속 나타났음에도 불구하고, 그 같은 가짜 낙원을 선전하는 서사들이 여전히 지속되는 점에서, 우리의 삶은 두 가지 서로 다른 서사들 '사이'에서 진행되는 셈이다. 즉, 우리는 계몽사상·자유주의·신자유주의의 서사와 마르크스주의·해체론·탈구조주의 서사의 '사이'에서 살아가고 있다. 한쪽에서는 풍요로운 소비사회와 선진조국의 창조, 아름다운 대한민국을 외치며, 다른 한쪽에서는 평등한 사회와 차이가 해방된 삶, 창조적인 탈주를 이야기한다.

물론 유토피아는 그처럼 미래지향적 전망을 지닌 근대 이후의 서사에서만 나타나는 것은 아니다. 예컨대 고대 중국의 요순시절이나 『예기(禮記)』 「예운(禮運)」에 나오는 대동(大同)사회, 그리고 도가에서 말하는 선경(仙境)은 일종의 유토피아였다고 할 수 있다.[8] 주목할 것은 그 같은 유토피아를 열망하는 서사는 대부분 실제의 삶에서는 조화로운 질서를 상실해 갈 때 나타난다는 점이다. 가령 일종의 선경인 무릉도원을 말하고 있는 도연명의 『도화원기(桃花源記)』는 어지러운 현실에서 탈출하려는 은둔자들의 유토피아를 이야기하고 있는 셈이다. 우리의 민중 설화에 나오는 미륵사상이나 진인 출현설 역시 고통스러운 삶에서 벗어나려는 민중

---

7) 푸코, 이규현 역, 『성의 역사』, 나남, 1990, 145~170면.
8) 오상훈, 「중국 고대의 선경」, 『문예미학』 7, 문예미학회, 2000.11, 22면.

들의 유토피아에 대한 열망을 담고 있다. 그밖에 바다에서 실종된 남자들(아들이나 남편)이 가버린 곳으로 믿었던 전설의 섬 이어도 또한 제주도 사람들이 꿈꾸던 유토피아의 공간일 것이다.

그런데 근대 이전의 유토피아의 공통점은 유토피아가 공간으로 존재하거나 아득한 과거의 시간 속에 위치하는 점이다. 반면에 근대 이후에는 대부분의 경우 (미래지향적인) 시간적 유토피아로만 표상된다. 그것은 합리주의화된 세계에서 환상적인 공간적 유토피아가 더 이상 존재하기 어려워졌기 때문일 것이다. 물론 근대 이전의 경우에도 예를 든 미륵 사상은 일종의 시간적 유토피아인 셈인데, 그처럼 민중적인 변혁의 소망과 연관된 유토피아는 근대성에 접근한 시간적 유토피아로 제시된다.

근대의 시간적 유토피아의 또 다른 특징은 막연한 과거(요순시절)가 아니라 미래지향적인 유토피아로 표상된다는 점이다. 그것은 근대적 서사들이 과거지향적이거나 순환적인 고대나 중세의 서사와는 달리 미래지향적 전망을 내포하기 때문이다. 그런데 미래지향적인 근대의 서사는 다시 두 가지로 나눠진다. 하나는 관념적인 유토피아를 목적론적으로 지향하는 서사이며, 다른 하나는 유토피아로 나아가는 과정에서 진정으로 해방된 욕망을 (현실에서) 실현시켜 가려는 서사이다. 전자는 가짜 낙원을 선전하는 반면 후자는 진정으로 해방된 사회를 지향한다. 앞에서 말했던 자유주의-신자유주의 서사와 마르크스주의-탈구조주의 서사가 각각 그 서사들에 해당될 것이다. 근대의 공간에 위치한 우리들은 현실에서 실상 그 두 가지 서사들 '사이'에서 살고 있는 셈이다. 반면에 올바른 문학 예술작품은 대부분 후자의 유토피아를 지향하는 서사들이다. 그러면 문학적 서사를 살펴보면서 그 두 가지 서사와 유토피아에 대해 다시 알아보자.

2. 문학적 서사와 유토피아

지금까지 살펴 본 사회사상(혹은 지식)의 서사뿐만 아니라 우리가 보다 잘 알고 있는 문학적 서사에서도 유토피아적 열망은 중요한 요인이 되고 있다. 앞서 말했듯이 유토피아를 열망하는 서사는 그것(유토피아)의 현존을 상실하는 순간에 나타난다. 인류 역사에서 유토피아가 현존했던 때는 아마도 아도르노가 말한 미메시스의 시대였을 것이다. 미메시스란 인간과 대상 간의 비억압적인 교감이 가능한 관계를 말한다.[9] 그 같은 미메시스의 시대는 인간과 자연의 화해, 그리고 공동체적 화합이 가능한 시대였다.

미메시스의 시대는 인식론적·존재론적 유토피아를 상징한다. 그 태고적 시대는 미메시스가 (인간중심적) 인식을 대신하고 주술이 서사를 대신하는 시대였다.[10] 미메시스적 주술의 시대가 끝나고 유토피아의 현존에 빛이 바래기 시작할 때 비로소 서사가 나타나기 시작한다. 서사는 잃어버린 유토피아를 상기하며 또 다른 유토피아를 행해 나아간다. 물론 다시 나타날 유토피아는 주술적인 화해가 아닌 서사적으로 건설된 세계일 것이다.

고대 서사 중에는 유토피아를 잃어버렸지만 아직까지 현존하는 유토피아를 향해 나아가는 서사가 있다. 예컨대 호머의 『오디세이』는 주인공 오디세이가 트로이 전쟁을 치른 후 온갖 위협에 맞서 싸우며 다시 고향으로 돌아가는 이야기이다. 오디세이가 갖가지 모험을 겪으며 다시 돌아가는 고향은 그의 삶의 유토피아라고 할 수 있다. 루카치가 『오디세이』 같은 서사시의 시대를 행복한 총체성의 시대로 말한 것은, 그처럼 다시 찾아갈 고향이 현존하기 때문일 것이다.

---

9) 호르크하이머·아도르노, 김유동 외역, 『계몽의 변증법』, 문예출판사, 1995, 34면.
10) 나병철, 『근대서사와 탈식민주의』, 문예출판사, 2001, 24면.

우리의 건국신화나 동명왕 서사시 등에서도 공동체적 화합의 근원으로서 그 같은 총체성의 현존이 말해지고 있다. 그러나 이는 유토피아의 현존이라기보다는 과거형의 이야기(혹은 이야기 속의 고향이나 근원적 공간)를 통해 잃어버린 유토피아의 현존을 투사하는 것이라고 할 수 있다. 고대 서사시 시대의 사람들은 이미 유토피아적 현존에 빛이 바래기 시작했을 때, (서사시를 통해) 과거를 바라보며 근원을 상기시키는 과거 지향적 전망을 드러냈다.

그 같은 서사시 시대 이후의 서사에서는 유토피아란 현실 외부의 공간이나 관념의 공간 속에서만 존재한다. 예컨대 서사시 이후 영웅 주인공이 다시 나타난 영웅소설은 태평성대라는 유토피아의 상황으로 회귀하는 서사를 그리고 있다. 영웅소설은 원래의 태평성대로 다시 돌아가는 순환적 전망을 보여주지만 그 같은 유토피아로의 회귀는 유교이념이라는 초월적 관념을 투사함으로써 비로소 가능해진다.

그와 달리 지배체제에 대해 비판적이었던 지식인들의 소설에서는 유교이념에 지배되던 현실 외부의 공간에서 유토피아의 모색이 나타난다. 가령 허균의 『홍길동전』과 박지원의 「허생」은 각각 율도국과 무인도라는 지배체제 외부의 공간에서 유토피아를 실현하려는 서사를 보여준다. 그들 소설에서 격리된 섬의 공간이 나타나는 것은 지배체제에서 벗어난 외부의 공간에서 민중들의 소망을 실현할 수 있는 가능성을 모색하기 위해서였을 것이다.

그밖에 민중들의 소망을 직접적으로 표출한 민중 설화에서는 '새로운 세상'이라는 유토피아의 출현이 아직 오지 않는 '시간'속에서 암시된다. 예컨대 『운주사 설화』[11](고려)에는 천불천탑이 하룻밤 사이에 세워지면 고려가 망하고 새로운 세계(용화세계)가 창조된다는 미륵의 계시가 제시되고 있다. 민중들은 그 계시에 따라 미륵불과 탑을 만들기 시작했지만,

---

11) 이 설화에 대한 설명은 서인석, 「민중설화에 나타난 유토피아 의식」, 『문예미학』 7, 문예미학회, 2000.11, 124~127면 참조

마지막으로 와불 둘을 세우려할 때 일에 지친 한 사람이 닭이 울었다고 거짓말을 하여 모든 일은 수포로 돌아간다. 이처럼 비록 힘차게 일어서 보지도 못하고 좌절한 민중들의 비극이 나타나고는 있으나, 미래의 시간 속에서 새로운 세상(유토피아)을 기다리는 사람들의 서사가 역동적으로 전개된다.

『선운사 미륵 비결 설화』12)에는 미륵의 배꼽에 숨겨진 신비스러운 비결을 전라 감사 이서구가 꺼냈다가 뇌성 벽력 때문에 다시 봉해 버렸다는 이야기가 제시된다. 이는 앞으로 봉합된 비경이 다시 열리는 날 새로운 세상이 도래한다는 소망을 암시한다. 이처럼 이 설화에서도『운주사 설화』처럼 아직 오지 않는 새로운 세계를 기다리는 민중들의 열망이 서사화되고 있다. 그 두 설화에서는, 민중들의 실제 봉기가 아니라 때를 기다릴 수밖에 없는 사정이 운명처럼 나타나고 있으며, 그 점에서 소설 이전의 설화의 단계가 드러나고 있다. 그러나 다른 한편, 미래의 새로운 세계에 대한 민중들의 열망을 간절히 표현함으로써, 근대적인 서사적 모티프를 포함하고 있다.

본격적인 근대소설은 초월적 힘(신·유교이념·미륵 등)에 의존한 서사적 운동이 소멸되고 서구적인 근대사상을 수용하면서 시작되었다. 예컨대 신소설(이인직의『혈의 누』)이나 이광수의『무정』(1917)은 초월성 대신에 서구의 신문명을 통해 새로운 미래의 세계를 열어보려고 했다. 그러나 그 소설들은 신문명에 포함된 자기모순으로 인해 새로운 민족 공동체라는 유토피아를 관념적인 공간에서 지향할 수밖에 없었다. 이광수의『무정』에 잘 나타나 있듯이 신문명은 과학과 이성을 유토피아적 추동력의 근거로 삼고 있는데, 앞서 살폈듯이 과학에는 공동체적 화합에 대한 사유가 결여되어 있다. 그 때문에 이광수가 건설하려 한 '아름다운 조선'이라는 유토피아적 세계는 진정한 공동체가 결핍된 관념적 공동체일 수밖

---

12) 이에 대한 설명은 서인석, 위의 글, 125~126면 참조.

에 없었다. 더욱이 제국의 권력과 연계되어 있는 식민지에서의 신문명은 결코 아름다운 세계를 가져다 줄 수 없었다. 염상섭은 「만세전」(1922)에서 신문명이 실현된 식민지 조선을 공동묘지라고 묘파하고 있는데, 이는 이광수가 열망한 유토피아적 세계를 패러디한 디스토피아 공간의 발견이라고 할 수 있다.

근대문명이 기획한 유토피아의 건설이 결국 디스토피아로 귀결될 수밖에 없음은 서구 자신의 소설에서도 암시되고 있다. 가령 오웰의 『동물농장』(1946), 『1984년』(1949)이나 헉슬리의 『멋진 신세계』(1932)는, 과학과 이성에 근거한 근대 문명의 유토피아적 기획이 디스토피아를 낳을 수밖에 없음을 (패러디적으로) 보여준다. 근대문명의 기획을 패러디하는 이같은 전략은 근대성과 탈근대성(근대비판)의 이중성을 지니는 문학적 서사의 특성이라고 할 수 있다.

「만세전」이나 『멋진 신세계』 『동물농장』 『1984년』이 보여주는 것은, 앞서 살핀 근대의 두 가지 서사 중 관념적으로 유토피아를 옹호하는 서사에만 집착할 경우의 불행한 삶의 모습이다. 즉, 계몽사상, 자유주의, 신자유주의 서사와 마르크스주의, 해체론, 탈구조주의의 서사 중에서, 전자에만 비판의식 없이 매달릴 경우 근대의 유토피아의 꿈은 결국 디스토피아로 귀결되는 결과를 낳는다는 점이다. 그처럼 유토피아의 꿈이 디스토피아로 귀착되는 서사적 자기모순을 비판하기 위해 후자의 또 다른 서사들이 나타났다고 볼 수 있다. 그리고 근대의 삶은 그 두 가지 서사들의 '사이'에서, 즉 근대성과 탈근대성(근대비판)의 사이에서 진행된다고 할 수 있다.

사회사상에서 부르주아적 근대성을 비판하고 새로운 세계를 지향하는 서사(마르크스주의 등)가 나타났듯이, 문학에서도 자본주의 사회에 저항하며 새로운 유토피아를 갈망하는 소설들이 출현했다. 예컨대 조명희의 「낙동강」(1927), 이기영의 『고향』(1934), 강경애의 『인간문제』(1934) 등은 무덤과도 같은 식민지 현실에서 새로운 세계를 열망하는 민중들의 흐름이 나타남을 서사화하고 있다. 이처럼 자본주의적 근대세계에서 또 다른 새로운 유토피아를 갈망하는 서사는 민중을 주인공으로 하여 그들의 집단적인 움직임을 그리는 소설들에서 특징적으로 나타난다. 예를 든 소설 이외에 『임꺽정』이나 『장길산』 같은 역사소설에서도 새 세상이나 대동세상이라는 민중들의 유토피아에 대한 소망이 드러나고 있다.

민중들을 주인공으로 하는 소설의 또 다른 특징은, 잃어버린 고향을 상기하며 새로운 유토피아적 고향을 향해 나아가는 서사가 전개되는 점이다. 가령 「낙동강」, 『고향』, 『인간문제』 등에서는 황폐화된 고향을 다시 회복하려는 열망이 새로운 세계로 나아가는 추동력으로 나타나고 있다. 한설야의 「과도기」나 황석영의 「삼포 가는 길」 역시 고향의 상실과 고향에 대한 새로운 열망이 교차되는 순간을 형상화하고 있다. 물론 다시 찾은 고향은 옛날의 고향이 아니라 새로운 세상에서의 해방된 공간일 것이다. 민중을 주인공으로 한 소설에서의 이 같은 전개는 '옛 고향=상상계(기호계)' → '자본주의적 법의 체계=닫힌 상징계' → '새로운 세상(또 다른 고향)=열린 세계' 등으로 표시될 수 있다. 여기서 새로운 세상으로 나아가는 서사는 상징계와 실재계 사이의 열린 공간에서 전개된다고 할 수 있다. 그처럼 열린 세계로 나아가는 운동은 해체론적으로 이렇게 설명될 수 있을 것이다. 즉 잃어버린 '기표·기의'의 고향을 상기하면서, '기표/기의'의 상징계의 벽(/)을 넘어 유토피아적 '기표│기의'로 나아가는 '기표들의 연쇄', 곧 차연의 과정으로 이해할 수 있다.[13]

그러나 민중들이 집단을 이루어 새로운 세상으로 나아가는 서사[14]는 실제현실에서 그에 상응하는 사회운동이 일어나는 특정한 시기에만 나타날 수 있다. 그 이외에 더 많은 경우에는 개인 주인공(민중이나 소시민,

---

13) 나병철, 『모더니즘과 포스트모더니즘을 넘어서』, 소명출판, 1999, 17~23면. 여기서 주체는 타자성의 주체가 되는데, 이때의 타자는 상징계=큰타자의 억압에서 벗어난 독자성을 지닌 타자들이다.
14) 사회주의 리얼리즘의 서사를 말함.

지식인)의 유토피아적 소망이 현실(사회환경) 속에서 좌절되는 서사가 그려
진다. 예컨대 현진건의 「운수 좋은 날」의 김첨지는 『흥부전』의 흥부처
럼 행운을 통해 행복한 삶을 살고 싶었지만 아내의 죽음이라는 디스토
피아적 현실에서 울분을 터트리게 된다. 그 점에서 디스토피아적 현실을
폭로하는 「만세전」이 『무정』의 패러디라면 「운수 좋은 날」은 『흥부전』
의 패러디라고 할 수 있다. 그러나 김첨지가 자신의 불행을 묵묵히 체념
하기보다는 누구에게 항의하듯이 분노를 터트리는 것은 그가 아직도 행
복한 삶에 대한 소망을 버리지 않았음을 암시한다. 따라서 김첨지의 삶
은 디스토피아적 현실과 내면의 유토피아적 꿈 사이에 놓여 있다.

그와 유사하게 이창동의 「녹천에는 똥이 많다」의 준식은 하늘의 별처
럼 아름다운 삶을 소망하면서도 자신의 실제 삶은 똥구덩이와도 같은
디스토피아적 현실에 발붙이고 있음을 발견한다. 똥구덩이에 주저앉아
예쁘게 반짝이는 별을 바라보는 준식의 모습은, 그의 삶이 똥과도 같은
디스토피아적 현실과 별처럼 반짝이는 유토피아적 꿈 사이에 위치함을
암시한다. 준식은 똥구덩이에 엉덩이를 깔고 앉아 어린애처럼 울고 난
후에 어쩔 수 없이 순결함과 품위를 잃어버린 자신의 삶의 보금자리(23
평 아파트)를 향해 걸어간다. 그러나 그는 자신의 23평짜리 보금자리가 더
이상 안락한 장소가 아닌 허공에 아슬아슬하게 매달린 공간임을 확인한
다. 똥무더기처럼 더러운 세상에 묻힌 곳임을 알면서도 그가 자신의 집
을 향할 수밖에 없는 것은 실상 그처럼 자신의 집이 위태로운 공간임을
감지하기 때문일 것이다. 더러운 세상은 그 순간 만일 준식이 그 오욕의
삶에 등을 돌릴 경우 그를 죽음의 나락으로 추락시킬 것이라는 경고를
보내고 있는 셈이다. 자신의 생을 압류당한 채 살아갈 수밖에 없음을 깨
닫는 준식은 그를 위협하는 '죽음의 명령문'과 대면하고 있는 것이다.
아름다운 별을 동경하면서도 똥구덩이의 삶으로 발을 돌리는 준식의 내
면의 동요는 바로 그 죽음의 명령문과의 싸움이라고 할 수 있다.

이처럼 아름다운 유토피아를 그리워하면서도 오욕의 디스토피아적 현

실을 떠날 수 없는 근대인들은 근대의 경직된 체계(상징계)가 내포하고 있는 '죽음의 명령문'과 대면하고 있는 셈이다. 근대소설은 그 같은 동요의 상태를 드러내거나 죽음의 명령문으로부터 탈주하려는 모험을 그린다. 유토피아에 대한 농경을 버리지 못함으로써 끊임없이 파문을 일으키는 그 내면의 동요와 모험을 우리는 '죽음과의 싸움'이라고 부를 수 있을 것이다.

3. 서사-죽음과의 싸움

1) 죽음에 대항하는 서사의 매력

서사는 잃어버린 유토피아를 동경하며 새로운 세상을 향해 앞으로 나아가는 역동적인 운동이다. 그처럼 서사를 추동하는 유토피아적 열망이란, 반대로 말해 디스토피아적 세계에서의 죽음에 대한 저항이라고 할 수 있다. 유토피아를 향해 나아가는 서사는 매 순간마다 죽음의 벽과 조우하고 있는 것이다.

그러면 그처럼 서사가 필사적으로[15] 저항하고 있는 죽음이란 과연 무엇인가. 일차적으로 보면 죽음이란 존재의 소멸로서 실재계의 구멍인 동시에 상징계의 구멍이라고 할 수 있다. 어떤 사람이 죽음을 맞았다는 것은 그가 한 순간 무생물이 되었음을 뜻한다. '무'생물이란 생명을 지닌 인간의 세상에서 단지 '무'일 뿐인 실존의 소멸을 나타낸다. 그처럼 존

---

15) 죽음에 필사적으로 저항한다는 말은 아이러니적인데 그런 표현에는 두 가지의 죽음이 있음을 시사한다. 즉, 저항의 대상으로서의 죽음과 죽어도 죽지 않는 불사의 죽음이 있다.

재가 '무'로 바뀌는 순간 실재계에는 구멍이 뚫린다.

그러나 죽음은 또한 상징계에서의 기호 혹은 물질적 기표의 상실이기도 하다. 물질적 존재(인간이나 사물)가 기표로 작용하며 의미(기의)화되는 세계(기호들의 세계)가 상징계라면, 존재의 소멸은 기표의 상실인 동시에 기호의 탈락이라고 할 수 있다. 기표(물질적 존재)를 잃은 기의는 단지 관념일 뿐이며, 죽은 사람에 대한 기억으로서 살아남은 사람의 머리 속에만 남게 된다. 따라서 어떤 사람의 죽음이란 물질적 존재의 소멸로서 실재계의 구멍인 동시에, 기호(기표)의 상실로서 상징계의 구멍인 셈이다.

우리가 경험으로 반성할 수 없는 자기 자신의 죽음보다 다른 사람의 죽음을 더 참을 수 없어하는 것16)은 바로 그 상징계의 구멍 때문이다. 상징계란 일종의 기호작용으로서의 인간관계가 총체화되는 그물망이다. 어떤 사람의 죽음, 즉 기표(기호)의 상실은 그 자리를 메우기 위한 상징계에서의 기표들의 총체적인 운동을 필요로 한다. 여기서 상징계에서의 총체적인 운동이란 기표들간의 무한한 연관관계를 말하지만, 궁극적으로는 상징계를 지배하는 기표(남근, 자본, 이성)와 연관된 운동이다.17) 예컨대 앞서 살핀 「나의 가장 나종 지니인 것」에서 '나'의 서사의 욕망은 그것을 잘 보여준다. 즉, '내'가 아들의 죽음을 계열화된 서사로 구성하려는 것은 상징계의 구멍을 메우려는 것이며, 기표들의 총체적 운동으로서의 그 같은 서사는 남근이라는 기표와 연관되어 있다. 또한 일반적으로 죽음에는 으레 애도가 따르는데, 애도의 의식(rites)이란 천국에서 지옥까지 모든 것에 연관된 상징계의 총체적인 운동18)이며, 그런 기표들의 총체적 운동은 상징계를 지배하는 기표와 연결되어 있다.

그런데 기표의 상실이자 실재계의 구멍인 죽음이 상징계의 총체적인

---

16) 라캉, 민승기 외역, 『욕망이론』, 문예출판사, 1994, 167면.
17) 상징계에서 권력을 지닌 사람의 조문이 애도에서 중요한 의미를 지니는 것은 그 때문이다.
18) 라캉, 민승기 외역, 앞의 책, 168면.

운동으로서 애도나 서사에 의해 메워질 수 없는 경우가 있다. 그것은 그 죽음이 상징계의 법으로서 죽음의 명령문과 연관된 경우이다. 예컨대 「나의 가장 나종 지니인 것」의 창환처럼 상징계에 의해 금지된 행위를 하다 죽음을 맞았을 경우, 그 죽음이 발생한 자리는 상징계의 외부이며, 그곳에 생긴 구멍은 상징계의 (총체적) 운동으로 메워질 수 없는 실재계의 결손으로 남게 된다. 그 같은 실재계의 구멍을 메울 수 있는 진정한 애도는, 죽음의 명령을 내리는 상징계 자체를 변환시키려는 서사에 의해서만 가능할 것이다. 「나의 가장 나종 지니인 것」에서 '내'가 죽은 창환(아들)을 백만학도의 열사로 떠받드는 사회운동의 서사에 참여하게 된 것은 그 때문이다. 그러나 '내'가 받아들인 '열사'나 시대의 '횃불'이라는 기표는 실상 남근의 기표의 대체물이었으며, 그런 한에서 사회운동의 서사는 또 다른 경직된 상징계에 다름이 아니었다. 따라서 앞에서 논의했듯이, 진정한 애도는 죽음의 명령문이나 경직된 상징계를 해체하는 유연한 탈주의 선을 지닌 서사에 의해 가능할 것이다.

그처럼 죽음의 명령을 위반해 죽음을 맞는 경우 이외에, 사회적 모순 속에서 상징계의 법이 조장하고 있는 또 다른 죽음이 있다. 예컨대 「운수 좋은 날」(현진건)에서 김첨지 아내의 죽음처럼, 상징계의 모순에 의한 소외된 계층의 불행한 파국으로서의 죽음을 말한다. 이 경우의 죽음의 애도 역시 모순된 상징계 자체의 변화를 소망하는 서사에 의해서만 가능할 것이다.

또한 실제로 죽음을 부르지 않더라도 상징계의 모순에 의해 인간이 물건처럼 되어 버리는 물화된 삶이 나타나는 경우가 있다. 생명이 무생물이 되는 것이 죽음이라면 인간이 물건처럼 변하는 물화된 삶 역시 또 다른 죽음일 것이다. 가령 「타인의 방」(최인호)에서 주인공이 물건으로 변해버린 사건은 모순된 상징계에 포함된 죽음의 암호에 의해 빚어진 것이다. 그 같은 또 다른 죽음 역시 상징계를 변혁하려는 서사에 의해서만 애도될 수 있을 것이다.

죽음의 암호를 내포하고 있는 경직된 상징계는 사형선고의 명령을 지닌 억압적 권력에 의해서만 질서를 유지할 수 있다.[19] 비판적 서사[20]나 문학적 서사는 그런 권력의 억압에 맞서면서 죽음의 암호를 숨기고 있는 상징계의 법(규율)을 변화시키려는 운동이라고 할 수 있다. 그리고 그처럼 죽음과의 싸움을 수행하는 서사의 핵심적인 무기는 물리적인 행동이나 힘이 아니라 이야기의 매력과 재미이다.

죽음에 대한 저항으로서 서사의 매력을 가장 실감나게 보여주는 작품은 '천일야화'로 알려진 『아라비안나이트』이다. 『아라비안나이트』에서 샤리야르 왕은 왕비가 흑인 시종과 부정을 저질렀다는 충격적인 사실을 알게 된다. 그 날 이후 그는 왕비에 대한 복수심으로 매일 밤 여자와 초야를 지낸 후 이튿날 그 여자를 죽여 버리곤 했다. 어느 날 하루 밤의 왕비로 선택된 샤리자드는 그 같은 억압적 권력과 죽음의 명령(법)에서 벗어나기 위해 재미있는 이야기를 들려준다. 왕이 이야기에 실증을 내면 그녀는 죽게 되므로 죽음과 맞서 싸우는 그녀의 유일한 무기는 이야기의 매력이었던 셈이다. 이야기의 재미에 빠진 왕은 끝나지 않은 다음 이야기를 듣기 위해 죽음의 명령을 천일 동안이나 연기한다. 이야기 속에서 3년이 지난 후 샤리자드가 아이를 갖게 되고 왕도 노여움이 풀려 그녀는 삶을 얻게 된다.

이 『아라비안나이트』의 외화는 이야기(서사)가 죽음의 명령(법)을 변화시키는 놀라운 일을 수행했음을 알려준다. 비틀린 심리 속에서 권력을 앞세워 죽음의 지시를 내리던 왕은 천일간 이야기를 듣는 동안 자신도 모르게 심리적인 변화를 일으키게 된다. 샤리자드의 매혹적인 이야기들은 죽음을 유보시켰을 뿐만 아니라 왕의 심리와 사유방식 자체에 변화를 가져왔던 것이다. 왕은 이야기를 듣기 전 죽음의 암호에 얽매인 경직되고 물화된 삶을 살고 있었다. 그러나 천일 동안의 이야기는 그의 경직

---

19) 이진경, 『노마디즘』 1, 휴머니스트, 2002, 325~326면.
20) 상징계의 규범을 옹호하는 서사를 비판하는 서사를 말한다.

된 심리와 사유를 유연한 서사적 사유로 뒤바꿔 놓았다고 할 수 있다. 왕을 매혹시킨 이야기들에서처럼, 이야기(서사)의 매력과 재미란 단지 홍밋거리의 즐거움에 그치는 것이 아니라, 우리의 심리와 사유 자체를 변화시키는 힘이라고 할 수 있다. 즉, 이야기(서사)의 매력이란 죽음과 손잡고 있는 디스토피아적인 물화된 의식(무의식)을 유토피아를 지향하는 유연한 서사적 사유로 전환시키는 힘에 다름이 아니다. 그리고 그 점에서 매력적인 서사는 니체가 말한 일종의 삶의 욕망21)으로서의 힘의 의지22)를 내포한다고 할 수 있다. 즉 서사의 매력과 쾌감은, 죽음의 명령문을 포함한 권력과 싸우는 힘의 의지로서의 서사적 욕망과 운동 속에서 드러나고 있는 것이다.

2) 죽음에 대항해 온 서사의 역사

죽음과의 싸움으로서의 서사는 역사적 시기에 따라 조금 다른 양상으로 나타난다. 예컨대 인간의 삶이 신이나 유교이념 같은 초월적 원리에 지배되던 시기에는, 죽음과의 싸움이란 그런 초월적 원리에서 벗어나려는 세력과의 싸움이었다고 할 수 있다. 그 시기에는 초월적 원리 속에 삶의 당위성과 합당성이 포함되어 있었으며, 서사는 그것을 저버리는 세력들의 죽음의 길에 맞서서 초월적 힘의 승리와 삶의 합당성의 방향을 드러냈다. 이 경우 초월적 힘의 승리를 보여주는 서사는 삶의 합당성을 입증하는 죽음과의 싸움이었던 것이다. 가령 『동명왕 서사시』에서 동부여의 왕자들이 주몽을 죽이려하자 초월성의 상징인 주몽은 신화적인 힘

---

21) 이는 라캉이 말한 결핍의 욕망과 구분되는 생산의 욕망이다. 결핍의 욕망이 억압적인 상징계에 의해 힘이 부정됨으로써 나타나는 반작용적인 힘(권력의 추구)이라면, 생산의 욕망은 그 자체로서 긍정적이고 적극적인 힘의 의지이다.
22) 니체가 말한 긍정적인 욕망으로서의 '힘의 의지'를 말한다.

의 도움으로 동부여를 탈출해 고구려를 건국한다. 주몽의 고구려 건국은 죽음과 싸워 이긴 신성성(신화적 힘)의 승리인 동시에 삶의 합당성을 입증하는 서사라고 할 수 있다.

초월성의 승리를 통해 삶의 합당성을 보여주는 '죽음과의 싸움'은 조선조 시대의 영웅소설에서도 비슷하게 나타난다. 예컨대『유충렬전』에서 유충렬은 간신 정한담이 집에 불을 질러 그를 죽이려 하자 모친과 함께 집을 나와 길을 떠난다. 유충렬은 도승에게 초월적 능력을 전수받아 정한담을 제압하고 태평성대를 회복한다. 또한『이대봉전』에서도 간신 왕희가 이상서 부자(이상서와 이대봉)를 바다에 넣어 죽이려 하지만 두 사람은 남해 용왕의 도움으로 살아나게 된다. 그 후 이대봉은 도승을 만나 비범한 능력을 습득해 왕희를 물리치고 부귀공명을 얻게 된다.『조웅전』에서는 조웅의 부친 조정인이 간신 이두병의 모함을 받고 나서 자살하게 된다. 그러나 조웅은 죽음의 난을 피해 고향을 떠난 후 철관도사에게 무술을 공부해 이두병을 격멸하고 황실을 회복한다. 이처럼 영웅소설은 죽음의 길을 도모하는 세력을 물리치고 태평성대라는 유토피아로 나아가는 서사를 보여준다. 그 같은 죽음과의 싸움의 과정은 초월적 힘의 승리를 통해 삶의 합당성을 입증하는 서사적 여로라고 할 수 있다.

그 같은 초월적 원리에 대한 신뢰가 상실되고 그 힘에 의존하던 공동체적 원환(동일성)이 파괴되면서 근대가 시작되었다. 근대 이후 인간은 신이나 유교이념의 지배에서 해방되어 자유를 얻지만 그 대가로 초월적 당위가 보장하던 공동체적 원환이 해체된다. 유교이념(혹은 신) 대신 새로운 동일성(공동체)의 원리로 등장한 상징계의 권력의 기표 자본(혹은 이성이나 남근)은, 진정한 공동체를 유지하는 질적인 (당위의) 가치를 제공할 수 없었다. 따라서 근대사회는 상징계의 지배적 기표를 통해 동일성의 세계를 형성하려는 힘과 그로부터 탈주하려는 힘 사이의 공간에 위치하게 된다. 즉, 근대사회는 동일성과 차이(차연), 재영토화와 탈영토화, 구심력과 원심력, 그 양자 사이의 이중성의 장에 놓여 있다. 그 같은 양가성

에서 스스로 해체될 수밖에 없는 근대의 사회체계는, 구성원들을 체계
(동일성의 세계) 내부로 끌어들이기 위해 자본주의 기계23)나 국가 장치를
통해 권력을 행사한다. 그리고 자본주의 기계나 국가 장치에 의해 작동
하는 권력은 체계 바깥으로 탈주하려는 자들을 위협하기 위해 죽음의
명령문을 숨겨 놓고 있다. 근대 이전에 초월적 동일성(공동체)의 세계에
서는 공동체적 당위의 이념을 위반하는 자들이 죽음을 도모했지만, 이제
는 그 반대로 동일성의 세계를 유지하려는 사람들이 사형선고를 내리고
있는 것이다. 따라서 근대 이후 서사에서 '죽음과의 싸움'은 동일성 세
계의 사형선고를 전복시켜 탈주의 길을 여는 과정으로 나타난다.

근대의 동일성의 세계는 지배권력의 체계에 이질적인 타자를 동화(동
일화)시키려는 작용을 수행한다. 예컨대 이민족을 제국의 체계에 식민지
로 병합하거나 이질적 욕망을 지닌 타자를 자본의 체계의 동일화시키는
작용을 말한다. 지배체계는 그 같은 동일성의 영토를 유지(그리고 확장)하
기 위해 체계 바깥으로 이탈하는 자들을 죽음의 명령으로 위협한다. 그
러나 지배체계에 동일화될 수 없는 이질적 타자들은 늘상 체계 바깥으
로 탈주하려는 욕망을 갖게 된다.

가령 「만세전」에서 이인화는 식민지 조국을 여행하는 중에, 계몽의
꿈으로 빛나던 청년들의 얼굴에 죽음의 공포가 어려 있는 것을 발견한
다. 식민지의 청년들은 헌병 앞에서 제국의 동화의 요구에 웃음으로 답
하지만, 그 웃음 속에서는 공포로 뒤틀린 경련이 '응시'24)로 되돌아오고
있었다. 이인화는 그들의 공포의 얼굴에서 읽혀지는 죽음의 위협에 굴복
하지 않고, 제국(신문명)에 동화되어 가는 식민지 공간이 죽음의 공간(공동
묘지)이며, 그로부터 탈주할 수밖에 없음을 폭로한다. 여기서 동화된 삶

---

23) 자본주의 기계에 대해서는 들뢰즈·가타리, 최명관 역, 『앙띠 오이디푸스』, 민음사,
1994, 334~356면 참조.

24) 응시란 시선이 이질적인 타자에 부딪혀 되돌아오는 것을 말한다. 시선의 권력에 대
해 타자의 응시는 거세공포를 드러낸다. 그 같은 시선과 응시의 교차 속에서 실재계와
의 만남이 이루어진다. 응시에 대해서는 라캉, 민승기 외역, 앞의 책, 186~255면 참조

을 요구하는 제국의 죽음의 명령은, 그런 예속된 삶을 죽음의 공간으로 인식하는 탈주의 욕망에 의해 전복된다. 즉, 죽음의 명령은 식민지 바깥으로 나가려는 사람들을 죽음으로 위협하지만, 탈주의 욕망은 식민지에서 탈주해야만 죽음에서 벗어날 수 있음을 말하고 있다. 죽음의 명령이란 체제 바깥으로 달아나는 자들에 대한 사형선고인 반면, 이인화가 죽어 있는 무덤으로 인식한 것은 그 반대되는 내부의 공간이었던 것이다.

물론 이인화의 '신생'의 소망은 (제국의) 죽음의 명령을 무너뜨리기에는 미흡한 것이었다. 그러나 '만세전' 다음 해의 만세운동은, 죽음의 위치를 외부에서 내부로 뒤바꾸며 제국의 명령을 전복시키는 탈주의 욕망 속에서 나타난 것이었다. 따라서 탈주의 욕망이란 탈주자에게 내리는 죽음의 명령을 전복시키면서 삶의 유토피아를 향해 나아가는 (운동의) 힘이라고 할 수 있다. 죽음의 명령은 지배체계 외부의 공간을 죽음으로 선언하지만, 탈주의 욕망은 그(명령)에 예속된 내부를 죽음으로 여겨 그로부터 달아난다. 그 같은 탈주의 욕망을 따라 앞으로 나아가는 사람들은, 설령 그 삶의 길에서 불의의 죽음을 맞더라도, 그 죽음은 새로운 삶에 대한 (탈주의) 욕망을 더욱 증폭시킨다. 왜냐하면 탈주의 길 위에서의 두려움을 잊은 죽음은 새로운 삶의 문턱25)을 여는 '죽지 않는 죽음'이기 때문이다.

새로운 삶의 문턱이란, 무덤 같은 상징계의 공간에서 탈주해 실재계에 발을 들여놓는 위치로서, 낡은 상징계에 얽매인 죽음의 공포 대신 새로운 삶에 대한 소망이 확산되는 지점이다. 불사의 죽음은 그처럼 사람들의 삶을 낡은 상징계의 위치에서 변혁의 욕망이 솟구치는 실재계(상징계와 실재계 사이)의 위치로 전이시키는 새 삶의 문턱인 것이다. 그 삶의 변이의 지점에서 사람들은 죽음을 옛 상징계의 구멍으로 여기는 대신 새로운 인간관계와 의미로 채워져야 할 실재계의 빈 자리로 생각하게 된다. 그리고 그처럼 실재계의 구멍을 메우려는 시도는 낡은 상징계를

---

25) 이진경, 앞의 책, 328면.

변혁하는 욕망으로 이어진다.

한 예로 조명희의 「낙동강」을 생각해 보자. 이 소설에서 농민운동을 하다 감옥에 갇힌 박성운은 병보석으로 출옥한 후 죽음을 맞게 된다. 제국의 식민주의적 서사의 맥락에서 보면 그의 죽음은 상징계(지배체계) 외부로 탈주한 자들에게 내리는 저주의 명령에 의한 것이다. 그러나 식민주의적 상징계를 무덤으로 여기고 그로부터 탈주하려는 서사(「낙동강」)의 맥락에 보면 상황이 전복된다. 즉, 박성운의 희생은 식민지의 죽음의 무덤을 넘어선 불사의 죽음으로서, 낙동강 물줄기처럼 끊임없이 역사를 실어 나르는 새로운 삶의 문턱일 뿐이다. 만장을 들고 그의 뒤를 따르는 수만은 민중들은, 천만년 낙동강의 흐름을 따라 (박성운의) 불사의 죽음과 삶의 문턱을 넘어 새 역사 속으로 나아가고 있는 것이다. 죽음의 상징계(식민지)를 열어젖히고 삶의 역사(실재계) 속으로 흘러가는 그들의 모습에서는 낙동강 같은 탈영토화된 자연생장의 힘이 솟아나고 있다.

죽음의 명령이 삶의 공간으로 위장하고 있는 식민지의 상징계가 무덤 같은 곳이라면, 그 죽음의 경계를 넘어 삶의 문턱을 열어젖힌 박성운의 죽음은, 상징계와 실재계의 틈새에서 새 삶으로 나아가는 역사적 변혁의 위치일 것이다. 상징계와 실재계 사이의 틈새란 새 역사를 여는 위치인 동시에 경직된 상징계에 대항하여 자연생장의 힘이 생성되는 공간이다. 즉, 그 같은 새로운 삶이 생성되는 공간에서 인간의 삶과 죽음은 강의 흐름 같은 자연의 한 부분이 된다. 죽음을 앞두고 낙동강 물줄기에 몸을 적시며 노래를 부르던 (첫 장면의) 박성운의 모습은 그런 자연생장의 흐름을 암시한다.

따라서 죽음에는 지배체계(상징계) 내부의 환멸의 죽음(무덤)과 탈주자를 위협하는 공포의 죽음(죽음의 명령) 이외에, 강의 흐름으로 은유되는 자연을 닮은 죽음이 있다고 할 수 있다. 첫 번째 죽음이 권력에 의해 유폐된 상징계 내부의 무덤이라면, 두 번째 죽음은 그 내부를 삶의 공간으로 위장하며 이탈자들을 감시하는 죽음의 명령이다. 또한 세 번째 죽음은 상징계의 벽을 실재계를 향해 열어젖힐 때 탈주의 흐름에서 나타나는 불사의 죽음이다.

이 두려움을 모르는 불사의 죽음이 처음 나타난 것은 아마도 아도르노가 말한 미메시스의 시대(주술의 시대)일 것이다. 미메시스의 시대에는 죽음조차도 주체와 세계의 화해의 암호를 통해 나타났던 셈이다. 그 같은 자연을 닮은 화해를 깨뜨리며 주체와 세계를 분리시킨 것은 계몽과 합리주의였다.26) 그 점에서 미메시스의 반대말은 합리주의일 것이다. 그리고 합리주의(그리고 자본주의)의 가장 나쁜 형태는, 우리 시대가 경험하고 있는 도구적 이성(그리고 교환가치)에 지배되는 물화된 세계라고 할 수 있다. 물화된 세계에서 인간은 생명이 없는 물건처럼 살아가게 되며, 그런 삶에는 죽음의 암호가 깃들여 있다. 인간이 물건이 되어 버리는 그 같은 죽음은, 무덤 같은 환멸의 죽음과는 달리 아무 일도 없는 듯한 조용한 일상 속에서 나타난다. 죽음 같은 물화된 일상, 그 자동화된 조용한 죽음에 맞서서 자연의 암호를 불러내어 미메시스(화해)를 시도하는 것이 바로 모더니즘 소설이다.

그 같은 자연의 은유를 통한 미메시스의 시도 역시 탈주의 흐름이 나타나는 상징계와 실재계 사이의 공간에서 수행된다. 그런데 그처럼 탈주의 흐름을 따라 미메시스로 나아가는 길목에는 죽음의 명령(공포의 죽음)과 자살충동이 지뢰처럼 매설되어 있다. 모더니즘 작가들이 유난히 죽음의 공포와 자살충동(죽음의 본능)에 시달리는 것은 그 때문이다.

예컨대 이상은 탈주하는 아이의 은유(「오감도」)를 통해 죽음의 공포27)를 말하고 있으며, 단지 '무'일 뿐인 역사 외부의 권태로운 자연(「권태」)28)에서 자살의 유혹을 느낀다. 또한 그는 '절름발이 부부'의 운명을 지닌 금홍

---

26) 호르크하이머·아도르노, 김유동 외역, 『계몽의 변증법』, 문예출판사, 1995, 31~36면.
27) 「오감도」 시 제1호에서 공포가 강조되는 것은 탈주하는 아이이기 때문일 것이다.
28) 미메시스의 시도는 성천 같은 역사 외부의 자연에 동화되는 것이 아니라 현대의 합리주의적 환경 속에서 자연의 암호를 불러내려는 시도이다.

을 만난 배천 온천에서, '게서 나는 죽어도 좋았다'라고 고백하고 있다. 이상이 공포에 시달리는 아이들을 그린 반면, 김승옥은 생명을 찾기 위한 탈주의 끝에서 방황하며 죽어가는 청년들을 묘사한다. 김승옥은 또한 진정한 사랑(미메시스적인 사랑)의 화해('나'와 인숙의 사랑)가 싹틀 수 없는 디스토피아적인 고향 무진에서 초여름의 의례 같은 자살 사건29)을 목격한다.

모더니스트는 그 같은 죽음의 유혹을 뿌리치고 화해의 암호인 미메시스를 시도한다. 화해(미메시스)가 불가능한 (합리주의적) 현실에서 자연을 닮으려는 미메시스를 시도하는 점에서, 모더니스트는 강의 흐름 같은 역사의 물결을 타는 사회주의 리얼리즘의 주인공처럼 탈주의 선을 따라가는 셈이다. 그러나 모더니스트는 새로운 역사의 변혁으로 나아가기보다는 자신이 버리고 온 현실에 대해 미메시스를 시도한다. 그 점에서 모더니스트는 총체성 혹은 화해에 대한 향수를 지니고 있는 것이다.

하지만 이미 미메시스가 사라져 버린 현실에서의 미메시스의 시도는 가상(예술작품)을 통해서만 가능해진다. 화해가 불가능한 현실에서 화해를 시도한 대가로 모더니즘 주인공은 현실에서는 아무 쓸모가 없는 죽음과 같은 상태에 놓이게 된다. 예컨대 「날개」(이상)의 '나'는 '날자!'고 외치며 현실과 화해(미메시스)하려 하지만, 단지 '박제가 되어 버린 천재'로 남게 될 뿐이다. 또한 「종생기」의 '나'는 세상에 대한 원한을 버리고 '따뜻한 평화'를 갈망하면서, 이제 질투할 자격도 능력도 없어진 자신에 대해 '나는 시체다'30)라고 외친다. 마찬가지로 「타인의 방」(최인호)의 '그'는 사물들과 대화하며 화해를 시도하지만, 화해는 환상 속에서만 가능할 뿐 현실에선 그 자신이 사물이 되어 폐기된다.31)

이처럼 모더니즘의 주인공들은 미메시스가 불가능한 현실에서 미메시

---

29) 무진의 경찰은 술집 여자의 자살 시체를 보며 '초여름이 되면 반드시 몇 명씩 죽지요'라고 말한다.
30) 이상, 「종생기」, 『이상문학전집』 2, 문학사상사, 1991, 397면.
31) 최인호, 「타인의 방」, 『깊고 푸른 밤』, 동아출판사, 1995, 62면.

스를 시도한 대가로 자기 자신은 박제나 시체, 물건 같은 폐기물이 되어
버린다. 화해를 시도하지만 결국 생명이 없는 물건(조용한 죽음)처럼 되어
버리는 비극은, 흡사 화해된 듯 평화롭지만 실상은 물화된 (조용한) 죽음
의 상태인 현실의 '음화'이다. 현실이란 죽은 듯이 (예속되어) 살아가는
사람에게는 평화롭지만 화해를 열망하는 사람에게는 죽음과도 다름없는
것이다. 모더니즘은 그 시체와도 같은 죽음의 상태를 폭로하면서 현실에
서는 불가능한 화해의 열망을 예술작품(가상)을 통해 보여준다. 우리는 모
더니즘 작품에서 파편화된 삶과 박제가 된 인간의 모습을 목격하면서 그
부조화 속에 화해의 열망이 숨겨져 있음을 알게 되는 것이다.[32]

　죽음 같은 물화된 삶이 일상화(그리고 자동화)된 모더니즘의 세계는, 현
실에서 화해와 유토피아의 표상들이 점점 사라져 가는 현상에 상응한다.
즉, 자연·고향·동심뿐만 아니라 사랑·성·예술 등도 우리 곁에서 소
멸되어 가고 있다. 그처럼 유토피아의 표상들이 사라져 가는 대신 이제
현실에는 유토피아를 모조한 표상들이 그 자리를 메우고 있다.

　오늘날 우리의 삶으로서의 자연과 고향이 없어진 대신 화폐로 구매할
수 있는 상품으로서의 자연과 고향은 오히려 더 많아지고 있다. 그뿐 아
니라 사랑·성·예술 등도 돈을 주고 자유롭게 사고 팔 수 있는 물품이
되었다. 언제든 자유롭게 구매할 수 있는 이 신자유주의의 상품 유토피
아는, 단지 진정한 삶의 의미와 희망만을 상품화하지 못했을 뿐이다. 우
리가 구매할 수 있는 모조 유토피아에 선망의 눈길을 주는 동안, 자신도
모르게 희망이 결핍된 허무주의에 빠지는 것은 그 때문이다.

　그 같은 가짜 낙원에서의 '허무의 죽음'에 맞서서, 자본과 도구적 이
성의 기표로 코드화된 현실을 해체하려는 것이 포스트모더니즘이다. 모
더니즘은 버리고 온 현실(물화된 현실)과 미메시스하려는 향수를 드러냈지

---

32) 염상섭의 내면고백체나 최인훈의 『광장』 같은 소설이 현실을 환멸의 죽음으로 그리
　　면서 탈주를 욕망한다면, 모더니즘(내적 독백, 의식의 흐름)은 자동화된 조용한 죽음을
　　폭로(낯설게 하기)하면서 화해의 열망(그리고 탈주의 열망)을 드러낸다.

만, 포스트모더니즘은 탈주를 통해 다른 공간(텍스트)을 창조함으로써 현실이라는 텍스트를 해체한다. 예컨대『아담이 눈 뜰 때』(장정일)에서 '나'는, 현재가 자살(허무의 죽음)한 가짜 낙원의 현실에서 눈을 뜨면서, 『아담이 눈 뜰 때』라는 메타픽션(현실의 텍스트를 해체하는 또 다른 텍스트)을 창작하기 시작한다. '나'의 글쓰기는 자살한 현재가 잃어버린 희망을 창조하려는 행위이면서, 또한 현재와 섹스를 하던 현실을 가짜 낙원으로 해체하는 행위이다.

그와 유사하게 「은어낚시통신」(윤대녕)에서도 '나'와 그녀는 만날 때마다 섹스를 하면서도 아무런 감동을 느끼지 못한다. 이제 더 이상 섹스는 자아와 타자가 상호 교감하는 화해의 욕망이 아닌 것이다. '상처에 증독된' '나'와 '삶으로부터 거부된' 그녀는, 마침내 작별도 없이 책 속의 글자 같은 수많은 인파에 묻혀 타인이 된다.

단지 타인의 기호들만이 인파를 이루고 있는 그 현실의 텍스트는 '은어낚시통신'이라는 탈주의 암호를 통해 해체된다. '나'는 허무의 죽음이 깃든 현실의 텍스트에서 벗어나 다른 코드로 된 밀교적 공간에서 그녀를 다시 만난다. 여기서 밀교적 공간은 현실의 대안적 공간이기보다는, (코드화된) 현실을 해체한 탈코드화된(탈영토화된) 공간에서 자연으로 회귀할 틈새를 제공하는 위치이다. 그런 틈새의 공간(상징계와 실재계 사이의 공간)은 현실(상징계)과는 다른 코드로 된 공간으로 건너뛸 때 얻어질 수 있다. '나'와 그녀는 밀교적 공간을 매개로 허무의 죽음이 깃든 현실에서 탈주할 수 있는 틈새를 얻고 있는 것이다.

모더니즘에서는 내면의 화해의 소망을 통해 물화된 죽음의 현실을 부정함으로써 죽음의 공포에 휩싸인 현실을 넘어서려 한다. 반면에 포스모더니즘에서는, 허무가 만연된 현실을 벗어난 틈새의 공간에서 현실 자체를 해체함으로써 허무의 죽음을 극복한다. 모더니즘에서의 죽음과의 싸움이 부정적 방식이라면, 포스트모더니즘은 보다 긍정적인 해체의 방식을 사용한다.

이제까지 살펴본 것처럼, 억압적인 지배체계(상징계)의 죽음의 위협은 무덤 같은 환멸의 죽음(「만세전」)과 이탈자를 위협하는 공포의 죽음(「만세전」의 청년의 얼굴, 「운수 좋은 날」), 그리고 물화된 현실의 죽음(모더니즘)과 허무의 죽음(포스트모더니즘) 등으로 나타난다. 이 여러 모습으로 나타나는 죽음의 명령의 공통점은, 외부로 이탈하는 사람에게 죽음의 위협을 가해 내부로 끌어들이려 한다는 점이다. 그처럼 죽음의 명령은 외부를 죽음의 위치로 규정하면서 내부를 삶의 공간으로 가장한다. 가령 포스트모더니즘의 허무의 죽음은 내부에 만연된 것이지만, 그럴수록 후기자본주의의 권력은 내부 공간을 유토피아적 표상들로 가득 찬 것으로 위장한다.[33]

그 같은 죽음의 명령의 권력에 대항하는 서사들[34]은, 죽음이 외부가 아니라 내부에 있음을 드러내며 사형선고로부터 탈주한다. 내부와 외부를 뒤바꾸는 그런 탈주는 외부의 다른 공간으로 도피하는 것이 아니라, 지배체계가 그어 놓은 내부 / 외부의 경계선을 해체하는 것이다. 그 해체된 틈새로부터 탈주의 공간이 나타나며, 우리는 상징계(지배체계)와 실재계 사이의 공간에 위치하게 된다.

새로운 삶의 건설이란 그런 틈새의 공간에서 창조적인 인간관계를 만들어 가는 모험의 여정에 다름이 아니다. 유토피아에 대한 욕망으로 인해 우리를 위협하는 죽음의 명령문에 대항하며 나아가는 그 과정은 서사의 여로로 드러난다. 그리고 죽음의 위협이 여러 형태로 표상되듯이, 그로부터 탈주하려는 서사의 여로 역시 다양한 양상으로 나타난다. 이제 그 다양한 형태의 서사의 여로들을 고찰하기 위해, 탈주의 모험을 매우 분명히 보여주는 여로형 소설에 대해 살펴보자.

---

33) 푸코의 '삶의 방식의 권력'이란 이런 방식의 권력행사를 말한다.
34) 그처럼 (죽음의 명령을 포함한) 권력에 대항하는 서사의 욕망은 니체가 말한 힘의 의지와도 같은 것이라고 할 수 있다. 힘의 의지가 영원회귀성을 지닌 반복의 운동이듯이 우리의 서사(이야기)의 욕망은 끊임없이 계속된다.

제3장

여로형 소설과 다양한 서사양식

1. 서사문학과 여로

서사양식이 유토피아를 지향하거나 죽음에 대항하는 양상은 문학작품의 경우 빈번히 여행의 과정으로 나타난다. 서사문학의 내적 형식이 흔히 여행의 이야기에 비유되는 것은 분명히 그와 연관이 있다. 예컨대 서사시가 별자리를 지도로 삼는 여행자의 이야기라든지,[1] 로만스적 모험담이 하강과 상승의 여로를 통과한다는 설명[2]은, 서사문학이 죽음과 싸우며 유토피아로 나아가는 여정임을 보여준다. 근대소설 역시 '자신을 입증하기 위해 길을 나서는 영혼의 이야기'[3]로 비유되고 있다. 근대소설은 또한 '길은 시작되었는데 여행은 완결된 형식'[4]으로 설명되기도 한

---

1) 루카치, 반성완 역, 『소설의 이론』, 심설당, 1995, 29면.
2) N. Frye, *The Secular Scripture*, Harvard University Press, 1976, pp.97~157.
3) 루카치, 반성완 역, 앞의 책, 115면.

다. 그 같은 내면(영혼)의 길 역시 영혼의 죽음과 싸우며 내면과 화합할 수 있는 이상의 공간을 찾아 나서는 여로일 것이다.

한편 서사문학의 내적 형식으로서의 여로는 '길의 크로노토프'5)로 설명되기도 한다. 서사 문학에서 길의 크로노토프가 부각되는 것은 인생 행로 자체가 여로에 비유될 수 있기 때문이다. 서사문학이나 인생 행로에서 길은 다른 사람들이나 사물들을 만나며 삶을 이어가는 통로로서 타나난다.6) 길은 시간이 공간과 융합되면서 인간의 삶이 사건들의 연쇄적인 흐름으로 드러나게 한다. 은유적으로든 실제적으로든, 인간의 삶은 시공간의 흐름에 따라 다른 사람들이나 사물들과 접속되는 선(길)을 만드는 과정이다. 그 같은 선의 흐름이란 죽음의 위협과 대결하며 더 나은 삶을 향해 나아가는 여로일 것이다.

서사문학에서 특징적으로 그려지는 그런 서사적 여로는, 주인공의 실제 여행길일 수도 있고 그의 내면의 여로일 수도 있다. 실상 근대소설은 주로 내면(영혼)의 여로를 그리며, 실제로 길을 떠나는 경우에도 그 여행의 행로는 내면의 여로에 상응한다. 이 점에서 서사시나 로만스와는 달리 근대소설은 흔히 '은유로서의 여로'를 그린다. 영혼을 입증하기 위해 길을 나선다든지, 소설(여행)이 끝날 때 길이 시작된다는 식의 (루카치의) 설명은, 내면(영혼)의 모험을 위해 '은유로서의 길'을 가야 하는 소설의 운명을 상징한다.

그처럼 실제의 여행뿐만 아니라 은유적인 길이 전개되는 점에서 서사문학의 여로는 들뢰즈가 말한 '계열화된 사건의 선'7)과도 유사하다. '사건(화)의 선'이 인간이나 사물들이 접속되어 계열을 이루는 '사건'의 생

---

4) 루카치, 반성완 역, 위의 책, 94면.
5) 바흐친, 전승희 외역, 『장편소설과 민중언어』, 창작과비평사, 1988, 450~451면. 이 책에서 바흐친은 길의 크로노토프를 만남의 크로노토프에 연관시켜 설명한다.
6) 바흐친, 전승희 외역, 위의 책, 451면.
7) 들뢰즈, 이정우 역, 『의미의 논리』, 한길사, 1999, 259~266면, 289~299면; 들뢰즈·가타리, 김재인 역, 『천개의 고원』, 새물결, 2001, 367~394면.

성이라면, 서사문학의 여로는 그런 사건들이 접속되어 계열을 만드는 '서사'의 생성이라고 할 수 있다. 들뢰즈의 세 가지 사건(화)의 선에 다양한 서사문학을 대응시킬 수 있는 것은 그 때문이다. 들뢰즈는 사회적 규범(혹은 상징계)에 의해 결정된 점들 사이를 연결하는 경직된 몰적(집단적) 선분과, 그 선분을 통과하면서도 유연한 분자적(개체적) 운동을 통해 균열을 만드는 선, 그리고 사회적 규범이 만드는 점과 선에서 이탈하는 탈주선을 구분한다. 이 같은 세 가지 (사건화의) 선 중에서 영웅소설이나 이광수의 『무정』은 경직된 몰적 선분에 상응한다. 또한 그 밖의 다양한 근대소설들(리얼리즘·모더니즘·포스트모더니즘)은 유연한 분자적 선분과 탈주선 사이에 놓여 있다. 물론 그 세 가지 선들은 서로 접속될 수 있으며, 서사문학은 세 사건화의 선들이 다양하게 접속된 '서사의 선'으로 나타날 것이다. 그리고 그 같은 서사의 선은 실제적으로나 은유적으로 서사문학의 여로로 표상된다.

그런데 '사건화의 선'이나 '서사의 선' 혹은 서사문학의 여로는, 역사적 시기에 따라 각기 구분되게 나타난다. 앞서 언급했듯이, 서사시나 로만스(영웅소설)에서는 서사의 선(서사문학의 여로)이 흔히 실제적인 여로로 그려진다.[8] 또한 이 서사적 여로는 대부분 '경직된 몰적 선분'에 해당된다. 신성성이나 초월적 이념에 의해 미리 예견되는 목표점을 향한 여로라든지, 그 여로가 상징하는 의미에 공동체 구성원들이 함께 부응할 것을 요구하는 점에서 그렇다고 할 수 있다.

근대소설의 경우 그 같은 공동체적 여로는 대부분 사라지지만, 이인직의 『혈의 누』나 이광수의 『무정』 같은 계몽적 소설에서는 다른 방식으로 반복된다. 『혈의 누』나 『무정』에서는 개화 이념에 의해 미리 결정된 목표점(외국 유학)을 향한 여로가 나타나며, 그 '목적론적' 여로는 공동체의 구성원들에게 신문명을 '동일한'[9] 삶의 규범으로 제공한다. 이처럼

---

8) 서사시나 로만스에서 모두 실제적인 여로가 나타나는 것은 아니지만 근대소설에 비해 서사의 선이 실제적인 여로에 상응하는 경우가 빈번한 편이다.

목적론적 여로와 동일한 삶의 규범이 강조되는 점에서, 문명개화론의 계몽적 서사는 '경직된 몰적 선분'의 여로를 그린다.

반면에 그 이후의 근대소설(리얼리즘·모더니즘·포스트모더니즘)에서는 실제적인 여로가 나타나기도 하지만 많은 경우에 '은유로서의 여로'가 그려진다. 또한 경직된 몰적 선분에서 분열되거나 이탈하는 '유연한 분자적 선분'과 '탈주선'이 나타난다. 근대소설의 경우 들뢰즈가 말한 세 가지(혹은 뒤의 두 가지) 선들의 다양한 접속이 그려질 수 있으며, 그 사건의 선들이 접속된 서사의 선은 '은유로서의 여로'를 보여준다. 영혼을 입증하는 모험의 길로서의 은유적인 여로는 모든 근대 소설의 다양한 내적 형식의 공통분모인 셈이다.

따라서 근대소설에서 특별히 '여로형 소설'로 불리는 서사는 그 같은 은유적인 여로가 아닌 실제적인 여로가 나타나는 경우를 말한다. 예컨대 「표본실의 청개구리」「무진기행」「삼포 가는 길」, 그리고 『젊은 날의 초상』「누란의 사랑」「천지간」 등에서처럼, 주인공이 실제로 길을 나서는 소설을 우리는 '여로형 소설'이라고 부른다.

그러면 근대소설에서 그런 여로형 소설은 어떤 경우에 나타나는 것일까. 그리고 서사시나 로만스에서의 실제적인 여로가 근대소설의 은유적인 여로로 변화된 것은 무슨 이유에서일까. 근대 이전의 여로형 소설과 근대 이후의 여로형 소설의 차이는 또한 무엇일까.

이런 질문들에 대한 답변은 인간의 삶의 양상이 역사적 사회적으로 변화된 사실에서 찾을 수 있을 것이다. 인간의 삶은 사람들과 사건들이 접속되는 사건과 서사의 선으로 나타난다. 또한 거시적으로 보면 인간의 삶이란 인물과 환경의 상호작용으로 드러난다. 따라서 서사문학에서 인간의 삶의 여로가 역사적 사회적으로 다르게 나타나는 것은, 사건과 서사의 선이 변화되고 인물과 환경의 상호관계가 달라진 데 따른 것으로

---

9) 이런 목적론적인 여로와 동일성의 규범으로부터 획일화된 동일성의 삶이 나타난다.

볼 수 있다.

앞서 살폈듯이 서사시나 로만스에서의 여로는 '경직된 몰적 선분'을 그리고 있다. 그런데 여기서의 경직성과 집단성(몰적인 것), 그리고 동일성(공동체)이나 반복성은, 인물과 환경이 신성성이나 초월적 이념(유교 이념)에 지배된 데 따른 것이다. 신성성이나 초월적 이념은 인물(인간) 외부에 근원을 갖는 것으로서[10] 그것을 매개로 한 인물과 환경의 상호작용은 외부세계의 여로로 그려진다.

'경직된 몰적 선분'은 『혈의 누』나 『무정』 같은 계몽적 소설에서도 나타난다. 물론 두 소설에서의 경직성(목적론)과 집단성, 동일성(공동체)은 서사시나 로만스에서와는 달리 인간 내면의 계몽이성에 근거하고 있다. 그러나 두 소설은 내면을 매개로 현실의 환경과 관계하기보다는 계몽이성이 발화된 신문명의 외국을 초월적인 외부세계로 상징하고 있다. 따라서 인물과 환경의 상호작용은 내면의 여로로 그려지기보다는 외국으로의 유학이라는 외부세계의 여로로 나타난다.

그에 반해 『무정』 이후의 근대소설들(리얼리즘·모더니즘·포스트모더니즘)에서는 내면을 매개로 환경과 관계하는 인물들의 여로가 그려진다. 또한 그런 은유적인 여로를 통해 인물과 환경은 동일성(공동체)의 원환으로 융합되지 않고 서로 갈등하는 관계로 제시된다. 근대소설에서 경직된 몰적 선분으로부터 벗어나는 '유연한 분자적 선분'이나 '탈주선'이 나타나는 것은 그 같은 불화관계 때문이다. 그런데 그런 불화관계가 매우 심각할 경우 인물은 환경의 조건에서 벗어나 외부의 다른 공간으로 향하는데, 그 외부공간으로 떠도는(혹은 이탈하는) 흐름을 추적하는 것이 바로 여로형 소설이다.

이처럼 여로형 소설은 근대소설의 특별한 유형으로 나타난다. 그 같은 여로형 근대소설은 물론 서사시나 로만스의 여로구조와는 매우 다른

---

10) 신성성이나 초월적 이념은 인물에게 내재할 수 있지만 그 자체는 인간의 능력을 벗어난 외부에 근원을 두고 있다.

양상을 보여준다. 따라서 우리는 근대 이전의 여로형 소설과 근대소설의 은유적인 여로구조, 그리고 여로형 근대소설의 차이를 구분할 수 있다. 그리고 그 세 가지 차이를 인물-환경의 관계와 연관해서 살펴볼 필요가 있다. 이제 인간의 삶이 변화되고 인물과 환경의 관계가 변화됨에 따라 여로형 구조가 어떻게 달라지는지 고찰해 보자.

2. 인물과 환경의 관계와 여로

1) 인물과 환경의 상호작용과 서사

인간의 삶이 '세계' 속에서 '인간'이 살아가는 양상이라면 그것은 서사문학에서 '인물'과 '환경'의 상호작용으로 나타난다. 서사문학에서 인간은 인물로 그려지며 객관세계는 환경으로 제시되는 것이다. 그리고 객관세계 속의 인간의 삶, 즉 인물과 환경의 상호작용은 행동과 사건의 연속적인 플롯으로 나타난다. 서사의 선이란 '인물'의 삶의 운동인 동시에 인물이 환경과 관계하는 '플롯'의 운동이라고 할 수 있다. 따라서 서사는 삶의 주체인 인물과 삶의 연속적인 흐름인 플롯의 두 가지 요소로 설명될 수 있다.

그러나 인물과 플롯은 서로 분리될 수 없는 두 가지 개념이라고 할 수 있다. 왜냐하면 플롯이란 인물이 환경과 관계하는 삶의 내용, 즉 사건과 행동의 연쇄이기 때문이다. 인물과 환경이 서사의 존재적 요소라면 플롯은 그 둘이 시간의 흐름 속에서 반응하는 역동적 요소인 셈이다. 인물과 플롯을 분리할 수 없는 것은 존재와 존재의 객관적 운동을 나눌 수 없는 것과 마찬가지이다. 인물과 환경은 분리되어 있는 한 존재적 요

소이지만 그 둘이 반응하기 시작하면 이미 역동적인 플롯이 된다. 물론
인물이 환경에 등을 돌려 반응하지 않으면 (모더니즘 소설에서처럼) 역
동적 플롯은 좀처럼 나타나지 않는다. 그 대신 인물의 환경에 대한 미시
적 행위11)에 따라 미시적 사건12)과 플롯의 선이 그려지게 된다. 이처럼
환경 속에서의 인물의 움직임에 따라 그에 상응하는 플롯의 운동이 나
타나는 것이다. 따라서 그 같은 인물과 플롯의 긴밀한 관계를 이해하기
위해서는 '환경'이라는 개념을 설정하는 것이 필수적이다.13) 이상에서
논의한 인물, 환경, 플롯의 관계는 다음과 같이 표시될 수 있다.

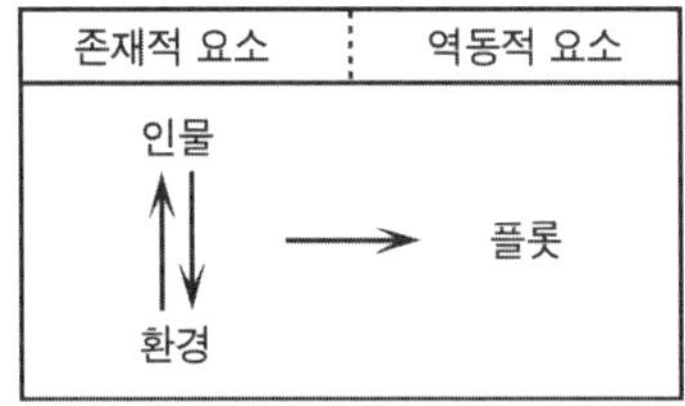

2) 서사시와 로만스적 영웅소설

환경이란 구체적으로 무엇인가. 환경이란 한마디로 인물이 몸담고 살
아가는 객관세계의 장이라고 할 수 있다. 그런데 우리가 흔히 객관세계
로 부르는 공간은 순수한 사물 그 자체(물 자체)의 세계이기보다는 이미
문화적으로 코드화된 장일 것이다. 환경이란 그처럼 문화적으로 코드화
된 공간인 동시에 또한 지배체계의 권력에 의해 '영토화(체계화)'된14) 공

---

11) 현실과 미메시스하려는 행위 등을 말한다. 예컨대 「날개」에서 '날자!'를 외치는 행위
　나 「타인의 방」에서 사물과 대화하는 행위가 그것이다. 이에 대해서는 모더니즘을 논
　의하면서 다시 살펴 볼 것이다.
12) 유연한 분열의 선이나 탈주선을 그리는 사건을 말한다.
13) 환경 개념의 필요성에 대해서는 나병철, 『소설의 이해』, 문예출판사, 1997, 104~110
　면 참조.

간이다. 문화적으로 코드화된 공간에서는 인간들과 사물들이 접속되면서 의미를 발생시키며, 권력에 의해 영토화된 공간에는 인간관계의 그물망인 사회환경이 형성된다.

그런 문화적 코드화의 공간과 권력으로 영토화된 공간은 서로 부합할 수도 있고 불일치할 수도 있다. 예컨대 신화나 서사시의 시대에는 지상계의 사회환경과 자연환경이 모두 천상계의 신성성에 의해 코드화되어 있었다. 반면에 사화환경은 왕권에 의해 질서가 유지되는 영토화된 공간으로 존재했다. 이처럼 신성성에 의해 코드화된 공간과 왕권에 의해 영토화된 공간은 완전히 일치하는 것은 아니었다. 그러나 한 왕권의 다른 왕권에 대한 우세함은, 왕의 천상계와 연관된 혈통으로 드러나는 신성성의 우월함에 좌우되었다. 또한 그 같은 어떤 왕권(혹은 왕)의 우세함과 신성성의 우월함은, 왕권(사회환경)의 지배에서 벗어난 자연의 신성한 힘마저 우세한 왕권(왕)의 승리를 보증하는 사실로 확인되었다. 이처럼 신성성으로 코드화된 공간과 왕권으로 영토화된 공간은, 완전히 일치하지는 않지만 서사적 승리를 위해 서로 조응하는 관계에 있었다. 그것은 지상계를 코드화하는 천상계의 신성성의 원리와 사회환경을 영토화하는 왕권의 권력이 서로 상응하기 때문이었다. 이처럼 천상계와 지상계, 신성성의 코드화와 왕권의 영토화, 그리고 사회환경과 자연환경(문화와 자연)이 부합하던 때가 신화와 서사시의 시대였다.

한 예로 『동명왕 서사시』를 생각해 보자. 신의 혈통을 지닌 영웅 주인공 주몽은 동부여의 왕권이 지배하는 사회환경에서 일시적인 박해를 받지만 그보다 더 강한 왕권을 지닌 고구려를 건국한다. 주몽이 동부여에서 박해를 받는 과정에서는 천상계의 신성성(주몽)과 지상계의 왕권(동부여)이 잠정적으로 불화를 드러낸다. 그러나 그런 불화는 신성성에서 동부여의 왕권을 능가하는 주몽이 동부여보다 더 강한 왕권(고구려의 사회환

---

14) 영토화란 들뢰즈의 용어로 사람이나 사물들을 포섭하여 체계의 권력에 예속화시키는 것을 말한다.

경)을 수립함으로써 해소된다. 여기서 그 박해와 불화의 극복은 주몽의 비범한 영웅성과 자연환경의 신이한 도움에 의존한 것인데, 그 같은 주몽의 영웅성과 자연의 신이함은 주몽의 왕권이 그를 박해한 동부여의 왕권보다 신성성에서 우월함을 입증한다.

따라서 『동명왕 서사시』의 서사는, 주몽의 영웅성과 신성성을 입증하는 과정(인물)인 동시에, 천상계의 신성성이 지상계의 왕권(사회환경) 및 자연의 신이함과 조화됨을 보여주는 전개(플롯)이다. 그런데 그 같은 서사적 과정은 신성성에서 우월한 주몽이 그보다 열세인 동부여 왕권의 사회환경을 탈출해 더 강한 왕권(고구려)의 사회환경을 건립하는 여로로 나타난다. 이 서사적 여로에서 주목되는 것은 주몽이 자신의 영웅성을 발휘할 뿐 아니라 자연의 신이함의 도움을 받는다는 점이다. 이는 천상계의 신성성과 주몽의 왕권의 조화와 함께, 자연환경과 주몽이 건립한 사회환경(고구려)의 화해를 암시하는 것으로 볼 수 있다.

이처럼 서사시에서 주몽이 (기존의 환경에서) 박해를 받다 새로운 환경을 건립하는 '인물과 환경의 상호작용'은, 신성성에서 열세인 왕권에서 탈출해 더 우월한 왕권을 수립하는 '여로'로 전개된다. 이 서사시에서 그 같은 여로가 필요한 것은, (모든 지상계가 아직 왕권과 사회환경으로 영토화되지 않은 단계에서) 기존의 왕권에 예속되지 않은 지상계의 공간에서 그곳에 깃든 신성성이 영웅 주인공(그리고 그의 새로운 왕권)의 편임을 보여주기 위해서이다. 기존의 왕권에 예속된 공간에서는 새로운 영웅 주인공과 사회환경은 갈등을 일으킬 수밖에 없다. 그러나 기존의 왕권에서 벗어난 지상계의 공간에서는 그 왕권과 영웅주인공 중에서 신성성이 어느 편에 서 있는지 드러나게 된다. 그처럼 왕권에 의해 영토화되지 않은 공간이 바로 '자연'이며 자연의 신이함은 영웅 주인공의 신성성을 더욱 강화시킨다. 이 같이 서사적 여로에서 드러난 주인공의 영웅성과 자연의 신이함은 영웅 주인공이 세운 왕권의 사회환경의 신성성을 입증한다. 영웅주인공의 서사적 여로는 기존의 사회환경의 억압에서 벗어나 인물의 신성성과 새로 건립한 환경의 화해를 드러내며, 또한 천상계(신성성)와 지상계(왕권), 자연환경과 사회환경의 조화를 보여준다.『동명왕 서사시』에서 인물과 환경의 상호작용이 영웅 주인공의 서사적 여로로 나타나는 것은 그에서 기인한다.

『동명왕 서사시』에서 영웅 주인공의 서사적 여로가 가능한 것은 아직 왕권에 의해 영토화되지 않은 지상계의 공간이 남아 있기 때문이다. 만일 모든 지상계가 어떤 한 왕권에 예속되었다면 그 왕권(사회환경)과 영웅 주인공의 신성성은 불화를 해소할 수 없게 된다. 실상 전설의 비극성은 영웅 주인공(그 신성성)과 왕권의 사회환경과의 해소할 수 없는 불화에 근거한 것이다. 이는 천상계의 신성성과 지상계의 왕권 사이에 균열이 생겨났음을 보여주는 것이다.

그러나 서사시의 시대는 아직 그런 균열이 일어나지 않은 단계이다. 또한 서사시의 역사적 시대는 왕권에 예속되지 않은 지상계의 공간이 남아 있는 시대이기도 하다.『동명왕 서사시』에서 보듯이, 기존의 왕권의 박해에서 벗어나 새로운 지상계의 공간에 더 우월한 왕권을 세우는 여로가 가능한 것은 그 때문이다.

하지만 지상계가 왕권(혹은 제국)을 중심으로 한 지배체계에 예속된 이후에는 영웅 주인공의 서사적 여로를 통해 또 다른(혹은 더 우월한) 왕권을 수립하는 일이 불가능해진다. 따라서 신화와 서사시의 다음 단계는 영웅 주인공이 왕권에 지배되는 사회환경 내부에서 비극적인 죽음을 맞는 전설의 서사이다. 역사적 변화에 따라 신화와 서사시 대신 전설이나 민담의 서사가 나타나게 된 것이다. 그러나 전설이나 민담 역시 신성성으로 코드화된 지상계의 이야기인 점에서 신화(서사시)와 마찬가지로 설화에 속한다.

소설의 등장은 신성성 대신 인간적 관점에 매개된 (초월적) 이념이 지상계를 코드화하면서 가능해진다. 유교나 불교(혹은 도교) 등의 초월적 이념은, 여전히 천상계와의 연관을 지니는 점에서 '초월성'을 갖지만, 신성성과는 달리 신이 아닌 인간적 관점에서 지상계를 질서화하려는 '이념'

을 매개로 하고 있다. 또한 그처럼 신성성을 인간적 이념을 매개로 의미화함으로써 영웅 주인공의 출현이 다시 가능해진다. 즉, 영웅 주인공은 신성성의 표상 대신 충(忠)이라는 지상계 이념의 최고 형태로 의미화됨으로써 왕권과의 불화를 해소할 수 있었던 것이다. 영웅 주인공은 왕권을 위협하는 신성성의 기표가 아니라 왕(황제, 천자)의 충신으로 다시 등장하게 된다. 영웅 주인공은 여전히 신성성을 지니지만 그것은 왕의 충신으로서 소명을 다하기 위한 천상계의 후광일 뿐이다.

그처럼 신성성(천상계)에 대한 인간적(지상계적) 이념의 매개가 전면에 부각되는 것은 불교보다는 유교이념이다. 따라서 왕권은 유교이념을 통해 지상계를 영토화하며 영웅 주인공은 충이라는 기표를 통해 유교이념의 사회환경에 예속된다. 반면에 불교는 신성성의 세계에 보다 더 접근해 있지만, 인간적 이념의 매개고리가 약한 탓에 유교로 영토화된 지상계의 주변부에 위치한다.

그에 따라 영웅 주인공의 충(忠)을 주제로 한 영웅소설(로만스)은 유교이념에 예속된 사회환경과의 상호작용을 그린다. 영웅 주인공과 사회환경의 갈등은 간신의 출현에 의해 유교이념이 일시적으로 전도된 데 따른 것이다. 그러나 간신에 의해 위기에 처한 사회환경은 충이라는 유교이념의 초월성과 당위성에 의해 다시 평정(태평성대)을 회복한다. 그처럼 유교이념이 실현된 태평성대를 되찾기 위해 사회환경과 상호작용하는 것이 바로 영웅 주인공이다.

따라서 영웅소설의 서사는, 영웅 주인공의 영웅성과 충성심을 입증하는 과정(인물)인 동시에, 유교이념의 사회환경이 일시적인 전도(간/충)를 극복하고 다시 태평성대(충/간)를 회복하는 전개(플롯)이다. 그런데 그 같은 유교이념의 자기회귀적인 운동은, '인물과 환경의 상호작용'이면서 또한 주인공이 충을 실현할 (신성성의) 능력을 얻기 위한 모험적인 '여로'로 나타난다. 충을 발휘할 비범한 능력은 신성성과의 관계에서 얻어지는 것인데, 그것이 유교이념의 '사회환경' 내에서는 미흡하다고 할 수 있다. 영웅 주인공은 집을 떠나는 '모험적인 여로'에서, 신성성에 보다 접근해 있는 불교를 통해 비로소 비범한 능력을 얻을 수 있게 된다.

영웅소설에서 주인공은 간신에 의해 아버지가 죽거나 유배되는 고난을 겪는다. 아버지의 부재[15] 속에서 아직 나이가 어리고 힘이 약한 주인공은 화(간신의 죽음의 명령[16])를 피하기 위해 집을 떠날 수밖에 없게 된다. 영웅 주인공은 모험적인 여로를 떠도는 중 지배체계의 주변부인 불교적 공간에서 도승에게 비범한 능력(도술)을 전수받는다. 도승의 불교는 유교와는 다른 코드를 지니지만[17] 그 같은 이질적인 코드는 지배체계를 영토화하는 유교적 충의 이념을 더욱 굳건하게 만든다. 즉, 영웅 주인공은 불교를 통해 신성성에 보다 가까이 접근함으로써 한층 더 강해진 충의 이념을 지니게 된다. 이처럼 유교와는 다른 '코드'를 지닌 불교가 유교 이념에 의한 통치체계의 '영토화'를 오히려 더 강화시키는 것이다.

이 같이 영웅소설의 모험적인 여로는 충의 이념을 더 위력적으로 만들어 유교적 질서를 회복하려는 서사적 과정이라고 할 수 있다. 즉, 영웅소설은 유교이념의 자기회귀적 운동으로서 '인물—환경의 상호작용'인 동시에, 충의 이념을 한층 강력하게 만들기 위한 '모험적인 여로'인 셈이다. 영웅소설의 여로는 주인공이 원래 갖고 있던 충의 사명감에 실제적인 비범한 능력을 부여하는 과정인 셈이다.

영웅소설에서 그처럼 유교이념을 강화시키는 계기는 다음의 두 가지이다. 즉, 하나는 간신의 위해에 의한 아버지의 부재이며 다른 하나는 불교의 유교적 영토화이다. 먼저 간신에 의한 일시적 혼란을 극복하는 과정은 그 자체가 유교이념의 의미를 보다 구체적으로 만든다. 또한 그

---

15) 아버지의 부재는 우리 성장소설에서 흔히 나타나는 모티브인데 이처럼 영웅소설에서도 그와 유사한 것이 나타난다.
16) 죽음의 명령은 부정적 권력이나 그 체계가 지니고 있는 것으로서, 일종의 '힘의 의지'(니체)로서의 서사란 그런 죽음의 명령과의 싸움이라고 할 수 있다.
17) 도승이 충을 강조하는 점에서 도승의 불교는 유교에 통합된 불교라고 볼 수 있다. 그러나 불교의 사상적 체계(그리고 코드) 자체는 유교와 이질적이다.

과정에서 '아버지의 부재'는, 영웅 주인공의 모험적 여로를 통해 부재하는 아버지=상징계의 자리에 보다 강력해진 유교적 상징계를 확립하게 만든다. 예컨대 『조웅전』에서 만일 조웅의 아버지 조승상이 살아 있었다면, 조웅은 그럭저럭 고난을 견뎌나갈 수 있었을 지도 모른다. 그러나 그 경우 상징계=유교이념은 항상 간신의 위해에 노출되어 있는 위험한 상태를 유지한다. 그와 달리 아버지의 부재와 이두병의 죽음의 위협은 조웅이 길을 떠나게 만들어 더 위력적인 유교이념의 힘을 갖고 돌아오게 만든다. 어른이 되어 다시 돌아온 조웅은 그 자신이 아버지=상징계로서 한층 강화된 힘으로 유교이념을 실현한다. 그리고 그 같은 서사적 여로에서, 유교이념으로 영토화된 불교는 이질적 코드를 지님에도 유교이념을 더욱 굳건하게 만든다.

영웅소설에서 그 같은 서사적 여로가 가능한 것은 지상계에 아직 신성성(천상계)에 접근할 수 있는 통로가 남아 있기 때문이다. 만일 그런 신성성의 흔적이 지상계에 남아 있지 않다면, 아버지의 부재 상태에서 어리고 약한 주인공은 소명으로만 자각하고 있는 충의 이념을 실현할 수 없었을 것이다. 신이한 능력을 얻는 영웅 주인공의 서사적 여로는 명목뿐인 유교이념에 실제적인 비범한 힘을 제공하는 전개로 볼 수 있다.

그러나 영웅 주인공에게 강력한 힘을 부여하는 바로 그 신성성 때문에 주인공 자신은 스스로의 내면을 갖지 못하고 초월적 이념에 예속된다. 영웅 주인공이 비범한 능력을 발휘해 간신(혹은 외적)에게 승리를 거두는 과정은 결국 그 능력을 부여한 신성성과 초월적 이념의 승리일 뿐이다. 즉, 영웅 주인공의 고난의 극복은 주인공 자신이 현실과 맞선 대결이 아니라 그에게 비범성을 제공한 (신성성과 연관된) 초월적 이념 자체에 미리 기입되어 있는 승리인 것이다. 여기서 인물과 환경의 상호작용은, 인물이 이미 승리의 운명을 지닌 유교이념의 표상(기표)이며, 환경의 자기회귀적 운동 역시 유교이념의 순환적 전망임을 암시한다. 이는 인간의 삶(인물과 환경)이 (신성성과 연관된) 초월적 유교이념에 지배되는 단계를 나타내며, 그 초월성의 힘에 의해 내부의 환란이 필연적으로 극복되는 공동체적 원환의 세계를 의미한다. 그처럼 인간의 삶이 인물과 환경 자체의 운동보다는 초월적 이념에 의해 공동체적 원환을 유지하는 시대는 현실이 초월성을 지닌 관념에 지배되는 단계를 드러낸다. 영웅소설의 시공간이 중국의 송대·명대 등 추상적인 크로노토프로 나타나는 것은 그 점을 입증한다.[18]

결과적으로 영웅소설은 관념적인 승리가 예견되는 유교이념의 지배 체계를 옹호하며, 동일한 이념이 반복되는 순환적인 전망을 드러낸다. 그 같은 관념적인 동일성을 유지하는 신성성과 초월적 이념이 사라진 후에야 비로소 인물과 환경 자체의 현실적인 운동이 나타나게 된다. 천상계와 유교이념의 초월성이 소멸된 후 인물 자신의 내면과 현실적인 환경의 대결이 그려지면서 새로운 근대소설이 출현하게 된 것이다.

3) '갈 수 없는 길'에서 '제3의 길'로

천상계와 유교이념에서 해방된 인물은 비로소 외부세계와 대면하는 자기 자신의 내면을 갖게 된다. 근대 초기 소설의 경우 인물의 내면은 대부분 계몽이성으로 채워져 있었다. 또한 인물이 대면하는 외부세계는 과학적인 신문명이나 자본주의에 의해 코드화되었다.[19] 그처럼 신문명과 자본주의에 의해 코드화된 세계(지상계)는 왕권 대신 근대국가(nation)의 권력에 의해 영토화된다.

인물의 내면의 계몽이성과 외부세계의 신문명은 서로 조응하는 관계에

---

18) 이 점은 북벌론과도 연관이 있으며, 명이 다시 황실을 회복하기를 바라는 소망이 깃들어 있는 것으로 볼 수 있다. 임성래, 『조선 후기의 대중소설』, 태학사, 1995, 12~13면 참조.

19) 그 같은 계몽이성의 내면이나 신문명―자본주의의 환경은 1910년대 이후에 본격적으로 나타난다.

있으므로 인물과 환경의 상호작용은 조화로운 공동체를 이룰 것으로 여겨진다. 그러나 신문명과 자본주의에 의해 코드화된 근대세계는 신성성이나 유교이념의 초월성에서 해방되지만, 또한 바로 그 때문에 공동체적 원한을 유지할 수 없게 된다. 신문명의 이성이나 자본주의의 화폐―자본의. 기표는 신이나 초월적 이념과는 달리 공동체를 유지하는 윤리적 총체성을 제공하기 어렵기 때문이다. 따라서 근대세계의 인물은 신이나 유교이념의 초월성에서 해방되는 대가로 공동체적 원환을 잃어버리게 된다.

그 같은 공동체적 원환의 상실은 세계를 영토화하는 국가의 내부적 혼란[20]이나 국가간의 불화로 나타났다. 더욱이 근대화가 지체된 우리의 경우 그 양자의 문제로 사회환경의 혼란을 경험할 수밖에 없었다. 무엇보다도 우리의 핵심적 난관은 근대문명의 발전이 미흡한 탓에 국가의 권력이 더 없이 약화된 데 있었다. 이른바 근대계몽기의 아포리아는, 외세의 침략을 피해 공동체를 유지하려면 낡은 이념(유교이념)에서 벗어나기 어려웠고, 반대로 신문명을 받아들이려면 사회적 혼란과 식민지를 모면하기 힘들었다는 점이다 .

그 같은 시대적 아포리아(갈 수 없는 길)는 은유적으로나 실제적으로 당대 소설의 인물들이 '길을 잃은 상황'에 상응한다. 천상계가 사라지고 유교이념이 초월성을 상실함에 따라 소설의 주인공은 공동체를 구원하기 위한 서사적 모험의 여로를 잃어버린다. 근대계몽기의 경우 아직 내면의 발달이 미흡한 탓에 영혼을 입증하기 위한 내면의 여로를 발견할 수도 없었다. 때문에 청일전쟁 등 외세에 의한 환란에 시달리면서도 (유교이념의 초월적 여로도 내면의 길도 없는 상태에서) 길을 잃은 당대의 민중들은 캄캄한 어둠 속에서 헤맬 수밖에 없었던 것이다. 『혈의 누』(1906) 첫 장면의 길 잃은 사내의 고통스러운 하소연은 그 같은 당대 민중들의 사회적 운명을 암시하는 것으로 볼 수 있다.

---

20) 이는 자본주의나 합리주의로 코드화된(그리고 영토화된) 사회환경의 혼란이다.

『혈의 누』의 주요 인물들은 길이 보이지 않는(아포리아에 처한) 세계에서 환경을 혁신하기 위한 내면의 길을 찾는 대신 또 다른 외부세계의 여로를 선택한다. 물론 그들이 선택한 신문명을 수용하는 외국 유학의 길은 앞서 살폈듯이 근대계몽기의 아포리아의 하나일 뿐이다. 그러나 『혈의 누』의 주인공들은 외국 유학의 길을 위기에 처한 공동체(혹은 국가)를 다시 회복하기 위한 서사적 여로로 나타내고 있다. 이처럼 (환란을 피해) 집을 떠나 공동체를 회복할 힘을 얻어 돌아오는 여로는, 구조적으로 영웅소설의 모험적인 서사적 여로와 매우 유사하다. 물론 후자는 원래의 화합된 공동체를 다시 회복하려는 서사인 반면, 전자는 새로운 공동체를 건설하려는 여로를 보여준다. 그러나 양자 모두 위기에 처한 공동체를 구원하려는 외부세계의 여로를 그리고 있다.

예컨대 『조웅전』에서 나이 어린 조웅이 모험의 여로를 통해 신이한 능력을 갖춘 영웅으로 돌아오듯이, 『혈의 누』의 유약한 옥련은 외국 유학을 통해 신문명을 얻은 성숙한 주체로서 귀환을 예비한다. 영웅으로서의 조웅의 승리가 미리 예견되는 것은 그가 지닌 유교이념의 초월성과 신성성 때문이다. 그와 마찬가지로 선각자로서의 옥련의 미래가 낙관적인 것은 신문명의 경이로운 우월성 때문이다. 『혈의 누』에서 신문명은 영웅소설의 유교이념처럼 서사적 승리의 당위성을 제공한다. 또한 그런 신문명의 근원을 제공하는 외국의 공간은 천상계나 유교이념의 공간처럼 초월성으로 채색되어 있다. 영웅소설에서 유교이념이 공동체의 화합을 보장하는 것은 그 이념이 현실에 대한 초월적 층위(즉 메타적 층위)에 위치하기 때문인데,21) 그와 유사하게 『혈의 누』의 신문명 역시 환란의 현실을 구원할 수 있는 초월적 층위에 위치하고 있는 것이다.

그러나 신이나 초월적 이념에 대한 믿음이 사라진 시대에 신문명은

---

21) 괴델에 의하면 어떤 체계가 완결성을 지니려면 그 체계에 대한 메타레벨이 존재해야 한다. 신이나 유교이념은 그런 메타레벨의 위치에서 체계를 완결시키는 초월적 기능을 한다.

결코 그것을 대신하는 이념이 될 수 없었다. 신문명은 봉건적인 굴레에서 벗어나게 하지만 그 대신 신성성이나 유교이념이 지녔던 공동체적 인륜성을 제공할 수 없었기 때문이다. 더욱이 신문명은 속악한 근대의 모습으로 우리에게 식민지적 혼란을 가져다 주기도 했던 것이다. 그런 분열과 혼란을 봉합하기 위해, '신'소설을 표방하면서도 옛 이념(유교이념)이 있던 초월적 층위에 신문명을 다시 놓은『혈의 누』는, 이율배반적인 자기모순을 드러내게 된다.

『혈의 누』의 이율배반은 혼란한 현실에 대응하는 내면의 길을 찾을 수 없었던 근대계몽기 서사의 자기모순을 암시한다. 그와 달리 1910년대 이광수의『무정』(1917)은 사회환경에 반응하는 내면의 길을 발견한 주인공을 등장시키고 있다. 즉,『무정』의 형식이 경험하는 수많은 심리적 아이러니는 혼란한 당대의 환경에 대응하는 주인공의 방황하는 내면의 길을 보여준다. 특히 선형과 영채, 신문명과 '정'의 윤리 사이에서의 형식의 아이러니적인 방황은, 옛 공동체의 인륜과 계몽적 신문명 사이에서 어디로도 '갈 수 없었던' 당대의 '아포리아'의 심리적 등가물로 볼 수 있다.

가령 선형이 있는 서울에 도착해서도 마음으로는 영채를 찾아 평양을 머뭇거리는 아이러니는, 형식이 경험했던 심리적 아포리아(갈 수 없는 길)를 상징한다.『무정』은 그 같은 형식의 심리적 아이러니를 통해 당대 현실의 아포리아를 넘어서는 제3의 내면적 길을 탐색할 수도 있었다. 그러나 형식은 결말부에서 이제까지의 심리적 방황을 모두 미성숙한 자아에서 기인된 것으로 돌리면서, 보다 각성된 위치에서 외국 유학이 새로운 화합된 공동체를 건립하는 길임을 확신한다. 그로써 형식은 동요하지 않는 보다 굳건한 선각자가 되지만, 그 대가로 당대의 혼란한 사회 환경에 대응하는 내면의 길을 잃어버린다.

형식이 외국 유학의 길을 통해 당대 현실의 아포리아에 대응하는 심리적 방황을 극복할 수 있다고 생각한 것은, 외국유학과 신문명을 현실에 대한 초월적 층위에 위치시킴을 뜻한다. 그것은『무정』이 근대소설적인 내면의 길에서 『혈의 누』 같은 초월적인 서사적 여로로 되돌아감을 의미한다. 구질서를 단숨에 극복하고 새로운 신문명의 공동체를 건설하기 위해, 『무정』은 구질서의 관념적 공동체에서 가능했던 초월적 여로를 반복하고 있다. 그 같은 『무정』의 이율배반적인 서사구조는 『혈의 누』의 자기모순적인 여로형 서사의 반복이기도 하다.

『혈의 누』와 『무정』의 초월적 여로에서 벗어나기 위해서는 영채의 길(옛 공동체의 인륜)도 선형─형식의 길(신문명)도 아닌 제3의 길[22]이 필요했다. 당대의 아포리아에서 벗어나는 제3의 길이란 신문명을 수용하되 그에 포함된 권력관계를 전복시켜 주체적인 자아를 형성하는 길이었다. 그 같은 제 3의 길을 열기 위해서는 외국 유학 이외에 혼란한 사회환경을 인식하는 내면의 길이 요구되었다. 즉, 사회환경의 혼란이란 근대화를 위해 필요한 신문명에 제국주의와 자본주의의 권력이 부착되어 있기 때문임을 인식하고, 그 같은 권력관계를 전복시키려는 내면의 소망을 드러내야 했던 것이다. 그랬을 때 신문명으로 식민지화된 사회환경에 대응하는 새로운 인물과 환경의 상호작용이 나타날 것이었다.

그 같은 근대소설의 인물과 환경의 상호작용은 자신이 몸담고 살아가야 할 근대적인 사회환경에 대항해야 하는 이중적인 아이러니를 드러낸다. 즉, 근대인으로서의 삶이 가능하려면 신문명이 실현된 사회환경에 발을 들여놓아야 하지만 그 환경에 발을 내딛자마자 또한 환경을 지배하는 권력에 대항해야 함을 깨닫는 것이다. 그 같은 인식의 과정과 저항의 욕망을 갖는 과정이 바로 제3의 길로서의 근대소설의 내면의 길일 것이다. 근대소설(특히 비판적 리얼리즘)에서는 저항(혹은 탈주)이 시작되기

---

22) 제3의 길이란 신문명과 민족문화가 '혼성'되어 나타나는 바바의 제3의 공간을 말한다. 여기서 '혼성성'이란 신문명을 받아들이되 그에 포함된 권력관계를 해체하여 주체적 전통과 혼화시키는 것을 말하는데, 그런 혼성성의 과정에서 민족전통도 역사적으로 재창조된다. 따라서 그 같은 혼성의 과정을 통해 민족적이면서도 탈민족주의적인 제3의 위치가 만들어진다. 호미 바바, 나병철 역, 『문화의 위치』, 소명출판, 2002, 91~93면 참조

전에 그 같은 내면의 여로로서의 서사적 과정이 종결되므로, 여행이 끝났을 때 비로소 길이 시작되는 것이다.[23]

따라서 근대소설에서의 내면의 길이란, 저항해야 할 환경에 머물면서 그처럼 자신이 몸담고 살아야 하기 때문에 (환경에) 패배할 수밖에 없음을 깨닫는 순간, 비로소 저항의 욕망을 갖게 되는 아이러니적인 과정이다. 그런데 인물의 내면에 자신이 환경에 몸담고 살아야 한다는 의식이 형성되어 있지 않을 때, 즉 생활인으로서의 조건이 부재할 때, 인물과 환경의 부조화는 한도 이상으로 심각해진다. 이는 환경의 내면화가 아직 이루어지지 않았거나(근대 초기 소설) 환경의 모순이 매우 심각해진 경우(모더니즘 소설)이다. 두 경우 모두 인물은 환경에 몸담고 내면적으로 반응하기보다는 환경에서 이탈하려는 욕망을 갖게 된다. 어느 경우이든 인물의 탈주의 욕망은 현실에 대한 환멸과 자신에 대한 무력감으로 인해 성공하기 어려운데, 그것은 인물이 저항해야 할 환경에 발을 내딛고 있지 않기 때문이다. 답답한 환경 밖으로 탈주하려는 욕망은 흔히 여로(실제의 여로)로서 나타나지만, 그 여로에서는 서사시나 로만스에서처럼 삶(공동체)을 구원할 초월적 힘이 발견되지 않는다. 이처럼 환멸이나 무력감을 수반하는 길을 그리는 서사가 바로 근대소설의 여로형 소설이다.

그 같은 여로형 소설에서는 인물과 환경의 심각한 부조화로 인해 양자의 상호작용이 잘 그려지지 않는다. 그러나 우리는 그런 부조화 속에 인물의 탈주의 욕망과 화해의 욕망이 포함되어 있음을 읽게 된다. 이처럼 형상적인 부조화를 통해 주체의 내면의 화해의 욕망을 읽는 점에서 여로형 소설은 헤겔의 낭만적 예술 모델에 속한다. 그에 반해 인물과 환경의 상호작용을 그리는 본격 리얼리즘 소설은 헤겔의 고전적 예술 모델에 해당된다. 여로형 소설과 본격 리얼리즘의 차이, 즉 헤겔의 낭만적 예술 모델과 고전적 예술 모델의 차이에 대해서는 뒤에서 자세히 살펴

---

23) 루카치, 반성완 역, 앞의 책, 94면.

볼 것이다. 그러면 이제까지 논의된 것을 바탕으로 다양한 여로형 소설
에 대해 고찰하기로 하자.

3. 영웅소설과 로만스적 여로

1) 로만스적 서사와 유교이념의 자기회귀적 운동

고소설 중에서 여로형 서사구조를 가장 분명히 드러내고 있는 것은
영웅소설이다. 영웅소설은 신화와 서사시에서 나타났던 신화적 상상력
과 영웅의 모험담을 유교이념을 매개로 서사화한다. 신성성의 원리가 작
동되면서 영웅이 모험의 길을 떠나는 이야기가 영웅소설에서는 유교이
념이 위기를 극복하고 이념적 우월성을 입증하는 서사로 형상화된다. 이
처럼 영웅의 모험담을 통해 신화적 총체성을 입증하는 서사가 공동체적
이념의 관점에서 그려지는 것이 바로 로만스이다. 로만스는 사회 구성원
들의 신성성의 기억을 되살리면서 공동체적 인륜의 모범을 제시하는 점
에서, 근본적으로 (문제제기적이기보다는) 사회를 통합시키는 대중소설
의 성격을 지닌다. 고대 신화의 다음 단계로서 로만스는 중세에 전성기
를 이루지만 근대 이후에도 대중소설로서 또다시 나타나고 있다. 문제제
기적인 지식인 소설에 대비되는 대중적인 로만스는, 지식인 소설이 미학
적인 고갈 상태에 있을 때 서사의 위기를 구출하는 양식으로 부활할 수
있는 것이다.[24]
　　본격소설(novel)이 '공동체적' 인륜성이 상실된 시대에 '개인'의 영혼을

---

24) N. Frye, op. cit., pp.28~29.

입증하는 고독한 내면을 그린다면, 로만스(romance)는 주인공의 모험의 여로를 통해 공동체의 인륜을 총체화하는 '신화적 상상력'을 발현시킨다. 본격소설이 총체성(공동체적 인륜성)의 위기를 '현실'에 대면한 개인의 내면의 모험을 통해 극복하려 하는 반면, 로만스는 사회 구성원들의 기억 속에 남아 있는 '신화적 상상력'을 작동시킴으로써 총체성을 구원하려 한다. 로만스에서 모험적인 탐색(quest)의 여로가 나타나는 것은 그처럼 현실 이면에 각인되어 있는 신화의 흔적들을 기억해 낼 수 있기 때문이다. 외부세계에 스며 있는 신성성의 힘은 로만스의 영웅주인공이 모험의 여로를 떠나게 하는 서사적 추동력이 되는 것이다.

조선조의 영웅소설에서도 그처럼 신화적인 모험의 여로를 반복하는 여로형 서사가 나타난다. 물론 영웅소설에서는 신화와는 달리 유교이념의 자기회귀적 운동을 그리는 로만스적 서사가 전면에 부각된다. 즉, 영웅소설의 주인공은 신화적 영웅과는 달리, 유교이념에 의해 규정되는 왕(황제, 천자)의 '충신'으로서 왕권중심의 환경의 질서를 더욱 확고하게 하는 역할을 맡고 있다. 영웅소설은 그 같은 영웅 '주인공'의 충(효, 열)의 이념을 입증하는 서사인 동시에, 유교적 체계의 환경이 위기를 극복하고 한층 강화된 질서를 되찾는 '플롯'으로 나타난다. 그러한 자기회귀적 서사는 로만스적 양극화의 원리에 따라 충신과 간신의 대결로 나타나며, 하강—상승의 운동을 통해 행복한 결말로 귀결된다. 또한 지배체계의 유교이념을 옹호하면서 그 이념의 승리로 되돌아가는 순환적 전망을 나타낸다.

그 같은 로만스적 영웅소설의 자기회귀적 운동은 이기론(理氣論)의 관점에서 설명되기도 한다.25) 흔히 태평성대로 나타나는 원래의 환경의 질서는 理(유교이념)가 발현된 상황이며, 잠시 혼란해진 세계와 그것이 극복되는 과정은 氣의 대립(선량한 氣 / 열악한 氣)의 상태로 볼 수 있다. 충신 / 간신으로 표상되는 氣의 대립은 영웅 주인공의 理의 실현에 의해 원

---

25) 조동일, 『한국소설의 이론』(지식산업사, 1977)과 나병철, 『소설의 이해』(문예출판사, 1998) 참조.

래의 理가 발현된 세계(태평성대)로 돌아온다.

물론 理와 氣는 이분법적으로 구분되지 않으며 모든 사물(事와 物)은 氣인 동시에 理라고 할 수 있다. 氣로 이루어진 만물은 어떤 이치를 갖고 있는데 그것이 바로 理인 것이다. 理는 인간의 이성이나 정신적인 이념이 아니라 사물의 氣 자체에 내재해 있다. 따라서 모든 사물의 운동은 氣의 운동인 동시에 그것을 지배하는 理(유교이념)의 자기회귀적 운동이라고 할 수 있다.

세계의 운동으로서 영웅소설의 인물과 환경은 상호작용 역시 氣(인물)와 氣(환경)의 상호반응으로 볼 수 있다. 여기서 氣의 대립이 생겨나는 것은 일시적인 전도에 의해 환경(氣)이 理(그 이치)에서 벗어나 혼란해졌기 때문이다. 즉, 열악한 氣(간신)가 선량한 氣(충신)를 억누르는 전도된 환경26)이 펼쳐질 때 그에 대립하는 인물(선량한 氣, 충신)의 운동이 시작되는 것이다. 여기서 인물과 환경의 상호작용, 즉 선량한 氣(인물)와 전도된 氣(환경)의 대결은 理의 이치에 따라 선량한 氣의 승리로 귀결된다. 그것은 선량한 氣로서 충신인 인물의 승리인 동시에, 열악한 氣(간신)가 선량한 氣(충신)를 억누르는 환경의 혼란이 理의 이치에 의해 회복되는 과정이다. 그 같은 인물과 환경의 상호작용은 다음과 같이 표시될 수 있다.

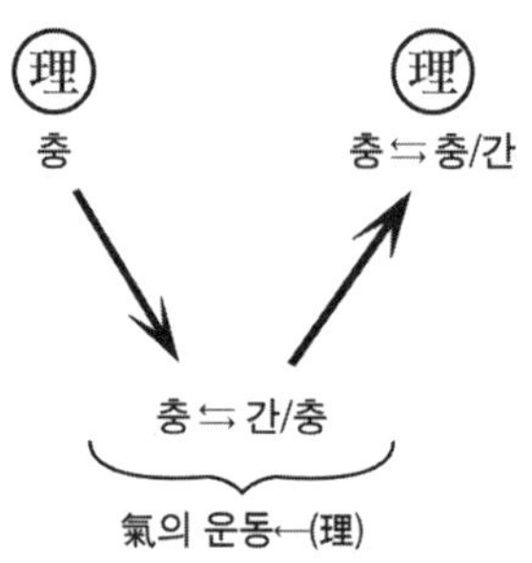

---

26) 환경이란 물리적 배경이기도 하지만 궁극적으로 인간관계의 총체성으로 표시된다. 즉 영웅소설에서의 충 / 간의 관계나, 근대소설에서의 자본주의 사회의 자본가 / 노동자 관계 등으로 나타난다.

인물(충)과 환경(간 / 충, 충 / 간)의 상호작용으로 나타나는 영웅소설의 서사는, 氣(충, 간 / 충)의 운동인 동시에 理의 이치의 자기회귀적 운동이라고 할 수 있다. 그런데 여기서 주목되는 것은 그런 理(유교이념)의 순환적 운동은 理가 보다 강화되는 과정이기도 하다는 점이다. 위에서 원래의 理의 상태가 추상적인 理의 발현인 반면 다시 회복된 理의 상태는 氣의 운동에 의해 구체성을 얻고 있다. 즉, 추상적인 理의 발현(충)은 적대자와 대결하는 氣의 운동(충 ⇄ 간 / 충)을 통해 더욱 구체적으로 강화된 理의 발현(충 ⇄ 충 / 간)으로 회귀한다.

따라서 영웅소설은 理, 즉 유교이념이 위기를 극복하고 보다 굳건해진 질서를 회복하는 자기회귀적 운동을 보여준다. 그런데 그처럼 유교이념의 인륜적 합당성이 강화되는 서사는 숨겨진 신성성의 힘에 의해 구체적으로 보장된다. 즉, 영웅소설은 유교이념이 신성성의 힘을 얻어 보다 굳건해지는 서사를 보여준다. 로만스 형식을 지닌 영웅소설의 여로형 구조는 바로 그 숨겨진 신성성을 얻기 위해 생겨난 것이다. 즉, 영웅소설의 주인공이 유교이념의 위기 상황에서 '탐색의 여로'에 나서게 되는 것은, 지상계의 어느 곳엔가 흔적으로 남아 있는 신성성의 힘을 부여받기 위해서이다.27)

그처럼 유교이념(理)을 입증하기 위해 길을 떠나는 로만스적 탐색의 서사에는 신성성의 힘을 얻으려는 신화적 모험의 여로가 숨겨져 있다. 즉, 로만스적 서사로서 유교이념의 자기회귀적 운동에는 이면적으로 신화적 모험의 서사가 작동하고 있는 것이다. 그러면 이제 유교이념의 순환적 전망을 보장하는 로만스적 탐색의 여로와 신화적 모험의 서사에 대해 살펴보자.

---

27) 물론 그런 여로가 주인공의 의지에 의해 전개되는 것은 아니다.

2) 로만스적 모험과 탐색의 여로

영웅소설은 로만스적 양극화의 원리에 따라 영웅 주인공(충신)과 적대자(간신)의 갈등과 투쟁, 그리고 영웅의 승리의 개선으로 전개된다.[28] 영웅 주인공이 하강-상승의 과정을 거쳐 승리의 결말에 이르는 서사는, 앞서 살폈듯이 유교이념의 강화된 자기회귀적 운동으로 나타난다. 그런데 유교이념이 위기를 극복하고 보다 굳건해지는 과정에는 신화적 모험의 서사가 작동하고 있다. 신화적 모험의 서사는 조셉 캠벨이 말했듯이 영웅 주인공이 치르는 통과제의의 과정으로 나타난다. 즉, 신화적 모험의 서사에서는 통과제의의 양식인 '분리'·'입문'·'회귀'의 과정이 '떠남(departure)'·'입문(initiation)'·'귀환(return)'으로 전개된다.[29]

여기서 '떠남'이란 '모험의 소명'이 부여되면서 영웅 주인공이 또 다른 삶의 문턱에 들어서는 순간을 말한다. 이는 영웅이 겪을 통과제의의 개막을 알리는 단계이다.[30] 또한 '입문'이란 영웅 주인공이 신성성을 지닌 '아버지와 화해'함으로써 비법을 전수받는 과정이다. 입문의 과정에서 신성성을 부여받은 영웅은 그 자신이 아버지가 되어 되돌아온다.[31] 영웅이 되돌아오는 마지막 '귀환'의 단계는 비법을 전수 받은 그가 자신이 속한 공동체로 회귀하는 과정이다. 이 단계에서 신성성의 은혜를 입은 영웅은 그 은혜를 '공동체를 재생'하는 데 환원해야 한다.[32]

이 같은 신화적 원형의 여로는 영웅소설에서도 유사하게 반복되고 있다. 예컨대 『조웅전』의 경우, 이두병의 환란으로 조웅에게 모험의 소명이 부여되면서 죽음을 피해 집을 나서는 단계가 '떠남'에 해당된다. 또한 조웅이 도승(월경대사와 철관도사)을 만나 술법을 배우는 과정은 신성성

---

28) N. Frye, 임철규 역, 『비평의 해부』, 한길사, 2000, 261면.
29) 조셉 캠벨, 『천의 얼굴을 가진 영웅』, 민음사, 1999, 44~45면.
30) 조셉 캠벨, 위의 책, 71~73면.
31) 조셉 캠벨, 위의 책, 166~178면.
32) 조셉 캠벨, 위의 책, 253~254면.

＝아버지의 대리인으로부터 비법을 전수받는 '입문'의 단계이다. 마지막으로 전수받은 도술의 힘(신성성의 힘)으로 이두병을 물리치고 황실을 회복하는 과정은 '귀환'으로 볼 수 있다.

그러나 영웅소설은 신화가 아니라 로만스이기 때문에 그 같은 신화적 원형의 여로는 로만스적으로 변형되어 나타난다. 신성성의 우열에 따라 가치론적 관계가 생겨나는 신화와는 달리, 로만스에서는 인간세계의 인륜적 이념의 관계에서 갈등과 대립이 발생한다. 예컨대 동명왕 신화(서사시)에서는 신성성이 더 우세한 주몽이 동부여의 왕권을 능가하는 가치론적 합당성을 지니고 있다. 반면에 영웅소설에서는 유교이념을 옹호하는 충신이 그것을 저버리는 간신에 대립해서 인륜적인 합당성의 가치를 갖고 있다. 물론 영웅소설에서도 신성성의 우열의 관계가 주요 인물들의 운명을 좌우하지만, 그것은 어디까지나 유교이념의 인륜적 가치에 빛을 부여하는 후광일 뿐이다.

영웅소설의 이념적 합당성의 관계에서 나타나는 또 다른 특징은, 그와 연관된 영웅(충신)과 적대자(간신)의 관계가 양극화된 대립을 이룬다는 점이다. 왜냐하면 (앞서 살폈듯이) 영웅소설의 로만스적 서사는, 대립을 넘어서는 일종의 변증법적 운동 과정을 통해,[33] 유교이념이 대립적 적대자를 부정하고 더 강해진 논리로 이념의 합당성을 입증하기 때문이다. 로만스에서 주인공이 영웅성을 입증하는 과정은, 그가 대립적 적대자에게 승리함으로써 한층 강화된 논리로 이념의 당위성을 입증하는 과정이기도 하다. 그리고 그처럼 더 강화된 이념적 합당성을 보장하는 것이 바로 신화적 모험의 서사를 통해 제공되는 신성성의 힘이다.

이처럼 로만스는 신화적 모험의 서사에 의존하지만, 신화적 원형의 서사는 로만스에 침투하는 순간 로만스적 원리에 의해 변형된다. 즉, 로만스의 양극화의 원리와 이념의 합당성을 입증하는 행복한 결말의 원리

---

33) N. Frye, 임철규 역, 앞의 책, 262면. 이런 로만스적 서사의 운동은 관념 변증법의 전개와 유사하다.

에 의해, 로만스적으로 변형된 탐색서사의 구조가 만들어진다.34) 프라이
가 로만스적 탐색담의 구조로 말한 아곤(agon), 파토스(pathos), 아나그노리
시스(anagnorisis)의 세 단계35)도 그런 관점에서 이해할 수 있다.

아곤은 갈등을 의미하며 위험한 여행과 예비적인 소모험이 시작되는
단계이다. 또한 파토스는 필사의 투쟁으로서 주인공이든 적이든 어느 한
쪽이 죽지 않으면 안 되는 싸움이다. 마지막으로 아나그노리시스는 영웅
을 입증하는 발견을 뜻하며 주인공의 개선으로 나타난다.36)

여기서 '갈등'은 캠벨이 말한 영웅 주인공의 '떠남'이 (로만스적 양극
화 원리에 따라) 적대자와의 대립적 갈등에서 기인됨을 의미한다. 또한
'필사의 투쟁'은 이념적 합당성을 입증하기 위해 반드시 대립이 부정되
어야 함을 나타낸다. 마지막으로 '주인공의 개선'은 영웅성을 입증하는
과정인 동시에 이념의 합당성이 입증되는 과정이다. 이처럼 로만스적 서
사에서는 신화적 서사와는 달리, 대립적 적대자와의 싸움을 통해 대립을
부정하고 이념적 합당성을 입증하는 과정에 초점이 맞춰져 있다.

또한 위의 세 단계에서 '필사의 투쟁'과 '주인공의 개선'은 캠벨이 말
한 '귀환'에 해당된다. 신화적 서사에서 신성성과 조우하는 '입문'의 과
정이 부각되는 반면, 로만스에서는 '귀환'의 과정에서 이념이 승리하고
공동체의 질서가 회복되는 과정이 중시되고 있는 것이다. '입문'의 단계
에서 얻은 신성한 비법(도술)은, 그 같은 이념의 승리와 공동체의 회복을
보장하는 이면적 원리일 뿐이다.

이처럼 프라이의 로만스적 서사구조는 신화와 구분되는 로만스적 원
리를 잘 반영하고 있다. 그런데 프라이의 로만스적 탐색담의 구조에는
상대적으로 '입문'의 과정이 거의 드러나지 않고 있다. 물론 로만스에서

---

34) 신화적 서사는 신성성을 지닌 두려움을 모르는 신화적 영웅의 모험을 그리는 반면,
　　로만스에서는 신성성과 연관되어 있으나 스스로도 자신의 운명을 모르는 영웅 주인공
　　의 탐색의 모험담이 제시된다.
35) N. Frye, 임철규 역, 앞의 책, 261면.
36) N. Frye, 임철규 역, 위의 책, 261면.

는 신화와는 달리 '입문'의 단계가 전면에 부각되지는 않는다. 그러나 입문의 단계가 로만스 서사의 중심축은 아니더라도 나름대로 하나의 서사적 과정으로 작용할 수 있다. 더욱이 우리 영웅소설을 살펴보면 입문의 과정이 유교이념의 견지에서 재해석되어 중요한 서사적 맥락을 이룸을 알 수 있다. 영웅소설에서는 대부분 아버지의 부재가 나타나며 어린 주인공이 신성성을 지닌 아버지의 대리인(도승)을 통해 영웅성을 부여받는 단계가 그려진다. 이 같은 영웅의 '성장'과정은 신화의 '입문'의 서사가 유교이념적으로 전이되어 나타난 것으로 볼 수 있다. 따라서 신화적 모험담과 연관된 그런 서사 맥락을 보완해서 프라이의 로만스 구조를 변형시키면 다음과 같다.

1. 적대자(간신)의 위해－떠남
2. 방황과 구출(도승)－입문
3. 적대자와의 투쟁－귀환 1
4. 개선－귀환 2

이 같은 로만스적 서사구조는 거의 모든 영웅소설에서 공통적으로 나타난다. 영웅소설의 이 로만스적 서사구조에는 다음 같은 두 가지 중요한 서사적 전개가 포함되어 있다. 하나는 위기에 처한 유교이념이 신성성의 힘을 얻어 더 강화된 논리로 합당성을 입증하는 서사이다. 다른 하나는 아버지의 부재 속에서 간신의 위해를 피해 집을 떠난 주인공이, 신성성을 지닌 또 다른 아버지의 대리인(도승)을 만난 후, 스스로 아버지＝영웅이 되어 간신(외적)을 물리치는 서사이다.

이 같은 두 가지 서사, 즉 유교이념이 자기회귀적 운동으로 합당성을 입증하는 서사와 주인공이 성장과정을 통해 영웅성을 입증하는 서사는, 위의 로만스적 서사구조 속에 하나로 통합되어 있다. 그에 상응해서 로만스적 서사구조에는 이중적인 모험의 여로(떠남－입문－귀환)가 중첩되어 있다. 하나는 유교이념의 자기회귀적 운동을 입증하는 충신의 모험의 여로이며, 다른 하나는 주인공의 영웅성을 입증하는 로만스적 탐색의 여로이다. 그 같은 모험과 탐색의 여로는 아버지를 잃은 어린 주인공이 스스로 아버지가 되어 돌아오는 성장의 여로이기도 하다. 이제 그 같은 로만스적 여로의 각 단계들을 구체적으로 살펴보기로 하자.

3) 로만스적 여로의 4가지 단계

로만스 서사의 첫 번째 단계는 아버지의 부재와 떠남의 모티프이다. 영웅소설에서 아버지는 은유적으로 유교이념=상징계를 의미하며, 영웅소설의 서사란 유교이념이 신성성에 연관됨을 드러내며 은유로서의 아버지를 옹호하는 전개라고 할 수 있다. 그처럼 신성성을 지닌 강한 유교이념을 얻기 위해 주인공이 길을 떠나는 동기가 되는 것은 역설적으로 '아버지의 부재'이다.

영웅소설에서 유교이념이 위기를 맞는 서두는 주인공이 아버지를 잃고 간신의 위해를 피해 집을 나오는 '떠남'의 단계에 해당된다. 거의 모든 영웅소설이 유교이념의 위기와 간신의 득세에 의한 아버지의 부재를 주인공이 집을 떠나는 요인으로 그리고 있다. 영웅소설 중에서 '아버지의 부재'가 나타나는 소설은 『유충렬전』『조웅전』『이대봉전』『소대성전』『유문성전』『장백전』『현수문전』『황장군전』『김진옥전』『황운전』『장풍운전』『장경전』『장국진전』 등이다. 이 소설들에서는 주인공의 아버지가 간신의 위해나 외적의 침입으로 죽음을 당하거나 귀양을 떠난 것으로 제시된다. 또한 그런 아버지의 부재 속에서 주인공은 간신의 죽음의 위협을 피해 집을 떠난다. 물론 주인공은 대개 어머니마저 잃고 고아 상태에서 방황하는 것으로 그려진다. 그러나 어머니를 잃은 사건 역시 아버지의 부재에 의한 것이며, 아버지의 부재는 상징적으로 간신의 득세에 의한 유교이념의 위기를 의미하는 점에서 매우 중요하다.

아버지의 부재가 유교이념의 상징계와 연관해서 핵심적인 의미를 지닌은, 아버지의 부재가 나타나지 않는『홍길동전』과 위의 소설들을 비교하면 분명하게 드러난다.『홍길동전』에서는 예를 든 소설들과는 달리, '아버지의 부재'가 아니라 '아버지의 존재'가 주인공의 갈등(그리고 집을 떠남)의 요인이 된다. 아버지가 은유적으로 유교이념=상징계를 의미한다고 할 때, 예를 든 소설들에서 아버지의 부재는 유교이념의 위기를 나타낸다. 반면에 오히려 아버지의 존재가 갈등의 요인이 되는『홍길동전』은 유교이념 자체와 주인공의 영웅성과의 불화관계를 다루고 있는 것으로 볼 수 있다. 아버지가 존재하되 아버지를 '호명'할 수 없는 모순[37]을 그리고 있는『홍길동전』은, 주인공의 영웅성과 화해될 수 없는 유교이념(그 신분제도)=아버지의 모순을 제시한다. 아버지를 호명할 수 없는 홍길동은 유교 이데올로기 속에서 충족한 주체가 될 수 없으며,[38] 그가 겪는 분열의 과정에서 유교이념(이데올로기)의 모순을 드러내게 된다.

『홍길동전』에서 다른 영웅소설들과는 달리 신성성을 지닌 도승을 만나는 입문의 과정이 나타나지 않는 점 역시 그와 연관이 있다. 서사적 전개의 추동력은 유교이념에 신성성의 능력을 부여하는 데 있는 것(위의 소설들)이 아니라 유교이념이 신이한 능력을 지닌 영웅과 불화를 일으키는 데 있는 것이다. 이는 유교이념의 통치체제를 옹호하는 대신 그에 의해 지배되는 사회환경의 모순을 드러내는 서사를 의미한다. 그것은 또한 아버지=유교이념을 섬기고 싶어도 아버지의 이름을 부르며 뒤따를 수 없는 영웅의 이야기이기도 하다. 아버지를 호명할 수 없다는 것은 영웅

---

37) 유교이념과 연관된 가장인 아버지를 호명할 수 있어야 아버지=상징계(유교이념의 규범)를 내면화한 주체가 될 수 있다. 즉, 그처럼 아버지=상징계를 내면화해야만 그 유교이념의 상징계에 의해 호명되는 이데올로기적 주체가 되는 것이다.

38) 아버지를 호명할 수 있을 때 충효라는 이념적 언어에 의해 호명되어 유교 이데올로기 속에서 사회적 주체가 될 수 있다. 이데올로기의 주체 형성 기능에 대해서는 알튀세, 고길환 외역,『마르크스를 위하여』, 백의, 1991, 260~270면 참조.

주인공이 아버지의 뒤를 이어 스스로 아버지=유교이념의 주체가 될 수
없음을 의미하는 셈이다.[39)]

홍미롭게도 이 같은 『홍길동전』의 특성은 마르트 로베트가 분류한 사
생아 유형의 근대 리얼리즘 소설과도 유사하다. 사생아 유형의 소설이
란, 마치 사생아와도 같은 주인공이 세계 속에 뛰어들어 아버지로 상징
되는 기존 질서에 대항하는 소설을 말한다.[40)] 아버지를 뒤따를 수 없는
서자인 홍길동은, 심리적인 사생아로서 아버지(기존 이념)에게 대항하는
근대소설(리얼리즘) 주인공의 단초인 셈이다.

그와 달리 예를 든 소설들에서는 아버지의 부재[41)](유교이념의 위기)를
자신이 보다 더 강한 아버지로 성장함으로써 극복하는 서사를 보여준다.
이 소설들에서 아버지의 부재는 오히려 아버지와 기존 이념의 의미를
더욱 강화시켜주는 역할을 한다.[42)] 만일 아버지의 부재가 없었다면 주
인공은 위기를 맞지도 험난한 길을 떠나지도 않았을 것이다. 하지만 그
경우 그는 신성성의 능력을 지닌 강한 아버지로 성장하지 못했을 것이
며, 아버지로 은유되는 유교이념도 강력한 힘을 부여받지 못했을 것이
다. 아버지의 부재는 유교이념의 위기를 상징하는 동시에 신성성을 지닌
더 굳건한 유교이념을 위한 여로의 출발을 의미한다. 예를 든 거의 모든
영웅소설들이 아버지의 부재 속에서 위기를 피해 집을 떠나는 모티프를
지닌 것은 그와 연관된다. 예컨대 『유충렬전』에서 유충렬은 아버지가

---

39) 호명이란 아버지의 이름을 부르며 성장한 인물이 상징계의 주체, 즉 또 다른 어버지
　 가 됨을 의미한다.
40) 마르트 로베르, 김치수·이윤옥 역, 『기원의 소설, 소설의 기원』, 문학과지성사, 1999,
　 48~72면.
41) 영웅소설에서 아버지의 부재는 간신에 의해 아버지가 죽거나 귀양을 가는 것으로
　 나타난다. 이런 아버지의 부재 모티프는 근대 성장소설에서도 빈번히 나타나는데, 이
　 는 고난과 환란을 자주 겪었던 우리의 역사적 특성과 연관되어 있다. 다른 한편 영웅
　 소설의 아버지의 부재와 간신, 외적의 침략은 명의 황실의 멸망으로 인한 혼돈의 상황
　 을 반영하는 것으로도 볼 수 있다.
42) 이 점이 아버지의 부재가 나타나는 근대소설과 다른 점이다. 근대소설에서 아버지의
　 부재는 대개 기존의 세속적인 세계를 넘어서는 또 다른 세계를 갈망하게 만든다.

간신 정한담의 참소로 귀양을 떠난 후 죽음의 위협을 피해 어머니와 함
께 집을 나온다.

> 혼담이 올타ᄒ고 그 달 삼경의 가만이 승상부의 나와 나졸 십여명을 최출ᄒ
> 여 유심의 집을 둘너ᄊ고 화약 염초를 갓초와 그 집 사방의 무더노코 화심에
> 불븟쳐 일시의 불을 노흐라고 약속을 정ᄒ니라. (…중략…)
> 충열을 압픠 안고 시이질노 나오며 남천을 바리고 갓업시 도망할시 ᄒ고더
> 다다른니 엽푸 큰 뫼이 잇스되, 놉기는 만장이나 ᄒ고 봉우의 오식구름 사면의
> 어리엿거늘 자세이 보니 뫼난 쳔졔ᄒ든 남악 형산이라. 젼일 보던 얼골리 부인
> 을 보고 반기난 듯 두럿ᄒ 쳔졔당이 완연이 뵈이거늘 부인이 비회를 금치 못ᄒ
> 야 충열을 븟들고 방셩통곡 ᄒ난 말리,
> "네 이 뫼를 아난다? 칠년 젼의 이 산의 와셔 산졔ᄒ고 너를 나아쩌니 이 지
> 경이 되야스니 네의 부친은 어디 가고 이런 변을 모로난고 이 산을 보니 네 부
> 친 본 듯ᄒ다."
> 통곡ᄒ고 실푼 마옴 엇지 다 충양ᄒ리.[43]

위에서 정한담은 유충렬의 집에 불을 놓아 그를 죽이려 하고 있으며
일곱 살인 유충렬은 어머니와 함께 집을 떠난다. 이처럼 영웅소설에서 주
인공에 대한 죽음의 위협(죽음의 명령)[44]은 대개 간신이나 외적에 의해 가
해진다. 죽음의 위협을 피해 길을 떠난 두 사람은 유충렬을 잉태하게 한
남악 형산에 이르는데, 이곳에서 어머니는 7년 전을 회상하며 '아버지의
부재'('너의 부친은 어디가고 이런 변을 모르는가')[45]를 한탄한다. 여기서 어버
지의 부재에 대한 통곡은 유교이념의 위기에 대한 탄식이기도 하다. 그
같은 한탄의 장소가 유충렬을 점지해준 신성한 기운(산신)이 어린 곳임은
위기(아버지의 부재)의 극복을 위한 앞으로의 서사적 전개를 암시한다.

---

43) 고려대 민족문화연구소, 『유충렬전』(『한국고전문학전집』 24), 1996, 36~38면.
44) 영웅소설의 서사는 그런 죽음의 위협과의 싸움이라고도 볼 수 있다.
45) 『유충렬전』에서 아버지 유심은 정한담의 참소로 귀양을 갔다가 결말부에서 성인이
   된 유충렬과 다시 만나게 된다.

유충렬은 몇 차례의 모험(위기-구출)을 겪은 후 강소저[46]와 혼인하고 신성성을 지닌 도승을 만나 무술을 배운다. 이 같은 '혼인' 및 '도승과의 만남'은 영웅주인공이 성장에 이르는 입문의 단계를 나타낸다. 영웅소설 중 '혼인'의 모티프가 나타나는 소설로는 『유충렬전』『조웅전』『유문성전』『현수문전』『장풍운전』『장국진전』[47] 등을 들 수 있다. 또한 '도승과의 만남'이 그려지는 소설은 『유충렬전』『조웅전』『이대봉전』『소대성전』『유문성전』『장백전』『현수문전』『황장군전』『김진옥전』『황운전』『장국진전』 등이다. 이처럼 대부분의 영웅소설들이 '혼인'이나 '도승'의 모티프를 담고 있는데, 이런 전개는 영웅 주인공이 성년에 이르는 과정인 동시에 신성한 능력을 얻는 단계이다. 이 입문의 단계에서 특히 도승과의 만남은 아버지의 부재를 채워줄 수 있는 신성성을 지닌 또 다른 아버지=유교이념의 획득으로 볼 수 있다. 도승은 그 같은 신성한 능력을 지닌 아버지의 대리인으로서 영웅 주인공이 천상계의 또 다른 아버지와 해후하게 하는 매개자로 볼 수 있다.

> 노승의 방의 드려가 셕반을 먹은 후의 그 밤을 편이 쉬니 이곳슨 선경이라. 세숭을 모도 잇고 일신이 무량혼지라. 이후로난 노승과 혼가지로 병셔도 잠심하고 불경도 확논하니라. 이쩌의 디명천지무가긱이요, 광덕산즁유발승이라. 본신이 천상 스룸으로 사 j불을 만나쓰니 기이혼 술법을 가르치고 천지일월성신이며 천하명산신령더리 모도 다 흡역흐니 그 직됴와 영민흐물 뉘라셔 당흐리요 주야로 공부흐더라.[48]

위에서처럼 유충렬은 일상적 공간과는 다른 선경에 이르러 본래 천상에 신분을 둔 노승과 만나게 된다. 영웅소설에서 빈번히 나타나는 이 도승(노승, 도사)의 모티프는 불교의 유교적 영토화를 의미한다. 불교는 유교

---

46) 강소저는 유충렬 아버지의 친구인 강승상의 딸이다.
47) 『장국진전』에서는 혼인이 입문의 단계가 아니라 귀환(귀환 1)의 단계에서 나타난다.
48) 고려대 민족문화연구소, 앞의 책, 82면.

와는 이질적 코드를 지니며 천상계와의 인연을 더욱 강력하게 암시한다. 그러나 영웅소설에서 그런 불교는 유교이념에 의해 영토화된 것으로 나타나며 그 이질적 코드를 통해 유교이념에 신성성을 부여하는 기능을 한다. 즉, 노승과의 만남은 천상계의 신성성의 힘을 부여받아 유교이념을 지닌 유충렬 자신이 신성한 아버지=천신이 될 수 있게 한다.

> "흐날은 나를 니시고 용왕은 너를 닐제 그 쓰시 모도 다 남경을 돕게 흐미라. 이제 남적이 황성의 강성흐야 쳔자의 목숨이 경각의 잇다 흐니 디장부 급흔 마음 일각이여삼추라. 너는 심을 다 흐야 남경을 순식의 득달케흐라."
> 그 말리 그 말을 듯고 청천을 바라보며 벽역갓튼 소리흐고 빅운을 헛쳐 나난 다시 드러가니 스롬은 쳔신이요 말은 비용이라. 남경을 바람갓치 달여오니 금산성흐 널운 쯸의 살기가 츙쳔흐고 황성 문안의 곡성이 진동흐더라.[49]

이처럼 유충렬은 도술을 배우고 신성한 무기를 얻음으로써 자기 자신이 천신이 된다. 물론 위에서처럼 그런 천신의 능력은 모두 황실을 구하기 위한 충(忠)의 이념(유교이념)으로서만 의미를 지닌다고 할 수 있다. 유충렬은 '혼인' 및 '도승과의 만남'을 통해 입문의 과정을 거침으로써, 자기 자신이 천신의 능력을 지닌 성년의 영웅이 됨과 동시에 유교이념을 상징하는 아버지가 된다.

영웅의 능력을 지닌 성년(아버지)으로 성장하는 과정이 입문의 단계라면 그런 영웅성과 유교이념을 입증하는 것은 적대자와의 투쟁(귀환1)이다. 영웅인 유충렬과 적대자 정한담과의 싸움은 목숨을 건 필사의 투쟁으로 나타나는데, 그것은 영웅소설의 서사란 유교이념을 저버린 적대자의 죽음의 위협에 맞서는 싸움('죽음과의 싸움')이기 때문이다. 간신의 죽음의 위협을 오히려 그를 죽이는 싸움으로 역전시킴으로써 영웅소설은 주인공의 영웅성과 유교이념(忠)의 합당성을 입증한다.

---

49) 고려대 민족문화연구소, 위의 책, 102면.

그 같은 '죽음과의 싸움'에서의 승리는 물론 영웅 주인공이 입문의 과정에서 신이한 '능력'을 부여받았기 때문에 가능해진 셈이다. 그런데 주목할 것은 영웅 주인공뿐만 아니라 적대자 역시 천상계와 연관된 신이한 능력을 지니고 있다는 점이다. 그럼에도 영웅 주인공이 적대자에게 승리할 수 있는 것은 신성성의 힘에서 우위에 있기 때문일 것이다. 하지만 영웅 주인공의 우세한 신성성은 오직 충의 이념(유교이념)을 발휘할 때만 힘을 지니게 된다.

> "훈담은 일귀 마룡의 유 안이라. 천신의 법을 비와 만부부당지역 잇고 변화 불칙ᄒ니 각별이 조심ᄒ라."50)

> "도스의 지조는 소장이 십년 공부ᄒ야 변화무궁ᄒ오니 구척장검 칼 머리에 강산이 문어지고 ᄒ희도 뒤덮더니 명진 도원슈 유충렬은 천신이요 스룸은 안이라. 이졔 디왕이 억만병을 거나려 와쓰나 츙열 잡기는 시로이 접전ᄒᆯ 장슈 업사오니 만일 쓰호다가는 우리 군사 씨가 업고 디왕의 중ᄒᆫ 목심 보존ᄒ긔 어려올거스니, 오늘밤 삼경의 군사를 갈나 금산성을 치거듸면 졔 응당 구휼차로 올거시니 그쎄를 타 소장은 셩의 드러가 천자를 항복밧고 옥시를 아습스면 졔 비록 천신인들 졔 인군 죽어난듸 무삼 면목으로 쓰올잇가? 그 꾀 맛당ᄒ오니 디왕의 처분은 엇더ᄒ닛가?"51)

위에서 앞의 인용문은 천자가 유충렬에게 당부하는 말이며 뒤의 것은 정한담이 오국의 군왕들에게 올리는 계교이다. 정한담은 신성성에서 우위에 있는 유충렬을 이길 수 있는 길은 천자를 죽이는 것밖에 없음을 말하고 있다. 이는 그가 유충렬의 신성성이 충의 이념으로서만 힘을 발휘할 수 있음을 알기 때문이다. 그러나 정한담의 계교는 수포로 돌아갈 수밖에 없는데, 그것은 신성성을 지닌 유충렬의 영웅성이란 천자를 구하

---

50) 고려대 민족문화연구소, 위의 책, 114면.
51) 고려대 민족문화연구소, 위의 책, 134면.

는 충의 이념을 발휘하도록 운명지워진 것이기 때문이다.

> 잇찌천자는 빅사장의 업더지고 혼담은 칼을 들고 천자를 치랴 ᄒ거늘 원슈 이찌를 당ᄒ미 평상의 잇난 긔력과 일싱의 질은 호통을 진력ᄒ여 다 지르니 천사마도 평싱 용밍이 이찌예 다 부리니 변화 조흔 장셩검도 삼십삼천 어린 조화 이찌예 다 부리고 원슈 닷난 압푸 귀신인들 안이울며 강산도 문어지고 ᄒ희도 뒤듑난듯 혼빅인들 안이 울리요 혼신이 불빗 되야 벽역갓치 소리ᄒ며 왈,
> "이 놈 졍혼담아 우리 천자 희치 말고 너의 칼을 네 바드라."
> ᄒ난 소리의 나난 짐싱도 쩌려지고 강신하빅 넉실 이러 용납지 못ᄒ거든 졍혼담의 혼빅인들 안이 가며 간담이 셩홀손야. 호통소리 지ᄂ난 고디 두 눈이 캉캄ᄒ고 두 귀가 먹먹ᄒ야 탓던 말 둘너타고 도망ᄒ야 가랴다가 형산마 썩구러져 빅사장의 쩌러지니 창검을 갈나들고 원슈를 바우거늘 구만 청천 구름 속의 번기칼리 언듯ᄒ며 한담의 장창더겸 부셔지니 원슈 달여드러 혼담의 목을 산 치로 자바들고 말게 너려 천자 압푸 복지ᄒ니, 이찌 천자 빅사장의 업더져셔 반싱반사 긔졀ᄒ야 누엇거늘 원슈 붓자바 안치고 정신을 진졍 후의 복지주 왈,
> "소장이 도적을 홉몰ᄒ고 혼담을 사로잡아 말게 달고 왓난이다."[52]

위에서처럼 유충렬의 충신으로서의 영웅성의 승리는 영웅소설의 필연적인 서사적 전개라고 할 수 있다. 영웅소설은 그처럼 충의 이념을 지닌 영웅의 승리가 신성성에 의해 보장됨을 드러내어 유교이념의 합당성을 입증하는 서사인 셈이다.

영웅소설의 로만스적 구조의 마지막 단계는 영웅 주인공의 개선(귀환2)이다. 여기서는 유충렬이 헤어졌던 부모와 강승상, 강소저 등을 모두 만나 행복한 일상을 되찾고 온갖 영화를 누리는 결말이 나타난다.

> 원슈 전후 사연을 낫낫치 긔록ᄒ야 나라의 장계ᄒ고 길을 쩌나 올시 장부인은 금덩을 타고, 강낭자와 조낭자는 옥교를 타고 좌우로 모시고, 강승상은 수리 타고 오국 사신이 모셔난디, 원슈는 일광주 용인갑의 장셩검을 들고 디완마상

---

52) 고려대 민족문화연구소, 위의 책, 140면.

놉피 안자 오마디로 힝군ᄒ야 완완이 나오니 그 거동과 그 영화는 쳔고의 처음
이라.53)

　　이ᄯᅥ 남국의 잡펴가 강승상을 부모갓치 셤긔던 녀자는 다른 사름이 안이라
술 혼잔 바다들고 원슈젼의 자례ᄒ던 노인의 ᄯᆯ이라. 그 노인을 불너 상면ᄒ
후의 조낭자로 남평왕의 우부인을 봉하고 그 오러비로 총융디장을 삼아 그 아
비를 봉양ᄒ게 ᄒ니 상ᄒ인민이 송덕ᄒ난 소리 천지를 진동ᄒ니 그 안이 티평
인가 ᄒ노라.54)

　　이처럼 유충렬이 가족을 만나 평안한 일상을 되찾는 결말은 황실이
부활하고 인민의 송덕가가 천지를 진동하는 태평성대로의 귀환이기도
하다. 이 행복한 결말로서의 태평성대는 유교이념이 더욱 이상적으로 굳
건하게 실현된 모습을 보여준다. 이는 영웅소설이 주인공의 영웅성을 입
증하는 전개를 통해 유교이념을 보다 강화된 논리로 옹호하는 서사임을
나타낸다.

4. 『혈의 누』와 『무정』의 문명개화의 여로

　　『혈의 누』 등의 신소설에서 영웅소설과 같은 모험의 여로가 나타날
수 없는 것은 공동체를 구원할 수 있는 신성성의 존재가 사라졌기 때문
이다. 또한 신성성의 후광을 잃어버린 유교이념 역시 더 이상 서사적 승
리를 보장하는 합당성을 제공하지 못한다. 『혈의 누』 첫 장면의 청일전
쟁은 영웅소설에서의 외적의 침입 같은 국가적 환란으로 볼 수 있다. 그

---

53) 고려대 민족문화연구소, 위의 책, 202면.
54) 고려대 민족문화연구소, 위의 책, 210면.

러나 유교이념이나 신성성 같은 초월성에 대한 믿음을 잃어버린 시대에
더 이상 영웅 주인공의 모험의 여로는 나타나지 않는다.『혈의 누』초반
부에서 영웅 주인공의 모험의 출발(떠남) 대신 길 잃은 민중들의 모습을
그리고 있는 것은 그 때문이다.

> 홀연히 언덕 밑에서 사람의 소리가 들리거늘, 그 부인이 가만히 들은 즉 길
> 잃고 사람 잃고 애쓰는 소리라. "에그, 깜깜하여라. 이리 가도 길이 없고 저리
> 가도 길이 없으니 어디로 가면 길을 찾을까."55)

위에서처럼 청일전쟁의 환란 중에 옥련 모친은 '길 잃고 사람 잃은'
어떤 사내의 목소리를 듣게 된다. 사방이 깜깜하고 어디에도 길이 없다
는 사내의 말은 당대 민중들의 사회적 운명을 암시한다. 공동체를 환란
에서 구원할 영웅의 모험의 길(영웅소설)도 근대소설 주인공의 내면의 길
(1910년대 이후 소설)도 갖지 못한 상태에서, 민중들은 어둠 속에서 길을 잃
을 수밖에 없었던 것이다.
『혈의 누』는 그 같은 혼란이 구세계를 대신할 신문명을 받아들이지
못한 데 있다고 생각한다.『혈의 누』에 어둠의 길 이외에 신문명의 빛을
받아들이려는 또 다른 길이 나타나는 것은 그래서이다.

> 나는 이 길로 천하각국을 다니면서 남의 나라 구경도 하고 내 공부 잘한 후
> 에 내 나라 사업을 하리라 하고 밝기를 기다려서 평양을 떠나가니, 그 발길 가
> 는 데는 만리타국이라.56)

위에서처럼 옥련의 부친 김관일은 외국유학을 통해 신문명을 받아들
이기 위해 길을 떠나고 있다. 이 같은 김관일의 여로가 영웅소설의 모험
의 여로와 다른 점은 처음부터 의지와 신념을 지닌 출발을 보이는 점이

---

55) 이인직,『혈의 누』(『한국소설문학대계』1), 두산동아, 1995, 12면.
56) 이인직, 위의 책, 193면.

다. 또한 영웅소설의 모험의 여로는 유교이념의 자기회귀적 과정이지만 김관일의 여로는 '새로운' 신문명을 받아들이는 '미래지향적' 여로이다.

『혈의 누』는 김관일의 여로에 합당성을 부여하기 위해 옥련의 탐색 (quest)의 여로(편력의 여로)를 서사적 과정으로 제시한다. 초반 이후의 『혈의 누』의 전체적 서사의 과정은 김관일의 여로에 합당성을 제공하는 옥련의 탐색의 여로로 나타난다. 부모를 잃고 탐색의 여정을 경험하는 옥련의 서사는 (김관일 자신의 여로와는 달리) 영웅소설의 어린 주인공의 성장의 서사와 매우 유사하게 나타난다.

그러나 옥련의 탐색담은 영웅소설의 그것과는 중요한 차이를 지니는데, 그것은 아버지의 부재의 의미가 다르기 때문이다. 영웅소설에서 아버지의 부재는 유교이념의 위기를 의미하며 그 부재와 '위기'는 영웅 주인공이 스스로 아버지(더 강한 아버지)가 되어 돌아옴으로써 해소된다. 반면에 『혈의 누』에서 아버지의 부재는 국가를 위기에서 구원할 이념＝상징계의 부재를 의미하며 그 부재와 '결여'는 옥련과 아버지가 새로운 이념(신문명)을 얻음으로써 해결된다. 영웅소설에서는 유교이념＝아버지가 더 강한 힘을 지니고 부활함으로써 위기가 극복되지만 『혈의 누』에서는 부재하는 아버지의 위치에 새 아버지＝신문명을 맞아들임으로써 고난이 해소된다.

이처럼 『혈의 누』에서는 영웅소설에서와는 달리, 아무 것도 없는 부재 상태인 공동체 이념의 위기를 신문명의 이념으로써 해결하는 전개가 나타난다. 이 같이 아버지의 부재와 그것의 극복을 공동체 이념의 부재와 새로운 신문명의 이념으로 대립시키는 서사는, 결과적으로 옛 민족전통을 단지 신문명의 결여 상태로 폄하하는 내용을 포함하고 있다. 그 점은 아직 개화되지 못한 어머니를 다만 고난의 운명에 얽매여 있는 존재로 제시하는 점에서도 알 수 있다.

정신분석학적 은유에 의하면 사적 차원에서 아버지와 어머니는 공적 차원에서 공동체의 이념과 옛 전통문화에 해당된다. 『혈의 누』에서 옥련이 화성돈에서 개화된 아버지57)를 만난 것은 새 아버지=신문명과의 조우를 상징하며, 아직 고통을 당하고 있는 평양 북문 안 어머니는 신문명이 결여된 옛 전통문화를 암시한다. 옥련은 아버지를 다시 만난 화성돈(워싱턴)과 아직 개화되지 못한 어머니가 사는 (조선의) 평양을, 희희낙락한 행복한 공간과 '게딱지같은 (평양 북문 안) 낮은 집'의 고통스런 공간으로 대비시킨다. 이는 조선의 어머니=옛 민족전통을 아무런 동양문명의 미덕도 표상할 수 없는 결핍 상태로만 파악하고 있음을 뜻한다. 『혈의 누』는 이처럼 신문명의 결여 상태에서 벗어나 새 아버지=신문명을 맞이하는 서사로 나아간다.

물론 『혈의 누』의 이 미래지향적 전망은 중세적 봉건성을 타파한다는 새로운 의미를 지니며 그 점에서 영웅소설의 자기회귀적 서사를 넘어선다. 그러나 그 과정에서 민족전통을 단지 신문명의 결여 상태로만 파악하는 식민주의를 드러낸다.58) 그 같은 식민주의적 개화의 전망은 자주성의 상실로 인해 현실에서 진정한 근대의 전망이 될 수 없는 자기모순을 포함한다.

『혈의 누』는 그런 자기모순을 봉합하기 위해 신문명의 새로운 전망을 고난 / 행복, '신문명의 결핍' / '신문명'이라는 옛 이분법적 대립의 수사학으로 서사화한다. 그 같은 이항대립의 수사학은 마치 영웅소설에서처럼 우세한 어느 한 항목을 초월적으로 옹호하는 서사구조를 드러내게 된다. 양자의 차이는 영웅소설이 '기존의' 유교이념을 신성화하는 반면 『혈의 누』는 '새로운' 신문명을 신화화하는 것일 뿐이다.

그처럼 어떤 한 이념을 신화화하고 그에 의존해 고난을 극복하는 서사는 외부세계로의 초월적 여로를 보여주게 된다. 예컨대 영웅소설은 유

---

57) 이는 신문명이기도 하고 실제로 김관일이 개화된 새로운 모습으로 옥련과 만나기도 한다.
58) 이 같은 식민주의는 여성을 남근의 결여 상태로 인식하는 남성중심주의와도 유사하다.

교이념이 신성한 힘을 얻어 고난을 극복하는 서사적 여로를 제시한다. 영웅소설의 주인공이 고난의 극복을 위해 집을 떠나 외부세계로 향하는 것은, 그 유교이념의 신성성이 일상적 공간(집)보다 한 층위 우월한 외부의 초월적 공간에 위치하기 때문이다. 이와 유사하게『혈의 누』는 신문명의 우세한 힘을 빌려 혼란을 극복하려는 서사적 여로를 보여준다.『혈의 누』의 주인공이 고난을 극복하기 위해 외국으로 향하는 것은, 그런 절대적 힘을 지닌 신문명이 그것이 '부재'한 공간(조선)보다 한 층위 우월한 외국의 공간에 '존재'하기 때문이다. 그처럼 조선의 내재적 관계를 가치론적으로 한 층위 우월한 곳에서 관장하는 위치가 바로 초월적 공간이라고 할 수 있다.

영웅소설처럼『혈의 누』는 신화화된 이념의 힘을 빌려 고난을 극복하기 위해 외부의 초월적 공간으로 향한다. 그 점에서『혈의 누』의 외국 유학의 여로는 영웅소설의 모험의 여로와 비슷하게 로만스적 탐색의 여로로 나타난다.『혈의 누』의 옥련이 우여곡절 끝에 이르게 되는 외국은, 영웅소설의 주인공이 온갖 모험을 겪으며 찾아가는 신성성의 공간만큼이나 초월성을 지니고 있는 것이다.

그런데 영웅소설은 초월성을 지닌 유교이념의 힘에 의해 기존의 지배체계의 영토가 다시 회복되는 서사를 보여준다.[59] 반면에『혈의 누』의 초월성을 지닌 신문명은 아무 것도 없는 부재 상태의 조선에 일방적으로 이식됨으로써 조선의 영토는 그 우월한 힘에 예속되는 결과를 낳는다. 즉,『혈의 누』에서 외국으로부터의 초월적 신문명의 이식은 조선에 대한 외국의 지배적 관계의 문화적 표현[60]에 다름이 아닌 것이다. 단지 신문명의 부재 상태일 뿐인 조선의 영토는 외부의 우세한 신문명에 예속됨으로써 독립된 내부의 경계선을 잃어버린다. 따라서『혈의 누』의 개화된

---

59) 중국의 송대나 명대를 그리지만 이는 중세적인 보편주의 이념을 보여주는 것으로 그런 보편적인 이념으로서 국가의 지배체계를 확립하려는 서사인 셈이다.

60) 임화, 「조선문학연구의 일 과제」,『신문학사』, 한길사, 1993, 380~381면.

민족의 번영이라는 이상은 독립된 민족 공간의 경계선을 상실하는 대가를 치르게 된다. 『혈의 누』의 결말부에서 구완서가 일본과 만주를 연방하여 문명한 강국을 만들자고 말한 것은, 실상은 신문명의 초월성에 예속되어 정치적·문화적 독립을 상실한 식민화의 길을 예시한 셈이다.

이 같은 정치적·문화적 식민지화의 길은 이광수의 『무정』에서도 비슷하게 나타난다. 그러나 『무정』에서는 조선이 어떤 길도 보이지 않는 혼란의 상황으로만 제시되지는 않는다. 『무정』은 근대적 지식인인 형식을 통해 미처 개명되지 않은 조선의 현실에 대응하는 내면의 길을 보여주기 때문이다. 이처럼 영웅소설이나 『혈의 누』의 탐색의 여로를 대신하는 내면의 길을 보여준 점은, 『무정』이 그 이전의 소설과 근본적으로 다른 형식을 지님을 뜻한다.

물론 『무정』에서 형식의 내면의 길은 조선을 문명개화시키려는 쪽으로 향하고 있다. 그러나 그 내면의 길은 초월적인 의지에 지배되기보다는 늘상 양가적인 아이러니에 의해 방황을 경험하게 한다. 더욱이 영채가 출현한 이후로 형식은 선형-'외국유학의 길'과 영채-'옛정의 길' 사이에서 머뭇거리게 된다.

형식은 신문명을 내면화한 신지식층임에도 불구하고 결말부에 이르기까지 영채에 대한 미련을 쉽게 버리지 못한다. 그것은 영채에게 형식이 지닌 신문명의 관점으로는 설명할 수 없는 어떤 숨겨진 애정의 요소가 남아 있었기 때문이었다. 구여성이면서 기생인 영채는 신문명의 논리로는 결코 인정할 수 없는 존재였지만, 그럼에도 형식은 '무정'한 세상에서 영채에 대한 '정'을 쉽게 포기할 수 없었던 것이다.

> 형식은 이론으로는 영채의 행위를 그르다 하면서도 정으로는 영채를 위하여 울지 아니하지 못하였다.

위에서 '이론'이 신문명의 윤리라면 '정'은 옛 민족전통의 윤리라고 할 수 있다. 형식이 영채에 대한 '정'을 쉽게 버릴 수 없는 것은 그가 '무의식' 중에 옛 민족전통에 연루되어 있음을 암시한다. 즉, 이론(신문명)으로는 신문명의 부재 상태일 뿐인 영채에게 미련을 갖는 것은, 형식의 무의식 속에 옛 민족전통(즉 '정')이 단지 신문명의 결핍으로만 남겨지진 않았음을 뜻한다. 형식은 그의 의식을 점유한 신문명으로는 번역될 수 없는 어떤 감정, 즉 '정'이라는 신문명의 타자를 통해 심층에서 영채와 만나고 있었던 것이다.

더욱이 영채는 신문명의 또 다른 얼굴인 배학감에게 유린당하는 희생자의 위치에 있었다. '무정'한 세상이란 실상 배학감으로 표상되는 속악한 근대의 모습이며, 그런 근대의 부정적 어둠으로 가려져 있는 영채는 근대적인 신문명의 타자였던 셈이다. 신문명의 타자로서의 영채의 위치는 몰락한 조선의 민중과 민족의 운명을 상징한다. 신문명의 세례를 받은 형식은 그런 영채의 운명을 감지할 수 없었지만, 다른 한편 무정한 조선의 현실에서 영채에게 끌리는 '정(신문명의 타자의 코드)'을 부인할 수 없었던 것이다. 형식이 다음과 같이 선형―'외국유학의 길'과 영채―'옛 정의 길' 사이에서 방황할 수밖에 없었던 것도 그 때문이다.

> 아아, 내가 무정하구나 내가 사람이 아니로구나 하였다. 남대문을 향하여 달아나는 차를 거꾸로 세워 도로 평양으로 내려가고 싶다 하였다. 그러나 형식은 마음이 평양으로 끌리면서 몸은 남대문에 와 내렸다.[61]

위에서 평양으로 이끌리는 형식의 마음은 무의식 속에 남아 있는 영채에 대한 '정'을 뜻하며, 선형이 있는 서울(남대문)을 향하여 달아나는 기차는 신문명의 상징이다. 이처럼 형식은 선형―'신문명의 길'과 영채―'옛 정의 길' 사이에서 동요하고 있었던 것이다. 그것은 무의식적으로는 신문명과 신문명의 타자 사이의 갈등이기도 했다. 그처럼 신문명과

---

61) 이광수, 『무정』, 문학사상사, 1992, 204면.

신문명의 타자(옛 민족전통) 사이에서 방황하는 형식의 내면은, 실상 그 둘 중 어디로도 갈 수 없었던 근대의 아포리아(갈 수 없는 길)에 상응한다. 근대계몽기부터 우리 민족 앞에 나타났던 그 아포리아는 이제 형식의 내면의 방황으로 드러나고 있는 것이다.

그 같이 근대계몽기와는 달리 내면의 길을 발견한 형식에게는, 그 두 길 사이에서 동요하는 동안 양자의 대립을 넘어선 제3의 길[62]로 갈 수 있는 기회가 주어져 있었다. 즉, 신문명을 받아들이되 그에 포함된 식민주의적 권력을 전복시키고, 신문명의 타자 곧 조선의 민중이 주체가 되는 제3의 공간을 창조할 수도 있었다.

하지만 형식은 자신의 동요가 어린애 같은 고아의 심리라고 생각하며 단지 신문명의 기준에서 더 큰 각성으로 나아가는 길을 선택한다. 이 같은 형식의 성장서사는 실상 조선의 옛 전통을 문화적 결핍 상태로 폄하하고 새아버지=신문명의 품에 몸을 맡긴 결과였다. 그처럼 신문명의 길에 대한 신념을 굳히면서 형식의 내면의 동요는 사라지지만 그와 함께 잠재적으로 남아 있던 제3의 길의 지향 역시 소멸된다.

제3의 길(공간)이란 신문명을 타자로서 받아들인 민족적 주체성의 길을 뜻한다. 그러나 형식은 민족적 전통을 신문명의 결핍 상태로 거세시키고 단지 외래의 신문명에 예속된 식민화된 민족주의를 선택한다. 자연재해 속의 농민을 문화적 부재 상태로 인식하고, 조선의 민중을 아이누족 같은 존재로 본 형식에게는, 외국의 신문명만이 그 같은 문화적 황무지에서 벗어나는 길로 생각되었던 것이다. 외국 유학의 기차의 여로에서, 선형의 길과 영채의 길 사이의 동요를 계몽적 성장을 통해 넘어서려던 그는, 근대소설의 내면의 길을 잃어버리고 『혈의 누』의 식민화된 문명개화의 길을 반복한다.

---

62) 앞서 언급했던 바바의 제3의 공간 개념임.

5. 여행의 새로운 의미와 헤겔의 낭만적 예술모델

1) 생활의 공간의 부재와 여로형 소설

영웅소설과 『혈의 누』『무정』에는 고난을 극복하기 위한 실제의 여로가 나타난다. 그처럼 여행을 통해 고난을 극복할 힘을 실제로 얻는 서사는 현실보다 한층 우월한 공간을 향한 초월적 여로를 제시한다. 그러나 그 같은 초월적 여로는 1920년대 이후의 본격적인 근대소설에서는 더이상 나타나지 않는다. '근대'란 그런 초월적 공간의 폐지를 의미하며, 문제의 해결을 '현실' 자체에서 '인간' 주체 스스로 찾아야 시대이기 때문이다.

따라서 근대소설에서는 초월적 여로 대신에 인간 자신의 '내면'과 '외부현실'의 상호작용이 그려진다. 근대소설의 본령이 '인물(내면)'과 환경(사회환경)의 상호작용으로 설명되는 것은 그 점에서이다. 물론 영웅소설 역시 인물과 환경의 상호작용으로 설명될 수 있다. 그러나 영웅소설에서 환경을 지배하는 유교이념은 초월적 신성성에 의해 뒷받침되고 있으며, 영웅 주인공은 신성한 힘을 얻어 환경의 위기를 구출하기 위해 모험의 길을 떠난다. 반면에 근대소설의 환경은 그런 초월성에 의존할 수 없으므로 인물은 어떤 식으로든 환경과의 상호반응 속에서 문제를 해결해야 한다. 그 점에서 근대소설에서 인물의 내면의 모험이란 그 같은 인물—환경의 교호작용에 대한 은유일 뿐이다. 영혼을 입증하기 위해 길을 떠난다는 소설 주인공에 대한 설명 역시 대개는 사회환경 속에서의 상호작용을 뜻하는 은유로서의 길을 나타내고 있다.

그런데 그처럼 근대소설의 사회환경이 초월성에 의존할 수 없다는 것은 환경의 문제점을 해결하기 위해서는 그 환경을 지배하는 구조(사회체계)를 변화시켜야 함을 뜻한다. 초월성에 의존하는 영웅소설의 경우, 환경을 지배하는 유교이념이 초월성의 힘을 통해 이상적인 환경의 상태를 표상할 수 있었다. 따라서 환경의 일시적 위기는 초월성(신성성)의 힘을 빌려 유교이념을 회복함으로써 극복될 수 있었다. 반면에 그런 초월성에 의존하지 않는 근대소설에서는, 환경의 문제점이 환경을 지배하는 사회구조 자체의 모순을 뜻하며, 그것을 극복하기 위해서는 사회구조 자체를 변화시켜야 한다.

근대소설의 또 다른 특징은 그 같은 사회적 변화의 필요성을 환경에 반응하는 개인의 내면을 통해서만 드러낼 수 있다는 점이다. 영웅소설에서는 신성한 힘을 얻은 영웅 주인공이 유교이념의 위기를 극복하고 화합된 세계를 회복할 수 있었다. 반면에 내면의 이상에만 의존하는 근대소설의 주인공은 사회환경이 변화될 필요성만 알릴 뿐 스스로 화합된 세계를 만들어 낼 수는 없게 된다.[63] 영웅소설에서 인물과 환경의 상호작용은 영웅 주인공이 화합된 세계를 다시 되찾는 과정이지만, 근대소설에서 인물이 환경과 반응하는 과정에서는 사회환경이 변화되어야 한다는 당위성이 제시될 수 있을 뿐이다. 화합된 세계를 되찾은 영웅소설의 주인공이 공동체의 영웅임을 입증해 보이는 반면, 근대소설의 인물은 사회의 변화의 필요성을 알리고 화합의 소망을 드러내어 자기 자신의 내면을 입증한다. 근대소설에서 환경과 반응하는 여행[64]이 끝났을 때 비로소 화합된 세계에 대한 내면의 길이 시작되는 것은 그 때문이다.[65]

이처럼 근대소설의 인물이 사회환경과의 반응 속에서 자신의 이상이 담긴 내면을 입증하려면, 환경과 상호작용할 수 있는 '생활'의 공간이 존재해야 한다. 생활의 공간이란, 환경 속에서 살아가면서 또한 화합될 수 없는 틈새를 통해 반작용하는 공간, 즉 환경과 상호작용하는 장소를 말한다. 영웅소설에서도 주인공은 환경 내부에 생활의 공간을 지니지만,

---

63) 이는 사회주의 리얼리즘의 경우에도 마찬가지일 것이다.
64) 이 여행 역시 내면의 여로를 통해 진행된다.
65) 루카치, 반성완 역, 앞의 책, 94면.

환경이 전도되는 위기를 구원하기 위해 (환경을 규정하는) 지배이념에 '더 큰 힘'을 제공하는 초월적 공간을 여행해야 한다. 반면에 근대소설의 인물은 환경 내부의 생활의 공간 자체에서 환경의 모순에 반작용하며 화합된 세계를 지향한다. 영웅소설의 주인공은 환경을 지배하는 이념에 부응하는 인물로서 그 이념을 더 강화해야 할 임무를 지니지만, 근대소설의 인물은 환경에 지배되어 살아가면서도 또한 환경의 모순에 대항해야 하는 위치에 있는 것이다. 지배이념을 옹호하는 영웅소설의 인물과는 달리 근대소설의 인물이 지배체계의 모순의 희생자의 위치에 있는 것은 그와 연관이 있다.

이처럼 근대소설의 인물이 몸담고 살아가는 생활의 공간은 지배체계(자본주의나 합리주의체계)에 소속되는 동시에 그에 대항하는 작용이 일어나는 곳이다. 그 같은 양가적인 상호작용이 바로 근대소설의 인물과 환경의 상호작용일 것이다. 영웅소설에서의 인물과 환경의 상호작용은 인물이 초월적 공간을 여행함으로써 뒤집혔던 환경(간 / 층)을 다시 바로잡는 (층 / 간)과정이다. 반면에 근대소설의 인물—환경의 상호작용은 인물이 자기 자신이 몸담고 살아가는 환경에 대항하게 되는 과정이다. 이처럼 인물과 완전히 화합될 수 없는 환경 속에서 화합을 소망하는 내면을 입증하기 위해, 인물 자신이 몸담고 살아가는 환경에 반작용해야 하는 양가성이 요구됨으로써, 근대소설에서는 그런 아이러니적인 교호작용이 일어나는 '생활의 공간'이 매우 중요해진다.

생활의 공간이란 사회구조(자본주의나 합리주의 사회)가 내면화된 공간으로서, 인물이 자신의 계급적 아비투스[66]를 가지고 살아가는 생활양식[67]

---

66) 아비투스란 사회체계에 의해 구조화되는 동시에 사회체계를 구조화하는 실천감각을 말한다. 이는 상징계(사회체계)를 내면화한 주체에게 형성된 무의식이라고 할 수 있다. 부르디외, 최종철 역, 『구별짓기―문화와 취향의 사회학』 상, 새물결, 1995, 278~286면.
67) 생활양식이란 아비투스에 의해 실현되는 일상의 생활을 말한다. 생활양식의 개념은 생활세계와는 달리 일상생활의 구조적 조건을 암시한다. 그러나 생활양식이나 아비투스 개념은 일상의 생활이 사회구조에 반작용하는 측면에 대한 고려가 없다.

의 공간이다. 그러나 다른 한편 생활의 공간은 사회구조(체계)로부터 분화되어 얼마간의 자율성을 지닌 공간이며, 사회구조의 자본의 논리나 도구적 이성에서 벗어날 잠재력을 지닌 생활세계[68]이다. 생활의 공간의 이 두 가지 요소 중 어느 하나가 부족하면 인물은 '생활인'의 위치에서 벗어나며 인물과 환경의 역동적 상호작용이 잘 나타나지 않는다.

예컨대 사회구조가 내면화된 생활양식(그리고 아비투스)의 공간이 미형성된 경우 인물은 생활인의 위치를 갖지 못한 상태에서 내면의 이상이 과잉되게 고양된다. 이런 현상은 아직 기성세대의 사회에 발을 들여놓지 않은 청년기의 인물이나 관념적으로 이상을 추구하는 인물에게서 흔히 나타난다.[69] 또는 우리 근대 초기 소설에서처럼 아직 세속적 세계와 타협한 아비투스와 생활양식의 공간이 형성되지 않았을 때 생겨난다.

이처럼 생활양식의 공간이 미형성되었을 경우 인물의 내면의 이상은 고양되는 반면 그가 바라보는 사회환경은 더 없이 모순된 것으로 나타난다. 이 경우 인물과 환경, 내면의 이상과 외부 현실의 괴리가 매우 심각해지며, 인물과 환경의 반응은 역동적으로 이루어질 수 없게 된다.

다른 한편으로 생활의 공간에 사회구조에 반작용할 수 있는 빈틈이 존재하지 않을 경우 역시 인물―환경의 상호작용은 역동성을 상실한다. 생활의 공간이 사회구조가 내면화된 장소라는 것은 인물이 그 공간에서 사회환경과 타협했음을 뜻한다. 그러나 사회환경의 모순으로 인해 인물은 환경과 완전히 화해할 수는 없으며 사회구조를 내면화하는 과정에서

---

68) 생활세계란 하버마스의 개념으로 체계로부터 분화되어 자율성을 얻은 일상의 공간을 말한다. 하버마스는 체계의 도구적 이성의 논리가 생활세계에 침투하는 것이 현대의 병리현상이라고 말한다. 그러나 생활세계 개념은 일상의 공간이 원래부터 체계(사회구조)와 분리될 수 없다는 사실을 간과한다.
69) 현상윤의 「핍박」, 양건식의 「슬픈 모순」이나 염상섭의 「표본실의 청개구리」, 「만세전」 등의 주인공이 여기에 해당된다. 한편 본격 리얼리즘 중에서 프로소설의 인물 역시 생활의 공간이 그려져야 하며, 양가성 속에서 실천적 행동의 지향이 드러나야 한다. 그렇지 않으면 프로소설은 관념적인 도식성을 지니게 될 뿐 리얼리즘을 성취하지 못한다.

그 구조에 전적으로 부합하지는 않는 빈틈이 나타나게 된다. 또한 사회 환경의 중층성으로 인해 자본주의나 합리주의에 의해 침윤되지 않은 생활양식이 잔존할 수도 있다. 이처럼 생활의 공간이란 사회구조로부터 분화되어 얼마간의 자율성과 빈틈을 지니는 생활세계[70]의 공간이라고 할 수 있다.

그러나 자본주의와 합리주의의 발전으로 인해 자본의 논리나 도구적 이성이 생활세계마저 지배하게 되는 상황이 나타날 수 있다. 그런 상황에서 내면의 이상을 버리지 못하는 인물은 생활의 공간에 적응할 수 없게 되며 환경으로부터 소외를 경험하게 된다. 인물은 내면의 화해의 욕망을 표현할 틈새가 없는 생활의 공간에 거리를 두게 되며 외부환경에 반작용하지 못하고 내면 공간으로 향하게 된다. 이는 1930년대 중반 이후 환경의 모순이 악화되면서 나타난 모더니즘 소설의 경우이다.[71] 이처럼 생활의 공간에 인물이 환경에 반작용할 수 있는 빈틈이 없어진 경우 역시 인물과 환경의 상호작용은 잘 나타나지 않는다.

이 두 가지 경우는 모두 임화가 말한 '인물과 환경의 부조화'의 예에 해당된다. 즉, (자본주의적) 생활의 공간이 미형성되었거나 생활의 공간에 빈틈이 남아 있지 않은 경우 인물―환경의 괴리가 심각해지며 양자의 교호작용은 역동성을 상실한다. 흥미로운 것은 그처럼 인물／환경의 부조화가 심각할 경우 환경을 벗어나려는 인물의 내면의 욕망이 서사적 '여로'로서 나타난다는 점이다. 즉, 근대의 여로형 소설은 인물／환경의 괴리가 심화된 위의 두 가지 경우에서 찾아볼 수 있다.

그 중 첫 번째 예는 우리의 근대 초기 소설에서 살펴볼 수 있다. 가령 현상윤의 「핍박」, 양건식의 「슬픈 모순」, 염상섭의 「표본실의 청개구리」,

---

70) 하버마스는 '의사소통적 합리성'을 발전된 생활세계가 체계로부터 분화되어 나타나는 '빈틈'의 요소로 설명한다.

71) 박태원의 「소설가 구보씨의 일일」 「거리」, 이상의 「날개」, 최명익의 「비 오는 길」 등에서 찾아볼 수 있다.

「만세전」 등이 그 대표적인 작품들이다. 이 소설의 인물들은 새로운 세계의 이상을 지닌 청년기의 지식인들이며 그들에게는 아직 자본주의 사회의 아비투스가 형성되어 있지 않다. 이 경우 인물의 내면의 이상은 고양되는 반면 그가 바라보는 식민지의 사회환경은 참을 수 없을 정도로 모순된 것으로 드러난다. 그 같은 인물과 환경의 심화된 괴리로 인해, 인물은 환경과 반응하며 자신의 내면을 입증하기보다는 환경에서 벗어남으로써 내면의 이상을 확인하려 한다. 즉, 인물은 자신의 사적 공간(집, 방)이나 친숙한 공간(가정, 고향)에서 벗어나72) 다른 곳으로 이동하려 하는데, 그것은 '외출'이나 '여행'으로 나타난다. 「핍박」, 「슬픈 모순」이나 「표본실의 청개구리」, 「만세전」에서처럼, 근대 초기 소설에서 주인공의 외출이나 여행을 그리는 여로형 소설이 많이 출현한 것은 그와 연관이 있다.

물론 근대소설의 여로에서는 근대 이전의 소설(영웅소설)에서처럼 구원의 공간이 발견되지는 않는다. 근대소설의 여로는 이상과 현실의 괴리로 인해 환경과의 반응에서 입증할 수 없었던 인물의 내면을 확인하는 여로라고 할 수 있다. 즉, 근대 여로형 소설에서는 인물의 내면을 입증하는 여로가 은유로서가 아니라 실제로서 나타나는 것이다.

2) 여행의 새로운 의미와 여로형 소설

근대소설의 여로가 인물의 내면(내면의 이상)을 자기확인하려는 여행인 점은 1920년대 초반에 기행의 의미가 그 이전과 달라진 사실에서도 확인된다. 1920년대 이전의 여행은 계몽적 지식의 발견의 의미를 지녔으며 사적인 감정이나 자아의 자기확인과는 연관이 없는 것이었다.73) 물론

---

72) 사적 공간에서 벗어나는 경우로는 「핍박」이나 「슬픈 모순」을 들 수 있으며, 친숙한 공간에서 벗어나려는 경우에는 「표본실의 청개구리」나 「만세전」 등이 있다.

73) 김예림, 「1920년대 초반 문학의 상황과 의미」(『1920년대 동인지 문학과 근대성 연구』,

자아와 개인에 대한 관심은 1910년대 신지식층에게서부터 나타났었다.
그러나 그때의 자아는 계몽적인 각성과 지식의 발견을 위한 개인적 주
체였을 뿐이다. 환경이나 세계의 풍경을 바라보는 주체의 '시선으로서의
자아'는[74] 1910년대 후반 소설이나 1920년대 초반 기행(그리고 소설)에서
부터 나타난다. 즉, 이 시기에 외출이나 여행을 통한 인물의 시선의 욕
구는 자아의 내면을 자기확인하려는 욕망에 상응하는 것이었다. 여행은
계몽적 지식의 근원[75]이기보다는 자아의 내면을 스스로 확인하려는 욕
망의 산물인 것이다. 또한 자아의 내면이란 각성을 통해 지식을 축적하
는 공간이기보다는 세계를 바라보는 시선을 통해서 내적으로 스스로 확
인되는 공간인 셈이다. 즉, 자아의 내면은 외부세계에 대한 시선과 교차
되는 공간이며, 반대로 외부세계를 바라보는 시선은 자아의 내면을 확인
하는 행위인 것이다.

1910년대 후반이나 1920년대 초반 소설에서 외출이나 여행이 많이 나
타나는 것은, 그런 새로운 여행 및 자아(내면)의 개념과 연관이 있다. 이
시기 소설의 인물들은, 집이나 방 같은 사적 공간이나 친숙한 공간에서
의 답답함을 참지 못해 외출과 여행에 나선다. 사적 공간이나 친숙한 공
간에서는 환경의 모순에 억눌린 내면이 발견될 뿐인데,[76] 외출이나 여
행은 시선의 욕망을 통해 그 같은 억압에서 벗어나 자아의 내면을 확인
하게 해주기 때문이다.

물론 외출이나 여행에서의 여로 역시 환경의 일부분이므로 인물은 여
로에서 화해의 공간[77]을 발견하지는 못한다. 더욱이 인물은 사적인 공

깊은샘, 2000), 201~202면과 최남선, 「快少年世界周遊時報」(『소년』 창간호, 1908.11)
참조.

74) 근대적 자아는 시선으로서의 자아라고 할 수 있다.

75) 최남선, 「快少年世界周遊時報」, 『소년』 창간호, 1908.11 참조.

76) 이는 사적 공간이나 친숙한 공간 자체가 자율성을 지니지 못함을 뜻하는 것은 아니
다. 오히려 그 공간의 자율성으로 인해 인식의 자유 속에서 환경에 억압된 내면이 발
견되는 것이다. 반면에 여행은 낯선 풍경과의 만남 속에서 내면을 확인하게 해주므로
심리적 억압에서 벗어나게 한다.

간에서 심리적으로만 느끼던 환경의 억압을 여로에서 실제로 목격할 수
도 있다. 그러나 인물은 여행자의 위치라는 거리로 인해, 여로에 펼쳐지
는 환경의 풍경으로부터 내면으로 돌아와 화해의 욕망을 확인하게 된다.
따라서 외출이나 여행이 설령 기대를 저버린 환멸의 여로일지라도, 그로
부터 다시 내면으로 돌아와 내면의 이상(화해의 욕망)을 확인하는 것이 여
로형 소설의 특징이다. 그리고 그처럼 인물 / 환경의 괴리, 환멸의 여로
라는 부조화로부터, 다시 내면으로 회귀해 화해의 욕망을 입증하는 점에
서, 여로형 소설은 헤겔의 낭만적 예술 유형에 속한다.

3) 헤겔의 낭만적 예술 유형과 여로형 소설

헤겔은 '내용과 형상의 관계'에 따라 예술의 형식이 상이하게 나타남
을 역사철학적으로 설명했다.[78] 헤겔의 경우 내용이란 이념이나 정신을
말한다. 고전적 예술(그리스 예술)은 이념과 형상이 완전히 통일된 조화로
운 예술이다. 이는 그리스 조각처럼 인간의 고도의 정신 내용(이념)을 자
연에 존재하는 가장 고차적인 형상인 인간(인체)을 통해 드러낸 것이다.
반면에 낭만적 예술(근대예술)은 이념과 형상이 통일을 이루지 못하고 분
열된 예술이다. 근대예술(회화·시·음악)에서 보이는 낭만적 예술의 이념 /
형상의 분열은, 이념이 형상을 뛰어넘는 정신 내용을 지닌 데 따른 것
이다. 즉, 낭만적 예술의 이념은 가장 고차적인 인간의 형상으로도 표현
할 수 없는 기독교의 신 같은 정신 내용을 담고 있다. 이 경우 형상과
분열된 이념은 주체의 내면으로 되돌아와서 그 속에서 통일을 이룩한다.
헤겔이 말한 이 두 가지 예술 유형은, 원리상 '인물─환경이 상호작용
하는 소설'과 '부조화된 소설'에 각기 상응한다. 헤겔의 이념(내용)과 형

---

77) 서정적 환경 속에서 순간적으로 화해를 경험할 수 있을 뿐이다.
78) 헤겔, 두행숙 역, 『헤겔미학』 III, 나남, 1996, 23~50면.

상의 관계를 현대식으로 재해석하면, 이념이란 화합된 세계에 대한 주체의 소망이며, 형상이란 작품 속에 그려진 것을 말한다. 인물과 환경이 상호작용하는 소설, 즉 임화가 말한 본격소설은, 인물—환경의 상호반응하는 형상을 통해 화합된 세계(객관 현실)에 대한 주체의 소망을 드러낸다. 이는 인물이 환경과 반응하는 가운데 화합을 소망하는 내면을 입증할 수 있기 때문이다. 여기서는 환경에 반응하는 인물의 서사적 과정(여행)인 형상 자체에서 화합된 세계를 지향하는 이념(길)이 나타난다.[79] 즉, 인물—환경이 상호작용하는 소설에서는 이념과 형상이 조화되어 드러나는 것이다. 이는 임화가 말한 '말하려는 것'과 '그리려는 것'의 조화와도 유사하며, 헤겔의 고전적 예술 유형에 해당된다.

반면에 인물이 환경과 반응하지 못하고 내면을 확인하기 위해 길을 떠나는 여로형 소설에서는, 인물과 환경의 괴리된 형상 자체로부터 화합된 세계를 소망하는 이념이 드러나지 않는다. 특히 근대 초기 여로형 소설에서는 인물이 괴리된 환경에서 벗어나 길을 떠나지만, 내면을 확인하기 위한 여로 역시 환경의 일부분이며, 그 때문에 이상과 현실의 분열 속에서 환멸을 경험한다.[80] 이처럼 인물과 환경의 괴리가 심각한 여로형 소설에서는, 그 환멸의 현실을 그린 형상과 화합을 소망하는 이념이 분열되어 있다. 이 같은 이념과 형상의 분열은, (인물의 내면의) 이념이 현실을 그린 형상으로는 드러낼 수 없는 고양된 이상을 지닌 데 따른 것이다. 따라서 그런 여로형 소설에서는, 인물 / 환경의 괴리와 환멸의 여로라는 형상적 부조화로부터 내면으로 되돌아와서 화합의 이념을 확인한다. 이 점에서 근대 초기 여로형 소설은 헤겔의 낭만적 예술 유형에 해당된다.[81]

---

79) 이 과정은 '길은 시작되었는데 여행은 끝났다'는 루카치의 비유와도 상응한다.

80) 서정적인 여로형 소설의 경우에는 순간적인 화해를 경험하기도 한다.

81) 여도형 소설 중에서 특히 내면고백체 유형의 환멸소설이 헤겔의 낭만적 예술 유형에 속하는 것으로 볼 수 있다.

근대 초기 여로형 소설은 인물과 환경의 괴리, 이념과 형상의 분열, 그리고 '말하려는 것'과 '그리려는 것'의 불일치를 보여준다. 또한 인물─환경의 상호작용을 그리는 소설처럼 역동적 플롯을 보여주지 못하고 삽화들을 나열적으로 제시하는 데 그친다.[82] 그러나 그 같은 형상적 부조화와 파편성으로부터 주체의 내면으로 돌아와 화합된 세계에 대한 소망을 입증한다. 이 점에서 근대 초기 여로형 소설은 1920년 중반 이후 전개된 본격소설(본격 리얼리즘)과는 상이한 유형의 소설이라고 할 수 있다. 인물과 환경의 상호작용을 그리는 본격소설이 헤겔의 고전적 예술 유형에 해당된다면, 양자의 괴리를 보여주는 여로형 소설은 낭만적 예술 유형에 가까운 것이다.

인물과 환경의 괴리를 제시하는 여로형 소설은 본격소설이 쇠퇴하기 시작한 1930년대 중반에 다시 나타난다. 즉 박태원의 「소설가 구보씨의 일일」, 이상의 「날개」, 최명익의 「비 오는 길」, 유항림의 「마권」 등은 모더니즘 소설인 동시에 환경과 괴리된 인물의 외출을 그린 여로형 소설이다. 물론 이 모더니즘 여로형 소설에서의 인물 / 환경의 부조화는 근대 초기 소설과는 다른 사회상황에서 연유된 것이다.

근대 초기 소설에서의 인물들은 순수한 이상(계몽이념)을 지닌 지식인 청년들로서, 아직 생활양식과 아비투스의 형성이 미흡한 상태에서 환경과 괴리되어 있었다.[83] 환경과 상호작용할 수 있는 생활의 공간을 갖지 못한 그들은 외출이나 여행을 통해 내면의 이상을 확인하려 한다. 지식인들의 그런 여로는 환멸로 귀결되지만, 그들은 아직 화합된 세계에 대한 이상을 계몽이념의 형태로 내면에 지니고 있었다.

---

82) 인물─환경의 상호작용이 역동적인 소설은 뚜렷한 플롯을 지니는 반면 양자가 괴리된 소설에서는 삽화들의 나열이 나타난다. 이에 대해서는 임화도 지적한 바 있다. 임화, 「세태소설론」(1938.4), 「본격소설론」(1938.5), 『문학의 논리』, 서음출판사, 1989, 204~230면.

83) 이는 주인공들이 청년들이기 때문이기도 하지만 또한 시대적 조건이 아직 식민지 자본주의의 생활양식의 형성이 미흡한 때이기 때문이기도 하다.

반면에 1930년대 중반 모더니즘 소설에서의 인물과 환경의 부조화는 생활의 공간이 이미 식민지 자본주의 사회에 예속된 세속적인 일상이 되어 버린 데 따른 것이다. 그 같은 세속적 일상에 동화될 수 없는 지식인 주인공들은 생활에서 소외됨으로써 환경으로부터 괴리된다. 그들은 그처럼 생활을 잃어버린 룸펜 지식인들로서, 목적성을 상실한 외출이나 여행을 통해 아직 내면에 남아 있는 화해의 이상을 확인하려 한다. 물론 그런 여로 역시 생활인들로부터 거리를 인식하는 자기소외의 경험으로 귀결되지만, 인물들은 그 같은 부조화[84]로부터 내면으로 다시 돌아와 화해의 이상[85]을 드러낸다.

순수한 이상을 지닌 (그리고 생활양식이 미형성된) 계몽적 지식인과 생활을 상실한 룸펜 지식인이라는 그 같은 차이는, 인물들이 여로에서 만나는 군중들과의 관계를 통해서도 발견된다. 예컨대 「만세전」에서 계몽적 지식인 이인화가 여로에서 만난 청년들과 민중들은, 식민지 자본주의 환경에서 공포에 떨며 무덤 같은 삶을 살아가는 사람들이었다. 무덤 같은 삶이란 제국의 신문명으로 밝힐 수 없는 식민지의 어둠의 부재영역(실재계)[86]으로서, 그 틈새의 공간에서 사람들은 아직 식민지 자본주의의 일상에 적응하지 못한 채 살아가고 있었다. 그들의 삶은 죽음 같은 어둠의 공간이기도 하지만 또한 아직 식민지적 일상에 물들지 않은 빈 공백이기도 했다. 그들과 마찬가지로 식민지적 일상을 받아들이기 힘든 이인화는 그런 빈 공백의 잔존 속에서 계몽이성의 순수한 이상을 포기할 수 없게 된다. 그러나 계몽의 빛으로 넘쳐야 할 신문명이 식민지에서

---

84) 이상의 경우 그런 부조화 의식은 비대칭성이나 절름발이 의식으로 나타난다. 예컨대 절름발이(「날개」, 「실화」), 절뚝발이(「공포의 기록」), 의족(「오감도」 시 제15호), 척각(「척각」) 등이다.
85) 예컨대 「날개」의 '날자'의 외침 등에서 그것을 알 수 있다.
86) 부재영역으로서의 실재계란 신문명의 빛으로 밝힐 수 없는 이질적인 타자의 영역이라고 할 수 있다. 나병철, 「바바의 탈식민 이론과 제3의 공간」, 『트랜스토리아』 제3호, 2003.11, 25면 참조.

는 오히려 무덤의 어둠을 만들고 있는 현실에서, 그는 깊은 환멸을 느끼게 된다. 순수한 계몽적 이상을 지닌 이인화가 여로에서 만난 사람들에게 동정과 환멸을 동시에 느낀 것은 그 때문이다. 이인화는 그 부조화의 현실로부터 내면으로 돌아와 여전히 버릴 수 없는 계몽이성을 통해 화해를 소망한다.

반면에 「소설가 구보씨의 일일」이나 「날개」의 주인공(구보나 '나')이 외출에서 만난 군중들은 이미 식민지 자본주의의 일상에 익숙해진 생활인들이었다. 두 소설의 룸펜 지식인들은 그들 속에 합류하고 싶어하면서도 실제로는 그렇게 하지 못한다. 구보나 '내'가 룸펜 지식인이라는 사실 자체가 이미 군중 속에 합류할 수 없는 생활을 잃어버린 (그리고 계몽에 대한 신뢰를 상실한) 사람들임을 나타내고 있다. 그러나 군중들로 표상되는 생활인들은 식민지 자본주의에 의해 식민화된 일상(생활세계)[87]을 살아가는 사람들로서 그들에게는 「만세전」 민중들과 같은 빈틈이 남아있지 않다. 즉, 그들은 식민지 자본주의의 환경에 반작용할 수 있는 잠재력을 상실한 일상에 매몰된 사람들인 것이다. 룸펜 지식인 주인공이 군중들로부터 거리를 두고 생활을 잃어버림으로써 일상에서 소외될 수밖에 없는 것은 그와 연관이 있다. 그러나 룸펜 지식인은 생활을 상실함으로써 무기력하게 소외될 수밖에 없지만, 또한 그처럼 동일성의 일상[88]에 합류되지 않는 비동일성[89]의 위치에 있음으로써 진정한 화해를 소망할 수 있게 된다. 룸펜 지식인은 군중들로부터 거리를 두고 고독을 느끼면서도 그 부조화의 현실로부터 내면으로 돌아와 화해의 소망을 드러낸다.[90]

---

87) 하버마스 식으로 말하면 생활세계가 병리화된 현실을 뜻한다.
88) 동일성의 일상이란 도구적 이성이나 교환가치 원리 등의 동일성 논리가 일상(생활세계)에 침투한 현상을 말한다.
89) 비동일성의 위치란 동일성 논리에 동화되지 않은 위치를 말한다.
90) 모더니즘의 경우 독자의 입장에서 부조화의 형상으로부터 내면으로 돌아와 화해의 열망을 경험한다. 그러나 「소설가 구보씨의 일일」 「날개」의 주인공은 독자가 얼마간

이처럼 초기 소설과 1930년대 모더니즘의 인물의 차이, 즉 순수한 계몽적 이상을 지닌 주인공과 (계몽에 대한 신뢰를 잃은) 룸펜 지식인 주인공의 차이는, 아직 식민지 자본주의 환경에 오염되지 않은 사람들(민중들)과 자본주의에 의해 식민화된 일상을 살아가는 사람들(군중들)의 차이에 상응한다. 그러나 「만세전」에서 이인화가 민중들의 삶에 환멸을 느끼거나 모더니즘 소설의 주인공들이 군중들에게 거리를 느끼는 것은, 그들이 모두 생활인의 위치에서 벗어나 있음을 나타낸다. 그 같은 주인공들의 생활의 부재는 환경과 반응할 수 없는 인물의 부조화, 즉 인물 / 환경의 괴리 상태로 표상된다. 인물과 환경의 부조화는 역동적 플롯 대신 파편화된 삽화들이 나열되는 서사구조를 만들어 낸다. 하지만 소설의 주인공들은 그 같은 인물과 환경의 부조화로부터, 그리고 환멸의 여로와 고독의 여로로부터, 다시 내면으로 회귀해 화합된 삶에 대한 소망을 확인한다.91)

이처럼 두 유형의 여로형 소설은 인물과 환경의 부조화에서 다시 주체의 내면으로 돌아오는 헤겔의 낭만적 예술 유형을 보여준다. 물론 초기 여로형 소설이 순수한 계몽의 이상으로 회귀하는 반면 1930년대 소설들은 합리성을 통해 합리성을 넘어서려는 (아도르노가 말한) 미메시스적 화해92)의 소망으로 돌아온다. 초기 소설은 계몽(지식인)과 계몽의 타자(민중)93) 사이의 동요에서 전자로 회귀하지만 후기 소설(1930년대 모더니

감정이입할 수 있는 관계에 있으며, 주인공의 위치에서도 현실로부터 내면으로 돌아와 화해를 열망하는 전개가 나타난다.

91) 인물과 환경의 부조화는 내면고백체와 모더니즘이라는 두 유형의 여로형 소설과 연관되지만 담론적 양식으로는 사적 담론의 두 유형과 관련된다. 즉, 인물 / 환경이 부조화된 양식은 환경의 사회적 공간 속의 행동보다는 인물의 사적 공간에서의 담론을 드러내게 된다. 즉, 1920년대 초반의 내면고백체와 1930년대 후반의 모더니즘이나 후일담 소설의 사적 담론이 그에 해당된다. 양자의 차이는 (본격소설의 시대가) '아직 아닌' 시기의 담론과 '더 이상 아닌' 시기의 담론의 차이라고 할 수 있다.

92) 미메시스란 주체와 객체 간의 비억압적인 교감을 말한다.

93) 민중들은 계몽적 신문명의 빛으로 밝힐 수 없는 어둠의 공간에 위치한 점에서 계몽의 타자라고 볼 수 있다.

즘)은 합리성과 미메시스 사이에서 후자로 돌아오는 것이다.

　재미있는 것은 1930년대 중반의 여로형 소설에서도 여전히 계몽을 견지하려는 소설이 발견되는 점이다. 예컨대 최명익의 「비 오는 길」에서 병일의 독서나, 유항림의 「마권」에서 만성의 이론을 넘어서려는 모험이 그것이다. 이 같이 계몽에 대한 신뢰를 잃어버린 시대에 다시 계몽(혹은 계몽을 넘어선 계몽)에 대한 향수가 나타나는 것은, 우리의 근대 역사에서 계몽이 미처 꽃피우지 못한 채 서리를 맞은 때문일 것이다. 계몽의 꽃이 낙화하는 시대에 다시 개화(開花)를 소망하는 이중성은 미학적으로 모더니즘과 리얼리즘의 복합적 관계에 상응한다. 우리의 경우 리얼리즘을 해체하는 모더니즘이 나타난 이후에도 여전히 리얼리즘에 대한 충동이 반복되어 나타났던 것이다. 리얼리즘과 모더니즘은 순차적인 이행 관계가 아니라 사회현실의 조건에 따라 반복적으로 나타나는 병존의 관계에 있는 셈이다.

　이 같은 리얼리즘과 모더니즘의 이중성은 본격소설과 여로형 소설의 복합적 관계와도 연관된다. 즉, 리얼리즘이 쇠미해지는 시기에 모더니즘(그리고 포스트모더니즘)이 나타나듯이, 여로형 소설은 본격소설이 약화된 그 앞뒤의 시기에 등장한다. 이미 언급한 1920년대 초반과 1930년대 중반뿐만 아니라, 1960년대(최인훈의 『광장』, 김승옥의 「환상수첩」 「무진기행」), 1980년대 전반(윤후명 소설), 1990년대(윤대녕 소설) 등이 그런 시기로 볼 수 있다.

　물론 여로형 소설 자체도 한 가지 유형으로 고정되어 있는 것은 아니다. 우선 계몽과 환멸94)로 설명될 수 있는 초기 염상섭 소설과 최인훈의 『광장』이 있고, 그와 달리 계몽에 대한 신뢰를 잃어버린 모더니즘 여로형 소설이 있다. 또한 이효석과 윤후명의 소설에서처럼 주인공이 여로에서 서정적 화해를 경험하는 서정적 여로형 소설도 있다. 모더니즘이나

---

94) 서은주, 「최인훈 소설 연구」, 연세대 박사논문, 12~18면 참조.

서정소설과 유사하지만, 윤대녕 소설처럼 허무에 빠진 주인공이 여행을 통해 (합리성으로 설명할 수 없는) 삶의 비의를 쫓아가는 유형은 포스트모더니즘 여로형 소설이다.

그밖에 사회구조를 내면화한 생활의 위치에서 벗어난 점에서, 여로형 소설은 아직 세속적 세계를 경험하지 못한 주인공의 성숙의 여로를 그린 성장소설과도 연관이 있다. 예컨대 염상섭의 「해바라기」, 김남천의 소년 주인공 소설, 김승옥의 초기 소설, 이문열의 『젊은 날의 초상』이 여기에 속한다.

이제까지 우리는 여로형 서사를 리얼리즘과 구분되는 유형으로 논의해 왔지만, 황석영의 「삼포 가는 길」처럼 리얼리즘 형식의 여로형 소설도 있다. 리얼리즘 여로형 소설은 본격소설[95]과는 달리 삽화적 구성을 지니면서도 다른 여로형 소설과는 구별되게 사회환경 속에서의 생활의 모습을 담고 있다. 여기에 속하는 소설들은 「고향」(현진건), 「과도기」(한설야), 「삼포가는 길」처럼 대개 고향을 잃은 민중들을 주인공으로 그린다. 이 고향을 잃고 떠도는 민중들의 여행은 식민지나 자본주의의 사회환경에서 살아남기 위한 생존의 여로라고 할 수 있다. 즉, 그들의 유랑길은 공간적 정착이 아닌 점에서 어디로든 갈 수 있지만, 또한 절박한 생존의 요구에 구속된 점에서 식민지나 자본주의 환경에 연관된 생활의 일부인 것이다.

그러나 그들은 사회환경 속에 정착한 생활인들과는 달리 예속과 저항이라는 양가성[96]을 뚜렷이 드러내지 않는다. 고향을 잃고 떠도는 민중들은 환경에 정착한 사람들과는 달리, 삶의 과정 자체에서 탈영토화[97]된 고아 상태의 무의식[98]과 열린 감성을 갖고 있는 것이다. 물론 그들

---

95) 본격소설의 형식적 특징은 인물과 환경의 상호작용과 역동적 플롯을 지니는 점이다.
96) 이는 인물과 환경의 상호작용으로 나타난다.
97) 탈영토화란 들뢰즈의 용어로 지배적인 체계의 권력으로부터 이탈하려는 흐름을 말한다.
98) 들뢰즈·가타리, 최명관 역, 『앙띠 오이디푸스』, 민음사, 1994, 78면. 고아 상태의 무의

역시 고향을 잃은 상실감으로 고통스러운 삶을 살아가는 사람들이다. 그러나 그들의 열린 감성은 삶 자체에 근거한 것으로서 관념적 지식인들과는 달리 현실에 환멸하지는 않는다. 그들은 유랑길에서의 실향의 슬픔에서 벗어나 내면의 화합된 삶(또 다른 고향)에 대한 소망을 드러낸다.

이상에서처럼 여로형 소설은 매우 다양한 유형으로 나타난다. 인물과 환경의 상호작용을 통해 역동적 플롯을 드러내는 본격소설과는 달리, 여로형 소설은 인물−환경의 괴리와 삽화적 구성을 보여준다. 또한 인물/환경의 부조화로부터 (주체의) 내면으로 돌아와 화해의 소망을 확인하는 헤겔의 낭만적 예술 유형을 드러낸다. 그런 공통점을 지니면서도 여로형 소설은 매우 다양한 유형의 여로들을 보여준다. 즉, 지식인 주인공의 환멸의 여로와 주인공의 성장 과정에서의 방황의 여로, 고향을 잃은 민중들의 유랑의 여로와 서정적 주인공의 서정적 화해의 여로, 그리고 모더니즘과 포스트모더니즘 소설에서 나타나는 또 다른 여로가 있다. 이제 이 여러 가지 여로형 소설들을 차례대로 살펴보자.

6. 내면고백체와 환멸의 여로

1) 생활인의 내면과 여로형 인물의 내면

여로형 소설에서 주인공은 환경과의 심각한 괴리를 경험하며 내면을 확인하기 위해 길을 떠난다. 그러나 그는 여로를 통해서도 내면과 외부 세계 사이의 부조화를 발견할 뿐이다. 여로형 소설은 그 같은 부조화로

식이란 지배체계의 상징계에 예속된 상태인 오이디푸스화에서 벗어난 상태를 말한다.

부터 다시 내면으로 돌아와 화해의 소망을 확인한다.

그러면 여로형 소설에서 인물이 길을 떠나도록 추동하는 내면이란 과연 무엇인가. 내면이란 루카치가 말한 '영혼'과도 같은 것으로서, 총체성 곧 화합된 공동체에 대한 자아의 소망을 내포한다. 그런 뜻에서 내면에는 총체성을 상실한 환경에 대립하는 인물의 이상이 담겨 있다.

여로형 소설의 인물의 내면은 그 같은 이상이 고양된 영혼으로 가득 차 있다. 여로형 소설에서 인물의 내면과 외부세계가 심각한 분열을 드러내는 것은 그런 내면의 이상(영혼)과 현실이 괴리되어 있기 때문이다. 내면과 외부세계, 이상과 현실의 괴리는 생활의 부재를 낳으며, 생활의 공간에 적응하지 못하는 인물은 여로에의 충동을 지니게 된다.

그러나 여로형 소설과는 달리 생활을 그리는 소설(본격소설)에서는 인물의 내면이 그처럼 현실과 심각하게 분열되어 있는 것만은 아니다. 즉, 그런 소설의 인물의 내면은 현실과 괴리된 이상적인 영혼으로만 충만되어 있지는 않다. 내면은 영혼이 거주하는 장소이지만, 다른 한편으로는 환경의 사회구조가 '내면화'되는 공간이며, 일상의 생활양식에 대응하는 인물의 아비투스가 포함되어 있는 곳이다. 이 생활인의 내면의 또 다른 측면은 환경에 몸담고 살아가야 하는 근대인의 운명으로서 사회구조에 예속된 의식과 무의식을 의미한다.

따라서 생활인의 내면은 예속(아비투스)과 저항(영혼)의 양가성이 작동되는 공간이며, 인물은 환경과의 반응 속에서 그런 이중성에 의해 아이러니를 경험한다. 즉, 인물은 아비투스를 지닌 생활인으로서 환경에 예속되지만, 다른 한편 영혼을 지닌 그의 내면은 완전히 환경에 적응할 수는 없게 된다. 내면과 외부 환경의 그 같은 어긋남은 물론 환경 자체의 모순을 의미한다. 즉, 환경은 인물의 생활을 가능하게 하는 동시에 또한 내면(영혼)의 이상을 억압하는 것이다.[99]

---

99) 그런 인물과 환경의 관계는 환경이 사회구조를 표상하는 인관관계임을 알 때 쉽게 이해된다. 예컨대 한설야의 『황혼』에서 소설의 환경은 자본주의 사회(사회구조)를 나

그 같은 환경과의 관계에서 양가적인 내면을 지닌 인물이 아이러니를 경험하는 장소가 바로 생활의 공간이다. 생활의 공간은 아이러니를 통해 영혼을 지닌 인물과 세속적인 환경의 대립을 중재하는 장소[100]로서, 인물과 환경의 상호작용이 이루어지는 위치이다. 생활인으로서의 인물은 인습적인(즉 아비투스를 지닌) 생활 속에서 틈새의 공간을 발견하는 양가성을 통해 인물과 환경의 대립을 해체한다. 즉, 이상을 지향하는 (영혼을 지닌) 인물과 세속적인 현실인 환경의 대립은, 인습적인 생활 속에서 나타나는 틈새의 공간과 그곳에서 연출되는 아이러니에 의해 해체된다. 환경의 지배 속에서 살아가던 인물은 영혼의 지향과 어긋난 환경에서 틈새의 공간을 발견하게 되며, 그곳에서 환경에 패배하면서까지 (화합된 세계를 소망하는) 영혼의 승리를 확신하는 아이러니를 경험한다.

현실적 삶의 희생 속에서 얻은 영혼의 승리는 화합된 세계로 나아가기 위해서는 환경이 변화되어야함을 암시한다. 그 점에서 생활 속에서의 아이러니의 경험은 인물 / 환경의 대립을 해체하는 운동의 출발점이 되

타내는 자본―노동의 인간관계로 설명될 수 있다. 이 소설에서 노동자를 억압하는 자본가 안중서는 환경을 대표하는 인물이며, 그에 맞서는 노동자 준식과 여순은 환경에 맞서 있는 인물이다. 환경에 맞서 있는 인물은 모순된 환경을 변화시키려는 이상(영혼)을 지니고 있다. 따라서 노동자 준식―여순과 자본가 안중서의 상호작용은 노동과 자본 / 노동의 교호작용, 즉 인물과 환경의 상호작용인 셈이다. 여기서 노동자 주인공 준식과 여순은 자본에 예속된 노동이라는 생활인인 동시에 그런 예속을 강요하는 환경을 변화시키려는 내면(영혼)을 지닌 인물이다. 이처럼 자본(안중서)이 노동(준식과 여순)을 예속하고 환경(자본 / 노동)을 재생산하려 억압하는 과정 자체에서 아이러니적으로 저항의 틈새가 드러난다. 물론 이 경우(사회주의 리얼리즘)에는 그런 저항의 틈새를 통해 실천으로 이행되는 저항적 행동이 매우 중요하다.

그 점에서 인물―환경의 관계에서의 아이러니는 중도적 인물을 그리는 소설(비판적 리얼리즘) 유형에서 보다 분명하게 나타난다. 이런 유형의 소설에서 인물은 사회구조에 예속된 생활인이면서도 자신의 영혼에 부합될 수 없는 환경에서 틈새의 공간을 경험한다. 인물이 그처럼 틈새의 공간을 경험하는 순간은 대부분 그가 환경의 중심부에서 밀려나는 순간이다. 리얼리즘의 인물은 그렇게 환경으로부터 밀려나면서까지 틈새의 공간에서 타락한 현실에 저항하는 자신의 내면(영혼)을 발견한다. 이처럼 틈새의 공간이란 인물이 환경에 패배하면서까지 영혼의 승리를 입증하는 아이러니가 연출되는 장소이다.

100) 위르겐 슈람케, 원당희·박병화 역, 『현대 소설이론』, 문예출판사, 1995, 156~157면.

는 것이다. 생활의 공간을 매개로 진행되는 그 같은 일련의 과정이 바로 인물과 환경의 상호작용이다.

그러나 생활인의 위치를 지니지 않는 여로형 소설의 인물은, 내면의 이상과 세속적인 현실, 그 인물과 환경의 대립을 해체하는 과정을 경험하지 못한다. 생활인의 위치를 갖지 않는다는 것은 환경에 예속된 아비투스를 지니지 않음을 뜻한다. 그처럼 예속적인 아비투스를 지니지 않은 인물은 내면 속에서 예속과 저항의 양가성 대신 고양되는 영혼을 경험한다. 고양된 영혼이란 화합된 세계에 대한 이상(소망)이 흘러넘치는 내면을 말한다. 그 같이 고양된 이상을 지닌 여로형 소설의 인물은, 인물 -환경의 대립을 해체하는 생활 속에서의 아이러니적 경험 대신 해소될 수 없는 인물과 환경의 심각한 괴리를 절감한다. 여로형 소설의 인물이 환경과의 반응에서 내면(영혼)을 입증하지 못하고 길을 떠나게 되는 것은 그 때문이다.

그러면 그처럼 환경과 반응할 수 없을 만큼 (이상이) 고양된 내면은 어떤 경우에 나타나는 것일까. 그것은 아직 성인의 세계를 받아들이지 않은 청년기의 인물이나, 세속적인 근대의 생활양식이 미처 형성되지 않은 근대 초기의 지식인들에게서 발견된다. 혹은 인물이 지닌 이상이 현실에서 실현되기 어려운 관념적인 성격을 지닐 경우에도 그런 내면과 외부환경의 괴리가 나타난다.

예컨대 계몽의 이념을 지니고 있었던 근대 초기 지식인들은 자신의 내면의 이상과 외부현실의 모순 사이의 메울 수 없는 괴리를 절감하고 있었다. 이 지식인들의 특징은 근대의 세계를 세속적인 현실로서 경험하기 이전에 계몽이념의 지식으로서 받아들인 점이었다. 그들의 이상은 자유로운 개인과 민족의 삶이었으며 그것의 출발점을 각성된 '강한 자아'에 두었다. 현상윤·양건식·염상섭 등 근대 초기 지식인들의 내면의 이상은 그처럼 '강한 자아'로 표상되는 '계몽'이성의 실현이었다.

그러나 그들은 에세이(혹은 논설)101)를 통해서는 강한 자아(그리고 민족)

에 대한 소망을 드러낼 수 있었지만 소설(그리고 실제현실)에서는 약한 자아의 위치에 있는 자신을 발견할 수밖에 없었다. 그 같은 에세이와 소설, 논설과 서사, 그리고 내면(강한 자아)과 외부현실(약한 자아)의 괴리로 인해 근대 초기 지식인들은 '환멸'을 경험한다. 순수한 이상을 버릴 수 없었던 이 초창기의 지식인들은 현실과 타협하는 대신 '갑갑증'이라는 내면의 질병을 경험한다. 지식인들의 그런 정신적 위급함은 특히 소설을 통해 분명히 나타난다. 「핍박」, 「슬픈 모순」, 「표본실의 청개구리」, 「만세전」에서 공통적으로 발견되는 갑갑증이나 신경증은 강한 자아와 약한 자아, 그리고 내면과 외부환경 사이의 괴리에서 기인된 것이다. 소설의 주인공들은 그런 정신적 고통에서 벗어나기 위해 외출이나 여행에 나서게 된다. 그것은 시선의 주체를 통해 내면을 확인하기 위한 여로이지만, 외출이나 여행은 심리적으로 느끼던 고통(갑갑증)을 눈으로 확인(환멸)하게 해줄 뿐이다.

그 같은 내면과 외부세계 사이의 괴리는 현실과 타협할 수 없는 지식인들의 고양된 이상에서 기인된 것이다. 그 점에서 세속적 현실을 받아들이지 않는 지식인들의 내면에는 외부 환경에 반응하기에는 너무 크고 순수한 영혼이 위치해 있다. 그러나 그런 순수한 영혼의 근거인 계몽이성(강한 자아에 대한 소망)은 진정으로 자유와 평등이 실현된 삶(총체성)을 실현하기에는 (다른 측면에서) 너무 협소한 이념이라고 볼 수 있다. 또한 계몽이성은 욕망이나 감성과 분리된 관념적 이상이라는 한계도 지니고 있다.

이처럼 지식인 주인공들은 외부세계에 비해 어떤 면에서는 너무 크고 다른 면에서는 너무 작은 내면(영혼)을 갖고 있었다. 이 같은 내면의 양면성은 일정한 한계를 지니면서도 그런 자기 자신을 비판할 수 있는 계몽이성의 양면성에 상응한다. 그것은 또한 속박적이면서도 그 속박을 넘어

---

101) 에세이는 계몽주의의 주요 양식임. 그러나 현상윤·양건식·염상섭은 에세이와 소설에서 각기 다른 주체를 경험한다.

서는 잠재력을 지닌 '내면고백체'의 이중성과도 연관된 것이었다.

2) 내면의 이중성과 내면고백체의 이중성

근대초기 지식인[102]들의 내면의 이중성은 그들의 소설의 담론인 내면고백체의 이중성에 상응한다. 초기 지식인들의 내면은 큰 '나'[103] 혹은 강한 '나'[104]로 표상되는 성숙한 계몽적 자아[105]를 소망하고 있었다. 지식인들은 그 같은 계몽적 자아(혹은 계몽이성)가 과학적·윤리적 진리에 이르게 하며, 그런 진리를 통해 사적·공적으로 자유로운 삶을 이룰 수 있다고 생각했다. 그러나 계몽적 자아나 진리는 사적 내면의 공간, 즉 지식인 개인의 내면에서만 자유를 경험하게 할 뿐이었다. 그와 달리 실제의 현실에서는 계몽이성이란 남성중심적이고 로고스 중심적인 진리를 제공할 따름이었고, 식민지 상태의 민족적 고통을 구원할 수도 없었다. 내면에서는 강한 '나'를 소망하면서도 소설 속(그리고 실제 현실)에서는 약한 '나'를 발견하는 '슬픈 모순'은 그에서 기인된 것이었다. 이것이 계몽이성이라는 초기 지식인들의 내면의 한계였다.

그러나 계몽이성은 현실과 자기 자신을 비판할 수 있는 반성력을 지

---

102) 여기서는 이광수와 구분되는 현상윤·양건식·염상섭 등을 말한다.
103) '큰 나'에 대해서는 신채호, 「큰 나와 작은 나」(『신채호전집』 별집, 형설출판사, 1998), 101면과 추송생, 「폼人의 理想」(『학지광』 6호, 1915.7), 60면 참조. 신채호의 경우 '큰 나'란 국가의식을 말하며, 추송생(신지식층)의 경우에는 내면의 생명력을 깨닫는 독립적인 자아를 말한다.
104) 감정에 흔들리는 약한 '나'에 대비되는 개념으로 1910년대~20년대 초반 지식인들의 이상은 그런 강한 '나'를 실현하는 것이었다. 현상윤·양건식·염상섭은 물론이고, 김동인 역시 (「약한 자의 슬픔」에서 보듯이) 참예술과 참사랑을 통해 강한 '나'를 실현하려 했다.
105) 계몽적 자아란 미성숙한 자아에서 빠져 나와 다른 사람의 인도 없이 스스로의 이성(지성)에 의해 사고하고 행동하는 자아를 말한다. 칸트, 이한구 편역, 「계몽이란 무엇인가에 대한 답변」, 『칸트의 역사철학』, 서광사, 1992, 13면 참조.

니고 있으며, 이를 통해 지식인들은 계몽적 진리와는 구분되는 또 다른 진리를 소망할 수 있었다. 그 같은 또 다른 진리의 소망은, 이상과 현실, 강한 '나'와 약한 '나'의 '분열'을 경험하는 소설의 주인공을 통해 표상될 수 있었다. 즉, 에세이(논설)를 통해서는 강한 '나'와 계몽적 진리를 주장하면서도, 소설 속에서는 분열된 자아(강한 '나'를 소망하는 약한 '나')와 현실 속의 약한 '나(즉 타자)'의 위치에서 진정으로 화합된 세계를 소망했던 것이다. 이처럼 비판적 계몽을 통해 현실과 자기 자신의 한계를 넘어서려 소망했던 것이 초기 지식인들의 내면의 또 다른 특징이었다.

그 같은 초기 지식인들의 내면의 이중성은 그들의 내면고백체를 통해서 분명히 드러난다. 내면고백체란 어떤 개인이 자기 자신의 행위와 생각에 대해 자기확인하려는 근대적 고백체를 말한다. 고백의 형식은 서구 사회에서 중세 이래로 진실을 드러내는 중요한 의식의 하나로 여겨져 왔다. 그러나 어떤 사람의 신분·자기동일성·가치를 확인하는 타인의 중세적 고백에서, 자기 자신에 대한 자기확인으로서의 근대적 내면고백으로의 이행이 생겨난 것이다.[106]

이처럼 내면고백체는 담론의 대상(자기 자신)과 담론의 주체(자기확인)가 동일인이라는 특징을 지니고 있다. 즉, 내면고백이란 경험자아(대상)에 대한 서술자아(주체)의 자기확인의 형식인 것이다. 여기서 고백의 충동은 경험자아('나')가 근대적(계몽적) 진리나 규율에서 벗어난 병이나 정신질환(신경증이나 분열증), 불륜 등으로 고통스러워하는 데서 생겨난다. 따라서 그런 고백을 들어주는 담론의 상대자는 고백자의 고통을 구원할 수 있는 진리의 아버지(의사·정신분석가·신부 등)이거나 진리(계몽이성) 그 자체이다. 고백자는 진리의 아버지 앞에 무릎을 꿇고 진리의 위반과 좌절을 가져온 자신이 정신적 편력을 얘기해야 한다. 고백의 과정은 위반과 좌절의 요인인 고백자의 정신적 기제의 결함을 드러냄으로써 진리를 입증

---

106) 푸코, 이규현 역, 『성의 역사』, 나남, 1990, 75면.

하는 형식으로 되어 있다. 고백자는 그 같은 진리를 받아들임으로써 분열을 봉합하고 자아를 확립한다.[107]

이처럼 고백체는 고백자의 결함을 드러내어 진리를 입증하는 형식이지만 진리 자체의 결함을 드러내지는 못한다. 고백자가 분열을 봉합하고 자아를 확립한다는 것은 실상 계몽적 진리의 아버지에 예속됨을 뜻한다. 설령 고백자의 분열이 로고스 중심적이고 남성중심적인(계몽적) 진리 자체의 모순에서 기인된 것이라도, 고백자는 진리를 입증하기 위해 자기 자신을 반성해야 하는 것이다.

이처럼 고백이라는 담론적 제도는 근대적 (계몽적) 진리를 생산한 로고스 중심적 권력과 연계되어 있다. 그러나 문학적 내면고백체는 그런 권력의 기제와는 달리 분열이 봉합될 수 없는 순간을 드러내어 암묵적으로 (계몽적) 진리의 모순을 폭로한다. 진리를 입증하는 동시에 그것의 모순을 암시하는 내면고백체의 이중성은, 고백의 주체가 잠재적인 이중적 내면을 지닌 계몽적 진리의 지식인인 점과 연관된다.

고백은 대개 분열된 약한 '나'가 고백을 통해 강한 '나'로 자아를 확립하는 과정으로 되어 있다. 그러나 다른 한편 내면고백체의 진행은, 에세이(논설)에서는 강한 '나'를 확신하던 지식인이 실제 현실(그리고 소설의 공간)에서는 약한 '나'로 분열될 수밖에 없는 모순을 폭로한다. 즉, 내면고백체의 주인공은 이미 진리의 신봉자이면서도 또한 그에서 분열되는 정신적 위기(정신적 질병)를 지닌 자인 것이다. 물론 지식인은 약한 '나'의 분열을 더욱 더 강한 '나'를 통해 봉합하기도 하지만(「제야」, 「만세전」), 우리는 그런 피상적인 봉합보다는 분열의 필연성(현실적 요인)을 주목하게 된다.

내면백체 주인공들의 정신적 질병은 알 수 없는 병(「핍박」), 갑갑증(「슬픈 모순」), 신경증(「표본실의 청개구리」), 겁겁증(「만세전」) 등으로 나타난다. 그

---

107) 나병철, 「미적 근대성의 두 가지 길」, 『탈식민주의와 근대문학』, 2004, 283~285면.

러나 약한 '나'로서의 그들의 정신적 질병은 진리에 대한 무지에서 기인된 것이 결코 아니다. 오히려 그들은 누구보다도 진리를 소유한 강한 '나'를 소망함으로써 그 같은 '갑갑증'에 시달리게 된다. 강한 '나'를 소망하면서도 약한 '나'의 위치에 있을 수밖에 없는 '나'는 '갑갑증(알 수 없는 병)' 속에서 '핍박'을 느낀다. 그런 핍박은 강해지지 못하는 '나'에 대한 비판이기도 하지만(「핍박」), 그러나 실제로는 계몽이성의 진리로는 해결할 수 없는 현실의 '슬픈 모순'에서 기인된 것이다(「슬픈 모순」). 따라서 내면고백체는, 계몽적 지식인의 현실에 대한 무력감과 그런 무력한 '나'와 모순된 현실에 대한 비판이라는 이중성을 드러낸다. 이런 내면고백체의 이중성은 계몽적 지식인의 내면의 이중성(계몽의 한계와 비판의식)에 상응한다.

3) 여로형 서사와 고백체의 서술의 충동

내면고백체에서 여로형 서사와 고백체 서술의 충동은 주인공이 앓고 있는 '갑갑증'에서 시작된다. '나'는 '갑갑증'에서 벗어나서 시선을 통해 자아를 확인하기 위해 외출이나 여행에 나선다. 또한 내면고백체 소설이 쓰여지고 있는 사실 자체가 그런 '갑갑증'에서 탈피하기 위한 것이다. 그러나 '나'는 외출(여행)을 통해서도 고백을 통해서도 답답한 마음에서 벗어나지 못한다. 그것은 '나'의 정신적 질병의 요인이, 외출을 하는 시선의 주체나 고백을 하는 담론의 주체로는 치유될 수 없는 현실 모순에서 기인된 것이기 때문이다.

그 다음에 일어나는 것은 사회에 대한 약한 나의 불평의 소리, 그리고 현재의 생활의 무의미한 것, 이러한 것이 실마리를 잃은 실과 같이 서로 엉클어져서 가슴을 치받치고 뭉게뭉게 일어난다.

이러니 마음이 다만 갑갑증이 나서 들어앉아 있을 수 없다. 그래 새삼스럽게 바깥 출입할 생각이 나서 옷도 입은 대로 두루마기를 입고 모자를 집어 쓰고 마당으로 내려서니 어머니는 방문을 열고 내려다보시며 (…하략…)108)

맥이 확 풀리고 이마에는 식은 땀이 비어져 나왔다. 시체 같은 몸은 고민하고 난 병인처럼 사지를 축 늘어뜨려 놓고 누워 생각하였다.
'하여간 이 방을 면하여야 하겠다.'
지긋지긋한 듯이 방 안을 휘익 돌아다본 뒤에 이렇게 생각하였다.109)

그러나 이렇게 겁겁증이 나서 몸부림을 하는 일종의 발작적 상태는 자기의 내면에 깊게 파고들어 앉은 '결박된 자기'를 해방하려는 욕구가 맹렬하면 맹렬할수록 그 발작의 정도가 한층 더하였다. 말하자면 유형무형한 모든 기반, 모든 모순, 모든 계루에서 자기를 구원하여 내지 않으면 질식하겠다는 자각이 분명하면서도, 그것을 실행할 수 없는 자기의 약점에 대한 분만(憤懣)과 연민과 변명이었다.110)

위에서처럼 '나'의 갑갑증은 시선이 자신의 내면으로 향하는 공간에서 가장 악화된다. 그곳은 집이나 방 같은 사적 공간일 수도 있고 은연중에 내면의식에 빠져드는 친근한 공간('거리')일 수도 있다. 그처럼 시선이 내면으로 향하는 공간에서 '나'는 자아와 세계의 연관된 관계(계루)를 보게 된다. 앞서 살폈듯이, 자아란 내면을 향하는 시선을 통해 세계를 보는 공간이며, 여행(외출)이란 외부세계를 향하는 시선을 통해 자아(내면) 확인하는 시간이다.

그처럼 내면이나 세계를 보는 시선은 실상은 자아와 세계의 관계를 보고 있는 것이다. 위에서 내면의 갑갑증을 감지하는 시선 역시 단지 약한 '나'를 발견하는 것이 아니라 세계와 모순된 관계를 갖고 있는 무력한

---

108) 양건식, 「슬픈 모순」, 『창작과비평』, 창작과비평사, 1990년 봄, 225면.
109) 염상섭, 「표본실의 청개구리」, 『한국소설문학대계』 5, 동아출판사, 675면.
110) 염상섭, 「만세전」, 『만세전』, 창작과비평사, 1987, 25면.

'나'를 보고 있는 것이다. 즉, '내'가 강한 자아를 소망하면서도 정신적 질병에 시달리는 약한 '나'를 발견할 수밖에 없는 것은, 자아가 세계와 모순되게 연관된 상태에 놓여 있기 때문이다. 그처럼 내면을 향하는 시선은 자아(인물 자신)가 모순된 환경에 '계루'되어 있음을 깨닫는 것이다.

그 같은 잘못된 관계에서 자아를 구원하는 방법은 계루를 떨쳐낸 고독이 아니라 환경과 상호작용하는 실천을 통해서일 것이다. 그러나 강한 자아(계몽이성)의 소망만으로는 그것을 실행할 수 없는 '나'는 환경과의 괴리 속에서 (약한 자아의) 갑갑증에 사로잡힌다.

이처럼 내면을 향하는 시선이 답답함에 부딪히는 순간 그 시선 속에 포함된 자아해방의 욕구는 외부세계를 향한 시선을 욕망하게 된다. 그리고 그같이 외부세계를 향한 시선을 통해 자아를 확인하려는 욕구는 외출이나 여행의 직접적인 동기가 된다. '나'는 답답한 사적 공간에서 벗어나 외출(여행)의 여로에서 세계를 보는 시선을 통해 자아를 확인하려 하는 것이다.

그러나 내면을 보는 시선이 환경에 결박된 '나'를 발견하듯이, 세계를 보는 시선은 '나'를 속박하는 환경을 보게 할 뿐이다. 즉, 내면의 공간에서 심리적 고통을 느끼게 했던 모순된 환경이 현실의 공간에서는 실제로 눈 앞에 드러나게 되는 것이다. 예컨대 「슬픈 모순」의 '나'는 핍박받는 하층민을 목격하며, 「표본실의 청개구리」의 주인공은 식민지의 모순에 대한 광인의 절규를 듣게 된다. 그리고 「만세전」의 이인화는 공동묘지처럼 피폐해진 식민지 현실을 발견한다. 세계를 보는 시선을 통해 자아를 확인하려던 주인공은, 그처럼 환경의 모순을 목격하면서 자아의 속박감 속에서 환멸을 경험한다.

이처럼 주인공의 환멸은 계몽적 이상과 현실 모순 사이의 분열에서 기인된 것으로, 그것을 세계에 대한 시선의 욕망의 좌절을 통해 경험하는 것이다. 즉, 환멸은 강한 나의 소망과 약한 나의 발견, 화합된 세계의 소망과 모순된 환경의 인식, 그 둘 사이의 심각한 괴리를 눈으로 직접 확인하는 시선의 좌절에서 생겨난 것이다.111) 내면과 외부세계 사이의 괴리를 내면을 통해 고뇌하는 것이 갑갑증이라면, 그런 분열을 세계를 보는 시선을 통해 약한 나 속에서 발견하는 것이 환멸인 것이다. 그 점에서 여로에서의 환멸은 내면에서의 갑갑증이 외부 현실 속에서 폭발된 감정으로 볼 수 있다.

스스로 생활의 광야에 서서 본즉 내가 지금까지 꾸던 꿈은 시시각각으로 깨여져 감을 볼 수 있다. 그저 다만 리상만 그리던 숫버이 마음은 랭랭한 현실의 장벽에 다닥쳐 부서져 비참한 잔해만 남았다. 속일 줄 모르며 야유할 줄 모르고 조금도 나를 굴하여 본 일 없던 마음은 한 이전 꿈에 지나지 못하였다. 지금 여기 가는 나의 모양을 보건대 무정하게 어느덧 허위의 옷을 두르고 방편(方便, 편리할 대로 하는 것)의 락인이 박혀 있음을 모르겠다. 이러한 생활은 슬프고도 더러운 것이다. 나는 나의 유일무이한 진실성이 이와 같이 꺾이어 가고 모순이 됨을 충심으로 슬퍼하는 터이다. 이러한 생각이 들기 시작하여 다시 아까 그 불안과 고통이 일어나서 한참 몽환경을 방황하였다.112)

'이게 산다는 꼴인가? 모두 뒈져버려라!'
찻간 안으로 들어오며 나는 혼자 속으로 외쳤다.
'무덤이다! 구더기가 끓는 무덤이다!'
나는 모자를 벗어서 앉았던 자리 위에 던지고 난로 앞으로 가서 몸을 녹이며 섰었다. 난로는 꽤 달았다. 뱀의 혀 같은 빨간 불길이 난로 문틈으로 날름날름 내다보인다. 찻간 안의 공기는 담배연기와 석탄재의 먼지로 흐릿하면서도 쌀쌀하다. 우중충한 남포불은 웅크리고 자는 사람들의 머리 위를 지키는 것 같으나 묵직하고도 고요한 압력(壓力)으로 지그시 내리누르는 것 같다. 나는 한번 휘 돌려다보며,
'공동묘지다! 공동묘지 속으로 살면서 죽어서 공동묘지에 갈까봐 애가 말라 하는 갸륵한 백성들이다!'

---

111) 그런 시선의 욕망의 좌절은 응시로 전이되어 나타나기도 한다. 응시란 시선이 이질적인 타자에 부딪혀 되돌아오는 것을 말한다.
112) 양건식, 「슬픈 모순」, 『창작과비평』, 창작과비평사, 1990년 봄, 228~229면.

하고 혼자 코웃음을 쳤다[113]

위에서 생활이 슬프고 더럽다는 말이나 삶이 공동묘지 같다는 (내면의) 절규는 여로에 위치한 시선의 주체의 환멸을 나타낸다. 그 같은 환멸로 인해 시선의 주체가 환경으로부터 등을 돌려 내면으로 향하는 순간 다시 갑갑증이 시작된다. 위에서 '불안과 고통'이나 '묵직한 압력'은 그런 갑갑증의 표현에 다름이 아니다.

여로에서 내면으로 돌아온 자아는 다시 정신적 질병[114]으로 회귀하기도 하지만 「만세전」에서처럼 더욱 굳건한 주체를 소망하는 것으로 귀결되기도 한다. 「만세전」 결말에서의 강한 자아에 대한 소망은 '신생'이라는 화합된 세계에 대한 소망이기도 할 것이다. 그러나 그런 자아의 소망은 여전히 환경과의 반응이 단절된 사적 내면 속에서의 전망이라는 한계를 지니고 있다. 「만세전」에서의 화해의 소망은 '신생'의 관념적 전망 자체이기보다는 부조화된 현실을 부정하는(부정적 인식) 내면의 소망이라는 의미를 지니는 것으로 볼 수 있다. 이 점에서 「만세전」을 비롯한 내면고백체 여로형 소설은 헤겔의 낭만적 예술 유형과 비슷한 구조를 지니고 있다.

따라서 이 유형의 여로형 소설에서는, 경험자아로서의 '나'가 내면과 외부세계 사이의 균열을 지닌 채 결말에 이르며, 그 이상과 현실의 분열로 인한 울분이 서술자아의 고백의 동기가 된다. 소설 자체의 몸체를 이루는 서술자아의 고백 속에서, 여로에서 돌아온 '나'는 여전히 환멸과 갑갑증에 시달리거나(「핍박」, 「슬픈 모순」, 「표본실의 청개구리」), 혹은 더 강한 자아를 소망하게(「만세전」) 된다. 물론 후자의 경우 더 굳건한 자아를 소망하는 '나'는 이미 경험자아에서 서술자아로 전이된 상태일 것이다. 그

---

113) 염상섭, 「만세전」, 『만세전』, 창작과비평사, 1987, 132면.
114) 「핍박」은 여로에서 돌아와 다시 알 수 없는 병을 확인하는 것으로 끝나며, 「슬픈 모순」은 귀가 후 정신의 피로 속에서 친구의 자살 소식을 접하는 것으로 끝난다.

러면 내면의 갑갑증이 여로형 서사를 유발하고, 여로에서의 환멸과 원래의 갑갑증이 고백체 서술을 유발하는 관계를 간단히 정리해 보자.

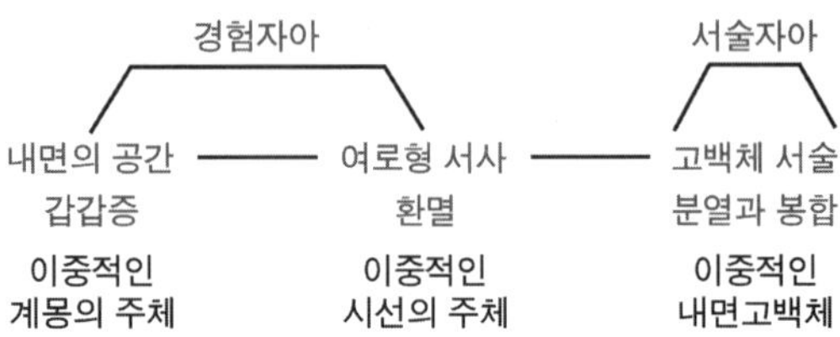

위에서 고백체 서술은 서술자아의 언어이지만 그 담론에는 경험자아(내면의 공간-여로형 서사)에 대한 회상이 포함되어 있다. 반복해서 말했듯이 경험자아의 내면의 갑갑증은 여로형 서사와 고백체 서술(소설 자체)의 추동력이라고 할 수 있다. 또한 내면의 갑갑증을 앓고 있는 계몽의 주체의 이중성이란, 현실적으로 무력하고 약한 '나'의 한계와 그런 계몽이성의 한계에 대한 비판의 양면성을 말한다. 후자의 계몽적 내면의 한계에 대한 비판은, 모순된 환경과의 계루를 극복할 수 없는 약한 '나'에 대한 비판으로 나타나기도 하고(「핍박」, 「슬픈 모순」, 「만세전」), 계몽이성의 타자인 열정적 감정에 대한 동경으로 나타나기도 한다(표본실의 청개구리).

이어서 답답함에서 벗어나기 위해 외출이나 여행이 시작되는데, 이여로에서의 시선의 주체 역시 이중적이다. 환경의 모순을 발견하는 시선의 주체는 무력한 목격자의 위치에 있기도 하지만 또한 그런 자기 자신과 현실에 대한 비판력을 지니고 있기도 하다. 특히 후자의 측면에서, 무력한 자기 자신에 대한 비판은 계몽의 타자인 광인을 동경하는 것으로 나타나기도 하며(「표본실의 청개구리」), 현실에 대한 비판력이 고양되어 식민지 현실의 모순이 묘파되기도 한다(「만세전」).115) 이 점에서 내면고백

---

115) 근대적인 시선의 주체는 다분히 자기중심적이고 남성중심적이지만 다른 한편 자기 자신과 현실에·대한 비판력을 포함하고 있으며 시선의 욕망이 현실 모순에 의해 좌절되는 순간 계몽의 타자를 동경하기도 한다. 또한 자기중심적 시선은 그 시선으로 포착

체 여로형 소설은 계몽의 타자를 동경하는 유형과 현실 묘파가 강화되어 리얼리즘에 접근한 유형 사이의 스펙트럼을 보여준다.

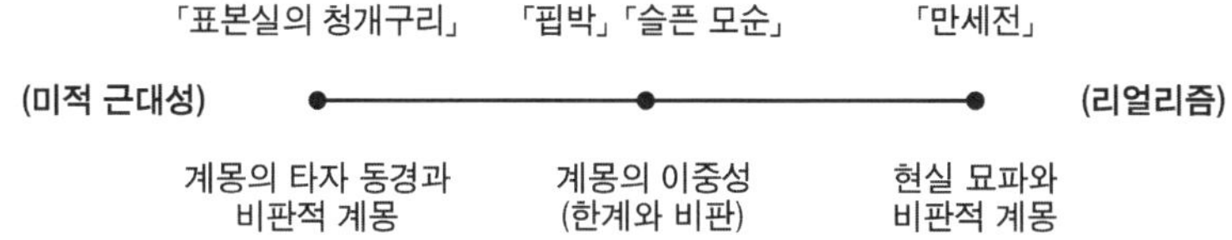

「표본실의 청개구리」에서는 열정적인 감정(계몽의 타자)을 동경하는 낭만적인 여행의 충동에 의해 여로가 시작된다. 또한 여로에서도 계몽의 타자 광인(김창억)을 만나 그의 분열증적인 탈주[116]에 관심을 버리지 못한다. 이는 사회적·계몽적 근대성의 모순을 넘어서려는 미적 근대성의 지향에 접근하는 것으로 볼 수 있다. 미적 근대성이란 합리성에 근거한 계몽의 한계를 계몽의 타자를 통해 극복하려는 미학적 시도를 뜻한다. 미적 근대성의 추동력으로서 계몽의 타자란 낭만적 열정(낭만주의), 분열의 충동(모더니즘), 탈주의 욕망(포스트모더니즘) 등을 말한다. 「표본실의 청개구리」는 비판적 계몽을 견지하면서도 또한 계몽의 타자를 동경해 미적 근대성에 접근하는 이중성을 드러낸다.

이처럼 내면고백체에서 갑갑증으로부터 벗어나려는 충동은 「표본실의 청개구리」처럼 계몽의 타자를 동경해 미적 근대성에 접근하는 방향으로 나아간다. 그러나 다른 한편 「만세전」처럼 (갑갑증에 시달리는) 약한 자아와 모순된 현실을 반성하는 비판적 계몽이 더욱 고양되는 방향으로 나아가기도 한다. 「표본실의 청개구리」의 여행이 계몽의 타자에

할 수 없는 타자화된 대상에 대한 응시로 전이되기도 한다. 에컨대 「만세전」에서 이인화는 식민지 현실에 동화되지 못하고 공포에 떠는 타자화된 청년의 모습을 응시로서 발견한다. 나병철, 「근대소설 형성과정에서의 주체와 타자의 문제」, 『탈식민주의와 근대문학』, 2004, 267~269면 참조

116) 분열증적인 탈주란 지배체계의 상징계에서 탈주함으로써 그에 예속된 동일성의 주체에서 이탈해 분열 상태에 있는 것을 말한다.

대한 동경을 절감하는 여행이라면 「만세전」의 여행은 비판적 계몽이 고양되는 여행이다. 물론 「만세전」의 '나'도 여로에서 분열과 탈주의 욕망을 경험하지만 그보다는 현실과 자아에 대한 비판적 계몽이 더욱 증폭된다. 내면고백체는 「만세전」에 이르러 「표본실의 청개구리」의 미적 근대성과는 반대되는 방향에서 리얼리즘에 접근하는 것으로 볼 수 있다.

　그러나 광인을 동경하는 여로나 현실을 비판하는 여로는 모두 환멸의 경험으로 귀결된다. 그것은 전자의 경우 여전히 계몽적 자아인 '내'가 탈주에 성공할 수 없음을 알기 때문이며, 후자의 경우 현실을 비판하면서도 적극적으로 대응할 수는 없는 무력한 위치(약한 '나')에 있기 때문이다. 다만 후자(「만세전」)에서는 환멸로 인한 자아분열을 내면고백을 통해 봉합하는 과정이 나타난다. 따라서 내면고백체는 분열과 부조화로 끝나는 유형과 분열을 봉합하는 결말을 지닌 유형으로 분류된다.

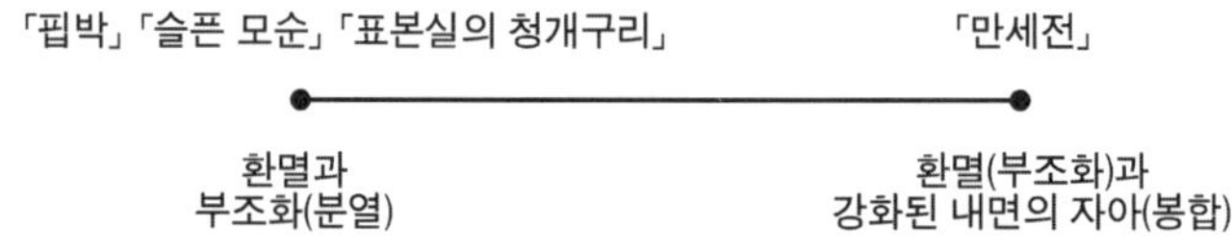

　위에서 분열의 봉합이란 「만세전」에서처럼 약한 '나'에서 벗어나 강한 '나'를 소망함으로써 가능해진다. 그러나 그런 봉합이 가능한 것은 현실의 공간이 아니라 개인적인 내면의 공간에서일 뿐이다. 그 점에서 「만세전」 유형 역시 분열과 부조화에서 벗어나 있는 것은 아니다. 또한 분열의 봉합이란 강한 계몽적 자아의 각성을 내세우지만 그 이면에는 화합된 세계에 대한 소망을 포함한 것으로 볼 수 있다. 따라서 내면고백체 여로형 소설은, 분열로 끝나는 소설이든 분열의 봉합으로 끝나는 유형이든, 소설의 형상적인 부조화로부터 내면으로 돌아와 화해(화합된 세계)의 소망을 드러내는 구조(헤겔의 낭만적 예술)를 보여준다. 물론 소설에는 주인공이 내면으로 돌아오는 과정이 나타나기도 하고 드러나지 않기도 한다. 그러나 어떤 경우이든 우리는 분열과 부조화의 경험으로부터 내면의 화해의 소망을 읽게 된다.

이 같은 헤겔의 낭만적 예술 유형은 1930년 중반 모더니즘 소설에서 다시 나타난다. 하지만 모더니즘 소설에서는 형상적 부조화가 내면의 화해의 욕망으로 자연스럽게 이어지는 반면, 내면고백체 여로형 소설은 다소 그렇지 못한 편이다. 그것은 후자의 경우 주인공의 내면에 계몽의 의지가 여전히 남아 있기 때문이다.

내면고백체에서 나타난 여로형 서사는, 생활인의 위치에서 비판적 계몽이 강화되는 리얼리즘에 자리를 넘겨준 후, 환경의 모순의 악화로 생활을 잃어버리는 1930년대 모더니즘에서 다시 출현한다. 이 다시 등장한 여로형 소설은 주인공의 내면에서 계몽에의 의지가 해체된 유형(이상의 「날개」, 박태원의 「거리」)과 여전히 잔존하는 유형(최명익의 「비 오는 길」, 유항림의 「마권」)으로 나눠진다. 그러나 어느 경우이든 내면고백체 소설과는 달리 형상적 부조화(그리고 부정적 인식[117])를 매개로 한 화해의 소망이 매우 자연스럽게 나타난다. 그것은 내면고백체의 경우 분열된 주체와 계몽에 예속된 주체의 이중성을 지니는 반면 모더니즘 소설은 계몽에의 의지가 잔존하는 경우에도 계몽을 넘어선 계몽(혹은 마르크주의 형태의 계몽)으로 나타나기 때문이다. 이에 대해서는 모더니즘 여로형 소설에서 다시 살펴보자.

4) 광장의 소망과 밀실의 여로

최인훈의 『광장』은 고백체 소설은 아니지만 '내면적 반성'과 '여로형 서사'가 연계되어 있는 점에서 '내면고백체 여로형 소설'의 변형으로 볼 수 있다. 내면고백체의 주인공들이 계몽이성의 진리에 예속되어 있는 반

---

117) 모더니즘에서는 화해의 소망을 허용하지 않는 현실에 대한 '부정적 인식'이 나타난다.

면 『광장』의 이명준은 그런 계몽을 넘어선 진정한 '광장'을 소망한다. 이명준이 이상으로 삼는 광장의 삶이란 밀실과 광장이 맞뚫린 화합된 공동체의 삶에 다름이 아니다. 그러나 이명준은 그런 광장을 내면을 통해서만 꿈꿀 수 있을 뿐이며 환경과 반응하는 삶의 과정을 통해 지향하지 못한다. 그것은 그가 근본적으로 생활의 공간을 지니지 못한 내면적 지식인의 위치에 있기 때문이다. 이명준은 결국 자기 자신이 비판하는 밀실(내면)을 통해서만 광장을 소망하게 되며, 그 점에서 내면에서만 인식의 자유를 누리는 계몽적 지식인과 비슷한 모습을 보여준다.

『광장』과 내면고백체 소설의 공통점은 주인공의 생활인의 위치가 부재하다는 점이다. 앞서 살폈듯이 내면고백체의 '나'는 생활의 공간을 갖지 못한 상태에서 이상(인물)과 현실(환경)의 심각한 괴리를 경험한다. 마찬가지로 광장의 이명준은 생활이 부재한 상태에서 인물과 환경의 부조화를 드러낸다. 이명준이 밀실(내면)을 통해서만 광장(이상)을 꿈꾼다는 것은 그가 환경과 반응하는 생활의 공간에서 이상을 지향하지 못함을 의미한다.

> 서울 살 때는 그리도 느리던 시간의 걸음이, 아니 그 때는 시간이 없었다. 있지 않았다. 적어도 나한테는, 생활하지 않는 사람에게는 시간이 없다. 적어도 그는 지금 밥과 옷을 제 손으로 번다. 그런데 밥과 옷을 제 손으로 번다는 게 생활이란 말의 뜻일까? 갖은 화려한 공상과 괴로운 생활의 골짜기를 거쳐 이른다는 데가 밥과 옷인가.118)

이명준 스스로가 인식하고 있듯이 남한에서든 북한에서든 그에게는 '생활'이라는 것이 존재하지 않았다. 이처럼 『광장』에서 생활인의 위치가 부재한 것은 4·19 직후에 이 소설이 쓰여진 점과 관련이 있다. 즉, 1960년대 초반은 혁명의 열기로 이상(광장119)에의 소망)이 고양된 반면 실

---

118) 최인훈, 『광장』, 문학과지성사, 1996, 135면.
119) 광장은 화합된 공동체를 의미하며 혁명이란 그런 광장을 지향하는 운동에 다름이

제로 환경을 변혁할 실천력은 미약한 시기였다. 또한 이 시기는 최인훈이나 이명준이 아직 세속적 현실에 오염되지 않은 순수한 이상을 지닌 청년기를 경험하던 때였다. 그런 상황에서 이명준은 이상과 현실의 괴리로 인해 내면 속에서만 광장을 소망할 수 있었던 것이다.

그처럼 이상을 소망할 뿐 실행의 힘이 미약한 점에서 이명준의 내면은 일정한 한계를 지기고 있다. 그러나 그의 내면은 그런 한계를 넘어서서 자신과 현실을 비판하는 비판적 계몽[120]을 갖고 있기도 하다. 이처럼 한계과 비판력이라는 양면성을 지닌 점에서 이명준의 내면은 내면고백체 주인공의 이중적 내면과도 유사하다.

『광장』과 내면고백체의 또 다른 공통점은 주인공이 이상과 현실의 괴리된 압박감 속에서 여로에 나서는 점이다. 내면고백체의 '나'는 이상과 현실의 괴리로 인한 갑갑증에서 벗어나려 외출이나 여행에 나선다. '나'의 갑갑증은 자신의 '방'에서 가장 악화되는데, 그것은 방이라는 장소가 '나'의 내면에 상응하는 사적 공간이기 때문이다. 이명준 역시 '아무 일에도 흥이 안 나는'[121] 답답한 현실 속에서 고통스러운 나날을 경험한다. 이명준의 그런 답답함은 '자기' 자신이 아무와도 관계를 맺을 수 없는 밀실의 공간(방)에 갇혀 있기 때문이기도 하다.

> 자기라는 낱말 속에는 밥이며, 신발, 양말, 옷, 이불, 잠자리, 납부금, 담배, 우산…… 그런 물건이 들어 있지 않았다. 오히려 어떤 물건에서 그것들 모두를 빼버리고 남는 게 자기였다. 모든 것을 드러낸 다음까지, 덩그렇게 남는 의심할 수 없는 마지막 것, 관념 철학자의 달걀 이명준에게 뜻있고, 실속 있는 자기란 그런 것이다. 아버지가 그의 '나'의 내용일 수 없었다. 어머니가 그의 나의 한식구일 수는 없었다. 나의 방에는 명준 혼자만 있다. 나는 광장이 아니다. 그건

아니다.

120) 계몽은 주체중심적 이성이라는 한계를 지니지만 또한 그런 자신과 현실을 비판하는 '비판적 계몽'의 측면을 지니고 있다.

121) 최인훈, 앞의 책, 36~37면.

방이었다. 수인의 독방처럼, 복수가 들어가지 못하는 단 한 사람을 위한 방.122)

이처럼 이명준이 자기 자신을 고립된 방으로 느끼는 점은 내면고백체 주인공이 방 안에서 갑갑증을 느끼는 상황과 매우 비슷하다. 두 경우 모두 인물은 환경 속에서 다른 사람과 의미 있는 관계를 맺지 못하고 자기 자신의 내면(방)에 갇혀 있다. 이처럼 방안이나 내면에 갇혀 답답함을 느끼는 것은 이상과 현실의 심각한 괴리로 인해 환경과 상호작용하지 못하기 때문이다.

내면고백체의 '나'는 그런 상황에서 환경과 반응하는 대신 외출이나 여행을 떠난다. 즉, '나'는 답답한 방에서 나와 세계로 눈을 돌리는 것이다. 그와 유사하게 이명준은 내면의 방에서 나와 광장으로 향하기 위해 북으로의 여로를 선택한다. 물론 이명준의 북행은 경찰의 고문이라는 사건이 직접적인 계기가 된다. 그런 만큼 북행은 적극적인 선택이라기보다는 남한 사회의 밀실에서 벗어나기 위한 수동적 대응이었다. 그러나 내면고백체의 여로 역시 기대감에 가득 찬 선택이기보다는 막연히 답답한 방안에서 벗어나려는 충동에 의한 것으로 볼 수 있다.

내면고백체와 『광장』의 차이점은 전자가 여로에서 '시선의 주체'가 부각되는 반면 후자는 '반성의 주체'가 나타나는 점이다. 그것은 내면고백체의 여로가 폐쇄된 공간(방, 내면)을 벗어나 외부세계로 시선을 돌리는 행위라면, 『광장』의 여로는 내면에서 소망하던 광장을 찾아가는 여로이기 때문일 것이다. 내면에서의 '광장'의 소망은 월북 이전에도 갖고 있었으며 그로 인해 '반성의 주체'는 그 이전부터 부각되고 있었다. 『광장』이 3인칭이면서도 전체적으로 이명준을 반성자—인물123)로 사용하여 그가 실제적인 화자처럼 느껴지는 부분이 많은 것은 그 때문이다. 그러나 월북 이전의 '반성의 주체'가 광장의 동경과 남한에 대한 염증을 드

---

122) 최인훈, 위의 책, 63면.
123) 슈탄첼, 김정신 역, 『소설의 이론』, 문학과비평사, 1990, 83면, 211~269면.

러냈다면, 북한에서의 '반성의 주체'는 광장에 대한 기대가 무너진 환멸을 나타내고 있다. 남한에서의 삶은 광장이 죽은 밀실만의 세계였지만 북한의 삶은 꼭두각시들만이 존재하는 광장 아닌 광장이었던 것이다. 방(그리고 갑갑증)에서 벗어난 내면고백체의 '내'가 여로에서 환멸을 경험하듯이, 밀실에서 탈출한 『광장』의 이명준 역시 북행에서 잿빛 환멸을 경험한다.

> 그럴 즈음 선술집 주인의 귀띔이 있었다. 잡은 고기를 넣어두는 자리였던 모양으로, 비린내가 메스꺼운 갑판 밑 어두운 뱃간에서, 그는 때 묻지 않은 새로운 광장으로 가는 것이라고 들떴다. 그런 서슬에도 잠은 어쩔 수 없었다. 그는 꿈을 꾸었다. 광장에는 맑은 분수가 무지개를 그리고 있었다. 꽃밭에는 싱싱한 꽃이 꿀벌들 잉잉거리는 속에서 웃고 있었다. (…중략…)
> 명준이 북녘에서 만난 것은 잿빛 공화국이었다. 이 만주의 저녁노을처럼 핏빛으로 타면서, 나라의 팔자를 고치는 들뜸 속에 살고 있는 공화국이 아니었다. 더욱 그를 놀라게 한 것은, 코뮤니스트들이 들뜨거나 격하기를 바라지 않는다는 일이었다. 그가 처음 이 고장 됨됨이를 똑똑히 느끼기는, 넘어와서 바로 북조선 굵직한 도시를, 당이 시켜서 강연걸음을 했을 때였다. 학교, 공장, 시민회관, 그 자리를 채운 맥 빠진 얼굴들, 그저 앉아 있었다. 그들의 얼굴에는 아무 울림도 없었다.124)

이명준의 환멸은 광장으로의 여로의 실패이자 밀실로부터 뛰쳐나온 광장에서의 패배인 셈이었다. 광장에서 패배한125) 그는 다시 밀실로 물러설 수밖에 없었다. 남한 시절부터 그는 밀실에서 호젓하게 숨을 돌리던 버릇을 갖고 있었다. 밀실은 혼자만이 쓰는 광장이자 약한 자가 숨는 동굴이었다.126) 그러나 그는 그런 밀실 속에서 늘상 광장을 꿈꾸었고 그 꿈을 쫓아서 북행을 결심했던 것이다. 이제 광장에서 패배하고 다시 밀

---

124) 최인훈, 앞의 책, 110~112면.
125) 북한의 '광장 아닌 광장'에서의 패배를 말함.
126) 최인훈, 앞의 책, 178~179면.

실로 물러서면서 이명준은 전처럼 내면 속에서의 반성적 주체가 된다.

하지만 이명준이 밀실(내면) 속에서만 꿈꾸는 광장이 외부세계에 모습을 드러낸 두 가지 일이 있었다. 남한 시절 이명준의 꿈은 언어로 쓰여진 시로서 몸을 드러냈었고 북한에서는 은혜와의 사랑으로 나타났다. 6·25 때 동굴에서의 은혜와의 만남 역시 그의 내면의 꿈이 바깥세상으로 드러난 '원시의 광장'127)이었다. 그러나 언어의 광장(시)이나 원시의 광장(은혜와의 사랑)은 여전히 광장에서 패배한 사람이 숨는 동굴 같은 공간128)이었다.

이처럼 시나 사랑은 밀실로 물러선 사람의 몸짓이지 그 자체가 광장의 승리는 아니었다. 그럼에도 시나 사랑이 의미를 지니는 것은, 밀실 속에서만 인식(그리고 광장의 소망)의 자유를 누리는 이명준의 계몽적 내면을 넘어서는 위치를 갖기 때문이다. 이명준의 시나 사랑은 계몽의 타자로서 내면을 통해 내면을 넘어설 수 있는 단 두 가지 행위인 것이다.

이명준이 약자와 패배자의 공간인 밀실(내면)을 넘어설 수 있는 또 다른 방법은, 비판적 계몽을 통해 자기 자신과 현실을 비판하는 것이다. 광장으로 나오기 전이나 광장에서 패배한 이후에, 이명준은 반성적 주체를 통해 수시로 자신과 현실을 비판한다. 이처럼 여로에서의 시선의 주체 대신 반성적 주체를 이용함으로써, 거의 에세이(논설)에 가까운 사변적 서술이 많아진 것이 (내면고백체와 다른) 『광장』의 또 다른 특징이다.

『광장』은 계몽의 타자로서 사랑의 열정(원시의 광장)이 부각되는 점에서 갑갑증에서 벗어나기 위해 계몽의 타자(나체의 만인, 광인)를 동경하는 「표본실의 청개구리」와 비슷한 유형에 속한다. 그런 측면에서처럼 『광장』은 「표본실의 청개구리」처럼 미적 근대성에 접근하는 위치에 놓여 있다. 그러나 다른 한편 비판적 계몽이 두드러진 점에서는 「만세전」과 유사한 측면을 지닌다. 「만세전」이 비판적 계몽을 통해 현실을 묘파하

---

127) 최인훈, 위의 책, 162면.
128) 최인훈, 위의 책, 179면.

는 리얼리즘으로 나아갔다면, 『광장』은 반성적 주체를 이용한 사변적 비판으로 기울고 있다.129) 「만세전」에서 이인화가 현실에 환멸한 이후 사적 내면으로 돌아와 논설조의 반성적 의식을 드러내듯이『광장』의 이명준은 광장에서 패배한 (그리고 환멸을 경험한) 이후 밀실로 물러나서 에세이식의 사변적 비판을 늘어놓는다. 『광장』은 그런 측면에서 「만세전」보다 한걸음 더 나아간 비판적 담론의 특징을 보여준다.

그러나 「만세전」에서 강한 자아를 소망하는 반성적 의식이 현실과 괴리된 개인적 내면의 담론이듯이, 『광장』의 광장을 소망하는 이명준의 비판적 의식 역시 내면에 폐쇄된 사변에 그치고 있다. 「만세전」처럼『광장』에서도 분열의 봉합은 내면과 외부세계의 괴리를 대가로 하고 있는 것이다. 두 소설에서 내면에서의 분열의 봉합은 결코 현실에서의 분열을 봉합하고 있지 못한 셈이다.

「만세전」에서 이인화의 일본행은 현실의 분열에서 기인된 탈주의 욕망130)에 의한 여로일 것이다. 그러나 그 같은 여로는 사적 내면에서만 신생을 다짐할 뿐 실제로 탈주의 에너지를 새로운 삶의 창조로 연결시키지는 못한다. 비슷하게 이명준의 중립국행 역시 탈주의 욕망에 연관된 여로이지만, 내면에서만 진정한 광장('바다'의 상징)131)을 소망할 뿐 결코 새로운 삶을 꿈꿀 수 없게 된다. 그것은 탈주의 욕망에 의한 새로운 삶의 창조란 현실로부터 도피함으로써가 아니라 현실의 폐쇄된 경계선을 열어젖힐 때 비로소 가능하기 때문이다.

이명준의 중립국행은 이인화의 일본행처럼 결국 분열된 현실을 내면에서 불완전하게 봉합할 수 있을 뿐이다. 반성적 의식 속의 광장의 소망(바다와 갈매기의 상징)에서 현실로 되돌아오는 순간 이명준은 내면과 외부세계의 심각한 괴리를 응시하지 않을 수 없게 된다. 그 점에서 이명준의

---

129) 이 점이 이명준의 사유가 관념적이라고 불리는 중요한 이유가 된다.
130) 억압적 체계의 권력에서 벗어나려는 욕망을 말함.
131) 『광장』에서 '바다'는 진정한 광장을 상징하는 것으로 볼 수 있다.

자살은 이미 중립국행을 선택하는 순간부터 예비되고 있었다고 할 수 있다.

「만세전」은 이인화의 신생의 다짐에도 불구하고 여전히 형상적 부조화(내면과 외부세계의 괴리)가 봉합되지 않으며, 그 분열로부터 내면으로 돌아와 화해132)를 욕망하는 구조를 지닌다. 마찬가지로『광장』역시 '광장'의 소망에도 불구하고 분열은 극복되지 않는 반면, 그 부조화로부터 내면으로 회귀해 화해를 열망하는 구조를 드러낸다. 이 점에서 두 소설은 비슷하게 헤겔의 낭만적 예술 유형을 보여준다. 그러나『광장』역시 「만세전」처럼 형상적 부조화에서 내면의 화해로 이어지는 과정이 자연스럽지 못한 데, 그것은 이인화처럼 이명준의 내면에도 계몽에의 의지가 잔존하기 때문이다. 그 대신『광장』은 반성적 주체를 통해 비판적 계몽을 부각시킴으로써 거의 에세이 수준의 담론이 증대된 소설 형식을 보여준다. 이제 그런 담론적 특성에 주목해 내면고백체와 연관된『광장』의 위치를 표시하면 더욱 다음과 같다.

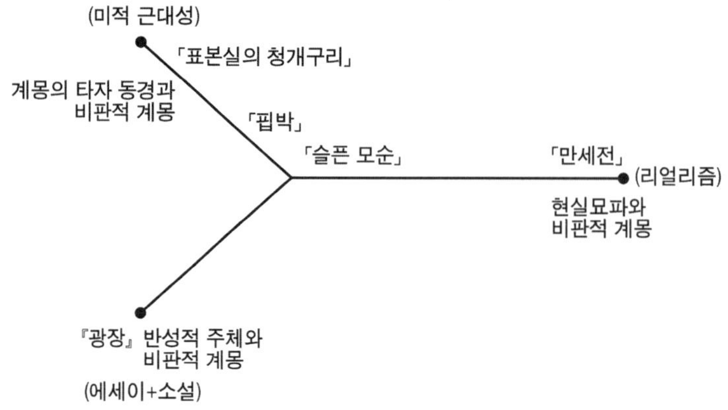

132) 이 화해는 내면과 외부세계의 괴리를 넘어서려는 시도이다.

7. 성장소설과 방황의 여로

1) 성장의 여로의 이중적인 경험

내면고백체에는 이상에 대한 강렬한 소망으로 인해 생활인의 위치를 갖지 못하고 환경으로부터 괴리되는 주인공이 등장한다. 그와 비슷하게 성장소설에서도 이상과 현실의 괴리 속에서 생활세계에 정착하지 못하고 방황하는 인물이 그려진다. 그러나 성장소설에서 주인공의 방황은 그가 성인의 세계를 완전히 내면화하지 못한 미성년의 위치에 있는 점에서 기인된다. 따라서 성장소설에서는 (내면고백체에서와는 달리) 환경과 괴리된 미성숙한 인물이 점차로 성인의 세계와 생활인의 위치에 접근하는 과정이 나타난다. 그리고 그에 따라 인물의 내면이 외부세계의 환경과 화해하려는 지향이 있게 된다. 이른바 '성장'이란 인물이 외부세계의 사회구조를 내면화해 생활인이 되는 과정에 다름이 아니기 때문이다.

하지만 성장소설에서 그 같은 외부세계의 '내면화'는 결코 순탄한 전개를 지니지만은 않는다. 특히 외부세계의 사회환경이 본받을 만한 바람직한 이념 대신에 황폐하고 모순된 구조를 드러낼 때[133]는 더욱 그렇다고 할 수 있다. 그 경우에 성장의 과정이란, 미성숙한 자아가 사회화되면서 확장되는 과정이기도 하지만, 또한 내면의 순수한 이상이 훼손되는 경험이기도 하기 때문이다.

근대 이후의 사회환경은 대부분 인물의 이상(영혼)과 조화될 수 없는 모순을 포함하고 있다. 따라서 인물의 사회화 과정을 그리는 성장소설은 대부분 자아의 확장과 순수한 이상의 훼손이라는 이중적인 경험을 형상화한다. 자아의 확장은 흔히 말하는 통과제의의 과정으로 나타나며, 순

---

133) 이는 사적 차원에서 아버지의 부재 모티브와 연관이 있다.

수성의 훼손은 성장의 과정에서 내면이 외부세계와 완전히 화합될 수 없는 요인으로 드러난다. 그런 이중적인 경험을 성인의 세계를 수용하는 성장의 여로를 통해 그려내는 것이 성장소설의 핵심적인 플롯이다.

아직 사회환경을 내면화하지 않는 성장소설의 인물은 환경과 괴리된 상태에서 성인의 세계(사회환경)를 내면화하는 여로를 경험한다. 이처럼 성장소설에는 인물과 환경의 상호작용보다는 사회환경을 내면화하는 성장의 여로가 그려지는 것이다. 자기만의 세계(상상계)에 갇혀 있던 미성숙한 인물이 자아의 확장(상징계)[134]을 경험하는 이 성장의 여로는, 실제적인 여행으로 나타나기도 하고 은유적인 여로로 그려지기도 한다. 그런데 그 같은 성장의 여로의 목표점인 성인의 세계란 정신분석학적 은유로 아버지의 세계이기도 하며 사회환경의 구조와 질서를 나타내는 상징계이기도 하다. 그런 아버지의 세계와 상징계를 내면화하며 자아를 확장하는 성장의 (실제적이거나 은유적인) 여로에는 통과제의적인 고통이 수반된다. 통과제의적인 고통이란 상상계적인[135] 자아의 경계가 파괴되면서 상징계[136]를 수용할 때 뒤따르는 아픔을 말한다.

그러나 성장의 여로에서는 통과제의적인 고통 이외에 또 다른 고통이 경험된다. 그것은 성장의 과정(여로)이란 자아의 확장(상상계 → 상징계)이기도 하지만 내면의 순수한 이상이 세속적인(성인의) 세계(상징계)의 수용(내면화)에 의해 훼손되는 과정이기도 하기 때문이다. 후자의 고통스러운 경험은 특히 사회환경(상징계)의 모순이 매우 악화되어 있는 상황에서 눈에 띄게 나타난다. 내면의 순수한 이상과 사회적 모순의 괴리가 매우 심각할 경우 인물은 성장 장애를 경험하거나 스스로 성장을 거부하기도 한다.

성장소설의 그 같은 이중적인 경험, 즉 통과제의의 과정과 내면(이상) /

---

134) 이는 상상계에서 벗어나 상징계를 내면화하는 과정이다.
135) 상상계란 어머니와의 관계에서 유아적인 충족을 경험하는 단계를 말한다.
136) 상징계란 사적 차원에서는 아버지와의 대면(혹은 동일시)이 이루어지는 단계이며, 공적 차원에서는 사회규범(법)과 대면(혹은 내면화)하는 차원을 말한다.

외부세계(사회환경)의 분열의 경험은, 거의 모든 성장소설에서 동시적으로 나타난다. 그러나 소설에 따라 어느 한쪽 측면이 특히 많이 드러남을 볼 수 있다. 예컨대 이문열의 『젊은 날의 초상』에서는 통과제의적인 여로의 경험이 우세한 반면 김승옥의 초기 여로형 성장소설에는 내면과 외부세계의 분열이 심각하게 그려진다.

물론 성장소설에서 성장의 여로는 두 소설에서처럼 반드시 실제적인 여행으로만 나타나는 것은 아니다. 그러나 성장소설에서 은유적인 여로가 나타나는 경우에도 그것은 본격소설의 생활의 여로와는 달리 방황과 분열의 여정으로 그려진다. 예컨대 박완서의 『나목』, 오정희의 「유년의 뜰」, 은희경의 『새의 선물』, 장정일의 『아담이 눈뜰 때』 등이 그런 경우이다. 반면에 성장소설 중 특히 실제적인 여로가 부각되는 여로형 성장소설로는 염상섭의 「해바라기」, 강경애의 『인간문제』,[137) 김남천의 「소년행」, 김승옥의 「환상수첩」 「무진기행」, 이문열의 『젊은 날의 초상』, 윤후명의 「누란의 사랑」[138) 등을 들 수 있다.[139)

2) 통과제의와 '이상의 동경'의 이중성

염상섭의 「해바라기」는 내면고백체에서 성장소설로 변이된 형식을 보여준다. 「해바라기」의 영이는 「표본실의 청개구리」 「암야」 「제야」 「만세전」 등 내면고백체의 주인공들과 비슷한 성격을 지닌 지식인으로 볼 수 있다. 그러나 영이는 내면고백체에서와는 달리 세속적인 현실에 혐오

---

137) 사회주의 리얼리즘이면서 성장소설의 성격을 포함하고 있음.
138) 서정소설이면서 성장소설의 성격을 지니고 있음.
139) 이 여로형 성장소설 중에서는 「소년행」처럼 소년기를 다룬 소설과 「해바라기」 「환상수첩」 「무진기행」 『젊은 날의 초상』처럼 청년기를 다룬 작품이 있다. 또한 「해바라기」 「환상수첩」 「무진기행」처럼 방황과 분열을 다룬 작품과 『젊은 날의 초상』처럼 서구의 교양소설과 유사한 유형이 있다.

감을 느끼면서도 또한 그와 타협하려는 지향을 보여준다. 영이 역시 내면고백체의 주인공들처럼 아직 완전히 생활의 공간에 편입되지 않은 인물이며, 그로 인해 환경과 부조화된 상태에서 여행을 떠나는 플롯을 보여준다. 그러나 내면고백체의 여로가 환경과 괴리된 상태에서 환멸로 귀결되는 반면, 「해바라기」의 여로는 분열과 타협의 이중성을 드러낸다.

내면고백체와 구분되는 「해바라기」의 타협의 여로란 주인공이 외부세계의 사회환경을 내면화함으로써 생활의 공간에 편입되는 과정이다. 하지만 그 과정을 통해 내면이 확장되기도 하지만 또한 원래의 내면이 갖고 있던 순수성이 훼손되는 고통이 뒤따르게 된다. 그 같은 내면에 잔존하는 순수한 이상에 대한 동경은 외부세계와 완전히 타협하지 못하는 분열의 상태를 경험하게 한다. 이처럼 내면 / 외부세계의 타협과 분열이라는 이중성의 (은유적이거나 실제적인) 여로를 그리는 것이 성장소설 플롯의 핵심이다.

「표본실의 청개구리」 「암야」 「제야」(「만세전」140))에서 「해바라기」로의 이행을 내면고백체에서 성장소설로의 변이로 보는 것은 그 때문이다. 물론 「해바라기」의 영이는 내면고백체의 인물들과 비슷한 특성을 지닌 지식인이며 자신의 사상을 갖지 못한 다른 성장소설의 미성숙한 인물들과는 구분된다. 그러나 영이는 청년기의 순수한 이상(그리고 사상)에 집착하여 세속적인 성인의 세계를 쉽게 받아들이지 못하는 점에서 아직 성인의 세계에 편입되지 않은 인물로 볼 수 있다. 「해바라기」에서는 그 같은 영이를 '책상물림의 허영심'과 '이상'을 지님으로써 '사상과 실행 사이에 틈'이 벌어지는 인물로 설명하고 있다.141)

사상과 실행 사이의 틈은 결혼식을 종교적 잔재라고 생각하면서도 자

---

140) 「만세전」은 1922년 7월에서 9월까지 『신생활』에 「묘지」란 제목으로 연재(3회)되다 중단되었으며, 이후 1924년 4월 6일부터 6월 7일까지 『시대일보』에 「만세전」으로 연재(59회)되었다. 한편 「해바라기」는 1923년 7월 18일에서 8월 26일까지 『동아일보』에 연재되었다.

141) 염상섭, 「해바라기」, 『염상섭 전집』 1, 민음사, 1987, 115~116면.

기 자신이 혼례를 치를 수밖에 없는 현실에서 나타난다. 물론 그런 틈은 다른 내면고백체 인물들에게서 보는 바와 같이 영이가 현실의 관습을 수용하기 이전부터 있었을 것이다. 그리고 그때 사상을 실행하기 어려운 현실에서 영이가 실행 가능한 이상으로 생각한 것은 예술과 사랑이었다. 영희는 예술과 사랑에 대한 열정으로 사상과 실행 사이의 틈으로 인해 겪는 고통을 견뎌 왔을 것이다.

하지만 사랑의 대상인 홍수삼이 죽은 후 영이는 실연의 아픔을 겪으며 이상과 괴리된 현실을 수용할 수밖에 없음을 감지하게 된다. 그녀가 홍수삼과는 달리 세속적인 행복의 조건을 갖춘 순택을 받아들이기로 한 것은 그 점을 암시한다. 이제 사상과 실행 사이의 틈새는 세속적인 세계에 편입된 사람들의 생각처럼 버려야 할 청년기의 허영심으로 여겨지게 되었다. 그런 맥락에서, 그처럼 세속적 현실을 수용하는 과정에서 영희에게 고통을 준 실연의 경험과 결혼 예식, 신혼의 여로 등은, 관습적인 성인의 세계에 편입되기 위한 통과제의로 볼 수 있다.

통과제의의 고통이란 '책상물림의 허영심'142)을 버리고 '세속적인 욕망(또 다른 허영심143))'을 받아들이는 과정에서 나타난다. 그러나 영희에게는 그 같은 통과제의의 고통 이외에 알 수 없는 또 다른 고통이 있었다. 그것은 세속적인 현실을 선택한 후에도 그 이전에 갖고 있던 이상에 대한 동경을 여전히 버릴 수 없기 때문이었다.

> 그러나 이것은 시집가려는 사춘기의 처녀에게 보통 볼 수 있는 감정과는 다른 것이다. (…중략…)
> 영희에게는 예술에서도 얻을 수 없고, 진리에서도 얻을 수 없으며 신앙에서도 얻을 수 없고 그렇다고 단순한 성욕의 만족으로 만으로도 얻을 수 없는 그 무엇에 주렸거나, 혹은 그 무엇이 있다가 없어진 마음속에 비인 곳을 채우려거나, 또는 있다가 없어지기 때문에 생긴 쓰린 상처를 고칠만한 무엇인지를 얻으

---

142) 염상섭, 위의 책, 115면.
143) 염상섭, 위의 책, 114면.

려는 고통이었었다.144)

위에서 '시집가려는 사춘기의 처녀'가 흔히 경험하는 아픔이란 통과
제의적인 고통을 뜻한다. 그러나 영희에게는 그런 고통 이외에 '그 무엇
이 있다가 없어진' 빈 곳을 채우려는 또 다른 고통이 있었다. 그것은 '높
은 절정까지 치받혔'다가 '별안간 땅위로 뚝 떨어진' 후의 원망 속에서
도, 또다시 '치받혀 주기를 기다리며 애원하는 고통'이었다.145) 말하자면
그것은 자신과 이상을 나누며 사랑하던 홍수삼에 대한 미련을 버릴 수
없는 데서 오는 아픔이었다. 그 같은 홍수삼에 대한 미련은 영이의 이상
에 대한 동경을 의미한다.

이처럼 세속적인 현실과 타협하기로 한 후에도 이상에 대한 동경을
버릴 수 없는 영이는, 혼례 후 순택에게 행선지를 숨긴 신혼여행을 제의
한다. 영이의 신혼여행은 세속적인 현실에 편입되려는 통과제의의 여로
인 동시에 그녀의 이상의 표상인 홍수삼에게로 향하는 여로였다.146) 그
러나 홍수삼이 이미 죽어서 땅에 묻혀 있다는 점에서, 그리고 영이의 여
로가 다른 남자와의 신혼여행인 점에서, 홍수삼에 대한 동경은 이상과
현실의 분열을 뜻하는 것이었다.

> 이와 같이 하여 영희의 사랑의 전량(全量)과 반생의 청춘을 성냥 한 개피로
> 살라버리고 난 검은 재와 사랑의 절정에 이르렀을 때의 기념이든 영희의 사진
> 은 영희의 정성으로 세이는 한 조각 돌멩이의 비석 밑에 천변지리가 있을 그
> 때까지 고요히 감추어지게 되었다. 홍수삼의 살과 뼈가 시신도 없이 녹아버리
> 고 최영희의 몸이 이 세상에서 자취를 감추는 날에도 털끝만치 변함없이 이 땅
> 위에 아직 남아 있을 것은 백지에 싼 이 괴요 이 괴 속에 내 사진이며 그 재 뿐
> 일 것이다. (…중략…)

---

144) 염상섭, 위의 책, 125면(현대어 표기-인용자).
145) 염상섭, 위의 책, 125면(현대어 표기-인용자).
146) 「해바라기」는 해방 후 「신혼기」로 개제되었는데, '해바라기'라는 제목이 홍수삼(그의
　　이상)에게로 향하는 마음을 상징하는 반면, '신혼기'는 통과제의의 여로를 암시한다.

영희는 향이 타서 오르는 것을 잠간 보다가 일어섰다 몸이 부르르 떨렸다. 동시에 눈에는 눈물이 그득히 고이었다… 어깨가 또 한번 흔들렸다. 그러나 그 눈물은 수삼이에게 대한 애도의 정에서 나온 것이라 하는 것보다는, 긴장한 기분에 끌리어서 나온 것이다.[147]

위에서처럼 영이는 홍수삼의 비석을 세우면서 그 돌조각 밑에 자신의 사진을 묻게 한다. 그것은 자신의 사랑과 영원히 함께 하려는 소망의 표현인 동시에 이제는 그에 대한 이상과 열정을 땅에 묻으려는 행위이기도 했다. 그처럼 비석을 세우는 의례는 사랑과 이상의 상실을 애도하려는 뜻을 지니고 있지만, 영이의 울음과 전율은 여전히 잃어버린 열정에 대한 그리움으로 가득 차 있었다. 영이의 눈물에는, 신혼여행이라는 현실과 상실한 사랑(이상)에 대한 동경, 그 둘이 분열을 일으키는 긴장이 스며 있었던 것이다.

이처럼 영이의 신혼여행과 입석의 의례는, 그녀의 이상(사랑)을 흙에 묻으려는 통제제의인 동시에 여전히 버릴 수 없는 이상에 대한 동경을 인식하는 과정이었다. 그것은 세속적인 세계와의 타협이면서 또한 이상과 현실의 분열의 경험이었으며, 통과제의의 의례와 함께 해바라기처럼 이상을 향하는 (마음의) 동요를 확인하는 여로였다. 「해바라기」에서처럼 성장소설은 세속적인 성인의 세계에 편입되는 여로를 통해, 통과제의의 과정과 포기할 수 없는 순수한 '이상에 대한 동경'이라는 이중적인 경험을 드러낸다.

3) 내면과 외부세계의 분열의 여로

「해바라기」는 이상에 대한 열정으로 동요하면서도 또한 생활의 공간

---

147) 염상섭, 「해바라기」, 앞의 책, 175~177면(현대어 표기─인용자).

에 편입되는 여로를 보여준다. 반면에 김승옥의 「환상수첩」에서는 세속적인 세계를 수용한 생활을 갖지 못하고 분열과 방황을 경험하는 여로가 나타난다. 생활의 공간에 접근한 주인공의 방황을 그린 「해바라기」는 리얼리즘에 근접한 성장소설로 볼 수 있다. 그에 반해 생활의 공간 외부에서 내면과 외부세계의 분열을 경험하는 「환상수첩」은 모더니즘 성장소설에 해당된다.

「환상수첩」 내화의 '나(정우)'는 서울의 '욕된 생활' 속에서 분열된 삶을 살아간다. '나'의 생활 속에서의 분열은 실제로는 생활과 타협할 수 없는 소외를 의미한다. 그 같은 (내면과 외부세계의) 분열 속에서 '미쳐버린 듯' 살던 '나'는 어디론가 떠나지 않을 수 없게 된다.

> 그해 가을도 깊었을 때, 나는 마침내 하향(下鄕)해버리기로 결심했다. 더 견디어내기 어려운 서울이었다. 남쪽으로, 고향이 있는 남해안으로 가면 새로운 생존방법이 있을지도 모른다는 기대로써였다.
> 서울에서 나는 너무나 욕된 생활 속을 좌충우돌하고 있었다. 그리고 슬프게 미쳐버렸다고나 할까. 환상과 현실과의 거리조차 잊어버려서 아무것도 구별해 낼 수가 없게 되었고 사람을 미워하는 법을 배우고 말았다. 아아, 그들을 죽이든지 그렇지 않으면 내가 떠나든지 해야 했다.148)

위에서 '나'는 욕된 서울 생활을 청산하고 고향으로 내려간다. 서울이 세속적인 세계를 상징한다면 고향은 그와 다른 세계를 기대하는 공간이다. 물론 「해바라기」에서도 세속적인 서울의 세계와 구분되는 연인의 묘지를 향하는 여로가 나타났었다. 그러나 「해바라기」의 여로는 죽은 연인(이상)을 향한 '해바라기' 같은 행동인 동시에 다시 서울로 귀환하기로 약속했던 '신혼'의 여행이었다.149) 반면에 「환상수첩」의 '나'의 귀향은 '구멍 뚫린'150) 서울 생활에서 빨리 벗어나려는 여로일 뿐이다.

---

148) 김승옥, 「환상수첩」, 『김승옥 소설전접』 2, 문학동네, 1995, 8면.
149) 이 소설의 제목 「해바라기」와 개제된 제목 「신혼기」는 그런 이중성을 암시한다.

그러나 서울에서 생활인이 될 수 없었던 '나'의 외로움은 귀향의 기차 칸에서 더욱 확실히 실감되고 있었다.[151] 그리고 고향 역시 아무런 새로움도 줄 수 없는 세속에 물들어가는 음습한 공간이었다. 고향은 서울과 같은 세속적인 공간도 아니고, 또 더 이상 순박함이 남아 있지도 않은 곳으로서, '나' 자신의 모습을 비춰 보여주는 듯한 공간이었던 것이다.

그 같은 '나'의 고향은 생활에 찌든 어머니와 생활력을 상실한 아버지로 표상될 수 있다. 정신분석학적 은유에서 어머니는 순박한 옛 고향을, 아버지는 사회환경의 상징적 질서를 상징한다. 어머니가 그렇듯이 고향은 더 이상 예전의 아늑한 공간이 아니었으며, 또한 무력해진 아버지처럼 생활의 햇볕을 상실한 공간이었던 것이다.

그런 음습한 공간은 프로이트가 말한 낯선 두려움(unhomely)의 공간과도 비슷한 곳이었다.[152] 낯선 두려움이란 어머니(옛 고향)의 따듯한 애정도, 또 아버지의 사회질서의 보호막도 갖지 못한 채, 외로움과 거세공포[153]에 시달리는 상태를 말한다. 서울에서 막연히 외부세계와의 분열을 경험하던 '나'는, 고향에 도착한 후 비로소 고향을 잃은 듯한 낯선 두려움(unhomely)에 시달리게 된 것이다.

그런 황폐한 공간에서 옛날의 순박한 고향의 모습으로 남아 있는 것은 단지 시를 쓰는 윤수라는 친구뿐이었다. 「환상수첩」이 환상 같은 낯선 두려움의 기록이면서도 친구들의 우정에만은 애착을 보이는 것은, 그것이 유일하게 남아 있는 고향의 모습이기 때문일 것이다. 그러나 그들 개개인은 '나'와 똑같이 외로움과 거세공포에 시달리며 살아가고 있었

---

150) 김승옥, 앞의 글, 앞의 책, 25면.
151) 김승옥, 위의 글, 위의 책, 9~11면.
152) 낯선 두려움에 대해서는 프로이트, 정장진 역, 「두려운 낯설음(Unheimliche)」, 『프로이트 전집』 18, 열린책들, 1996, 97~150면 참조.
153) 거세공포란 여성의 경우 남근을 거세당했다는 두려움이며, 남성의 경우 남근을 상실할 위기의식으로 나타난다. 그것은 지배권력(남근)의 규범에서 이탈함으로써 안정된 사회질서에서 벗어나 있는 상태의 두려움을 상징한다.

다. 즉 그들은 세속적인 세계와 타협한 생활을 가질 수 없었고, 또 외로움을 극복한 '자기세계'[154]도 지니지 못한 채, 위악적인 삶을 살고 있었다. 그들의 삶이 위악적인 것은, 세속적인 속악한 세계를 흉내내려 하지만 실제로는 옛날의 순박한 고향을 잊지 못하기 때문이다.

'나'와 윤수의 여행은 그 같은 황폐함에서 벗어나려는 또 다른 여로였다. 윤수는 여로에서 서커스단의 미아를 만나 사랑에 빠지게 된다. 윤수와 미아의 순수한 사랑은 '인간에 대한 포용력'을 회복시켜 줌으로써, 이제까지의 음습함에서 벗어나 생활의 햇볕으로 나오려는 용기를 북돋워주는 것이었다.

> 우리가 떠나올 때
> "꼭 기다리겠어요. 하루라도 빨리 데려가줘요, 네?"
> 라고 울 듯한 얼굴로 말하던 미아의 음성도, 그리고 돌아오는 버스에서
> "시는 그만두겠어. 이제부터 생활전선이다."
> 라던 윤수의 화려한 음성도 잊을 수가 없다.
> 여기에서 얘기가 끝이었으면 좋겠다. 윤수는 이른바 '밝은 세계' 속으로 아무 미련 없이 뛰어 들어갔고 나로 말하더라도, 그 따스한 여행에서 생활의 안팎을 대강은 안 듯하여 이제는 흡족한 마음으로 작은 일이나마 시작할 수도 있을 듯했으니까. 외롭기는 마찬가지였지만 인간에 대한 포용력은 다소 자란 것이었다. 내가 부정해오던 '사랑'도 있는 듯했고 '운명'도 인간에게 의존하는 것 같았다.[155]

위에서처럼 '나'와 윤수는 여행에서 따스함과 사랑을 얻어 생활의 밝은 세계로 나올 수 있을 듯했다. 그러나 윤수는 (춘화를 팔던) 수영의 동생이 깡패들에게 윤간을 당한 복수를 하러 갔다가 그들에게 맞아 죽고

---

154) 자기세계란 자기만의 독립된 내면의 공간을 말한다. 자기세계를 갖은 사람은 밀실 같은 자기만의 세계로 도피할 수 있지만 그것이 내면과 외부세계 사이의 분열을 치유할 수 있는 해결책은 아니다.
155) 김승옥, 앞의 글, 앞의 책, 71면.

만다. 「환상수첩」의 악몽에서 벗어날 수 있는 유일한 것이 우정이었지
만 윤수는 바로 그 우정을 지키려다가 밝은 세계로 나오지 못하고 악몽
속에서 죽어간 것이다. 윤수의 사랑과 우정이 어이없이 짓밟히는 충격을
경험한 후에 '나'는 미쳐버린 듯한 생의 비명을 들으며 자살하고 만다.

　내화의 화자인 '나'의 자살은 내면과 외부세계 사이의 분열이 치유될
수 없는 심각한 상태에 이르렀음을 보여준다. 서울의 공간에서는 욕된
생활에 대한 거부감으로 느껴졌던 것이, 고향의 공간에서는 더욱 견디기
어려운 분열 상태로 경험되었던 것이다. 고향에 남아 있던 우정과 사랑
이 짓밟히는 경험은 더 이상 외부세계와 타협할 수 없는 극단적인 분열
상태에 이르게 했던 셈이다.

　그러나 외화의 화자 수영은 그런 피폐한 환상에서 벗어나 서울의 세
속적인 세계에 편입할 뜻을 암시한다. 그 같은 수영의 후기의 견지에서
보면, '나'와 윤수의 분열과 죽음은 세속적인 성인의 세계에 진입하기
위한 통과제의로 볼 수 있다. 하지만 이 소설에서는 사족처럼 덧붙여진
수영의 현실적인 말보다도 '나'의 분열의 기록인 '환상수첩(내화)'이 더욱
전경화되고 있다. 이 여로형 성장소설은 통과제의와 분열의 이중적 경험
중에서 후자를 더 부각시키고 있는 것이다.

　「환상수첩」의 이중적인 경험을 성인이 된 '나'의 입장에서 다시 반복
하고 있는 또 다른 여로형 소설이 바로 「무진기행」이다. 「무진기행」의
'나(윤희중)'는 「환상수첩」의 정우('나')와는 달리 이미 세속적인 성인의 세
계(서울)에 정착한 인물로 나타난다. 그러나 아직 '나'의 내면에 남아 있
는 젊은 시절의 방황의 기억은 무진(고향)으로의 여로를 「환상수첩」의 분
열의 여로와 비슷하게 만들고 있다. 무진의 공간은 「환상수첩」의 순천
처럼 더 이상 고향의 순박함이 남아 있지 않으면서 또한 서울 같은 세
속적인 생활의 규율로 갖지 못한 공간이다. 물론 '나'는 정우(「환상수첩」)
와는 달리 서울로 표상되는 세속적인 세계를 내면화한 인물이다. 그러나
내면 깊은 곳의 또 다른 '나'는 무진의 음습한 공간에서 젊은 시절의 방

황을 다시 경험하게 한다.

무진의 안개, 미쳐가는 사람들, 외로운 자살 등으로 상징되는 젊은 시절의 방황이란, 「환상수첩」에서의 낯선 두려움과 거세공포와도 같은 것이었다. '나'는 그 젊은 시절의 자신을 닮은 하인숙을 만나면서 더욱 더 과거의 방황의 시간 속으로 빠져든다. 하인숙이 옛날의 '나'의 모습과 같다는 것은 그녀가 무진의 음습한 공간에서 괴로워하며 서울의 햇볕으로 가고 싶어하는 점에서 확인된다. 낯선 두려움과 거세공포에서 벗어나는 길은, 「환상수첩」에서처럼 아직 순박함이 남아 있는 우정과 사랑을 만나거나, 반대로 서울 같은 세속적인 생활의 규율을 받아들이는 것밖에 없었다. 「환상수첩」의 경우 정우가 우정과 사랑을 쫓다가 파멸되었다면 수영은 서울행을 선택한 셈이다. 「무진기행」의 '나'는 「환상수첩」의 수영처럼156) 서울행을 선택했고, 하인숙 역시 옛날의 '나'처럼 서울을 갈망하고 있었던 것이다.

'나'의 젊은 시절의 낯선 두려움의 기억은 하인숙과 함께 그 시절 폐병을 앓던 집으로 향하면서 더욱 또렷해진다. 나는 그때 자신이 쓴 모든 편지를 장식하던 '쓸쓸함'이라는 단어를 기억해낸다.

> 나는 지금 우리가 찾아가고 있는 집에 대하여 여자에게 설명해주었다. 어느 해, 나는 그 집에서 방 한 칸을 얻어들고 더러워진 나의 폐를 씻어내고 있었다. 어머니도 세상을 떠나간 뒤였다. 이 바닷가에서 보낸 일 년. 그때 내가 쓴 모든 편지들 속에서 사람들은 '쓸쓸하다'라는 단어를 쉽게 발견할 수 있었다. 그 단어는 다소 천박하고 이제는 사람의 가슴에 호소해오는 능력도 거의 상실해버린 사어(死語) 같은 것이지만 그러나 그 무렵의 내게는 그 말밖에 써야 할 말이 없는 것처럼 생각되었었다.157)

위에서 '쓸쓸함'이라는 단어는 낯선 두려움(unhomely)의 경험에 다름이

---

156) 무진기행의 '나'가 젊은 시절에 수영처럼 폐병을 앓았던 점도 유사하다.
157) 김승옥, 앞의 글, 앞의 책, 148면.

아니다. 앞에서 밝혔듯이 낯선 두려움이란 어머니 같은 고향도 아버지 같은 사회생활의 규율도 지니지 못한 상태를 말한다. 위에서 젊은 시절의 '나'는 고향(home)의 집(home)에 들어앉아 있었지만, 그 '쓸쓸한' 곳은 고향의 아늑함도 집의 평온함도 잃어버린 낯선 두려움(unhomely)의 공간일 뿐이었다. '나'는 아버지와 어머니를 잃은 상태에서, 순박함(어머니, 고향)도 세속적인 규율(아버지, 서울)도 갖지 못한 무진의 외딴 집에 있었기 때문이다.

이제 '나'는 세속적인 성인의 세계를 내면화한 상태이지만 자신을 닮은 여자(하인숙)와 옛날의 그 집에 들어서는 순간 젊은 시절의 시간으로 되돌아간다. 그 시간은 「환상수첩」에서처럼 분열과 외로움의 시간이면서도, 또한 서울에서는 불가능한 사랑을 꿈꿀 수 있는 공간을 마련해주기도 한다. 하인숙과 '내'가 그 낯선 두려움의 공간에서 사랑을 나눌 수 있었던 것은 그 때문이다.

> 한참 후에 여자가 말했다. "선생님, 저 서울에 가고 싶지 않아요" 나는 여자의 손을 달라고 하여 잡았다. 나는 그 손을 힘을 주어 쥐면서 말했다. "우리 서로 거짓말은 하지 말기로 해." "거짓말이 아니에요" 여자는 빙긋 웃으면서 말했다. (…중략…)
> 나는 그 여자에게 '사랑한다'고 말하고 싶었다. 그러나 '사랑한다'라는 그 국어의 어색함이 그렇게 말하고 싶은 나의 충동을 쫓아버렸다.
> 우리가 바닷가에서 읍내로 돌아온 것은 저녁의 어둠이 밀려든 뒤였다. 읍내에 들어오기 조금 전에 우리는 방죽 위에서 키스했다. "전 선생님께서 여기 계시는 일주일 동안만 멋있는 연애를 할 계획이니까 그렇게 알고 계세요" 헤어지면서 여자가 말했다. "그렇지만 내 힘이 더 세니까 별 수 없이 내게 끌려서 서울까지 가게 될 걸." 내가 말했다.[158]

'나'와 사랑의 관계를 맺은 후 하인숙은 서울로 가고 싶지 않다고 말

---

158) 김승옥, 「무진기행」, 『김승옥 소설전집』 1, 문학동네, 1995, 150~151면.

한다. 그것은 그녀가 「환상수첩」의 수영 같은 입장(서울로 가려함)에서 정우와 윤수처럼 우정과 사랑을 쫓는 입장으로 전환되었음을 뜻한다. 그와 달리 '나'는 윤수와도 같이 사랑을 갈망하면서도 또한 여전히 수영처럼 그녀를 서울의 햇볕으로 데려가고 싶어한다.

'나'의 그런 태도는 그 순간 젊은 시절의 '나'로 되돌아가 있으면서도 또한 이미 서울의 세계를 경험한 성인이기도 하기 때문이다. 하인숙이 '일주일 동안의 연애'를 당당하게 말하는 반면 '나'는 '사랑'이라는 단어를 낯설어 하는 것은 그래서이다. '나'는 사랑한다고 말할 수 없는 어색함을 당당하게 만들기 위해 그녀를 서울로 데려가려 하고 있는 것이다.

'나'의 그 어색함은 아내의 전보를 받은 후 더욱 분명해진다. 이제는 사랑이라는 단어가 어색한 것이 아니라 하인숙을 만난 무진에서의 모든 경험이 낯설고 무책임하게 느껴지게 된 것이다. 물론 여전히 '나'는 하인숙과의 무책임한 사랑이 세속적인 규율에서 벗어난 진정한 감정임을 잘 알고 있다. 하인숙에게 편지를 쓴 것은 그 '무책임한' 진정한 사랑을 마지막으로 긍정하기 위해서였다. 그러나 그 편지는 아내의 전보 앞에서 찢겨질 수밖에 없는 언어를 담고 있다. 서울행과 세속적인 성인의 세계를 표상하는 전보 앞에서, 하인숙에게 쓴 편지를 찢는 '나'의 고통이란, 무책임한 사랑과 결별하고 서울로 가기 위한 마지막 통과제의와도 같은 것이리라.

이처럼 이 소설은 무진에서의 방황의 여로를 통과제의의 과정으로 제시하는 성장소설의 형식을 보여준다. 물론 '나'는 이미 성인의 세계에 편입된 인물이지만 무진을 여행하면서 젊은 시절의 방황의 시간을 다시 한번 경험하게 된 것이다. 그 점에서 무진에서의 방황은 아직 청산되지 않은 내면의 젊은 시절의 기억의 경험이기도 했다. 이제 그 내면의 방황과 결별하고 (통과제의를 겪은) '나'는 무진을 다시 찾더라도 예전처럼 방황하지는 않게 될 것이다. 그러나 젊은 시절과 결별하려는 통과제의는 사랑의 편지를 찢는 아픔을 대가로 하고 있으며, 그 고통으로 인한 상처는 서울의 세계에서도 지워지지 않을 것이다. 서울의 세계에 위치한 서술자아에 의해 쓰여졌을 이 소설 전체의 내용 역시 무진에서의 분열과 방황의 경험을 전경화하고 있는 것이다.

이처럼 「무진기행」 역시 통과제의와 분열의 경험이라는 성장소설의 이중성을 보여주고 있다. 「환상수첩」이 내화의 '나'의 분열의 경험과 외화의 '나'의 통과제의적 시각으로 이중성을 드러낸다면, 「무진기행」은 주인공 자신의 이중적 내면을 통해 성장 경험의 양가성을 드러낸다. 또한 두 여로형 성장소설은 똑같이 통과제의의 과정으로 봉합될 수 없는 분열의 경험을 부각시키고 있다. 물론 「무진기행」은 「환상수첩」과는 달리 형식적으로는 젊은 시절의 방황과 결별한 마지막 통과제의의 기록인 것처럼 보인다. 그러나 서울의 세계에 위치한 서술자아는 경험자아와 만나는 회상의 언어를 통해 끝내 지울 수 없는 무진에서의 분열과 방황의 기억을 전경화하고 있다.

4) 작가적 통과제의로서의 성장의 여로

여로형 성장소설에서 여행의 행로는 통과제의와 분열의 고통이라는 이중적인 경험을 드러낸다. 그 중 통과제의는 자아가 확장되는 경험이며 분열의 고통은 순박함과 순수함을 잃어버리는 경험이다. 이처럼 성인이 된다는 것은 더 큰 세계를 갖게 되는 대가로 내면의 이상이 훼손되는 고통을 치르는 과정이다. 이런 성장의 이중성은 성인의 세계가 내면의 이상과 화해될 수 없는 타락된 세계[159]임을 암시한다. 따라서 성장소설의 주인공은 내면의 이상을 완전히 포기하지 않는 한 성인이 된 이후에도 잠재적으로 분열 상태에 있게 된다.

---

159) 루카치의 표현으로는 총체성을 잃어버린 세계이다.

물론 성장소설 중에서는 『젊은 날의 초상』(이문열)이나 『화엄경』(고은)처럼 통과제의의 여로에서 분열을 극복할 지혜를 얻어 돌아오는 경우도 있다. 그러나 대부분의 경우 통과제의의 과정은 결코 분열의 고통을 완전히 봉합시키지 못한다. 설령 외견상으로는 분열이 봉합된 것처럼 보이더라도 이상에 대한 동경으로 인해 내면의 분열이 잠재하게 된다.

이처럼 성장의 여로는 통과제의에 의한 분열의 봉합과 잠재적인 분열 상태의 이중성을 드러낸다. 그 중에서 통과제의의 과정을 그리면서 이상에 대한 동경과 잠재적인 분열 상태를 드러내는 유형이 있고, 통과제의는 형식적인 과정으로만 나타내고 실제적으로는 분열의 여로를 전경화하는 유형이 있다. 전자는 「해바라기」나 『나목』(박완서) 같은 리얼리즘 성장소설이며, 후자는 「환상수첩」 「무진기행」이나 「유년의 뜰」(오정희) 같은 모더니즘 성장소설이다.160)

그런데 두 유형에서 똑같이 성장소설은 한 작가의 초기 소설에서 그 다음 단계로 넘어가는 과정을 암시한다. 예컨대 염상섭의 「해바라기」는 「표본실의 청개구리」 「암야」 「제야」 등에서 1920년대 중반 이후의 리얼리즘으로 나아가는 문턱에 놓인 성장소설이다. 또한 김승옥의 「무진기행」은 「생명연습」 「환상수첩」에서 「서울 1964년 겨울」로 이어지는 본격 모더니즘의 문턱을 암시하는 소설이다.

염상섭이 「해바라기」를 계기로 사랑과 이상 대신에 현실의 생활공간에 정착했듯이, 김승옥은 「무진기행」 이후 젊은 날의 방황 대신 현실의 일상에 눈을 돌린다. 그 점에서 염상섭의 「해바라기」는 사랑과 이상의 기표(홍수삼의 묘지)와 이별하는 염상섭의 작가적 통과제의의 여로를 보여준다. 마찬가지로 김승옥의 「무진기행」은 무진의 방황과 무책임한 사랑의 기표(하인숙과의 사랑)로부터 결별하는 작가적 통과제의의 여로를 제시

---

160) 『나목』이나 「유년의 뜰」은 실제적인 여로보다는 은유적인 방황과 분열의 여로를 그리고 있다. 한편 두 소설과 구분되는 포스트모더니즘 성장소설에는 『새의 선물』이나 『아담이 눈뜰 때』가 있다.

한다. 그러나 염상섭은 생활의 공간에 정착한 이후에도 이상에 대한 동경으로 잠재적인 분열을 경험하는 인물들을 그리게 된다. 그와 비슷하게 김승옥 역시 현실의 일상을 그리면서도 소외와 분열을 경험하는 인물들의 내면을 전경화한다.

그런데 염상섭은 현실을 수용하면서 내면적으로 괴리를 느끼는 이중적 경험을 그리는 과정에서, 현실의 환경에 예속된 자연주의에 빠질 위험에 노출된다.[161] 그와 유사하게 김승옥 역시 일상의 세계에 정착한 인물들의 내면을 탐색하는 중에, 일상에 매몰된 통속소설에 기울어질 위기를 겪게 된다. 염상섭이 「해바라기」 이후 리얼리즘과 자연주의 사이에서 동요했다면 김승옥은 「무진기행」 이후 모더니즘과 통속소설 사이에서 방황하게 된다.[162]

흥미로운 것은 그 같은 작가적 동요와 방황이 여로형 성장소설 주인공의 양가성에 상응한다는 점이다. 「해바라기」의 영이는 세속적인 현실과 내면의 이상 사이에서 동요하며 「무진기행」의 '나(윤희중)'는 서울의 세계와 무진의 기억 사이에서 흔들린다. 이는 두 소설의 주인공이 세속적인 일상에 편입된 후 자연주의나 통속소설의 세계를 살아갈 수도 있고 리얼리즘이나 모더니즘의 문제적 공간에 위치할 수도 있음을 암시한다.

작가적 초기 단계에서의 문턱을 상징하는 이 같은 여로형 성장소설은 특히 '지식인'이나 '소시민' 주인공의 성장의 여로를 보여준다. 이는 성인이 된 이후의 지식인이나 소시민이 일상의 생활에서 세속적인 세계에 매몰될 수도 있고 문제적 인물이 될 수도 있음을 나타낸다. 그리고 후자의 경우처럼 문제성을 지니는 때에도 주인공은 일상의 공간에 위치한 모습을 보여준다.[163]

---

161) 김우창, 「리얼리즘에의 길」, 『염상섭 전집』 9, 민음사, 1987, 452~453면.
162) 김승옥의 이런 동요는 최인호의 1970년대 소설에서도 비슷하게 발견된다.
163) 리얼리즘의 경우 일상생활을 살아가는 인물이 그려지는 반면 모더니즘에서는 일상에 소외를 느끼며 분열을 경험하는 인물이 그려진다. 모더니즘에서는 그 소외와 분열로 인해 여로에의 충동이 나타나기도 한다.

그런데 그와 달리 생활인이 된 이후에도 사회환경의 영토에 정착하지 못하고 여로를 떠돌아다니는 인물들이 있다. 예컨대 현진건의 「고향」이나 한설야의 「과도기」, 황석영의 「삼포가는 길」의 '민중적' 인물들이 바로 그들이다. 이 민중적 인물들의 여로는 내면고백체의 탈출의 여로도 성장소설의 성장의 여로도 아니다. 그들의 여로는 자본주의 사회의 절박한 생존의 요구에 구속된 점에서 사회환경에 연관된 생활의 일부라고 할 수 있다. 물론 이 민중적 인물들의 생활의 여로는 일상에 정착한 소시민들이 지니지 못한 유랑인 특유의 경계선을 넘나드는 위치를 제공한다. 그러나 민중들의 유랑의 여로는 자본주의 사회의 경계선을 해체하고 또 다른 사회로 나아가기 위한 저항적 실천력을 제공하지는 못한다. 이 점에서 이 유형의 여로형 소설은 민중들이 집단적 결속력을 통해 폭발적인 저항을 보여주는 사회주의 리얼리즘으로 나아가는 '과도기'의 여로를 보여준다. 이제 떠돌이들이 현실인식에 눈 떠가는 '과도기'를 보여주는 이 민중적 유랑의 여로를 살펴보자.

8. 민중적 인물의 유랑의 여로

1) 민중적 인물과 유랑인의 내면

자본주의 사회의 생활인에는 소시민이나 지식인 같은 중간적 인물 이외에도 부르주아와 민중적 인물이 포함된다. 이 자본주의 사회의 생활인들은 자본주의를 재생산하면서 그 과정에서 분열의 틈새를 보여주는[164)]

---

164) 재영토화와 탈영토화의 동시적 진행을 말한다.

양가성을 지니고 있다. 그러나 그 양가성을 드러내는 방식은 계급에 따라 각기 다르다고 할 수 있다.

예컨대 부르주아의 경우 자본주의적 과정의 양가성은 사회구조를 더 강화하려는 행동을 나타내게 한다. 부르주아는 자본주의 사회의 권력을 지닌 자로서 양가성에 의한 분열을 봉합하기 위해 더욱 더 자본을 확장하려 한다. 따라서 부르주아 자신도 양가성을 경험하지만 그가 자본주의에서 이탈하는 경우는 상상하기 어렵다.

그와 달리 소시민 등의 중간적 인물(중도적 인물)은 자기 자신의 내면 속에 양가성을 지니고 있다. 즉, 그들은 자본주의를 내면화한 동시에 그에서 이탈하려는 지향을 동시적으로 갖고 있다. 그에 따라 소시민적 인물은, 환경에 지배되는 자연주의적 인물이 되느냐 그에서 벗어나려는 리얼리즘의 문제적 인물이 되느냐에 기로에 놓인다.

다른 한편 노동자 등의 민중적 인물은 자본주의를 내면화하는 방식이 부르주아나 소시민과는 매우 다르다고 할 수 있다. 민중적 인물 역시 사회환경 속의 생활인인 한에서 어떤 식으로든 자본주의를 내면화할 수밖에 없다. 즉, 민중적 인물 또한 자본주의적 생리를 자기 자신의 몸에 밴 아비투스로서 갖고 살아야 하는 것이다. 그러나 자본주의 사회의 자본-노동의 비대칭적 관계165)에서 약자의 위치에 있는 그는, 자본주의를 내면화한 아비투스가 부르주아와는 매우 다를 수밖에 없다.

자본주의를 내면화한다는 것은 화폐에 대한 욕망을 내면의 무의식으로서 갖게 됨을 뜻한다. 그런데 부르주아는 화폐에 대한 물화된 욕망을 지니면서도166) 이미 충분한 화폐를 지닌 탓에 표면으로는 무사무욕한 태도를 가장한다.167) 반면에 민중적 인물(노동자 등)의 돈(화폐)에 대한 욕

---

165) 비대칭적 관계는 노동의 이질적인 타자성을 암시한다. 자본은 노동을 동일화시키려 하지만 노동의 타자성으로 인해 자본주의의 동일성 세계는 항상 불안정한 상태에 있게 된다.

166) 이는 부르주아가 자본주의에서 이탈하기 어려움을 뜻한다.

167) 부르디외, 최종철 역, 『구별짓기-문화와 취향의 사회학』 하, 새물결, 1996, 803면.

망은 생존에 연관된 숨길 수 없는 절박함을 갖고 있다. 부르주아가 외견상 태평한 반면, 역설적으로 민중적 인물은 돈에 대한 초조하고 긴장된 태도를 보이는 것은 그 때문이다.

그러나 그런 절박한 계급적 무의식은 민중적 인물이 자본주의의 주변부에 놓인 타자임을 암시하는 것이다. 노동자나 민중 역시 자본—노동의 관계로 이루어진 자본주의 사회의 일원으로서 그 사회환경을 떠나서는 생존을 영위할 수 없다. 그러나 노동의 위치에 놓인 민중은 자본과는 달리 항상 절박한 상태에서 자본주의의 재생산 과정에 끼어든다. 자본의 경우 화폐란 노동을 '사들여' 상품을 생산함으로써 자본주의 사회를 유지하려는(재영토화하려는) 권력의 기표이다. 반면에 노동(혹은 민중)의 위치에서의 화폐란 자기 자신을 상품으로 '팖으로써' 자본주의의 회로 속에서 목숨을 유지하기 위한 생존의 기표이다.168) 따라서 자본은 자본주의의 재생산(혹은 확대) 이외의 삶은 생각할 수도 없지만, 노동은 목숨을 건 절박함이 위태로워질수록 잠재적으로 자본주의에서 이탈할(탈영토화될) 가능성이 커지게 된다.

이 점에서 노동의 위치에 있는 민중은 자본주의 사회에서 항상 잠재적으로 유목적인 상태에 있게 된다. 부르주아와는 달리 민중적 인물이 경계선을 넘나드는 유연함을 지닐 수 있는 것은 그 때문이다. 그리고 그 같은 유연함은 공간적으로 정착되지 않은 삶을 사는 유랑인(떠돌이)의 경우에 더욱 두드러진다.

유랑인은 자본주의에 의해 전통적인 공동체(고향)가 와해된 이후 아직 공장 노동자로 정착되기 이전의 민중들의 모습이다. 그들을 공간적으로 자본주의 사회의 영토에 얽매여 있지 않은 자유로움을 지니지만, 다른

---

168) 여기서 사는 입장과 파는 입장의 차이가 생겨난다. 양자는 비대칭적인 '차이'의 관계에 있는데, 파는 입장인 노동은 사는 입장 곧 화폐의 동일성 원리에 대해 이질적인 타자로 존재한다. 사는 입장과 파는 입장의 비대칭적 관계에 대해서는 가라타니 고진, 송태욱 역, 『탐구』 1, 새물결, 1998, 92~105면 참조.

한편 생존을 위해 자본주의에 예속되어 노동을 팔아야 하는 절박함을 갖고 있다. 그 같은 유랑인의 모습은 유연함과 절박함이라는 노동의 위치의 이중성을 노동자보다도 더 잘 드러내준다. 그러나 유랑인은 집단적 단결을 이루기 어려운 위치로서 저항적 잠재력을 지닌 단결된 노동자에 이르러 전의 '과도기'적인 상태를 보여준다.

　유랑인의 유연함과 절박함이라는 이중성은 민중적 인물의 여로들 그린 소설에서 잘 나타난다. 예컨대 현진건의 「고향」에서 지식인 화자가 기차간에서 만난 민중적 인물 '그'는 '나'와 달리 경계선을 넘나드는 열린 감성을 보여준다. 다음에서처럼, 그는 내면지향적인 이성을 지닌 '나'와 구분되게 내면과 외면(외부)을 넘나드는 감성을 드러낸다.

　　그는 동양 삼국 옷을 한 몸에 감은 보람이 있어 일본말도 곧잘 철철대이거니와 중국말에도 그리 서툴지 않은 모양이었다.

　　"도꼬마네 오디데 데수까(어디까지 가십니까)?"하고 첫마디를 걸더니만, 동경이 어떠니, 대판이 어떠니, 조선사람은 고추를 끔찍이 많이 먹는다는 등, 일본음식은 너무 싱거워서 처음에는 속이 뉘엿거린다는 등, 횡설수설 지껄이다가 일본사람이 엄지와 검지 손가락으로 짜르게 끊은 꼿꼿한 윗수염을 비비면서 마지못해 깟댁깟댁하는 고개와 함께 "소오데수까(그렇습니까)"란 한 마디로 코대답을 할 따름이요, 잘 받아 주지 않으매, 그는 또 중국인을 붙들고서 실랑이를 하였다. "니쌍나울취 —" "니씽섬마"하고 덤벼 보았으나 중국인 또한 그 기름 낀 뚜우한 얼굴에 수수께끼 같은 웃음을 띠울 뿐이요, 별로 대꾸를 하지 않았건만, 그래도 무에라도 연해 웅얼거리면서 나를 보고 웃어 보였다.

　　그것은 마치 짐승을 놀리는 요술장이가 구경군을 바라볼 때처럼 훌륭한 제 재주를 갈채해 달라는 웃음이었다. 나는 쌀쌀하게 그의 시선을 피해 버렸다. 그 주적대는 꼴이 어줍지 않고 밉살스러웠다.[169)]

　위에서 '내'가 '그'의 주적대는 꼴을 어줍잖고 밉살스럽게 느낀 것은

---

169) 현진건, 「고향」, 『조선의 얼굴』, 문학과비평사, 1988, 232~233면.

자아와 타자, 내면과 외부를 구분하는 분별력(이성)을 지녔기 때문이다. 일본인과 중국인 역시 열차의 승객으로서의 교양(즉 자아와 타자와 외국인과 내국인을 구분하는 지성) 예의를 지니고 있다. 그에 반해 그는 자아와 타자 사이의 경계선뿐만 아니라 내국인 / 외국인 사이의 경계선을 넘나들고 있다. 그처럼 경계선을 월경하는 것은 근대인이 지켜야 할 열차의 승객으로서의 교양을 위반했음을 뜻한다. 그러나 다른 한편 '그'의 주적거림은 내면지향적인 근대인의 경직된 폐쇄성을 넘어서는 유연함을 보여주는 것이기도 하다. 그것은 '그'의 행동이 '그'와 '나', 민중과 지식인 사이의 벽을 허무는 계기가 된 점으로도 알 수 있다.

유랑인으로서의 '그'의 유연함은 '그'가 근대적인 목적론적 시간 감각과 구분되는 제3의 유랑의 시간을 지닌 점에서도 확인된다. 이 소설에서 지식인 화자와 민중적 인물('그')이 만나는 공간을 제공한 기차는 목표를 향해 질주하는 근대적인 목적론적 시간감각을 표상한다. 그 같은 기차의 목적론적 시간감각에 도취됨으로서 진보의 주체라는 환상에 빠져 있었던 것은 『무정』(이광수)의 유학생 주인공들이었다. 그러나 염상섭의 「만세전」에서 기차를 오르내리는 민중들은 기차(그리고 근대)의 목적론적 속도감에서 유리된 타자화된 위치를 드러낸다. 「만세전」의 민중들 역시 일정한 행선지를 지니고 기차에 탑승한 것이지만 주체적인 목적의식을 상실한 그들의 삶의 여로는 근대(그리고 기차)의 목적론적 시간감각과 괴리된 것이었다.

그들과는 달리 「고향」의 '그'는 정해진 목적지를 지니지 않는 유랑의 시간을 보여준다. 즉, '그'는 주체로서도 타자로서도 뚜렷한 목적지가 정해져 있지 않은 제3의 여로에 위치하고 있다. '그'는 정처 없이 막연히 일자리를 찾아 떠도는 중이며, '그'의 서울행 역시 자신의 유랑길의 연장선상에 놓여 있다.

이처럼 「고향」의 민중적 인물은 자유로운 유랑의 여로를 보여주지만, 그의 자유로움은 결코 해방된 삶을 의미하는 것이 아니다. '그'가 어디로든 갈 수 있다는 것은 어디에도 정착해 살 곳이 없다는 절박한 생존의 조건을 나타낸다. '그'의 유연함과 자유로운 유랑의 여로의 이면에는 고통스러운 생존의 요구라는 절박함이 포함되어 있는 것이다.

"서울에 오래 살았는기오?" 그는 또 물었다.
"육칠 년이나 됩니다." 조금 성가시다 싶었으되, 대꾸 않을 수도 없었다.
"에이구, 오래 살았구나. 나는 처음길인데 우리 같은 막벌이군이 차를 내려서 어디로 찾아가야 되겠는기오? 일본으로 말하면 '기진야도' 같은 것이 있는기오?"하고 그는 답답한 제 신세를 생각했던지 찡그려 보였다. 그 때, 나는 그의 얼굴이 웃기보다 찡그리기에 가장 적당한 얼굴임을 발견하였다.[170]

위에서처럼 민중적 인물의 유연함은 그가 생존의 경계선상에 놓여 있다는 위급함과 연관되어 있다. 자유로운 유랑인으로서의 민중적 인물은 자본주의(그리고 식민지)의 영토에 정착할 수 없는 가장 위태로운 삶을 살고 있는 셈이다. 그러나 바로 그 위급함으로 인해 잠재적으로 지배체계의 경직성에서 이탈할 수 있는 탈영토화[171]의 유연함을 지니고 있는 것이다. 이처럼 유랑인의 유연함과 절박함은 자본주의 사회에서 가장 살 수 없는 곳, 즉 그 사회적 변두리의 한계선상에서 나타나는 양가성이라고 할 수 있다. 그 같은 양가성이 경험되는 위치는 옛날의 고향(home)도 새로운 자본주의의 영토(제2의 home)도 갖지 못한 떠돌이들의 낯선 두려움(unhomey)의 공간일 것이다.

2) 성장의 여로와 민중적 유랑의 여로-「무진기행」과 「삼포 가는 길」

성장소설의 여로와 민중적 유랑의 여로의 공통점은 '낯선 두려움(unhoely)'

---

170) 현진건, 위의 글, 위의 책, 231면.
171) 지배체계의 억압적 권력에서 이탈하려는 흐름을 말함.

의 경험이 나타난다는 점이다. 성장소설의 경우 어머니와의 동일시로 은유되는 상상계적 고향(home)을 잃어버리고 제2의 고향인 세속적인 성인의 세계(상징계)에 정착하는 과정이 그려진다. 여기서 청년기의 주인공은 어머니와의 동일시(혹은 순박한 고향)를 상실하고 혐오스러운 성인의 세계에 진입하는 데 어려움을 겪음으로써 낯선 두려움의 상태에 있게 된다. 그같은 낯선 두려움을 경험하는 주인공의 특징은 아직 순수한 이상을 잃지 않은 청년기의 인물이라는 점이다. 또한 순박한 고향을 잃어버리고 도구적 이성에 지배되는 성인의 세계로 이행되는 점에서, 시대적 배경은 흔히 근대화로 인해 합리주의화되어 가는 세계로 나타난다.

반면에 민중적 유랑의 여로는 산업화 속에서 공동체적인 고향을 잃어버리고 자본주의적 세계로 이행하는 과정을 형상화한다. 이 경우 민중적 주인공은 고향(상상계)을 상실하고 자본주의적 산업사회(상징계)에 편입하는 데 쉽게 적응하지 못함으로써 낯선 두려움을 경험한다. 그런 낯선 두려움을 겪는 주인공의 특징은 그가 공동체적 이상향(또 다른 고향)에 대한 꿈을 잃지 않은 민중적 인물이라는 점이다. 고향을 잃어버렸지만 또 다른 공동체의 꿈을 잃지 않고 떠도는 이 민중적 여로는 산업화와 자본주의화가 급속히 진행되는 사회에서 나타난다.

성장소설과 민중적 유랑의 서사의 차이점은 전망을 표상하는 방식이 다르다는 점이다. 두 소설은 주인공이 모순된 환경에 아직 행동적으로 저항하지 않는 점에서 모두 부정적 전망을 지닌다. 그러나 성장소설의 주인공은 청년기에서 성인의 세계로 이행하는 지식인이나 소시민으로서, 그들이 고향이나 이상의 세계를 잃어버리고 세속적인 도시의 생활에 정착하는 과정은 돌이킬 수 없는 행로로 나타난다. 그것은 청년기의 세계로 되돌아가는 것이 불가능하며, 또한 생활의 공간에 정착한 지식인이나 소시민은 스스로 그 세계에서 이탈하기 어렵기 때문이다.

반면에 유랑의 서사의 민중적 주인공은 고향을 잃고 떠도는 중이지만 여전히 공동체적 이상향인 또 다른 고향으로 향하려는 소망을 갖고 있다. 물론 그들 역시 자본주의 사회에서 벗어나 옛날의 소박한 고향으로 되돌아갈 수 없는 역사적 운명의 행로 위에 놓여 있다. 그러나 잃어버린 고향에 대한 기억은 자본주의 사회를 넘어서서 또 다른 공동체적 이상향(고향)으로 나아가려는 소망을 제공한다. 물론 민중적 유랑의 서사 역시 아직 행동적으로 저항하는 인물이 나타나지 않은 점에서 부정적 전망을 지닌다. 그러나 민중적 유랑의 서사는 성장소설과는 달리 고향을 공동체적 이상향이라는 긍정적인 표상으로 드러낸다. 그것은 유랑의 여로에 있는 '민중들'이 성장한 '지식인'이나 '소시민'과는 달리 새로운 공동체적 이상향을 지향할 수 있는 잠재력을 지니고 있음을 의미한다. 그 같은 성장소설과 민중적 유랑의 서사의 차이가 바로 「무진기행」과 「삼포 가는 길」의 차이일 것이다.

「무진기행」에서 무진이 예전의 순박함을 다시 회복할 수 없는 황폐한 고향으로 나타나는 것은, 순수함을 상실하고 세속적인(성신의) 세계에 편입되는 지식인(혹은 소시민) 청년의 여로가 돌이킬 수 없는 행로인 점에 상응한다. 순수함에 대한 동경은 성인이 된 주인공을 분열시키고 다시 무진의 공간에서의 방황으로 되돌아가게 만든다. 그러나 무진에서의 방황이 순수한 사랑과 우정을 발견하게 하면서도, 그 순수의 경험이 무진을 이상향으로 되돌리려는 소망을 낳지는 못한다. 그것을 무진이 황폐화되고 청년기의 주인공이 세속적인 도시의 세계 편입되는 여로가 돌이킬 수 없는 행로이기 때문이다.

그와 달리 「삼포 가는 길」의 삼포는 잃어버린 고향인 동시에 다시 되찾아야 할 공동체적 이상향인 표상으로 나타난다. 그것은 고향을 상실하고 떠도는 민중들의 여로가 자본주의에 예속된 운명의 행로인 동시에 또한 그것을 넘어서려는 소망을 담고 있는 여정이기 때문이다. 물론 자본주의를 넘어서서 공동체적 이상향으로 나아가려는 소망은 단순히 옛날의 고향으로 되돌아가려는 것은 아니다. 그러나 잃어버린 고향에 대한 기억은 유랑의 여로에 있는 민중들에게 새로운 삶으로서 또 다른 고향으로 나아가려는 소망과 힘을 제공한다.

무진과 삼포, 그리고 성장의 여로와 유랑의 여로의 그 같은 차이는, 두 가지 서사에서 낯선 두려움(unhomely)의 경험이 각기 다른 방향으로 나아가게 만든다. 「무진기행」의 '나'는 무진에서의 낯선 두려움의 방향을 끝내고 서울의 세계에 편입된다. 그러나 서울의 세계는 '나'의 내면과 화합되는 또 다른 고향이 될 수 없으며 '나'는 잠재적으로 분열과 낯선 두려움의 방황을 계속한다.172)

그에 반해 「삼포 가는 길」의 민중들은 고향을 잃어버린 낯선 두려움의 유랑의 끝에서 노동의 세계에 정착하게 될 것이다. 그러나 노동의 세계는 민중들의 내면과 화합되는 곳이 아니며, 민중들은 잠재적인 유랑의 상태에서 새로운 삶의 인간관계를 소망하게 된다. 즉, 민중들은 유랑의 여로에서든 노동의 세계에서든, 잃어버린 고향을 기억하며 또 다른 고향으로 나아가려 하는 것이다.

「무진기행」에서 서울의 세계의 정착이 잠재적인 분열을 낳을 뿐 새로운 인간관계의 발견으로 이어지지 못하는 것은, '나'의 성장의 여로가 소시민적 생활에 고착되는 '개인'의 여로이기 때문이다. 반면에 「삼포 가는 길」에서 민중들이 자본주의를 넘어서는 새로운 인간관계를 소망하게 되는 것은, 민중들의 유랑의 여로가 낯선 두려움의 여로인 동시에 새로운 인간관계를 발견하는 여로이기 때문이다. 물론 아직 집단적인 노동자의 생활에 편입되지 않은 민중들은 새로운 삶의 소망을 단결된 투쟁적인 행동으로 드러내지는 않는다. 그러나 공동체적 이상향으로서 새로운 삶(혹은 또 다른 고향)에 대한 소망은 자본주의를 넘어선 인간관계를 발견하는 과정으로서 중요성을 지닌다.

따라서 민중들의 유랑의 서사에서 낯선 두려움의 경험은 고향을 잃어버린 (거세된) 민중들의 절박한 생존의 체험인 동시에 자본주의 한계적

---

172) 「무진기행」에 이어진 「서울 1964년 겨울」에서의 서울의 세계가 그것을 보여준다.

상황173)에서 새로운 인간관계를 발견하는 계기가 된다. 민중들의 낯선 두려움(unhomely)의 경험이란 고향을 상실한(homeless) 유랑의 상태이면서 또한 자본주의(제2의 home)에 완전히 예속되지 않을 삶의 상태를 의미한다. 그런 이중적인 상황에서 민중들의 유랑의 여로는 생존의 절박함과 새로운 인간관계의 발견이라는 양면성을 보여주게 되는 것이다.

3) 낯선 두려움(unhomely)을 경험하는 유랑인의 여로

민중적 유랑의 여로를 그린 대표적인 소설로는 현진건의 「고향」, 한설야의 「과도기」, 황석영의 「삼포 가는 길」 등을 들 수 있다. 이제 이 소설들에 나타난 낯선 두려움의 양면성을 살펴보자.

예컨대 현진건의 「고향」에서 민중적 인물 '그'는 합방 이후 토지조사사업으로 인한 자본주의적 토지제도 하에서 극심한 수탈을 경험한다. 더 이상 고향에서 살 수 없게 된 '그'의 가족은 쫓겨가듯이 서간도로 이사를 했다. 그러나 서간도 역시 그들이 마음 편히 농사짓고 살 수 있는 곳은 아니었다. 낯선 타국에서 부모까지 모두 잃은 '그'는, 신의주·안동현·일본 등지로 여기저기 유랑길을 떠나게 된다. 어디에도 한곳에 머물 수 없었던 '그'는 고향이 그리워 구 년 만에 옛 동리를 찾게 된다.

> "고향에 가시니 반가와하는 사람이 있읍디까?" 나는 탄식하였다.
> "반가와하는 사람이 다 뭔기오, 고향이 통 없어졌더마"
> "그렇겠지요 구 년 동안이면 퍽 변했겠지요"
> "변하고뭐고 간에 아무것도 없더마. 집도 없고, 사람도 없고, 개 한 마리도 얼씬을 않더마."
> "그러면, 아주 폐농이 되었단 말씀이오?"

---

173) 아직 완전히 자본주의에 예속되지 않은 상태를 말한다. 민중들은 유랑의 여로에서든 노동의 세계에서든 그런 한계적 상황을 경험한다.

"흥, 그렇구마. 무너지다 만 담만 즐비하게 남았즈마. 우리 살던 집도 터야 안 남았는기오 암만 찾아도 못찾겠더마. 사람 살던 동리가 그렇게 된 것을 혹 구경했는기오?"

하고 그의 짜는 듯한 목은 높아졌다.

"썩어 넘어진 서가래, 뚤뚤 구르는 주추는! 꼭 무덤을 파서 해골을 헐어젖혀 놓은 것 같더마. 세상에 이런 일도 있는기오? 백여 호 살던 동리가 십년이 못되어 통 없어지는 수도 있는기오, 후!"174)

위에서 보듯이, 무덤처럼 변해버린 고향을 확인하는 '그'의 참혹한 심정은 한마디로 낯선 두려움(unhomely)의 상태라고 할 수 있다. 여기서의 낯선 두려움은 단지 경제적인 삶의 절박함만은 아닌 근원적인 생존의 위기의식을 의미한다. 「고향」의 '그'는 여러 가지 복합적인 차원에서 그런 낯선 두려움을 경험하고 있는 셈이다.

앞서 살폈듯이 낯선 두려움이란, 옛 고향, 모태, (근대 이전의) 전통문화 등을 뜻하는 상상계(기호계)175)를 억압당한 상태에서 새로운 자본주의적 상징계를 수용하기 어려운 한계상황을 나타낸다. '그'는 평화로운 옛 고향(home)을 상실한 채 자본주의 세계의 노동자로서 핍박받고 살아야 하는 상황에서 낯선 두려움을 경험한다. 그런데 그런 상황은 조국이 식민지가 된 후 제국의 자본주의적 법(상징계)에 예속된 데 따른 것이다. 이 점에서 '그'는 모국(home)을 상실한 채 제국의 법의 한계 상황을 경험하는 낯선 두려움의 상태에 놓여 있다. 뿐만 아니라 '그'는 어머니(상상계))와 아버지(상징계)를 연이어 잃어버린 점에서도 가족적인 차원에서 낯선 두려움을 경험한 셈이다.

---

174) 현진건, 앞의 글, 앞의 책, 233~234면.
175) 상상계는 사적 차원에서는 어머니와 아이 사이의 유아적인 충족의 관계를 말하며, 공적 차원에서는 옛 고향, 옛 전통문화 등을 나타낸다. 또한 기호계란 크리스테바의 용어인데, 라캉의 상상계를 성 구분 이전의 단계로 보아, 페미니즘적 입장에서 아직 남성중심적 상징계에 예속되기 이전의 화해의 욕망이 작용하는 단계로 해석하는 개념이다.

그러나 낯선 두려움은 생존의 위기 상황이기도 하지만 또한 억압적인 상징계(사회적 규범)를 넘어선 새로운 인간관계를 발견하는 계기가 되기도 한다. 「고향」의 경우 '그'가 무덤 같은 고향을 말하며 낯선 두려움(unhomely)의 상태를 드러내는 순간 지식인 화자 '나'와 만나는 계기가 마련된다. 이 지식인과 민중의 만남은 다음에서처럼 식민지 자본주의를 넘어선 또 다른 고향과 민족에 대한 소망을 낳게 된다.

> "참! 가슴이 터지더마, 가슴이 터져." 하자마자 굵직한 눈물 뒤 방울이 뚝뚝 떨어진다.
> 나는 그 눈물 가운데 음산하고 비참한 조선의 얼굴을 똑똑히 본 듯싶었다.[176] (…중략…)
> "이야기를 다하면 무얼하는기오"
> 하고 쓸쓸하게 입을 다문다. 내 또한 너무도 참혹한 사람살이를 듣기에 쓴물이 났다.
> "자, 우리 술이나 마자 먹읍시다."하고 우리는 주거니 받거니 한 되 병을 다 말리고 말았다. 그는 취흥에 겨워서 우리가 어릴 때 멋모르고 부르던 노래를 읊조렸다.
>
> 볏섬이나 나는 전토는
> 신작로가 되고요―
> 말마디나 하는 친구는
> 감옥소로 가고요―
> 담뱃대나 떠는 노인은
> 공동묘지 가고요―
> 인물이나 좋은 계집은
> 유곽으로 가고요―[177]

---

176) 현진건, 앞의 글, 앞의 책, 233~234면.
177) 현진건, 위의 글, 위의 책, 234~235면.

위에서 지식인 '나'의 눈에 발견된 조선의 얼굴은 옛 고향을 상실하고 식민지 자본주의 현실에서 타자화된 민중의 낯선 두려움(unhomely)의 모습을 뜻한다. 그러나 '그'(민중)의 입에서 흘러나온 '나'의 기억 속의 아리랑 민요에서는, '나'와 '그'의 교감을 표상하는 '우리'의 취흥을 통해 낯선 두려움을 넘어선 또 다른 고향에 대한 소망이 표현된다. 이 또 다른 고향에 대한 소망은, 옛 고향(home)으로 되돌아가는 것도 자본주의적 현실(제2의 home)에 적응하는 것도 아닌, '제3의 공간'178)으로서의 탈영토화된 고향을 발견하게 한다. 그 또 다른 고향은 잃어버린 옛 조국도 근대화된 식민지도 아닌 제3의 위치로서의 (탈영토화된) 해방된 조국이기도 할 것이다. 위에서 근대적 지식인의 눈에 인식된 '조선의 얼굴'에는 그처럼 탈영토화된 고향과 민족에 대한 소망이 포함되어 있다.

근대적 지식인 '나'가 그 같은 탈영토화된 제3의 공간(고향과 민족)을 인식할 수 있었던 것은 근대의 공간에서 낯선 두려움(unhomely)의 상태에 있는 민중의 모습을 발견했기 때문이다. 민중의 생존의 위기를 표상하는 낯선 두려움은 그처럼 (지식인과의 만남을 통해) 근대를 넘어선 '또 다른 근대의 공간(제3의 공간)'에서 새로운 고향과 민족을 소망하게 한다. 그와 같이 새로운 고향과 민족의 개념을 발견할 수 있는 것은 민중의 낯선 두려움의 위치가 '새로운 인간관계'로서 지식인과의 교감을 가능하게 했기 때문이다. 그리고 고향을 상실한 민중의 위치(unhomely)에서 또 하나 중요한 것은 아리랑 민요에 나타났듯이 '잃어버린 고향에 대한 기억'이 새로운 고향(민족)으로 나아가려는 소망을 낳고 있는 점일 것이다.

「고향」에서 잃어버린 고향을 기억하며 새로운 고향(민족)으로 나아가려는 열망이 '지식인과 민중의 만남'을 계기로 나타난 것은 아마도 근대초기 소설의 특징일 것이다. 근대 초기에 아직 근대적 자각 능력을 지니

---

178) 제3의 공간이란 호미 바바의 용어로서, 서구문화를 받아들이되 그 권력관계를 해체하여 전통문화와 혼성되는 위치를 말한다. 제3의 공간에서는 민족주의와 식민주의의 이분법을 넘어선 탈식민주의적 민족의식이 작용한다.

지 못한 민중에게는 새로운 인간관계를 발견하기 위해 (근대적) 지식인과의 교감이 필요했던 것이다. 물론 민중과 만난 지식인 역시 계몽적 지식인으로서 자기 자신의 한계를 넘어서게 된다.

그러나 민중적 유랑의 서사는 점차로 민중 스스로 새로운 인간관계를 발견하는 여정으로 그려진다. 예컨대 한설야의 「과도기」(1929)나 황석영의 「삼포 가는 길」(1973)에서는 지식인이 발견한 민중의 이야기가 아니라 민중들 스스로 자기 자신을 발견하는 서사가 나타난다. 그리고 이 민중 자신의 이야기들에서는 그들 스스로 새로운 인간관계를 확인하는 여로가 제시된다.

「과도기」는 「고향」처럼 간도에 갔다 돌아온 주인공 창선이 폐허가 된 고향에서 낯선 두려움(unhoely)을 경험하는 이야기이다. 간도로 이주했던 창선 내외는 그곳에서도 중국인 등쌀에 살 수 없어 옛 고향 창리로 돌아온다. 그러나 태산같이 믿었던 고향은 형체도 없어지고 낯선 공장들이 들어서 있었다.

> "여보! 이거 영 딴판이 됐구려!"
> 그는 흘깃 아낙을 보며 눈이 둥그레졌다. 고향은 알아볼 수가 없게 변하였다. 변하였다기보다 없어진 듯했다. 그리고 우중충한 벽돌집, 쇠집 굴뚝들이 잔뜩 들어섰다.
> "저게 무슨 기계간인가!" (⋯중략⋯)
> 겨울해는 벌써 서산머리에 나불거린다. 검은 바다에서 불어오는 짜디짠 바람이 살을 에이는 눈기운을 머금고 휙휙 분다. 그들은 걸을 힘이 나지 않았다. 간도땅에서 한낱 태산같이 믿고 온 고향이요 구주같이 믿고 온 형의 집이 죄다 간 곳 없으니 어디를 가면 좋을지 알 수가 없게 되었다.[179]

이처럼 옛 고향(home)을 잃어버리고 생소하고 낯선 공장의 풍경에 적응할 수 없는 창선은 낯선 두려움(unhomely)의 상태를 경험한다. 손에 익

---

179) 한설야, 「과도기」, 『카프대표소설선』 I, 사계절, 1988, 288~289면.

은 일들은 만날 수 없고 눈을 뜬 채 '산 송장이 될 것만 같은'[180] 창선
의 마음은 절박한 생존의 위협을 느끼는 낯선 두려움의 심정을 나타낸
다. 기계간, 철도, 후미끼리 등이 모두 눈에 서툴게 느껴지는[181] 그에게
는 옛 고향의 시절이 간절히 떠오른다.

> 이렇게 얘기를 하는 사이에 소 먹이는 아이들은 넷 다섯 …… 십여명씩 모인
> 다. 그러면 아리랑타령이 나온다.

> 꿀보다 더 단 건 진고개 사랑
> 놀기나 좋기는 세벌상투(총각이 머리채로 짠 상투)
> 아리랑 아리랑 아라리요
> 아리랑 고개로 날 넘겨라

> 시냇가 강변에 돌도 많고
> 이내 시집에 말도 많다.

> 노래와 얘기로 해 가는 줄을 모른다. 때때로 소를 말뚝에 매어놓고 수수께끼,
> 서울목돈(돌유희), 사또놀, 소경놀음, 각시놀음, 말놀음도 한다.[182]

창선은 아내와 연애하던 가장 좋았던 시절의 기억을 떠올린다. 그 시
절은 노래와 얘기와 놀이가 있었던 때였다. 그러나 이제는 '과도기'의
공포와 설음이 가슴을 쑤실 뿐이다.[183] 그리고 흥겨운 아리랑 노래도 황
혼녘의 노동자의 노래로 바뀌었다.

> 게덕(물고기 말리는 말뚝)은 부엌이 다 집어 먹었다. 그래도 잘해 준다던 소식
> 은 찾아오지 않았다. 포구에는 배따라기가 떠보지 못하고 산야에는 격양의 노래

---

180) 한설야, 위의 책, 230면.
181) 한설야, 위의 책, 291면.
182) 한설야, 위의 책, 292면.
183) 한설야, 위의 책, 302면.

가 끊어졌다. 다만 들리느니 저녁 놀이 사라지는 황혼의 노동자 노래뿐이다.

장진물이 넘어서
수력 전기 되고
내호 바닥 기계 속은
질소비료가 되네
아—령 아—령
아라리가 났네
아리랑 고개로
넘겨넘겨 주소

논밭간 좋은 건
기계간이 되고
계집애 잘난 건 요릿간만 가네.

한스럽고 가라앉은 아리랑이 보다— 사자밥을 목에 단 배꾼의 노래보다 씩씩
한 노래다.[184]

위에서 노동자의 노래는 옛 고향의 아리랑을 빌린 풍자적인 노랫말을
담고 있다. 이 새로운 민중의 노래에는 옛 고향에 대한 간절한 기억이
포함되어 있다. 그리고 '논밭이 기계간이 된' 세태를 풍자한 가락에는
그 삭막함을 넘어선 새로운 고향에 대한 소망이 숨겨져 있다.

여기서 '노동자'가 옛 고향 사람들이 아닌 '생소한 사람'[185]이듯이 그
들의 숨겨진 소망은 다시 옛 고향으로 되돌아가는 것은 아닐 것이다. 민
요를 빌린 노동자의 노래에는 예전의 고향을 기억하며 새로운 세상을
소망하는 간절함이 담겨 있다. 그 소망은 옛 민요의 '우리'도 생소한 노
동자도 아닌 새로운 '우리'의 발견을 의미한다. 역설적으로 황혼의 노동

---

184) 한설야, 위의 책, 302면.
185) 한설야, 위의 책, 303면.

자의 노래가 씩씩하게 들려온 것은 그 때문일 것이다.

「고향」에서 아리랑 민요가 새로운 인간관계를 생성시키는 민족의 발견이었다면 「과도기」의 노동자의 노래는 새로운 민중의 발견을 표상한다. 그처럼 「과도기」에서도 옛 고향을 기억하며 새 세상을 소망하는 여로와 민중적인 '우리'의 인간관계를 발견하는 서사가 나타나고 있다. 물론 그런 새로운 '우리'의 발견은 이 소설이 '과도기'의 서사인 만큼 잠재적으로만 암시된다. 새로 발견된 '우리'가 새 세상을 향해 보다 적극적으로 나아가는 서사는 그 이후의 소설(「씨름」, 『황혼』 등)에서 나타난다.

자본주의적 산업화의 과정에서 낯선 두려움의 상태를 경험하는 민중적 유랑의 서사는 1970년대 소설 「삼포 가는 길」에서도 발견된다. 이 소설에서는 떠돌이 생활에 이력이 난 영달 같은 인물이 등장하는 점에서 「고향」이나 「과도기」보다 민중들의 생존의 절박함이 덜 드러나고 있다. 그러나 고향 삼포가 공사판으로 변했다는 낯선 소문에 충격을 받는 정씨의 심리는 「고향」과 「과도기」에서 나타난 낯선 두려움(unhomely)의 경험에 다름이 아니다. 또한 이 소설의 화자는 정씨가 소문을 듣는 순간 영달과 같은 처지가 되었다고 서술하고 있는데, 이는 영달 역시 낙천적인 성격 속에 낯선 두려움의 절박함을 숨기고 있음을 암시한다.

"동네는 그대루 있을가요?"
"그대루가 뭐요. 맨 천지에 공사판 사람들에다 장까지 들어섰는걸."
"그럼 나룻배두 없어졌겠네요"
"바다 위로 신작로가 났는데, 나룻배는 뭐에 쓰오. 허허 사람이 많아지고 변고지, 사람이 많아지면 하늘을 잊는 법이거든."
작정하고 벼르다가 찾아가는 고향이었으나, 정씨에게는 풍문마저 낯설었다. 옆에서 잠자코 듣고 있던 영달이가 말했다.
"잘됐군. 우리 거기서 공사판 일이나 잡읍시다."
그때에 기차가 도착했다. 정씨는 발걸음이 내키질 않았다. 그는 마음의 정처를 방금 잃어버렸던 때문이었다. 어느 결에 정씨는 영달이와 똑같은 입장이 되어 버렸다.

　기차가 눈발이 날리는 어두운 들판을 향해서 달려갔다.[186]

　위에서처럼 정씨는 「고향」의 '그'나 「과도기」의 창선과 똑같은 처지에 놓이게 된다. 정씨가 마음의 청저를 잃어버린 것은 옛 고향(home)을 상실하고 공사판이 된 고향(제2의 home)이 생소하게 느껴지는 낯선 두려움(unhoely)의 상태가 되어 버렸기 때문이다. 이 같은 정씨의 심리는 비단 그뿐만 아니라 급속한 산업화의 과정에서 마음의 고향을 잃어버린 1970년대의 모든 사람들의 심정을 대변한다.

　그러나 「삼포 가는 길」은 그 같은 낯선 두려움의 상태에 있는 민중들이 떠돌이의 여로에서 새로운 인간관계를 발견하는 과정을 보여준다. 그것은 떠도는 민중들의 내면에 진정한 공동체적 인간관계를 꿈꾸는 마음의 고향에 대한 소망이 간직되어 있기 때문이다.

　'삼포 가는 길'은 정씨의 입장에서는 고향으로 향하는 길이지만 실제로는 그 고향이 사라져 버렸음이 밝혀진다. 술집 작부 백화 역시 고향으로 향하지만 영달의 생각처럼 그녀의 고향행 또한 진정한 귀향은 되지 못할 것이다. 따라서 '삼포 가는 길'은 고향으로 가는 길인 동시에 실제로는 고향을 잃어버린 떠돌이의 여로라고 할 수 있다.

　그런데 그 떠돌이의 여로에서 만난 세 인물은 저마다 마음의 고향을 향한 충동을 갖고 있다. 정씨의 경우 그것이 가장 분명하지만 매우 세속적인 영달 역시 크게 다르지는 않을 것이다. 고향으로 가는 백화와 이별하며 빈정대면서도 아쉬움에 시무룩해 있는 영달의 모습이 그 점을 말해준다. 세 인물 중 가장 현실적인 영달은 그들 모두가 고향을 그리워하면서도 현실적으로는 진정한 귀향을 이룰 수 없음을 잘 알고 있는 것이다.

　이처럼 세 사람의 고향을 향한 충동은 마음속의 소망으로만 잠재되어 있다. 그런데 중요한 것은 바로 그 고향에의 충동이 떠돌이의 길에서 새

---

186) 황석영, 「삼포 가는 길」, 『객지』, 창작과비평사, 1974, 276~277면.

로운 인간관계를 발견하게 한다는 것이다. 고향에 대한 충동이란 자본주의 사회의 삭막함과는 다른 따뜻한 인간관계에 대한 그리움일 것이다. 「삼포 가는 길」의 세 사람은 저마다 따뜻한 옛 고향을 그리워하면서도 실상은 그곳으로 가지 못한다. 그러나 그 고향에 대한 기억은 옛 고향에서와 같은 따뜻한 인간관계에 대한 소망으로 나타나며, 그 소망이란 결국 자본주의를 넘어선 또 다른 고향에 대한 염원에 다름이 아닐 것이다. '삼포 가는 길'이 정씨의 고향행인 동시에 잃어버린 삼포를 기억하며 또 다른 고향을 소망하는 여로인 것은 그 때문이다.

따라서 「삼포 가는 길」에서 자본주의를 넘어선 인간관계의 발견은 그같은 새로운 고향을 향한 여로에서 중요한 의미를 지닌다. 가령 백화의 옥바라지나 영달과 백화 간의 연정이 그런 새로운 인간관계의 예들일 것이다. 백화는 두 사람과 이별하는 순간 못내 아쉬워하며 다음과 같이 말한다.

> "아무도 …… 안 가나요"
> "우린 삼포루 갑니다. 거긴 내 고향이오"
> 영달이 대신 정씨가 말했다. 사람들이 개찰구로 나가고 있었다. 백화가 보통이를 들고 일어섰다.
> "정말, 잊어버리지……않을께요"
> 백화는 개찰구로 가다가 다시 돌아왔다. 돌아온 백화는 눈이 젖은 채로 웃고 있었다.
> "내 이름 백화가 아니예요. 본명은요……이 점례예요"[187]

위에서처럼 백화가 마지막으로 들려준 것은 자신의 본래의 이름이었다. 백화라는 이름이 자본주의에 적응하기 위한 상업화된 이름이라면 촌스러운 점례에는 옛 고향에 대한 기억이 담겨 있다. 그러나 점례라는 본명이 백화나 두 사람을 그들의 옛 고향으로 되돌아가게 하지는 않는다.

---

187) 황석영, 위의 책, 275면.

그보다도 세 사람 사이에서 점례라는 이름이 말해지는 순간 옛 고향에 대한 기억을 매개로 자본주의를 넘어선 새로운 인간관계가 발견되고 있는 것이다. 그 새로운 인간관계는 자본주의를 극복한 또 다른 고향으로 가기 위한 작은 출발을 의미할 것이다.

물론 그 작은 사건은 자본주의에 대항하는 민중들의 행동으로는 매우 미미한 삽화에 불과하다. 그것은 유랑의 서사가 자본주의의 한계지점에 있는 민중들의 위치를 가장 잘 보여주면서도, 그 한계상황을 역전시키는 대응으로는 별다른 행동을 제시하지 못함을 뜻한다. 민중들이 자본주의의 첨예화된 지점에 집결해 유랑길에서 보여줬던 인간관계를 증폭시켜 집단적인 폭발력을 발휘할 때, 비로소 자본주의를 역전시키는 서사가 시작될 것이다. 그러한 전환은 「과도기」의 '과도기'가 「씨름」과 『황혼』으로 이어지고 「삼포가는 길」이 1980년대 노동소설의 투쟁의 길로 연결되는 변화를 나타낸다.

9. 서정소설과 서정적 여로

1) 현대인의 낯선 두려움과 서정소설

성장의 여로가 잠재적인 분열로 귀결되거나 민중적 유랑의 여로가 떠돌이의 삶으로 이어지는 것은 현대세계(혹은 근대세계)에서 충만한 원환으로서의 고향(home)이 사라져 버렸기 때문이다. 현대인은 고향을 그리워하면서도 더 이상 유토피아적 삶의 의미를 지닌 고향의 현존을 경험하지 못한다. 그것은 현대의 삶이란 루카치가 말한 총체성을 잃어버린 세계이기 때문이다.

현대인(혹은 근대인)은 실제로 실향민이 아니더라도 늘상 고향을 잃은 듯한 낯선 두려움(unhomely)에 시달린다. '현대인은 고독하다'라는 말은 실제로는 그 같은 낯선 두려움의 상태를 뜻한다. 그 점에서 현대소설은 어떤 식으로든 낯선 두려움을 경험하는 주인공의 고향을 향한 충동을 형상화한다고 볼 수 있다. 그런 고향을 향한 충동은 물론 근대의 자본주의적 세계에서는 결코 실현될 수 없는 그리움일 뿐이다. 현대인(근대인)은 옛 고향으로 되돌아갈 수도, 자본주의적 근대사회(제2의 고향)와 화합할 수도 없는, 틈새의 공간에 놓여 있기 때문이다.

그 같은 고향을 향한 충동, 즉 총체성에 대한 향수는 성장소설의 경우 세속적인 성인의 세계에 안주하지 못하는 동요의 경험으로 나타난다. 또한 민중적 유랑의 서사에서는 자본주의적 세계를 넘어서서 새로운 인간관계를 발견하는 경험으로 형상화된다. 다른 한편, 그 총체성에의 향수와 화해의 소망은 신화적 전망이 깃든 서정적 표상들을 통해 암시되기도 하는데, 그처럼 서정적 표상들을 찾아가는 서사가 바로 서정소설이다.

성장소설이 어머니(상상계)의 세계에서 아버지(상징계)의 세계로 전환되는 과정에서 경험하는 낯선 두려움(unhoely)과 그 극복에의 소망을 드러낸다면, 민중적 유랑의 서사는 옛 고향(상상계)을 상실하고 자본주의적 세계(상징계)의 한계상황에 놓인 민중들의 유랑의 경험과 또 다른 고향에 대한 염원을 그린다. 그에 반해 서정소설은 신화적(혹은 서사시적) 전망의 총체성을 잃어버리고 개인주의화된 근대세계에 적응하지 못하는 고독한 현대인(근대인)의 총체성에 대한 향수를 형상화한다. 성장소설이 총체성(삶의 고향)에 대한 충동을 '청년기'에 경험하는 낯선 두려움을 통해 그리며, 민중적 유랑의 서사가 그 그리움을 '계급적인' 한계적 위치를 매개로 드러낸다면, 서정소설은 삶의 고향을 상실한 '현대인의 위치' 그 자체를 통해 그것을 제시하는 것이다.

그처럼 서정소설은 삶의 고향을 상실한 현대인(근대인)의 낯선 두려움을 그리면서, 자연과 화합되는 순간적인 화해의 경험을 통해 총체성을 소망하는 서정적 전망을 드러낸다. 따라서 서정소설에서는 어떤 식으로든 낯선 두려움(unhomely)을 경험하는 근대인의 모습이 나타나게 된다. 예컨대, 이효석의 「메밀꽃 필 무렵」의 허생원은 공동체적 전망(즉 총체성)이 사라진 시대의 외로운 장돌뱅이로 제시된다.

그런데 허생원이 현실의 공간에서 소외된 고독한 인물로 그려지는 것은 단지 그가 장돌뱅이라는 떠돌이기 때문만은 아니다. 공동체적 전망이 남아 있던 전통사회의 경우, 장돌뱅이는 혼자서 떠돌면서도 공동체의 구성원들과 마음을 같이 했으며 결코 외로운 인물이 아니었다. 그러나 근대 이후 공동체가 와해되면서 장돌뱅이는 외롭고 소외된 처지를 대표하는 인물이 되었다. 즉, 외로운 장돌뱅이란 근대사회가 발명해낸 인물로서, 전통과 근대의 경계선에서 근대인의 낯선 두려움을 집약적으로 드러내는 인물인 것이다. 전통 / 근대의 경계선에 놓인 장돌뱅이는, (전통사회의) 총체성에 대한 향수를 자극하면서 더 이상 총체성이 가능하지 않는 낯선 두려움의 상태를 고독하게 드러낸다.

그처럼 전통과 근대의 경계선에 놓인 인물이 그려지기도 하지만 또한 근대사회에서 마음의 고향(공동체적 전망)을 상실한 채 고독하게 살아가는 인물이 등장하기도 한다. 예컨대 윤후명의 「모든 별들은 음악소리를 낸다」에서는 자본주의 사회 및 분단현실에서 행복의 찾는 데 실패한 사람들이 등장한다. 사기를 당하고 빚더미 속에서 세상을 떠난 아버지, 월남 후 쓸쓸히 살아가는 큰아버지, 외로움으로 계간(鷄姦)까지 하는 떠돌이 청년, 시를 쓰지만 패배자의 넋두리만 기록하게 된 주인공('나'), 게다가 돼지치기를 위해 사들인 폐마까지,[188] 이 소설에는 근대사회에서 공동체적 전망을 잃어버리고 낯선 두려움(unhomely)에 시달리는 인물들이 그려진다.

같은 작가의 「누란의 사랑」에서 역시 부랑생활을 하며 '개밥의 도토

---

188) 나병철, 『소설의 이해』, 문예출판사, 1998, 327~328면.

리' 같이 천대받는 생을 살아가는 주인공이 등장한다. 주인공 '나'는 아버지를 여의고 어머니의 사랑을 잃은 상태에서 성인된 후에도 낯선 두려움의 삶을 이어가게 된다.[189) '내'가 '동서생활(同棲生活)'[190)을 하던 여인과 폐허가 된 사랑을 나누며 이별을 할 수밖에 없는 것도 그런 낯선 두려움의 상태를 극복하지 못했기 때문일 것이다. 뿐만 아니라 외로운 타국(중국)에서 광복군 밀정을 하던 아버지나 아버지가 죽은 후 순장물(殉葬物) 같은 어둠의 삶을 살아가는 어머니 역시 마음의 고향을 잃은 고독한 현대인의 삶을 드러낸다.

윤후명의 또 다른 작품 「하얀 배」에는 유신시절 공권력에 쫓기던 때의 망령에 시달리는 주인공이 등장한다. '나'는 독재권력의 억압에서 풀려났지만 여전히 그때의 악몽과 억압에서 벗어난 허탈감을 번갈아 경험한다. '나'의 꿈이 끊어진 듯한 느낌은 공동체적 전망을 상실한 현대사회에서 마음의 정처를 잃어버린 낯선 두려움의 상태에 다름이 아니다. '내'가 민족의 흔적이 인상적으로 남아 있는 중앙아시아 지방을 여행가게 된 것도 그 때문일 것이다.

이처럼 서정소설에서는 총체성과 공동체적 전망이 사라진 현대사회에서 외로운 삶을 살아가는 인물들이 등장한다. 물론 이들은 자본주의 사회와 분단현실의 모순에 의해 고통을 받거나 독재정권의 망령에 시달리기도 하는 등 사회적 모순과의 연관을 드러내기도 한다. 그러나 서정소설에서는 그런 사회적 모순의 요인들이 모두 총체성을 상실하고 파편화된 외로운 삶을 살아가는 풍경의 일부로서 그려진다. 그처럼 '고독한 현대인'의 모습을 보여주는 인물들이 낯선 두려움(unhmely)에 시달리며 마음의 고향(home)을 향하는 충동을 드러내는 것이 바로 서정적 전망이다.

---

189) 이 점에서 이 소설은 성장소설적 요인을 지니고 있다.
190) 이 소설에서의 '동서생활'은 동거생활과는 달리 단순한 '서식'의 생활이었음을 암시한다.

2) '고향을 향한 충동'[191]과 서정적 여로

　마음의 고향을 향한 충동으로서 서정적 전망이 매우 절실하게 드러나는 것은 주인공이 근대사회의 한계영역에 있는 소외된 인물인 경우이다. 그런 한계영역에 위치한 인물은 총체성을 상실한 근대사회에서 고독과 외로움에 시달리게 되며, 그만큼 화해된 삶을 소망하는 그의 서정적 전망 역시 간절해진다.

　예컨대 「메밀꽃 필 무렵」의 허생원은 전통사회와 근대사회의 경계지점에 놓인 인물이며, 「누란의 사랑」의 '나'는 근대사회의 성인이 되는 성장과정에서 상처를 입은 인물이다. 또한 「하얀 배」의 '나'는 독재정권에 탄압받던 시절의 망령에 시달리며 쫓기듯이 살아간다.

　「메밀꽃 필 무렵」에서 허생원이 전통사회와 근대사회의 경계선에 있다는 것은, 그가 '근대'소설이라는 심미적 액자 속에 그려진 '향토'의 풍경192) 속에 등장하는 점에서 알 수 있다. 「메밀꽃 필 무렵」은 전통적인 삶의 풍경이 많이 남아 있는 '향토'를 그린 '근대'소설이다. 그러나 소설 속에 그려진 향토는 결코 전통사회의 모습을 그대로 옮겨 담은 풍경이 아니다. 이 소설에 그려진 향토는 누구보다도 서구적 근대에 탐닉했던 작가(이효석)에 의해 '발견'된 풍경인 것이다.193) 이 소설의 향토의 묘사가 매우 인상적인 것은, 그처럼 바깥(서구적 근대)의 위치에서 바라본 안의 풍경, 다시 말해 '낯설게 하기'된 향토이기 때문일 것이다.

　　여름 장이란 애시 당초에 글러서 해는 아직 중천에 있건만 장판은 벌써 쓸쓸하고 더운 햇발이 벌려 놓은 전 휘장 밑으로 등줄기를 훅훅 볶는다. 마을 사람

---

191) 이 고향을 향한 충동은 단지 옛 고향으로 되돌아가려는 것이 아니라 총체성의 삶을 소망하는 전망이라고 할 수 있다.

192) 향토의 풍경의 의미에 대해서는 신형기, 「이효석과 발견된 '향토'」, 『민족이야기를 넘어서』, 삼인, 2003, 108~135면 참조.

193) 신형기, 위의 책, 112면.

들은 거의 돌아간 뒤요, 팔리지 못한 나무군패가 길거리에 궁싯거리고들 있으
나 석유병이나 받고 고깃마리나 사면 족할 이 축들을 바라고 언제까지든지 버
티고 있을 법은 없다. 칩칩스럽게 날아드는 파리떼도 장난군 각다귀들도 귀찮
다. 얼금뱅이요 왼손잡이인 드팀전의 허생원은 기어이 동업의 조선달을 낚구어
보았다.194)

위에서 '애시 당초에 글러서', '궁싯거리고', '칩칩스럽게' 등은 허생원
이 쓰는 말투와 비슷한 언어로서, 화자의 서술에 허생원의 내부시점이
함축되어 있음을 나타낸다. 그러나 인용된 문장들의 묘사의 감각이나 서
술의 호흡은 세련된 화자의 어법이며, 허생원과 그가 서 있는 향토를 서
구적인 심미적 액자 속에 담는 역할을 한다. 즉, 인용문은 '장판'의 풍경
과 그것을 바라보는 허생원의 모습을 화자의 세련된 문장 속에 담고 있
다. 이처럼 '장판'·'나무군패'·'허생원' 등이 등장하는 향토의 풍경은
화자의 서구적 감각과 허생원의 전통적 감각의 혼성성(hybrid)195) 속에서
'낯설게 하기'의 표현을 얻고 있다.

그런데 주목할 것은 그런 향토의 풍경에서 주인공으로 등장하는 허생
원의 모습이다. 이 소설은 단지 향토의 모습이 아니라 '허생원이 살아가
는 향토'의 풍경을 그리고 있다. 그러면 왜 그처럼 향토와 어우러진 인
물로서 허생원 같은 '얼금뱅이에 왼손잡이'인 장돌뱅이를 등장시킨 것
일까.

허생원이 '얼금뱅이요 왼손잡이'라는 것은 그가 매우 외로운 인물임
을 나타낸다. 또한 장돌뱅이 역시 고독한 떠돌이의 모습을 연상시킨다.
향토의 풍경 속에 그처럼 외롭고 소외된 인물을 등장시킨 것은 이 소설
에 그려진 향토가 충족한 고향의 모습이 아님을 암시한다.

---

194) 이효석, 「메밀꽃 필 무렵」, 『이효석』, 벽호, 1993, 31면.
195) 혼성성이란 서구문화를 받아들이는 과정에서 그에 포함된 권력관계를 해체하여 주
　　체적 입장에서 재창조된 전통문화에 접속되는 것을 말함. 혼성성에 대해서는 호미 바
　　바, 나병철 역, 『문화의 위치』, 2002, 225~229면, 458면 참조.

그와 함께 또 하나 유의할 것은, 그 같은 외로운 장돌뱅이나 충족함을 잃은 향토가 전통사회와 근대사회의 경계선 상의 시간 속에서 그려지고 있다는 점이다. '외로운 장돌뱅이'란 결코 공동체적 전망을 지닌 전통사회의 장돌뱅이가 아니다. 장돌뱅이는 분명히 전통사회의 흔적이지만 그가 외로운 인물로 연상되는 것은 근대 자본주의 사회에 편입된 시간 속에서일 것이다.

> 젊은 시절에는 알뜰하게 벌어 돈푼이나 모아본 적도 있기는 있었으나, 읍내에 백중이 열린 해 호탕스럽게 놀고 투전을 하고 하여 사흘 동안에 다 털어버렸다. 나귀까지 팔게 된 판이었으나 애끓는 정분에 그것만은 이를 물고 단념하였다. 결국 도로아미타불로 장돌이를 다시 시작할 수밖에는 없었다. 짐승을 데리고 읍내를 도망해 나왔을 때에는 너를 팔지 않기 다행이었다고 길 가에서 울면서 짐승의 등을 어루만졌던 것이었다. 빚을 지기 시작하니 재산을 모을 엄은 당초에 틀리고 간신히 입에 풀칠을 하러 장에서 장으로 돌아다니게 되었다.[196]

위에서처럼, 허생원의 장돌뱅이의 외로운 신세는 그가 '벌었던 돈푼'을 잃어버리게 된 경위와 연관된다. '간신히 입에 풀칠을 하러' 장을 도는 허생전의 외로움은 이처럼 근대 자본주의 사회의 변두리에 있는 인물의 신세를 말해둔다. 그러나 다른 한편 전통사회의 흔적으로서의 장돌뱅이는 공동체와 고향에 대한 충동을 누구보다도 내면에 진하게 간직하고 있다. '외로운 장돌뱅이'가 고독한 현대인(근대인)에게 매우 의미 있는 기표로 느껴지는 것은 바로 그 때문이다. 즉, 옛 고향을 잃어버리고 근대사회의 한계영역을 살아가는 장돌뱅이는 낯선 두려움(unhomely) 속에서 고향에 대한 충동을 강하게 일깨우고 있는 것이다.

장돌뱅이와 함께 그려지는 향토 역시 그와 마찬가지이다. 향토는 공동체와 옛 고향에 대한 충동을 불러일으키면서도 그 자체는 충족한 고

---

196) 이효석, 앞의 글, 앞의 책, 35면.

향이 아닌 결핍의 상태인 것이다. 즉, 향토는 이미 옛 고향이 아니며 근대사회의 한계영역으로서 낯선 두려움(unhomely)을 숨기고 있는 것이다.

향토 속의 허생원의 외로움은 그처럼 전통사회(옛 고향)와 근대사회의 경계선에 놓인 낯선 두려움의 상태로 이해될 수 있다. 그러나 허생원의 '낯선 두려움'의 상태는 소외된 삶이기도 하지만 또한 마음의 고향을 향한 충동을 강렬하게 지니고 있기도 하다. 허생원이 달밤의 공간에서 향토적인 자연과 화합하는 경험을 하는 것은 그 때문이다.

> 이지러는 졌으나 보름을 갓 지난 달은 부드러운 빛을 흐뭇이 흘리고 있다. 대화까지는 팔십리의 밤길, 고개를 둘이나 넘고 개울을 하나 건너고 벌판과 산길을 걸어야 된다. 길은 지금 긴 산허리에 걸려 있다. 밤중을 지난 무렵인지 죽은 듯이 고요한 속에서 짐승 같은 달의 숨소리가 손에 잡힐 듯이 들리며, 콩포기와 옥수수 잎새가 한층 달에 푸르게 젖었다. 산허리는 온통 메밀밭이어서 피기 시작한 꽃이 소금을 뿌린 듯이 흐뭇한 달빛에 숨이 막힐 지경이다. 붉은 대궁이 향기같이 애잔하고 나귀들의 걸음도 시원하다.197)

낮의 공간에서 외로움을 겪던 허생원은 밤의 공간에서는 자연과 화합되는 황홀한 경험을 한다. 그런데 위에서 허생원에게 주객화해의 서정적 경험을 제공하는 자연은 향토와 마찬가지로 근대인에 의해 '발견'된 것이라고 할 수 있다. 향토가 옛 고향에 대한 충동을 자극하듯이 자연은 총체성이 있던 시절의 화해의 기억을 자극한다. 그러나 향토의 생활은 옛 고향을 잃어버린 결핍(낯선 두려움)의 경험인 반면 자연은 아름다운 서정적 화해의 경험을 제공한다. 이 소설의 전반부(향토의 생활)와 후반부(자연의 경험), 낮의 공간과 밤의 공간은 각각 그 두 가지 경험을 그리고 있는 셈이다.

하지만 자연과 화합되는 서정적 경험이 허생원이 소외에서 벗어나 화

---

197) 이효석, 위의 글, 위의 책, 35~36면.

합된 삶을 되찾았음을 의미하는 것은 아니다. 근대인의 삶은 어떤 식으로 든지 사회적 인간관계의 그물망과 일상적인 생활의 시간을 벗어날 수 없 다. 달밤에 메밀밭을 지나는 허생원의 서정적 경험은 그 생활의 시간이 잠시 멎으면서 무시간적인 화해의 순간을 제공하는 것으로 볼 수 있다. 그처럼 생활의 시간이 중단되는 순간, 허생원은 시간의 공간화와 무시간 적인 화해의 경험 속에서 마음의 고향을 향한 충동을 드러낸다.

서정적 경험의 본질은 그와 같이 '주객화해'와 '무시간성'에 있다. 서 정적 경험이 무시간성을 지닌다는 것은 자연과의 화해가 순간적인(무시 간적인) 내면의 경험임을 뜻한다. 그처럼 무시간적인 내면의 경험 속에서 서정적 주체(허생원)는 마음의 고향, 즉 총체성에 대한 충동을 드러낸다.

무시간적인 서정적 경험이 근대의 삶에서 의미를 지니는 것은 그에 담긴 총체성에 대한 열망이 고달픈 일상의 시간을 버텨나가는 힘이 되 기 때문이다. 「메밀꽃 필 무렵」의 허생원 역시 그처럼 서정적 경험을 통 해 '뒤틀린' 반생을 버텨나가는 힘을 얻고 있다. 즉, 그는 외로움에 시달 리면서도 달밤의 서정적 경험을 통해 총체성의 순간 속에서 자신의 삶 의 의미를 확인하고 있는 것이다.

이처럼 서정소설의 서정적 여로는, 근대의 삶에서의 낯선 두려움의 경험을 드러내면서, 서정적 화해의 순간을 찾아가는 여로 속에서 총체성 (마음의 고향)에의 열망을 표현한다. 그리고 그런 총체성에 대한 열망을 통해 근대의 소외된 삶(낯선 두려움의 삶)을 넘어서려는 소망을 나타낸다. 「메밀꽃 필 무렵」뿐만 아니라 윤후명의 여로형 소설 역시 그처럼 '낯선 두려움'과 '화해의 열망'을 그리고 있다. 이 소설의 경우 낯선 두려움의 경험은 성장소설적 요소와 겹쳐지고 있다. 주인공 '나'는 사랑하던 여자 와의 동거생활이 '음험한 서식'이 되어 버릴 무렵 그 여자와 함께 바다 로 향하는 여행을 떠난다. '나'는 여행길에서 성장과정을 회상하는데, '나'의 사춘기는 아버지를 잃고 어머니의 사랑에 목말라 하며 낯선 두려 움에 시달리던 때였다.

사실 "이 놈의 뱀!"하고 저주에 가득 찬 말을 내뱉어야만 했던 감정은 꽤 오랫동안 나를 길들여 왔던 것이었다. 나는 집요하게 그 감정에 시달려왔다. 그러나 시달려왔을 뿐이지 결코 익숙해지지는 않았다. 그에 관해서라면 나는 영원히 순치되지 않는 야생동물이었다. 매일같이 그 집을 드나들 때도 나는 한번의 예외 없이 나를 엄습하는 섬뜩함에 깜짝 놀라며 휘말려 들곤 했다. 그러니 내가 고등학교를 졸업할 때까지 만도 다섯 번의 가출을 기도했다 해서 이상할 건 없으리라. 어머니는 내가 추위와 굶주림에 견디지 못하여 두 어깨를 축 늘어뜨린 채 집으로 기어들었을 때마다, 네까짓 게 가면 어딜 가 하는 눈초리로 노골적인 경멸을 표시했다.

"개밥에 도토리 같은 녀석!"

그 말의 뜻보다는 목소리가 한층 싸늘했다.198)

광복군 밀정이었던 '나'의 아버지는 위독한 상태에서 돌연 누란이라는 서역으로 떠난다. 아버지를 잃은 후 어머니는 순장물 같은 어두운 삶을 살고 있었고, '나'는 그런 어머니로부터 따뜻한 사랑을 느낄 수 없었다. 위에서 집으로 가는 골목이 뱀처럼 느껴지거나 수없이 그런 집으로부터 뛰쳐나오던 가출의 경험은 '낯선 두려움(unhomly)'의 상태를 나타낸다. 낯선 두려움이란 집(home)을 잃은 것이 아니라 집에 있어도 안주할 곳을 잃고 낯선 감정에 시달리는 것을 말한다. 아버지(상징계)의 부재 상태에서 어머니(상상계)와 불화관계에 있는 사춘기의 '나'는 그런 낯선 두려움을 겪어 왔던 셈이다. '개밥의 도토리' 같은 '나'의 낯선 소외감은 어머니가 김씨와 관계를 갖기 시작하면서 더욱 악화된다. 그 후 '나'는 사랑하는 여자를 만나지만 그녀와의 관계로 곧 '음침한 서식'이 되어 버린다.

이 소설에서 그런 낯선 두려움을 극복하려는 화해의 시도는 두 가지 서정적 여로를 통해 나타난다. 그 중 하나는 어머니가 나에게 들려준 누란으로 떠난 아버지의 여로이다. 광복군 밀정이었던 아버지는 조국(상징적인 아버지)을 잃은 채 이역 땅을 떠돌며 낯선 두려움에 시달렸을 것이

---

198) 윤후명, 「누란의 사랑」, 『이상 문학상 수상작품집—하얀 배』, 문학사상사, 1995, 79면.

다. 아버지는 '풍찬노숙(風餐露宿)[199]에도 뜻을 세우리라'는 글을 남긴 후 서역(누란)으로 떠났다는 것이다. 그런데 아버지가 위독한 상태에서 선택한 길은 결연한 투쟁의 길이 아니라 신화와 전설로 가득 찬 누란이었다. 신화와 전설이란 서사로 남겨진 총체성의 흔적으로서, 낯선 고독에 시달리던 아버지는 그런 총체성에 대한 열망을 드러내는 서정적 화해의 길을 떠났던 셈이다.

다른 한편 '나'는 사랑하던 여자와의 관계가 폐허가 되어 버린 후 바다를 향해 떠난다. 바닷가의 낡은 여관에 여자를 남겨둔 채 '나'는 파도 소리 속에서 '소라고둥이 변한 새들'과 서정적 화해의 경험을 한다. 여기서 '나'의 서정적 화해의 경험은 폐허가 된 사랑을 되살릴 수 없다는 비극적 인식과 함께 제시된다. 이처럼 서정적 경험은 순간적인 화해의 체험이기도 하지만 또한 실제로는 화해될 수 없다는 비극적 인식을 수반하기도 한다.[200] 그러나 서정적 경험은 화해(혹은 총체성)에 대한 열망을 드러내고 분열된 삶을 극복하려는 소망을 표현하는 중요한 방법이다.

그 같은 '나'의 서정적 여로는 아버지의 서역으로의 여로와 겹쳐지는 것이기도 하다. 아버지는 폐허가 된 삶을 남겨둔 채 '영원'의 신화를 간직한 누란으로 떠났다. 그와 마찬가지로 '나'는 폐허가 된 사랑은 버려두고 영원한 자유를 얻은 소라새와 화해의 순간을 경험한다. 아버지의 누란행은 양파의 하얀꽃과의 화해인 동시에 누란을 감싸고 있는 신화와의 화해이기도 하다. 그와 비슷하게 '나'의 바다행은 소라새와의 화해인 동시에 소라고둥이 새가 되어 자유를 얻은 설화와의 화해이기도 하다. 그러나 아버지의 누란행은 실제 현실에서는 폐허가 된 삶을 돌이킬 수 없다는 비극적 인식을 담고 있으며, '나'의 서정적 여로 역시 그와 다름이 없는 것이다. 누란에서 발견된 '천세불변'이라는 글귀와 미라가 영원을 소망하는

---

199) 바람과 이슬을 무릅쓰고 노천에서 먹고 자는 것을 말함.
200) 서정소설에는 서정적 극복의 전망을 제시하는 소설과 비극적인 서정적 전망을 제시하는 소설이 있다. 나병철, 『소설의 이해』, 문예출판사, 1998, 316~335면 참조

신화이면서 '나'와 아버지의 가슴 아픈 기억인 것은 그 때문이다.

> 누란은 폐허가 된 오아시스 나라였다. 그 여관도 지금쯤 흔적 없이 뜯겼을 것이다. 그 사랑은 끝났다. 그리고 누란에서 옛 여자 미라가 발견된 것은 다시 얼마가 지나서였다. 그 미라를 덮고 있는 붉은 비단 조각에는 "천세불변(千世不變)"이라는 글자가 씌어 있었다. 언제까지나 변치 말자는 그 글자에 나는 가슴이 아팠다.[201]

이처럼 서정적 경험은 자연과의 화해이면서 또한 총체성의 기억이 담긴 신화와의 화해이기도 하다. 신화(혹은 서사시) 시대는 인간이 공동체적 화해를 누리던 총체성의 시대인 동시에 인간과 자연이 화합하던 때였다. 서정적 경험은 자연과의 화해를 통해 총체성을 지녔던 신화시대의 기억을 되살리려는 계기가 되는 것이다.

그러나 서정적 경험은 순간적인 화해이며 그것을 통해 불화의 현실이 변화되는 것은 아니다. 그 때문에 서정적 경험은 폐허 같은 삶(낯선 두려움)에 대한 비극적 인식을 수반하기도 한다. 서정적 경험은 낯선 두려움을 극복하려는 서정적 전망을 표현하지만, 그것은 폐허 같은 삶에 대한 도피가 아니라 오히려 그 비극적 상황이 피할 수 없는 현실임을 인식하게 하는 것이다.

이처럼 서정소설은 서정적 극복의 전망과 비극적인 현실인식을 병치시키는 방식을 취한다. 서정소설은 그 둘 중 어느 쪽이 우세하냐에 따라 두 유형으로 나눠질 수 있다. 위에서 살펴본 「누란의 사랑」은 비극적인 서정성을 드러내는 대표적인 소설이다. 또한 오정희의 「옛 우물」도 이 유형에 속하는 것으로 볼 수 있다. 반면에 「메밀꽃 필 무렵」 「모든 별들은 음악소리를 낸다」 「하얀 배」는 서정적 극복의 전망을 감동적으로 드러내는 소설들이다.

---

201) 윤후명, 「누란의 사랑」, 『이상 문학상 수상작품집―하얀 배』, 문학사상사, 1995, 101면.

윤후명의 또 다른 서정소설 「하얀 배」는 후자의 유형으로서 낯선 두려움의 경험이 서정적 전망에 의해 극복되는 과정을 그리고 있다. 이 소설의 주인공 '나' 역시 청년기에 좌절을 경험하고 유신시절에 공권력의 추적에 쫓기던 인물이다. 그런 상처를 간직하고 있는 '나'는 독재정권이 와해된 후에도 어두운 기억의 망령에 시달리며 살아간다. '나'에게는 안정된 조국에서의 일상이 낯선 두려움(unhomely)의 삶일 수밖에 없었던 것이다. 과거의 독재정권이 폭력으로 두려움에 떨게 했다면 지금의 안정된 조국은 진정성을 잃어버린 허탈감으로 낯선 삶에 시달리게 하고 있는 것이다.

그 같은 '나'의 낯선 두려움의 경험은 마음의 고향(총체성)을 잃어버린 현대인의 폐허 같은 삶을 암시한다. '내'가 중앙아시아에 살고 있는 문류다의 글을 읽고 여행을 결심하게 된 것은 고향을 잃은 한계상황을 경험하고 있는 그곳 사람들에게 공감할 수 있었기 때문이다. 그 낯선 서역에서 외롭게 살아가는 한 여자의 글은 '나'의 낯선 두려움을 실제의 삶과 언어로서 드러내주고 있었던 것이다. '내'가 조국의 품안에서 마음의 고향을 잃고 살아가고 있다면 그곳 사람들은 실제로 고향을 잃은 낯선 두려움을 보여주고 있기 때문이다.

그러나 낯선 두려움은 외로움의 경험이기도 하지만 또한 진정한 또 다른 고향에 대한 충동을 포함하고 있다. 안정된 조국의 품속에서 상처받은 삶을 사는 '내'가 그런 인물일 것이며, 낯선 이역에서 살아가는 사람들 역시 폐쇄적인 민족주의를 넘어선 또 다른 고향에 대한 충동을 보여줄 것이었다. 또 다른 고향에 대한 충동이란 파편화된 일상을 넘어선 공동체적 삶에 대한 소망인 동시에 민족주의를 극복한 또 다른 민족애202)에 대한 열망일 것이다.

그 점에서 '나'의 중앙아시아 여행도 낯선 두려움에서 벗어나 화해의

---

202) 민족주의의 자기중심적이고 폐쇄적인 경계선을 넘어선 타자성을 지닌 민족의식을 말함.

순간을 찾아가는 서정적 여로라고 할 수 있다. 앞서 살폈듯이 서정적 화해는 대부분 자연과의 화합을 통해 나타난다. 이 소설에서도 '나'는 '하얀 배'의 이야기를 간직하고 있는 키르키즈스탄의 신비한 호수를 향해 떠난다. 그러나 '나'는 드넓은 호수의 푸른 물을 보고 나서도 깊은 충족감을 느끼지 못한다. 즉, '나'는 마음의 폐허(낯선 두려움)를 극복할 수 있는 서정적 화해를 경험할 수 없었다. 그것은 서정적 화해란 단순히 자연미의 미감에 도취되는 것이 아니라, 자연과 인간의 화합의 순간에 교감하는 것이기 때문이다.

자연과 인간의 화합이란 이른바 총체성의 삶에 대한 기억을 의미할 것이다. 자연과 화합하는 서정적 화해의 순간에 의례 신화적 이야기가 펼쳐지는 것은, 총체성의 기억을 지닌 신화를 통해 인간의 자연적 삶의 형태인 공동체적 화합을 소망하기 때문이다. 그 신화와의 화합의 순간에 우리는 자연과 인간의 화해와 함께 인간들끼리의 화합을 경험할 수 있는 것이다.

「하얀 배」에서도 '나'는 호수가의 사이프러스 나무 아래서 신화적 기억을 담고 있는 여자(문류다)를 보고 나서야 비로소 서정적 화해를 경험한다. 문류다와의 만남은 호수가 간직하고 있는 전설 같은 이야기와의 화해였으며, 인간과 자연이 진정으로 화합하는 서정적 화해의 순간이었다. 호수에 얽힌 하얀 배의 이야기란 부모와 이별한 소년이 커다란 물고기가 되어 하얀 배를 따라가는 꿈을 꾼다는 내용이다. '나'는 류다의 '안녕하십니까'라는 모국어를 '낯설게' 들으며203) 호수 속에서 하얀 배를 쫓아가는 물고기를 보고 있었을 것이다. 그것은 민족(모)과 조국(부)을 잃고 낯선 서역에서 외롭게 살아가며 또 다른 고향(하얀 배)을 꿈꾸는 한 젊은 여자의 모습이기도 했을 것이다. 그리고 그 서정적 화해의 순간에 류다가 꿈꾸는 하얀 배란 폐쇄적 민족주의를 넘어선 또 다른 민족애에 대

---

203) 일종의 '낯설게 하기'의 효과를 드러내는 모국어이다.

한 소망이었으리라.

　"류다!"

　미하일이 소리쳤다. 우리는 돌 축대를 올라가 그 나무 아래로 걸음을 옮겼다. 서로 몇 마디의 러시아 말이 오가고 난 뒤 내가 소개되었다.

　"안녕하십니까."

　맑은 눈동자가 나를 바라보았다. 순간, 나는 너무나 또렷한 우리말에 놀라지 않을 수 없었다. 중앙아시아에서 처음 들어 보는 또렷한 우리말이었다. 그리고 그 말 뒤에 '이 말은 우리민족 말입니다'하는 말이 소리 없이 뒤따르고 있음도 또렷이 느낄 수 있었다.

　"아, 안녕하십니까."

　나는 엉겁결에 똑같이 따라하고 말았다. 그와 함께 나는 그 단순한 인사말이 왜 그렇게 깊은 울림으로 온몸을 떨리게 하는지 형언할 수 없는 감동에 휩싸였다. 개양귀비 꽃밭이 수런거리고, 숲 속의 들고양이들이 귀를 쫑긋거리고, 커다란 까마귀들이 전나무가지를 치고 날았으며, 사막쥐들이 이리 뛰고 저리 뛰고, 돌소금이 하얗게 깔린 사막으로 큰바람이 이는 광경이 눈에 어른거렸다. 천산에서 빙하가 우르르르 무너지는 소리가 들린다고도 생각되었다.[204]

위에서 류다의 또렷한 모국어가 나를 놀라게 한 것은 그 낯선 서역에서 '낯설게 하기'된 언어가 나의 지각을 긴장시켰기 때문이다. 그리고 그 되살아난 언어는 류다를 관류하는 민족의 전설을 들려주면서 자동화된 (폐쇄적) 민족주의가 아닌 자연과 화합하는 민족애를 전해주었던 것이다. 류다의 모국어가 '나'를 감동시킨 것은 조국의 품속에서도 폐허 같은 삶을 살던 '나'를 위로해주는 그 같은 또 다른 민족애가 느껴졌기 때문이다.

그런 자연과 화합하는 민족애는 위에서처럼 '나'의 내면에서 자연이 살아 움직이게 하는 서정적 화해의 순간을 제공한다. 또한 총체성에의 열망이 담긴 하얀 배의 전설 같은 이야기가 호수를 지나가게 만든다.

---

204) 윤후명, 「하얀 배」, 『이상 문학상 수상작품집—하얀 배』, 문학사상사, 1995, 63면.

'나'의 내면에서 자연이 살아나고 전설이 숨쉬게 되는 경험은 '나'의 폐허가 된 삶이 극복되는 순간이기도 하다. 호수와 사이프러스나무와 류다, 그것들과 '내'가 만나는 서정적 순간은, 또 다른 고향(민족)을 쫓아가는 류다의 '하얀 배'의 소망과 함께 '나'의 낯선 두려움을 극복하는 열망이 표현되는 순간이었던 것이다.

3) 낯선 두려움을 극복하는 세 가지 서사

위에서 살폈듯이, 서정소설은 낯선 두려움에서 벗어나기 위해 서정적 화해의 순간을 탐색하는 여로를 보여준다. 이처럼 낯선 두려움의 경험이 서사적 추동력이 되는 점에서 서정소설은 성장소설이나 민중적 유랑의 서사와도 연관성을 지니고 있다. 그 세 가지 서사 모두 고향을 잃은 듯한 낯선 두려움(unhomly)을 넘어서기 위해 또 다른 고향을 열망하는 충동을 드러내고 있는 것이다.

세 가지 서사의 차이점은 성장소설이 청년기의 인물을 그리는 반면, 유랑의 서사는 민중적 인물을, 성장소설은 고독한 현대인을 등장시키는 점이다. 성장소설이 성숙의 과정에서 한계지점의 인물을 그린다면, 유랑의 서사는 자본주의의 사회의 계급적 한계지점의 인물을, 서정소설은 현대(근대)의 삶 자체의 한계영역의 인물을 출현시킨다. 이처럼 세 가지 서사 모두 사회의 중심에 정착한 인물 대신 변두리에서 낯선 두려움을 경험하는 주인공에 초점을 맞추고 있다.

낯선 두려움의 경험이 현대소설(근대소설)에서 의미를 지니는 것은, 상상계나 상징계에 안주하는 거짓된 안정성에서 벗어나 또 다른 세계로 나아가려는 문제의식을 던지기 때문이다. 위의 세 가지 서사는 이 점에서 비슷한 문제의식을 공유하고 있다. 그러나 세 서사는 사회의 한계지점(주변부)의 인물을 등장시키면서도 각기 인물의 특성이 다른 탓에 그 서사적 방법도 구별되게 나타나고 있다.

세 가지 서사의 공통적인 방법은 낯선 두려움에서 벗어나려는 서사적 열망의 여로205)를 보여준다는 점이다. 하지만 그 서사적 여로의 형상화 방법은 각기 다르게 드러난다. 예컨대 성장소설은 상징계(아버지)를 수용하는 성장의 여로에서 (청년기의) 순수한 이상을 기억하며 잠재적인 분열 상태를 경험하는 과정을 그린다. 반면에 유랑의 서사에서는 고향을 잃은 민중적 인물이 옛 고향을 회상하며 또 다른 고향의 열망 속에서 새로운 인간관계를 발견한다. 그리고 서정소설은 마음의 고향을 상실한 고독한 현대인이 또 다른 고향(총체성)에 대한 소망을 서정적 화해의 순간을 통해 드러낸다.

세 서사의 공통점은 마음의 고향(상상계)을 상실하고 기존의 사회(상징계)를 쉽게 수용할 수 없는 상태에서 낯선 두려움에 시달린다는 점이다. 성장소설에서는 유아적 상상계(어머니)와 결별하고 성인의 세계(아버지)와 쉽게 화하지 못하는 인물이 등장한다. 또한 유랑의 서사에서는 실제로 고향(상상계)을 잃고 자본주의 사회(상징계)에서 고달프게 살아가는 민중들이 그려진다. 그리고 서정소설에서는 총체성(상상계)를 상실한 현대인이 근대사회(상징계)에서 고독에 시달리는 모습이 제시된다.

그러나 그런 낯선 두려움에서 비롯된 또 다른 고향을 향한 서사적 충동은 세 서사에서 서로 구별되게 나타난다. 즉, 성장소설에서는 그것이 성인의 세계(상징계)에 안주하지 못하는 동요와 분열로 드러난다. 반면에 유랑의 서사의 경우 자본주의 사회(상징계)를 넘어서서 새로운 민중적 인간관계의 발견으로 그려진다. 또한 서정소설에서는 고독한 현실(상징계)을 극복하는 서정적 화해의 순간을 통해 그런 열망을 드러낸다. 이런 세 가지 서사의 특징들은 다음과 같이 표시될 수 있다.

---

205) 이 여로는 실제적일 수도 있고 은유적일 수도 있다.

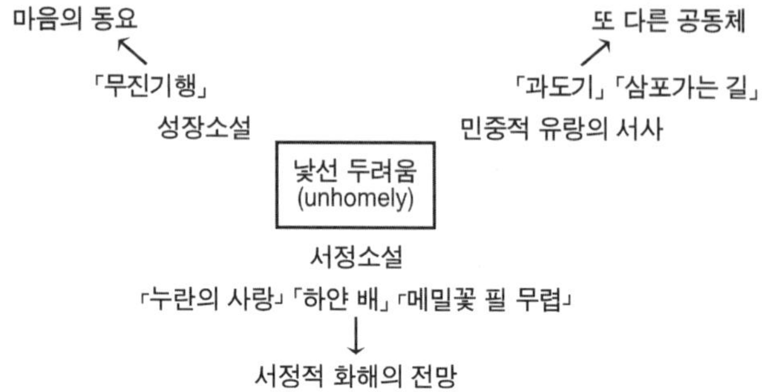

위의 세 가지 서사의 구분에는 그 중간에 있는 소설들이 놓여질 수 있다. 예컨대 「누란의 사랑」은 서정소설이면서 성장소설적 요소를 얼마간 지니고 있다. 또한 「메밀꽃 필 무렵」은 서정소설인 동시에 민중적 유랑의 서사의 요소도 내포하고 있다. 그와 비슷하게 「고향」(현진건)과 「과도기」(한설야)는 민중적 유랑의 서사이면서 성장소설적 요소를 얼마간 담고 있는 소설이다.

뿐만 아니라 위의 세 가지 서사는 도표에 제시되지 않은 다른 서사적 방법과 결합될 수도 있다. 예컨대 사회주의 리얼리즘이면서 성장소설적 요소를 특징적으로 내포한 소설로는 『인간문제』(강경애)를 들 수 있다. 또한 「만세전」은 내면고백체의 환멸소설의 방식으로 성장서사를 변용시킨 소설이다.

낯선 두려움의 경험에 기반한 위의 세 가지 서사의 또 다른 공통점은 새로운 삶(총체성)을 열망하는 과정에서 '화해의 표상'이 나타나는 점이다. 가령 성장소설에서는 그것이 청년기의 순수한 이상의 기억으로, 유랑의 서사에서는 새로운 인간관계의 발견으로, 그리고 서정소설에서는 서정적 화해의 순간으로 드러난다. 물론 이 화해의 표상들은 그 자체로서 새로운 삶의 모습을 드러내는 전망으로는 매우 미약하다고 할 수 있다. 그러나 주인공의 내면의 소망이 담긴 화해의 표상들은 어두운 현실을 그 소망의 빛으로 투시하는 방식으로 전망을 제공한다.[206]

여기서 한발 더 나아가 현실의 어둠이 보다 절망적이 되는 순간 그 정도의 화해의 표상도 담지 못하는 서사가 나타나기 시작한다. 즉, 아무런 희망의 기표도 발견하지 못한 채 분열된 삶을 그대로 보여주는 모더니즘이 바로 그런 서사이다. 모더니즘은 화해의 표상 대신에 은폐되었던 분열을 드러냄으로써 화해를 거부하는 현실을 비판하는 소설이다. 여기서는 화해의 표상에 감정이입하는 대신에 형상적 분열을 경험하고 내면으로 돌아와 화해의 소망을 읽어내는 새로운 미학(헤겔의 낭만적 예술 유형)이 나타난다.

다른 한편 위의 세 서사는 여로에서의 동요와 방황(그리고 유랑)을 그치고 생활의 공간에 정착하는 방향으로 나아갈 수도 있다. 생활의 공간을 정착한 소설들은 여로형 소설의 '인물과 환경의 부조화'에서 벗어나 환경과 상호작용하는 인물의 내면과 행동을 그리게 된다. 이는 세 서사에서 모더니즘으로 향하는 방향과는 반대되는 리얼리즘의 흐름이다. 인물과 환경의 틈새(낯선 두려움의 공간)에서 여로를 그리는 세 서사를 기준으로 그 두 가지 방향의 전개를 표시하면 다음과 같다.

인물과 환경의 상호작용	인물과 환경의 부조화 → 화해의 표상	인물과 환경의 부조화
생활	틈새의 여로	분열
리얼리즘 『삼대』	← 성장소설 → 「해바라기」「무진기행」	모더니즘 「서울 1964년 겨울」
리얼리즘 노동소설, 「객지」	← 유랑의 서사 → 「삼포 가는 길」	모더니즘 「난장이가 쏘아올린 작은 공」
리얼리즘 「녹천에는 똥이 많다」	← 서정소설 → 「모든 별들은 음악소리를 낸다」「누란의 사랑」	모더니즘 『나무들 비탈에서다』

---

206) 세 가지 서사들은 화해의 표상들을 직접 드러내는 점에서 모더니즘과는 달리 '아름다운 예술'에 속한다. 그러나 여전히 일종의 부정적 방식의 전망을 지니고 있다.

10. 모더니즘과 소외의 여로

1) 내면고백체와 모더니즘

성장소설과 유랑의 서사, 그리고 서정소설에서는 주인공이 여로에서 화해의 표상을 발견하는 과정이 그려진다. 이 서사들에서의 화해의 표상은 그 자체로서 새로운 삶의 방식으로는 미흡하지만, 어두운 현실을 극복하려는 내면의 소망을 드러내는 전망으로 작용한다. 그에 반해 모더니즘 소설에서는 주인공이 여로에서 그런 화해의 표상과 만나지 못하는 고독한 길이 그려진다. 그 대신에 모더니즘의 주인공은 외출이나 여행을 통해 생활인(군중)과 유리되어 있다는 고독과 소외를 발견한다. 모더니즘의 여로에서 세계로부터 단절되어 있는 내면의식이 주로 그려진 것은 그 때문이다.

그처럼 외부세계와 내면의 분열을 그리는 점에서 모더니즘은 세계에 대한 환멸을 담고 있는 내면고백체와 유사한 점을 지닌다. 내면고백체와 모더니즘의 공통점은 생활의 부재와 분열의 여로가 그려지는 점이다. 두 서사의 주인공은 생활의 부재 속에서 외출이나 여행에 나서지만 여로에서 고독과 분열을 확인할 뿐이다. 그리고 그처럼 여로에서 화해의 표상을 발견하지 못하는 점에서 두 서사는 형상적인 부조화(인물과 환경의 괴리)를 그리는 예술 유형에 속한다. 즉, 형상적인 부조화로부터 주체의 내면으로 돌아와 화해의 소망을 확인하는 헤겔의 낭만적 예술 유형으로 분류될 수 있다.

그러나 내면고백체는 분열을 내면에서 봉합할 수 있는 정신적 아버지(계몽적 진리)를 가정하는 반면 모더니즘은 그런 진리의 아버지를 지니고 있지 않다. 계몽적 진리에 대한 확신을 상실한 모더니즘의 주인공은 처음부터 고아 상태의 무의식[207]을 드러낸다. 내면고백체가 정신적 아버지에 대한 고백의 언어인 반면 모더니즘은 독립적인 무의식208)에 의한 내적 독백이나 의식의 흐름인 것은 그 때문이다.

내면의 아버지에 묶여 있는 내면고백체는 아직 계몽적 이상에 대한 지향을 지니고 있으며 무겁고 진지한 어조를 드러낸다. 반면에 고아 상태의 무의식을 지닌 모더니즘의 어조는 보다 더 가볍고 유희적이다. 고아 상태의 무의식이란 내면의 아버지에 대한 환상을 버린 상태를 말하며, 그런 관념적 예속에서 벗어남으로써 진정한 해방을 소망하게 된 자아를 뜻한다.

내면고백체의 경우 내면의 아버지에 의한 분열의 봉합은 계몽적 진리(내면의 아버지)의 한계209)로 인해 현실에 대한 환멸을 완전히 치유하지 못한다. 그 때문에 내면고백체에서도 부분적으로 계몽의 타자를 갈망하는 고아 상태의 무의식이 나타난다(「표본실의 청개구리」). 그러나 그런 경우에도 내면고백체에서는 내면의 아버지, 즉 계몽적 이상에 대한 열망을 버리지 못하며, 그로 인해 이상과 현실의 괴리 속에서 무거운 환멸이 나타난다.

그에 반해 진리의 아버지에 대한 환상이 깨진 모더니즘에서는 분열을 봉합할 수 있는 내면의 진리가 존재하지 않는다. 모더니즘의 경우 그 같은 분열된 자아를 대가로 관념적 진리의 예속에서 벗어나서 진정으로 해방된 삶을 소망할 수 있게 된다. 즉, 아무런 예속도 지니지 않은 고아 상태에서 (자동)생산되는 무의식에 의해 화해에 대한 열망이 드러나는 것이다.210)

---

207) 고아 상태의 무의식이란 억압적인 상징계의 예속에서 벗어나 자연과 화합되려는 욕망을 지닌 무의식을 말한다. 들뢰즈·가타리, 최명관 역, 『앙띠 오이디푸스』, 민음사, 1994, 77~78면, 129면, 163면, 456~457면 참조

208) 이를 들뢰즈·가타리는 무의식의 자동생산이라 부르고 있다. 들뢰즈·가타리, 최명관 역, 위의 책, 77~78면, 93~94면.

209) 남성중심적이고 로고스 중심적인 한계를 말한다.

210) 들뢰즈·가타리는 이 무의식의 자동생산에 대해, 데카르트의 코기토의 주체(의심의 주체)가 부모 없이 자기를 발견한 지점이자 인간과 자연의 통일(화해)을 발견한 마르

그러나 그런 화해에 대한 소망은 실제 현실에서 실현될 수 있는 표상을 발견하지 못한다. 화해를 소망하는 고아 상태의 무의식이 흔히 '낯선 두려움(unhomely)'의 고독과 분열로 나타나는 것은 그 때문이다.211) 모더니즘은 그런 낯선 두려움에서 벗어나기 위해 두 가지 방법을 취하는데, 하나는 유아론적 유희이며 다른 하나는 외부세계로의 외출(여행)이다. 이제 「날개」(이상)를 통해 그 두 가지 방법을 자세히 살펴보자. 그에 앞서 내면고백체와 모더니즘의 차이를 간단히 정리해 보자.

	내면고백체	모더니즘
진리	계몽적 진리	화해와 부정적 인식
자아	진리의 아버지에 예속	고아 상태의 무의식
담론	고백체	내적 독백, 의식의 흐름
정조	무거운 환멸	환멸과 유희
내면	분열과 봉합(이중성)	소외와 분열
인물과 환경	부조화	부조화
내면의 이상	계몽적 이상	화해의 소망
미학	헤겔의 낭만적 예술 유형	헤겔의 낭만적 예술 유형

2) 유아론적 유희와 낯설게 하기

내면고백체에서 분열로부터 벗어나려는 시도는 내면에서 진리의 아버지(계몽이성)를 수용해 분열을 봉합하는 전개로 나아간다(「만세전」). 그러나 그런 분열의 봉합은 고백체의 주인공이 사회로부터 유리된 상태를 결코 해소하지 못한다. 여기서 내면의 이상을 훼손시키면서까지 사회와 화해하려는 시도를 꾀할 때 내면고백체는 성장소설로 이행한다(「해바라기」).

크스의 생산과 같은 위치라고 말하고 있다. 들뢰즈·가타리, 최명관 역, 앞의 책, 78면.
211) '고아 상태의 무의식'과 '낯선 두려움'의 차이는, 전자가 낯선 두려움을 극복한 독립적인 위치의 당당함을 지니는 반면, 후자는 고독과 외로움에 시달린다는 점이다.

물론 성장소설에서도 내면의 순수한 이상에 대한 동경을 버리지 못함으로써 주인공은 사회와 완전히 타협하지 못하고 잠재적으로 동요 상태에 있게 된다.

그에 반해 모더니즘 주인공의 분열 상태는 진리의 아버지를 수용해 봉합하지도, 또 사회와 화해하는 방향으로 나아가지도 못한다. 모더니즘은 진리의 아버지(계몽사상)에 대한 신뢰를 잃은 상태이며, 또한 사회와 화해될 수 있다는 기대를 버린 상황이기 때문이다. 이 경우 사회와 타협하려는 성장소설 형식이 시도되는 때에도 모더니즘적인 분열 상태는 해소되지 않는다.212) 그것은 모더니즘의 경우 좋은 아버지나 긍정적인 사회이념과 해후할 수 있다는 기대감이 사라진 상황이기 때문이다.

그 때문에 모더니즘 성장소설(「무진기행」)에서는 '성장'의 의미가 '타락의 수용'과 등가어가 된다. 즉, 거기에는 계몽적인 성숙의 의미도, 유아론(상상계)에서 벗어나 사회인(상징계)이 된다는 의미도 존재하지 않는다. 이는 모더니즘이 계몽에 대한 신뢰를 잃은 점이나 사회상황이 근대 자본주의 규율에 깊이 침윤된 점과 연관이 있다.

흥미로운 것은 모더니즘 자체에서는 성장소설의 서사구조를 패러디한 유아론적 유희가 나타난다는 점이다. 성장소설이 드러내는 중요한 비밀은 역설적으로 성숙이 비성숙으로 귀착된다는 사실이다. 성장소설의 주인공은 유아론적 세계에서 벗어나 성숙한 사회인이 되지만, 그 대가로 자기중심적인 유아론213)에 사로잡힌 어른의 세계(개인주의 사회)에 편입된다. 이처럼 성숙이 비성숙이 되는 역설 속에서 성장소설의 주인공은 진정한 화해에 대한 소망으로 동요하게 된다.

이미 그 같은 성장소설의 비밀을 알아버린 모더니즘에서는 화해를 위

---

212) 「무진기행」이나 「유년의 뜰」은 모더니즘 성장소설로 볼 수 있다. 여기서도 사회(혹은 아버지)와 화해될 수 있다는 기대가 나타나지 않는다. 물론 「무진기행」의 경우에는 사회와 타협(화해라기보다는 타협임!)하는 과정이 나타나지만 그 대가로 주인공은 위악적이고 냉소적이 된다.

213) 근대의 세속적인 사회는 어떤 면에서 자기중심적인 개인주의 사회이라고 할 수 있다.

해 성숙으로 향하는 대신 유아론으로 방향을 바꾼다. 즉, 타락한 사회와 화해할 수 없음을 알고 있는 주인공은 반대로 유아론의 세계에서 화해를 추구한다. 그러나 모더니즘 주인공은 지적으로는 이미 유아론을 벗어난 성인이므로, 그의 유아론적 화해의 추구는 진지함을 상실한 유희가 된다. 즉, 이미 성숙의 비밀을 알고 있는 모더니즘 주인공의 유아론은 성장서사에 대한 반발이자 패러디인 것이다.

나는 어데까지든지 내 방이—집이 아니다. 집은 없다— 마음에 들었다. (…중략…)

내 몸과 마음에 옷처럼 잘 맞는 방 속에서 뒹굴면서 축 처져 있는 것은 행복이니 불행이니 하는 그런 세속적인 계산을 떠난 가장 편리하고 안일한 말하자면 절대적인 상태인 것이다. 나는 이런 상태가 좋았다. (…중략…)

아내가 외출만 하면 나는 얼른 아랫방으로 와서 그 동쪽으로 난 들창을 열어 놓고 열어 놓으면 들여비치는 볕살이 아내의 화장대를 비쳐 가지각색 병들이 아롱이 지면서 찬란하게 빛나고 이렇게 빛나는 것을 보는 것은 다시없는 내 오락이다. (…중략…)

이 장난이 싫증이 나면 나는 또 아내의 손잡이 거울을 가지고 여러 가지로 논다. 거울이란 제 얼굴을 비칠 때만 실용품이다. 그 외의 경우에는 도무지 장난감인 것이다.

이 장난도 곧 싫증이 난다. 나의 유희심은 육체적인 데서 정신적인 데로 비약한다. 나는 거울을 내던지고 아내의 화장대 앞으로 가까이 가서 나란히 늘어 놓인 고 가지각색의 화장품 병들을 들여다본다. 고것들은 세상의 무엇보다도 매력적이다. 나는 그중의 하나만을 골라서 가만히 마개를 빼고 병 구녕을 내 코에 가져다 대이고 숨죽이듯이 가벼운 호흡을 하여 본다. 이국적인 쎈슈알한 향기가 폐로 스며들면 나는 저절로 스르르 감기는 내 눈을 느낀다.[214]

위에서 '나'의 '절대적인' 방은 세속적인 세계로부터 벗어난 유아론적 공간임을 알 수 있다. 아내가 외출하면 아내의 방 역시 '나'의 유아론적

---

214) 이상, 「날개」, 『이상문학전집』 2, 문학사상사, 1991, 321~322면.

공간의 일부가 된다. '나'는 그런 유아론적 공간에서 세계의 표상들과 화해하려는 유희('장난')에 몰두한다. 이 유희의 공간으로서의 방은 내면고백체의 '갑갑증'의 방이나 성장소설의 '낯선 두려움'의 방과는 구별된다. 내면고백체의 갑갑증은 강한 '나'를 소망하면서도 약한 '나'의 위치에 있을 수밖에 없는 주인공의 신증경적인 상태를 뜻한다. 이는 진리의 아버지를 수용하려 하지만 현실적으로 그런 주체(강한 '나')가 될 수 없는 오이디푸스적 기제의 문제 상황을 암시한다.215) 또한 성장소설의 낯선 두려움 역시 좋은 아버지(긍정적인 교양이념)를 소망하면서도 그런 아버지가 부재함을 경험하는 주인공의 내면 상태에 상응한다.

그에 반해 모더니즘의 유희의 방은 진리의 아버지(그리고 계몽이념)에 대한 신뢰를 버린 심리적인 고아 상태(고아 상태의 무의식)에서 화해를 추구하는 내면 상태를 보여준다. 즉, '나'의 유희는 정신적인 아버지나 세속적인 세계로부터 '탈주한' 화해의 소망의 표현인 것이다.

물론 위에서처럼 그런 '탈주'는 유아론적 도피를 대가로 하고 있다. '나'의 유희는 실제로는 화해를 불가능하게 하는 현실적인 장벽에 의해 화해가 지연되는 시간일 뿐이다.216) 유아론은 무의식과 대치하고 있는 그런 현실적인 장벽을 괄호 안에 넣음으로써 마치 화해가 실현된 듯한 유아적인 상상계의 쾌감을 제공한다.217)

위에서 '나'의 유희의 대상이 거울이나 아내의 옷 등 주로 유아적인 상상계의 표상인 것은 그 점을 말해준다. 그리고 바로 그렇기 때문에 그런 유희의 시간이 끝나면 괄호 안에 넣어두었던 현실의 장벽이 나타나며 '나'는 낯선 두려움을 경험한다.

나에게는 인간사회가 스스로왔다. 생활이 스스로왔다. 모두가 서먹서먹할 뿐

---

215) 신경증은 오이디푸스적 기제에 대한 부적응을 암시한다.
216) 그처럼 현실적인 장벽에 의해 화해가 지연되는 시간이 바로 무의식의 공간이다.
217) 여기서의 무의식은 현실의 상징계를 수용할 때 생기는 '결핍의 욕망'의 무의식이 아니라 현실의 장벽을 넘어서려는 '탈주의 욕망'을 지닌 무의식이다.

이었다.218)

　이처럼 '나'의 유희의 방은 사회로부터 유리된 낯선 두려움의 공간이기도 하다. 그런데 위에서 살폈듯이 낯선 두려움은 성장소설에서처럼 세계와 타협하는 방향으로 나아가지 않고 그 반대로 유아론을 선택한다. 이는 물론 세계에 대한 실망감 때문이다. 유아론적 유희는 그 점에서 단지 시간적인 퇴행이 아니며 실망한 세계에 대한 반발을 얼마간 담고 있는 것이다.

　유아론적 유희를 성장소설의 패러디로 볼 수 있는 것은 그 점에서이다. 그런데 성장소설에서 세계와의 타협에 틈새가 존재하듯이 유아론적 유희의 상상계적 충족에서도 틈새가 나타난다. 그 점은 상상계적 유희의 대상인 아내의 양면성과 연관되어 있다. 아내는 유아론적 유희의 대상인 동시에 그 상상계적 충족을 방해하는 현실(상징계)의 장벽의 일부인 것이다. 즉, 아내는 돈을 중심으로 한 상징계(사회현실)적 질서의 표상으로서, '나'의 유아론적 충족을 방해한다. '나'는 아내를 상상계적 충족의 대상으로 삼아 현실의 장벽을 괄호 안에 넣을 수 있었지만, 바로 그 아내에 의해 괄호 안에 넣었던 현실의 장벽이 나타나면서 '나'의 충족은 연기되고 미끄러진다.

　그러나 사회가 '스스롭고' 현실의 상징계를 수용할 수 없는 '나'는 여전히 상징계의 동일성의 세계에서 벗어난 유아론적 비동일성의 위치에서 아내를 관찰한다. 이 '아내에 대한 연구'는 현실의 장벽에 의해 '나'의 화해의 소망이 연기되는 순간인 동시에, 화해를 방해하는 현실의 대상에 대한 인식이 지연되는 과정이기도 하다. 즉, '나'는 유아론적 비동일성의 위치에서, '아내의 직업'과 '돈을 중심으로 한 인간관계'라는 상징계의 원리를 탈자동화시켜 '낯설게 하기'의 눈으로 관찰한다. 이 '낯설게 하기'의 과정에는 '나'의 화해의 소망이 포함되어 있다.

---

218) 이상, 「날개」, 『이상문학전집』 2, 문학사상사, 1991, 324면.

3) 여로의 경험(외출)과 화해의 소망

‘나’는 아내의 직업에 대한 관찰을 통해 유아론적 충족과는 구분되는 (돈을 중심으로 한) 또 다른 쾌감이 있음을 인식한 후에 외출을 결심한다. ‘나’의 이 외출은 유아론적 유희로 해소할 수 없는 화해의 소망의 또다른 표현이다. 돈을 중심으로 한 인간관계의 쾌감을 경험한다는 것은 그런 질서의 세계와 화해한다는 의미를 지니고 있는 것이다.

그러나 ‘나’는 매번 외출에서 그 같은 또 다른 쾌감을 찾는 데 실패한다. ‘내’가 외출에서 경험하는 것은 오히려 그런 쾌감의 세계에 살고 있는 생활인들과의 거리감이다. 마치 ‘내 방’에서 ‘나’의 내면을 인식할 때 세계와의 단절된 관계가 떠올랐듯이, 거리의 세계에서는 그로부터 소외되어 있는 ‘나’의 내면을 경험하게 된다. 내 방에서 ‘나’는 생활에 대한 향수를 느끼면서도 그것을 가질 수 없는 자신의 내면을 인식했었다. 그와 유사하게 외출에서 ‘나’는 생활인(군중) 속에 파묻히고 싶어하면서도 그들과의 어쩔 수 없는 거리를 인식하게 된다.

내면고백체에서처럼 ‘나’의 외출은 ‘내’ 방에서 내면으로 느끼던 고독을 세계 속에서 직접 체험하게 해주었던 것이다. 이처럼 자신의 방에서나 외출에서나 똑같이 고독을 발견한다는 점이 ‘날개’ 같은 모더니즘과 내면고백체의 일치점이다. 그러나 내면고백체와 모더니즘의 차이점은 주인공이 외출에서 만나는 사람들과의 관계에서 나타난다. 내면고백체에서 지식인 주인공은 식민지 현실에서 핍박받는 민중과 만나게 되며 자신의 내면의 이상과 그런 억압적 현실과의 괴리로 인해 환멸을 느끼게 된다. 그런 상황에서 여전히 내면에 계몽적 이상을 갖고 있는 주인공은 무지한 민중에 대해 지적인 우월감을 견지한다. 그리고 환멸스러운 현실로부터 자신의 내면으로 돌아와서 계몽적 진리를 확인한다.

그에 반해 모더니즘(「날개」 등)에서 지식인 주인공은 생활인의 위치에 있는 군중과 만나게 되며 생활이 부재한 자신과 그들과의 관계에서 소외를 경험한다. 더 이상 계몽적 이상을 신뢰하지 않는 지식인 주인공은 생활에 향수를 느끼면서도 군중들 속에서 무력한 자신을 발견하게 된다. 군중들로 표상되는 생활인을 활력 있게 하는 것은 「날개」에서처럼 '돈의 쾌감'인데, 지식인 주인공은 그런 감각에서 소외되어 있기 때문이다. 이처럼 무지한 민중이 자본주의에 적응한(혹은 식민화된) 생활인이 된 대신 지식인은 계몽적 이상을 상실한 무력한 룸펜이 된 것이다. 무력화된 지식인은 군중들 속에서 고독과 분열을 느끼며 내면으로 돌아와 진정한 화해219)를 소망한다.

그런데 군중들이 자본주의에 적응한 생활인이 되었다는 것은 실제로는 그들이 식민지 자본주의에 의해 식민화되었음을 뜻한다. 반면에 지식인이 군중 속에 섞어 들어가고 싶어하면서도 소외를 느낄 수밖에 없는 것은 실상은 그런 자본주의의(돈의 쾌감)에 의한 식민화를 거부하기 때문이다. 「날개」에서 자본주의의 기표인 돈에 대한 풍자가 수시로 나타나는 것은 그 점을 암시한다.

「날개」의 '나'는 자본주의에 의해 식민화된 세계, 즉 '회탁의 거리'에서 군중 속에 섞여 들어간다. 그리고 그 자본주의와 근대의 세계의 정점의 공간(그리고 시간)에서 소외와 화해의 소망을 동시에 느끼게 된다.

이때 뚜우하고 정오 사이렌이 울었다. 사람들은 모두 네 활개를 펴고 닭처럼 푸드덕거리는 것 같고 온갖 유리와 강철과 대리석과 지폐와 잉크가 부글부글 끓고 수선을 떨고 하는 것 같은 찰나, 그야말로 현란을 극한 정오다.

나는 불현듯이 겨드랑이 가렵다. 아하, 그것은 내 인공의 날개가 돋았던 자국이다. 오늘은 없는 이 날개, 머릿속에서는 희망과 야심의 말소된 페이지가 딕셔너리 넘어가듯 번뜩였다.

나는 걷던 걸음을 멈추고 그리고 어디 한번 이렇게 외쳐보고 싶었다. 날개야 다시 돋아라. 날자. 날자. 날자. 한번만 더 날자꾸나. 한번만 더 날아 보잤꾸나.220)

---

219) 이 화해는 아도르노가 말한 미메시스적인 화해로서 분열을 봉합하려는 계몽이성의 시도와는 구분된다.

위에서 유리·강철·지폐·대리석·잉크가 표상하는 것은 자본주의와 근대의 세계이다. 군중들과 정오의 사이렌은 그런 자본주의적 근대세계의 정점을 상징하는 시공간이다. '나'는 그 들끓는 근대의 세계의 한복판에서 소외('오늘은 없는 이 날개', '희망과 야심의 말소된 페이지')와 화해의 소망('날자')을 동시에 느낀다. 여기서 '날개'로 표상되는 화해의 소망은 자본주의에 의한 식민화를 거부하는 진정한 화해에 대한 바람임이 분명하다.221) 그 소망은 군중들과의 화해인 동시에 근대를 넘어선 또 다른 근대와의 화해일 것이다.

이제 마지막으로 방과 여로, 군중(민중)들과의 관계에서 나타나는 내면고백체와 모더니즘의 차이점을 정리해보자.

	내면고백체	모더니즘
생활의 부재	자율적 생활세계 미형성	생활세계 식민화
방(내면공간)	갑갑증(신경증)	유아론적 유희, 낯선 두려움
여로	환멸	소외의 경험
사람들	무지한 민중	생활인으로의 군중
지식인	계몽적 지식인	무력한 지식인
이상	계몽적 이상	화해의 소망
미학	헤겔의 낭만적 예술 유형	헤겔의 낭만적 예술 유형

위에서 내면고백체와 모더니즘이 똑같이 '헤겔의 낭만적 예술 유형'으로 분류된 것은 주인공이 세계 속에서 화해의 표상을 발견하지 못하기 때문이다. 인물과 환경의 상호작용을 그리는 리얼리즘에서는 소설 속에 형상화된 주인공의 생활 속에서 화해에 대한 소망을 드러낸다. 그런

---

220) 이상, 「날개」, 앞의 책, 344면.
221) 아도르노가 논의한 미메시스적 화해를 말함. 날개는 그런 화해의 소망과 함께 그것이 불가능하다는 '부정적 인식'을 드러낸다.

생활의 과정을 잘 그리지 못하는 성장소설이나 서정소설에서도 순수한 청년기의 이상(회상)이나 서정적 자연을 통해 화해의 표상을 형상화한다. 반면에 내면고백체나 모더니즘은 생활의 과정도 세계 속에서의 화해의 표상도 그리지 못한다. 그 대신 주인공이 고독과 분열을 경험하는 과정에서 그의 내면 속에 화해의 소망이 포함되어 있음을 드러낸다. 이처럼 형상적 부조화(인물과 환경의 괴리)로부터 내면으로 돌아와서 화해의 소망을 암시하는 점에서 두 서사는 헤겔의 낭만적 예술 유형으로 분류될 수 있다.[222] 생활의 공간을 매개로 인물―환경의 상호작용을 그리는 리얼리즘이 헤겔의 고전적 예술 유형에 속한다면, 생활의 부재 속에서 인물 / 환경의 괴리(불화)를 경험하는 내면고백체와 모더니즘은 헤겔의 낭만적 예술 유형에 가깝다고 할 수 있다.

4) 생활인의 행복과 지식인의 고독

「날개」에서 나타난 지식인과 생활(군중)의 관계는 다른 모더니즘 여로형 소설들에서도 비슷하게 발견된다. 예컨대 「소설가 구보씨의 일일」(박태원), 「비 오는 길」(최명익), 「마권」(유항림)에서 지식인 주인공은 외출의 여로에서 생활인들을 만나는데, 그들과 지식인의 관계는 「날개」의 경우와 유사하게 그려진다. 「날개」에서 군중으로 표상되는 생활인들은 '눈에 보이지 않는 끈적끈적한 줄'에 엉켜서 허우적거리면서도 '닭처럼' 활개를 치면서 살아간다. 그 생활인들과 '나'의 차이는, '돈의 쾌감을 아는 사람들'과 '돈을 쓰는 기능을 상실한 소외된 자'로 대비된다. 그와 비슷하게 예를 든 모더니즘 소설에서는, 행복을 추구하는 생활인들과 행복의 여로를 잃어버린 고독한 지식인이 그려진다.

---

222) 이에 대해서는 나병철, 『모더니즘과 포스트모더니즘을 넘어서』(소명출판, 1999), 192~195면과 아도르노, 홍승용 역, 『미학이론』(문학과지성사, 1984), 100면, 151면 참조.

이 같은 대조를 통해 우리는 생활인의 행복이란 화폐에 지배되는 자본주의 사회에서의 소시민적 행복임을 알 수 있다. 지식인은 그런 생활인의 행복에 향수를 느끼면서도 실제로는 그 소시민적 생활을 받아들이지 못한다. 그것은 지식인이 추구하는 화해된 삶이 그 같은 자본주의적인 소시민적 생활을 통해 얻어질 수 없다는 생각 때문일 것이다. 「날개」에서 '내'가 '돈을 쓰는 기능'을 상설했다는 것은 실상은 자본주의 사회의 생활의 규율을 수용할 수 없음을 암시한다. '돈의 쾌감'을 중심으로 한 사회에서 활개를 치며 살아가는 것, 즉 자본주의적 생활의 규율에 익숙해지는 것은, '나'의 시각에서는 '보이지 않는 줄'에 엉켜서 허비적대는 것에 불과하기 때문이다.

「날개」나 「지주회시」 이외의 다른 모더니즘 소설에서는, 소시민적 생활의 행복이 그처럼 '돈'을 중심으로 한 규율에 얽매인 것으로 명시되지는 않는다. 실상 소시민이란 물화된 욕망에 사로잡힌 부정적 인물의 표본은 아니다. 그러나 내면고백체에서 무구한 민중으로 표상되던 식민지인(피식민자)이 자본주의적 규율에 동화된 소시민적 생활인이 되었다는 것은 식민지 자본주의의 규율이 '일상화'되었음을 뜻한다. 즉 모더니즘에 나타나는 소시민적 생활인은 자본주의적 규율이 평범한 보통의 삶이 된 '일상화된 세계(동일성의 세계)223)'을 표상한다.

모더니즘은 그 같은 자본주의적 일상에 동화되지 않은 지식인의 비동일성의 시선224)을 통해 소시민적 생활의 일상에 대해 질문을 제기한다. 그처럼 '자본주의적 근대성(사회적 근대성)'에 대해 '질문'을 제기함으로써, (소시민적) 생활인의 행복의 여로와는 구분되는 또 다른 삶(화해의 삶)의 여로를 모색하는 것이 모더니즘의 '미적 근대성'이다. 모더니즘 주인공의 '고독'이란 그런 질문을 가능하게 하는 비동일성의 위치

---

223) 동일성의 세계란 도구적 이성이나 화폐의 교환원리에 의해 동일화되고 획일화된 사회를 말함.
224) 동일성의 세계에 동화되지 않는 위치의 시선을 말함.

에 다름이 아니다.

따라서 모더니즘에서는 어떤 식으로든 자본주의 사회의 생활인의 행복에 대한 질문이 나타난다. 예컨대 「날개」에서는 '돈의 쾌감' 및 절름발이의 인간관계에 대한 탐구('연구')와 질문이 제기된다. 또한 「소설가 구보씨의 일일」의 구보는 지식(교양)보다는 돈에 의해 좌우되는 행복의 조건에 대해 질문하며,225) 「비 오는 길」의 병일은 '돈 모우는 세상살이'에 취해 있는 사진사의 행복관념에 의문을 던진다.226) 마찬가지로 「마권」의 지식인들은 '행복이란 무엇인가'227) 질문하면서 생활과 이론(지식)의 괴리에 대해 논쟁한다.228)

흥미로운 것은 그 같은 질문이 제기되는 배경에는 생활인(군중)과 지식인 간의 역학관계가 역전된 조건이 놓여 있다는 점이다. 내면고백체에서는 지식인이 '약한 나'에 대해 회의하면서도 민중들에 대해서는 그들을 계몽하는 위치에 놓여 있었다. 반면에 모더니즘의 지식인은 오히려 군중들이나 생활인들의 활기에 의해 위축되는 입장에 있게 된다.

총총한 가운데 여객들은 그래도 한 잔 커피가 즐거운가보다. 얼른얼른 마시고 무얼 좀 생각하는 것같이 담벼락도 좀 쳐다보고 하다가 곧 나가버린다. 서글다. 그러나 내게는 이 서글픈 분위기가 거리의 티룸들의 그 거추장스러운 분위기보다는 절실하고 마음에 들었다.229)

그는 눈앞에 경성역을 본다. 그곳에는 마땅히 인생이 있을 게다. 이 낡은 서울의 호흡과 또 감정이 있을게다. 도회의 소설가는 모름지기 이 도회의 항구와 친하여야 한다. 그러나 물론 그러한 직업의식은 어떻든 좋았다. 다만 구보는 고독을 삼등대합실 군중 속에 피할 수 있으면 그만이다.

---

225) 박태원, 「소설가 구보씨의 일일」, 『소설가 구보씨의 일일』, 깊은샘, 1994, 42~43면.
226) 최명익, 「비 오는 길」, 『한국소설문학대계』 24, 동아출판사, 1995, 34~35면.
227) 유항림, 「마권」, 위의 책, 146면.
228) 유항림, 위의 글, 위의 책, 146~150면.
229) 이상, 「날개」, 앞의 책, 337면.

그러나 오히려 고독은 그곳에 있었다. 구보가 한 옆에 끼어 앉을 수도 없게
스리 사람들은 그곳에 빽빽하게 모여 있어도, 그들의 누구에게서도 인간 본래
의 온정을 찾을 수는 없었다. 그네들은 거의 옆의 사람에게 한마디 말을 건네
는 일도 없이, 오직 자기네들 사무에 바빴고, 그리고 간혹 말을 건네도, 그것은
자기네가 타고 갈 열차의 시각이나 그러한 것에 지나지 않았다.[230]

위에서처럼 「날개」와 「소설가 구보씨……」의 지식인은 생활인과 군
중들의 분주함 속에서 오히려 서글픔과 고독을 느낀다. 그런데 지식인의
소외감은 이처럼 생활인과의 침묵의 관계 속에서만 느껴지는 것은 아니
다. 다음에서처럼 지식인은 직접적으로 생활인의 말 속에서 좌절감을 경
험하기도 한다.

> "긴상은 도무지 남의 말을 곧이 안듣는 것이 병이거든. 그리고 내가 보기엔
> 긴상은 돈 모으고 세상살이 할 생각은 많은 것 같단 말이야."
> 이렇게 말하는 사진사는 자기의 말을 스스로 긍정하는 태도로 병일이를 건너
> 다보며 머리를 건득이었다.
> 병일이도 사진사의 말을 긍정할밖에 없었다. 사진사의 설교가 아니라도 이러
> 한 희망과 목표는 이러한 사회층(물론 병일이 자신도 운명적으로 예속된 사회
> 층)에 관념화한 행복의 목표라는 것을 모르는 바가 아니었다.
> 이러한 사회층의 일평생의 노력은 이러한 행복을 잡기 위한 것임을 어느 때
> 어느 곳에서나 늘 보고 듣는 것이었다. 그렇다고 나의 희망과 목표는 무엇인가
> 고 생각할 때에는 병일이의 내장은 얼어붙은 듯이 대답이 없었다. 이와 같이
> 별다른 희망과 목표를 찾을 수 없으면서도 자기가 처하여 있는 사회층의 누구
> 나 희망하는 행복을 행복이라고 믿지 못하는 이유도 알 수 없는 것이었다.
> 희망과 목표를 향하여 분투하고 노력하는 사람의 물결 가운데서 오직 병일이
> 자기만이 지향없이 주저하는 고독감을 느낄 뿐이었다.[231]

이처럼 「비 오는 길」(최명익)에서는 지식인(병일)이 민중들을 계몽하기

---

230) 박태원, 앞의 글, 앞의 책, 39면.
231) 최명익, 「비 오는 길」, 앞의 책, 34면.

는커녕 오히려 생활인(사진사)이 지식인에게 설교를 하는 장면이 그려진다. 주인공 병일(지식인)은 사진사(생활인)의 '행복한 생활'에 대한 설교에 수긍할 수밖에 없음을 느낀다. 그만큼 '돈 모으는' 생활의 규율이 평범한 세상살이의 목표로 일상화되었기 때문이다. 그러나 병일의 무의식은 그런 일상을 거부하면서 다른 방향의 삶을 모색하고 있다. 자본주의적 세태의 거대한 흐름 속에서 그 다른 희망과 목표가 무엇인지 뚜렷이 말할 수가 없는 병일은 고독을 느낀다.

열람표를 사 쥐고 신관으로 가는 동안 삐삐골프장의 일이 생각났다. 게임은 그렇지 않아도 이미 졌던 것이니까 미련이 있을 리 없고 시계를 두세 번 꺼내 보다가 바빠서 미안타고 중도에 나오고 보니 자기를 한가해서 견디지 못해하는 사람으로는 보지 않을 것이다. 그만하면 거기서는 성공이다. (…중략…)
그러나 잡지 한권만 찾아 들고 어슬렁어슬렁 자리를 찾아가는 양은 아무래도 한가한 사람으로 뵐 것에 틀림없다고 생각하고 하는 수 없이 카드함을 열려고 하는 데 변호사 시험공부를 한다는 풋낮이나 알던 사람이 열람실에서 나오다가 인사를 한다. 긴급히 읽고 싶은 것이 없고 따라서 책 선택에 망설이는 자기를 보여주는 것 같아서 문득 생각나는 대로 적는다는 게 사 읽고 남은 『세스토프』 선집이었다. (…중략…)
책을 받아들고 자리를 찾아 앉으니 주위에 빽빽히 찬 군중은 정숙에도 불구하고 상념을 간섭하여 마음을 가다듬을 길 없다. 잡지의 창작란을 펴놓았지만 각별히 읽고 싶은 글도 실린 것 같지 않다. (…중략…)
여기서 졸면 그건 정 창피다. 다시 정신을 가다듬고 포켓을 뒤지어 휴지 겸으로 넣어 두었던 원고지를 꺼내 놓고 가장 긴급한 것이나 같이 엄숙한 표정으로 적는다.[232]

앞의 소설들에서 지식인이 생활인과의 침묵의 관계에서 무력감을 느끼는 것은 자본주의의 생활의 규율이 일상화되고 제도화되었기 때문이다. 「마권」(유항림)은 무력한 지식인이 생활인의 눈을 강박적으로 의식할

---

232) 유항림, 「마권」, 앞의 책, 141~144면.

수밖에 없음을 그림으로써, 생활인의 규율이 제도화되었음을 극명하게
보여준다. 근대 초기 내면고백체에서는 지식인의 눈이 민중들의 무지함
을 질타하는 계몽의 시선으로 작용했었다. 그러나 위에서처럼 모더니즘
에서는 그 반대로 군중들의 눈이 무력한 지식인을 '한가한 인종'으로233)
분류하는 감시의 시선으로 작용한다. 위에서 아무도 만성(지식인)을 질타
하는 사람은 없지만 만성은 생활인(군중)의 침묵의 시선이 두려워서 견딜
수가 없다. 그것은 생활인이 만성의 생활의 부재를 눈치 채는 순간 제도
화된 생활의 규율에 의해 그가 침묵 속에서 '한가한 인종'으로 분류되기
때문이다.

　「마권」에서도 생활의 규율이란, '이론(지식)'으로 극복했다 믿었던 '가
정과 빵'이, 가난한 지식인의 사랑을 빼앗으며 이론을 무력화하는 근거
가 되는 조건이다.234) 그것은 앞의 모더니즘 소설들에서 나타났던 것과
똑같은 자본주의적 생활의 규율인 것이다. 그런 생활의 규율을 받아들일
수 없는 지식인들은, 생활과 이론의 불일치 속에서 무력함을 경험한다.

　그러나 이제까지 살펴본 모더니즘 소설들에서 지식인의 무력한 위치
는 단지 고독과 분열을 의미하는 것만은 아니다. 지식인은 그 소외된 위
치(비동일성의 위치)에서 자신이 향수를 느끼면서도 결코 받아들일 수 없
는 생활인의 행복에 대해 질문한다. 그런 질문의 위치 자체가 자본주의
적인 사회적 근대성과 구분되는 미적 근대성의 위치이며, 그곳에서 심리
적 아버지로서 자본주의적 상징계(즉 생활의 규율)를 거부하는 지식인은
'고아 상태의 무의식'을 경험한다. '고아 상태의 무의식'은 심리적 아버
지인 자본주의적 규율로부터 거세공포를 느끼는 '낯선 두려움(unhomely)'
에서 벗어나 당당하게 진정한 화해의 소망을 드러낸다. 예컨대 「날개」
에서 '날자'를 외치는 지식인은, 자본주의적 규율과 타협하려는 것이 아
니라, 생활의 행복에 대한 욕심이 말소된 고아 상태의 무의식 속에서 또

---

233) 유항림, 위의 글, 위의 책, 145면.
234) 유항림, 위의 글, 위의 책, 158면.

다른 화해의 소망을 표현하고 있는 것이다.

「소설가 구보씨의 일일」의 경우에는 그런 화해의 소망이 '어머니의 행복'을 생각하는 것으로 나타난다. 이는 「날개」에서와는 달리 안이한 생활과의 타협으로 보일 수도 있다. 그러나 구보는 생활의 행복을 쫓는 거리의 어른들보다는 아이들을 사랑하며, 남자로서의 자신의 행복보다는 어머니의 행복을 앞에 놓는다. 이처럼 (여로의 종착점에서) 자본주의화된 경성의 거리의 세계, 그 세속적인 행복의 아버지를 뿌리치고 아이들과 어머니의 행복을 먼저 생각하는 점에서, 「소설가 구보씨의 일일」은 모더니즘이 성장소설의 패러디 구조를 지님을 다시 한번 보여준다.

한편 「비 오는 길」과 「마권」에서는 진정한 화해의 소망이 「날개」나 「소설가 구보씨의 일일」에서와는 달리 또 다른 계몽과 이론의 모색으로 나타난다. 지식인은 생활에서 소외되어 형해가 된 삶을 살면서도, 생활과 지식 사이의 틈새에서 또 다른 지적인 기획을 모색하는 것이다. 무력한 생활과 진공 같은 이론 사이에서 동요하면서 그들은 어느 쪽에서든 희망을 찾으려 분투하고 있다. 이제 이 1930년대 모더니즘에 나타난 또 다른 양상을 살펴보자.

3) 모더니즘과 계몽의 변증법

앞서 살폈듯이 「비 오는 길」에서 소시민적 행복에 대한 질문은 지식인 주인공이 자신도 모르게(무의식중에) 그것에 경멸감을 느끼는 것으로 제시된다. 이 소설의 주인공 병일은 「날개」나 「소설가 구보씨의 일일」의 주인공 같은 룸펜은 아니며 공장 사무실에서 잡무를 보는 인물이다. 그러나 주인에게 모욕을 받으며 근무하고 있는 그는 진정한 자신의 생활을 갖고 있지 못하다. 병일은 공장에서 집으로 가는 우울한 길(비 오는 길)에서 소시민적 생활의 재미에 몰두해 있는 사진사를 만난다. 그는 사진사가 들려주는 세상살이의 재미에 대한 이야기를 들으며 사진사의 말을 긍정할 수밖에 없음을 느낀다. 그러나 병일은 또한 자신도 모르게 사진사에 대한 경멸을 느끼며 또 다른 삶의 방향에 대해 생각한다. 병일의 고독과 우울은 사진사의 행복이 왜 진정한 행복이 아닌지, 그리고 또 다른 삶의 희망이란 대체 무엇인지 알지 못한다는 데서 온 것이다.

병일의 그런 답답함은, 사진사의 돌연한 죽음으로 세상살이의 이야기와 행복의 서사가 중단되어 버린 후 허전함으로 뒤바뀐다. 소시민적 행복의 서사가 중단되었다는 것은 그 서사의 목표에 대한 회의를 상징하는 사건으로 볼 수 있다. 병일이 또 다른 삶의 방향으로서 독서에 더욱 매진하게 된 것은 그 때문이다. 결말부에서 제시되는 병일의 독서는 이 소설에서 진정한 화해의 소망을 지닌 지식인의 계몽적 전망으로 볼 수 있다. 물론 독서로 상징되는 이 지식인의 전망은 내면고백체의 계몽사상을 넘어서는 또 다른 계몽일 것이다. 그러나 그것이 일상의 생활과 괴리된 점에서는 초기 계몽사상의 관념성을 반복하는 것으로 볼 수 있다.

그럼에도 불구하고 계몽에 대한 회의의 미학인 모더니즘을 통해 또다시 계몽의 주제가 나타나고 있는 점은 매우 의미심장하다. 지식인은 생활인에 대한 계몽의 위치를 잃어버린 후에도 고독하게 독서를 계속한다. 일상의 생활을 상실한 위치에서의 이 지식인의 전망은 괄호 안에 넣어진 또 다른 삶의 방향을 암시한다.

이처럼 모더니즘을 통해 계몽의 주제가 반복되고 있는 역설은 우리 근대 역사의 특수성과 연관이 있는 것으로 볼 수 있다. 모더니즘이란 아도르노가 말한 '계몽에 대한 기대가 암흑과 야만으로 뒤바뀐 시대'의 예술이다.[235] 계몽이 미처 난숙하게 꽃피우기 전에 그런 암흑시대를 맞은 우리의 경우[236] 아직 소진되지 않는 계몽의 에너지가 또 다른 계몽에

---

235) 호르크하이머·아도르노, 김유동 외역, 『계몽의 변증법』, 문예출판사, 1995, 63면, 67~69면.
236) 이것이 식민지 시대의 특수성일 것이다. 일찍이 임화도 그런 시대적 특성을 진단한

대한 열망으로 나타났던 것이다.

물론 모더니즘 소설에 나타난 계몽은 생활의 방향을 제시하는 목표가 부재한 점에서, 그리고 생활에 대해 질문하며 계몽의 전망을 괄호 안에 넣는 점에서, 이미 계몽이라는 이름이 어울리지 않는 계몽이다. 그것은 계몽을 해체하는 계몽이며, 주체철학보다는 마르크스주의와 연관된 또 다른 서사의 모색이다. 그 점은 지식인의 고독한 '독서' 대신에 생활과 이론의 틈새에서의 논쟁을 그리고 있는 「마권」에서 분명히 드러난다.

「마권」의 세 지식인들은 소시민적 생활에 회의를 느끼는 점에서 「비 오는 길」의 병일과 동일한 위치에 있다. 그 중에서 이론이 생활에 대해 무력해진 현실을 가장 회의하는 인물은 모더니즘 주인공과 유사한 만성 이다. 반면에 만성처럼 현실에 대해 유희적인 태도를 보이기보다는 회의 의 시선 자체에 붙들여 있는 회의주의자가 창세이다. 그 둘과는 달리 종 서는 형해가 된 생활일 망정 그 속에서 자신감을 갖고 계속 이론으로 대응하려 한다.

세 사람 중에서 현실에 대해 가장 진지한 태도를 보이는 인물은 종서 이다. 그러나 그는 두 사람과 달리 현실을 포기하진 않지만, 변화된 현 실에서 계속 예전의 이론을 고집하는 점에서 오히려 관념주의의 위험을 지니고 있다. 그에 반해 현실을 회의하는 창세와 만성의 차이점은 그 회 의의 방법이 다르다는 점이다. 창세는 현실을 지배하는 소시민적 생활의 목적에 대해 진지하게 회의한다. 반면에 만성은 절망적인 회의의 끝에서 진지함마저 잃어버린 유희적인 모더니스트이다. 만성은 생활에도 이론 에도 더 이상 아무런 희망을 갖고 있지 않는 것이다.

그러나 만성이 가장 절망적이긴 하지만 그는 순수한 절망 위에서 또 다른 화해를 모색하려는 모더니스트적인 탈주의 욕망을 갖고 있다. 그의 모더니스트적인 탈주의 욕망에는 형해가 된 생활과 이론을 넘어서려는

바 있다. 임화, 「본격소설론」, 『문학의 논리』, 서음출판사, 1989, 228면 참조.

해체의 욕망의 잠재해 있다. 하지만 해체나 탈주의 욕망은 현실에서 달아나는 것이 아니라 그 속에서 새로운 생활과 이론을 창조하려는 것일 터이다. 동경으로 달아나는 만성의 행동이 큰 설득력을 갖지 못하는 것은 그 때문이다.

> "(…전략…) 나는 단순히 버리는 것이다. 그렇다고 내 생활 의욕이나 이지적 판단을 버리는 것은 아니다. 그것을 버린다면 자살이다. 나는 생활 없는 형해를 버릴 뿐이다. 이것으로 나를 좀더 발전시킬 수 있다면 횡재다, 다행이다. 또 그렇기를 바란다. 여기 통용치 못하는 루블 지폐가 있다면, 그리고 그것으로 마권(馬券)을 살수 있다면 그것도 도박이라고 위험하다고 할 수 있겠나. 나는 요행을 바라고 마권을 산 것이다."
>
> "통용 못할 루블로 단정한다는 것은 현실이 아니고 너의 주관이다. 곤란과 절망은 반드시 시너님(동의어)은 아니겠지."237)

위에서처럼 만성은 생활에 대해 쓸모 없게 된 이론(루블 지폐)으로 마권을 사는 모험을 감행한다. 여기서 마권이란 어떤 '지팡이(이론)'에도 의존하지 않는 '무소유자의 힘'을 말한다. 만성이 자신을 던진 무소유자의 상황이란 앞서 살핀 고아 상태의 무의식에 다름이 아니다. 만성의 고아적 무의식으로 볼 때 종서는 장님 같은 이론에 예속된 주관에 사로잡혀 있다. 반면에 형해가 된 이론과 현실을 버리지 않는 종서의 입장에서는 현실에서 달아나는 만성이야말로 주관에 빠져 있다.

만성이 버리려 하는 이론이란 당시의 사회주의의 이념이었던 마르크스 레닌주의를 말한다. 만성은 그 이론이 1930년대 후반에 장님이 되었음을 말하며 해체적인 무소유자의 힘, 즉 고아 상태의 무의식을 얘기하고 있다.

그러나 만성 역시 '생활의 의욕'이나 '이지적인 판단'을 버린 것이 아니며 변증법을 포기한 것도 아니다. 만성의 무소유자의 위치는 해체적인

---

237) 유항림, 「마권」, 앞의 책, 167~168면.

입장인 동시에 또 다른 변증법적인 이론을 생성시키는 위치라고 할 수 있다. 그리고 그 새로운 이론의 생성은 현실과의 대면 속에서만 가능할 것이다. 만성이 무소유자의 위치(고아 상태의 무의식)를 '달아나는 행위'로 비유한 것은 옳지만 그것은 '현실 속으로' 달아나는 행위인 것이다. 동경으로, 그 '현실 밖으로' 달아나려는 만성의 생각을 종서가 주관적이라고 비판한 것은 그 때문이다.

이 소설은 떠나는 자와 남는 자의 엇갈림을 통해 그 어떤 쪽에서도 현실의 문제에 대처할 수 없었던 당시의 딜레마를 보여준다. 고아 상태의 무의식 속에서 현실과 이론을 해체하고 진정으로 새로운 이론이 나타나려면 '달아나는' 동시에 현실에 '남는' 제3의 위치가 필요할 것이다. 그 이도저도 아닌 제3의 위치는 반세기가 흐른 후 탈근대론이 제기되면서부터 비로소 조명되기 시작한다.

11. 포스트모더니즘과 탈주의 여로

1) 무의식의 예속화와 리얼리티의 해체

서정소설에서 모더니즘으로의 이행은 더 이상 세계에서 화해의 표상을 발견할 수 없다는 절박한 현실 상황을 암시한다. 모더니즘은 그 같은 현실에서 내면으로 돌아와 부정적 인식 속에서 화해의 소망을 확인한다. 모더니즘의 시대(독점자본주의)238)에 '화해'를 소망하는 기표로 남아 있는 것은 '불화'를 알리는 '예술(아름답지 않은 예술)239) 그 자체'일 것이다. 이

---

238) 리얼리즘, 모더니즘, 포스트모더니즘은 각각 시장자본주의, 독점자본주의, 후기자본주의에 상응하는 문화형식으로 볼 수 있다.

는 현실이 자본주의와 도구적 이성의 논리에 의해 총체적으로 지배되는 상황을 나타낸다.

여기서 한발 더 나아가 내면의 영역(문화, 지식, 무의식)마저 교환가치와 도구적 이성에 예속되기 시작할 때 포스트모더니즘이 출현한다. 포스트 모더니즘은 자본주의(그리고 도구적 이성)의 논리가 그에 대항할 수 있는 최후의 보루(문화, 지식, 무의식)에까지 침투한 후기자본주의의 산물인 것이다.[240] 후기자본주의는 아도르노가 비관적인 어조로 말했던 문화산업[241]이 아무런 거부감 없이 받아들여지는 시대이다. 모더니즘의 시대가 자본의 논리(교환가치)가 '일상화'된 시대라면, 포스트모더니즘과 후기자본주의의 시대는 교환가치에 저항하는 마지막 거점인 문화와 지식마저 상품화된 시대, 즉 문화산업과 지식의 상품화가 '일상화'된 시대인 것이다.

이런 시대적 특성은 모더니즘과 포스트모더니즘의 차이를 통해 잘 드러난다. 앞서 살폈듯이 모더니즘은 생활인(군중)으로부터 소외된 지식인과 예술가(작가)의 고독을 그리면서 내면의 화해의 소망을 암시한다. 물론 모더니즘 중에는 김승옥(「무진기행」, 「서울 1964년 겨울」)이나 최인호(「타인의 방」, 「개미의 탑」)의 소설에서처럼 일상인이 등장하는 경우도 있다. 그러나 그런 때에도 주인공은 자본주의화된 생활세계에서 벗어난 비동일성의 위치에서 내면의 화해의 소망을 드러낸다.

그러나 포스트모더니즘에서는 더 이상 그 같은 비동일성의 위치에 고독하게 서 있는 인물이나 내면의 화해의 소망은 나타나지 않는다. 그 대신 군중(생활인) 속에 파묻혀서 일상화된 고독과 허무주의에 시달리는 인물이 등장한다. 모더니즘의 주인공(지식인, 작가)은 군중에서 유리된 비동일성의 위치에서 낯선 시선으로 자신의 고독을 발견한다. 반면에 포스트

---

239) 아름다운 예술과 아름답지 않은 예술의 차이에 대해서는 나병철, 『모더니즘과 포스트모더니즘을 넘어서』, 소명출판, 1999, 55~67면 참조.
240) 후기자본주의는 만델의 개념임. 나병철, 『근대성과 근대문학』(문예출판사, 1995), 242~246면과 에르네스트 만델, 이범구 역, 『후기자본주의』(한마당, 1985) 참조.
241) 호르크하이머·아도르노, 김유동 외역, 『계몽의 변증법』, 문예출판사, 1995, 169~228면.

모더니즘의 주인공은 군중의 일부가 된 위치에서 고독과 허무주의에 '중독된' 자기 자신을 경험하게 된다.

> 극장에서 나와 그녀는 말없이 을지로 3가를 지나 백병원을 지나 명동으로 이어지는 육교를 건너 명동성당 쪽으로 천천히 천천히 걸어 올라갔다. 무심히 그녀 옆을 따라 걷고 있던 나는 어느 결에 그녀와 나 사이의 거리가 조금씩 조금씩 벌어지고 있음을 눈치챘다. 그리고 명동성당으로 올라가는 언덕바지까지 왔을 때 나는 도저히 그녀의 뒤를 따라잡을 수가 없다는 것을 깨달았다. 그것은 그녀가 내게 그렇게 요구하고 있었기 때문이었다. 그걸 깨달은 순간에야 나는, 수많은 사람들이 밀려내려 오고 있는 거리 한복판에서 걸음을 멈춰 섰다. 그녀는 뒤 한번 돌아보지 않은 채 사람들 사이에 파묻혀 걸어가더니 마침내 책 속의 글자처럼 작아져 내 시야에서 완전히 사라지고 말았다.[242]

위의 인용문(「은어낚시통신」)은 앞서 살폈던 「날개」와 「소설가 구보씨의 일일」의 한 부분(252~253면)과 비교해서 모더니즘과 포스트모더니즘의 차이를 보여준다. 「날개」와 「소설가 구보씨……」에서는 군중들에게서 이질감을 느끼며 고독을 발견하는 주인공들이 등장한다. 그들의 고독의 발견은 내면의 '무의식' 속에서 화해의 소망을 발견하는 과정의 한 단계이다.

그러나 「은어낚시통신」(윤대녕)에서는 그런 주인공과 군중 사이의 이질감이 나타나지 않는다. '나(주인공)'는 오히려 일상에서 고독과 허무주의에 중독되었던 자기 자신을 인파에 묻혀 확인할 뿐이다. 일상의 군중으로부터 이질감을 느끼는 모더니즘의 주인공과는 달리, '나'는 군중과 한 덩어리가 되는 순간 일상화된 고독에 젖는 것이다.

고독과 허무주의에 중독되었다는 것은 그것이 일상화되었음을 뜻하며 내면의 '무의식'마저 병들어 있음을 의미한다. 그 점은 그녀와 '내'가 일상 속에서 만날 때마다 섹스를 하면서도 아무런 감동도 없이 메마른 감정에 시달렸던 사실에서 알 수 있다.

---

242) 윤대녕, 「은어낚시통신」, 『은어낚시통신』, 문학동네, 1994, 65면.

그녀와 '나'는 성산포의 유채꽃 바닷가에서 처음으로 하나가 되었었다. 그 자연 속에서의 섹스는 서정적인 화합인 동시에 내면의 화해이기도 했다. 그러나 도시의 일상으로 돌아온 두 사람은 어떤 일을 해도 그때의 감정을 되찾을 수 없었다. 만남의 일정이 섹스로 귀결되는 것은 마지막 남은 내면의 화해를 소망했기 때문이었다.

하지만 도시로 돌아와 일상인이 된다는 것은 각자의 무인도에 유배되는 일이었다. 그것은 두 사람이 인파에 묻혀 아무 일도 없는 것처럼 이별하는 위의 장면에서 분명히 드러난다. 인파 속에 묻힘으로써 두 사람은 자신들이 일상인의 한 사람임을 확인하는 동시에 일상 속에서 가장 잘 아는 사람이 모르는 사람과 마찬가지임을 발견하고 있는 것이다.

모더니즘의 주인공은 일상 속의 고독을 군중 속에 파묻혀 그 일상인과 유리된 자신을 발견함으로써 확인한다. 그가 일상인과 유리되는 것은 그들과는 달리 내면의 화해의 소망을 포기하지 않기 때문이다. 반면에 「은어낚시통신」의 '나'와 그녀는, 일상 속에서 만날 때마다 섹스를 하는 관계이면서도 한순간에 모르는 사람처럼 타인이 될 수 있음을 군중의 일부가 되어(군중에 동화되어) 발견한다.

그들의 고독은 외부세계의 일상인과 내면 사이의 괴리가 아니라 일상인으로서 그들 자신의 내면이 병리화된 데 따른 것이다. 모더니즘의 주인공이 일상의 고독에서 내면으로 돌아와 화해를 소망한다면, 「은어낚시통신」에서 내면이 병리화된 두 사람은 고독에서 벗어날 아무런 공간도 갖고 있지 않다. 그처럼 일상화된 고독은 만성적인 허무주의가 된다.

그러나 두 사람이 고독과 허무주의로 인해 고통스러워한다는 것은 그들이 무의식 속에서 병리화된 내면과 싸우고 있음을 암시한다. 이처럼 문화, 지식, 무의식이 병리화된 동시에 그 병든 공간이 전쟁터가 되는 것이 포스트모더니즘의 미학적 특징이다. 포스트모더니즘은 만성화된 고독과 허무주의를 보여주면서 또한 (단지 그에 그치지 않고)[243] 그것에서 벗어날 또 다른 공간을 모색한다.

하지만 일상으로부터 달아날 내면의 공간마저 빼앗긴 포스트모더니즘에서 어떤 또 다른 탈주의 공간이 그려질 수 있을까. 모더니즘에서는 자본주의와 합리주의 세계에 동화되지 않은 비동일성의 위치에 있는 주인공의 내면이 탈주의 공간이었다. 그런 내면의 공간마저 병리화된 포스트모더니즘에서는 더 이상 자본주의와 합리주의 세계의 리얼리티 속에서 해결을 모색하지 않는다. 그것은 자본주의(그리고 합리주의)에 의해 코드화된 리얼리티가 그 자체로서는 탈코드화의 위치를 제공하지 못하기 때문이다. 그런 절박한 상황에서 포스트모더니즘은 이질적인 코드의 문화에 눈을 돌림으로써 자본주의와 합리주의 세계 자체의 리얼리티를 해체한다.

후기자본주의의 사회에서 내면의 무의식마저 병리화되었다는 것은 그 무의식의 외적 표현인 문화마저 병리화된 사실에 상응한다.[244] 문화와 무의식이 예속화된 그 같은 조건에서 이질적인 또 다른 문화에 관심을 갖는 것은, 자본주의(그리고 합리주의)에 의해 닫쳐진 리얼리티 외부에 눈을 돌림으로써 그 일상의 리얼리티 자체를 해체하기 위한 것이다. 즉, 우리가 살고 있는 자본주의적·합리주의적 일상 이외에 또 다른 리얼리티가 있을 수 있음을 암시하는 것이다.

이처럼 자본주의(합리주의)가 강대해져 더 이상 달아날 공간이 없어진 후기자본주의에서 포스트모더니즘은 자본주의(합리주의)의 리얼리티 자체를 뒤흔드는 방법을 사용한다. 윤대녕이 흔히 사용하는 방법은 자본주의와 합리주의 외부의 밀교적 공간이나 동양사상의 코드를 이용하는 것이다. 밀교적 공간이나 동양사상은 자본주의나 합리주의로는 이해할 수 없는 또 다른 리얼리티를 제시함으로써 우리의 일상화된 리얼리티 개념을

---

243) 포스트모더니즘에 대한 비판은 만성화된 허무주의를 드러내는 데 그치는 작품에 주로 해당된다.
244) 문화와 무의식의 관계에 대해서는 나병철, 『탈식민주의와 근대문학』, 문예출판사, 2004, 37~46면 참조.

해체한다.

닫혀 있는 리얼리티에서 탈주하기 위해 그처럼 이질적인 문화와 그 공간에서의 내면(무의식)을 그린다는 것은, 문화와 무의식이 예속화되는 후기자본주의에서 바로 그 예속화된 공간(문화와 무의식)이 전쟁터가 되고 있음을 암시한다. 이 문화와 무의식의 전쟁터에서는 자본주의(합리주의)가 리얼리티를 완전하게 장악하는 동시에 그 전유된 리얼리티를 완전하게 해체하는 반격이 시작되는 것이다.

그러나 이질적인 문화적 코드를 이용한다는 것은 자본주의적 리얼리티에서 또 다른 문화적 공간으로 달아남을 뜻하는 것은 아니다. 그런 도주는 하나의 폐쇄된 코드(자본주의)에서 또 다른 닫힌 코드로의 이동에 불과하며, 결과적으로 현실도피에 다름이 아니다. 그보다는 자본주의적·합리주의적 리얼리티에서 이질적인 문화적 공간으로 전이(translation)를 시도함으로써 그 양자 '사이'의 공간에서 나타나는 해체의 힘을 이용하는 것이다.

「은어낚시통신」의 경우 후기자본주의적 현실에서 허무주의에 중독된 '나'와 그녀는 밀교적 공간에서 재회를 시도한다. 그러나 이는 단순히 자본주의적·합리주의적 리얼리티에서 밀교적 공간으로 달아나 버린 것은 아니다. 만일 그렇다면 그들은 자본주의적 현실에서 허무주의에 중독되는 대신 밀교의식에 중독된 비현실적인 존재에 그치고 말 것이다. 그와 달리 밀교적 의례는 자본주의적(합리주의적) 리얼리티의 이쪽에서 저쪽으로 건너뛸 수 있는 위치를 만듦으로써 양자 사이의 틈새의 공간을 경험하게 한다. 그 틈새의 공간은 폐쇄된 리얼리티 내부에 갇혀 있던 유기체적 존재를 해체하여 새로운 주체로 생성될 수 있는 위치를 제공한다.

> 물론 그들은 겉으로는 아무 이상이 없는 사람들처럼 살아요 하지만 역시 삶에 제대로 뿌리박지 못하는 사람들이죠 아무튼 우리는 한두 달에 한번쯤 은밀히 모였다가 헤어지곤 해요 어떻게 보면 두 겹의 삶을 살고 있는 사람들이죠

현실적인 삶을 더 이상 용납할 수 없으니까, 그렇게는 살아지지 않으니까, 말하자면 지하에다 다른 삶의 부락을 하나 더 세운 거예요. 우리가 은어를 문장으로 한 것도 다른 뜻이 아녜요. 말하자면 우린 여기서 거듭나기 연습을 해요. 어떻게든 우리 방식으로 버티고 사는 법을 배운단 말이죠.

나는 흐릿한 차창을 쳐다보며 내가 방금 떠나온 세상을 떠올려보았다. 그러나 지금 내가 와 있는 곳이 내가 존재하고 있는 곳인지, 그곳이 내가 존재하고 있는 곳인지 전혀 분간이 되지 않는다.[245]

위에서 보듯이 밀교적 의례의 목적은 리얼리티와 존재의 개념을 해체하는 데 있다. 즉 닫힌 리얼리티의 경계를 해체함으로써, 그 내부에 갇혔던 존재 역시 해체되어 새로운 주체로 '거듭나기' 위한 과정을 거치게 하는 것이다. 그처럼 새로운 주체로 재생하는 것은 현실에서 달아나는 것이 아니라 자본주의적 리얼리티에서 탈주하여 새로운 리얼리티 속의 주체로 회귀하려는 것이다. 그런 '거듭나기' 과정의 핵심적인 단계는 자본주의적 리얼리티에 갇혀 있던 존재를 해체하여 원래의 상태로 되돌리는 일이다.

이제 당신도 돌아오기 시작하는 거예요. 당신은 지금가지 너무 먼 곳에 가 있었던 거예요. 그러다간 돌아오는 길을 영영 잊어버리게 될지도 몰라요.

정말 나는 지금까지 내가 있어야 할 장소가 아닌, 아주 낯선 곳에서 존재하고 있었다는 생각이 차츰 들기 시작했다. 이를테면 삶의 사막에서, 존재의 외곽에서

(…중략…)

…… 좀, 더, 와야만 해요. 표정 없던 그녀의 얼굴에 격한 감정의 흔들림이 스치고 지나가는 게 보였다. 그러한 와중에 나는 그녀가 나를 만나곤 하던 그때의 순간들에 나에게서 지워지지 않는 상처를 입었음을 확연히 깨달았다.

그녀는 산란중인 은어처럼 입을 벌리고 무섭게 몸을 떨고 있었다. 그녀는 그런 자세로 물끄러미 나를 바라보고 있다가 마침내 벽에 모로 기대어 천천히 흐

---

245) 윤대녕, 「은어낚시통신」, 앞의 책, 74면.

느끼기 시작했다. 그러나 그 먼 존재의 시원, 말하자면 내가 원래 있어야만 하는 장소로 돌아가기까지 나는 보다 많은 밤과 낮을 필요로 해야 했다. 긴 흐느낌의 시간이 흐른 뒤, 나는 가까스로 그녀에게 다가가 살아 있는 자의 온기라곤 느껴지지 않는 그녀의 차디찬 손을 완강하게 거머쥐었다.

아침이 오기까지 나는 그녀의 손을 잡고 내 살아온 서른 해를 가만가만 벗어 던지며, 내가 원래 존재했던 장소로, 지느러미를 끌고 천천히 거슬러 올라가고 있었다.[246]

위에서 존재의 시원으로 회귀한다는 것은 들뢰즈·가타리가 말한 '기관 없는 신체'가 되는 것을 뜻한다. '기관'이 해체된다는 것은 자본주의적 리얼리티에 갇혀 있던 몸의 조직을 버리는 과정을 말하며, '나(주체)'를 일종의 본래면목(本來面目)으로 되돌리는 것을 의미한다. 위에서 그런 '나'의 회귀의 과정은 은어의 회유를 빌어 표현되고 있다.

그런데 여기서 이 '은어되기'의 과정은 단순한 은유에 그치는 것이 아니다. '나'의 '은어되기'는 은어의 이미지와 해후하는 서정적인 화해가 아니라, 실제로 '은어'를 매개로 주체가 새롭게 재구성되는 과정이기 때문이다.[247] 서정적 화해는 내면의 소망을 표현하는 것에 그치지만, 위의 은어되기는 예전의 '나'를 버리고 새로운 주체로 재생되기 위한 실제의 과정이다. 은어가 원래의 장소로 회유하듯이 '나'는 존재의 시원, 그 본래면목으로 되돌아가는 것이다.

이처럼 '은어되기'를 통해 기관 없는 신체가 되는 과정은 새로운 주체로 부활하기 위한 핵심적인 단계이다. 그것은 새로운 몸, 새로운 욕망과 무의식을 갖는 과정이기도 하다. 그러나 그런 주체의 '거듭나기' 과정은 새로운 리얼리티를 구성하는 작업과 동시적으로 진행되어야 할 것이다.

---

246) 윤대녕, 위의 글, 위의 책, 79~80면.
247) 물론 이 같은 주체의 재구성은 '나'가 은어로 코드화된 주체로 된다는 것이 아니라, 그 전이의 과정에서 탈코드화된 틈새의 공간(상징계와 실재계의 사이)으로부터 탈주의 신체로 생성되는 것을 뜻한다.

그렇지 않으면 기관 없는 신체는 다시 자본주의에 의해 조직화된 신체가 되거나 허무주의에 매몰될 것이다. 따라서 「은어낚시통신」에 나타난 은어되기의 시도는 새로운 리얼리티와 문화를 창조해내야 하는 숙제를 남겨두고 있다.

2) 매끄러운 공간과 삶의 비의적 의미

「은어낚시통신」에 나타났듯이, 윤대녕 소설의 여로는 후기자본주의적 현실에서 허무주의에 중독된 '나'를 발견하는 과정과 그로부터 탈주하는 진행을 포함한다. 그의 소설에서 흔히 그려지는 '존재의 시원으로의 회귀', '여자와의 우연한 재회', '삶의 비유적 의미' 등은, 살상 그처럼 후기자본주의적 현실에서 벗어나는 탈주의 또 다른 표현이라고 할 수 있다. 즉, 존재의 시원으로의 회귀란 '기관 없는 신체'로 되돌아가는 것이며, 여자와의 우연한 재회는 새로운 공간(매끄러운 공간)에서의 만남을 뜻한다. 또한 삶의 비유적 의미란 현실과 환상을 뒤섞어 리얼리티를 해체하는 과정에서 틈새의 공간으로 흘깃 보이는 풍경이라고 할 수 있다.

앞서 살폈듯이 후기자본주의적 현실은 자본주의(그리고 합리주의)에 의해 빈틈없이 조직화된 공간이다. 반면에 그로부터 탈주하는 새로운 공간은 그 같은 조직화를 해체하는 장소일 것이다. 서사의 '선'으로서의 여로에 비유한다면, 자본주의에 의해 조직화된 공간은 도시의 도로 같은 '홈 패인 공간'으로 볼 수 있다. '홈 패인 공간'은 도로처럼 가장자리에 턱을 만들어 여로의 선이 옆으로 새지 못하도록 계획된 (목적론적) 공간이다.[248] 그것은 또한 (도시의 도로처럼) 계산된 분할선을 만들어 폐쇄된 공간을 분배하고 개인에게 소유하게 하는 공간이다.

---

248) 들뢰즈·가타리, 김재인 역, 『천개의 고원』, 새물결, 2001, 907~953면; 이진경, 『노마디즘』 2, 휴머니스트, 2002, 373면.

모더니즘이나 포스트모더니즘에서 나타나는 소외나 허무주의는 그 같은 도시의 홈 패인 공간에 의해 총체적으로 조직화된 사회의 산물이다. 반면에 그런 조직화를 해체하는 탈주의 공간은 어느 방향으로든 물 흐르듯 갈 수 있는 '열린 길'로 나타난다. 모더니즘의 경우 그 열린 길 혹은 매끄러운 공간은249) 「날개」의 결말에서처럼 내면의 길('날자!')로 나타난다. 그에 반해 포스트모더니즘은 탈주의 공간으로서의 열린 길(매끄러운 공간)을 실제의 여로로 제시한다. 예컨대 「은어낚시통신」에서의 은어의 회유의 길250)이나 「피아노와 백합의 사막」에서의 사막의 여행이 그것이다.

「피아노와 백합의 사막」에서의 '나'의 사막여행은 윤후명의 「하얀 배」의 여로와는 매우 다른 의미를 지닌다. 「하얀 배」에서의 '나'의 여행은 사이프러스나무와 호수와 하얀 배의 전설과 만나는 여로였다. 그것은 내면의 화해의 소망이 자연과 그에 깃든 신화의 생생한 표상과 만나기 위한 서정적 탐색여행이었다. 그에 반해 「피아노와 백합의 사막」에서의 '나'의 여행은 단지 '사막과 같아지기' 위한 여로로 나타나고 있다. '나'의 사막여행은 어떤 화해의 표상도 발견하지 못하고 '사막은 그냥 사막'일 뿐임을 깨닫는 여로였다. 그러나 '나'는 사막을 여행한 후에 어느덧 자신이 텅 빈 사막과 같아지고 있음을 경험한다.

사막과 같아진다는 것은 나무나 호수, 전설들과 만나는 서정적인 화해를 의미하는 것은 아니다. 그보다는, '나'의 내면의 무의식이 조직화된 사회의 예속에서 벗어나 텅 빈 공간이 되면서, 사막처럼 펼쳐진 '매끄러운 공간'이 됨을 뜻한다. 서정적인 화해는 내면에서의 순간적인 화해이지만, 내면이 매끄러운 공간으로 전이되는 것은 '나'의 삶 자체가 달라

---

249) 매끄러운 공간이란 탈주가 가능한 유목적인 선의 공간이며, 사막이나 바다, 초원 등이 대표적인 예이다.
250) 이 길은 내면의 길일 수도 있지만, 또한 '나'의 은어낚시 여행길의 기억에 근거하고 있다.

짐을 의미한다. 내면이 매끄러운 공간(텅 빈 사막)으로 전환된다는 것은 그것을 통해 인식하는 리얼리티 자체가 변화됨을 암시하기 때문이다. 즉, 사막과 같아진다는 것은 한마디로 후기자본주의적 현실에서 매끄러운 공간(사막)으로 '탈주'함을 뜻한다.

흥미로운 것은 그 같은 사막의 공간의 생성이 후기자본주의 사회에서 내면의 허무의 사막이 '발생'한 지점과 같은 위치에서 나타났다는 점이다.251) 문화와 무의식마저 예속화하는 후기자본주의 사회에서 '나'는 내면의 사막이 '발생'함을 경험한다. 그처럼 내면마저 사막화하는 후기자본주의는 조직화되고 홈 패인 공간의 극단으로서 사막의 공간을 만든다고 할 수 있다. 즉, 모든 공간(시간)이 자본주의에 예속화됨에 따라 자본에 의한 빽빽한 '홈 패임'이 총체화된 극단에서 사막화된 매끄러운 공간이 출현한다.252) 물론 이 조직화(홈 패임)의 총체로서의 매끄러운 공간은 '내'가 사막여행 후 경험하는 텅 빈 (매끄러운) 공간과는 구별된다. '내'가 발견한 텅 빈 매끄러운 공간은 물 흐르듯이 자유로이 '유목'253)할 수 있는 탈주의 공간이지만, 후기자본주의의 매끄러운 공간은 여전히 자본과 도구적 이성에 예속된 공간인 것이다. 자본주의가 매끄러운 공간으로 전이되었다는 것은 지배의 방식이 강압에서 매끄럽고 유연한(미시적) 방식으로 바뀌었음을 의미할 뿐이다. 즉, 후기자본주의가 욕망과 무의식을 예속화한다는 것은 자발적으로 권력에 순응하도록 매끄러운 미시적 장치를 사용함을 암시한다.

성장기에서부터 내면의 사막의 '발생'을 느껴오던 '나'는 아내의 친구인 외판원으로부터 '살아 있는 사막'을 경험하고 실크로드의 사막여행

---

251) 윤대녕 소설이 서정소설과는 달리 내면의 사막(허무)을 근거로 하고 있는 점은 그 자신의 소설에서 암시된다. 즉, 그의 소설은 달이 사막으로 밝혀진 시점에서의 현실, 다시 말해 더 이상 서정적 화해가 가능하지 않는 시점을 근거로 한다. 윤대녕, 「피아노와 백합의 사막」, 『남쪽 계단을 보라』, 세계사, 1995, 241면.
252) 이진경, 앞의 책, 655~656면.
253) 유목이란 매끄러운 공간에서 탈주선을 그리는 삶의 흐름을 말함.

을 결심한다. '나'에게는 성장하며 사회화된다는 것이 현실의 사막이 내부로 전이되어 점점 커져 가는 과정이었다. 또한 아내의 친구에게서 발견한 '살아 있는 사막'이란 일상의 생활공간의 사막화를 의미한다. 그처럼 사막이란 모든 방향에서 매끄럽게 작용하는 지배의 일상화인 동시에, 그에 의해 황폐해진 내면의 사막화와 허무의식을 뜻한다. '나'의 사막여행의 결심은 그 같은 총체적 지배와 허무의식의 사막을 텅 빈 탈주의 공간인 사막으로 전복시키기 위한 것이었던 셈이다.

허무의 공간을 탈주의 공간으로 전이시키는 과정에는 '나'의 내면을 사막처럼 텅 비게 만드는 것과 그 사막화된 내면으로 새로운 리얼리티를 발견하는 과정이 포함된다. 새로 발견된 리얼리티는 윤대녕 소설에서 흔히 나타나듯이 현실과 환상을 뒤섞는 방식으로 제시된다. '나'는 사막여행에서 만난 여자와의 대화에서 그것을 경험한다.

> "하지만 사막의 한가운데 들어가면 늘 깨닫게 돼요. 역시 사막은 비어 있다는 것을요."
> "……"
> "그리고 그때서야 비로소 사막의 무도가 시작돼요."
> 사막의 무도?
> "내가 사라진 지점에서 사막은 풍요롭게 부풀어올라요. 역설적으로 말하면 내가 사막과 같아질 때 말예요." (…중략…)
> "사막에 백합꽃들이 피고 있어요. 마침내 무도가 시작되려나 봐요."
> 사막에 피고 있는 백합. 백합이 피고 있는 사막.
> 나는 눈을 지긋이 뜨고 창 밖에 어둠 속에 눈을 주었다. 눈이 내리고 있는 밤의 사막. 무도가 시작되고 있는 사막.[254]

백합꽃이 피는 사막의 무도는 합리주의적 관점에서 보면 내면에 사막(허무)을 지닌 사람들의 환상에 불과하다. 그러나 그런 환상을 합리주의

---

254) 윤대녕, 「피아노와 백합의 사막」, 앞의 책, 276면.

적 현실보다 더 현실성 있게 느낄 수 있을 때 새로운 리얼리티가 나타난다. 그것은 내면의 허무의 사막이 텅 빈 탈주의 공간으로 전이되는 과정이기도 하다. '나'는 사막여행 후에 그녀(이영주)의 전화를 받고 나서 비로소 그것을 경험한다.

> 그러한 잠시 내 눈에 문득 황량한 사막의 한가운데에 놓여 있는 피아노의 환영이 비쳐들었다. 그렇다, 밤의 사막 한가운데 낡은 피아노 한 대가 놓여 있다. 거기 누군가 앉아서 쇼팽의 녹턴 팔번에서 십번까지를 치고 있다. 아마도 죽은 내 친구겠지?
> 피아노소리는 사막의 구석구석으로 물주름처럼 번져나가고 있다.
> 그 소리를 따라 사방에서 백합들이 투둑투둑 피어나기 시작한다. 넌 밤늦게 앉아 아직도 캔버스에 백합을 그리고 있는 중이겠지? 낮게 엎드려 있는 나는 등이 가렵구나. 왜냐고?
> 비로소 내가 사막과 같아져 피아노와 백합을 등에 지고 있기 때문일 테지. 그래, 그런 때문일 테지.
> 누가 나를 메아리쳐 불러, 비스듬히 고개를 돌려 창 밖을 보니, 내가 거미처럼 사지를 벌리고 달을 끌어안고 있다.[255]

위에서 '피아노'는 어린 시절 아직 내면의 사막이 크지 않던 때의 친구와의 우정을 상징한다. '나'는 성장하면서 내면의 '사막'이 늘어갔고 그(송갑영)는 내게로부터 멀어져 갔다. 또한 '백합'은 사막에서 만난 여자가 준 구근이 발화한 것이다. 물론 '나'는 사막에 있을 때는 백합이 피는 사막을 실감하지 못했었다.

'내'가 친구의 피아노 소리에서 멀어지고 백합의 사막을 실감하지 못한 것은 아직 도시의 '홈 패인(조직화된) 공간'이나 그것의 극단으로서의 사막에 머물러 있었기 때문이었다. '홈 패인 공간'에서는 시각적인 원근법에 의존해서 사물을 인식한다. 그처럼 시각적인 원근법에 의존할 경우

---

255) 윤대녕, 위의 글, 위의 책, 296면.

사라져버린 과거의 피아노는 결코 현재의 시점에서 인식되지 못한다. 또한 사막 속에서 백합꽃을 볼 수도 없게 된다. 그러나 그런 시각적인 홈 패인 공간에서 매끄러운 공간으로 탈주하게 되면 과거의 피아노나 사막 속의 백합을 감지 할 수 있게 된다. 매끄러운 탈주의 공간에서는 시각적인 원근법 대신 촉감을 통해 클로즈업된 사물을 느낄 수 있기 때문이다.256)

위에서처럼, 사막과 같아져 매끄러운 공간으로 탈주한 '나'는 '등의 가려움'이라는 촉감을 통해 클로즈업된 피아노나 백합을 감지한다. 또한 사지를 벌려 달을 끌어안을 수도 있게 된다. 이 사막에서의 촉감으로 감지된 피아노와 백합과 달이 후기자본주의적 허무를 넘어서는 이 소설의 전망일 것이다. '나'는 사막에 있으면서도 홈 패인 공간의 시각적 원근법에 얽매여 있을 때는 피아노와 백합을 보지 못하고 허무에 시달렸었다. 그러나 이제 매끄러운 탈주의 공간인 또 다른 사막에서는 촉감을 통해 삶의 방향을 감지할 수 있게 된 것이다.

이 같은 이 소설의 전망(삶의 방향) 제시방식은 서정소설이나 모더니즘의 그것과는 구분된다. 가령 윤후명의 서정소설에서는 서정적인 화해의 표상을 발견하는 여로가 그려지며, 이상의 「날개」에서는 소외(분열)를 경험하고 내면으로 돌아와 화해를 소망하는 여로가 제시된다. 반면 「피아노와 백합의 사막」에서는 여로의 끝에서 매끄러운 공간을 발견한 '내'가 화해의 기표들(피아노, 백합)을 낙타처럼 등에 지고 사막을 유목하게 된다. '나'는 시각적인 원근법에 갇혀 있어 만질 수 없었던 피아노(과거)와 백합(미래)을 촉감('가려움')을 통해 몸에 닿게 함으로써 화해를 지향하는 방향감각을 갖게 된다.

자연의 기표(별, 꽃, 호수)에 동화되는 윤후명의 소설이나 '겨드랑이의 가려움'을 느끼는 이상의 「날개」에서 화해의 소망은 내면에서 순간적으

---

256) 들뢰즈 · 가타리, 김재인 역, 앞의 책, 938~945면.

로 경험되는 것일 뿐이었다. 그에 반해 피아노와 백합(화해의 기표들)을 등에 지고 유목하는 윤대녕 소설에서 화해의 소망('등의 가려움')은 사막을 거닐며 화해된 삶을 향해 나아가는 과정으로 나타난다. 여기서 사막은 후기자본주의적 현실의 공간인 동시에, 그것을 전복시킨 또 다른 사막으로서 '나'의 내면(무의식)의 공간이기도 하다. 서정소설이나 모더니즘은 내면으로 탈주하는 순간을 경험할 뿐이지만, 윤대녕 소설은 현실에서 탈주하는 동시에 그 탈주의 과정이 현실(사막) 속을 유목하는 과정임을 드러낸다. 물론 이때 화해의 기표들을 촉감적으로 감지하며 유목하는 '나'의 현실은 또 다른 리얼리티로 나타날 것이다.

따라서 윤대녕 소설에서 시각적인 원근법(도시)으로부터 촉감적인 방향감각(사막)으로의 전환은 또 다른 리얼리티의 발견과도 연관이 있다. 윤대녕 소설들은 흔히 현실과 환상을 뒤섞는 방식으로 '삶의 비의적 의미'를 드러낸다. 그런데 이른바 삶의 비의적 의미란 시각적이고 논리적인 원근법에 갇혀 있는 현실(상상계)을 열어젖혀 또 다른 리얼리티(상징계와 실재계 사이의 공간)와 만나는 과정에서 얻어진다. 그것은 합리주의적 현실의 논리로 보면 환상에 불과하지만, 상징계에서 탈주한 매끄러운 공간에서 보면 현실보다 더 현실적인 또 다른 리얼리티의 한 부분이다. 그 때문에 윤대녕 소설에서 내면의 탈주의 공간(매끄러운 공간)을 얻는 과정은 그에 근거해 허무의 현실을 넘어선 또 다른 리얼리티를 발견하는 과정에 상응한다.

예컨대 「은어낚시통신」에서 '나'는 은어처럼 지느러미를 끌고 회유하는 환상을 경험한다. 그러나 이는 단순한 환상도 자연과의 서정적 화해도 아니다. 환상이나 서정적 화해는 내면에서의 순간적인 경험이지만, '나'의 '은어되기'는 자신의 신체와 정신이 실제로 변화되고 생성되는 과정이기 때문이다. 즉, '나'는 후기자본주의적 현실에 예속된 주체에서 탈주해 '기관 없는 신체'로 되돌아가는 중인 것이다. 그러한 회귀는 새로운 주체와 그에 근거한 새로운 리얼리티를 생성하기 위한 과정이다.

그 같은 여정에서 '나'의 회유의 환상은 현실보다도 더 현실성을 지닌다. 후기자본주의적 현실은 '나'를 허무의 죽음에 빠지게 하지만 회유의 환상은 그것을 극복하는 전망을 제공하기 때문이다. 그런 '나'의 '은어 되기'의 환상이 현실의 환경과 조우해 그 환경을 변화시킬 때 새로운 리얼리티가 생성될 수 있을 것이다.

또한 앞서 살폈듯이 「피아노와 백합의 사막」에서도 사막에 백합꽃이 피는 환상은 합리주의적 현실보다 더 현실성을 제공한다. 그 같은 환상은 시각적인 원근법에서 벗어나 촉감적인 매끄러운 공간으로 탈주하는 것이며 그것을 통해 합리주의적 현실의 허무의식을 넘어설 수 있기 때문이다. 그것은 단지 주관적인 내면의 환상이 아니라 실제로 주체가 변화되고 새롭게 생성되는 과정인 것이다.

마찬가지로 「찔레꽃 기념관」에서 찔레꽃의 환영 역시 새로운 주체와 리얼리티를 생성시키는 과정으로 볼 수 있다. 선형적인 시간의 원근법으로 보면 찔레꽃은 서정적 화해가 가능했던 과거의 삶의 추억에 불과하다. 그러나 선적인 시간의 회로에서 벗어나 탈주를 시도하는 '나'와 그녀에게 찔레꽃의 환상과 과거에 대한 추억은 살아 있는 세계의 한 부분이 된다. 한나 아렌트가 벤야민의 시간감각에 대해 말한 것처럼, 그것은 바다 심연의 과거를 탐구해 그 밑바닥의 진주와 산호를 살아 있는 세계로 가져오는 작업일 것이다. 새로운 리얼리티는 그처럼 과거를 현재에 접합시키면서 합리주의적 현실을 변화시켜 나갈 때 나타날 수 있다.

이처럼 윤대녕 소설에서 환상은 닫혀 있는 합리주의적 현실을 열기 위한 미학적 장치로 볼 수 있다. 이른바 '삶의 비의적 의미'란 바다 심연의 진주를 뜯어내 살아 있는 세계로 가져오려는 시도를 통해 나타난 것이다. 그것은 이성중심적인 논리로 보면 환상과 신비주의이지만 닫힌 상징계에서 탈주하는 사람의 감각으로 보면 또 다른 세계로 나아가기 위한 은밀한 통로가 된다.

그러나 윤대녕 소설에서의 탈주의 시도는 시적이고 미학적인 차원에 그치고 있다. 미학적 차원이란 내면의 감각과 무의식의 변화를 가져오기 위한 탈주의 전략의 하나이다. 그 같은 내면의 변화를 시도하는 미학적 전략이 생활의 공간을 변화시키기 위한 정치적·문화적 전략으로 확대될 때[257) 새로운 탈주와 유목이 시작될 수 있을 것이다.

3) 동양사상과 재생의 여로

「은어낚시통신」과 「피아노와 백합의 사막」은 여로의 끝에서 서로 다른 방식으로 탈주의 공간에 이르는 과정을 보여주고 있다. 「은어낚시통신」에서의 '은어되기'는 기관 없는 신체로 되돌아가는 의식이었으며, 「피아노와 백합의 사막」에서 '사막과 같아지는' 경험은 매끄러운 공간을 발견하는 과정이었다. 두 소설의 경우 후기자본주의적 현실로부터 그런 탈주가 가능하기 위해서는 밀교의식이나 사막여행이라는 특별한 경험이 필요했다. 그처럼 일상을 해체하는 경험이 요구되는 것은 그만큼 후기자본주의적 현실을 넘어서서 탈주하는 일이 쉽지 않음을 암시한다.

그런데 윤대녕 소설 중에는 그런 특별한 경험이 없이 여행길에서 타인과의 우연한 만남을 통해 탈주의 공간을 발견하는 소설들이 있다. 이 계열의 소설들은 대부분 동양사상을 주제로 하고 있다는 특징을 지닌다. 예컨대 「신라의 푸른 길」에서 '나'는 타인이면서 타인이 아닌 그녀를 만나며, 「천지간」에서는 전혀 모르는 우연히 만난 여자의 목숨을 구한다. 이 소설들에서는 여자와의 만남을 통해 허무의식을 극복하는 새로운 인간관계가 발견되는데, 그것은 우리의 내면에 잠재된 동양사상을 재생시키는 서사를 통해서이다.

윤대녕의 소설에서는 흔히 여로에서의 낯선 여자와의 만남이 그려진

---

257) 이 과정에서 거대서사와의 결합이 요구된다.

다. 이 우연한 '여자와의 만남'은 소설 속에서 대개 두 가지로 그려지는데, 하나는 서로 자주 만날수록 오히려 결락된 관계를 확인하는 경우(「은어낚시통신」)이며, 다른 하나는 여자와의 관계에서 허무의식을 극복하는 재생을 경험하는 경우(「천지간」)이다. 그 둘 중 후자의 경우가 바로 동양사상을 재발견하는 과정을 그린 소설들에 해당된다.258)

들뢰즈와 가타리가 암시하고 있듯이 동양사상은 근대 자본주의의 조직화된 홈 패인 공간에서 탈주할 수 있는 공간을 제시한다. 예컨대 「신라의 푸른 길」에서 생불로 불리는 동해의 '나'의 삼촌은 불교를 통해 기관 없는 신체로 회귀한 인물로 볼 수 있다. '투구게 같이' 답답한 일상을 떠나 생불을 찾아가는 '나'의 '신라의 푸른 길'이 '맺힘'을 풀어주는 매끄러운 공간인 것도 그 때문이다.

그러나 동양사상이 순수한 본질 그 자체로서 근대사회(후기자본주의)를 구원할 수 있는 이념이 될 수 있는 것은 아니다. 그 심연의 진주(동양사상)를 살아 있는 세계로 가져올 때에만 비로소 동양사상은 후기자본주의의 허무의식을 극복할 수 있는 지혜를 제공할 것이다.259) 다시 말해, 기관 없는 신체로서의 생불은 세속의 문제들과 부딪히면서 새로운 주체로서의 인간 신체로 다시 돌아와야 한다. 생불을 찾아 탈주를 시작한 '나'의 여행길이 또한 세속의 타인을 만나는 여로이기도 한 것은 그 때문이다.

윤대녕 소설에서의 여자와의 '우연한' 만남은 그런 맥락에서 이해할 수 있다. '나'와 여자와의 만남은 세속적인 문제들을 확인시켜주는 동시에 그것을 극복한 매끄러운 공간으로 들어서게 해준다. 여기서 중요한 것은 그처럼 매끄러운 공간에 들어서서 새로운 주체로 재생되는 과정이 타인과의 우연한 만남을 통해 이루어진다는 점이다.

---

258) 우리 문학사에서 이청준이나 윤대녕의 소설들에서처럼 동양사상이나 전통미를 다룬 소설들은 흔히 말하는 탈근대적인 주제의 맥락에서 주목될 수 있다. 나병철, 『한국문학의 근대성과 탈근대성』, 문예출판사, 1996, 258~272면 참조
259) 그 같은 재발견의 과정을 통해 동양사상은 혼성성의 사상이 되어야 한다.

윤대녕 소설에서 자주 나타나는 '우연성', 여자와의 '만남', 타인과의 '관계' 등은 동양사상이 근대사회에서 부활할 수 있는 은밀한 통로들을 암시한다. 서구적인 근대사회는 황무지 같은 공간에 '홈을 파' 도시를 건설하고 '필연성'과 합목적성에 근거한 길(그리고 서사)을 만들었다. 그 길의 여행자는 '개인의 내면'을 발견한 근대적 주체이다. 그처럼 필연성과 개인의 내면에 근거한 목적론적 서사와 여로는 중세의 비합리성에서 벗어나는 길이었지만, 다른 한편 개인주의와 도구적 이성에 의해 인간관계의 단절을 가져왔다. 그런 목적론적 여로의 극단에서 나타난 것이 후기자본주의의 허무의식일 것이다.

그에 반해 우연한 인간관계마저 소홀이하지 않는 동양사상은 허무와 죽음이 드리워진 (필연성에 입각한) 근대의 '홈 패인 공간을 횡단해 자유로운 흐름을 제공한다. 윤대녕 소설들은 첨단의 후기자본주의의 여로의 끝에서 허무에 직면한 사람들에게' 우연성의 관계가 예기치 않은 새로운 삶의 흐름을 만듦을 보여준다. 필연성과 합목적성에 근거한 근대의 홈 패인 도로가 허무의식의 안개에 덮였을 때 윤대녕 소설의 여로는 우연한 만남을 통해 그 안개로부터 탈주할 수 있는 또 다른 삶의 모습을 드러낸다.

예컨대 「천지간」에서 문상을 가던 '나'는 죽음의 그림자가 깃든 여자의 뒤를 우연히 쫓아가게 된다. 그녀는 아무런 관계도 없는 타인이었지만 '나'는 '산 죽음' 같은 그녀를 그대로 놔둘 수 없었던 것이다. '나'는 그녀가 타인이면서도 또한 아주 타인만은 아니라고 느끼고 있었다.

"완도는 저도 초행입니다."
"아까는 두 분이 일행인줄로 착각했습니다. 여자 분이 먼저 도착하긴 했지만 설마 혼자려니 싶었던 겁니다."
"…… 따지고 보면 일행이 아니랄 수도 없겠군요."
"참으로 이상한 인연이군요 문상을 가는 길에 만나다니요"

“인연요?”
“그게 아니라면 뭐겠어요”[260]

위에서 ‘따지고 보면 일행이 아니랄 수도 없겠다’는 ‘나’의 말은 묘한 어감을 포함한다. 그처럼 타인이면서도 타인이 아닌 ‘인연’의 끈은 서구적 합리주의로는 이해하기 어려운 것이다. 그러나 어쩔 수 없이 그런 ‘인연’을 감지하기 시작했을 때 ‘나’는 합리주의적 여로를 가로지르는 또 다른 길에 접어들게 된다. 그것은 들뢰즈·가타리의 표현대로 경직된 홈 패인 공간(근대의 합리주의적 여로)에서 벗어나 매끄러운 공간으로 탈주하게 된 사건이다. 여기서 또 다른 여로를 열고 있는 인연설은 종교적 신비주의에서 벗어나 서구적 합리주의의 폐쇄된 공간을 열어젖히는 ‘현실성’ 있는 사유가 된다.

그 같은 또 다른 여로를 여는 것은 경직된 목적론에 얽매인 선적인 원근법이 아니라 ‘천지간’의 사물들을 열린 시각으로 감지하는 원근법이다. 천지간의 원근법으로 보면 필연성의 관계는 단지 하나의 회로에 불과하며 사물들은 무수한 우연의 관계로 싸여 있는 것이다.[261] ‘나’는 우연한 순간에 그녀에게서 그 중요한 인연의 끈을 발견한 것이다. ‘내’가 그런 관계를 감지한 것은 논리적이고 시각적인 시선보다는 감성적이고 촉감적인 감각에 의해서이다. 시각적인 원근법으로 보면 그녀(그리고 그녀의 아이)의 생명을 의미하는 ‘달’은 허무의 어둠에 가려져 있다. 그러나 촉감적인 감각으로 보면 달은 인연의 끈을 쥐고 있는 ‘나’의 손 안에 걸려 있는 것이다.

그러나 정녕 나는 모르고 있었다. 그날 새벽 남은 어둠 속에 보름달이 떠 있었다는 것을. 여자와의 관계가 끝나고 난 다음에야 나는 그 사실을 알게 되었

---

260) ‘나’와 횟집주인의 대화임. 윤대녕, 「천지간」, 『이상문학상 수상 작품집』, 문학사상사, 1996, 33~34면.
261) 하이데거는 그 무수한 관계의 회복을 ‘존재’의 회복으로 보았다.

다. 바로 내 손바닥 안에 달이 떠 있다는 것을.262)

　일상을 지배하고 있는 시각적인 눈으로 보면 달은 보이지 않으며 그녀는 죽음에 직면해 있다. 그러나 모르는 사이에 ‘내’게 잠재해 있던 인연설과 그것을 감지하는 촉감적인 감각으로 보면 달은 ‘나’의 손 안에 걸려 있는 것이다. 필연성과 합목적성의 일상에서 죽음에 처한 그녀에게 인연의 손길을 벌릴 때 달이 떠오를 것이기 때문이다.

　이처럼 이 소설은 아무런 관계도 없는 사람들 사이에서 벌어진 사건을 다루고 있다. 「은어낚시통신」에서 군중 속에서의 여자와의 이별이 절친한 사람이 모르는 사람이 되는 과정이라면, 이 소설에서 낯선 여자와 인연을 맺는 사건은 모르는 사람에게서 중요한 인연의 관계를 발견하는 과정이다. 그 점에서 이 소설에서 새롭게 그려진 인연설은 후기자본주의의 허무주의를 전복시키는 힘을 제공하고 있다.

　따라서 이 소설이 그리고 있는 가장 중요한 사건은 새롭게 해석된 인연설, 즉 필연적인 인과론에서 일탈된 우연한 만남 그 자체라고 할 수 있다.263) 그러나 그처럼 우연성이나 인연설에 접속한다는 것은 논리적인 인과론과 합리주의적 현실을 떠나 다른 공간으로 도피하는 것은 아니다. 그보다는 합리주의적 인과론에 편집되어 우리가 간과하고 있었던 내면의 또 다른 관계의 끈을 되살리려는 것이다. 그녀와의 기묘한 사건이 벌어진 후에도 현실은 예전처럼 계속될 것이다. ‘내’가 ‘장님처럼 꺼이꺼이 길을 짚어가며’264) 구계동 횟집을 걸어 나온 것은 시각적인 원근법으로는 볼 수 없는 너무나 소중한 삶의 이면을 보았기 때문이다. 그러나 ‘나’는 다시 눈을 부릅뜨고 현실을 바라볼 수밖에 없는 것이다. 우리는 시각적인 원근법에 의한 합리주의적 현실에 눈을 감는 것이 아니

---

262) 윤대녕, 「천지간」, 앞의 책, 57면.
263) 그것은 필연성에 의해 ‘홈 패인 공간’에서 홈을 만드는 턱을 가로지르는 인연설로의
　　탈주이다.
264) 윤대녕, 앞의 글, 앞의 책, 61면.

라 그 경직된 선에 눈으로는 볼 수 없는 촉감적인 삶의 비밀을 접속시켜야 하는 것이다. 그래서 경화된 '선의 흐름', 즉 우리의 현실의 삶 자체를 변화시켜야 한다.

윤대녕 소설은 후기자본주의적인 현실의 어둠으로부터 탈주할 수 있는 숨겨진 삶의 계기를 보여준다. 그러나 그 내밀한 경험이 우리의 '눈'에 환상, 우연성, 삶의 비의적 의미 등으로 비치는 것은, 그가 보여주는 공간이 일상을 벗어난 여행길의 사람들을 통해서만 제시되기 때문이다. 그 샛길의 여행에서 돌아와 다시 삶의 큰 여로 속에서 탈주를 모색할 때 '삶의 비의성'은 숨길 수 없는 절박한 요구로 전환될 수 있을 것이다. 즉, 길에서의 여자와의 만남이 생활의 여로에서의 노동자·실직자·부랑인 등과의 조우로 전환될 때 신비로운 '비의적인' 탈주 대신에 현실적 삶 자체의 탈주가 시작될 것이다.

4) 서정소설, 모더니즘, 포스트모더니즘

이제까지 살펴본 서정소설·모더니즘·포스트모더니즘은 화해의 계기들이 우리의 삶으로부터 차츰 사라져 가는 단계들을 보여준다. 서정소설이 자연 및 그 이면의 신화적 표상들이 서정적 화해의 계기로서 우리 곁에 남아 있는 시대의 서사라면, 모더니즘은 그 정도의 화해의 기표들마저 사라진 시대의 서사이다. 모더니즘은 해소할 수 없는 내면과 외부세계 사이의 분열에 시달리며 내면으로 돌아와서 화해의 소망을 확인한다.

거기서 한발 더 나아가 마지막 보루였던 내면(그리고 문화, 지식, 무의식)마저 병리화되기 시작할 때 포스트모더니즘이 나타난다. 이상의 「날개」는 내면의 '무의식' 속의 욕망(겨드랑이의 가려움)을 통해 화해를 소망하며, 박태원의 「소설가 구보씨의 일일」은 룸펜의 상태에서도 '작가(예술가)'로서의 기품을 잃지 않는다. 또한 최명익의 「비 오는 길」이나 유항림의 「마권」의 주인공들은 '지식'에 대한 희망을 버리지 않는다. 그러나 포스트모더니즘의 주인공은 바로 그 문화(예술) · 무의식 · 지식의 근거가 되는 내면의 병을 앓고 있는 인물이다. 서정소설과 모더니즘의 주인공이 생활의 힘을 잃고 '낯선 두려움'에 시달리는 사람들이라면 포스트모더니즘의 주인공은 만성화된 허무의식에 중독되어 있는 것이다. 외부세계에서도 내면에서도 화해의 계기를 발견할 수 없는 포스트모더니즘은 현실 자체를 해체하고 또 다른 리얼리티를 모색한다. 모더니즘이 외부세계로부터 내면으로 탈주하려 한다면 포스트모더니즘은 외부세계와 내면을 해체하면서 또 다른 공간으로 탈주를 시도한다. 물론 이 또 다른 공간(매끄러운 공간)은 현실부터 도피한 공간이 아니라 현실의 폐쇄성을 열어젖히는 위치일 것이다.265) 이제 서정소설 · 모더니즘 · 포스트모더니즘의 이 같은 차이를 간단히 정리해 보자.

	서정소설	모더니즘	포스트모더니즘
여로	서정적인 여로	소외의 여로	탈주의 여로
주인공의 심리	낯선 두려움	낯선 두려움	만성화된 허무의식
극복방식	서정적 화해	내면의 화해의 소망	현실과 내면 해체
여로의 끝	화해의 소망과 비극적인 서정적 전망	내면으로 탈주	또 다른 공간(리얼리티)으로 탈주
작가	이효석, 윤후명	이상, 김승옥	윤대녕
작품	「메일꽃 필 무렵」 「누란의 사랑」	「날개」 「환상수첩」 「무진기행」	「은어낚시통신」 「피아노와 백합의 사막」 「천지간」

---

265) 현실이 닫힌 상징계라면 또 다른 공간은 상징계와 실재계 사이의 공간일 것이다.

제 4 장

소설의 '여로'와 서사의 '선'

1. 은유적인 여로와 실제적인 여로

소설의 서사적 전개를 '여로'에 비유할 때 소설은 주인공이 자신의 영혼을 입증하기 위해 길을 떠나는 이야기[1]라고 할 수 있다. 이 같은 소설의 여로란 영혼(내면)이 외부세계를 경험하는 전체의 과정을 뜻한다. 여기서 영혼이란 화해(혹은 총체성)[2]를 추구하는 내면이며 외부세계는 사회환경을 포함한 물질적인 세계를 말한다. 이처럼 주인공의 내면이 외부세계를 경험하는 소설의 여로는 그의 '인생의 역정'일 수도 있고 세계를 횡단하는 실제적인 '길'일 수도 있다.

소설의 여로는 그 같이 은유적인 여로(인생 역정)나 실제적인 여로(길)로 나타난다. 전자의 경우, 근대 이후의 인간의 삶은 대부분 사회환경 속에

---

1) 루카치, 반성완 역, 『소설의 이론』, 심설당, 1985, 115면.
2) 화해(미메시스)가 아도르노의 이상이라면 총체성은 루카치의 이상이라고 할 수 있다.

서 이루어지므로, 은유적인 여로의 대표적인 경우는 '인물과 환경의 상
호작용'이다. 실제로 소설의 본령은 주객상호연관으로서 인물과 환경의
상호작용이며, 그 점에서 이 유형의 소설은 흔히 본격소설(본격 리얼리즘)[3]
이라고 불린다.

그런데 이처럼 사회환경과 반응하는 인물은 사회구조(상징계)에 의해
'홈이 패여진'[4] 길을 지나가야 한다. 그처럼 '홈 패인 공간'으로서 사회
적인 조직화된 환경에서 살아가려면, 인물은 불가피하게 사회환경(홈 패
인 공간)과 얼마간 타협해야 한다. 그렇지 않고 순수한 영혼(이상)을 추구
하게 되면 사회환경 속에서의 삶의 여정(은유적인 여로)은 더 이상 불가능
하게 된다. 그와 달리 사회구조(상징계)를 얼마간 내면화해 생활의 공간
에 진입 할 때 비로소 환경과 반응하는 삶의 여로가 이루어지게 된다.
따라서 인물과 환경의 상호작용을 그리는 본격소설(본격 리얼리즘)의 은유
적인 여로는 '생활' 속에서의 삶의 여정이라고 할 수 있다.

그러나 생활의 공간에 진입한다는 것은 반드시 순수한 영혼의 타락을
의미하는 것은 아니다. 근대 자본주의의 사회구조는 모순을 지니고 있으
며, 그것을 내면화한다는 것(생활의 공간에 진입하는 것)은 모순된 세계와 타
협하는 것을 의미한다. 하지만 생활의 공간에 진입하기 위해 모순된 사
회구조를 '내면화'한다고 해서, '내면'의 순수한 영혼이 모두 소멸되는
것은 아니다. 인물의 내면은 '순수한 영혼(이상)'에서 '사회를 내면화한
타협점' 사이를 동요하는 이중성을 갖게 된다. 따라서 본격 리얼리즘(특
히 비판적 리얼리즘)에서 인물은 타락한 사회(모순된 사회)에서 타락한 방식
으로 진정한 가치를 추구하게 된다.[5] 혹은 생활의 공간에서 '패배'하면
서까지도 영혼의 순수성을 입증하고 내면의 '승리'를 드러낸다. 인물과
환경의 상호작용을 그리는 본격소설의 삶의 여로는 그 같은 이중성, 즉

---

3) 임화, 「본격소설론」(1938), 『문학의 논리』, 서음출판사, 1989, 218~230면.
4) 들뢰즈·가타리, 김재인 역, 『천개의 고원』, 새물결, 2001, 907~953면.
5) 골드만, 조경숙 역, 『소설사회학을 위하여』, 청하, 12면.

'아이러니'의 구조를 갖게 된다.[6]

그와 달리 인물이 사회구조를 내면화하지 못할 경우 인물은 환경에서 괴리되고 생활의 공간은 그려지지 않는다. 이는 인물의 이상(영혼)이 타락한 현실에 비해 매우 고양되어 있거나 현실의 환경이 인물이 타협할 수 없을 만큼 열악한 경우이다. 전자의 경우가 내면고백체이며 후자의 대표적인 예가 모더니즘이다. 이처럼 인물과 환경의 부조화로[7]로 인해 생활의 공간이라는 (사회구조에 의해) '홈 패인' 여로를 지날 수 없을 때, 인물은 영혼을 입증하기 위해 또 다른 공간이나 실제적인 여로를 찾게 된다. 그 중에서 인물이 외출이나 여행을 통해 실제로 길을 나서는 경우를 '여로형 소설'이라고 부른다.

앞서 살폈듯이 여로형 소설에는 내면고백체, 성장소설, 민중적 유랑의 서사,[8] 서정소설, 모더니즘, 포스트모더니즘의 유형이 있다. 물론 이 서사들에서 모두 여로형 소설만이 나타나는 것은 아니다. 내면고백체와 모더니즘의 경우 여로 이외에 '방' 같은 개인적 공간이 주로 나타난다. 이는 그 두 가지 서사가 내면과 외부세계 사이의 분열을 드러내는 양식이기 때문이다. 인물은 (자신의 내면에 상응하는) 답답한 방 안에서 외부세계와 괴리된 내면을 발견하거나 외부세계를 여행하며 환멸과 고독을 느끼는 것이다. 그리고 다시 자신의 내면으로 돌아와 화해의 소망을 확인한다.

한편 성장소설의 경우에는 흔히 성장의 과정이 은유적인 여로로 나타난다. 그러나 성장소설에서도 사회환경과의 타협이 아닌 진정한 성장(그리고 진정한 화해)을 갈망하게 되며 그 화해의 욕망이 여행으로 드러난다. 또한 서정소설에서는 서정적 화해의 순간을 찾아가는 여행길이나 자연

---

6) 이는 비판적 리얼리즘의 경우이며 사회주의 리얼리즘의 경우는 뒤에서 다시 논의할 것임.
7) 임화, 「세태소설론」(1938.4), 앞의 책, 208면.
8) 민중적 유랑의 서사는 외출이나 여행이 아니라 일종의 생활로서의 여로를 그린다. 그러나 그의 생활의 여로는 홈 패인 공간에서 얼마간 벗어나 있다.

환경의 공간이 나타난다. 마지막으로 포스트모더니즘에서는 탈주의 공간을 탐색하는 여로 이외에 현실을 해체하는 다양한 대안적 공간이 나타난다.

따라서 우리는 본격 리얼리즘을 중심으로 생활의 공간이 그려지는 본격소설과 영혼을 입증하기 위해 여로에 나서거나 다른 공간을 찾아가는 소설을 구분할 수 있다. 후자의 소설들에서는 반드시 여로형 소설만이 나타나는 것은 아니지만 일상에서 벗어난 다른 공간이 중요하게 그려진다. 이제 인물—환경의 상호작용(그리고 생활의 공간)을 그리는 본격소설과 인물 / 환경의 부조화에 근거한 또 다른 소설들의 차이를 정리해보면 다음과 같다.

	인물—환경의 관계	소설의 여로(공간)
본격소설	인물과 환경의 상호작용	생활의 공간—은유적 여로
내면고백체	인물 / 환경 부조화	방, 실제여로
성장소설	낯선 두려움	성장의 여로, 실제여로
민중적 유랑소설	낯선 두려움	생활의 공간—실제여로
서정소설	낯선 두려움	자연환경, 실제여로
모더니즘	인물 / 환경 부조화	방, 실제여로
포스트모더니즘	인물 / 환경 부조화	대안적 공간, 실제여로

인물 / 환경의 부조화를 경험하는 소설의 인물들은 얼마간이든 낯선 두려움을 겪게 된다. 인물 / 환경의 부조화란 현실(환경)의 상징계(사회구조)를 내면화하기 어려운 상황을 암시한다.[9] 그처럼 제2의 고향(home)으로서의 현실의 상징계를 내면화하지 못할 때 인물은 낯선 두려움(unhomely)에 시달리게 된다.[10]

---

9) 이런 상황에서 환경에 무기력하게 무릎을 꿇을 경우 세태소설의 무력화된 인물이 나타난다.

그와 달리 상징계(제2의 home)를 내면화한 인물이 환경에 반응하는 본격소설에서는 상징계(사회구조)를 재현하면서 그로부터 이탈하는 틈새를 드러낸다. 이 경우 환경과 상호작용하는 인물(상징계를 내면화한 인물)에게는 낯선 두려움이 표면화되지 않으며, 상징계의 규율에 지배되는 관습화된 세계에서 일시 벗어나는 한계적 상황에서만 그것(낯선 두려움)이 언뜻 나타난다. 그 점에서 지속적인 낯선 두려움의 경험은 인물과 환경이 부조화된 소설의 또 다른 특징이다.

그런데 위에서 성장소설, 민중적 유랑소설, 서정소설의 인물 / 환경의 부조화를 특히 낯선 두려움(unhomely)이라고 표시한 것은 이들 서사들이 외부세계에서 화해의 표상(권위적 home이 아닌 진정한 home)을 찾아가는 양식들이기 때문이다. 진정한 화해의 표상으로서의 고향에 대한 충동에 사로잡혀 있을 때 그것이 부재한 현실에서 낯선 두려움의 고통은 매우 절실해진다. 그에 반해 모더니즘과 포스트모더니즘은 고향(진정한 home)을 향한 충동보다는 탈주의 욕망이 더 부각되는 서사들이다. 이들 소설들에서는 대서사에 대한 향수11)가 사라지고 미시서사가 표면화된다.

한편 시기적으로 여로(외출이나 여행)에의 충동이 나타나는 소설들은 본격소설(생활의 공간)의 앞뒤 시기에 출현한다. 즉, 순수한 내면의 이상이 고양되지만 현실이 너무나 정체되어 있거나(내면고백체) 현실의 환경이 인물이 그에 반응하기에는 너무나 열악한 경우(모더니즘)이다. 본격 리얼리즘을 중심으로 다양한 서사들의 시기적 위치를 표시하면 다음과 같다.

---

10) 낯선 두려움은 옛 고향(어머니)을 잃어버린 상태에서 제2의 고향으로서의 상징계(아버지)를 내면화할 수 없을 때 나타난다.
11) 대서사에 대한 향수에서는 공동체를 향한 욕망이 나타난다.

내면고백체　　　┌──────────┐　　(내면고백체)
성장소설　　　　│　　　　　　│　　성장소설
민중적 유랑소설　│　본격소설　│　(민중적 유랑소설)
(서정소설)　　　│(본격 리얼리즘)│　서정소설
(모더니즘)　　　│　　　　　　│　모더니즘
　　　　　　　　└──────────┘　포스트모더니즘

　　위에서 점선은 여러 서사들이 본격소설과의 경계선을 넘나들 수 있음을 암시한다. 대서사에 대한 향수가 사라진 모더니즘과 포스트모더니즘은 그런 뒤섞임의 가능성이 상대적으로 적은 양식들이다.[12] 또한 본격소설 이외의 다양한 서사들은 본격소설의 앞뒤 시기에 늘상 출현할 수 있다. 그러나 그 중에 모더니즘과 포스트모더니즘은 본격소설의 전성기 직후에 특징적으로 나타난다.[13]

　　본격소설의 전성기는 인물이 환경에 반응하면서 내면의 열망을 드러낼 수 있는 시기이다. 물론 이 내면의 열망에도 실상은 현실의 환경을 해체하려는 욕망이 숨겨져 있다. 그러나 그 해체의 욕망은 환경으로부터 탈주하려는 열망으로 표출되기보다는 인물과 환경의 상호작용 과정 자체로서 드러난다. 반면에 인물이 환경과 괴리되는 시기의 서사들은 얼마간이든 사회환경의 '홈 패인 공간'으로부터 탈주하려는 욕망을 표면에 드러낸다. 앞서 살폈듯이, 이들 서사들에서 외출이나 여행의 충동이 자주 나타나는 것도 분명히 그와 연관이 있다. 그런데 그 탈주의 욕망을 표현하는 방식들은 다양한 서사들의 특성에 따라 각기 다르게 나타난다. 이제 여러 서사들을 살펴보면서 환경으로부터 탈주하려는 욕망이 어떻게 나타나고 있는지 알아 볼 것이다. 그에 앞서 ('여로에의 충동'이 나타

---

12) 물론 불가능하지는 않다. 예컨대 『난장이가 쏘아올린 작은 공』(조세희) 연작은 리얼리즘과 모더니즘이 뒤섞인 소설이며, 『아름다운 나의 귀신』(최인석) 연작은 리얼리즘과 포스트모더니즘이 결합된 작품이다.
13) 1930년대 중반의 모더니즘과 1990년대의 포스트모더니즘을 그런 대표적인 예로 볼 수 있다. 물론 모더니즘이 본격 리얼리즘의 전성기 전에 나타나는 경우도 있는데 1960년대 모더니즘이 그 같은 경우이다.

나는 소설들을 고찰하기 전에) 먼저 본격소설에 해체와 탈주의 욕망이
어떻게 숨겨져 있나 살펴보자.

2. 아이러니와 해체

  인물과 환경의 상호작용을 그리는 본격 리얼리즘은 근대사회를 살아
가는 인간의 삶의 모습을 형상화한다. 이처럼 본격소설(리얼리즘)은 일종
의 대서사로서의 근대적 삶의 양상을 제시한다. 그러나 루카치가 말했듯
이 근대는 삶이 '본질의 내재성'을 상실한 시기이다.[14] 본질의 내재성이
란 삶이 총체성과 공동체 의식을 지닌 것을 말하며 내면이 외부세계와
화합된 상태를 뜻한다. 삶이 본질의 내재성을 지녔던 '서사시'의 시대에
는 삶을 그대로 옮겨 담는 것만으로도 총체성을 드러낼 수 있었다. 반면
에 본질의 내재성을 상설한 근대사회에서는 '근대소설'의 형식을 통해
총체성(진정한 삶의 상태)을 구성해내야 한다.[15] 그처럼 삶과 본질이 분리
되고 내면(영혼)과 외부세계가 분열된 시대에, 진정한 삶(총체성)의 이념을
보여주기 위해 소설형식을 구성하는 원리가 바로 '아이러니'이다.
  본질의 내재성(총체성)을 상실한 타락한 근대적 삶이란 내면의 영혼(이
상)의 지향점과 외부세계의 현실이 일치되지 않는 상태를 말한다. 이 경
우에 근대적 삶이 전개되려면 내면은 타락한 외부세계와 타협하며 살아
가야 한다. 그렇지 않으면 근대사회에서의 생활 자체가 형성될 수 없기
때문이다. 그러나 총체성을 지향하는 내면의 영혼은 그와 동시에 외부세
계의 사회현실을 변화시키려는 욕망을 갖게 된다. 그 같은 욕망이 없다

---

14) 루카치, 반성완 역, 앞의 책, 47~49면.
15) 루카치, 반성완 역, 위의 책, 76~77면.

면 내면의 영혼은 타락한 삶에 의해 말살될 것이며 총체성의 이념은 소멸될 것이기 때문이다.

이처럼 내면이 외부세계와 타협해 근대사회의 삶을 전개시키는 동시에 그 사회구조를 변화시키려는 이중성, 그것이 바로 아이러니이다. 즉, 아이러니는 근대적 삶을 형성하는 흐름과 그것을 변화시키고 해체하려 흐름이 동시적으로 타나는 것을 말한다. 근대적 삶의 형성과 해체, 그리고 근대성과 탈근대성의 이중성, 근대소설은 그 같은 아이러니를 통해 진정한 삶의 상태, 즉 총체성을 보여준다.

아이러니는 근대적 삶이 진정한 삶을 지향하는 한 형성과 해체(근대와 탈근대)의 이중성을 지닐 수밖에 없음을 보여준다. 여기서 주목되는 것은 '해체'가 아이러니의 중요한 요소 중의 하나라는 점이다. '해체'는 흔히 포스트모더니즘(탈근대론)과 연관되어 있는 것으로 생각하지만, 이미 그 이전에 근대소설의 아이러니 속에 내포되어 있었던 셈이다. 포스트모더니즘의 해체와 리얼리즘의 아이러니의 차이는, '해체'가 근대적 삶의 영토를 탈영토화하는 측면인 반면, '아이러니'는 재영토화와 탈영토화, 구성과 해체의 이중성을 나타낸다는 점이다.

아이러니가 해체와 연관되어 있다는 것은 데리다의 '해체적' 논의들이 실상은 '아이러니적'이라는 점에서도 알 수 있다. 데리다의 해체론은 동일성의 체계를 갖고 있는 실증주의·관념론·자연주의(루소)·객관주의에 대한 비판이다.[16] 동일성의 체계란 어떤 궁극적인 근거에 의거해

---

16) 이처럼 아이러니에 해체의 요소가 포함되어 있다는 점에서 아이러니는 리얼리즘뿐만 아니라 낭만주의와 모더니즘에서도 나타난다. 낭만주의나 모더니즘 같은 비합리주의 계열의 양식에서는 사회적 근대성을 비판하고 해체하는 미적 근대성이 나타나며, 아이러니 속에 포함된 해체의 요소 역시 미적 근대성의 요소 중의 하나이다. 예컨대 낭만적 아이러니란, (사회적 근대성의 근거가 되는) 계몽이성의 유한성에 반발하는 낭만적 동경이 생활 속에서 자기분열에 이르는 과정인데, 이 과정은 또 다른 낭만적 동경을 유발한다. 이처럼 무한한 것에 대한 연속적인 동경을 유발하는 낭만적 아이러니는 유한성과 모순을 지닌 사회적 근대성과 계몽이성을 해체하는 계기를 지닌 것으로 볼 수 있다. 낭만적 아이러니에 대해서는 지명렬, 『독일 낭만주의 총설』, 서울대 출판

주체나 객관세계를 논리적으로 완결되게(동일화되게) 체계화하는 것을 말한다. 데리다는 그처럼 궁극적인 근거(토대)와 완결된 체계를 지닌 철학을 '형이상학'이라고 부른다.

데리다의 동일성의 철학(형이상학)에 대한 비판은 그 철학이 이질적인 것으로 배제한 '타자'의 원리가 '자기 자신'에게 나타남으로써 스스로 무너지는 것을 보여주는 것이다. 이는 동일성의 철학이 완전하게 체계화할 수 없는 대상들을 권력으로써 동일화시키는 자기모순을 지니고 있음을 나타낸다. 그로 인해 동일성의 철학에서는 자신의 완결된(동일화된) 체계를 '미결정성'으로 만드는 이질적인 타자들이 끊임없이 출현한다.

동일성의 철학은 대부분 대립의 논리에 의존하고 있다. 예컨대 루소의 자연주의는 자연과 문화를, 후설의 현상학은 현존(현상)과 부재(기호)를 대립시킨다. 이런 이항대립의 관계에서 권위를 지닌 첫째 항에 의해 동일성의 체계가 만들어지며, 그와 대립되는 타자인 둘째 항은 배제되거나 억압된다.

한 예를 들어보자. 가령 루소의 자연주의는 고함이나 육성언어를 우선시하면서 기호나 문자언어를 이차적인 것으로 강등시킨다. 즉, 육성언어 / 문자언어의 이항대립에서 보다 '자연스럽고' 권위를 지닌 전자에 의해 자연주의의 동일성 체계가 만들어지는 것이다. 이때 인위적이고 이차적인 문자언어(기호)는 자연주의적 체계에서 파생된 타자로서 여겨진다.

데리다의 해체적 전략은 그처럼 자연주의가 이차적인 것으로 배제한 문자언어의 기호적 원리가 실상은 고함이나 육성언어에서도 나타남을 보여주는 것이다. 즉, 자연에 가까운 고함이나 육성언어가 다른 사람들에게 의미 있는 언어로서 소통된다는 것은 그것이 이미 '기호'로서 작용했음을 뜻한다. 따라서 '자연스러운' 고함이나 육성언어는 결코 그 자체로서 자연적인 것이 아니다. 여기서 고함이나 육성언어에 근거한 루소의

부, 2000, 431~445면 참조

자연주의는 자신의 체계가 타자로서 배제한 문자언어의 기호적 원리에 의해 스스로 전복된다. 아이러니하게도 육성언어에 더부살이하는 기생적인 문자언어가 육성언어보다도 더 근원적인 것으로 밝혀졌기 때문이다.

이처럼 데리다의 해체적 논의는 동일성 체계가 스스로 전복되고 이차적인 타자가 더 근원적인 것이 되는 아이러니를 보여준다. 흥미로운 것은 마르크스의 정치경제학과 자본주의 비판에서도 비슷한 아이러니가 제시된다는 점이다. 마르크스는 자연스럽게 보이는 자본주의의 정치경제학이 실상은 '자연'적인 것이 아닌 '역사적 산물임을 보여준다. 자본주의 사회는 자본―화폐가 끊임없이 상품을 생산함으로써 동일성의 체계를 유지한다. 그처럼 자본―화폐가 상품을 생산하고 그것이 판매―구매됨으로써 다시 자본의 회로가 작동되는 일상은 자연스럽게 여겨진다. 그러나 자본―화폐를 갖지 못하고 자기 자신을 상품화해야 하는 자본주의의 타자, 즉 노동자의 입장에서 보면 사정은 달라진다. 자본주의에 동일화되기 어려운 노동자는 그 체계에서 이탈할 가능성을 지님으로써 잠재적으로 체계 해체의 위협적인 요인이 된다.

그런데 놀라운 것은 마르크스가 『자본론』에서 언급하고 있듯이 그 같은 해체의 위험이 자본주의 자체 안에서 나타나고 있다는 점이다. 즉, 자본주의가 동일성을 유지하기 위해서는 자본의 회로가 계속 작동되도록 모든 것을 상품화하고 교환가치화하는 과정이 끊임없이 확대되어야 한다.[17] 그렇지 않으면 화폐는 더 이상 자본이기를 그치고 자본주의는 스스로 무너질 것이기 때문이다. 자본주의의 교환가치에 대한 무한한 충동은 그런 해체의 위협을 막기 위한 대응책인 셈이다. 그처럼 자본주의는 그 체계 그 자체 안에 스스로가 배제하려는 전복의 위험을 내포하고 있다.

자본주의는 그런 위험에서 벗어나 동일성을 유지하기 위해 상품물신

---

17) 마르크스, 김영민 역, 『자본』, 이론과실천사, 1987, 180~183면; MEW(*Karl Marx-Friedrich Engels Werke* 제13판, 1979), pp.166~168 참조.

화를 확대하지만, 자기 자신이 상품화되는 노동자의 입장에서 볼 때 그
같은 상품물신화의 일방적인 과정은 결코 노동자가 원하는 인간적인 상
호관계의 과정이 아니다. 겉보기에 자연스러워 보이는 자본주의는 결코
자연스럽고 인간적인 사회가 아닌 것이다. 자본주의의 동일성은 그 체계
의 타자인 노동자가 소망하는 상호적인 인간관계에 의해 항상 전복될
위험에 처해 있다. 아이러닉하게도 자본주의의 약자인 노동자가 소망하
는 상호적인 인간관계(그리고 그에 근거한 주체)가 자본주의의 상품물신화
의 일방적 관계(그리고 그의 의존한 주체)보다 더 근원적인 것임이 드러나기
때문이다. 그처럼 자본주의를 '자연스러운' 동일성의 체계가 아닌 항상
전복될 위험이 처해 있는 미결정성의 상태로 보는 것이 바로 '역사'적
관점이다. 자본주의의 타자인 노동자를 자본주의를 전복시킬 새로운 역
사는 주체로 보는 마르크스의 관점은 '해체'적인 동시에 '아이러니적'이
라고 할 수 있다.

그 같은 해체로서의 아이러니는 인물과 환경의 상호작용을 그리는 본
격소설에서도 발견된다. 예컨대 『삼대』(염상섭)에서 조덕기는 인륜과 사
랑을 실천한다는 신념의 동일성을 갖고 있다. 그 같은 그의 신념은 근대
사회의 환경에 반응하는 내면적 태도로서 더없이 자연스럽고 인간적인
것으로 보인다. 조덕기가 필순을 도와주겠다고 생각한 것도 단지 그런
인간적인 신념에 의거한 것이었다. 그러나 그는 자신의 행동을 '제2 홍
경애'라고 비웃는 타자의 말에 부딪히면서 신념의 동요를 느끼게 된다.
'아이러니'하게도 그가 가장 배제하려 했던 조상훈의 패륜이 스스로에
게 나타날 조짐을 보임으로써, 그의 인륜과 사랑의 신념이 '해체'될 위
기에 처하게 된 것이다.

이처럼 근대사회의 철학(데리다)이나 자본주의적 삶(마르크스), 도덕적
신념(염상섭) 등이 아이러니적으로 해체되는 것은 근대사회 자체의 이중
성에 의한 것이다. 즉, 근대사회는 재영토화와 탈영토화의 이중성(들뢰즈)
을 지니고 있다. 루카치는 그런 이중성을 신으로부터 버림받은 근대사회

의 아이러니라고 불렀다.

　근대 이전에 신이 초월적 위치에서 세계의 존재에 당위성을 부여할 때 인간의 삶은 동일성의 공동체를 유지할 수 있었다. 그러나 신이 죽어버린 근대사회에서는 인간세계를 넘어선 초월적 위치에 아무 것도 존재하지 않게 되었다. 괴델에 의하면 그처럼 초월적인 메타적 위치를 잃어버린 체계는 완결된 동일성이 불가능하며 늘상 미결정적인 상태에 있게 된다. 이것이 바로 근대사회의 탈영토화된 특성이라고 할 수 있다. 스스로 전복될 위기에 처한 근대사회는 동일성의 공동체를 유지하기 위해 신이 있던 자리에 초월적 기표들을 위치시키는데, 그것이 곧 화폐—자본, 이성, 남근, 그리고 국가(민족)이다. 그러나 화폐(자본)·이성·국가는 신의 초월적 위치를 대신할 기표가 될 수 없으며, 그로 인해 그 기표에 근거한 동일성은 늘상 해체의 위험에 처하게 된다. 그 같은 탈영토화의 위기에 처하여 자본주의는 끊임없이 자본을 확대하며, 이성은 도구적 이성의 극단에서 비합리적 파시즘을 낳고, 민족주의는 끊임없이 영토를 팽창시켜 제국주의가 된다. 그러나 자본의 확대나 파시즘, 제국주의는 인간사회의 근본적인 위기를 낳는 더 큰 문제를 발생시킬 뿐이다. 이는 근대사회에서 진정한 삶(총체성)을 회복하기 위해서는 동일성 체계의 재영토화를 꾀하는 초월적 기표들(화폐·이성·남근)에 의존할 수 없음을 보여준다. 근대사회의 진정한 해방된 삶은 오히려 이질적인 것으로 배제되는 타자(노동·욕망·여성성)에 의한 탈영토화의 과정에서 모색될 수 있다. 물론 그런 탈영토화에 의한 해방된 삶은 근대사회와 절연된 또 다른 공간에서 나타나는 것이 아니라, 근대의 재영토화와 탈영토화의 이중성 속에서 출현한다. 근대의 억압적인 동일성 체계를 넘어서려는 철학(데리다), 정치학(마르크스), 문학(본격소설)이 아이러니의 이중성을 통해 해체의 과정을 보여주는 것은 그 때문이다. 아이러니는 해체가 동일성 체계와 절연된 다른 공간에서 일어나는 것이 아니라 동일성 체계 자체에서 스스로 나타남을 보여준다. 예컨대 데리다는 형이상학의 동일성 체계가 자신이 배제하려는 타자에 의해 스스로 해체됨을 보여주며, 마르크스는 자본주의의 동일성 체계가 이질적인 타자에 의해 전복의 위험에 처해 있음을 드러낸다. 또한 인물과 환경의 상호작용을 그리는 리얼리즘은 근대적 삶의 과정 자체에서 해체의 흐름이 나타남을 제시한다. 그러면 이제 그런 해체로서의 아이러니가 리얼리즘에서 어떻게 나타나는지 좀더 자세히 살펴보자.

3. 아이러니 · 풍자 · 해학

서사시나 로만스가 신이나 초월적 이념에 의해 공동체(동일성)가 유지된 시대의 문학이라면 근대소설은 그린 초월적 위치가 사라진 시대의 문학이다. 근대소설, 특히 본격 리얼리즘은 신이 죽어버림으로써 동일성의 체계를 이룰 수 없는 시대에 동일성을 견지하려는 근대사회의 이중성을 그린다. 근대사회의 이중성이란 사회적 동일성의 구성과 해체, 그 재영토화와 탈영토화의 과정을 말한다. 근대 리얼리즘(본격소설)은 그처럼 근대적 삶이 구성되는 과정 자체에서 해체의 요소가 나타남을 보여주는데, 그 같은 이중성이 바로 '아이러니'이다.

아이러니는 근대 리얼리즘에서 전반적으로 나타나지만 특히 중도적 주인공을 그리는 비판적 리얼리즘에서 특징적으로 드러난다. 중도적 주인공이란 소시민이나 지식인, 미지각 상태의 민중처럼 근대적 삶의 이중성을 두드러지게 보여주는 인물을 말한다. 중도적 주인공은 자본 · 이성 · 국가 등에 의해 '홈이 패여진' 근대적 삶의 여로에서, 그 조직화된 환경을 살아가는 중에 스스로 이탈됨을 경험한다. 바로 그 같은 과정이 인물과 환경의 상호작용을 그리는 본격소설에서 나타나는 아이러니의 이중성이다.

예컨대 윤홍길의 「아홉켤레의 구두로 남는 사내」 연작은 중도적 주인 공 권씨를 통해 여러 가지 아이러니를 보여준다. 권씨는 경제적으로는 하층민이지만 학벌 등을 내세워 그들과 자신을 구분지으려는 소시민적 의식을 갖고 있었다. 그 같은 그는 광주단지에서 입주민들이 시위를 벌 릴 때도 서울로 달아날 궁리만 하다가 어쩔 수 없이 시위대에 끼게 되 었다. 그런데 시위 도중 트럭이 엎어져 참외가 쏟아지자 입주민들이 일 시에 시위를 멈추고 참외를 먹는 진풍경을 벌이게 된다. 그 모습에 충격 을 받는 권씨는 자신도 모르게 각목을 휘두르며 과격하게 행동하다 경 찰에 검거된다. 아이러니하게도 달아나려던 사람이 가장 격렬하게 저항 을 하게 된 셈이다.

이처럼 아이러니는 '가장 그렇지 않을 듯한 사람(혹은 상황)이 자신도 모르게 이탈하는 장면'을 연출한다. 그 같은 아이러니가 설득력을 지니 는 것은, 아이러니에 의한 이탈(투쟁)이란 저항적 신념에 의거하기 이전 에 사회구조 자체의 이중성에 의한 해체의 필연성을 의미하기 때문이다. '가장 그렇지 않을 사람', 즉 사회적 삶에 타협한 듯한 사람의 이탈은 사 회적 삶 자체의 모순과 해체 가능성을 암시하는 것이다.

앞서 언급했듯이, 『삼대』의 조덕기 역시 조상훈의 패륜과는 가장 거 리가 먼 양심적인 지식인이지만 자신도 모르게 '제2 홍경애'가 연출될 위기를 감지하게 된다. 이는 부르주아의 양심적인 도덕(인륜과 사랑)이 자 본주의 사회 자체의 모순에 의해 해체의 위협에 직면에 있음을 암시한 다. 또한 「운수 좋은 날」(현진건)의 김첨지는 돈벌이가 잘 되어 신이 나서 면서도 가장 행복해야 할 그 순간에 막연한 불안감을 느낀다. 그의 불안 감은 '이 원수엣 돈!'하며 돈을 내동댕이치는 행동으로 나타나기도 한다. 돈에 연관된 김첨지의 이런 아이러니는 자본주의 사회에서는 '돈'이 삶 을 형성하는 원리인 동시에 해체의 요인이 됨을 암시한다. 같은 작가의 「B사감과 러브레터」에서 B사감 역시 가장 도덕적 규율에 철저한 사람이 자신도 모르게 전복되는 모습을 보여준다. 이 아이러니는 이성중심적인 근대의 도덕적 규율이 근대사회를 형성하는 규범이면서도 또한 자기모순에 의해 스스로 해체될 위험을 지니고 있음을 의미한다.

근대 자본주의 사회의 이중성(재영토화와 탈영토화)과 자기모순에 근거한 아이러니는 풍자나 해학의 형태로 변형되어 나타나기도 한다. 풍자와 해학은 양식적으로는 아이러니와 구분되지만 근대사회의 이중성에 근거한 점에서는 아이러니와 원리상 일치된다. 양식적으로 풍자와 해학은 '희화화'의 방법을 사용하는데, 이는 아이러니가 인물과 환경의 역동적 관계에서 나타나는 반면 앞의 두 양식은 정태적 삽화로 제시되는 점과 연관이 있다. 인물과 환경의 상호작용과 역동적 플롯으로 나타나는 본격소설에서는 플롯의 선을 따라서 아이러니가 나타난다. 반면에 역동성 플롯 대신 정태적 삽화를 보여주는 풍자나 해학에서는 '희화화'의 방법을 통해 근대적 삶의 이중성과 역동성이 드러나게 된다.

근대의 이중성이란 재영토화와 탈영토화를 말하며 삶의 역동성이란 현실을 운동하는 모습으로 드러내는 것을 뜻한다. 본격소설은 역동적 플롯(인물과 환경의 상호작용)과 아이러니를 통해 그런 이중성과 역동성을 보여준다. 반면에 부정적 환경 속의 부정적 인물이나 무력한 인물을 그리는 풍자나 해학은, 인물-환경의 관계 자체만으로는 역동성을 얻을 수 없다. 그 대신 풍자나 해학은 (인물 대신) 작가(내포작가) 내면의 이상과 전망의 기준에서 부정적 인물·환경을 일그러뜨려 희화화시킴으로써 삶의 역동성을 드러낸다.

그 같은 희화화의 방법은 삶의 역동성을 회복시키는 동시에 또한 부정적 인물·환경의 권위를 전복시키는 기능을 하기도 한다. 풍자와 해학은 희화화의 방식으로 삶의 역동성을 드러냄으로써 그와 함께 아이러니처럼 해체의 요소까지 포함하게 되는 것이다. 희화화라는 특이한 방식을 사용하지만 풍자와 해학을 아이러니의 변형으로 볼 수 있는 것은 그 때문이다.

아이러니가 중도적 주인공과 연관된다면, 풍자는 권력을 지닌 부정적 주인공을 그리며, 해학은 사회적 약자의 위치에 있는 인물을 형상화한다. 앞서 살폈듯이, 근대적 삶의 양면성(재영토화와 탈영토화)을 내면의 이중성(타협과 이탈)을 통해 가장 잘 드러내는 중도적 주인공은, '가장 그렇지 않을 듯한 사람들이 자신도 모르게 이탈하는' 아이러니를 보여준다. 그에 반해, 해체의 위협을 지닌 타자를 억압(배제)하고 권력으로 동일성을 유지하려는 풍자적인 부정적 주인공은, '자신이 배제하려는 것이 자기 자신에게 나타남으로써 스스로 무너지는' 모습을 연출한다. 또한 사회적 모순의 희생자(약자)인 해학적인 순박한 주인공은, '의식적으로 반항하지 않는데도 자신의 타자의 위치로 인해 사회적 규범의 전복이 일어나는' 장면을 보여준다. 이 같은 아이러니·풍자·해학의 세 가지 양상은, 앞에서 데리다와 마르크스의 논의를 통해 살펴본 '해체를 포함한 아이러니'와 연관되어 있다. 즉, 아이러니·풍자·해학과 데리다·마르크스의 논의는, 똑같이 일상적이고 자연스러운 듯이 보이는 통념·습속·권위·규범 등이 스스로 해체되는 양상을 보여준다.

그 중에서 아이러니가 양면성을 지닌 중도적 위치의 경우라면, 풍자는 그런 양면성을 무시하고 권력으로 근대 자본주의의 동일성(체계)을 유지하려는 위치에서의 '아이러니적 해체'이다. 풍자의 부정적 주인공이 희화화되는 것은 자기 자신에 내재한 해체의 위기에 무감각한 둔함과 뻔뻔스러움 때문이다. 그런 인물은 자신의 가장 권위 있는 말 속에 스스로를 무너뜨리는 약점이 숨어 있음을 깨닫지 못한다. 그 같은 무지로 인해 지적인 의사소통에서 '내포작가－내포독자'보다 뒤져 있는 풍자의 주인공은, 그의 몰염치가 희화화되면서 아이러니적[18]으로 전복된다. 예컨대 『태평천하』에서 윤직원이 식민지 현실을 '태평천하'라고 외치는 가운데 스스로 무너지는 장면이 대표적인 예이다. 그의 '태평천하'라는

---

18) 무지의 상태는 아이러니를 유발하는 중요한 요소의 하나이다.

외침은 권력을 가진 사람(친일자본가, 자극)의 위치에서의 권위 있는 말이지만 그 반역사적인 의식은 자기 자신의 몰락을 가져오는 요인이 된다. 윤직원이 그린 '태평천하'에서 영원무궁하게 영화를 누리기 위해 오줌을 먹고 보건체조를 하는 모습이 풍자적으로 희화화되는 것도 같은 맥락에서 이해할 수 있다.

그 같은 풍자의 정점에서는 대개 '자신이 배제하려는 것이 자기 자신에게 나타남으로써 스스로 무너지는' 장면이 연출된다. 가령 『태평천하』의 윤직원의 경우 그가 가장 총애하는 손자 종학이 사회주의에 가담함으로써, 자신이 가장 배제하는 것이 자기 자신에게 나타남을 경험한다. 윤직원이 풍자적 희화화 속에서 결정적으로 무너지는 것은 그런 '아이러니적 해체'에 의해서이다.

'자신이 가장 배제하는 것이 자기 자신에게 나타나는' 원리는 데리다의 형이상학 비판이나 마르크스의 '자본의 해체'에서도 드러난 바 있다. 형이상학이나 자본, 그리고 윤직원처럼 부와 권위를 지닌 인물에게서는 일반적으로 그런 자기모순적인 전복의 원리가 나타난다. 예컨대 「B사감과 러브레터」에서 권위적인 B사감 역시 자기 자신이 가장 배제하려던 감각적 본능에 굴복됨으로써 스스로 전복된다. 또한 『삼대』의 도덕기도 그가 가장 혐오하는 부르주아의 속성이 자기 자신에게 나타날 조짐을 예감하고 동요하게 된다. 그러나 B사감은 윤직원 같은 도덕적 불감증을 지닌 인물은 아니며 조덕기는 스스로 자신의 자기모순을 인식하고 있다. 따라서 B사감의 경우는 약간의 풍자적 요소만을 지니며 조덕기는 풍자와는 전혀 연관이 없다. 조덕기는 가장 양심적인 것 같은 그의 도덕적 신념(사랑과 인륜의 실천)이 스스로 와해됨을 경험하는 아이러니의 예로 볼 수 있다.[19]

---

19) 조덕기는 부르주아인 동시에 양심적인 지식인인 점에서 중도적 주인공으로 볼 수 있지만, 부와 권력의 면에서는 상류층에 속하는 인물이다. 따라서 그의 이중성에 근거한 아이러니는 「운수 좋은 날」의 김첨지나 「아홉 켤레의 구두로 남은 사내」의 권씨와

풍자가 근대적 삶의 양면성을 무시하는 권력을 쥔 자의 자기전복이라면, 해학은 그 반대되는 사회적 약자의 위치에서 권위적 규범(동일성의 규범)이 전복되는 양상이다. 해학에서 권위적 규범이 뒤집히는 것 역시 근대적 삶의 이중성(재영토화와 탈영토화)에 의한 것이며, 해학의 주인공은 그의 사회적 타자의 위치로 인해 생활 속에서 동일성의 규범이 전복되는 양상을 연출한다. 해학적 희화화란 사회적 타자를 억압하는 권위적 규범의 자기모순을 극단화하면서 그에 대한 사회적 타자의 대응에 의해 권위적 규범이 전복되는 양상을 보여주는 것이다. 여기서 중요한 것은 그 같은 전복이 사회적 약자인 주인공의 저항에 의한 것이기보다는 그의 타자적 위치에서의 대응에 의해 저절로 연출된다는 점이다. 해학은 의식적 저항을 표면화하지 않는 순박한 민중에 의한 생활 속에서의 아이러니적 전복인 것이다.

해학의 주인공이 주로 순박한 민중으로 나타나는 것은 그 같은 '생활의 밑바닥(타자의 위치)에서의 아이러니'를 보여주기 위한 것이다. 해학의 무기는 어디까지나 (저항적 의식이 아니라) '밑바닥 인생(타자)'인 순박한 민중의 생활력이라고 할 수 있다. 해학은 그런 생활의 힘에 의해 근대적 삶 속에 포함된 해체적 요소가 아이러니적으로 작동되면서 권위적 규범이 스스로 전복됨을 드러낸다. 바흐친이 말한 '카니발리즘'[20]이란 바로 그 같은 해학적 전복을 의미한다.

예컨대 「안해」(김유정)에서 '기가 센' 아내는 남성중심적인 규범을 전복시키는 행동을 연출한다. 그런데 주목할 것은 아내가 그처럼 당당해진 것은 '똘똘이'라는 아이를 낳고부터라는 사실이다. 똘똘이를 낳기 전에는 남편에게 예속된 아내에 불과했지만 이제는 아이의 '생산자'로서 어머니의 위치에 있게 된 것이다. 아내는 남성중심적 사회의 타자이지만 아이를 낳고 기르는 생활력에 근거해 능력도 없이 권위만 내세우는 남

는 다르게 나타난다.

20) 바흐친, 김근식 역, 『도스또예프스끼 시학』, 정음사, 1988, 179~193면.

편에 대해 당당해질 수 있는 것이다. 이처럼 타자의 위치는 권위와 권력에서는 약자이지만 실제로 삶이 가능하게 하는 생활력과 생산성을 지닌 자리라고 할 수 있다. 권위를 지닌 자는 그 같은 밑바닥의 생활의 위치를 천시하지만 자기 자신의 삶도 실상은 권위가 아니라 생활의 밑바닥을 근거로 유지될 수 있는 것이다. 허세만 부리는 남편이 아내의 생활력 앞에서 스스로 전복되는 것은 그 때문이다.

생활력과 생산성이 무기인 아내의 위치는 자본주의 사회의 전략인 외모와 상술 역시 전복시킨다. 아내는 얼굴도 못생기고 노래도 못 부르며 들병이를 할만한 상술도 갖고 있지 못하다. 그러나 아내의 생산성과 생활력은 식민지 자본주의 사회에서 빛에 몰린 남편을 위로해준다.21) 남편도 인정하고 있듯이('이년이 나 보담은 낫지 않은가'), '자식이나 줄줄 쏟아낼'수 있는 아내는 가난에 시달리는 남편에게 풍요로운 미래에 대한 꿈과 용기를 북돋워준다. 여기서 아내의 생산성과 남편의 순박함이 자본주의 사회의 외모나 상술을 전복시키고 있는 것이다.

물론 이런 해학에 의한 전복은 실제로 사회를 전복시킬 수 있는 것은 아니다. 그러나 해학에 포함된 '아이러니적인 해체'가 의미 있는 것은, 의식적으로 저항하기 이전에 근대 자본주의 사회가 이미 해체의 위협에 직면해 있음을 알려주기 때문이다. 그 점에서 아이러니와 풍자, 해학은 근대적 삶의 이중성에 대한 객관적 인식을 포함한다고 할 수 있다. 그 같은 객관적 인식으로부터 실제로 사회를 전복시키려는 저항적인 인식과 실천이 나타날 수 있을 것이다. 그처럼 사회적 약자가 자기 자신의 타자의 위치를 자각하고 새로운 사회를 만들기 위해 자본주의를 전복시키려 행동하기 시작할 때 아이러니는 사회주의 리얼리즘으로 이행된다.

---

21) 식민지의 모순된 농촌에서는 어떤 방식(혹은 상술)으로든 궁핍에서 벗어날 수는 없을 것이다. 하지만 민중적인 낙관주의는 궁핍한 사회의 모순을 암시하면서 절망에 빠지지 않게 해준다.

4. 아이러니에서 서사시로

인물과 환경의 상호작용을 그리는 본격소설에는 비판적 리얼리즘뿐만 아니라 사회주의 리얼리즘도 포함된다. 앞서 살폈듯이 비판적 리얼리즘의 서사적 원리는 아이러니이며, 그것은 의식적 저항보다는 사회적 삶 자체의 이중성과 자기모순에서 타나는 이탈을 의미한다. 반면에 보다 의식적이고 이념적인 저항을 그리는 사회주의 리얼리즘에서는 아이러니를 넘어서서 또 다른 사회로 나아가는 서사가 전개된다.

그러나 그처럼 또 다른 서사가 전개되는 사회주의 리얼리즘에서도 아이러니는 여전히 중요한 요소로 나타난다. 그것은 새로운 사회로 나아가는 서사에서도 자본주의 삶의 해체를 암시하는 아이러니가 서사적 필연성의 근거로 작용하기 때문이다. 루카치가 사회주의 리얼리즘 역시 비판적 리얼리즘과의 연계가 필요하다고 말한 것은 그런 맥락에서 이해될 수 있다.22)

그처럼 사회주의 리얼리즘에서 새로운 삶으로 나아가는 투쟁은 자본주의적 삶의 해체를 나타내는 아이러니를 통해 필연성을 얻는다. 예컨대 방현석의 「내딛는 첫발은」이 매우 감동적인 것은 그 같은 아이러니를 통해 노동자들의 폭발적인 단결력을 예고하기 때문이다. 이 소설에서 정식은 어려운 집안 살림을 도맡아야 하는 책임 때문에 처음에는 노조원들의 투쟁에서 슬그머니 빠졌었다. 그러나 그처럼 우유부단하고 소시민적인 정식이 투쟁의 고비에 처한 순간에 돌연히 전면에 나서게 된다. 구시대의 폭력에 짓밟힌 후 이주임이 진희의 멱살을 낚아채는 순간 모든 노동자들의 침묵을 깨고 정식이 앞으로 나선 것이다. 즉, '가장 그렇지 않을 것 같았던' 정식이 살벌한 분위기를 반전시키며 투쟁에 불을 붙인

---

22) 루카치, 황석천 역, 『현대리얼리즘론』, 열음사, 1986, 99~109면.

것이다. 이 같은 정식의 아이러닉한 행동은 그 자신만의 의식적인 투쟁 의식 보여주는 것이 결코 아니다. 자본주의적 삶과 타협했던 정식의 이탈은, 노조의 이념에 이끌린 것이기보다는, 자본주의적 삶 자체의 자기모순과 해체의 필연성을 스스로 나타내는 행동인 것이다. 즉 정식이 앞으로 나선 시점은, 노동자들의 이탈을 폭력으로 봉합하려던 자본주의의 억압적 미봉책이 더 이상 감당할 수 없게 된 현실적인 필연성의 지점을 의미한다.

아이러니를 통해 그 같은 현실적 필연성을 보여줌으로써 이 소설은 노동자들의 집단적인 투쟁에 더 없는 설득력을 부여한다. 이제 노동자들의 싸움은 그들만의 투쟁이 아니며 새로운 사회로 나아가는 첫걸음이 된다. 정식이 앞장선 대열은 그 같은 서사적 필연성을 얻은 새로운 의미의 '첫발'을 내딛게 된다.

이처럼 사회주의 리얼리즘에서도 아이러니는 서사적 전개에서 매우 중요한 요소가 된다. 그러나 여기서의 아이러니는 비판적 리얼리즘의 그것과는 몇 가지 차이점을 지닌다. 먼저 정식이 보여준 아이러니는 내면적인 이탈일 뿐만 아니라 그것을 '행동'으로 드러낸 것이었다. 이처럼 사회주의 리얼리즘에는 '내면적(그리고 인식적) 지향'이 '실천적 행동'으로 이어지는 전개가 나타난다. 또한 그런 실천적인 행동의 전개는 반드시 개인이 아닌 '집단적 인물들' 속에서 드러낸다. 그 같은 내면(인식)과 외부행동(실천)의 통일, 그리고 개인과 집단의 통합이 사회주의 리얼리즘의 핵심적인 특징이다. 자본주의 사회의 예술 중에서 그런 특징을 드러내는 것은 단지 사회주의 리얼리즘에서일 뿐이다. 비판적 리얼리즘의 아이러니가 서사시적 지향으로 전환되는 것도 바로 그 같은 특징에 의해서이다. 즉, 개인과 집단의 통합, 내면과 외부 행동의 통일은, 근대사회의 미학적 지평을 넘어서서 서사시로 나아가는 지향을 보여준다.

근대사회의 예술은 대부분 개인의 차원에서 사회와의 연관을 드러낸다. 인물과 환경의 상호작용을 그리는 비판적 리얼리즘의 경우에도 환경에 대한 반작용이나 이탈은 대개 '개인'으로서의 주인공의 내면에서 일어난다. 더욱이 환경으로부터의 이탈의 욕망을 그리는 소설(인물 / 환경의 부조화 유형)에서는 그런 개인적인 주인공의 특성이 한층 더 부각된다. 오직 사회주의 리얼리즘에서만 집단적 인물의 움직임이 나타나며 그로 인해 근대소설의 한계선에서 이탈하는 지향(서사시적 지향)이 엿보이게 된다.

따라서 개인을 통해 아이러니를 드러내는 비판적 리얼리즘과 집단적 인물을 통해 서사시적 지향을 보이는 사회주의 리얼리즘에는 중요한 차이가 나타난다. 아이러니적인 해체의 요소로서 비판적 리얼리즘에서 인물의 이탈은 개인의 내면에서 드러나며 그것은 인물과 환경의 관계에서 주로 비극적인 분위기를 제공한다. 반면 사회주의 리얼리즘에서 인물의 이탈은 집단적인 행동으로 나타나며 그 같은 집단성은 새로운 인간관계로 된 사회로 나아가는 서사를 의미한다. 그리고 그처럼 새로운 사회환경으로 첫발을 내딛는 집단적 인물의 서사는 낙관적 신념을 수반한다. 또한 비판적 리얼리즘에서 아이러니를 연출하는 인물은 중도적 주인공인 반면, 사회주의 리얼리즘에서 내면과 외부행동, 개인과 집단의 통합을 드러내는 인물은 보다 적극적인 긍정적 주인공으로 나타난다. 그 같은 긍정적 주인공, 집단적 인물, 낙관적 전망이, 비판적 리얼리즘의 중도적 주인공, 개인적 주인공, 부정적(비극적) 전망과 구분되는 사회주의 리얼리즘의 서사적 특징이다.

이처럼 사회주의 리얼리즘은 실천적으로나 미학적으로 근대사회의 한계선을 넘어서는 새로운 양상을 드러낸다. 그러나 사회주의 리얼리즘의 문제점은 새로운 사회로 나아가는 지향이 경직된 목적론적 서사로 환원되기 쉽다는 점이다. 그런 목적론적 서사는 근대적 삶의 이중성(재영토화와 탈영토화)을 경직된 재영토화로 편중시키는 결과를 낳는다. 그 경우 근대사회를 넘어서려는 서사적 시도는 근대적 삶의 경직된 편집성으로 되돌아오게 된다. 그 같은 도식화된 목적론적 서사에서 벗어나려는 싸움이 사회주의 리얼리즘이 안고 있는 미학적, 정치적 과제인 셈이다.

5. '진정한 고향'에 대한 충동

인물과 환경의 상호작용을 그리는 본격소설에는 비판적 리얼리즘과 사회주의 리얼리즘이 포함된다. 또한 인물－환경의 상호작용을 형상화하지는 못하지만 희화화의 방법을 통해 양자(인물－환경)의 역동적 관계를 보여주는 소설에는 풍자·해학소설이 있다. 그와 달리 인물／환경의 부조화를 드러내는 소설들에는 내면고백체·성장소설·유랑소설·서정소설·모더니즘·포스트모더니즘 등이 있다.

소설에서 인물과 환경의 부조화는 인물의 내면과 외부세계 사이에 메울 수 없는 괴리가 생겨 난 데 따른 것이다. 이 경우 인물은 환경에 반응하기보다는 '환경으로부터 탈주'하려는 욕망을 갖게 된다. 인물／환경의 부조화를 드러내는 소설들은 그처럼 '환경으로부터 탈주하려는 욕망'을 서사적 원리로 하며, 그 점에서 인물－환경의 상호관계를 서사적 원리로 삼는 본격소설이나 풍자·해학소설과 구분된다.

인물／환경의 부조화로 인해 환경으로부터 탈주의 욕망을 갖는 소설에서 내면과 외부세계 사이의 괴리는, 인물이 환경의 사회적 규범(상징계, 제2의 고향)을 내면화하는 데 어려움을 겪기 때문이다. 환경의 사회적 규범이란 원래의 심리적 고향인 상상계(혹은 기호계[23])를 억압하는 제2의 고향으로서의 상징계를 말한다. 라캉이 말했듯이, 원래의 심리적 고향이 어머니로 은유된다면 제2의 고향으로서의 상징계는 아버지로 은유될 수 있다. 어떤 사람의 성장과정이란 어머니＝상상계에서 벗어나서 아버지＝상징계(사회적 규범)를 내면화해 사회화되는 과정이다. 아버지＝상징계는 원래의 고향＝어머니와 동일시되는 충족을 방해하는 동시에 또 다른 고향(가부장제적 가정, 민족, 국가)에 안주하게 한다. 프로이트가 좋은 아버지의

---

23) 상상계를 남성중심적 상징계에 편입되기 이전의 해방적 욕망의 단계로 보는 크리스테바의 용어임.

이마주와 나쁜 아버지의 이마주라는 이중성을 말하고 있듯이 아버지＝상징계는 안주할 수 있는 공간과 억압적인 공간의 양면성을 지니고 있다. 그런데 아버지＝상징계, 즉 사회적 규범의 환경이 나쁜 아버지의 이마주로 편향되어 있을 때 인물은 환경과 상호작용하는 생활의 공간에 머물지 못하고 환경으로부터 탈주하려는 충동을 갖게 된다. 그처럼 환경과 괴리되는 인물은 원래의 고향(home)＝어머니와의 동일시가 억압(un)되는 경험 속에서 거세공포에 시달리게 된다. 이것이 바로 프로이트가 말한 낯선 두려움(unhomely)의 경험이다.24)

따라서 인물／환경의 괴리(부조화)로 인해 환경으로부터 탈주의 충동을 갖는 소설의 인물은 일반적으로 낯선 두려움을 경험하게 된다. 그런 낯선 두려움은 환경의 사회적 규범＝아버지가 나쁜 아버지의 이마고로 편향되어 있거나(성장소설·모더니즘·포스트모더니즘) 인물의 내면의 이상이 현실의 환경에서 실현되지 못할 경우(내면고백체)에 나타난다. 어느 경우이든 인물은 환경의 사회적 규범을 내면화하지 못하고 내면과 외부세계 사이의 괴리 및 인물／환경의 부조화를 경험한다.

그런데 인물／환경 부조화 유형의 소설 중에도 낯선 두려움(unhomely)의 경험은 성장소설·유랑소설·서정소설의 경우에 한층 특징적으로 부각된다. 그것은 이 소설들의 인물이 원래의 고향(home)이 억압(un)된 상태에서 나쁜 아버지의 이마고로서 상징계(환경의 사회적 규범)를 넘어선 '진정한 고향'을 간절히 소망하기 때문이다. 즉, 그 세 가지 소설양식에서 환경으로부터 탈주하려는 욕망은 '진정한 고향'에 대한 충동으로 표상화된다. 노발리스가 '철학은 고향을 향한 향수'라고 말했듯이 세 소설양식에는 그런 낭만적 사유의 계기가 포함되어 있다. 그리고 그처럼 탈주의 욕망을 '진정한 고향에 대한 향수'로서 표상화함으로써, 그 욕망을 분열된 형상으로 드러내는 모더니즘(아름답지 않는 예술)과는 달리 아름다운 예

---

24) 낯선 두려움에 대해서는 앞의 제3장 7절 성장소설과 방황의 여로 참조

술로서 형상화된다.25) 인물 / 환경의 부조화 유형의 소설 중에서 세 소설 양식은 형상적으로 가장 아름다운 서사에 속한다.

어떤 면에서 세 소설양식은 낯선 두려움의 심리학에 대한 서사적 표현이라고 할 수 있다. 예컨대 성장소설은 (대부분) 아버지의 부재 속에서 환경의 사회적 규범을 나쁜 아버지의 이마고로 경험하며 낯선 두려움에 시달리는 과정을 서사화한다. 우리의 성장소설이 서구의 교양소설과 다른 점은 그처럼 본받을 만한 교양이념(좋은 아버지의 이마고)이 부재한 상태에서 낯선 두려움의 경험이 부각되는 점일 것이다. 이른바 성장이란 나쁜 아버지의 이마고로서의 사회적 규범과 타협하는 것이며 그것을 완전히 수용할 수 없는 주인공은 여전히 낯선 두려움(unhomely)에서 벗어나지 못한다. 따라서 성장소설의 주인공은 성인이 된 후에도 세속적인 세계에 안주하지 못하고 동요하면서, 청년기(혹은 유년기)의 순수성의 기억 속에서 진정한 성장(진정한 고향)을 소망하게 된다. 이 같은 성장소설 주인공의 방황과 동요는, 순수한 청년(유년기)에서 어른의 세계(상징계)로 나아가는 과정에서 겪는 낯선 두려움의 서사적 표현으로 볼 수 있다.

또한 유랑소설은 옛 고향을 잃어버린 민중적 주인공이 낯선 자본주의 세계의 영토(제2의 고향)에 안주하지 못하고 떠돌아다니는 이야기이다. 고향(home)이 무덤처럼 폐허가 되었거나(「고향」), 낯선 공장이 들어서고(「과도기」) 생소한 공사판이 되어 버린(「삼포 가는 길」) 현실에서, 민중적 주인공은 낯선 두려움(unhomely)을 느낀다. 민중적 주인공은 참담한 심정(낯선 두려움) 속에서 정처 없이 떠돌면서, 옛 고향의 기억을 더듬으며 유랑길에서 만난 따뜻한 민중들이 모여 살 또 다른 '진정한 고향'을 소망한다. 고향을 잃어버린 민중적 주인공의 이 같은 정처 없는 유랑은 낯선 두려움의 또 다른 서사적 표현이다.

한편 서정소설은 마음의 고향(총체성)을 상실한 현대사회(근대사회)에서

---

25) 아름다운 예술과 아름답지 않은 예술에 대해서는 나병철, 『모더니즘과 포스트모더니즘을 넘어서』, 소명출판, 1999, 55~67면 참조.

서정적 화해의 표상을 찾아가는 고독한 주인공의 서사이다. 루카치가 말했듯이, 현대사회의 인간이 된다는 것은 고독해진다는 것을 의미하며, 서사시 시대에 여행자들이 함께 바라보던 별(자연의 표상)을 이제는 어두운 밤에 혼자서만 바라보게 되었음을 뜻한다. 그리고 여행자들의 지도였던 별빛은 더 이상 고독한 개인이 가는 오솔길을 밝혀주지 못한다.[26] 서정소설의 주인공은 그처럼 총체성(마음의 고향)을 상실한 현대사회에서 낯선 두려움을 경험한다. 고독한 주인공의 주변에는 화해(혹은 총체성)[27]의 암호로 남아 있는 자연의 표상이 있을 뿐이며, 그는 이제는 신화와 전설이 된 (잃어버린) 총체성의 세계를 기억하며 또 다른 진정한 총체성(고향)을 소망한다. 이처럼 낯선 두려움에 시달리는 고독한 주인공이, 잃어버린 총체성의 기억이 담겨 있으며 진정한 마음의 고향에 대한 소망을 일깨우는 자연의 표상을 찾아가는 여로가 서정소설이다. 서정소설 역시 낯선 두려움의 심리학의 서사적 표현으로 나타나고 있는 셈이다.

낯선 두려움의 서사적 표현으로서 성장·유랑·서정소설의 또 다른 중요한 특징은, 그 낯선 고독에 시달리는 주인공이 아버지=상징계에 대한 굴종(타협)이 아니라 (들뢰즈가 말한) 고아 상태의 무의식 쪽으로 나아간다는 점이다.[28] 타락한 현실과의 단절을 뜻하는 고아 상태의 무의식으로 인해 고독한 주인공은 더욱 더 고독해진다. 그러나 그는 환경과의 부조화 속에서 '탈주의 욕망'을 갖게 되며, 아직 현실에 존재하는 화해의 표상을 찾는 탐색의 여로에 나서게 된다. 현실에 잔존하는 화해의 표상이란 순수한 청년기의 흔적(성장소설), 민중들의 인간관계(유랑소설), 자연(서정소설) 등으로서, 낯선 두려움(unhomely)에 시달리는 주인공은 그 (화해의) 표상들을 통해 잃어버린 순수성을 기억하며 진정한 성장, 또 다른

---

26) 루카치, 반성완 역, 앞의 책, 41면.
27) 아도르노의 미학에서는 화해(미메시스)이며, 루카치의 미학에서는 총체성이다.
28) 양자의 차이가 프로이트와 바바(그리고 들뢰즈)의 차이이다. 바바의 낯선 두려움에 대한 미학적 설명에 대해서는 호미 바바, 나병철 역, 『문화의 위치』, 소명출판, 2002, 41~53면 참조.

고향, 또 다른 총체성을 갈망한다.

예컨대 「해바라기」(염상섭)의 영이는 사랑하던 사람의 표지를 찾아 나서고 「무진기행」의 윤희중은 방황하던 과거(무진의 공간)로의 여행을 한다. 또한 「과도기」(한설야)의 창선은 흩어진 고향 사람들을 만나며 「삼포 가는 길」(황석일)에서 정씨와 영달, 백화는 여로에서 순수한 정을 나누는 한 순간을 경험한다. 마찬가지로 「누란의 사랑」(윤후명)과 「하얀배」의 '나'는 자연 속에서 신화와 전설의 세계를 기억하며 화해된 삶을 소망한다. 물론 성장소설·유랑소설·서정소설에서 현실과의 타협이 전혀 나타나지 않는 것은 아니다. 가령 『나목』(박완서)의 경아는 상식적인 세계를 받아들이고, 「무진기행」의 윤희중은 아내의 엽서와 타협을 한다. 그리고 「삼포 가는 길」의 영달은 정씨의 '잃어버린 고향(삼포)'에서 일감을 잡으려 하며, 「하얀배」의 '나' 역시 쫓기는 듯한 삶일망정 나름대로의 생활을 갖고 있다. 그러나 그들은 자신도 모르게(무의식적으로) 진정성(진정한 고향)을 향한 쪽으로 화해의 표상을 찾아 나선다. 즉, 그들은 고아 상태의 무의식 속에서 낯선 두려움에서 벗어날 화해의 순간을 열망하는 것이다.

세 소설양식의 주인공들이 낯선 두려움에 시달림에도 불구하고 그 소설들이 아름답게 느껴지는 것은, 주인공들이 현실에서 화해의 표상(순수한 청년기의 흔적, 민중들의 인간관계, 자연)을 발견할 수 있기 때문이다. 그러나 더 이상 현실에서 화해의 기표들을 찾아낼 수 없을 때 소설의 주인공은 분열된 자아로서의 고아 상태 무의식을 표면화한다. 환경과 단절된 상태에서 분열된 자아의 모습으로 화해를 소망하는 이 소설들은 더 이상 아름다운 서사가 아니다. 그처럼 형상적인 부조화나 분열을 통해 내면의 화해의 소망을 암시하는 소설[29]이 바로 내면고백체와 모더니즘이다.

---

29) 이런 소설들은 헤겔의 낭만적 예술 유형에 속한다.

6. 내면으로의 탈주

인물과 환경의 부조화 유형의 소설을 역사적으로 출현한 시기에 따라 배열하면, 내면고백체(「표본실의 청개구리」), 성장소설(「해바라기」), 유랑소설(「고향」), 서정소설(이효석 소설), 모더니즘(이상, 박태원, 김승옥, 최인호 소설), 포스트모더니즘(1990년대 소설) 순으로 나타난다.[30] 이런 순서는 뒤로 올수록 점점 환경으로부터 탈주하려는 욕망이 분명히 드러나는 반면, 대서사의 측면에서의 사회환경과의 연관은 잘 나타나지 않음을 보여준다. 다만 내면고백체는 인물의 사회적 연관이 다른 소설들에 비해 잘 드러나면서도 탈주의 욕망 또한 뒤의 세 소설(성장소설·유랑소설·서정소설)에 비해 상대적으로 분명히 나타나는 양식이다.[31] 또한 내면고백체는 흥미롭게도 훨씬 뒤에 나타나는 모더니즘과 친연성을 보여주는 점에서 특히 주목된다. 실제로 내면고백체의 초기 형태인 「핍박」 「슬픈 모순」이나 대표적 소설인 「표본실의 청개구리」 「암야」 「제야」 등은 이상이나 박태원의 소설과 매우 유사한 특징을 보여준다. 두 소설 유형의 공통점은 목적의식을 상실한 주인공이 길(외출이나 여행)을 나서는 여로를 자주 보여주는 점이다. 내면고백체나 모더니즘은 내면과 외부세계의 분열이 가장 심각한 양식으로서 생활인의 위치를 잘 드러내지 않는 대표적인 소설들이다. 그 대신에 두 양식에서는 내면의 공간인 '방'이나 탈주의 욕망에 의한 여로가 특징적으로 나타난다. 그러나 비슷하게 여로에의 충동을 지닌 성장소설

---

30) 이런 순서는 특히 우리문학의 경우에 두드러지게 나타난다. 반면에 서구에서는 시민사회를 배경으로 한 성장소설(교양소설)이 환멸소설(내면고백체를 포함)보다 먼저 출현한다. 그와 달리 시민사회를 형성하지 못하고 식민지를 경험한 우리의 경우, 일종의 환멸소설인 내면고백체가 성장소설보다 먼저 나타나거나 거의 같은 시기에 등장한다. 이는 식민지의 상황에서는 시민사회와는 달리 본받을 만한 성장이념(교양이념)을 발견하기 어렵기 때문이다.
31) 인물의 사회환경과의 연관이 잘 드러나는 순서대로 배열하면, 본격소설, 풍자·해학, 내면고백체, 성장·유랑·서정소설, 모더니즘, 포스트모더니즘으로 제시될 수 있다.

이 얼마간 현실과의 타협을 전제로 하며, 또한 성장·유랑·서정소설에서 외부세계에서 화해의 표상을 발견하는 반면, 내면고백체와 모더니즘에서는 내면과 외부세계 사이의 치유될 수 없는 불화를 인식할 뿐이다. 그 점에서 후자의 두 양식은 세계와의 불화(형상적 부조화)를 경험하고 내면으로 돌아와 화해의 욕망을 확인하는 헤겔의 '낭만적 예술 유형'의 가장 대표적인 소설로 볼 수 있다.

　내면고백체와 모더니즘에서 내면과 외부세계 사이의 심각한 분열은 대개 두 가지 요인에 의해 발생한다. 첫째는 내면의 이상에 대한 소망이 매우 강렬하기 때문이며 둘째는 외부세계의 현실에서 부정적 환경에 대응할 만한 힘이나 조건이 형성되지 않기 때문이다. 만일 현실의 상황에 부정적 환경에 대응할 만한 조건이 형성되어 있다면 인물과 환경의 상호작용을 그리는 본격 리얼리즘 소설이 출현할 것이다. 반면에 내면고백체나 모더니즘은 '아직' 그런 조건이 형성되지 않는 상황이나 '더 이상' 존재하지 않는 상황에서 나타난다. 이처럼 '아직 아니'거나 '더 이상 아닌' 상황이 내면고백체와 모더니즘이 등장하는 현실적 조건으로 볼 수 있다.32)

　실제로 두 양식은 '이상'이 강렬하게 고양되거나 '현실' 상황이 더 없이 열악한 조건에서 출현함을 볼 수 있다. 예컨대 1920년대 초반 염상섭의 내면고백체나 1960년대 초반 내면고백체의 변형 최인훈의 『광장』은, 3·1운동과 4·19에 의해 '이상'에 대한 소망이 강렬하게 고양된 시기에 나타났다. 두 시기는 또한 그 고양된 이상에 비해 현실은 그런 소망을 실현할 조건을 '아직' 갖추지 못한 때이기도 했다. 염상섭의 내면고백체와 최인훈의 『광장』은 그 같은 이상과 현실의 분열에 의한 내면과 외부

---

32) '아직 아님'과 '더 이상 아님'은 루카치가 『솔제니친』에서 논의한 바를 보다 확장시킨 것이다. 즉, 루카치는 중·단편소설에 대해 논의하지만 우리는 인물 / 환경의 부조화 소설에 대해서도 말할 수 있을 것이다. G. Lukács, translated by William David Graf, *Solzhenitsyn*, London, Hodder and Stoughton, 1970, pp.7~32 참조.

세계 사이의 불화를 그리고 있다.

그에 비해 모더니즘은 3·1운동과 4·19가 지향했던 (공동체적 유대에 근거한) 새로운 사회와 그런 지향을 그리는 본격 리얼리즘이 '더 이상' 가능하지 않은 조건에서 출현한다. 예컨대 1930년대 중반 이상·박태원의 모더니즘이나 1960년대 중반 김승옥의 모더니즘은 그 같은 '더 이상 아닌' 시기의 소설로 볼 수 있다. 1930년대 중반은 1920년대 말과 1930년대 초에 고양되었던 사회운동(그리고 그에 기반한 리얼리즘)이 더 이상 가능하지 않는 시기였으며, 1960년대 중반은 6·25와 서구적 근대화로 인해 공동체 의식이 급속도로 파편화된 시기였다. 이처럼 염상섭의 내면고백체는 '아직 아닌' 시기에 나타났으며 이상·박태원의 모더니즘은 '더 이상 아닌' 때에 등장했다. 또한 최인훈의 『광장』(1960년대 초반)과 김승옥의 모더니즘(1960년대 중반)이 함께 출현한 1960년대는 '아직 아닌(1970년대의 리얼리즘의 시대 이전)' 동시에 '더 이상 아닌(공동체 의식의 파편화)' 매우 음습한 시기였음을 알 수 있다.

1960년대가 보여주듯이 내면고백체·본격소설·모더니즘은 선적인 시간에 따라 순서대로만 나타나는 것은 아니다. 더욱이 흥미로운 것은 모더니즘이 나타난 시기, 즉 본격 리얼리즘이 더 이상 가능하지 않은 시기에도 여전히 본격소설에 대한 열망이 계속되고 있었다는 점이다. 또한 1930년대 중·후반에는 모더니즘 중에서도 계몽의 열망을 담은 소설들이 쓰여지고 있었다. 예컨대 최명익의 「비 오는 길」이나 유항림의 「마권」 등에는 계몽을 해체한 모더니즘 형식을 통해서 또다시 계몽을 갈망하는 인물들이 나타난다. 이는 임화가 말했듯이, 우리의 모더니즘이 '난숙 뒤에 오는 부란이 아니라 아직 완성에의 이상을 잃지 않은 상태에서 나타난 자기무력'33)이기 때문일 것이다. 즉, 1930년대 중반은 본격소설의 열망이 '아직' 식지 않은 시기에 '더이상 아닌' 열악한 상황이 전개되었던

---

33) 임화, 「본격소설론」(1938), 앞의 책, 228면.

것이다.

그럼에도 불구하고 내면고백체와 모더니즘 사이에는 명백한 차이가 존재한다. 내면고백체와 모더니즘은 똑같이 '내면'과 외부세계의 불화를 경험하고 '내면'으로 회귀하는 형식을 지니고 있다. 그러나 두 양식에서 내면의 내용은 많은 차이를 지니고 있다. 내면고백체의 내면의 이상과 진리는 계몽이성이라고 할 수 있다. 그리고 일종의 대서사로서의 계몽의 실현이 내면고백체 주인공의 이념일 것이다. 계몽이 기획하는 대서사의 목적은 삶 속에서의 자유로운 주체의 실현이다. 그러나 주체중심적인 계몽의 자기모순[34]으로 인해, 계몽의 실현을 갈망하는 주인공은 내면에서만 자유를 꿈꿀 수 있을 뿐 실제 현실에서는 부자유스러운 근대의 삶에 대처하지 못한다. 이것이 바로 계몽적 내면의 한계이다. 내면고백체의 주인공이 환경과 괴리될 수밖에 없는 것은 그 점과 연관되어 있다.

반면에 모더니즘 주인공의 내면에는 계몽을 넘어선 미메시스적 화해[35]의 열망이 가득 차 있다. 계몽이 주체중심적 진리라면 미메시스적 화해는 타자와 비억압적으로 교감하는 진리이다. 모더니즘의 주인공은 그 같은 내면의 진리로 탈주함으로써 계몽의 타락된 형태인 왜곡된 근대의 삶을 비판적으로 드러낸다(부정적 인식).[36] 그러나 그 같은 모더니즘 주인공의 내면의 진리(미메시스적 화해)는 현실에서 직접 실현할 수 없는 이상이며 대서사와 유리된 진리일 뿐이다.[37] 이것이 모더니즘 주인공의 내면의 제한점이다. 모더니즘 주인공이 환경과 분열 상태에 놓일 수밖에 없는 것은 그런 내면의 특성과 연관된다.

---

34) 주체중심적 계몽의 자기모순이란 자유로운 삶을 소망하면서도 타자를 배제하는 자기중심적 계몽의 논리에 의해 부자유스러운 근대의 삶을 낳게 되는 것을 말한다.
35) 미메시스란 타자와의 비억압적인 교감을 말함.
36) 아도르노의 미학은 '부정적 인식'과 '화해의 소망'이라는 두 가지 진리에 대해 말하고 있는 셈이다.
37) 앞서 살폈듯이 우리 모더니즘에는 대서사와 다시 연결시키는 시도가 나타난다. 그러나 그것은 흔히 관념적으로 드러난다.

이처럼 내면고백체와 모더니즘은 각기 다른 내면의 내용을 지녔지만, 똑같이 현실에서 실현될 수 없는 내면의 진리로 인해 외부세계와의 분열을 경험한다. 예컨대 내면고백체의 경우, 내면에서는 계몽이념을 실현할 '강한 자아'를 소망하지만 외부현실에서는 그것을 실현할 수 없는 '약한 자아'를 발견할 뿐이다. 내면'고백체'란 정신적인 아버지(계몽의 진리, 신부, 정신과 의사) 앞에서 그 경험자아인 약한 '나'를 반성함으로써 강한 '나'가 되려는 서술자아의 '고백'을 말한다.[38]

그러나 실제로 내면고백체의 핵심적 특징은 그런(서술자아의) 고백의 과정에서 약한 '나'인 경험자아가 사회현실(환경)과 관계하는 경험들로써 나타난다. 가령 계몽이념을 실현할 수 없는 약자인 경험자아는 사회환경과 유리된 상태에서 정신적인 질병(신경증, 갑갑증, 겹겹증)을 경험한다. 경험자아의 정신적 질병, 즉 신경증이란 사회환경의 질서를 내면화하는 데 장애가 생긴 상태를 뜻한다.[39] 하지만 이 정신적인 질병은 단지 경험자아('나')가 약자이기 때문만은 아니며 이상(계몽이념)과 현실(계몽의 타락된 실현) 사이의 괴리에 의한 것이다. 즉, 현실의 사회환경의 질서를 내면화하기 어려운 것은 계몽의 이상을 실현하려는 '나'에게 현실(사회환경)이 계몽의 타락된 상태로 경험되기 때문이다. 내면에서는 계몽의 이상을 꿈꾸지만 실제현실에서는 계몽의 타락된 실현을 발견할 수밖에 없는 '나'는 일종의 아포리아(갈 수 없는 길)를 경험한다. 그처럼 환경과 심각하게 괴리된 상태에서 '나'는 오히려 계몽의 타자(야만인, 광인)를 갈망하는 탈주의 욕망을 갖게 된다. 「표본실의 청개구리」에서처럼 '나'는 탈주의 충동으로 나선 여행길에서 실제로 분열증적인 탈주자인 광인(김창억)을 만난다. 그러나 광인 김창억은 '나'에게 통쾌함을 주기도 하지만, '나'의

---

38) 나병철, 「미적 근대성의 두 가지 길」(『탈식민주의와 근대문학』, 문예출판사, 2004), 285면과 푸코, 이규현 역, 『성의 역사』(나남, 1990), 75~77면 참조
39) 사회환경의 질서를 내면화하는 것이 오이디푸스화이며 그런 오이디푸스화에 장애가 생긴 것이 신경증이나 분열증이다.

계몽이성에 비추어 그의 탈주는 현실성이 없으므로 '나'는 환멸에 사로 잡힌다. 이처럼 계몽이성과 탈주의 욕망의 이중성 속에서 지식인 주인공 은 계몽의 타자에 대한 동경과 환멸을 동시에 경험한다. 이것이 '미적 근대성'의 특성을 드러내는 내면고백체의 첫 번째 유형이다(「표본실의 청개구리」).

내면고백체의 또 다른 유형은 비판적 계몽을 통해 현실을 비판적으로 드러내 보여주는 소설이다. 계몽이념은 대서사의 기획으로서는 (실현되기 어려운) 자기모순을 지니지만 그 대신 자기반성과 현실비판을 수행할 수 있는 비판적 계몽을 제공한다. 이 비판적 계몽에 의거해 계몽적 주인공은 자신을 약자(그리고 타자)의 위치에 있게 만드는 모순된 현실의 사회환경을 비판적으로 드러내게 된다. 이것이 리얼리즘의 방향으로 나아가는 내면고백체의 두 번째 유형이다(「만세전」).

다른 한편 내면고백체의 주인공은 현실에 환멸을 느끼고 내면으로 돌아와 비판적 계몽에 의거해 현실비판을 수행하기도 한다. 이 현실비판은 사회환경과 괴리된 내면 속에서 진행되는 것이므로 사변적인 비판의 형식이 된다. 이는 내면고백체의 변형인 『광장』에서 특징적으로 나타나는 형식으로 사변적인 에세이에 접근하는 내면고백체의 또 다른 유형이다.

계몽의 타자 동경(미적 근대성), 현실비판(리얼리즘), 사변적 비판(사변적 에세이)이라는 세 유형에서 공통적인 것은 계몽적 주인공이 현실의 사회환경에서 분열을 경험하고 내면으로 회귀한다는 점이다. 계몽의 타자를 동경하는 소설(「표본실의 청개구리」)은 환멸을 경험하지만 그 환멸은 내면에서 또 다른 동경이 나타난다는 암시이기도 하다.[40] 또한 현실비판이 부각되는 소설(「만세전」)은 환멸을 경험하고 내면으로 돌아와 강한 '나'를 소망한다. 사변적 비판 유형의 소설(『광장』)은 그 비판 자체가 환경과 괴리된 내면 속에서의 목소리이다. 이처럼 내면고백체에서 환경과의 부조

---

40) 이 과정이 바로 낭만적 아이러니이다.

화에서 나타나는 탈주의 욕망은 내면으로 회귀하는 것으로 귀결된다.

환경과의 분열을 경험하고 내면으로 돌아오는 형식은 모더니즘에서도 비슷하게 나타난다. 그러나 내면고백체에서는 강한 자아를 소망하며 진리(계몽이념)의 아버지의 품에 안김으로써[41] 그 대서사에 대한 열망으로 내면에서나마 부분적으로 분열이 봉합된다. 그처럼 내면고백체의 서술자아는 고아 상태의 무의식과 진리의 아버지에의 의존, 즉 탈주의 욕망과 계몽이성의 동일성이라는 이중적 내면을 지니고 있다. 그에 반해 모더니즘에서는 경험자아의 분열이 봉합될 수 없는 비동일성의 의식[42]이 존재할 뿐이다. 모더니즘의 내면의 진리로서 비동일성의 의식이란, 아버지가 없는 진리인 미메시스적 화해이자 고아 상태의 무의식인 탈주의 욕망이다.

모더니즘의 진리인 미메시스적 화해(서술자아의 내면의 소망)는 현실에서 실현되기 어려운 비동일성의 의식일 뿐만 아니라, 빈번히 서술자아의 존재 자체가 현실에서 소외된 비동일성의 위치(룸펜지식인 등)[43]에 있는 것으로 나타난다. 모더니즘의 경험자아(혹은 인물)는 낯선 두려움(고독)과 비동일성의 의식(미메시스적 화해)인 고아 상태 무의식 사이에서 동요한다. 반면에 분열증적인 탈주의 욕망으로 되돌아오는 서술자아(혹은 화자)의 내면에는 화해를 소망하는 비동일성의 의식이 존재한다. 이 서술자아의 비동일성의 의식은 더 이상 탈주가 불가능한 대신 경험자아의 경험내용을 비동일성의 위치에서 미학적으로 재구성하는 역할을 한다. 비동일성의 위치에서의 서술자아의 미학적 재구성이란 낯설게 하기, 병렬적 구성, 몽타주, 콜라주, 의식의 흐름, 내적 독백 등이다. 이처럼 모더니즘에서의 경험자아의 탈주의 욕망은 내면(서술자아)으로의 탈주이자 경험의

---

41) 모든 내면고백체에서 그런 과정이 다 나타나는 것은 아니다.
42) 비동일성의 의식이란 동일성의 세계(도구적 이성, 교환원리의 세계)에 동화될 수 없는 의식과 무의식을 말한다.
43) 화해의 소망을 지닌 이런 서술자아의 비동일성의 위치는 특히 우리나라 1930년대 모더니즘에서 특징적으로 나타난다.

미학적 재구성으로서의 탈주로 나타난다.

따라서 일종의 탈주로서 모더니즘의 미학적 형상화는 전통적인 근대소설과는 전혀 다른 방식으로 나타난다. 전통소설(근대소설)이 감정이입과 의사소통의 미학에 의존한다면 모더니즘은 감정이입을 부분적으로 차단하는 낯설게 하기 등의 방해의 미학을 사용한다. 의사소통의 미학이 감정이입할 수 있는 주요인물을 매개로 한 현실인식을 드러내는 반면, 방해의 미학은 비동일성의 위치를 이용하여 낯설게 하기 등을 통해 인식을 지연시킨다. 예컨대 「날개」에서 아내의 직업은 (리얼리즘의 방식으로 인식되기보다는) 비동일성의 위치에 있는 '나'의 눈을 통해 인식이 지연되는 낯설게 하기 방식으로 제시된다. 이처럼 낯설게 하기 등의 방해의 미학을 사용하는 이유는 자본의 논리(그리고 도구적 이설)에 의해 자동화된 동일성의 세계를 탈자동화시키기 위해서이다. 만일 「날개」에서 아내의 직업을 리얼리즘의 방식으로 제시했다면 별다른 충격이 없는 자동화된 인식으로 나타났을 것이다. 반면에 낯설게 하기 방식으로 보여진 '아내의 직업'은 돈을 매개로 한 자본주의 사회의 인간관계에 대한 긴장된 지각을 제공한다.

모더니즘의 병렬적 구성이나 의식의 흐름 등 역시 자동화된 세계를 탈자동화해 드러내는 미학적 방식으로 볼 수 있다.[44) 그 같은 탈자동화의 미학은 비동일성의 의식을 지닌 서술자아(혹은 화자)의 탈주의 욕망과 화해(미메시스)의 소망에 근거한 미학적 혁신으로 볼 수 있다. 미학적 혁신에 의한 모더니즘에서는 현실의 반영로서의 예술보다는 일종의 음화로서의 단자적인 예술이 나타난다. 자율성이 강화된 단자적인 예술이란 예술의 창을 통해 현실을 반영하는 것이 아니라 밀폐된 단자를 통해 현실의 동일성의 세계(이데올로기적 세계)가 작품 속에 흘러들어 오는 것을 차단하는 예술이다.

---

44) 나병철, 『모더니즘과 포스트모더니즘을 넘어서』, 소명출판, 1999, 195~227면, 244~254면 참조.

현실의 반영으로서의 전통소설(그리고 리얼리즘)은 현실의 동일성의 세계를 반영하면서 그에 맞서 있는 문제적 인물에 감정이입함으로써 동일성의 세계를 파편화하도록 되어 있다. 반면에 그처럼 현실에 맞서 있는 (환경에 대해 있는) 인물이 등장하지 않는 모더니즘에서는 오히려 감정이입을 얼마간 차단하고 낯설게 하기를 통해 동일성의 세계를 파편화(탈자동화)시킨다. 이것이 모더니즘의 밀폐된 미학적 단자이다.

전통소설에서는 감정이입할 수 있는 인물과 부정적 환경의 상호작용을 통해 현실의 반영인 소설의 현실을 비판적으로 '인식'한다. 그에 반해 모더니즘의 미학적 단자에서는 화해를 소망하는 내포작가—화자(서술자아)와 현실(환경)과의 불화를 경험하는 인물(경험자아)의 모순관계를 통해 '주체(작가나 독자)의 내면—단자적인 작품—현실'의 관계 속에서 현실에 대한 '부정적 인식'이 나타난다.45) 즉, 우리는 미학적으로 탈자동화된 모더니즘의 부조화된 형상(예술적 단자)을 우리(작가나 독자) 내면의 화해의 소망을 거부하는 부정적인 동일성의 세계를 비판하는 기호로 읽게 된다. 이처럼 전통소설에서는 현실의 반영인 형상을 통해 현실을 인식하지만, 모더니즘에서는 **주체의 내면—부조화된 형상**(예술적 단자)—**현실**의 관계 속에서 '부정적 인식'이 나타난다. 그들의 차이는 다음과 같이 표시될 수 있다.

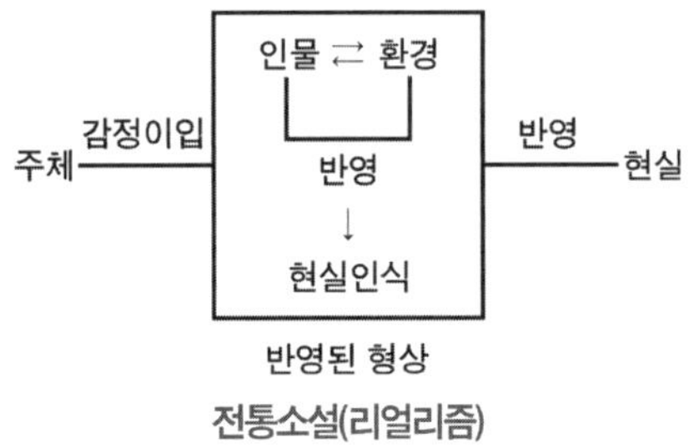

---

45) 「날개」 등의 우리나라 모더니즘에서는 그런 미학적 경험과 더불어, 인물(경험자아)이 서술자아로 전이되는 순간 그의 내면을 통해서 화해의 소망과 부정적인 인식을 하는 과정이 함께 나타난다.

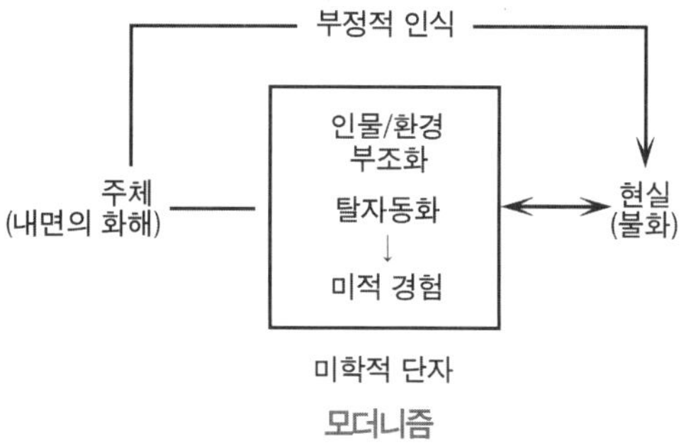

모더니즘

위에서처럼 전통소설에서는 독자(주체)의 감정이입과 현실의 반영을 통해 소설의 형상이 주체—형상(반영)—현실의 관계를 이루며 형상적 경험을 통해 현실인식에 이르게 된다. 반면에 모더니즘 소설에서는 현실의 동일성의 세계가 탈자동화되어 차단되며 그런 미학적 형상은 독자(주체)의 감정이입도 얼마간 차단한다. 따라서 우리는 형상적 경험을 통해 현실인식을 하는 것이 아니라, 그 부조화된 형상을 미학적으로 경험하고 내면으로 돌아와 그곳에서 화해의 소망을 읽는 동시에, 그것을 거부하는 불화의 현실에 대해 부정적 인식을 얻게 된다. 이처럼 모더니즘에서는 주체의 내면—미학적 단자(부조화의 형상)—현실과의 관계 속에서 화해의 소망과 부정적 인식에 이르게 된다.

물론 「날개」 등의 우리나라 모더니즘에서는 그런 미학적 경험과 함께 경험자아가 서술자아로 전이되는 순간 그의 내면을 통해 화해의 소망과 부정적 인식을 얻게 되기도 한다. 그런 이중성이 서구 모더니즘 구분되는 우리나라 모더니즘의 특징이라고 할 수 있다. 이제 내면으로의 탈주가 어떻게 나타나는지 내면고백체와 모더니즘을 비교해 보자.

	내면고백체	모더니즘
경험자아(인물)	약자의 위치 비판적계몽+환멸(고아 상태의 무의식)	비동일성의 위치 낯선 두려움-고아 상태 무의식
서술자아(화자)	탈주의욕망-계몽이성(봉합, 동일성의 의식)	비동일성의 의식
탈주	계몽의 타자 낭만적 동경+ 진리의 아버지로 회귀	내면의 화해의 소망+미학적 혁신

7. 현실의 탈영토화와 탈주

모더니즘의 탈주의 욕망은, 경험자아(인물)가 서술자아(화자)로 전이되면서 내면의 화해의 소망을 확인하는 것이나, 서술자아가 경험자아의 경험을 재구성하는 미학적 혁신의 방식으로 나타난다. 이처럼 모더니즘의 탈주는 '내면으로의 탈주'인 동시에 '미학적 탈주'이며 현실에 대해서는 '부정적 인식'을 갖게 할 뿐이다. 즉, 모더니즘의 탈주에서는 실제로 현실을 변화하게 하려는 시도는 나타나지 않는다.

반면에 포스트모더니즘의 탈주는 현실과 (그 속에서 살아가는) 인물의 내면을 탈영토화시켜 변화시키려는 시도라고 할 수 있다. 현실과 인물의 내면을 탈영토화시킨다는 것은 합리주의적 상징계에 갇힌 삶을 열어 실재계와 접촉시키는 것을 말한다. 흔히 포스트모더니즘은 합리적 논리로 이해되기보다는 감각의 논리로 수용되는데, 그런 감각의 원소들이란 상징계와 실재계 사이에 흩어져 있는 탈영토화된 이미지의 파편들이라고 할 수 있다.

리오타르나 들뢰즈가 포스트모더니즘을 '숭고'의 테마로 설명하는 것도 그런 맥락에서 이해할 수 있다. 칸트가 말한 숭고란 우리의 일상적인 이해력으로 감당할 수 없는 어떤 거대한 것 앞에서 경험하는 파괴와 균열로서의 불쾌감을 말한다.46) 리오타르는 이를 포스트모더니즘에 적용시켜 숭고를 '개념으로 파악할 수 없는 감각의 흘러넘침'으로 설명한다.47) 개념이란 우리의 일상적인 합리적 인식방식을 말하며, 포스트모더니즘의 숭고는 그런 합리적 인식능력을 와해시키는 감각의 흐름이 드러나는 것을 뜻한다. 합리적 개념의 무능력을 드러내는 그 같은 감각의 흐름이란 탈영토화된 이미지의 분자들에 다름이 아니다. 개념적 인식이 합리주의적 상징계 내부에서 가능한 것이라면 탈영토화된 감각의 흐름은 상징계와 실재계 사이의 공간에서 나타난다.

인물(내면)과 환경(상징계)의 부조화를 그리는 유형 중에서 모더니즘은 그런 부조화를 경험하고 내면으로 탈주하는 양상을 드러낸다. 앞서 살폈듯이 그 점에서 모더니즘은 헤겔의 낭만적 예술 유형에 해당된다. 반면에 포스트모더니즘은 (부조화의 원인인) 환경의 모순이 내면의 무의식까지 병리화시키려는 사회에 대한 대응으로서, 그런 예속화에 맞서서 내면과 현실의 환경(상징계)을 탈영토화시키려는 시도라고 할 수 있다. 그처럼 닫힌 상징계(모순된 환경)를 열어 상징계와 실재계 사이의 공간에서 탈영토화된 이미지의 분자들을 드러내는 것이 포스트모더니즘의 미학이다. 우리는 합리주의적 상징계의 논리로 파악할 수 없는 그 탈영토화된 이미지들 앞에서 일종의 균열과 전율로서 숭고를 느끼게 된다.

그러면 포스트모더니즘은 과연 어떤 방식으로 닫힌 상징계(합리주의적 세계)에 갇혀 있는 내면과 현실의 환경을 탈영토화시키는 것일까. 앞에서 윤대녕의 소설을 통해 살펴봤듯이 포스트모더니즘은 환상, 밀교의식, 매끄러운 공간, 동양사상(또 다른 문화적 코드) 등을 통해 합리주의적 현실(상징계)의 경계를 열어젖히는 방법을 사용한다. 그러나 여기서 유의할 것은

---

46) 칸트는 그런 불쾌감이 보다 상위차원의 이성에 의해서 쾌감으로 전환된다고 말했는데, 그에 반해 포스트모더니즘의 숭고는 부조화의 측면을 더 주목한다.
47) 리오타르, 유정완 외역, 「숭엄과 아방가르드」, 앞의 책, 203~228면; 박성수, 『들뢰즈』, 이룸, 2004, 30~31면.

환상이나 또 다른 문화적 공간은 현실의 환경에서 달아는 공간을 제공하는 것이 아니라 닫힌 벽을 여는 '사이'의 공간을 생성시킨다는 점이다. 즉, 환상이나 밀교의식은 현실의 도피처가 아니라 합리주의적 코드의 상징계를 상대화시킴으로써 상징계와 실재계 사이의 공간을 개방하는 장치라고 할 수 있다. 우리는 합리주의와 구별되는 다른 문화적 코드의 공간(환상, 밀교의식, 동양사상)으로 건너뛰는 순간 그 또 다른 문화적 공간의 리얼리티를 통해 합리주의적 현실이 절대적인 리얼리티가 아님을 인식한다. 그리고 그 순간 닫힌 합리주의적 상징계가 열리면서 상징계와 실재계 사이의 틈새를 경험하게 된다. 그처럼 닫힌 벽이 열리는 순간의 고통이 '전율'이며, 열린 틈새의 공간으로 흘러넘치는 (감당하기 어려운) 탈영토화의 흐름이 바로 '숭고'이다.

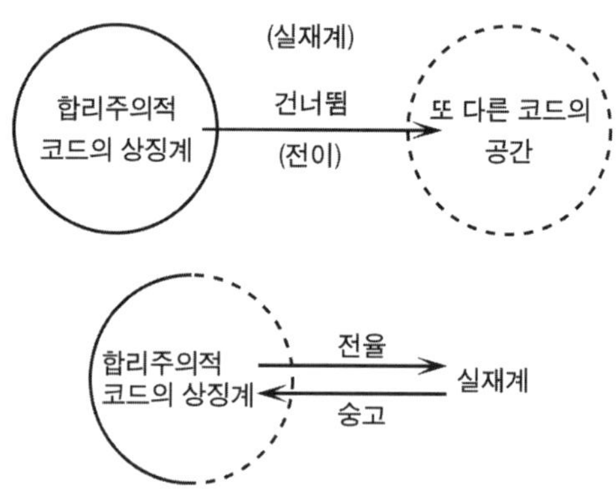

위에서 실선은 (재)영토화를 뜻하며 점선은 탈영토화를 의미한다. 밀교의식이나 동양사상 같은 또 다른 코드의 위치는 탈영토화된 공간이긴 하지만 또한 우리의 신체가 발 딛고 설 수 없는 텅 빈 공간이라고도 볼 수 있다. 따라서 합리주의적 현실을 버리고 그곳으로 가버린다는 것은 단지 현실도피에 불과할 뿐이다. 그와 달리 그 이질적인 공간으로 건너뛰는 과정에서 합리주의적 상징계에 예속되었던 우리의 몸과 마음, 그리고 무의식을 탈영토화시키는 것이 포스트모더니즘 미학의 목표이다.

그처럼 닫힌 현실에 갇혀 있던 신체와 내면이 예속화된 조직에서 벗어난 '기관 없는 신체'로 탈영토화될 때, 우리는 일종의 고통으로서 전율을 느낀다. 그리고 그 자연생장의 힘을 지닌 기관 없는 신체가 현실로 돌아와 닫힌 현실을 열어젖히는 순간, 감당할 수 없게 밀려드는 탈영토화의 흐름 곧 숭고를 경험한다. 그 같은 전율과 숭고의 과정이 신비스러우면서도 리얼리티가 느껴지는 것은 닫힌 현실이 열리면서 실재계(the Real)와의 접촉이 이루어지기 때문이다.

예컨대 「은어낚시통신」에서 '나'와 그녀가 밀교집단에 참여해 '은어되기'를 시도하는 것은 빈틈없이 조직화된 합리주의의 현실에서 벗어나 자연과 조화된 기관 없는 신체로 탈영토화되는 과정으로 볼 수 있다. 즉, '나'와 그녀는 현실을 버리고 밀교적 공간으로 도주한 것이 아니라, 밀교의식을 매개로 (신체와 내면이) 예속적 조직화에서 벗어난 '기관 없는 신체'로 탈영토화 됨으로써, 닫힌 현실로부터 탈주를 시도하고 있는 것이다.

이처럼 '현실로부터의 도주'가 아닌 '현실 속에서의 탈주'가 나타나는 것은 「천지간」의 경우도 마찬가지이다. 「천지간」에서 '나'와 그녀의 우연한 만남은, 합리주의적 논리로는 이해할 수 없는 소중한 인연의 의미로써 그녀를 죽음에서 구출하게 한다. 그처럼 불교적인 인연의 의미를 얻게 된 것은, '나'와 그녀가 합리주의적 현실의 영토에서 불교사상의 영토로 도주함으로써 가능해진 것이 결코 아니다. 그와 달리, '나'와 그녀는 내면에 잠재해 있는 인연설(불교사상)을 매개로 닫힌 합리주의적 현실의 경계를 열어 실재계와 접촉한 탈영토화된 공간을 생성시키고 있는 것이다. 즉, '나'와 그녀는 불교사상이라는 비현실적인 영토로 도피한 것이 아니라, 그 위치로 전이되는 과정에서 폐쇄된 상징계(합리주의적 현실)를 열면서 실재계와 만나는 탈영토화된 공간으로 탈주하고 있는 것이다. 관념적인 불교적인 인연설이 합리주의적인 현실보다 더 리얼리티를 얻는 것은 그처럼 경직된 현실을 해체해 실재계(the Real)와 접촉하게 하기 때문이다.

이처럼 포스트모더니즘은 다양한 방법으로 닫힌 현실을 탈영토화시키면서, 허무주의에서 벗어나서 그 탈영토된 공간으로 탈주하는 주인공을 그리고 있다. 그러나 포스트모더니즘에서 폐쇄된 현실을 해체하는 것은 인물과 환경이 상호작용하는 생활 자체를 탈영토화시키는 것은 아니다. 포스트모더니즘의 탈영토화의 경험은 환경에 등을 들린 인물의 내면(「은어낚시통신」)이나 여로(「천지간」), 욕망(장정일 소설), 혹은 메타픽션의 공간(『백년동안의 고독』)에서 나타난다. 이 점에서 포스트모더니즘의 탈영토화와 탈주는 여전히 생활의 차원이 아닌 미학적 차원에 머물러 있다.

앞서 살폈듯이 모더니즘은 인물(경험자아)의 소외된 경험을 혁신된 방식으로 재구성하는 미학적 차원의 탈주라고 할 수 있다. 그와 달리 포스트모더니즘은 인물의 내면과 현실을 실제로 탈영토화시켜 해체한다. 그러나 포스트모더니즘의 탈영토화는 인물과 환경이 상호작용하는 생활을 해체하는 것이 아니라 생활에서 벗어난 공간(여로)에서 인물이 경험하는 탈주의 순간을 포착하는 것이다. 따라서 인물의 내면이 탈영토화되고 탈주의 경험이 나타나지만 그것으로 우리의 삶과 생활 자체가 탈영토화되는 것은 아니다. 포스트모더니즘에서 현실의 탈영토화란 인물(그리고 우리)의 내면에서의 현실 해체의 경험이며, 그것은 여전히 생활이 아니라 미학적 차원의 탈주의 경험이라고 할 수 있다. 그 이유는 인물의 경험이 대서사(인물-환경의 상호작용)의 맥락과 연관된 생활이 아니라 환경에 등을 돌린 상태에서의 삶의 미시적 경험으로 그려지기 때문이다. 그와 달리, 인물이 생활 속으로 되돌아가 환경과 상호작용하는 대서사의 맥락과 접촉할 때, 포스트모더니즘(미시적, 미학적 탈주)은 리얼리즘(인물과 환경의 상호작용)과 결합할 수 있게 된다. 이제 최인식의 소설을 통해 그 같은 리얼리즘과 포스트모더니즘의 접합을 살펴보자.

8. 포스트모더니즘과 리얼리즘의 접합

현실과 환상을 넘나드는 점에서 최인석의 『아름다운 나의 귀신』 연작은 윤대녕 소설처럼 포스트모더니즘 양식에 속한다. 그러나 윤대녕 소설에서의 환상이 이미 현실에서 이탈한 사람들이 건너뛰는 공간이라면 최인식 소설에서는 현실 자체가 환상과 수시로 뒤섞인다. 윤대녕의 환상이 주로 '여로'를 통해 나타나는 반면 최인석 소설에서는 '생활' 자체에서 경험되는 것도 그와 연관이 있다. 즉, 윤대녕의 환상은 환경과 부조화된 인물이 여로를 통해 탈주하는 또 다른 공간이지만 최인식의 환상은 환경과 상호작용하는 인물의 대응방식으로 드러난다.

『아름다운 나의 귀신』 연작에 등장하는 인물들은 20세기 말엽 한국사회의 열악한 환경에서 살아가는 빈민계층들이다. 이 소설은 그들의 비참한 생활모습을 담은 리얼리즘이지만, 후기자본주의의 폐쇄된 현실에서 성인들은 이미 모순된 환경에 대응할 힘을 잃어버린 상태에 있다. 이 리얼리즘적 소설에서 소년의 성장서사와 포스트모더니즘적 환상의 모티프를 도입하고 있는 것은 그 때문이다.

이 소설의 소년 주인공들은 무력한 어른들과 무능한 아버지로 인해 더욱 참담하고 고통스러운 삶을 살아간다. 아버지의 부재 모티프는 우리 성장소설에서 일반적으로 나타나는 것이지만,[48] 이 연작소설에서는 그것이 한층 더 실감나게 부각되고 있다. 다음에서처럼 소년들은 자신들이 '아비 없는 호로자식' 임을 스스로 자각하고 있는 것이다.

> 갑자기 승규가 우린 모두 아비 없는 호로자식들이다, 하고 선언했다. 너희들은 아버지가 있잖아. 귀연이가 말하자 승규는 고개를 저었다. 없는 거나 마찬가

---

48) 나병철, 「여성 성장소설과 아버지의 부재」, 『여성문학연구』 제10호, 예림기획, 2003.12, 183~214면.

지야. 우리 아버지는 외항선 타고 외국에 나간 게 아니야. 그건 어머니가 만들
어낸 거짓말이야. 사실은 감옥에 들어가 있어. 강도질을 했대. 바로 이런 담장
을 뛰어넘어, (…중략…)
　나 역시 아비 없는 호로자식이나 마찬가지였다. 아비는 늘 지방의 건설 공사
장으로 나돌았다. 서너 달에 한 번씩 집에 돌아오면 몇 날 며칠 동안 잠만 자
고, 술만 마시고, 어미와 싸우고, 자식들을 꾸중하고 두들겨패다가, 어느 날 내
가 학교에서 돌아오면 그는 이미 다른 공사판을 찾아 떠난 뒤였다.[49]

아버지의 부재를 확인한 소년들은 대개 현실에서 방황하거나 분열을
경험하게 된다.[50] 그러나 이 소설(들)의 소년(소녀)들은 단지 분열을 겪는
것에 그치지 않고 정신적인 방황을 통해 부재하는 아버지의 자리를 채
우는 또 다른 경험을 겪는다. 주인공들의 아버지의 빈자리를 채우는 그
또 다른 경험은 바로 환상과 사랑이다.

　어느 쪽이건 우리 셋이 모두 아비의 슬하에서 자라고 있지 못한 것만은 사실
이었고, 그러니까 우리 모두가 아비 없는 호로자식이라는 그의 선언은 옳았다.
귀연이는 그러나 고집스러웠다. 난 아니야. 내 아버지는 최영 장군이야. 나는
승규를 돌아보았다. 네가 사랑하는 앤 정말 괴상한 아이야.[51]

위에서처럼 귀연이는 아버지의 빈자리에 최영장군이라는 귀신을 고
집스럽게 채워넣고 있다. 무당(당골네)의 딸인 그녀를 '나'는 '괴상한 아
이'라고 생각하지만, 당골네가 삽차에 치어죽은 후 '나'는 스스로 그 괴
상한 환상을 경험하게 된다. 당골네는 빈민들의 집을 철거하는 폭력에
맞서다 죽은 셈인데, '나'는 마음속으로 사랑하던 당골네가 부재하는 아
버지의 자리를 채우며 돌아오는 것을 경험한다.

---

49) 최인석, 「내 사랑 나의 귀신」, 『아름다운 나의 귀신』, 문학동네, 1999, 23면.
50) 김남천의 소년주인공 소설(방황)이나 오정희의 「유년의 뜰」 「중국인 거리」(분열)가
　　대표적인 예이다.
51) 최인석, 앞의 글, 앞의 책, 24면.

그때야 비로소 나는 그녀가 죽으리라는 것을 알았다. 이제 그녀는 귀신이 될 것이다. 최영장군은 당골네를 통하여 이 세상으로 돌아왔다. 그렇다면 당골네는 누구를 통하여 돌아올 것인가? 나는 내가 무엇을 해야 할는지를 알 것 같았다. (…중략…)

그녀는 깃발처럼 펄럭이며 달려가 삽차에 부딪쳤고, 삽차가 멈춰 선 것은 그녀의 모습이 보이지 않게 되고 나서도 몇 번이나 바퀴가 더 구른 다음이었다. (…중략…)

지게차가 짐승처럼 덤벼들어 지붕을 베어물자 당골네의 집이 무너져내렸고, 철탑이 번쩍번쩍 불꽃을 토하며 무너져내렸고, 민둥산이 무너져내렸고, 하늘과 땅이 뒤엉켜 쏟아져내렸고, 우리의 우주가 한꺼번에 붕괴하였고…… 나는 귀연이가 네 손 네 발을 다 치켜들고 하늘 높이 나비처럼 날아가는 것을 보았고, 승규가 그녀의 손에 매달린 것을 보았으며, 나의 방울과 삼신부채는 저 혼자 절경절경 팔랑팔랑 흔들리고 펄럭거렸고, 나는 당골네의 음성으로 부르짖고 있었다. 독사지옥을 여우고 칼산지옥을 여우고 철산지옥을 여웠으니 인자는 왕들을 여우리라 인자는 왕들을 여우리라…….52)

위에서 내가 죽은 당골네에게 동화되는 환상은, 동일시할 수 있는 아버지가 부재한 상황에서 그 빈자리가 그녀의 '귀신'으로 채워짐을 뜻한다. 그러나 이런 환상은 열악한 현실에서 벗어나기 위해 사랑하는 사람의 유령 속으로 도피하는 것이 결코 아니다. '내가 무엇을 해야 하는지 알 것 같았다'는 말에서 알 수 있듯이, 여기서의 환상은 오히려 현실에 대응하는 '나'의 자각(성장)의 한 단계를 의미한다.

'내'가 만일 '돈이 인간의 운명'53)인 현실의 환경에서 돈만 아는 아버지에게 동화될 수 있었다면 '나'는 돈을 중심으로 한 현실에 예속된 주체로 성장했을 것이다. 그러나 결코 아버지를 동일시할 수 없는 상황에서, '나'의 고아 상태의 무의식54)은 무속적 환상을 매개로 예속에서 벗

---

52) 최인석, 위의 글, 위의 책, 40~41면.
53) 최인석, 「내 사랑 나의 암놈」, 위의 책, 223면.
54) 들뢰즈·가타리, 최명관 역, 『앙띠 오이디푸스』, 민음사, 1994, 78면 참조.

어난 또 다른 주체로 성장한다. 물론 이것은 돈에 예속된 아버지 대신 무속을 또 다른 아버지로 받아들이는 것은 아니다. 사랑하는 당골네가 '나'의 몸을 통해 돌아오는 환상은 '내'가 돈의 노예가 된 아버지로 성장하는 대신에 고아 상태에서 사랑과 화해의 또 다른 축으로 성장함을 뜻한다. 후기자본주의적 현실에서 사랑과 화해는 이미 어른들의 세계에는 존재하지 않으므로, '나'는 합리주의적 현실의 타자인 무속의 환상을 빌려, 그리고 사랑하는 여자의 귀신의 힘을 빌려 사랑과 화해의 축으로 나아가고 있는 것이다. 고아 상태 무의식의 창조적인 생성의 힘에 의존한 또 다른 성장으로서의 그 같은 환상은, 역설적으로 현실보다도 더 실감 나는 리얼리티를 지닌다. 그것은 그 환상이 닫힌 현실의 상징계를 열어젖혀 역사의 힘을 담고 있는 실재계(the Real)와 접촉하게 하기 때문이다. 만일 '내'가 아버지=상징계를 받아들여 돈만 아는 어른으로 성장한다면 현실의 상징계는 더욱 절망적으로 닫힐 것이다. 그와 달리 '나'는 아버지가 부재한 고아 상태에서 환상을 통해 사랑의 힘으로 현실에 맞섬으로써 폐쇄된 현실의 벽을 열어젖히고 있는 것이다.

이처럼 이 연작소설에서 환상은 후기자본주의의 닫힌 현실을 여는 경험으로 나타나고 있다. 윤대녕의 「은어낚시통신」에서의 환상 역시 그처럼 폐쇄된 현실(상징계)의 벽을 열어 실재계와 접촉하는 경험으로 나타나고 있다. 그러나 「은어낚시통신」에서 '은어되기'의 환상이 (후기자본주의적) 현실의 예속에서 벗어나 '기관 없는 신체'로 회유하는 과정이라면, 『아름다운 나의 귀신』에서 '접신'의 환상은 아직 사회화되기 이전의 위치에서 돈=아버지(상징계)의 축에서 벗어나 사랑의 힘을 받아들이는 또 다른 (진정한) 성장의 과정으로 나타난다.

그 같은 환상을 통한 '나'의 각성의 과정은 인용문에서처럼 현실의 폭력에 맞서는 행위로 그려진다. 연작소설에서 현실의 억압은 주로 사회적 타자인 빈민층들이 집을 철거당하는 사건으로 나타난다. 여기서 집의 철거는 1970년대 소설[55)에서처럼 단지 경제적인 핍박만을 의미하는 것은 아니다. 아버지의 부재와 집의 철거를 경험하고 분열증을 일으킨 정이의 말에서처럼, 철거된 집은 마음속의 뭔가를 철거해 사람들을 '미치게' 만든다.56) 즉 집(home)이 헐린 사람들은 낯선 두려움(unhomely)57) 속에서 정신적인 분열을 경험하게 되는 것이다.

그런데 낯선 두려움의 거세공포를 경험한 빈민층의 어른들은 1970년대 사람들처럼 순진하게 절망하지 않는다. 돈이 인간의 운명이 된58) 후기자본주의적 현실에서 거세공포에 시달리는 어른들은 ('나'의 아버지처럼) 더욱 더 돈에 미쳐 날 뛰게 된다. 반면에 그 같은 아버지를 받아들일 수 없는 소년(소녀)들은 고아 상태 무의식 속에서 분열증이나 환상을 경험한다. 억압적 현실에 맞서는 것은 계급적 타자인 빈민층의 어른들이 아니라 바로 그 분열증과 환상을 경험하는 미성숙한 또 다른 타자들이다.

실제로 이 연작소설에서 환상을 통해 현실에 맞서는 사람들은 미성숙한 소년(소녀)들이거나 무속·광기(분열증)·신체장애 같은 타자의 위치에 놓인 인물들이다. 그것은 후기자본주의적 현실에서 계급적 타자인 빈민층의 어른들까지도 돈의 노예로 예속되어 버렸기 때문이다. 물론 소년 등 사회적 삶의 타자들은 현실적으로는 빈민층의 어른들보다도 더 무력할 뿐이다. 그러나 그들은 자신들의 타자의 위치로 인해 예속적인 주체로 나아가는 길을 거부하고 그 반대의 방향으로 향할 수 있게 된다. 무당·광인·장애아 등의 타자들이 그처럼 현실적 억압과 예속화에 맞서서 반대 방향으로 탈주하게 하는 단 하나의 유력한 무기는 바로 사랑이다.

내가 그녀에게 무엇일 수 있겠는가? 한 마리 괴물, 벙어리 새끼, 솔개에 지나지 않았다. 적어도 이곳에서는, 지금은. 그녀가 내 손을 잡았다. 그 촉감을 음미

---

55) 예컨대 조세희의 『난장이가 쏘아올린 작은 공』 연작에서는 경제적인 핍박에 의한 빈민계층의 문제가 중요하게 그려진다.
56) 최인석, 「내 사랑 나의 암놈」, 앞의 책, 238~239면.
57) 낯선 두려움에 대해서는 앞의 제3장 7절 성장소설과 방황의 여로 참조
58) 최인석, 앞의 글, 앞의 책, 223면.

하기 위해, 음, 나는 눈을 감았고 그러자 온몸의 신경들이 버섯처럼 곤두섰다.
그것이 나의 정사였다. 나도 너 좋아해. 그녀가 말했다. 니가 얼마나 보고 싶었
는지 아니?[59]

위에서처럼 현실에서 버려진 타자들이 자신의 존재(정체성)를 확인할
수 있는 것은 온몸의 신경들을 접촉하는 사랑에 의해서이다. 그 사랑은
시각적인 기형(괴물)을 감추면서 촉감적으로 교감할 수 있는 정사와도 같
은 것이다. 시각적으로 앞이 보이지 않는 현실에서 그들은 그 같은 사랑
을 나누며 촉감을 통해 자신의 존재와 삶의 방향을 가늠해 보고 있다.
바로 그런 사랑의 힘으로 괴물, 벙어리, 어린이에 불과한 주인공(솔개)은
지옥 같은 현실에서 탈주할 수 있는 날개를 얻게 된다.
　물론 현실적으로 무력한 주인공들이 자유롭게 탈주할 수 있는 것은
환상의 장치를 통해서일 뿐이다. 그러나 이 소설에서 귀신을 접신하거나
하늘로 날아오르는 환상은 단순한 은유에 그치는 것이 아니다. 그 같은
환상을 통해 주인공들은 실제적으로 변화되고 각성되면서 현실을 탈영
토화하는 힘을 얻게 된다. 즉, 그들은 사랑의 힘으로 (그리고 환상의 장
치를 통해) 현실의 예속화를 거부하면서, 집을 부수고 돈에 미처 날뛰는
사람들에게 대항하게 된다. 어디에도 길이 보이지 않는 후기자본주의적
현실에서, 주인공들은 환상의 공간으로 탈주함으로써 현실에 맞서서 자
신의 영혼을 입증하는 것이다.
　앞서 살폈듯이 환상으로의 탈주란 현실도피가 아니라 닫힌 현실을 여
는 탈영토화이자 고아 상태의 무의식 속에서 사랑의 길로 나아가는 각
성은 한 단계이다. 그 같은 탈주의 길이 의미를 지니는 것은 윤대녕 소
설에서처럼 여행길에서 발견한 것이 아니라 (인물과 환경이 상호작용하
는) 생활의 여로에서 탐색해낸 것이기 때문이다. 그러나 냉정하게 보면
그 같은 생활의 여행에서의 탈주역시 현실적으로는 억압적 환경을 감당

---

59) 최인석, 위의 글, 위의 책, 221면.

할 수 있는 힘을 얻고 있는 것은 아니다. 다만 빈틈없이 예속화된 절망적인 (후기자본주의적) 현실에서 환상의 탈영토화의 방식으로 영혼을 입증하는 길을 열고 있을 뿐이다. 타자의 사랑의 힘으로 생활 속에서 탈주의 공간을 얻고 있음에도 불구하고 그 사랑이 싹틀 수 있는 공간은 아직 어디에도 존재하지 않는 것이다. 최인식의 연작소설에서도 인물과 환경이 상호작용하는 '내면의 여행'이 끝났을 때 비로소 사랑의 길이 시작되고 있다.

여로에서 미학적 방식으로 탈주를 모색하는 윤대녕 소설과는 달리 최인식의 연작소설은 인물과 환경이 상호작용하는 대서사의 생활 속에서 탈주를 모색한다. 하지만 최인식의 탈주역시 내면의 여행이 끝난 후 생활의 외부에서만 길을 발견할 수 있는 미시적인 저항일 뿐이다. 여기서 한발 더 나아가 그 미시적인 미학적 대응이 보다 저항적인 대서사와 접합할 수 있을 때, '내면과 행동이 통합'되면서 생활 자체의 공간에서 탈주할 수 있는 길이 나타날 것이다.

9. 소설의 '여로'와 서사의 '선'

1) 몰적인 선분에서 유연한 분자적인 선으로

이제까지 살펴본 다양한 서사양식들은 서로 다른 소설의 여로(루카치)와 서사의 선(들뢰즈·가타리)을 드러내는 예들로 볼 수 있다. 먼저 인물과 환경의 상호작용 속에서 생활의 여로를 보여주는 소설(본격소설)과 인물 / 환경이 부조화된 상태에서 내면과 외부세계 사이의 분열을 나타내는 소설로 나뉘진다. 전자의 대표적 예는 본격 리얼리즘이며, 후자에는 내면

고백체·성장소설·유랑소설·서정소설·모더니즘·포스트모더니즘이
있다. 앞의 소설(본격소설)이 생활의 여로를 그린다면 뒤의 소설들에서는
빈번히 실제의 여로가 나타난다(반드시 실제 여로가 나타나는 것은 아니다).

이 여러 서사양식들은 다양한 서사적 방법과 사건(서사)의 선들을 보
여준다. 우선 인물과 환경의 상호작용을 그리는 소설은 인물이 환경에
동화되는 서사와 서로 대립하는 서사로 구분된다. 그중 인물이 환경에
동화되는 서사에는 영웅소설과 이광수의 『무정』을 들 수 있다. 이 소설
들에서는 인물이 환경의 사회적 규범이나 이념에 동화되는 경직된 삶이
그려지며, 누구나 그런 삶의 방향을 동일하게 따라가는 서사의 선이 나
타난다.60) 물론 이광수의 『무정』은 영웅소설과는 달리 봉건적인 관습을
타파하는 새로운 사상을 사회적 이념으로 주장한다. 그러나 『무정』 역
시 식민지 환경에 동화되는 서사의 선을 드러내는 점에서 경직된 삶을
그리는 소설로 볼 수 있다. 영웅소설이나 『무정』처럼 경직된 삶을 그리
는 소설은, 환경에 동화되는 (사회적) 이념을 향한 삶의 여로를 보여주는
'목적론적 서사'라고 할 수 있다.

그 같은 목적론적 서사는, 권력(초월적 이념이나 국가, 자본)에 의해 조직
화되고 '홈이 패어진' 길을 이탈하지 않고 지나가는 여로를 제시한다.
이런 서사는 흔히 이항대립의 의미구조(선 / 악, 개화 / 미개화)와 하강-상승
의 플롯을 지니는데, 이념에 대립되는 항목(악, 미개화)이나 하강-상승의
구성은 목적론적 서사에 정당성을 부여하기 위한 미학적 장치이다. 서사
의 진행은 대립되는 항목에 의한 위기(하강)를 극복하고 이념에 부합하는
우월한 가치(선, 개화)로 삶을 동일화는 방향으로 나아간다(상승). 이처럼
동일성의 이념에 지배되는 목적론적 서사를 들뢰즈·가타리는 '경직된
몰적 선분성의 선'이라고 부르고 있다.

그와 달리 인물이 환경에 반응하는 중에 그에 맞서게 되는 서사로는

---

60) 이진경, 『노마디즘』 1, 휴머니스트, 2002, 610면.

본격소설(리얼리즘)을 들 수 있다. 본격소설 중에 비판적 리얼리즘은 중도적 주인공의 '이중성'에 근거한 생활의 여로를 그리면서 '아이러니'를 보여준다. 중도적 주인공의 이중성이란 환경과 얼마간 타협해 생활하는 동안 자신도 모르게 그런 타협적인 삶(그리고 예속적인 주체)에서 이탈하게 되는 양면성을 말한다. 예속적인 삶과 이탈의 방향 사이에서 머뭇거리는 이중적인 주인공은, 자신이 의도하지도 않았는데 환경의 규범에 동화된 (동일성의) 삶에서 벗어나는 자신을 발견한다. 즉, 들뢰즈·가타리가 말한 경직된 몰적 선분성의 삶을 살아가는 동안, 몰적 선분의 흐름에 가려서 '잘 지각되지 않는' 미시적인 탈영토화가 나타나는 것이다.61) 그처럼 동일성의 삶(몰적인 선분)에서 이탈하는 미시적 탈영토화의 과정은, 일상의 삶의 흐름에 감춰져 잘 포착되지 않는 탓에 뜻하지 않는 놀라움을 수반한다. 삶의 이중성 속에서 나타나는 그런 예기치 않은 반대 방향의 이탈을 우리는 '아이러니'라고 부른다.

그 같은 아이러니는 흔히 '가장 그렇지 않을 듯한 사람이 자신도 모르게 이탈하는 장면'을 연출한다. 아이러니가 그처럼 예기치 않은 뜻밖의 일로 느껴지는 것은, 평소의 일상에서는 이중적인 인물의 잠재적인 이탈의 가능성이 늘상 감춰지기 때문이다. 또한 아이러니적 이탈이 의도하지도 않았는데 '자신도 모르게' 나타나는 것은, 근대의 몰적인 선분의 삶 자체 속에 구조적으로 이탈(탈영토화)의 가능성이 잠재함을 뜻한다. 즉, 근대의 삶이란 재영토화(몰적인 선분)와 탈영토화(분자적인 선이나 탈주선)의 이중성 속에서 진행된다. 비판적 리얼리즘의 중도적 주인공은, 감춰져 있는 잠재적인 이탈의 가능성을 지닌 상태에서 몰적인 선분의 삶을 살아가는 동안 자신도 모르게 이탈하는 아이러니적인 경험을 한다. 물론 중도적 주인공은 다양한 진폭을 지니고 있으며, 잠재적인 이탈의 가능성을 스스로 억제하거나 반대로 보다 적극적으로 각성되는 모습을 보이기

---

61) 들뢰즈·가타리, 김재인 역, 『천개의 고원』, 새물결, 2001, 378~382면; 이진경, 위의 책, 612면.

도 한다. 그러나 많은 경우에 아이러니적 주인공은 이탈의 방향을 발견한 후 다시 원래의 몰적인 선분의 삶으로 되돌아오는 경향을 보인다. 이 경우 이탈의 가능성은 주인공의 내면의 소망으로만 표현되며, 한 순간의 이탈이 몰적인 현실의 삶에 패배하는 순간 아이러니적으로 영혼을 입증하게 된다. 이처럼 '아이러니'는 몰적인 현실의 삶에 의해 감춰지거나 배제되는 '필연적인' 이탈(해체)의 잠재성을 의미한다. 들뢰즈·가타리는 그런 아이러니적 해체의 잠재성을 '몰적인 선분의 벽에 잘게 균열된 금을 그리'는[62] '유연한 분자적인 선'이라고 부르고 있다.

몰적인 선분 자체에서 나타나는 이 같은 유연한 분자적인 선은 아이러니 이외에도 풍자와 해학을 통해 드러나기도 한다. 풍자와 해학이 아이러니적 해체의 원리를 포함하면서도 그와 구분되는 것은, 인물과 환경의 관계에서 환경에 압도되는 일방적인 상황을 전제로 한다는 점이다. 즉, 아이러니는 환경과 상호작용하는 이중적인 인물을 통해서 나타난다. 반면에 풍자와 해학은 환경에 대응하는 힘이 드러나지 않는 일방적인 상황에서 연출된다. 풍자의 인물은 환경의 사회적 규범을 유지하는 권력을 지닌 위치에 있으며, 해학의 인물은 그런 권력에 의해 희생되는 무력한 약자(타자)의 위치에 있는 것이다. 근대의 이중성을 드러내는 아이러니는 지각되지 않은 이탈로써 놀라움을 주면서도 우리에게 설득력 있게 받아들여진다. 반면에 일방적인 경직된 상황(몰적인 선분) 안에 갇혀 있어 이중성을 보여주지 못하는 풍자나 해학은 터무니없는 장면을 연출하게 된다. 그처럼 내면적으로 근대의 이중성을 제시하지 못하는 경직된 상황(몰적인 선분) 내부의 풍자나 해학은, 그 어처구니없는 평면성이 희화화됨으로써 내부적으로 아이러니적 해체를 드러내게 된다. 따라서 외면적으로 경직된 상황을 반복할 뿐인 풍자나 해학에서는, 회화화 속에서 내부적으로 그런 경직된 상황이 전복되는 아이러니가 나타난다. 풍자의 경우

---

62) 들뢰즈·가타리, 위의 책, 379~380면; 이진경, 위의 책, 636면.

에는, 권력으로 이탈을 배제해 경직되고 평면적인 상황을 유지하려는 주인공에게, 권력을 통해 '자신이 배제하려던 것이 자기 자신에게 나타남'으로써 스스로 무너지는 장면이 연출된다. 또한 해학에서는, 권력에 압도되는 상황에 놓인 무력한 주인공에게, 그 자신의 타자의 위치로 인해 '의도하지도 않았는데 경직된 상황이 전복되는' 장면이 전개된다. 외적으로는 굳어 있는 상황 내부에서 일어나는 이 같은 아이러니적 전복은 동화(재영토화)와 이탈(탈영토화)이라는 근대의 이중성이 제공하는 필연성에 근거한 것이다.

따라서 아이러니가 이중성을 지닌 인물이 경직된 몰적 선분에 균열을 내면서 유연한 선분을 그리는 양상이라면, 풍자나 해학을 경직된 몰적 선분 안에 갇힌 권력자나 희생자(타자)에게 나타나는 내부적인 균열의 선이라고 할 수 있다. 아이러니가 근대의 이중성을 중도적 주인공을 통해 객관적 현실로 드러내는 반면, 풍자나 해학은 희화화를 통해 외적인 경직된 상황과 내적인 아이러니적 전복을 보여준다. 즉, 아이러니는 (근대의 이중성과 연관된) 인물의 이중성을 드러내면서 몰적인 선분에 균열을 내고 유연한 선분을 그리지만, 풍자나 해학은 외적인 경직된 몰적 선분이 근대의 이중성이라는 필연성에 의해 내적으로 균열의 선을 그리는 모습을 제시한다.

2) 유연한 분자적인 선에서 집단적인 탈주선으로

본격소설에는 아이러니적 서사인 비판적 리얼리즘 이외에 또 다른 서사로서 사회주의 리얼리즘이 있다. 아이러니가 의도된 반항보다는 근대의 이중성에 의한 (필연적인) 이탈을 보여준다면 사회주의 리얼리즘에서는 이념에 근거한 의식적인 저항이 나타난다. 물론 사회주의 리얼리즘에서도 이념의 목표에 예속된 경직된 흐름보다는 모순된 환경에 반응하는 필연적인 행동이 중시된다. 그 점에서 사회주의 리얼리즘에서도 비판적 리얼리즘의 아이러니와 연계된 서사의 선이 나타날 수 있다.

그러나 비판적 리얼리즘이 내면의 각성이나 우발적인 저항에 그치는 반면 사회주의 리얼리즘은 그런 자발적인 행동을 의식적인 실천으로 연결시킨다. 여기서도 사회주의 리얼리즘의 의식적인 실천(혁명적 행위)은 사회주의적 기획이 제시하는 모범들을 도식적으로 반복하는 것이 아니라 새로운 인간관계와 생활양식을 '창조'하는 행위로 나타난다. 그처럼 새로운 삶의 방식을 창조하는 점에서 사회주의 리얼리즘은 자본주의 사회의 몰적인 선분에 균열을 내는 데 그치지 않고 탈주선을 그리는 데까지 나아간다. 즉, 아이러니가 경직된 몰적 선분에 균열을 내는 유연한 분자적 선이라면, 사회주의 리얼리즘의 서사는 그것을 넘어서서 '창조적인' 탈주선을 생성시킨다.

그런데 사회주의 리얼리즘의 탈주선은 모더니즘이나 포스트모더니즘과는 달리 개인의 탈주가 아니라 집단적인 인물들의 행동으로 나타난다. 모더니즘과 포스트모더니즘의 탈주선이 미시서사에 가까운 반면 사회주의 리얼리즘은 미시적인 탈주선을 대서사에 접속시킨다. 따라서 후자에서는 개인과 사회의 관계를 그리는 소설의 지평을 넘어서서 개인이 집단에 통합되면서 새로운 사회로 나아가는 모습이 그려진다. 그 점에서 사회주의 리얼리즘은 현대의 '서사시'라는 새로운 서사적 문법에 접근한다.

그러나 개인이 집단에 통합되는 이 현대의 서사시는 고대 서사시와는 달리 개인의 창조적인 다양성을 전제로 할 때만 의미를 지닐 것이다. 또한 개인과 집단의 통합은 이념적으로만 완성될 수 있는 하나의 과정이며, 그 때문에 사회주의 리얼리즘에서 서사시적 요소는 이상으로 나아가는 과정적인 계기로서만 나타난다. 그 점을 무시하고 개인이 집단에 동일화되는 것으로 그려질 경우 사회주의 리얼리즘은 창조적인 탈주선을 잃어버리고 또 다른 경직된 몰적 선분에 갇히고 말 것이다. 이처럼 창조적인 탈주선을 포함한 대서사의 가능성과 (목적론적인) 경직된 몰적 선분에 폐쇄될 위험의 양면성을 지닌 것이 사회주의 리얼리즘의 서사적 특성이다.

3) 방황의 선에서 창조의 선으로

이제가지 인물과 환경의 상호연관 속에서 소설의 여로와 서사의 선을 드러내는 소설들을 살펴봤다. 다음으로 인물과 환경의 부조화를 드러내는 소설양식들을 고찰해 보자. 이 유형의 소설들은 목적인 경직된 선분에 포개지는 경우에도 내적으로는 그와 분리되는 특징을 드러낸다. 즉, 이 소설양식들은 환경과의 관계에서 나타나는 일상의 생활로부터 내적으로 유리된 삶을 보여준다.

그런 유형의 소설 중에서 내면고백체는 일종의 대서사와 연관된 이념을 인물의 내면에 지니고 있다는 점이 특징적이다. 이처럼 인물의 내면에 이상을 지향하는 관념으로서의 이념을 미리 갖고 있을 경우 화해의 표상을 탐색하는 소설들(성장소설·유랑소설·서정소설)에 비해 외부세계와 화해할 가능성은 훨씬 더 적어진다. 물론 내면에 지닌 이념이 현실에서 실현되는 것으로 경험되는 경우에는 내면과 외부세계는 당연히 화해를 이루게 될 것이다. 그러나 근대적 삶에서는 내면의 이념과 외부세계의 현실이 매우 화해되기 어려우며 내면의 이상이 계몽이념일 경우에는 더욱 그렇다고 할 수 있다.

만일 그런 이념을 미리 갖고 있지 않고 외부세계의 경험에서 화해의 표상을 탐색하는 경우(성장소설·유랑소설·서정소설)에는 경직된 목적 선분과 내적으로 단절되는 창조적인 경험을 통해 순간적으로나마 외부세계에서 화해의 소망이 암시될 수 있다. 그러나 원래부터 현실에서 실현되기 어려운 이념을 갖고 있는 내면고백체의 경우 내면과 외부세계의 불화는 매우 심각해진다. 그 같은 불화는 결코 외부세계에서 해소될 수 없으며 내면으로 돌아와 자신의 이념을 확인하는 순간 잠정적으로 봉합될 수 있을 뿐이다. 그 점에서 내면고백체는 경직된 몰적 선분에 포개지는 경험이 상대적으로 많음에도 불구하고 그렇지 않은 모더니즘과 구조적으로 유사한 측면이 있다.

따라서 몰적 선분의 경험이 많이 제시되는 순서로 보면 (본격소설·풍자·해학 다음으로) 내면고백체를 먼저 꼽아야 하지만 해소될 수 없는 불화를 드러내는 점에서 이 소설양식을 모더니즘과 함께 다루기도 한다. 여기서는 외부세계에서 몰적 선분과 단절되는 창조적인 경험을 통해 일시적으로나마 화해의 소망을 제시하는 탐색적인 서사들을 먼저 살펴보기도 한다. 방황의 여로의 끝에서 새로운 창조적인 경험을 발견하는 성장소설·유랑소설·서정소설이 여기에 속한다.

그 세 소설양식들 역시 외면적으로는 몰적 선분성과 포개지지만 정착된 생활의 공간을 갖기 어려운 점에서 내적으로는 이미 그와 분리되는 방황의 선을 그리게 된다. 즉, 본격소설은 (인물이 환경에 상호작용하는) 생활의 공간 속에서 몰적 선분을 그리는 동시에 그 벽에 균열된 금을 내는 유연한 분자적 선을 드러낸다. 반면에 아직 미성숙한 청년기를 그리는 성장소설이나 정착할 고향을 상설한 유랑소설, 그리고 마음의 고향을 잃어버린 서정소설의 경우에는, 환경으로부터 내적으로 유리된 인물이 몰적 선분과 분리된 방황의 선(일종의 유연한 분자적 선)을 그리게 된다. 물론 세 소설양식의 인물들 역시 환경의 사회구조에서 벗어나 있지 않으며 여전히 몰적 선분성에 포개진 삶을 드러낸다. 그러나 정착된 생활의 공간을 갖지 못한 세 소설의 인물들은 본격소설과는 달리 이미 몰적 선분의 벽을 넘어 그 선분성과 탈주선 사이에서 동요하는 유연한 분자적 선으로서 방황의 선을 그리게 된다. 세 소설양식에서 빈번히 나타나는 '여로'는 그린 방황의 선에 다름이 아니다.

세 소설양식의 또 다른 특징은 그런 방황의 선의 끝에서 그 선분과 단절되는 (그리고 몰적 선분과 단절되는) 창조적인 선(일종의 탈주선)을 발견한다는 점이다. 예컨대 성장소설에서는 청년기의 순수한 이상에 근거해서 세속적인 성장과 구분되는 진정한 성장으로서 새로운 삶의 깨달음에 이르게 된다.[63] 또한 유랑소설에서는 고향을 잃어버린 유랑길에서 자본주의적 삶에서는 경험하기 어려운 민중들의 순수한 인간관계를 발견하게 된다. 서정소설의 경우에는 총체성의 기억이 담겨 있는 자연과 화합하는 순간을 경험하게 된다.

이 세 소설양식에서 발견되는 그 같은 창조의 선은 외부세계에 몰적 선분에 포개지지 않은 순수한 영역이 아직 남아 있음을 암시한다. 세 소설양식들이 '아름다운 서사'로 경험되는 것은 그처럼 외부세계에 내면의 영혼과 화합할 수 있는 공간이 잔존하기 때문이다. 성장소설·유랑소설·서정소설에서 아직 외부세계에 남아 있는 아름다운 화해의 기표는 '청년기의 깨달음', '순수한 민중의 삶', 그리고 '자연'이다.

그러나 그 같은 화해는 실제로 삶이 화해되었음을 뜻하는 것은 아니다. 몰적 선분과 내적으로 분리된 공간, 즉, 정착된 생활의 공간 외부에서 발견된 화해는 경직된 삶의 내부로 돌아오는 순간 내면의 소망으로만 남게 된다. 예컨대 『나목』(박완서)에서 이경이 발견한 옥희도의 예술('나목')의 세계는 이미 '상식적인 세계(경직된 몰적 삶)'를 수용한 그녀에게 내면의 동요로만 나타난다. 또한 「삼포 가는 길」에서 영달과 백화 사이에 오고간 순수한 인정은 생존에 얽매여 있는 그들에게 한순간의 추억으로만 남을 뿐이다. 마찬가지로 「누란의 사랑」과 「하얀 배」에서 주인공들의 자연과의 화해 역시 마음의 고향을 잃은 그들이 내면의 영혼을 확인하는 순간일 뿐이다.

이처럼 방황의 여로의 끝에서 발견한 창조의 선이 실제적인 새로운 삶의 창조가 될 수 없는 것은 그 선이 경직된 몰적 삶을 그대로 놓아둔 채 내적으로만 그와 단절된 공간에서 발견한 것이기 때문이다. 세 소설

---

63) 이진경, 위의 책, 639면.

양식의 인물들은 내면 속에서 한순간 창조의 선들과 만나지만 외면적으로는 여전히 경직된 몰적 삶의 구조에 지배되고 있는 것이다. 이처럼 세 소설양식에서 발견되는 창조의 선은, 내적으로 몰적 삶(그리고 방황의 선)과 단절된 탈주를 의미하지만, 아직 외적으로는 경직된 삶의 지배에서 벗어나지 못한 채 그에 대응하는 내면의 화해의 소망으로 나타난다.

4) 분열의 경험과 창조적인 탈주

성장소설·유랑소설·서정소설과는 달리 외부세계에서 화해의 표상을 발견할 수 없는 내면고백체·모더니즘·포스트모더니즘은 내면과 외부세계의 분열이 가장 심각한 경우이다. 그런데 몰적인 삶과 단절되는 진정한 탈주는 그처럼 세계에서 화해의 표상을 발견할 수 없는 심각한 분열 상태에서 시작될 수 있다. 아무런 희망의 표상도 발견되지 않는 세계에서 내면의 영혼은 더 이상 방황의 선을 그리지 않고 곧바로 탈주의 욕망을 갖게 되는 것이다.

물론 분열의 서사 중에서 내면고백체의 경우에는 여전히 몰적 선에 포개진 삶을 드러낸다. 그것은 이 서사양식의 내면의 이념이 몰적인 세계에서 실현하려는 대서사의 기획이기 때문이다. 그러나 내면고백체의 주인공은 내면의 이념이 결코 외부세계에서 실현될 수 없음을 깨달으면서 심각한 분열을 경험한다. 이 상황에서 화해할 수 없는 외부세계(그리고 사회환경)에 대한 주인공의 태도는 세 가지로 나타난다. 하나는 「표본실의 청개구리」에서처럼 계몽의 타자(남양의 야만인)를 떠올리며 낭만적인 탈주의 욕망으로서 여행의 욕구를 갖게 되는 것이다. 또 하나는 「만세전」에서처럼 여행길의 몰적인 삶(사회환경)과의 대면에서 비판적 계몽을 통해 현실비판의식을 드러내는 것이다. 마지막으로 『광장』에서 보듯이 몰적인 삶에 환멸하며 내면으로 돌아와 사변적인 비판의 언어를 쏟아내게 된다.

이 세 경우 모두 여행의 형식이 나타나며 몰적인 삶과의 대면 역시 여행자의 위치에서 이루어진다. 따라서 몰적인 선에 포개진 경험이 나타나더라도 내면고백체는 인물과 환경의 상호작용을 그리는 본격소설과는 달리 몰적 삶과 내적으로 유리된 선을 보여주게 된다. 그런 상황에서 서사의 진행은 화해될 수 없는 분열과 (이념이 좌절되는) 환멸을 경험하는 방향으로 나아간다. 그리고 그 같은 분열과 환멸의 경험으로부터 탈주의 욕망이 나타난다.

그러나 내면고백체의 탈주의 욕망은 새로운 창조적인 생성으로 이어지지는 않는다. 내면고백체는 몰적인 삶과 분열됨으로써 진정한 탈주의 욕망을 갖게 되지만 내면으로의 탈주에서 원래부터 갖고 있던 계몽이념과 다시 만나게 된다. 계몽이념은 창조적인 사유라기보다는 내면고백체의 주인공이 의존하는 진리의 아버지라고 할 수 있다. 더욱 강화된 계몽이념으로 회귀함으로써 몰적인 삶과의 대면에서 흔들렸던 내면은 강한 자아를 회복하고 분열을 봉합하는 것처럼 보인다. 그러나 실제로 분열이 봉합되는 것은 (사적인) 내면에서 사변적으로 계몽이념을 확인할 때뿐이며 외부세계와의 분열은 치유되지 않은 상태에 있게 된다.

내면과 외부세계 사이의 분열이 치유될 수 없는 상태에 있는 것은 모더니즘의 경우에도 마찬가지이다. 그러나 모더니즘의 주인공은 더 이상 계몽이념을 신뢰하지 않으며 몰적인 삶과 화해하려는 기대도 갖지 않는다. 모더니즘에서 몰적 삶의 모습이 사회환경으로보다는 군중들의 이미지로 나타나는 것도 그와 연관이 있다. 내면고백체는 사회환경과 접촉하며 이상(계몽이념)과 현실(계몽의 타락된 실현)의 분열로 인해 환멸을 느끼지만, 모더니즘은 군중(몰적인 삶)과의 관계에서 소외를 경험하게 된다. 즉, 내면고백체에서는 몰적인 삶에 포개진 상태에서 환멸을 통해 그와 단절되는 반면, 모더니즘에서는 군중 속에 있는 경우에도 이미 몰적인 삶과 유리된 고독에 잠기게 된다. 따라서 모더니즘에서는 몰적인 삶에 포개진 상태가 잘 나타나지 않으며 그로부터 유리된 탈주의 위치가 출발점이 된다.

모더니즘의 주인공도 내면고백체처럼 내면으로 탈주를 하지만 그곳에는 이미 계몽이념이 존재하지 않는다.[64] 모더니즘의 내면으로의 탈주가 현실도피적인 병적인 상태나 자살충동에 빠지기 쉬운 것은 그 때문이다. 그러나 모더니즘 주인공의 내면에 단지 '희망에 말소된 페이지'만 번득이는 것은 아니다. 다른 한편 주인공은 내면에는 화해의 소망('날자!')이 들끓고 있으며 그 뜨거운 욕망은 창조적인 생성의 원천이 된다. 「날개」에서 볼 수 있듯이 그것은 경험자아의 창조적이고 유희적인 욕구나 서술자아의 '경험을 재구성하는' 혁신적인 미학적 방식으로 나타난다.

그 점에서 모더니즘의 탈주선이 만드는 창조적인 생성이란 바로 모더니즘적인 미학적 혁신 그 자체일 것이다. 즉, 낯설게 하기, 병렬적 구성, 몽타주, 내적 독백, 의식의 흐름 등은 화해를 소망하는 모더니즘적 내면이 불화의 현실을 탈자동화시키는 미학적 혁신에 다름이 아니다.

모더니즘에서 창조적인 탈주가 미학적 혁신으로 귀결된다면 포스트모더니즘에서는 현실을 탈영토화시키는 창조적인 경험이 실제로 그려진다. 닫힌 현실(상징계)의 벽을 여는 그 같은 창조적인 탈주는 환상·밀교의식·동양사상·분열증 등을 매개로 이루어진다. 환상이나 밀교의식·분열증 등은 합리적인 세계의 관점으로 보면 비현실적인 타자들의 경험일 뿐이다. 그러나 그런 지하세계의 공간으로 '잠행'하는 순간 현실의 닫힌 벽을 파열시키는 틈새의 공간을 열게 된다. 그처럼 현실을 탈영토화시키는 탈주의 행위는 또한 조직화된 세계에 예속된 내면을 탈영토화시키는 행위이기도 하다.

포스트모더니즘에서 허무주의가 자주 나타나는 것은 내면의 무의식마저 물화된 세계에 예속되었음을 암시한다. 모더니즘에서는 물화된 세계로부터 내면으로의 탈주가 가능했지만 포스트모더니즘에서는 그런 내면의 공간마저 존재하지 않는다. 그처럼 포스트모더니즘은 무의식, 문화,

---

64) 우리나라 모더니즘의 경우 계몽을 넘어선 계몽을 소망하는 모더니즘이 나타난다.

지식(담론)의 영역마저 물화된 세계에 예속된 단계를 나타낸다. 이는 경직된 몰적 삶이 스스로 유연한 선들(무의식, 문화, 지식)을 회유하여 몰적 선분에 균열을 낼 수 있는 가능성을 차단하고 있음을 의미한다.

그러나 바로 그렇기 때문에 포스트모더니즘에서는 무의식(내면), 문화, 지식(담론), 유연한 선들이 반격의 거점이 되며 물화된 현실을 탈영토시키는 창조적인 탈주가 시도된다. 즉, 물화된 세계로부터 또 다른 세계(지하 세계)로 '잠행'함으로써 예속화된 내면을 탈영토화시키면서 현실 역시 탈영토화시키게 된다. 예컨대 「은어낚시통신」에서 허무의식에 빠졌던 그녀와 '나'는 밀교적 공간에서 '은어되기'의 탈주의 경험을 통해 예속된 신체를 벗어버리고 '기관 없는 신체'로 회귀하게 된다. 그 같은 탈주의 경험은 닫힌 현실의 벽을 열어 틈새의 공간으로 현실을 탈영토화시키는 행위이기도 하다.

그러나 「은어낚시통신」의 탈주의 행위는 몇몇 잠행자들에게 국한된 경험이기도 하다. 즉, 그들 잠행자들은 이미 몰적인 삶에 등을 돌린 상태에서 허무의식으로부터 벗어나는 탈주를 시도하고 있다. 따라서 그들의 탈주는 그들 자신의 신체와 내면을 변화시키고 현실을 탈영토화된 것으로 경험하게 하지만, 실제로 경직된 몰적 삶 자체가 탈영토화된 상태로 변화된 것은 아니다.

『은어낚시통신』은 몰적인 삶에 대한 대응으로서의 탈주라기보다는 그 삶에서 탈락된 사람들의 잠행을 그리고 있다. 이 소설에서 잠행자들이 하는 행위는 몰적인 권력에 회유된 유연한 선을 해방된 탈주의 선으로 전환시키는 것이다. 그 때문에 이 소설은 몰적인 삶과의 관계가 분명하지 않은 허무주의에 빠진 유연한 선에서 사건이 시작된다. 그리고 그처럼 몰적인 선과의 관계가 그려지지 않음으로써 잠행자들의 탈주는 생활의 차원이 아닌 미학적인 차원에서 나타난다.

내면고백체에서는 몰적인 삶과의 접촉에서 분열을 경험하는 내면이 그려지며 모더니즘에서는 소외된 인물이 등장하면서도 몰적인 삶이 군중들의 일상으로 표시된다. 반면에 포스트모더니즘은 몰적인 권력에 회유된 유연한 선에서 시작됨으로써 몰적인 선과의 관계는 분명하게 나타나지 않는다.

물론 그와 달리 최인식의 『아름다운 나의 귀신』 연작처럼 생활의 차원, 즉 몰적인 삶에 대한 대응으로써 탈주를 시도하는 소설들도 있다. 그처럼 억압적인 생활에 대한 대응인 만큼 이 소설에서의 탈주는 『은어낚시통신』의 '시적인' 잠행보다 훨씬 더 고통스러운 전율을 포함하고 있다. 그러나 이 소설에서의 탈주 역시 몰적인 권력을 전복시킬 만큼의 힘을 발휘하고 있는 것은 아니다. 다만 엄청난 몰적인 권력 앞에서 그에 굴복하지 않고 탈주의 힘을 통해 내면으로 저항하고 있는 것이다. 이처럼 이 소설은 내면적 저항을 나타내는 점에서 비판적 리얼리즘의 부정적 전망[65]과 유사한 특성을 보여준다. 그것은 이 소설에서 인물들의 탈주가 또 다른 혁명적인 몰적 서사(혹은 정치학[66])와 접속되지 않기 때문일 것이다.

그러나 비판적 리얼리즘의 아이러니적 서사가 (경직된) 몰적 선분과 유연한 선 사이에서 동요하는 이중적 주인공의 삶인 반면, 최인식 소설의 탈주의 서사는 몰적 선분과 단절된 창조적인 선을 드러낸다. 비판적 리얼리즘의 경우에는 내면으로 저항하는 인물이 탈주의 단초를 암시하면서도 다시 몰적인 삶으로 되돌아 갈 수밖에 없는 운명을 보여준다. 반면에 포스트모더니즘의 내면적 저항으로서의 탈주는, 다시는 경직된 삶으로 회귀할 수 없는 (상징계와 실재계 사이이의) 열린 공간의 위치를 드러낸다. 그것은 (후기자본주의 사회에서) 경직된 현실에 더 이상 빈틈의 공간이 남아 있지 않기 때문이기도 하지만, 무엇보다도 새로운 창조의 길로 열려진 문을 다시 닫아 걸 수 없기 때문이다. 『아름다운 나의 귀신』에서 보듯이, 신이 내린 사람이 세속으로 복귀할 수 없는 것처럼 창조적인 길을 발견한 사람들은 죽음 앞에서도 그 '매끄러운 탈주'를 역

---

65) 사회적 모순을 부정함으로써 전망을 드러내는 방식을 말한다.
66) 예컨대 사회주의 리얼리즘의 서사를 말한다.

류시키기 어려운 것이다.

10. 서사적 방법과 서사의 선

이제 지금까지 살펴본 다양한 소설양식들의 서사적 방법과 서사의 선을 서로 연관시켜 보자. 서사적 방법이란 영혼을 입증하기 위해 길을 떠난 주인공이 삶의 여행을 경험하는 방법이라고 할 수 있다. 주인공의 삶의 여행은 생활(은유적인 여로) 속에서 진행될 수도 있고, 여로(실제적인 여로) 위에서 경험될 수도 있다. 그 같은 삶의 여행(루카치)으로서의 서사(사건)의 선(들뢰즈·가타리)이란 여행길에서 만나는 사물들과 사람들을 연결하는 계열화의 선[67]이라고 할 수 있다. 서사의 선은 선의 특성을 나타내는 미분계수로서의 의미(삶의 의미)를 발생시키면서 사물들과 사람들(신체들)을 접속시켜 계열화한다.

서사의 선에는 몰적 선분, 유연한 분자적 선분, 탈주선 등이 있으며, 소설의 삶의 여행은 그 세 가지 선들의 혼합으로 이루어진다. 소설의 서사적 방법이란 영혼을 입증하기 위한 삶의 여행에서 그런 세 가지 선들을 혼합적으로 경험하는 방법이라고 할 수 있다. ‘몰적 선분’은 인물과 환경이 상호작용하는 생활의 여로에서 경험되며, ‘유연한 분자적 선(선분)’은 몰적 선분을 지니는 중에 자신도 모르게 그 벽에 균열을 내며 이탈하는 과정이다. 유연한 분자적 선은 몰적 선분에 겹쳐 있으면서도 내적으로 그에 등을 돌린 상태(인물과 환경의 괴리)에서 ‘방황의 선’으로 나타나기도 한다. 또한 ‘탈주선’은 몰적 선분과 방황의 선에서 단절되면서

---

67) ‘계열화’는 들뢰즈의 용어임. 들뢰즈, 이정우 역, 『의미의 논리』, 한길사, 1999 참조.

새로운 삶을 생성시키는 창조의 선이라고 할 수 있다.

　내면의 영혼을 입증하기 위한 삶의 모험은 세 가지 선의 다양한 혼합으로 나타난다. 즉, 몰적 선분을 경험하는 중에 유연한 (분자적) 선으로 미끄러지면서 탈주선(길)을 흘긋 본 상태에서 끝나기도 하며(본격소설), 몰적 선분에 내적으로 등을 돌린 상태(인물 / 환경)에서 방황의 여로의 끝에서 창조의 선을 발견하기도 한다(성장소설·유랑소설·서정소설). 또한 몰적 선분이나 방황의 선과 단절된 상태에서 창조적인 탈주선을 경험하는 과정으로 나타날 수도 있다(모더니즘·포스트모더니즘). 이처럼 영혼을 입증한다는 것은 경직된 몰적 세계에서 해방되는 과정으로서 유연한 분자적 선이나 탈주선을 발견하는 모험적인 삶의 여행으로 나타난다. 소설의 서사적 방법은 그런 삶의 여행의 과정에서 세 가지 선들이 상호연결되는 방법을 내포하고 있다.

소설양식	서사적 방법	서사의 선
영웅소설, 『무정』	목적론적 서사─로만스	몰적 선분
비판적 리얼리즘	아이러니	몰적 선분─유연한 분자적 선
풍자, 해학	아이러니＋희화화	몰적 선분─유연한 분자적 선
사회주의 리얼리즘	아이러니 → 서사시	몰적 선분→ 탈주선＋(또 다른 몰적 선분)
내면고백체	환멸과 비판적 계몽	몰적 선분 / 환멸 →내면으로 회귀
성장소설	낯선 두려움 →'진정한 고향'에 대한 충동	(몰적 선분) / 방황의 선 →창조의 선
유랑소설		
서정소설		
모더니즘	소외와 분열, 탈자동화	내면으로 탈주, 미학적 혁신
포스트모더니즘	내면과 현실 탈영토화(숭고)	회유된 유연한 선 →창조적 탈주선
리얼리즘＋포스트모더니즘	내면과 생활 탈영토화(숭고)	몰적 선분 →창조적 탈주선

위에서 초월적 공간(천상계나 외국)이 나타나는 영웅소설, 『혈의 누』『무정』 등에는 '초월적 여로'의 삶이 여행이 제시된다. 그밖에 몰적 선분이 그려지는 서사(비판적 리얼리즘, 풍자, 해학, 사회주의리얼리즘, 리얼리즘+포스트모더니즘)에는 삶의 여행이 인물—환경이 상호작용하는 생활의 과정으로 드러난다. 내면고백체나 성장·유랑·서정소설에도 생활의 흔적이 나타나지만 환경과 괴리된 인물은 생활에 등을 돌리는 모습을 보여준다.[68] 또한 내면고백체·성장소설·유랑소설·서정소설·모더니즘·포스트모더니즘은 인물과 환경의 괴리나 내면과 외부세계의 분열을 드러내며, 생활의 과정보다는 내면세계나 외출·여행 등이 빈번히 그려진다. 이들 소설 중에는 외부세계에 아직 화해의 표상(젊은 날의 이상, 민중적 인간관계, 자연)이 남아 있는 성장소설·유랑소설·서정소설이 나머지 소설들에 비해 내면과 외부세계의 분열이 덜 심각한 편이다.

루카치의 표현대로 소설이 '자신을 알아보기 위해 길을 나서는 영혼의 이야기'[69]라고 할 때, 영혼의 자기확인은 경직된 몰적 삶(성분)에서 해방되는 경험으로 나타난다. 내면의 영혼은 개인과 공동체, 인간과 자연의 화합을 지향하는데, 경직된 몰적 삶은 억압적인 동일성(전체성)과 인간중심성을 포함하고 있다. 따라서 영혼이 자신을 입증하기 위해서는 경직된 삶을 경험하는 중에 그로부터 이탈하는 유연한 분자적 선이나 탈주선을 발견해야 한다.

그와 달리 그 같은 이탈의 선을 발견하지 않은 채 몰적 선분 자체에서 영혼을 입증하는 방법은 초월적 공간을 상정하는 것이다. 즉, 영혼이 추구하는 개인과 공동체, 인간과 자연의 화합이 몰적 세계 자체에서 성취되려면 그 몰적 삶을 안정된 동일성으로 유지할 수 있는 외부의 초월적 공간(신성한 천상계나 신문명의 외국)이 존재해야 한다. 영웅소설이나 『무정』처럼 몰적 선분 내에서 행복한 공동체를 성취하려는 목적론적 서사가 초

---

68) 다만 유랑소설의 경우에는 생활의 과정이 나타난다.
69) 루카치, 반성완 역, 앞의 책, 115면.

월적 여로(영웅의 모험의 여로나 유학의 여로)를 그리는 것은 그 때문이다.

그처럼 몰적 선분 내에서 행복한 동일성의 공동체를 이루려는 서사(목적론적 서사)는 늘상 가치론적인 이항대립(충신/간신, 개화/미개화)의 항목들을 작동시킨다. 이항대립의 항목 중 가치나 힘에 있어서 우월한 첫째 항은 둘째 항을 배제(억압)하면서 동일성의 공동체를 성립시킨다. 그처럼 화합된 동일성의 세계를 보장하는 우월한 가치는 몰적 선분이 지향하는 초월적 이념과 연관되어 있다. 그 같은 초월적 이념에는 유교이념(영웅소설), 신문명(『혈의 누』『무정』) 계몽이념(계몽서사), 선진조국의 창조(근대화 서사) 등이 있다. 단지 그런 초월적 이념을 향해 '홈 패인' 길로 단일하게 나아가면서 이탈자를 감시하는 흐름이 바로 '목적론적 서사'이다. 목적론적 서사 중에는 이념이 반복되는 순환적 전망을 지닌 근대 이전의 서사(영웅소설)와, 이념을 미래의 목표로 삼는 미래지향적 전망의 근대적 서사(『혈의 누』, 『무정』, 계몽서사 근대화 서사)가 있다.

그 같은 목적론적 서사는 이항대립의 가치론적 관계를 통해 동일성의 공동체로 나아가는 점에서 미학적으로 로만스적 서사와 상응하는 관계에 있다. 로만스적 서사는 양극성(이항대립)의 원리와 하강 → 상승, 해피엔딩의 서사구조를 갖고 있다. 예컨대 영웅소설에서처럼, 충신/간신이라는 가치론적인 이항대립의 관계에서 일시적인 전도(간신/충신)의 위기를 맞은 후(하강), 충신의 유교이념이라는 초월적 이념의 우월함에 의해 승리(상승)를 거두고 동일성의 공동체(태평성대)를 회복하는 서사이다.

이 같은 로만스적 서사는 초월적 이념을 목표로 삼는 목적론적 서사의 미학적 자매편이다. 즉, 모든 목적론적 서사는 로만스라는 미학적 등가물을 갖고 있다. 반대로 말하면 로만스적 서사는 목적론적 서사를 포함한 몰적 선분의 삶을 동일성의 공동체로 옹호한다.

로만스적 서사는 중세의 영웅소설에서 특징적으로 나타나지만 근대 이후에도 몰적 삶의 동일성을 보증하는 서사로 다시 나타난다. 앞서 살핀 『무정』뿐만 아니라, 주인공을 이상화하고 인물들간의 선/악의 구분이 분명한 대중소설이나 TV연속극, 헐리우드 영화 등이 그런 경우이다. 이들 현대의 로만스적 서사들은, 사회적 모순을 인물들간의 선 / 악의 문제로 치환시킴으로써, 선의 승리라는 보편적 윤리에 의해 몰적 삶의 동일성이 보증되는 것으로 제시한다. 즉, 사회적 모순에 의한 갈등(상류계층 / 하류계층, 남성 / 여성 등)을 사회환경을 변화시키려는 전망에 의해서보다는, 선한 주인공이 문제를 일으키는 악한 인물에 승리하는 방식으로 해소시킨다. 그 같은 서사는 실상 권력을 지닌 첫째 항(상류계층, 남성 등)에 의해 몰적 삶의 동일성을 유지시키는 이데올로기를 포함하고 있다. 그리고 해피엔딩에 의해 승리를 보장받는 미화된 주인공은 몰적 삶(그리고 목적론적 서사)이 표상하는 초월적 이념(자유주의, 선진조국의 창조, 아름다운 우리 조국 등)을 대표하는 위치에 놓여 있다.

물론 현대의 로만스적 판타지 중에는 인물과 환경이 괴리된 현실에 대한 대항으로 신화적인 환상의 세계를 펼쳐 보이는 서사도 있다.[70] 이는 환경(사회규범)을 내면화할 수 없는 거세된 현실(일종의 낯선 두려움의 상황)에서 우리의 내면에 잠재된 초월적 코드의 세계를 부활시키는 서사로 볼 수 있다. 그런 서사양식은 내면마저도 예속화된 후기자본주의적 현실에서 환상(판타지)을 통해 또 다른 화해의 공간을 모색하는 시도이다. 허무의식과 낯선 두려움(unhoemly)을 극복하려는 이 적극적인 서사는 포스트모던적 판타지로 불릴 수 있을 것이다.

그러나 그 같은 판타지 서사에서도 후기자본주의의 몰적 삶을 봉합하는 방식으로 초월적 코드가 작동되기보다는 초월적 환상을 매개로 현실을 탈코드화시키는 서사가 전개되어야 할 것이다. 즉, 자본·이성·남근 등에 의해 신화화된 후기자본주의적 현실을, 화해를 추구하는 또 다른 신화적 판타지에 의해 탈코드화시킬 때, 진정한 포스트모던적 판타지가 나타날 수 있을 것이다.

---

70) 흔히 판타지소설 장르로 불리는 작품 중에는 그런 소설들이 발견된다.

일반적으로 초월적 코드화를 전제로 한 로만스가 몰적 삶을 옹호하는 양식인 것은, 몰적 선분에 생긴 균열을 초월적 코드화를 통해 봉합하는 방식을 취하기 때문이다. 그와 달리 현실주의적 관점에 의거해 몰적 선분에 생긴 균열을 그대로 드러내는 서사는, 몰적 삶 자체의 재영토화(봉합)와 탈영토화(균열)의 이중성을 폭로하는 아이러니이다. 몰적 선분의 서사와 로만스가 이항대립과 동일성의 원리에 의존한다면 리얼리즘(본격소설)의 아이러니는 동일화될 수 없는 이중적으로 분열된 삶을 드러낸다.

따라서 몰적 선분과 로만스가 이항으로 대립된 인물들의 쌍을 등장시키는 반면 본격소설의 아이러니는 한 인물이 두 개의 방향의 삶으로 분열되는 모습을 보여준다. 즉, 인물은 환경과 상호작용하며 몰적 삶(그리고 생활)을 살아가는 중에 자신도 모르게 몰적 선분의 벽에 균열을 내며 이탈하는 경험을 하게 된다. 이는 물론 몰적 삶 자체가 재영토화(봉합)와 탈영토화(균열)의 이중성을 지니고 있기 때문이다. 그 같은 이중적인 균열의 삶에서, 이탈의 선(유연한 분자적 선)이 아이러니적인 의외의 사건으로 느껴지는 것은, 그것이 몰적 삶의 동일성(일종의 이데올로기)에 가려져서 인물 자신도 표면적으로는 잘 지각하지 못하기 때문이다.

예컨대 현진건의 「운수 좋은 날」에서 김첨지는 어느 날 손님이 많아 돈이 잘 벌리자 신이 나서 발을 재게 놀리며 인력거를 끈다. 이는 자본주의적 사회환경에서 열심히 일하면 돈을 많이 벌어 행복해질 수 있다는 몰적 삶의 경험을 의미한다. 그러나 김첨지는 왠지 모르게 돈이 많이 벌릴수록 오히려 불안해지는 자신을 발견한다. 그것은 김첨지가 '돈벌 욕심'을 지니고 몰적 삶을 살아가는 인물인 동시에 아무리 열심히 일해도 가난에서 벗어날 수 없는 하층민의 위치에 있기 때문이다. 소외된 계층으로서 무의식적으로 자신의 불행에서 벗어날 수 없음을 알고 있는 김첨지는 일시적인 행운이 더 큰 불행의 징조로 느껴졌던 것이다. 김첨지가 돈벌이에 신이 나면서도 다른 한편 '이 원수엣 돈!'하고 돈을 내동댕이치는 이중성 역시 같은 맥락에서 이해할 수 있다. 또한 김첨지가 불안할수록 발을 재게 놀려 돈벌이에 열중하는 것도 돈을 중심으로 한 몰적 삶에서 이탈하는 자신의 모습을 보고 싶지 않았기 때문이다.

그러나 주어진 사회환경(그리고 몰적 삶)에서 열심히 살려는 김첨지의 의도와는 달리 그는 자신도 모르게 몰적 삶에 대해 증오심(돈에 대한 증오심)을 나타내며 이탈의 선을 그리게 된다. 따라서 이 소설은 돈을 중심으로 한 몰적 삶을 살아가는 중에, 돈에 대한 증오심과 아내에 대한 애정을 발견하며 유연한 분자적 선을 그리는 서사로 볼 수 있다. 그처럼 몰적 삶의 과정에서 자신도 모르게 균열을 내며 이탈하는 경험이 바로 아이러니이다. 물론 김첨지는 불행한 아이러니를 경험한 채 다시 몰적 삶으로 되돌아 올 수밖에 없을 것이다. 그러나 우리는 그의 행복에 대한 소망이 더 이상 몰적 삶에 있지 않고 그 삶에 균열을 내는 울분에 있음을 깨닫게 된다. 이처럼 몰적 삶의 부정성을 비판적으로 드러내는 서사가 바로 비판적 리얼리즘이다.

비판적 리얼리즘에는 아이러니 양식 이외에 풍자와 해학이 있다. 풍자와 해학이 아이러니와 다른 점은 미학적 과장으로서의 희화화의 방식을 사용한다는 것이다. 풍자와 해학이 희화화의 방식을 사용하는 것은 두 양식이 근대의 이중성이 무시되는 어처구니없는 경직된 상황(환경)이나 인물을 대상으로 하기 때문이다. 즉, 풍자는 터무니없이 경직되어 있는 권력을 지닌 인물과 상황을 그리며, 해학은 그런 상황에서 고통 받는 순박한 희생자(타자)를 제시한다. 두 경우 모두 근대적 삶의 이중성과 역동성은 잠재되어 있을 뿐 표면으로는 거의 드러나지 않는다. 풍자와 해학은 그 감춰져 있는 역동성(이중성)을 드러내기 위해 희화화라는 미학적 과정의 방식으로 경직된 인물—상황을 전복시키거나(풍자) 희생자—타자가 경직된 상황을 뒤엎는(해학) 서사를 전개시킨다. 따라서 풍자와 해학은 희화화를 통해 과도하게 경직된 몰적 삶에서 내적으로 균열을 내며 이탈하는 숨겨진 유연한 분자적 선을 드러내는 양식으로 볼 수 있다. 이처럼 풍자와 해학은 몰적 삶이 과도하게 경직되었을 때 미학적 과장의 방식으로 잠재된 유연한 선을 확대시켜 역동성을 얻는 방식이다. 희화화란 과도하게 경직된 몰적 삶에 은폐된 이탈(전복)의 힘을 포착하는 미학적 과장의 방식이며, 그 점에서 풍자와 해학은 아이러니의 특수한 변형인 셈이다.

한편 인물과 환경의 상호작용을 그리는 본격소설은 유연한 분자적 선이 집단을 이루어 탈주선으로 전이될 때 아이러니에서 서사시적인 사회주의 리얼리즘으로 이행된다. 비판적 리얼리즘의 아이러니는 유연한 분자적 선을 통해 탈주선을 흘깃 본 상태에서 내면의 영혼을 입증하는 양식이다. 반면에 사회주의 리얼리즘은 영혼을 입증한 인물들이 새로운 사회로 나아가려는 실천적 행동을 보이면서 탈주선을 그리는 경우이다. 새로운 사회를 향한 실천적 행동은 반드시 집단적 인물을 통해서만 나타날 수 있으며, 그 점에서 사회주의 리얼리즘은 개인적인 이탈인 아이러니에서 개인과 집단(새로운 사회를 지향하는 집단)이 통합된 서사시적 흐름71)으로 이행되는 전개를 보인다.

사회주의 리얼리즘이 그처럼 새로운 사회를 지향할 수 있는 것은 새로운 몰적 삶을 기획하는 대서사(마르크스주의)를 소설 속에 포함하고 있기 때문이다. 그러나 새로운 사회를 지향하는 탈주선은 그 같은 대서사에만 의존해서 나타나는 것은 아니며 경직된 몰적 삶에서 이탈하려는 자연스러운 흐름들에 의해 추동된다고 볼 수 있다. 만일 사회주의 리얼리즘의 서사가 새로운 대서사의 기획을 도식적으로 답습할 경우 또 다른 경직된 몰적 선분만 나타날 뿐 탈주선은 얻어지지 않는다. 따라서 사회주의 리얼리즘은 새로운 대서사(마르크스주의)에 의존하면서도 그 기획에 '교의적'으로 따르기보다는 경직된 몰적 삶의 현실로부터 '수행적으로' 나타나는 탈주선을 포착해야 한다.72)

---

71) 이 새로운 서사시적 흐름이 고대 서사시와 다른 점은 후자가 즉자적인 인물들의 공동체적 통합이라면 전자는 대자적인 인물들의 새로운 공동체의 지향이라는 점이다.
72) 교의적인 것이 계몽적이고 관념적인 차원이라면, 수행적인 것은 실제 현실의 삶의

이제까지 살펴본 서사양식들이 인물과 환경의 상호연관을 드러내는 유형이라면, 그와 달리 인물과 환경의 괴리(부조화)를 제시하는 또 다른 유형의 소설들이 있다. 이유형의 소설들은 아직 외부세계에 내면과 화해할 수 있는 표상들이 남아 있는 경우(성장소설·유랑소설·서정소설)와 내면과 외부세계의 분열이 매우 심각한 경우(내면고백체·모더니즘·포스트모더니즘)로 나눠진다. 또한 환경과 괴리된 상태에서도 인물의 경험이 몰적 선분에 포개지는 유형(내면고백체·성장소설·유랑소설·서정소설)과 인물이 몰적 삶에서 유리되는 유형(모더니즘·포스트모더니즘)으로 구분된다. 전자의 경우에는 생활인(정착된 생활인)의 위치가 잘 나타나지 않음에도 불구하고 아직까지 인물이 사회와의 관계 속에서 그려진다. 반면에 후자에서는 개인의 삶에 초점이 맞춰지며 개인과 사회의 관계는 괄호 안에 넣어진다.

인물과 환경이 괴리된 유형 중에서 내면고백체는 몰적 선분에 포개진 경험이 나타나면서도 내면과 외부세계의 분열이 매우 심각한 경우이다. 내면고백체에서는 방(사적인 내면의 공간)과 여로의 공간이 중요하게 그려지는데, 내면/외부세계의 분열이 심각한 탓에 사적인 내면의 공간에서는 인물이 갑갑증(겹겹증)이나 신경증에 시달리는 것으로 나타난다. 인물은 그런 정신적 질병에서 벗어나기 위해 산책이나 여행에 나서지만, 그는 여로에서 분열과 환멸을 발견할 뿐이다. 인물의 환멸은 몰적 삶에서 벗어나려는 탈주의 욕망으로 이어지면서 또 다른 공간으로서의 탈출을 시도하게 된다. 그러나 인물이 몰적 선분과 진정한 단절을 이루지 못한

차원이다. 식민지시대의 마르크스 레닌주의(사회주의)는 교의적인 성격을 지니고 있었지만, 그것이 수행적으로 나타나는 현실이나 소설에서는 그 교의적인 기획의 한계를 넘어서서 탈주선을 드러낼 수 있었다. 교의적인 것과 수행적인 것의 차이는 철학이나 사상 자체에서도 나타날 수 있는데, 예컨대 마르크스 레닌주의는 마르크스주의의 교의적인 차원인 반면, 해체론적 마르크스주의는 마르크스주의의 수행적 차원을 강조한다. 교의적인 것과 수행적인 것에 대해서는 호미 바바, 나병철 역, 『문화의 위치』, 소명출판, 2002, 300~309면 참조

상태에서 탈주의 욕망은 내면으로 회귀하게 되는데, 이는 그의 내면에 몰적 삶에 대한 향수가 담긴 계몽이성이 위치하기 때문이다.

내면고백체의 인물이 갑갑증이나 신경증에 시달린다면 성장·유랑·서정소설에서는 낯선 두려움(unhomely)과 거세공포로 고통을 겪는 인물이 등장한다. 내면고백체에서의 정신적인 질병이 이상과 현실의 괴리에서 기인된 것인 반면 후자에서는 진정한 고향을 상실한 데 따른 낯선 고독이 정신적 방황이 요인이 된다. 즉, 성장·유랑·서정소설에서는 아버지의 부재(성장소설), 옛고향의 상실(유랑소설), 총체성을 잃어버린 현대적 삶(서정소설)에 의해 낯선 두려움을 경험하는 인물이 그려진다. 낯선 두려움을 경험하는 인물은 몰적인 삶에 포개져 있으면서도, 환경에 등을 돌린 상태에서 몰적 삶에서 이탈하는 유연한 분자적 선을 그리게 된다. 그처럼 환경과 괴리된 상태에서의 유연한 분자적 선은 '방황의 선'으로 나타나며, 그 선은 흔히 여로의 경험으로 그려진다. 인물은 환경에 등을 돌린 채 방황의 선을 경험하는 동안, 외부세계에서 한순간 화해의 표상을 발견하면서 창조의 선으로 나가게 된다. 즉, 청년기의 순수함 속에서의 깨달음(성장소설)이나 민중들의 순박한 인간관계의 발견(유랑소설), 자연과의 화해의 순간들(서정소설)이 그것이다. 이 같은 화해의 표상과 창조의 선의 경험은 방황의 선과 단절된 일종의 탈주선의 발견으로 볼 수 있다. 그러나 창조의 선의 경험은 내면의 기억으로만 간직될 수 있으며, 인물은 영혼을 입증한 그 기억을 내면에 지닌 채 다시 몰적 선분에 포개진 방황의 선으로 돌아오게 된다. 성장·유랑·서정소설에서의 창조의 선의 경험은 한순간의 내면의 화해일 뿐 몰적인 삶과 진정한 단절을 이룬 탈주는 아닌 것이다.

몰적인 삶과 진정한 단절을 이룬 탈주선의 경험은 모더니즘에 이르러 비로소 나타난다. 그것은 모더니즘이 분열을 봉합할 내면의 이념(계몽이성)도 외부세계의 화해의 표상(성장, 유랑, 서정소설)도 더 이상 남아 있지 않은 시대의 서사이기 때문이다. 내면과 외부세계의 치유될 수 없는 분열 상태에 직면해서 모더니즘은 외부세계의 몰적 삶과 단절되려는 탈주의 욕망을 갖게 된다.

물론 내면과 외부세계 사이의 심각한 분열은 내면고백체에서도 비슷하게 나타난다. 그러나 내면고백체에서는 몰적 삶에 대한 향수를 지닌 내면의 계몽이념에 의해 잠정적으로 분열이 봉합된다. 내면고백체에서 내면과 외부세계의 심각한 분열에도 불구하고 몰적 삶에 포개진 상태가 나타나는 것은 그 때문이다. 반면에 그처럼 분열을 봉합할 이념을 지니지 않은 모더니즘에서는 더 이상 몰적 삶에 포개진 상태가 제시되지 않는다. 모더니즘에서 사회와 연관된 개인보다는 개인의 경험 자체에 초점이 맞춰지는 것은 그 때문이다.

그렇다고 모더니즘에서 몰적 삶에 대한 향수가 사라진 것은 아니다. 그러나 그런 세속적 삶에 대한 향수는 사회와의 접촉에서보다는 몰적 삶을 상징하는 여로의 군중들과의 만남에서 나타난다. 모더니즘에서도 내면고백체처럼 방(사적 내면의 공간)과 여로가 중요한 공간으로 그려지는데, 여로는 방에서의 탈주의 경험이 한계에 부딪혔을 때 산책이나 여행의 형식 속에서 제시된다.

모더니즘의 방의 경험은 내면고백체의 갑갑증이나 신경증과는 달리 창조적인 유희의 형식으로 나타난다. 내면고백체의 방의 경험에서는 사회환경을 내면화하는 과정의 부적응으로서 신경증이 제시된다. 반면에 모더니즘에서는 사회환경과 단절된 조화 상태의 무의식 속에서 분열증과 창조적 사유 사이의 동요가 나타난다. 그러나 모더니즘의 그런 방의 경험은 유아론적 유희라는 한계로 인해 진정한 탈주가 되지는 못한다.

모더니즘의 주인공이 산책이나 여행에 나서는 것은 그런 유아론의 한계를 넘어서기 위한 것이다. 모더니즘의 주인공은 여로에서 군중들을 만나는데 그는 그 생활인들로부터 유리된 자신을 발견함으로 소외를 경험한다. 즉, 그는 방에서 내면으로만 감지하던 소외를 외부세계의 여로에서 실제로 경험하게 된다. 그 같은 소외의 경험은 몰적 삶에 대한 향수

(「날개」의 '겨드랑이의 가려움')를 자극하기도 하지만 더 이상 외부세계와 화해할 수 없는 주인공은 비동일성의 의식으로서 몰적 삶과 단절된 상태('오늘은 없는 날개')를 자각하게 된다. 그처럼 몰적 삶과 단절된 상태에서 그는 내면으로 돌아와 (고아 상태의 무의식 속에서) 진정한 화해('날자!')를 소망하며 탈주의 욕망을 드러낸다.

이같이 모더니즘의 탈주는 내면으로의 탈주인 동시에 그 내면공간에서 서술자아(혹은 화자)가 경험자아(혹은 인물)의 경험을 재구성하는 미학적 혁신으로 나타난다. 내면으로의 탈주에는 불화의 현실에 대한 부정적 인식과 화해(미메시스)의 소망이 포함되어 있다. 그런 부정적 인식과 화해의 소망에 근거해서 서술자아(화자)는 경험자아(인물)의 경험을 탈자동화시키는 방식으로 재구성한다. 낯설게 하기, 의식의 흐름, 몽타주 등으로 나타나는 그런 탈자동화와 미학적 혁신이야말로 모더니즘의 진정한 창조적 탈주의 행위일 것이다.

내면으로 탈주하는 모더니즘이 주로 방(내면의 공간)이나 여로의 공간을 그린다면 포스트모더니즘에서는 다시 타인과 접촉하는 삶의 공간이 나타난다. 모더니즘의 여로는 고독한 주인공이 소외를 경험하는 공간이지만 포스트모더니즘은 여로를 그릴 때에도 타인과의 만남의 문제가 제시된다. 그러나 포스트모더니즘에서의 삶의 공간은 몰적 삶에 포개진 부분이 나타나지 않는 유연한 분자적 선으로 드러난다. 그것은 욕망·무의식·문화를 예속화하는 후기자본주의 시대에 몰적 삶에 회유된 유연한 분자적 선에서 주인공의 삶의 고통이 경험되기 때문이다. 그처럼 회유된 유연한 분자적 선이 그려짐으로써 포스트모더니즘에서의 타인과의 접촉은 결락된 만남으로 나타나며, 주인공은 허무의식에 빠지게 된다. 결락된 만남과 허무의식은 인물들의 내면까지 몰적 삶에 예속되었음을 의미한다.

모더니즘에서는 내면으로의 탈주가 가능했지만 내면까지 예속화된 포스트모더니즘에서는 내면을 탈영토화하는 것으로 탈주의 행위가 시작된다. 예컨대 「은어낚시통신」에서 '은어되기'를 통해 '기관 없는 신체'로 회유하는 과정이 그런 탈주의 행위로 볼 수 있다. 그처럼 내면과 신체를 탈영토화하는 행위는 흔히 합리적인 현실과는 다른 공간으로 탈주함으로써 현실을 탈영토화하는 과정으로 나타난다. 즉, 밀교의식이나 동양사상의 공간, 매끄러운 공간(사막·바다 등) 등으로 탈주함으로써 닫힌 현실을 탈영토화시키는 것이다. 물론 여기서의 탈주는 다른 공간으로 도피하는 것이 아니라 닫힌 현실의 경계를 열어 실재계(the Real)와 접촉하게 하는 탈영토화의 과정을 의미한다.

모더니즘과 포스트모더니즘에서는 몰적 삶이나 회유된 분자적 삶과 단절된 창조적인 탈주선이 나타난다. 그러나 재영토화(몰적 삶)와 탈영토화(탈주)라는 근대적 삶의 이중성 등에서 탈영토화와 탈주의 측면이 주로 그려질 뿐 몰적인 삶 자체는 자세히 제시되지 않는다. 모더니즘과 포스트모더니즘이 개인과 사회의 연관보다는 개인적 삶에 초점이 맞추는 것으로 보여지는 것은 그 때문이다. 그러나 모더니즘과 포스트모더니즘의 개인적 삶은 괄호 안에 넣어진 몰적 삶과 연관을 지니고 있다. 그 때문에 개인의 삶을 그리는 모더니즘과 포스트모더니즘은 몰적 삶을 그리는 리얼리즘과 얼마든지 접합될 수 있다.

예컨대 『난장이가 쏘아올린 작은 공』(조세희) 연작은 몰적 삶을 그리는 리얼리즘과 탈주선을 드러내는 모더니즘이 결합된 소설이다. 이 소설은 인물들(난장이·영호·윤호·지섭 등)의 몰적 삶을 그리면서 그 삶의 동일성을 탈자동화시키는 방식으로 창조적인 탈주선을 보여준다. 즉, 알레고리·몽타주·콜라주 등을 통해 몰적 삶의 균열을 보여주는 한편 그 균열된 삶으로부터 내면의 화해의 공간(자연물73)·달나라 등)으로 탈주하려는 소망을 드러낸다. 그처럼 이 연작은 인물―환경이 연관된 몰적 삶을 그리는 리얼리즘과 그 삶의 파편화를 드러내며 내면으로 탈주를 시도하는

---

73) 이 소설의 자연물은 도도새나 개똥벌레 같은 멸종된 것들로서 외부세계보다는 내면에 존재하는 화해의 기호로 볼 수 있다.

모더니즘이 접합된 소설이다.

또한 『아름다운 나의 귀신』(최인석) 연작은 후기자본주의 시대의 몰적 삶(그리고 회유된 유연한 분자적 삶)을 그리는 리얼리즘과 환상의 경험을 통해 탈주를 시도하는 포스트모더니즘이 접합된 소설이다. 이 소설은 빈민층의 생활의 근거지(집)를 말살하는 사회환경을 그리면서(몰적 삶) 그에 대응하는 힘을 잃어버린 돈에 예속된 어른(회유된 분자적 삶)들을 보여준다. 그 같은 몰적 삶과 회유된 분자적 삶에 저항할 수 있는 것은 몰적 삶의 타자인 소년, 무당, 광인, 장애아들이다. 실제로는 몰적 삶에서 가장 무력한 그들은 사랑을 무기로 환상을 통해 후기자본주의의 사회환경에 저항한다. 여기서 주목되는 것은 그들의 환상이 모더니즘에서처럼 단순히 내면으로의 탈주가 아니라는 점이다. 그들은 환상을 통해 실제로 그들 자신의 신체와 내면을 탈영토화(혹은 각성)시키면서 환경에 저항하는 방식으로 현실의 탈영토화를 시도한다. 즉, 그들의 환상으로의 탈주는 자신들을 고아 상태의 무의식 속에서 사랑의 길로 나아가게 하는 동시에 닫힌 현실을 열어 빈틈없이 예속화된 후기자본주의 시대의 생활을 탈영토화시킨다. 그처럼 어디에도 길이 보이지 않는 절망적인 시대에 인물들은 환상의 공간으로 탈주를 시도함으로써 부정적 환경에 맞서서 자신의 영혼을 입증한다.

이와 같이 리얼리즘과 접합된 모더니즘이나 포스트모더니즘에서는 몰적 삶이 그려지면서 그와 단절된 탈주선으로 나아가는 과정이 나타난다. 물론 그런 소설들에서도 탈주를 통해 몰적 삶을 실제로 탈영토화시키는 과정이 제시되는 것은 아니다. 현실의 탈영토화의 시도는 인물들이 완강한 물적 삶에 저항하는 방식으로 나타날 뿐 실제로 몰적 삶을 해체할 만큼 힘을 발휘하지는 못하기 때문이다. 탈주를 시도하는 인물들은 절망적인 현실에서 탈주의 경험을 통해 부정적 환경에 맞서면서 자신의 영혼을 입증할 수 있을 뿐이다.

그처럼 소설의 여로를 통해 영혼을 입증하는 길을 발견하는 점에서,

리얼리즘과 결합된 모더니즘이나 포스트모더니즘은 본격 리얼리즘의 내
적형식과 유사한 점을 지닌다. 그러나 리얼리즘에서는 탈주의 순간(길)을
발견함과 동시에 다시 몰적 삶으로 되돌아오지만, 모더니즘과 포스트모
더니즘에서 영혼을 입증하는 탈주는 몰적 삶으로 회귀할 수 없는 단절
의 순간을 의미한다. 몰적 삶에 더 이상 희망이 남아 있지 않은 현실에
서, 모더니즘과 포스트모더니즘은 아무런 향수도 없이[74] 몰적 삶을 해
체하는 끊임없는 창조적 생성(미학적 혁신이나 탈영토화)을 통해서만 자신의
영혼을 입증한다.

---

74) 모더니즘의 경우에서 군중들 속에서 얼마간 향수를 드러내기도 하며 특히 우리나라
　　모더니즘에서는 계몽(계몽을 넘어선 계몽)에 대한 향수가 나타나기도 한다. 그러나 미
　　학적 혁신으로서의 모더니즘적 탈주에는 그런 향수가 존재하지 않는다.

제 5 장
선으로서의 서사와 대화로서의 서사

1. 서사의 선과 문화의 위치

서사문학을 여행의 형식으로 보는 관점(루카치)이나 삶의 과정을 사건의 형식으로 보는 철학(들뢰즈)은 모두 시간의 흐름에 따라 생성되는 '선'을 주목하는 사유라고 할 수 있다. 서사적 여행이자 사건의 형식인 그 같은 '선'은 어디서 시작해서 어디로 가는 것일까. 사건(서사)의 형식으로서의 '선'은 미지의 물질세계와 우리의 문화가 만나는 접점에서 '의미'를 생성시키는 과정이라고 할 수 있다. 사건의 선은 그처럼 삶의 의미를 만드는 방향으로 진행된다.

그러면 '선'에 의해 나타나는 '의미'란 과연 무엇인가. 의미란 우리의 삶을 성립시키는 물질세계(실재계)와 문화의 장(상징계와 실재계 사이의 공간)의 접촉 그 자체라고 할 수 있다. 예컨대 우리가 외계의 우주에서 표류해 미지의 물질세계에 둘러싸이는 순간 우리의 삶은 존재하지 않는다.

우리가 그 미지의 물질세계에 접촉하면서 그것들을 알아가고('지식') 우리의 방식으로 '문화'를 만들어갈 때 비로소 우리의 삶은 '의미'를 형성하며 존재하기 시작할 것이다.

그처럼 의미는 고정된 사물이나 우리의 의식 속에 미리 주어져 있는 것이 결코 아니다. 그와 달리 의미는 미지의 사물과 우리의 의식이 접촉하는 문화의 장 속에서 나타난다. 또한 의미는 정지된 점에 고착되어 있기보다는 사물과 의식이 접촉하며 사건의 선이 그려지는 매순간 생성된다.

따라서 사건(서사)의 선은 미지의 물질과 문화가 만나는 접점에서 의미를 만드는 방향으로 진행된다. 그처럼 의미가 생성되는 문화의 공간은 우리가 살아가는 공동체를 유지시키는 장이라고 할 수 있다. 그 점에서 사건의 선은 문화의 장, 곧 공동체를 성립시키는 의미를 생성하는 쪽으로 나아간다.

여기서 중요한 것은 그 같은 사건의 의미가 주어진 사건(혹은 사실)은 특정한 문화적 코드의 견지에서 해석할 때 나타나는 것이 아니라는 점이다. 그와는 반대로 의미를 생성시키는 사건의 선 자체가 문화의 장을 유지시킨다고 할 수 있다. 사건의 선이란 그처럼 (의미를 생성시킴으로써) 문화의 장과 공동체를 성립하게 하는 역동적인 운동이라고 할 수 있다.

그 같은 정의는 우리가 인용한 루카치와 들뢰즈, 그리고 리오타르와 푸코의 사유에서 잘 나타난다. 루카치에 의하면, 서사문학의 여로는 모험(사건의 형식)을 통해 총체성(진정한 공동체)을 드러내면서 삶의 의미(본질)를 생성시키는 과정이다. 예컨대 서사시는 이미 주어져 있는 진정한 공동체(총체성)를 시작도 끝도 없는 이야기로 그리면서 삶의 의미를 보여준다.[1] 반면에 소설은 진정한 공동체를 잃어버린 시대에 총체성을 찾아가는 모험을 통해 삶의 의미를 발견한다.[2] 이처럼 서사문학의 여로는 진정

---

1) 루카치, 반성완 역, 『소설의 이론』, 심설당, 1985, 29~35면, 69면.
2) 루카치, 반성완 역, 위의 책, 76~77면.

한 공동체를 전제로 삶의 의미(본질)를 생성시키는 사건들의 선인 것이다.

서사형식을 공동체적 유대와 연관된 것으로 보는 관점은 리오타르에게서도 발견된다. 리오타르는 근대 이전에는 지식의 형성에 있어 서사형식이 매우 중요한 역할을 했음을 주목한다.3) 그 시기에 지식과 서사가 혼류될 수 있었던 것은 루카치가 말한 총체성(진정한 공동체)이 어떻게든 잔존하는 시기였기 때문일 것이다. 과학이 등장하기 이전의 전근대적인 지식은 미지의 세계에 대한 앎을 통해 문화의 장으로서 공동체적 원환(총체성)을 형성하게 했다. 서사는 그 같은 지식을 시간의 흐름 속에서 이야기의 전개(사건의 선)를 통해 전달함으로써 공동체가 인간이나 사물과 맺는 관계들을 드러낸다. 따라서 서사가 전달하는 것은 공동체에서 사회적 유대를 이루고 있는 화용규칙의 집합이다.4)

그와 달리 근대과학은 지시적 언어게임에 특권을 부여하면서 사회적 유대에 대해서는 아무런 관심도 갖지 않는다.5) 고도로 체계화된 지식으로서 과학이 등장하면서부터 근대 이전의 지식은 진리성을 상실했으며, 지식과 사사의 혼류는 더 이상 나타나지 않는다. 과학의 잣대로 보면 우화에 불과한 서사는6) 이제 체계화된 지식을 전달하는 형식으로 존재할 수 없게 된 것이다. 근대과학의 출현 이후 서사는 허구적 문학(소설)의 영역에 위축되었으며 과학적 진리와 구분되는 미학의 범주로 분류된다.

그처럼 지식이 서사와 유리되고 과학에 특권이 부여되면서 고도로 체계화된 지식(과학)은 공동체의 유대와는 아무런 관계도 없는 담론이 되었다. 지식의 영역에서 사회적 유대에 침묵하는 과학의 그런 첨예화는, 근대세계가 루카치가 말한 총체성(진정한 공동체)을 상실한 사실과 상응한다.

---

3) 리오타르, 유정완 외역, 『포스트모던의 조건』, 민음사, 1992, 73면.
4) 리오타르, 유정완 외역, 위의 책, 76면.
5) 리오타르, 유정완 외역, 위의 책, 82~83면.
6) 리오타르, 유정완 외역, 위의 책, 33면.

서사를 통해 잃어버린 총체성을 찾아가는 모험은 이제 소설(일종의 가상)을 통해서만 가능하게 된 것이다.

그러나 아이러니한 것은 과학과 이성을 신뢰하는 근대세계에서도 실제의 삶에서는 과학을 정당화하기 위해 서사를 부활시킨 점이다. 과학의 위치는 수행적인 삶의 공간이 아니라 로고스 중심적인 논리의 공간이다.[7] 그 같은 과학이 실제적인 삶의 공간에서 정당화되기 위해서는 과학을 삶에 이용함으로써 풍요로운 유토피아적 공동체가 가능하다는 서사가 필요했던 것이다. 이것이 바로 계몽서사라는 근대의 대서사이다.

리오타르는 그 같은 대서사에 대한 불신과 회의가 포스트모던이라고 말한다.[8] 리오타르의 근대에 대한 포스트모던적 비판은 근대의 대서사가 가정하는 사회가 진정한 공동체가 아님을 암시한다. 그러나 리오타르의 포스트모던적 비판은 결코 서사 자체에 대한 부인이 아니다. 대서사에 대한 불신은 역설적으로 서사에 대한 의존심리를 웅변하며, 이제 서사가 우리시대의 가장 논쟁적인 화두가 되었음을 알려준다.

리오타르의 대서사에 대한 비판은 대서사를 기획하는 상상적 공동체에 대한 비판이자 그것을 넘어선 또 다른 서사와 공동체에 대한 소망이기도 하다. 물론 그에 대한 리오타르의 답변은 매우 옹색하다. 즉, 그는 사회체계에 의해 허용되면서도 또한 체계를 벗어날 수 있는 '배리'에 근거한 소서사(petit récit)를 주장한다.[9]

리오타르와 달리 들뢰즈·가타리의 '세 가지 선' 이론은 서사론의 풍부한 답변을 시사한다. 앞서 살폈듯이 들뢰즈·가타리는 사건(혹은 서사)의 선을 경직된 몰적 선분, 유연한 분자적 선분, 탈주선으로 구분한다. 몰적 선분이 대서사와 관련된다면 분자적 선분과 탈주선은 미시서사(소

---

7) 나병철, 『근대서사와 탈식민주의』, 문예출판사, 2001, 28~35면.

8) 리오타르, 유정완 외역, 앞의 책, 34면.

9) 리오타르, 유정완 외역, 위의 책, 150면, 160~164면. 리오타르는 그런 주장을 통해 총체성에 대한 전쟁을 선포한다(180~181면). 그러나 그가 비판하는 것은 동일성의 체계이며, 차이를 포함한 진정한 공동체로서 루카치의 총체성과는 관련이 없다.

사사)의 흐름이다. 또한 몰적 선분이 거시정치학의 대상인 반면 분자적
선분과 탈주선은 미시정치학의 대상이다. 리오타르는 대서사(몰적 선분)를
비판하면서 소서사(미시서사)의 대안을 제시한다. 반면에 들뢰즈·가타리
는 대서사와 미시서사를 통해 재영토화와 탈영토화라는 근대의 이중성
을 시사한다. 또한 세 가지 선이 서로 접합됨을 말함으로써 다양한 유형
이 선들이 나타날 수 있음을 암시한다.

리오타르의 대서사 비판에서 알 수 있듯이 몰적 선분은 분명한 한계
를 갖고 있다. 그러나 몰적 선분(대서사) 역시 현실적으로 존재하는 근대
적 삶의 한 부분이다. 근대적 삶은 몰적 선분, 분자적 선분, 탈주선의 다
양한 결합으로 나타나며, 몰적 선분과 단절된 탈주선 역시 또 다른 혁신
적 몰적 선분(마르크스주의 같은 대서사)과 접합될 수 있다. 대서사의 불신
에 대한 대안이 '배리'의 소사사가 아니라 대서사와 미시서사의 비판적
접합인 것은 그 때문이다.

들뢰즈·가타리의 세 가지 선은 근대세계의 다양한 삶을 암시하면서
우리의 서사적 삶이 어떤 방향으로 나아가야 하는지 알려준다. 그들이
말하는 사건의 선이란 물질세계(실재계)와 우리의 삶이 접촉하는 지점에
서 발생하는 사건의 계열화된 선을 말한다. 그 같은 계열화된 선이란 흔
히 말하는 '서사'에 다름이 아니다. 그 사건의 선 혹은 서사가 어떤 흐름
으로 계열화되느냐에 따라 서로 다른 '의미'와 '문화의 장(공동체)'이 나
타난다. 앞서 말했듯이 사건의 의미가 문화적 코드에 의해 해석되는 것
이 아니라 사건의 선에 의해 상이한 의미와 문화적 위치가 형성되는 것
이다.10)

예컨대 사건 이전의 사실을 확인하는 '점의 사유'는 물질세계와 문화
가 접촉하는 표면의 한 점을 인식한다. 그 인식의 지점은 살인 사건에서
의사가 죽은 사람의 사인을 과학적으로 규명하는 사실의 위치와도 같은

---

10) 물론 사건의 생성은 허공에서 나타나는 것이 아니라 이미 주어져 있는 기존의 상징
  계에서 이루어진다.

것이다. 이때 사실의 담론과 물질적 대상(신체) 사이에서는 지시적인 의미가 나타난다.

그 같은 사실이 다른 사실들과 연결되어 계열화된 사건의 선을 만들 때 비로소 우리는 문화의 장에 들어서게 된다. 이때 물질세계와 문화의 접촉지점에서는 지시적 의미 대신에 사회적 관계와 연관된 문화적 의미가 나타난다. 사실의 의미가 사실의 점에서의 지시적 의미라면, 사건의 의미는 사건의 선을 그리는 매순간의 미분계수로서의 문화적 의미이다.

그런 사건의 선에는 크게 나누어 두 가지 종류가 있다. 하나는 사실의 점들 사이를 연결하는 목적론적인 몰적 선분이며, 다른 하나는 사실의 점을 통과하지만 유연한 가변성을 지니는 분자적 선과 탈주선이다. 경직된 몰적 선분은 주어진 상징계의 내부, 즉 닫힌 공동체 내에서 의미를 생성시킨다. 반면에 유연한 분자적 선이나, 탈주선은 상징계와 실재계 사이의 공간에서 열린 공동체를 지향한다. 전자의 상징계(닫힌 공동체) 내부에서 발생하는 문화적 의미는 체계적 규율에 의해 규정되는 동일성의 의미들이다. 그에 반해 후자의 열린 '사이의 공간'에서 생성되는 문화적 의미는 아직 새로운 공동체가 형성되지 않는 상태에서 미결정적인 동시에 매우 창조적이다. 이제까지 살펴본 사실(점)과 사건(선)에서의 상이한 의미와 문화의 위치는 다음과 같이 표시될 수 있다.

사실과 사건	의미	문화의 위치
사실의 점	지시적 의미	논리 중심적 공간 물질과 물질표면의 인과론
몰적 선분	상징계 내부의 코드화된 의미	상징계 내부 (닫힌 공동체)
분자적 선, 탈주선	미결정적인 창조적 의미	상징계와 실재계 사이 (열린 공동체 지향)

2. 지식과 서사의 경계 해체-서사의 부활

　과학적 사실이 물질(실재계)과 물질의 표면(효과) 사이의 인과적 점이라
면, 서사적 사건은 물질세계에서 문화의 장으로 전이되는 접촉점(표면)에
서 생성되는 선이라고 할 수 있다. 사건은 그처럼 물질의 차원에서 문화
의 차원으로 전이되는 순간 계열화된 선을 만들며 의미를 발생시킨다.
사건의 의미는 그 같은 전이를 통해 계열화된 사건의 선의 진행에서 매
순간 발생하는 미분계수라고 할 수 있다.

　그처럼 사건의 선의 진행에서 의미가 생성되는 점에서 계열화된 사건
의 선이란 데리다가 말한 사물들의 텍스트적 작용이라고 볼 수 있다. 그
점에서 의미를 발생시키는 사건의 계열화(선)에는 이미 언어나 텍스트의
측면이 내포되어 있는 셈이다. 사건의 선에서 발생하는 의미는 그 즉시
로 그것의 표현적 측면인 언어로 전이될 수 있는 관계에 있는 것이다.

　그러나 사건의 선이 사서로 진행되는 측면과 사건의 의미가 언어와
담론으로 나아가는 측면은 서로 구분된다고 할 수 있다. 사건의 선은 매
순간 의미를 발생시키지만 그 의미는 언어로 전이되어 담론(인표작용)으
로 조직화되는 다른 방향으로 나아갈 수 있는 것이다. 의미가 사건의 선
을 따라가는 점에서 (의미의 표현인) 담론적 언표작용 역시 그 사건의
선에서 분리될 수 있는 것은 아니다. 그러나 (사건의 계열화)-의미-언
표작용(담론)의 측면과 사건의 계열화(텍스트 작용)-사건의 선(서사)의 측면
은 서로 구분된다.

　사건이 물질적 차원에서 문화적 차원으로 전이되는 순간 생성된다면,
사건의 선의 계열화(일종의 텍스트 작용)에 의해 나타나는 의미는 물질적
차원에서 언어적 차원으로 전이되는 순간 발생한다.11) 따라서 사건과

---

11) 이정우, 『시뮬라크르의 시대』, 거름, 1999, 120면.

의미, 서사(사건의 선)와 언표작용(담론)의 측면은 뗄 수 없는 관계에 있지만, 아직 언어화되지 않는 사건의 선 자체와 사건의 의미의 언어적, 담론적 조직화는 각기 구별된다. 사건과 언어(담론)는 그처럼 서로 겹쳐 있으면서도 다른 방향으로 진행되는 두 가지 문화적 운동(혹은 실천)이라고 할 수 있다. 그 둘 중에서 사건을 철학의 대상으로 삼는 것이 들뢰즈(『의미의 논리』)이며 담론과 지식을 탐구한 것이 푸코(『지식의 고고학』)이다.

푸코는 명제나 문장, 담론 이전의 어떤 언어적 입자를 '언표'라고 말한다.12) 언표는 물질적 차원에서 언어적 차원으로 전이될 때 발생하는 최초의 언어적 요소라고 할 수 있다. 언표는 언표적용을 통해 담론적 실천으로 나아갈 때 의미를 발생시킨다. 그 점에서 '언표'는 계열화된 사건의 선을 이루면서 의미를 생성시키는 '사건(들뢰즈)'과 비슷한 위치에 있다.13) 사건은 물질적 차원에서 문화적 차원으로 전이되면서 계열화된 선을 만들어 의미를 발생시킨다. 그와 유사하게 언표는 물질과 언어의 접촉점에서 언표작용을 만들면서 의미를 생성한다.

푸코와 들뢰즈, '언표'와 '사건'의 위치의 공통점은, 물질세계(실재계)와 문화의 장(상징계와 실재계 사이의 공간)이 만나는 지점에서 의미의 생성과 문화의 형성을 밝히고 있다는 점이다. 푸코는 인식의 주체(개인주체)에 특권을 부여하는 의식－인식－과학의 축 대신에 담론적 실천－지식－과학의 축을 가로지르는 고고학을 주장한다.14) 고고학의 분석의 평형점은 고도로 체계화된 '과학' 아니라 (보다 느슨한) '지식'인데, 그것은 과학이 개인적 인식주체와 논리중심적 공간에 특권을 부여하는 반면, 지식은 주체가 그 안에 위치해야 하는 문화의 장을 횡단하기 때문이다. 지식은 과학을 포함하면서도 과학의 점으로 환원되지 않고 문화의 장을 가로지르는 맥락을 갖고 있다. 푸코가 점의 사유 대신 선의 사유를 지니고 있다

---

12) 이정우, 위의 책, 121면; 푸코, 이정우 역, 『지식의 고고학』, 민음사, 1992, 117~182면.
13) 이정우, 위의 책, 122면.
14) 푸코, 이정우 역, 앞의 책, 253~254면.

는 것은 과학적 인식 대신 고고학적 실증성을 탐구하는 점에서도 알 수 있다. 실증성이란 담론적 실천이 그 대상(들뢰즈의 사건)의 계열화와 함께 언표작용의 집합, 놀이, 계열화를 형성하는 방식을 말한다.15) 고고학적 실증성의 탐구는 언표(푸코)와 사건(들뢰즈)의 만남, 그리고 언표의 계열화와 사건의 계열화의 교차를 드러내는 작업인 것이다.

푸코와 유사하게 들뢰즈는 과학적 인식이나 사실의 점보다는 사건의 선의 계열화를 탐구했다. 사건의 선은 과학이나 사실의 점을 포함하지만 그것으로 환원되지 않고 문화의 장을 가르치는 맥락을 지니고 있다. 들뢰즈 역시 인식의 주체(개인주체)와 논리중심적 공간에 특권을 부여하는 점의 사유(과학과 사실의 인식) 대신에 사건의 계열화라는 선의 사유를 갖고 있는 것이다.

푸코와 들뢰즈의 선의 사유는 궁극적으로 '사건의 선'에서 겹쳐진다고 할 수 있다. 물질적 차원에서 언어(기호)가 생겨나게 하는 '언표'의 발생이란 문화의 장에서 의미의 씨앗을 품은 하나의 '사건'의 발생에 다름이 아니다. 일종의 사건이기도 한 언표가 의미를 생성시키기 위해서는 언어적(담론적)으로 계열화되어야 하지만, 그 같은 언표의 계열화는 다른 한편 언표─사건이 의미를 생성시키는 사건의 계열화와 겹쳐진다고 할 수 있다. 의미의 발생은 언표의 언어적 계열화 이전에 언표의 또 다른(비언어적) 측면인 사건의 계열화와 연관되어 있는 것이다. 우리는 다음 절에서 그 같은 언표(의미소)의 계열화와 사건의 계열화의 중첩을 그레마스의 사각형을 통해 살펴보게 될 것이다.

체계화되고 개념화된 지식─담론의 토대인 언표가 그처럼 (의미의 생성을 둘러싸고) 사건과 겹쳐진다는 것은, 지식이 물질세계와 관념을 매개하는 문화의 장에서 지니는 위치를 암시한다. 즉, 우리가 어떤 대상을 안다는 것(지식)은 물 자체(실재계)도 관념도 아닌 그 둘 사이의 공간(문화

---

15) 푸코, 이정우 역, 위의 책, 251면.

의 공간)에서 생성되는 사건을 아는 것이다. 우리는 사건을 통해 사물에 대해 아는 동시에 문화의 공간에서 의미를 발생시키게 된다. 언표(푸코)와 사건(들뢰즈)의 만남은 이처럼 지식과 서사(사건의 선)의 연관성을 알려 준다.

선으로서의 '사건'은 언어적 언표작용은 통해 '지식'과 담론으로 진행되기도 하고, 자기인식의 형식으로서 '예술적, 문학적 서사'로 변이되기도 한다. 또한 사건과 서사는 주체적 행위로서 정치학의 담론(대서사)과 실천이 되기도 한다. 이처럼 철학적 사유의 대상을 사건과 서사(사건의 선)로 가정함으로써, 지식·정치학·문학의 영역에서 점의 사유인 사실의 형식이나 과학적 인식 대신 '서사'가 다시 부활한다.

그 같은 서사의 부활은 우리의 문화의 위치를 주체중심적이고 논리중심적인 공간에서 '물질적 삶의 공간'으로 이동시킨 데 따른 것이다. 사실의 형식(과학·법률 등)이나 과학적 인식 등의 점의 사유는 개인주체 내부의 논리중심적 공간이나 문화와 유리된 물질세계의 표면에 위치한다.16) 반면에 서사적인 선의 사유는 물질세계와 문화의 장의 접촉지점에서 작용하며, 개인주체를 넘어선 문화의 장(열린 공동체)이라는 물질적 삶의 공간에서 움직인다. 그처럼 점의 사유에서 선의 사유로, 논리중심적 공간에서 물질적 삶의 공간으로 이동함으로써, 철학과 문학, 문화와 정치학, 그리고 지식과 서사의 경계가 해체된다. 리오타르가 말한 근대 이전의 지식과 서사의 혼류가 탈근대적 사상가들을 통해 다시 나타나고 있는 것이다. 물질세계(실재계)와 문화의 장(상징계와 실재계 사이)의 접촉지점에서 드러나는 그 같은 접합은 다음과 같이 표시될 수 있다.

---

16) 법률적 사실에 집착하는 재판은 문화의 장에서 유리된 논리중심적 공간에 폐쇄된다. 반면에 법률적 사실을 서사의 선에 포함시키게 되면 법적 판단은 문화의 장 속에서 작동하게 된다.

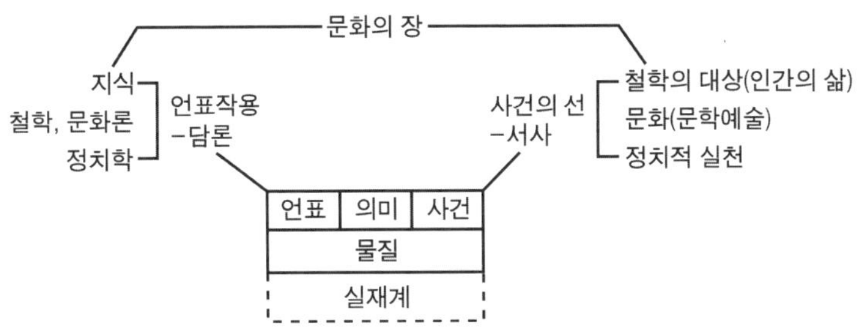

위의 도표는 지식과 서사, 문화와 정치학, 문학과 철학의 상호연관성을 보여준다.[17] 그러나 각각의 영역은 특수성을 갖고 있으며 동일하게 일치되는 것은 아니다. 먼저 사건의 선으로서의 서사는 수행적인 삶의 공간에서 나타나는 반면 언표작용으로서의 담론은 언어적 텍스트의 형태로 드러난다. 또한 철학의 대상으로서의 사건의 선은 몰적 선분, 분자적 선분, 탈주선 등으로 분류되지만, 그에 상응하는 문학적 서사는 (앞서 살폈듯이) 로만스·아이러니·서사시·모더니즘·포스트모더니즘 등으로 형상화된다. 문학예술 혹은 보다 넓은 의미의 문화는 궁극적으로 자기인식의 형식으로서 무의식적 실천과 연관되어 있다.[18] 그 점에서 문학(문화)은 실제적인 주체적 행동과 연관된 정치학적 담론 및 실천과 구분된다. 그러나 정치학의 담론과 실천 역시 사건의 선(몰적 선분, 분자적 선분, 탈주선)에 상응하는 대서사·미시서사·거시정치·미시정치 등으로 나타난다. 마지막으로 지식과 서사의 관계에서 지식이란 사실(과학·법률 등)을 포함한 사건의 선(혹은 서사)과 그 의미들을 체계적인 담론으로 개념화한 것이라고 할 수 있다. 지식은 보다 명확한 개념화의 형식을 갖고 있

---

17) 도표에서 언표작용－담론과 사건의 선－서사의 관계는 제임슨이 인식과 서사의 변증법이라고 부른 것에 해당된다. Fredric Jameson, "Foreword", A. J. Greimas, *On Meaning*, University of Minnesota Press, 1987; 나병철, 『근대성과 근대문학』, 문예출판사, 1995, 26~32면 참조.

18) 문화와 무의식의 관계에 대해서는 나병철, 『탈식민주의와 근대문학』, 문예출판사, 2004, 37~46면 참조.

지만 또한 바로 그 때문에서 수행적인 삶의 공간에서 벗어날 수 있다. 어떤 지식 담론이 문화의 장(혹은 공동체)에서 정당화되기 위해 흔히 그것의 근거를 보여주는 서사의 형식(사물, 사건의 계열화)을 빌리는 것은 그 때문이다.[19]

3. 언표의 의미작용과 사건의 계열화–그레마스의 사각형

이제까지 우리는 서사를 사건의 선과 동일한 개념으로 말해왔지만 엄밀히 말하면 서사는 이야기의 차원과 담론의 차원으로 나눠진다. 이야기는 인물과 사건의 연쇄로서의 플롯으로 구성되며 담론은 이야기를 전달하는 언어나 영상을 말한다. 따라서 서사의 이야기는 사건의 선 중에서 특히 인물(인간)의 삶의 전개를 의미한다. 또한 이야기를 전달하는 담론 중에서 특히 언어로 된 것을 화자(서술자)의 서술이라고 부른다.

이야기를 전달하는 언어적 '담론'이 앞의 도표에서의 '담론'과 다른 점은 이야기의 중개자의 위치에 있다는 점이다. 앞의 도표의 담론은 서사(이야기의 측면)와 그 의미를 체계적인 언어로 개념화한 것으로, 여기서 수행적 차원의 서사는 개념적인 언어로 전이된다. 반면에 이야기(서사)를 전달하는 담론은 수행적 차원의 이야기–서사를 대부분 그대로 '중개'하며,[20] 이야기나 그 의미의 개념화는 부분적으로만 이루어진다.

그 같은 서사의 담론적 차원은 다양한 서술과 시점의 이론으로 설명

---

19) 앞의 제1장 소설과 서사문화 참조
20) 서사의 담론은 이처럼 이야기를 생생하게 중개하는 위치에 있게 된다. 그러나 다른 한편 서사의 담론에서는 중개자 자신의 시점이 작용하므로 수행적 차원의 이야기 자체와 담론화된 이야기가 아주 똑같은 것은 아니다.

될 수 있다.[21] 그런 담론으로서의 서사이론은 담론과 이야기의 복합적인 관계를 밝혀줄 것이다. 그러나 여기서는 이야기 차원의 서사에 초점을 맞춰 서사(이야기)가 의미를 생성하는 과정을 다시 살펴보기로 한다.

'서사(이야기)'는 인물과 사건(플롯)으로 구성되지만 들뢰즈·가타리의 '사건의 선'이 인물들과 사물들(사실들)이 접속된 (사건의) 계열화인 점에서 양자는 비슷한 개념으로 볼 수 있다. 사건의 계열화가 '선'으로 나타나듯이 서사의 전개 역시 '선'으로 이해될 수 있다. 사건의 선에서의 '의미'는 고정된 인물이나 사물(사실)의 점에서가 아니라 그것들이 연결된 선의 전개과정에서 발생한다. 사건의 의미가 선에서의 미분계수라는 말은 인물, 사물들의 연결관계에 의한 선의 특성이 중요함을 뜻한다.

사건(서사)의 선에서의 미분계수들이 미시적인 의미들이라면, 그것들로 이루어진 어떤 특성을 지닌 선의 의미는 우리의 삶의 의미라고 할 수 있다. 예컨대 몰적 선분, 분자적 선분, 탈주선 등은 각기 다른 삶의 의미를 생성시킨다. 그리고 그처럼 다른 특성을 지닌 다양한 선들에서는 삶의 의미를 생성시키는 방식 또한 서로 구분된다. 예컨대 몰적 선분은 이항대립 관계에 있는 인물―사물(혹은 사건)들에서, 어느 우월한 쪽(항목)이 다른 쪽을 억압(배제, 회유)해 동일성의 체계를 만드는 방식(계열화)으로 의미를 발생시킨다. 문학서사에서는 앞서 살펴본 로만스적 서사나 목적론적 서사가 여기에 속한다. 또한 몰적 선분에 균열을 내는 분자적 선은, 어느 한 인물, 사물(사건)이 내적으로 대립되는 두 항목으로 이중화되면서 몰적 선분에서 이탈하는 방식(계열화)으로 의미를 생성시킨다. 리얼리즘의 아이러니 서사가 바로 이런 유형이다.

흥미로운 것은 그처럼 사건(인문, 사문)의 계열화에 의해 의미가 생성되

---

21) 채트먼, 김경수 역, 『영화와 소설의 서사구조』, 민음사, 1990; 슈탄첼, 김정신 역, 『소설의 이론』, 문학과비평사, 1990; 쥬네트, 권택영 역, 『서사담론』, 교보문고, 1992; N. Friedman, *Form and Meaning in Fiction*, University of Georgia Press, 1975; 나병철, 『소설의 이해』, 문예출판사, 1998 참조

는 과정은 미시적인 의미소(일종의 언표)들의 계열화(그리고 의미작용)에 의해 의미가 만들어지는 과정과 겹쳐진다는 점이다. 앞에서 우리는 푸코의 언표이론과 들뢰즈의 사건의 철학을 연관시키면서 이미 그 점을 살펴본 바 있다. 그런데 그레마스의 기호학적 사각형은 그 같은 언표이론과 사건의 철학의 겹쳐짐을 매우 잘 보여준다. 즉, 그레마스의 사각형에서 사각형 선상의 여러 항목들의 역동적 관계들은 의미소(언표)들이 의미작용(계열화)하며 의미를 생성시키는 과정인 동시에 사건들이 계열화되어 의미를 만드는 과정이기도 하다.

그레마스의 사각형은 '의미란 무엇인가'에 대한 구조주의를 넘어선 탈구조주의적 답변이라고 할 수 있다. 즉, 그레마스는 '의미'가 의미소(seme)들의 대립관계뿐만 아니라 다양한 의미소들의 역동적 관계 속에서 나타남을 보여준다. 잘 알려졌듯이 구조주의는 의미소(일종의 언표)들의 이항대립을 통해 의미에 대해 설명했다. 즉, 여자(의미소)의 의미는 그 언표와 반대(contrary)되는 남자와의 이항대립(binary opposition) 관계에서 생겨난다. 만일 이 세상에 남자가 존재하지 않는다면 여자라는 언표는 아무런 의미도 지닐 수 없을 것이다. 따라서 여자는 남자와의 이항대립 관계 속에서 의미를 발생시킨다.

그러나 그레마스는 의미가 그런 이항대립 관계 이외에 미시적인 의미소들의 보다 복합적인 관계를 속에서 생성됨을 주목했다. 즉, 여자라는 의미소는 남자와 대립되는 위치에 있기도 하지만 여자 아닌 것들(남성성·동물·사물들)과 모순되는 동시에 남자 아닌 것들(여성성·레즈비언·성전환자 등)을 포함하는 관계에 있기도 하다. 이처럼 의미를 이항대립 관계를 넘어선 복합적인 의미소들의 역동적 관계에서 생성되는 것으로 본 점에서 그레미스는 구조주의를 넘어선 탈구조주의적 의미론을 제시한다.

그레마스의 사각형은 그처럼 이항대립을 넘어선 미세한 의미소들의 역동적인 관계를 잘 보여준다. 이 사각형은 기본적인 4개의 항목(의미소)으로부터 다양한 관계들에 의해 최소한 10개의 위치들을 발생시킨다.[22]

예컨대 여자라는 언표(의미소)는 그레마스의 사각형에서 다음과 같은 의
미작용의 관계를 드러낸다.[23]

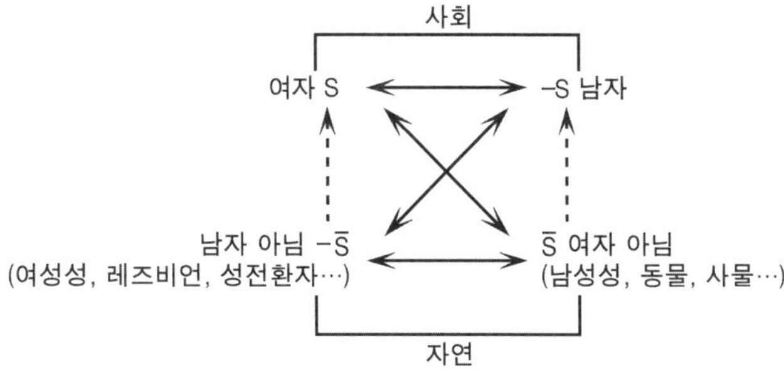

위에서 S ↔ -S는 이항대립(binary opposition)의 관계를 나타내며 S ↔ S̄ 는
부정(negative)이나 모순(contradictory)의 관계를 의미한다. 여자는 남자와 대
립되는 동시에 여자 아닌 것과 모순되고 남자 아닌 것에 포함되는 관계
속에 놓여 있다. 또한 여자 ↔ 남자의 대립관계는 사회적인 규율에 의해
규정된 것인 반면 남자 아님 ↔ 여자 아님의 관계는 자연 상태에서 나타
나는 관계를 보여준다. 더 나아가 여자―남자 아님은 여성성의 세계를,
그리고 남자―여자 아님은 여성성이 부재하는 세계를 제시한다. 여자라
는 언표는 이 여러 의미소(인표)들로 구성된 의미의 소우주 속에서 다른
의미소들과의 역동적 관계를 통해 자신의 의미를 생성시킨다.[24]

여기서 주목되는 것은, 그처럼 언표(의미소)가 역동적인 관계들 속에서
의미를 발생시키는 과정이 인간의 삶에서 사건(인물, 사물)들이 계열화되
면서 의미를 생성시키는 과정에 상응한다는 점이다. 그 두 가지 과정이
일치된다는 것은 언표(의미소)의 위치와 사건(인물, 사물)의 위치가 중첩됨

---

22) Fredric Jameson, op. cit., pp.xiv~xv.
23) 사각형의 특성에 대해서는 그레마스, 김성도 역, 『의미에 관하여』, 인간사랑, 1997
　　참조.
24) 나병철, 『문학의 이해』, 문예출판사, 1994, 62~64면.

을 암시한다. 예컨대 위의 도표에서 여자는 언표(의미소)이기도 하지만
인간의 삶에서 남자와 대립하는 여자의 위치를 알리는 사건(인물, 사물)이
기도 한다. 따라서 여자라는 언표의 의미작용은 남자와 대립해 있는 여
자의 삶을 보여주는 사건들의 계열화에 상응한다. 그리고 여자—언표의
의미작용은 여자—사건의 계열화와 동일한 의미를 발생시킨다. 이제 이
두 가지 의미화 과정이 어떻게 겹쳐지는지 살펴보자.

  위의 도표는 여자라는 언표가 의미의 소우주 속에 의미를 생성시키는
과정을 나나타낸다. 그런데 그런 의미적용의 관계들은 인간의 삶에서 여
자의 의미를 만드는 사건들의 계열화이기도 하다. 먼저 도표에서 여자
↔남자는 언표(의미소)들의 대립이기도 하시면 규율을 지닌 사회에서의
인물들간의 대립(일종의 사건)이기도 하다. 또한 여자 아님($\bar{S}$)은 남자가
자신의 방식으로 삶을 살아가는 세계를 나타낸다. 여기서 여성성이 부재
함은 남자의 삶이 남성중심적임을 의미한다. 이는 남자↔여자의 이항
대립의 관계가 남자를 중심으로 여자를 억압(배제)하는 동일성의 세계이
기도 함을 암시한다.25) 따라서 여자—남자—여자 아님의 선은 남성중심
적인 사회에서의 몰적 선분에 의한 사건의 계열화로 볼 수 있다.

  반면에 남자 아님($-\bar{S}$)은 여자—남자—여자 아님이라는 몰적인 삶에서
억압(배제)된 것들을 나타낸다. 그러므로 여자—남자—여자 아님에서 남
자 아님으로서의 연결은 남성중심적인 몰적 삶에서 이탈하는 선(유연한
분자적 선)을 보여준다. 여자는 남성중심적인 세계에서 남자와 갈등하면
서(여자↔남자), 때로는 남성처럼, 또 때로는 사물처럼($\bar{S}$, 여자 아님) 살아
갈 수도 있다. 그러나 다른 한편 여자는 그 같은 남성중심적 사회에서
이탈하려는 욕망($-\bar{S}$, 남자 아님)을 드러내기도 한다. 여자는 남성중심적인
사회에서 남자와 대립하며 살아가지만(몰적인 선분), 또한 내면적으로는
'부재하는 여성성'($\bar{S}$)과 여성성($-\bar{S}$) 사이에서 동요하는 상태에 있게 된

---

25) 그 점은 여자 아님(남성성……)이 사회적으로 인정되는 언표들인 반면 남자 아님(여
  성성……)이 인정받지 못하는 언표(타자)들인 점에서도 알 수 있다.

다. 그 같은 내면의 동요는 사회의 규율에서 벗어난 자연 상태에서는 몰적 선분에 균열을 내는 이탈의 선(유연한 분자적 선)을 그림을 의미한다. 그러나 다시 사회적 세계에서는 남자와의 대립에서 남자의 동일성에 예속되는 삶으로 돌아온다(-S̄ → S). 그 같은 복합적인 관계들을 통해 나타나는 것은 여자라는 언표(의미소)의 의미인 동시에 여자가 인간의 삶 속에서 만드는 사건의 의미이기도 하다.

이처럼 그레마스의 사각형에서 이항대립의 관계는 권력을 지닌 항목(남자)이 자신의 세계에서 대립된 항목(여자)을 예속시키는 몰적인 삶의 관계로 연결된다(여자-남자-여자 아님). 그러나 다른 한편 예속된 항목(여자)은 예속된 삶(여자 아님)과 이탈된 삶(남자 아님) 사이의 동요를 통해 몰적 삶에 균열을 내는 유연한 분자적 선을 그리게 된다. 여기서 일시적인 이탈은 원래의 위치(여자↔남자)로 돌아오며 사회적 규율에 예속되는 폐쇄회로를 보여준다. 하지만 이탈의 방향을 암시하는 제4항(-S̄)에 의해 사각형의 선들과 관계들은 규율화된 사회(상징계)에 예속되지 않은 역동적인 의미의 공간(상징계와 실재계 사이)을 드러낸다. 따라서 그레마스의 사각형은 이항대립에 폐쇄되지 않는 탈구조주의적인 의미작용을 보여주는 동시에 몰적인 삶을 넘어서는 역동적인 사건들의 계열화를 나타낸다.

4. 서사의 선과 의미의 생성

앞서 살폈듯이 그레마스의 사각형은 푸코의 언표이론과 들뢰즈의 사건의 선이 접합되는 공간은 보여준다. 이 사각형이 이항대립을 넘어서는 의미의 소우주를 보여주는 점은 푸코의 언표이론에 상응하는 측면이다.

다른 한편 이항대립에 근거한 동일성의 세계(몰적인 삶)를 넘어서서 이탈의 선을 제시하는 점에서는 들뢰즈의 세 가지 선을 암시한다.

그리고 바로 그 점 때문에 이 사각형은 들뢰즈의 세 가지 선으로 설명할 수 있는 근대소설의 다양한 유형에 적용될 수 있다. 예컨대 이항대립에 근거한 동일성의 세계를 표시하는 선(S--s-s̄)은 이른바 총체성을 상실한 근대세계의 사회를 보여준다. 또한 동일성의 세계(몰적인 삶)에서 억압(배제)되었던 요소들이 다시 나타나는 위치(-s̄)는 총체성을 잃어버린 세계에서 영혼을 입증하는 순간이라고 할 수 있다. 이항대립에서 예속된 항목(S)이 예속의 위치(s̄)와 이탈의 위치(-s̄)로 이중화되는 것은 근대소설의 아이러니에 상응한다.

그레마스의 사각형에서 이항대립으로 표상되는 세계는 규율화된 사회를 의미하며 그 반대의 세계는 규율에 의해 억압되었던 것이 나타나는 자연을 뜻한다.26) 그러나 근대소설에서는 해방된 본능을 지향하는 자연이 주로 인물의 내면이나 욕망으로 드러난다. 따라서 앞의 도표에서의 자연의 자리에는 내면이나 욕망이 나타날 수 있다. 내면의 욕망은 규율화된 사회에 예속된 것(s̄)과 그로부터 이탈하려는 것(-s̄)으로 이중화되어 드러난다.

이제 그레마스의 사각형을 앞장에서 살펴봤던 근대소설들에 적용시켜보자. 그레마스의 사각형은 근대소설 중 무엇보다도 비판적 리얼리즘에 잘 적용되는 측면을 지니고 있다. 그것은 이항대립에 근거한 몰적인 삶(동일성의 세계)을 드러내면서(S--s-s̄), 또한 그 삶에 균열을 내는 아이러니적인 이중성(S-s̄, S--s̄)을 보여주기 때문이다. 현진건의 「운수 좋은 날」을 통해 그 과정을 살펴보자.

---

26) 김성도, 『구조에서 감성으로』, 고려대 출판부, 2002, 161면. 여기서는 레비스트로스의 신화론을 적용해 설명하고 있다.

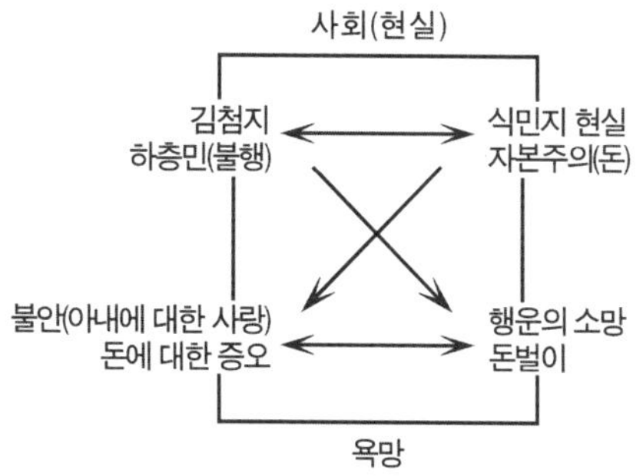

그레마스 사각형에서 각 항목들은 인간의 삶에 연관될 경우 동의어적 병렬관계로 나타날 수 있다. 그것은 인간의 삶에 관한 언표나 사건(인물, 사물)들은 동의어적 병치의 다의성을 지니기 때문이다.27) 위의 도표에서 각 항목들이 몇 개의 언표(사건·인물·사물)들로 병기된 것은 그런 다의성을 의미한다.

「운수 좋은 날」은 식민지 자본주의 현실에서 돈으로부터 소외된 채 '불행'하게 살아가는 '하층민' 김첨지의 이야기이다. 여기서 김첨지와 동의어적 관계에 있는 '하층민'은, '자본주의'·'상류층'(언표) 등과 대립되는 하나의 '언표'인 동시에, 자본주의 사회에서 불행하게 살아가는 '인물'이자 그가 겪는 '사건'이라고 할 수 있다. 따라서 이 소설은 그 같은 하층민이라는 '언표'의 의미작용을 보여주는 진행이면서, 또한 자본주의 현실에서 하층민 인물이 경험하는 '사건'의 의미를 담은 작품이다.

사회의 주변부(하층민)에 위치한 김첨지는 더 이상 떠밀리지 않고 사회에 동화되기 위해 (인력거를 끌며) 돈벌이에 열중한다. 손님이 줄을 잇는 행운 속에서 그는 신이 나서 다리를 움직이는데, 그것은 그에게 행운이란 빈궁에서 벗어나 남들처럼 행복하게 살 수 있다는 희망을 뜻하기 때문이다. 따라서 도표에서 김첨지－자본주의(돈)－돈벌이(행운)는 김첨지가 자본주의라는 몰적인 삶에 동화되기 위해 애쓰는 사건의 전개를 보여준다.

---

27) Fredric Jameson, op. cit., pp.xv~xvi.

그러나 김첨지는 인력거가 멎는 순간 자신도 모르게 불행한 삶과 병든 아내의 생각으로 불안감에 사로잡힌다. 그 순간 그는 몰적인 삶에 동화되려 애쓰는 동안에는 '지각할 수 없었던' 사회에서 떠밀리는 자신의 모습을 발견하는 것이다. 노동으로 더운 땀이 흐를 때는 느낄 수 없었지만, 인력거를 멈추고 굶주린 배에서 한기가 솟아나자, 그는 '돈이 얼마나 괜찮고 괴로운 것'28)인지 깨닫는다. 이처럼 돈벌이에 신이 나면서도 자신도 모르게 불안해지는 심리나, 돈을 기쁨과 고통의 대상으로 인식하는 것, 그리고 돈에 대한 애정과 증오의 감정 등은, 식민지 자본주의 사회(몰적 삶)를 살아가는 하층민 김첨지의 아이러니적인 삶을 보여준다(김첨지―돈벌이·행운, 김첨지―불안·돈에 대한 증오).

김첨지가 경험하는 아이러니는 그가 몰적인 삶에 동화되려 애쓰면서도 다른 한편 자신도 모르게 그로부터 이탈함을 드러낸다. 즉, 그는 식민지 자본주의라는 몰적인 삶을 살아가는 동안 어쩔 수 없이 그 삶에 균열을 내는 분자적 선을 그리게 된다. 몰적인 선분에서 이탈하는 그 같은 분자적 선은 돈벌이(그리고 행운)에 대한 욕망과는 구분되는 또 다른 삶의 욕망을 드러낸다. 즉, 돈벌이의 욕망이 몰적 삶에 동화된 욕망이라면, 그와 달리 아내에 대한 사랑은 몰적 삶에서 이탈하는 또 다른 욕망이라고 할 수 있다. 아이러니하게도 김첨지는 몰적 삶에서 밀려난 불행을 대가로 진정한 행복과 욕망이 무엇인지 깨닫게 된 것이다.

물론 소설의 여행이 끝나고 김첨지는 불행한 식민지 현실로 되돌아온다(김첨지 ↔ 자본주의·돈). 이처럼 그레마스의 사각형은 좀처럼 벗어나기 어려운 식민지 현실의 폐쇄회로를 보여준다. 그러나 아이러니를 통해 드러난 사각형의 제4항, 즉 몰적 삶에 균열을 내는 진정한 행복에 대한 욕망(아내에 대한 사랑)은, 하층민 김첨지의 삶의 의미를 역동적으로 만든다. 김첨지는 몰적 삶(김첨지―자본주의·돈―돈벌이)에서 불행하게 살아가는 하

---

28) 현진건, 「운수 좋은 날」, 『조선의 얼굴』, 문학과비평사, 1926, 179면.

층민이지만, 또한 바로 그런 위치로 인해 그 삶에 균열을 내는 이탈의 선(유연한 분자적 선)을 그리게 된다. 이처럼 몰적 선분과 분자적 선을 그리는 역동적인 운동이, 식민지 현실의 하층민이라는 '언표'의 의미작용인 동시에, 그를 드러내는 '사건'의 의미화(계열화)과정이라고 할 수 있다. '식민지 자본주의 사회에서의 하층민의 삶'이라는 이 소설의 '의미'는, 그처럼 그레마스 사각형의 다양한 항목들의 역동적인 의미작용을 통해 생성되고 있다.

「운수 좋은 날」같은 비판적 리얼리즘에는, 몰적인 삶에 동화되려는 욕망과 이탈하려는 욕망을 지닌 이중적인 중도적 주인공이 등장한다. 중도적 주인공에는 소시민, 지식인, 도시빈민, 미각성 상태의 민중(하층민) 등이 해당된다. 이들 중에는 김첨지처럼 자본주의 사회와 대립관계에 있는 경우도 있지만, 그 환경에 동화되어 안주하려는 인물도 있다. 예컨대 이창동의 「녹천에는 똥이 많다」의 준식 같은 경우이다.29) 이런 인물은 자신이 지닌 이중성을 애써 외면하고 자본주의 사회에서 행복한 삶을 실현하기 위해 노력한다. 그러나 소설의 진행은 그가 꿈꾸는 행복한 삶이 오욕의 삶임을 드러내어 숨겨진 이중성을 발견하는 과정으로 전개된다.

준식처럼 환경에 안주하려는 인물의 경우에는 현실과의 대립관계보다는 그와 상반되는 삶의 위치가 그려진다. 준식과는 달리 순수한 이상을 포기하지 않음으로써 생을 압류당한 채 살아가는 동생 민우가 그에 해당된다. 따라서 이 소설에서 이항대립은 '현실에서 행복을 추구하는 삶(녹천의 아파트)'과 '순수함의 대가로 억류된 채 살아가는 삶(수배된 민우)'의 관계로 나타난다.

---

29) 준식은 현실에 안주하려는 소시민적 인물이라고 할 수 있다. 소시민적 주인공에는 준식처럼 현실에 안주하려는 인물도 있지만 그 반대 방향으로 나아가 현실에 대립하는 인물로 있다.

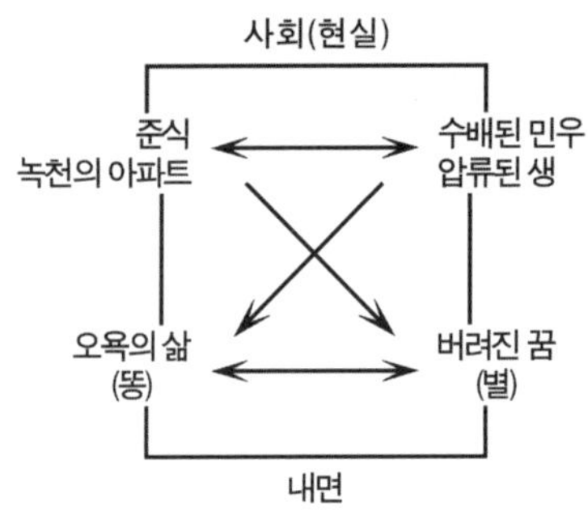

신도시 녹천의 아파트에서 행복을 꿈꾸는 준식에게는 운동권 동생(이복동생) 민우의 출현이 위협적인 사건일 수밖에 없었다. 민우는 준식이 이미 오래 전에 포기한 순수함('버려진 꿈')의 표상으로서, 준식의 숨겨진 이중성을 노출시켜 동요하게 만들기 때문이었다. 준식이 취중에 자신도 모르게 울분을 드러내는 이중성을 보인 것은 그런 동요 상태를 암시한다. 더욱이 민우의 순수함에 매혹된 아내의 변화는 준식에게 중요한 위협이 아닐 수 없었다. '녹천의 아파트'라는 행복한 보금자리에 위험을 느낀 준식은 마침내 민우를 경찰에 신고한다.

그러나 준식은 민우가 검거된 후 비로소 자신의 동요 상태를 직시하게 된다. 경찰을 피해 함께 뛰던 동생이 붙들린 후, 준식은 아무런 이유도 없어 계속해서 달아나는 자신을 발견한다. 생을 압류당한 것은 민우만이 아니며 준식 자신도 수배의 그늘에서 쫓기고 있었던 것이다. 준식은 민우가 사라짐으로써 이제 자신의 내면에만 남게 된 순수함의 꿈('별')을 똑바로 바라본다. 준식 자신의 신고에 의해 민우는 더 이상 행복한 일상의 위험물로 존재하지 않게 되었다. 그러나 민우의 출현은 준식의 내면에 오래 전부터 있어 왔던 순결함의 욕망을 돌이킬 수 없는 상태로 자극시켰던 것이다. 준석은 하늘의 별(순결함의 꿈)을 바라보며 자신의 녹천의 아파트가 똥구덩이 같은 오욕의 세상에 의해 지지되고 있음을 깨닫는다. 준식의 행복의 표상인 아파트는 그의 버려진 순결함의 대가였던 것이다.

이처럼 현실에 동화된 욕망과는 구분되는 순결함의 욕망을 발견함으로써, 준식은 몰적인 삶에 균열을 내는 분자적인 선을 인식한다. 물론 나약한 소시민인 그는 행복한 일상이 오욕의 대가임을 인식하면서도 다시 그 보금자리로 되돌아오지 않을 수 없게 된다. 그러나 그는 이제 '잃어버린 순결함과 품위'라는 상실감을 지닌 채 살아가지 않을 수 없을 것이다. 그처럼 준식의 내면에 뚫린 구멍을 조명함으로써, 자본주의 사회에서의 '소시민적 일상'을 역동적인 상태로 드러내는 것이 이 소설의 '사건'의 '의미'이다.

그레마스의 사각형이 보여주듯이, 비판적 리얼리즘에 나타나는 이중성과 아이러니는 주인공의 몰적 삶에 가려져 '지각되지 않은 상태에서' (자신도 모르게) 발생하는 이탈의 선이다. 그에 반해 사회주의 리얼리즘은 그런 아이러니에 그치지 않고 사회 모순에 대한 의식적인 자각과 실천 행동에까지 나아가는 (사건의) 전개를 보여준다. 그것을 위해 사회주의 리얼리즘은, 사회적 모순의 본질을 명확히 드러내고 그에 저항하며 이탈하는 집단적 인물들의 탈주선을 그린다. 한 예로 강경애의 『인간문제』를 통해 그 점을 살펴보자.

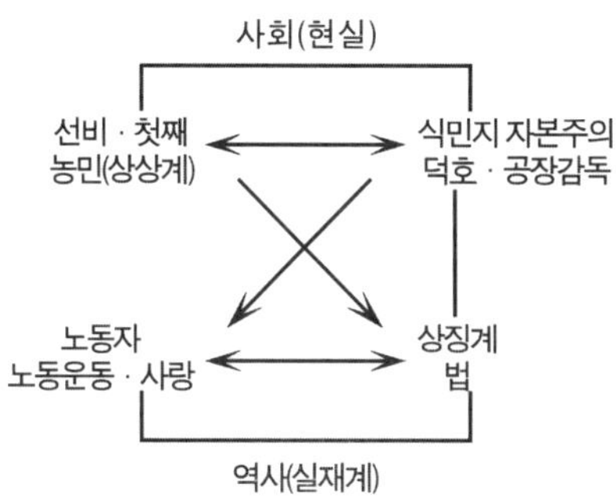

사회주의 리얼리즘에서는 사회적 모순의 본질을 분명히 인식하는 것

이 중요한데, 『인간문제』에서는 그것이 첫째와 선비의 '성장의 서사'로 나타나고 있다. 두 사람의 성장의 서사와 현실인식의 과정은 다음과 같이 설명된다. 먼저 옛고향(황해도 용연)에서 청년기를 보내는 선비와 첫째는 아직 성인에 이르지 않은 상상계(혹은 기호계[30])의 심리적 단계를 보여준다. 이 시절에 특징적으로 나타나는 첫째의 떡에 대한 집착과 선비의 달걀에 대한 애착은, 상상계(기호계)적 단계의 심리적 성격을 잘 드러낸다.[31] 그러나 덕호의 착취를 경험하며 첫째는 법(식민지 자본주의의 법)에 대한 질문을 통해 차츰 현실의 모순에 대한 각성된 의식을 갖게 된다. 선비 역시 노동자가 된 후 덕호의 성적 유린의 본질을 뼈아프게 통찰하며 첫째에 대해 사랑을 느끼게 된다. 첫째와 선비의 이런 변화과정은 '상상계'-'상징계'-'역사로서의 실재계'로 나아가는 전개로 볼 수 있다. 두 사람의 성장의 서사는 상징계='법'을 내면화하는[32] 대신 상징계='식민지 자본주의'와 단절하고 그에 저항하는 역사적 실천으로 나아간다. 그처럼 새로운 삶을 창조적으로 생성시키는 데에는 첫째와 선비의 사랑이 중요한 요소가 되고 있다. 또한 그들의 역사적 실천으로서의 노동운동은, 설령 실패하더라도 원래의 지점(상상계나 상징계)으로 되돌아 갈 수 없는데, 그것은 그들의 실천적 행동이 몰적 삶(식민지자본주의=상징계)과 단절된 탈주선을 그림을 의미한다. 사회현실(몰적 삶)에서 이탈하는 '내면'의 분자적 선을 드러내는 비판적 리얼리즘에서는 아이러니적 동요에도 불구하고 원래의 위치로 다시 돌아가는 폐쇄회로를 보여준다. 반면에 내면의 동요(아이러니) 대신 '역사적 실천(실재계)'을 그리는 사회주의 리얼리즘은 몰적 삶과 단절되는 탈주선을 통해 식민지 현실의 폐쇄회로

---

30) 기호계(크리스테바의 용어)는 아직 상징계를 경험하기 이전의 단계이지만 화해의 욕망을 지닌 긍정적인 측면을 지니고 있다.

31) 김현경, 「인간문제에 나타난 현실반영과 여성의 자기 발견」, 교원대 석사논문, 2004, 23~24면.

32) 자본주의적 상징계를 내면화하면서 사회화되는 것이 바로 오이디푸스화에 의한 성장이다.

를 열어젖히게 된다. 그 같은 폐쇄회로의 해체는 닫힌 상징계(식민지 현실)를 넘어서서 역사의 공간으로 나아감을 의미한다.

이제까지 살펴본 리얼리즘 소설들은 인물과 환경의 상호작용을 통해 몰적 삶의 과정을 그레마스의 사각형 위에 분명히 드러내고 있다. 그에 반해 인물과 환경의 괴리를 그리는 소설들에서는 몰적 삶에 포개져 있는 경우에도 그것보다는 내면의 방황에 더 초점이 맞춰지게 된다. 한 예로 인물 / 환경의 괴리로 인한 낯선 두려움을 드러내는 소설(성장·유랑·서정소설) 중에서 성장소설인 박완서의 『나목』을 살펴보자.

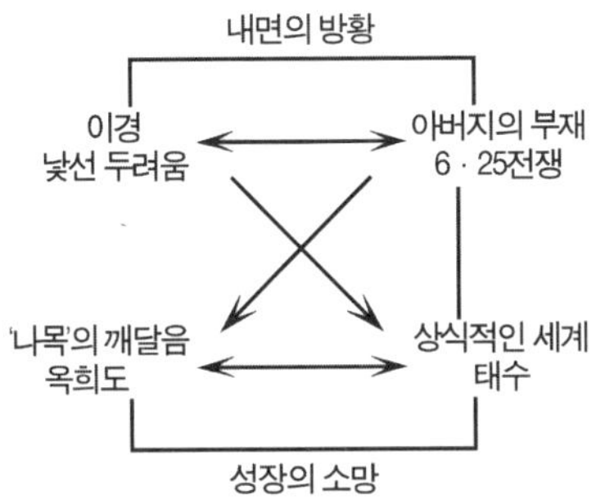

『나목』의 이경은 아버지의 부재와 전쟁의 상황 속에서 사회적 규범(상징계)을 내면화하지 못한 채 낯선 두려움에 시달린다. 이 소설에서 인물과 환경의 상호작용을 통해 몰적 삶을 그리는 소설과는 달리, 인물 / 환경의 괴리로 인한 방황의 선(분자적 선)이 전면에 나타난 것은 그 때문이다. 아버지의 부재는 본받을 만한 좋은 아버지(이마고)[33]의 상실을 뜻하며, 나쁜 아버지(이마고)로 상징되는 전쟁의 상황에 대면함을 나타낸다. 이경은 화가 옥희도와의 만남을 통해 아버지의 부재를 보상하고 일시적으로 낯선 두려움에서 벗어난다. 그러나 그녀는 옥희도가 아버지의 환상

---

33) 좋은 아버지의 이마고와 나쁜 아버지의 이마고에 대해서는 프로이트, 정장진 역, 『프로이트 전집』 18, 열린책들, 1996, 119면 참조

이었음을 자각하고, 남성성으로서의 옥희도와 그의 예술세계('나목')를 분리함으로써 태수의 사랑(상식적인 세계)을 받아들인다. 그녀는 태수로 하여금 옥희도에 대한 욕망의 한 부분인 아버지의 환상에 상처를 내게 함으로써 한 남자의 아내가 된 것이다. 하지만 태수의 사랑과 상식적인 세계를 받아들인 후에도 이경의 내면에는 옥희도에 대한 갈망의 또 다른 부분이 여전히 남게 된다. 이경은 옥희도의 유작전에서 봄의 향기에 대한 애달픈 갈망을 담고 있는 '나목'을 보며 그것을 확인한다.34)

이 소설에서 이경이 태수를 통해 상식적인 세계를 받아들인 것은 몰적인 삶에 편입되는 세속적인 성장을 의미한다. 그러나 이경이 세속적인 삶에 안주하지 못하고 옥희도의 그림을 보며 동요하는 것은, 젊은 날의 갈망으로서의 진정한 성장은 몰적인 삶(상식적인 세계) 속에서 얻어질 수 없음을 의미한다. 그 점에서 이경이 '나목'의 의미를 깨닫는 것은 몰적인 삶과 단절된 창조적인 사고로서 탈주의 경험을 뜻한다. 하지만 그 같은 탈주의 순간은 이경에게 내면의 기억으로만 간직될 수 있으며, 그녀는 그 창조적인 깨달음을 내면에 지닌 채 (일상의) 몰적 삶에 포개진 방황의 선으로 돌아오게 된다. 다만 이제 어른의 세계에 편입된 그녀는, 원래의 위치로 귀환하기보다는 태수의 상식적인 세계와 옥희도의 '나목'의 세계 사이에서 동요하게 된다.

창조적인 탈주의 순간을 경험하지만 그 경험을 내면의 기억으로 간직한 채 다시(몰적 삶에 포개진) 방황의 선으로 돌아오는 것은 낯선 두려움을 그리는 소설들(성장·유랑·서정소설)의 공통적인 특징이다. 예컨대 「삼포 가는 길」(황석영)과 「누란의 사랑」(윤후명)에서도 그와 비슷한 사건의 선이 나타난다.

---

34) 나병철, 「여성 성장소설과 아버지의 부재」, 『여성문학연구』 제10호, 한국여성문학학회, 2003.12, 194면.

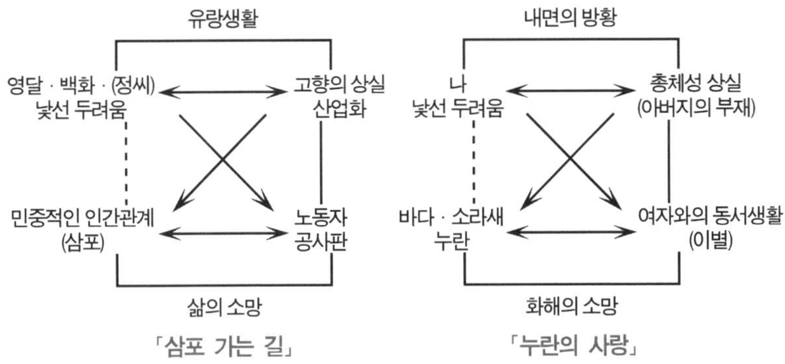

위에서 보듯이 유랑소설과 서정소설에서도 (성장소설처럼) 몰적 삶 대신 방황의 선(분자적 선)이 전면에 그려진다. 물론 두 소설의 인물들은 한편으로 몰적 삶에 편입되어 안정된 삶을 살고 싶은 욕망을 갖고 있다. 예컨대 「삼포 가는 길」의 영달은 공사판에서 일감을 잡아 눌러 앉고 싶어하며 「누란의 사랑」의 '나'는 의미 없는 '동서생활'일망정 여자와의 사랑을 연장시키고 싶어한다. 그러나 다른 한편 인물들은 그런 몰적 삶과의 타협이 무의미함을 깨닫고 진정으로 화해된 또 다른 삶을 소망한다. 즉, 몰적 삶의 비정함과 권태로움에서 벗어나 진정한 인간관계(민중적인 인간관계)를 소망하거나 자연과 신화의 이미지 속에서 화해의 소망을 표현한다. 하지만 인물들은 그 같은 창조적인 경험을 통해 탈주의 순간을 접하지만, 그 경험을 내면에 간직한 채 다시 몰적인 삶(공사판, 무의미한 서식)에 겹쳐진 방황의 선으로 돌아오게 된다.

이처럼 낯선 두려움을 그리는 세 소설들은 타협된 삶(상식적인 세계, 공사판, 무의미한 서식)과 진정한 화해의 소망('나목', 또 다른 '삼포', '소라새') 사이의 동요를 보여준다. 반면에 몰적 삶에 포개진 경험이 나타나면서도 그 같은 타협이나 화해의 표상이 없이 내면과 외부세계 사이의 심각한 분열을 보여주는 것이 바로 내면고백체이다. 내면고백체에서는 방과 여로의 공간이 중요하게 그려지는데, 방의 공간에서는 신경증이나 갑갑증이라는 정신적 질병을 앓는 인물의 내면 상태를 통해, 그가 환경과 심각하게 분열되어 있음이 제시된다. 인물은 그 같은 답답한 상태에서 벗어나기 위해 여로에 나서지만 아무런 화해의 가능성도 얻지 못하고 환멸 속에서 다시 내면으로 돌아오게 된다.

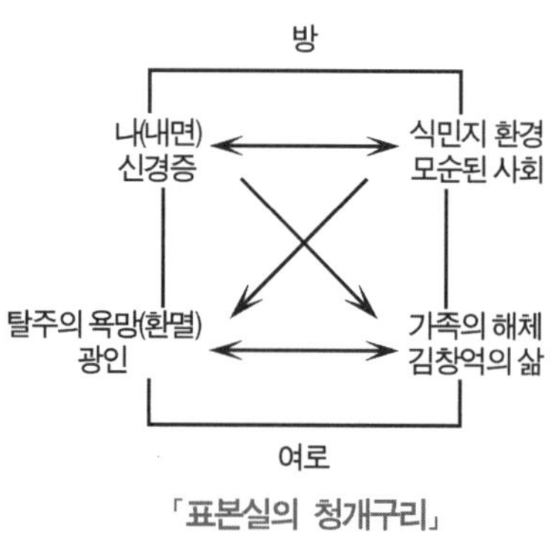

「표본실의 청개구리」

「표본실의 청개구리」나 「만세전」에서처럼 내면고백체의 주인공은 여행길에서 모순된 현실에 실망하고 환멸을 느끼며 내면으로 되돌아온다. 그 같은 환멸은 주인공의 내면의 이상(계몽이념)과 사회현실이 심각하게 분열되어 있음을 나타낸다. 물론 「표본실의 청개구리」에서는 여로에서 광인 김창억을 만나 탈주의 욕망을 확인하기도 한다. 그러나 그런 탈주의 욕망 역시 광인이 현실에 적응할 수 없는 냉엄한 실상을 인식하며 환멸로 귀결된다. 내면고백체에서 주인공의 여로의 경험은 이처럼 탈주의 욕망이 환멸로 귀결되기도 하고(「표본실의 청개구리」) 현실에 대한 환멸이 탈주의 욕망으로 이어지기도 한다(「만세전」, 『광장』). 하지만 두 경우 모두 여로에서 다시 내면의 공간으로 회귀하는 것이 공통점이다. 이처럼 탈주의 욕망이나 환멸을 통해 몰적 삶과 단절을 이루지 못하고 다시 내면으로 회귀하는 것은 주인공의 내면에 건강한 근대적 삶(몰적 삶)에 대한 소망을 지닌 계몽이성이 존재하기 때문이다.

내면과 외부세계의 심각한 분열을 그리는 또 다른 소설은 모더니즘이다. 모더니즘에서도 내면고백체에서처럼 외부세계와 분열된 내면을 발견하는 방과 여로의 공간이 중요하게 그려진다. 또한 내면고백체에서 인물이 환경과 유리되어 신경증에 시달리듯이, 모더니즘의 인물은 사회로부터 소외된 채 분열증을 경험한다. 그러나 내면고백체의 인물이 방의 공간에서 신경증(갑갑증)으로 질식할 듯한 답답함을 겪는 것과는 달리, 모더니즘의 인물은 분열증을 경험하면서도 탈주의 욕망 속에서 창조적인 유희에 빠져든다. 그것은 내면고백체의 인물이 계몽이념을 신봉함으로써 이상과 분열의 고통을 경험하는 반면, 모더니즘의 인물은 계몽이념의 신뢰를 버림으로써 '고아 상태 무의식' 속에서 창조적인 사유를 할 수 있기 때문이다. 하지만 방의 공간에서의 창조적인 사유는 유아론적인 유희에 그치는 한계를 갖고 있다. 모더니즘의 인물이 방의 공간을 벗어나 여로에 나서는 것은 그 때문이다. 그 같은 방에서의 경험과 여로의 경험은 다음과 같이 표시될 수 있다.

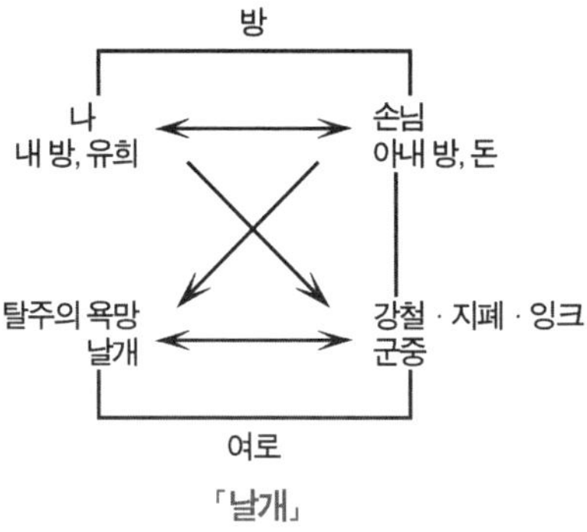

「날개」의 경우 '나'의 외출은 아내와 손님의 관계와 돈에 대한 궁금증을 풀기 위한 것으로 나타난다. 돈을 중심으로 아내 방에서 벌어지는 기이한 풍경은 내 방에서의 연구(유아론적 사유)만으로는 해결할 수 없는 비

밀이었던 것이다. 또한 마지막 순간에 집을 나선 것은 '나'와 손님의 대립을 통해 아내와 '나'의 절름발이 관계(절름발이 부부)를 감지했기 때문이다.

그러나 '나'는 여로에서도 아무와도 관계를 갖지 못하며 돈의 비밀을 풀지도 못한다. '나'의 여로의 경험은 방에서 내면으로 경험하던 소외와 탈주의 욕망을 외부세계(거리)의 공간에서 보다 분명하게 실감하는 것으로 볼 수 있다. 방의 공간에서 나와 유리된 알 수 없는 세계가 손님과 아내의 거래였다면, 거리(여로)에서 '나'에게 소외를 경험하게 한 것은 강철과 지폐와 잉크가 부글부글 끓는 군중들의 세계였다. 손님의 세계나 군중의 세계는 일종의 몰적인 세계이지만, '나'와 아무 상관없는 그 삶은 사회적 관계가 아니라 '나'의 비동일성의 시선에 비쳐진 것일 뿐이다. 따라서 「날개」에는 몰적인 삶에 포개진 사회적 경험이 나타나지 않는다.

아무 것에도 의존하지 않는 '나'는 고아 상태의 무의식 속에서 탈주의 욕망을 갖게 되는데, 그 욕망은 아내가 있는 집(방)으로도 (여로의) 군중들 속으로도 돌아갈 수 없음을 깨닫는 순간에 나타난다. 내면고백체에서는 사회적 삶(몰적 삶)과 단절되지 못한 내면으로 회귀하지만, 모더니즘에서는 몰적 삶에 향수를 느끼면서도 다시 돌아갈 수 없다는 단절감 속에서 내면으로 탈주한다. 위의 도표에서 폐쇄회로가 열어젖혀진 것은 몰적 삶과 단절된 탈주의 욕망을 의미한다. 그처럼 모더니즘의 탈주는 화해를 소망하는 내면으로의 탈주이자 그 내면에서 세계와 화해될 수 없다는 단절의 인식(부정적 인식)이기도 하다. 세계와 단절된 상태에서 화해를 소망하는 그런 내면의 탈주의 욕망은 경험자아의 경험을 재창조하는 서술자아(혹은 화자)의 미학적 혁신으로 나타난다.

모더니즘에서 탈주의 공간이었던 그 같은 내면과 예술마저 자본과 도구적 이성에 예속화될 때 우리시대의 포스트모더니즘이 나타난다. 포스트모더니즘은 내면에서 다시 삶으로 돌아오지만 그 삶은 욕망, 무의식, 예술(문화)마저 권력에 회유된 상태로 경험된다. 그처럼 탈주의 공간을 잃어버린 현실에서, 포스트모더니즘의 주인공은 메타픽션의 방식으로 현실 자체를 해체하거나, 합리주의적 현실과 단절된 다른 공간으로 탈주한다.

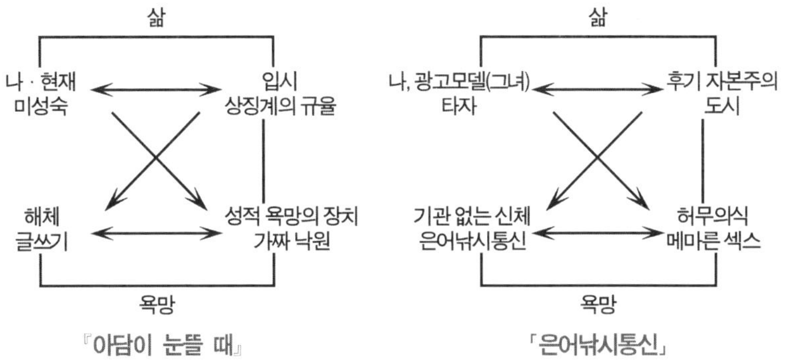

위에서처럼 포스트모더니즘에는 내면의 공간(방) 대신 구체적인 삶의 공간이 그려진다. 그러나 그 삶은 자본과 권력에 예속된 욕망(성적 욕망의 장치[35])의 삶으로서 회유된 분자적 선을 그리게 된다. 예컨대 후기자본주의 사회의 성장소설인 『아담이 눈뜰 때』의 주인공들(나, 현재)은 상품화된 소비적인 성적 욕망을 통해 성인의 세계에 눈을 뜨게 된다. 또한 후기자본주의의 목가[36]로 불리는 「은어낚시통신」의 주인공들은 만날 때마다 성적 관계를 갖지만 그 메마른 섹스를 통해 허무의식에 빠질 뿐이다.

포스트모더니즘의 주인공들은 그 같은 회유된 분자적 선의 끝에서 탈주의 욕망을 느끼며 현실의 삶과 단절된 다른 공간으로 탈주를 시도한다. 즉, 『아담이 눈뜰 때』의 '나'는 성적 욕망의 장치에 포획된 '가짜낙원'을 인식하며 메타픽션적 글쓰기를 통해 현실을 탈영토화(해체)한다. 메타픽션적인 글쓰기[37]는 현실을 해체함으로써 글을 쓰는 동안 예속된

---

35) 푸코, 이규현 역, 『성의 역사』, 나남, 1990, 91~144면.

36) 남진우, 『숲으로 된 성벽』, 문학동네, 1999, 203~234면.

37) 메타픽션이란 소설이 글쓰기의 과정임을 드러내어 리얼리티의 환영을 해체하는 기법을 말한다. 메타픽션의 해체의 방법은 실상 현실이 일종의 글쓰기임을 암시한다.

욕망의 주체를 해체하는 방법이다. 또한 「은어낚시통신」의 '나'와 그녀
는 밀교적 공간('은어낚시통신' 모임)에서 은어되기를 통해 기관 없는 신체
로 회귀함으로써 예속된 욕망의 주체를 해체한다.

　『아담이 눈뜰 때』나 「은어낚시통신」에서 글쓰기나 밀교적 공간으로
탈주하는 것은 현실의 공간에서 다른 공간으로 달아나는 것은 아니다.
다른 공간으로 '탈주'한다는 것은 닫힌 현실(상징계)의 벽을 열어젖혀 탈
영토화시킴으로써 상징계와 실재계의 사이의 공간에 위치하는 것을 뜻
한다. 그 위치는 현실의 상징계도 다른 공간도 아닌 또 다른 위치로서의
제3의 공간38)을 의미한다. 포스트모더니즘은 상징계(닫힌 현실)와 실재계
(the Real)가 접촉하는 그 '사이'의 공간으로 탈주함으로써 역사(일종의 실재
계의 영역)를 향해 열려진 또 다른 리얼리티(현실)를 드러낸다.

5. '부정의 부정'과 해체

　이제까지 그레마스의 사각형이 들뢰즈·가타리가 말한 다양한 사건
의 선의 결합을 표시할 수 있음을 살펴보았다. 이 같은 사실은 사각형이
나 사건의 선이 의미의 생성과 사건의 전개의 만남을 보여줌을 뜻한다.
이 의미와 사건의 만남은, 다른 말로 사유(인식)와 서사, 담론과 이미지(시
뮬라크르), 말하려는 것과 그리려는 것(그려지는 것)의 조우라고도 할 수 있
다. 다시 말해, 사유(인식)는 서사와 만나는 지점에서 생성될 수 있으며,
서사는 이미 사유로서의 의미의 생성을 포함한다고 볼 수 있다.
　그레마스의 사각형과 들뢰즈·가타리의 사건의 선의 만남에서 또 하

---

38) 호비 바바, 나병철 역, 『문화의 위치』, 소명출판, 2002, 91~93면, 207면, 357면.

나 중요한 사실은 그 서사적 선들이 근대소설의 다양한 양식들을 모두 보여줄 수 있다는 점이다. 이는 다양한 근대소설들이 각기 다른 방법으로 대서사(몰적 선분)와 미시서사(분자적 선, 탈주선)의 만남 속에서 몰적 삶을 해체하는 서사를 드러내기 때문이다. 각기 다른 서사적 선을 보여주면서도 그레마스 사각형의 제4항은 늘상 그런 해체의 위치를 드러낸다. 사각형의 제4항이 그 같은 이탈·해체·탈주의 위치를 표시할 수 있다는 것은, 그곳이 사각형에 나타난 변증법적 부정의 부정의 위치이기 때문일 것이다.[39] 즉 사각형의 출발점인 이항대립은 현실의 모순된 관계(제1의 부정)를 의미하며 사각형의 제4항은 그것이 역전된 또 다른 부정(제2의 부정)을 나타낸다. 새로운 삶을 전망하는 그 같은 변증법적 부정의 부정의 위치는 탈구조주의적 해체와 탈주의 위치에 다름이 아니다. 그 점에서 그레마스의 사각형은 의미와 서사의 만남뿐만 아니라 변증법[40]과 해체론(탈구조주의), 거시이론과 미시이론의 접합을 보여준다.

6. 대화로서의 서사 —바흐친의 대화이론

이제까지 살펴본 들뢰즈·가타리의 사건의 철학과 그레마스의 사각형은 '선으로서의 서사'에 대한 논의였다. 그 두 '사건의 선' 이론은 의미와 사건의 만남을 통해 사유(인식)와 서사의 변증법을 보여준다. 서사는 의미의 생성을 통해 사유의 양식이 되며, 모든 사유는 심층에 이미 서사를 포함하고 있는 것이다.[41]

---

39) Fredric Jameson, op. cit., p.xvi.

40) 헤겔식의 변증법이 아니라 마르크스적인 유물변증법을 말한다.

41) Fredric Jameson, op. cit., p.xi. 그레마스의 사각형에 대한 논의에서 이 점을 밝히고

예컨대 신화의 구조와 야생의 사고를 가로지르는 레비스트로스의 연구는 그것을 가장 잘 보여준다.[42) 또한 과거에 '사상'으로 불리던 담론들을 '서사'로 지칭하는 현대적 용법 역시 사상(사유)과 서사의 교섭을 나타낸다. 즉, 오늘날 계몽'사상'이나 헤겔'주의', 마르크스의 '사상' 등을 대'서사'로 부르는 것은 사유와 서사의 만남을 암시한다.

대서사라는 명칭이 사상(사유)과 서사의 변증법을 서사 외부 공간에 적용시킨 경우라면, 그 양자(사상과 서사)의 교섭을 소설 내부에서 조명한 것이 바로 바흐친의 대화이론이다. 바흐친은 사건에 휘말린 사상은 그자체가 이미 사건이라고 말하고 있다.[43) 즉, 소설 내부에 끌어들여진 사상은 구체적인 사건으로 발전되기 이전에 이미 스스로 사건으로 작용하고 있는 것이다. 예컨대 『삼대』에서 조덕기와 김병화의 만남과 (대화)는 그 자체가 하나의 사건으로서 제시되고 있다.

들뢰즈(가타리)가 사건의 선이 의미의 생성을 통해 사유로 나갈 수 있음을 말했다면, 바흐친은 사건의 맥락(소설)에 들어온 사상은 스스로 사건의 선으로 전개됨을 논의하고 있는 것이다. 들뢰즈의 논의는 소설 외부(현실)에서 사건이 사유와 정치학으로 발전할 수 있음을 사사한다.[44) 그 반대 방향에서 바흐친은 소설 내부에서 사유와 사상이 사건이 됨을 말하고 있다.

들뢰즈의 논의가 사건의 선(몰적 선분, 분자적 선분, 탈주선)이 정치학(거시정치, 미시정치)으로 연결됨을 암시한다면, 바흐친은 그 반대로 사상(관념)의 사건화를 주장하고 있는 것이다. 들뢰즈가 사건에서 담론(정치학)으로

있다.

42) Fredric Jameson, Ibid., p.xi.

43) 바흐친, 김근식 역, 『도스또예프스끼 시학』, 정음사, 1988, 15면.

44) 물론 들뢰즈는 소설에 대해 논의하기도 한다(들뢰즈·가타리, 김재인 역, 『천개의 고원』, 새물결, 2001, 367~394면). 이는 현실과 소설 사이의 경계를 설정하는 것이 적절하지 않기 때문이다. 그러나 사건의 선을 정치학으로 연결시키는 논의는 일차적으로 현실에 관한 것이다. 즉, 몰적 선분은 거시정치에 연관되며 분자적 선분과 탈주의 선은 미시정치에 관련된다.

나아가는 반면, 바흐친은 사상적 담론에서 사건으로 진행하고 있다. 이처럼 두 사람의 논의는 방향이 다르지만 사유(사상)와 서사(사건)의 만남을 말하고 있는 점에서는 일치된다.

더욱이 흥미로운 것은 들뢰즈의 '선으로서의 서사'와 바흐친의 '담론으로서의 서사'의 분류기준이 서로 상응하는 점이다. 즉, 들뢰즈는 사건의 선을 몰적 선분, 분자적 선분, 탈주선으로 구분한다. 또한 바흐친은 담론으로서의 소설을 독백적 소설과 대화적 소설로 나누고 있다. 그런데 그 같은 (들뢰즈와 바흐친의) 사건과 담론의 분류에서, 독백적 소설은 몰적 선분에, 대화적 소설은 분자적 선분—탈주선에 각각 상응한다.[45]

몰적 선분은 그 안에 포함된 분자들이 동일하게 움직일 것을 요구하며 하나의 이념과 코드에 의해 모든 것을 통합한다.[46] 사건의 선으로서의 몰적 선분은 그처럼 동일한 방향으로 운동하는 삶을 의미하는데, 그에 대응하는 정치학은 '거시정치'이다. 또한 오늘날 대서사로 불리는 메타 담론을 기획하는 사상들(계몽사상, 헤겔주의, 마르크스의 사상) 역시 몰적 선분과 연관되어 있다.

반면에 분자적 선분과 탈주선은 몰적 선분에서 이탈하는 분자적 흐름을 말하며, 하나의 이념과 코드로 통합될 수 없는 탈코드화되고 탈영토화된 흐름을 지향한다. 사건의 선으로서의 그 같은 분자적 선분과 탈주선에 상응하는 정치학은 '미시정치'이다. 탈구조주의자들이 말하는 미시서사나 68혁명을 이끈 새로운 사상이 그런 분자적 선분 및 탈주선과 관련된다.

한편 바흐친의 독백적 소설이란, 작가의 사상(담론)이 인물들을 지배하고 작품 안의 세계와 정신의 구석구석에까지 스며들어 모든 것을 통합

---

45) 좀더 정확히 말하면 대화적 소설은 몰적 선분에서 분자적 선분이나 탈주선으로 이탈하는 순간들을 그린다.
46) 들뢰즈·가타리, 김재인 역, 앞의 책, 397~440면; 이진경, 『노마디즘』 1, 휴머니스트, 2002, 608면, 724면.

하는 소설을 말한다.47) 마치 몰적 선분이 현실 세계 속의 분자들을 통합하는 것처럼 독백적 소설은 소설세계 내의 인물들과 사건들을 통합한다. 또한 몰적 선분이 통일된 거시정치와 사상으로 이어지듯이 독백적 소설의 사상은 소설 내부의 통일된 사건의 선으로 연결된다.

그에 반해 대화적 소설에서는 작가의 사상(담론)에서 이탈하는 인물들의 사상과 담론이 나타나며, 독백적인 통일성을 파괴하는 다성적인 흐름이 제시된다.48) 흡사 분자적 선분과 탈주선이 몰적 선분에서 이탈하는 흐름을 만드는 것처럼, 대화적 소설은 작가의 사상(담론)에서 벗어난 이질적인 인물들의 사상과 담론을 드러낸다. 또한 분자적 선분과 탈주선이 다양한 분자적 욕망49)에 기초한 미시정치와 사상으로 이어지듯이, 대화적 소설은 통합될 수 없는 인물들의 대화적 관계 자체를 사건화한다.

이처럼 들뢰즈의 사건의 선과 두 가지 정치학(거시정치, 미시정치)은 바흐친의 두 가지 담론(독백, 대화)과 소설의 유형에 상응한다. 앞서 살폈듯이 두 사람은 각기 다른 방향에서 담론(사상)과 사건(서사)의 연관성을 말하고 있으며, 비슷한 방식으로 담론―사건을 두 가지(혹은 세 가지) 유형으로 나누어 설명하고 있다. 들뢰즈의 사건의 선이 두 가지 정치학의 담론에 연결되듯이 바흐친의 두 가지 담론은 그 자체가 소설의 사건인 것이다.

그러면 바흐친이 말한 대화적 소설(담론)은 구체적으로 어떤 양상으로 나타나는 것일까. 독백적 소설에서는 우리가 일반적으로 생각하듯이 작가에 의해 조망된 인물과 현실(환경)이 그려진다. 그러나 작가의 외피에 인물들이 들어올 수 없는 대화적 소설에서는 작가와 동등한 자격을 지닌 인물들의 사상과 말이 나타난다.50) 따라서 인물들은 작가가 바라본 세계가 아니라 그들 각자의 시야에 들어온 세계를 바라본다.51) 인물들

---

47) 바흐친, 김근식 역, 앞의 책, 83면.
48) 바흐친, 김근식 역, 위의 책, 12면, 76면.
49) 분자적 욕망은 가변성과 유연성을 지니며 또한 하나의 코드로 통합될 수 없는 다중적인 물질적 영역(성·인종·경제)에 기초한다.
50) 바흐친, 김근식 역, 앞의 책, 12면.

은 작가에 의해 코드화된 소설세계 속의 현실보다는 그들 각자의 사상에 의해 코드화된 세계 속에서 살아가는 것이다.

그러면 그런 이질적인 사상과 세계를 지닌 인물들이 어떻게 하나의 소설 속에서 서로 결합할 수 있을까. 인물들은 작가가 조망한 현실에서 조우하는 것이 아니라 그들간의 대화의 과정에서 나타나는 제2의 현실에서 만나게 된다.[52] 제2의 현실이란 작가나 인물 어느 한 사람에 의해 코드화된 세계이기보다는 이질적인 사상과 코드를 지닌 인물들이 서로 만날 수 있는 공간이다.

그런데 만일 서로 다른 사상을 지닌 인물들이 자신의 코드와 내부의 공간에 폐쇄된다면 인물들 간의 만남은 결코 이루어질 수 없을 것이다. 따라서 이질적인 코드(사상)를 지닌 인물들이 조우할 수 있는 제2의 현실이란 인물 각자의 폐쇄된 원환(신념체계, 코드)을 열어젖히는 탈코드화된 공간이라고 할 수 있다. 그처럼 어떤 인물이 자신의 내부를 열어 탈코드화되면서 이질적인 타자의 말과 만나는 과정이 바로 바흐친의 '대화'이다.

그같이 탈코드화되고 탈영토화된 제2의 현실이 그려지는 점에서, 바흐친의 '대화'는 들뢰즈가 말한 몰적 선분에서 이탈하는 분자적 선과 탈주선의 '사건'에 상응한다. 제2의 현실이란 몰적 선분과 상징계에 폐쇄된 현실(동일성의 세계)이 아니라, 몰적 선분에서 이탈하는 상징계와 실재계 '사이'의 탈영토화된 공간인 것이다. 따라서 그처럼 상징계와 실재계 사이의 또 다른 리얼리티(제2의 현실)를 그리는 소설들, 즉 몰적 선분에서 이탈하는 분자적 선과 탈주선을 그리는 소설들은 어떤 식으로든 '대화'와 연관되어 있다. 가령 아이러니·풍자·해학·모더니즘·포스트모더니즘 등은 탈코드화된 대화와 만남의 공간을 드러낸다.

그 같은 제2의 현실을 드러내는 서사 중 대화와 연관해 특히 중요한 것은 아이러니이다. 그것은 대화가 빈번히 한 인물의 자아의식 속에서

---

51) 바흐친, 김근식 역, 위의 책, 73면.
52) 바흐친, 김근식 역, 위의 책, 72면.

나타날 수 있는 점과 관련된다. 앞서 살폈듯이 바흐친의 대화란 자아의 동일성이 해체(탈코드화)되면서 타자가 그 내부로 침투하는 과정을 말한다. 대화가 그처럼 자아 내부로의 타자의 틈입이라면 대화를 통해 타자는 설령 눈 앞에 부재하더라도 '나(자아)'의 뇌리에서 떠나지 않는 실존적인 존재가 되어 버린다. 자아는 자신의 정체성을 지키기 위해 내부에 침투한 타자(타자의 말)에 대응하지 않을 수 없으며, 그 같은 과정은 타자의 부재 속에서도 내적 대화의 형식으로 끝없이 계속된다. 왜냐하면 타자는 이미 '나'를 확인하기 위한 자의식의 끝없는 과정의 일부가 되어 버렸기 때문이다. 이른바 '자의식'이 강렬해지는 것은 순수한 자기동일성을 반추할 때가 아니라, 그처럼 타자의 침투에 의해 동일성이 미끄러지는 과정에서 '나'를 확인하려 할 때이다. 따라서 자의식이 의식하는 것은 순수한 자기 자신이 아니라 타자의 침투에 대응하는 자기 자신이다. 즉, 자의식이란 타자와의 내적 대화를 통해 주체의 순수한 동일성이 미끄러지는 '차연으로서의 자아'를 의식하는 과정을 말한다. 그 차연으로서의 자의식은 타자성을 지닌 자아에 대한 의식인 점에서 또한 무의식이기도 하다.[53] 바흐친은 그 같은 자의식을 '제2의 현실'로 말하고 있는데, 그것은 내적 대화의 과정에서 자아의 동일성이 해체된 탈코드화된 공간이 나타나기 때문이다. 자의식 혹은 내적 대화의 과정에서 드러나는 그 탈코드화된(그리고 탈영토화된) 공간은 폐쇄된 동일성의 현실을 열어젖히는 역사의 장에 다름이 아니다.

바흐친은 또한 그런 차연으로서의 자의식을 미결정성, 최종적인 말의 연기, 자기 자신과 일치하지 않는 자신 등으로 표현하고 있다.[54] 그처럼 타자의 말에 의해 자기동일성이 해체(연기)되는 과정은 자기 자신과 모순

---

53) 데리다는 무의식의 또 다른 이름이 타자성이라고 말하고 있는데, 이는 무의식이란 자아의 의식의 동일성이 타자의 침투에 의해 해체될 때 나타나는 것(즉 차연의 과정)임을 뜻한다.
54) 바흐친, 김근식 역, 앞의 책, 87~91면.

되는 또 다른 자신을 발견하는 과정이다. 그 점에서 타자와의 대화를 통한 동일성의 해체는 자아와 세계의 아이러니적 경험과 연관된다.

아이러니란 자아와 세계의 동일성이 이질적인 타자에 부딪히면서 상반되는 경험으로 전환되는 것을 말한다. 그 같은 상반되는 경험을 통합시키기 위해 자아의 내적 대화와 자의식이 끝없이 계속되는 것이다. 즉, 아이러니는 자의식의 연쇄로서 차연을 유발한다. 그리고 그 같은 차연은 다시 아이러니적인 자기모순으로 인식된다. 아이러니는 동일성의 해체를 자기모순으로 발견하며 차연은 그것을 끝없는 운동으로 드러낸다. 아이러니가 아직 해체되지 않는 동일성의 견지에서 본 (해체에 의한) 자기모순의 확인이라면, 차연은 동일성이 끝없이 미끄러지는 해체의 운동 그 자체인 것이다.

7. 독백적 소설과 대화적 소설

대화를 가능하게 하는 '타자'란 단지 타인이 아니라 자아나 세계의 동일성을 해체하는 상이한 코드의 이질적 존재를 말한다. 그 같은 타자의 침투에 의해 자아나 세계에 탈코드화된 공간이 나타나는 것이 바로 '대화'이다. 대화의 과정에서 나타나는 그 탈코드화된 공간은 상징계(초월적 기표에 의해 코드화된 공간)와 실재계 사이의 공간이기도 하다. 따라서 대화의 과정에서는, 상징계에 의해 코드화된 몰적 삶(선분)에 균열을 내면서 실재계와 접촉하는 분자적 선과 탈주선이 나타난다. 타자와의 '대화'는 분자적 선과 탈주선이 출현하는 '사건'이기도 한 것이다.

그와 달리 상징계라는 닫힌 공동체 내부에서 진행되는 대화는 '독백'적 담론(사상)에 불과하다. 상징계에 의해 코드화된 동일성의 세계는 그것에 의해 코드화되지 않은 이질적 타자를 배제하거나 억압한다. 그 같은 이질적 타자를 배제하는 대화는 자아와 타자의 만남이 아니라 상징계를 공동의 규칙으로 내면화한 자아들간의 대화일 뿐이다. 그처럼 상징계를 내면화한 자아들이란 실상은 상징계의 초월적 기표(이성·화폐·남근·신문명 등)에 '예속'된(subjected) '주체(suject)'들이다. 공동의 규칙으로서 상징계에 예속된 주체들간의 대화는 상징계의 코드화를 동일하게 반복하는 독백에 불과하다. 그 같은 독백적 '담론'은 동일성의 세계를 만드는 몰적 선분의 '사건'이기도 하다.

따라서 바흐친이 말한 대화는 상징계(닫힌 공동체)에 예속되지 않은 '타자'의 존재에 의해서 가능해진다. 그 같은 상징계에 예속되지 않은 타자와의 대면(대화)에서 자아는 자신이 내면화한 상징계의 공동의 규칙이 작용할 수 없음을 인식한다. 그와 함께 자아는 공동의 규칙(규범)으로서 상징계를 내면화한 자기동일성에 혼란이 생기는 것을 경험한다. 그처럼 타자와의 대면(대화)에서 자아의 자기동일성이 미결정적 상태로 연기되는 것이 바로 아이러니이다. 이질적인 타자와의 '대화'는 아이러니를 유발하면서 자아를 동일성이 아닌 차연(미결정적인 연기)의 상태로 만든다.

반면에 그 같은 차연의 상태를 다시 동일성으로 환원하는 것이 바로 '독백'이다. 즉, 독백이란 이질적인 타자를 상징계(그리고 초월적 기표)의 부재로 평가하면서 상징계(닫힌 공동체)를 내면화한 주체의 자기동일성을 지키는 것을 말한다.

그러면 『무정』을 통해 그 같은 독백과 대화가 구체적으로 어떻게 나타나는지 살펴보자. 『무정』은 작가(이광수)의 사상의 외피에 인물들의 사상과 말이 담겨져 있는(코드화되어 있는) 대표적인 독백적 소설이다. 그러나 이 소설의 인물들이 처음부터 끝까지 독백적인 말들을 단조롭게 되풀이하고 있는 것은 아니다.

이 소설의 주인공 형식은 작가를 대변하는 독백적 인물로서 작가의 신문명의 사상을 담론화한다. 그러나 형식의 말이 모두 독백은 아니며 특히 전반부에서는 잠재적인 대화성을 지닌 담론을 드러낸다. 형식의 대화성은 신문명 사상으로 코드화할 수 없는 일종의 '타자'인 영채의 존재에 의해 나타난다.

멸문당한 의사의 딸이면서 기생인 영채는 조국을 상실한 식민지 민중을 상징하는 신문명의 타자라고 할 수 있다.[55] 물론 독백적인 신문명 사상을 지닌 형식은 그런 영채를 신사상의 부재 상태인 구여성으로 인식할 뿐이다. 그러나 형식은 신문명의 사상('이론')으로는 영채를 '낡은 여자'로 인식하면서도, 자신도 모르게 영채에게 끌리는 '정'을 버릴 수는 없었다. 신문명으로는 코드화할 수 없는 그 영채에 대한 '정'은 형식이 은연중에 영채의 타자성을 얼마간 받아들이고 있음을 나타낸다. 형식의 새로운 사상에 대해 이질적인 그 같은 영채의 '타자성'은 독백적인 그의 말을 잠재적으로 '대화성'을 갖게 만든다. 그리고 그런 대화성으로부터 형식의 '아이러니적인' 심리가 나타난다.

> 그러나 형식의 생각에는 우선과 같이 '영채의 이번 행위가 가장 옳은 일'이라고는 생각하지 아니한다. 사람의 생명은 우주의 생명과 같다. 우주가 만물을 포용(包容)하는 모양으로 인생도 만물을 포용한다. 우주는 결코 태양이나 북극만으로 그 내용을 삼지 아니하고, 만천(滿天)의 모든 성신(星辰)과 만지(萬地)의 모든 만물로 다 그 내용을 삼는다. (…중략…)
> 그의 생명에는 아직도 충도 있고, 세계에 대한 의무도 있고, 동물에 대한 의무도 있고, 산천이나 성신에 대한 의무도 있고, 하느님이나 부처에 대한 의무도 있다. 이렇게 무수한 의무를 가진 귀중한 생명을 다만 두 가지(비록 중하다 하더라도, 또 부득이한 것인데)를 위하여 끊으려 하는 영채의 행위는 결코 '옳다'고는 할 수가 없다. 그러나 순결하고 열렬한 사람이 자기의 중심적 의무를 생명으로 삼음은 또한 인생의 자랑이라 하였다.
> 형식은 이론으로는 영채의 행위를 그르다 하면서도 정으로는 영채를 위하여 울지 아니하지 못하였다. 그러나 형식은 영채를 '낡은 여자'라 하고, 다시 형용

---

55) 앞의 제3장 4절 『혈의 누』와 『무정』의 문명개화의 여로 참조

사를 붙여서 '순결, 열렬한 구식 여자'라 하였다. 그러나 우선은 이번 영채의 행위는 절대적으로 선(善)하다 한다. 하나는 영문식(英文式)이요, 하나는 한문식(漢文式)이다.[56]

위에서 형식은 정절을 잃고 자살을 시도한 영채를 비판하는 생각을 드러내고 있다. 여기서 흥미로운 것은 그런 형식의 생각이 영채의 행위를 칭찬하는 우선의 말에 대한 반박의 형식을 지닌 점이다. 영채를 칭찬하는 우선은 정절에 목숨을 거는 영채의 행위, 즉 신사상(신문명)으로는 인정할 수 없는 '낡은 여자'의 타자성을 인정하고 있는 셈이다. 그에 반해 형식은 자신의 신사상의 견지에서 (영채를 인정하는) 우선을 비판함으로써, 영채의 행위를 꾸짖고 그녀의 타자성을 부인하는 한편, 그녀를 새로운 사상이 부재하는 '낡은 여자'로 규정한다.

그러나 형식의 말(사고)은 단순히 영채의 타자성을 부인하기만하는 순수한 독백은 아니다. 형식의 말은 자신의 확고한 신념을 동일하게 반복하는 독백이 아니라, 영채의 타자성을 인정하는 우선의 '한문식' '타자의 말에 대한 말'이다. 그처럼 형식이 영채를 인정하는 우선의 말을 끌어들인 것은, 영채에 대한 '정'을 고백하는 인용문의 끝부분에 나타났듯이, 실상은 자기 자신의 무의식 속의 동요에 대응하기 위한 것이다. 형식의 '무의식' 속의 동요란 우선 같은 타자의 말을 '자신도 모르게' 얼마간 받아들임으로써 생겨난 것이다(무의식의 다른 이름이 '타자성'인 것은 그 때문이다[57]). 형식의 말(내면의 말)의 마지막 문장에서 우선의 말(사고)이 수긍되고 있음은 그것을 입증한다.

형식의 비판의 말이 그토록 길게 지속된 것 역시, 그 자신도 얼마간 받아들이고 있는 '한문식' 타자성의 사상에 대해 신사상을 방어하기 위해서이다. 즉 형식은 자신의 새로운 사상을 변호하기 위해, 우선의 타자

---

56) 이광수, 『무정』, 문학사상사, 1992, 165~167면.
57) 무의식과 타자성의 관계에 대해서는 데리다, 「차연」, 권택영, 『후기구조주의 문학이론』, 민음사, 1990 참조.

의 말에 대응하는 동시에, 자기 자신의 무의식 속의 동요에 대처하고 있는 것이다. 따라서 외견상 독백적으로 보이는 형식의 말은, '타자의 말에 대한 말'이라는 잠재적인 대화성을 지니고 있다. 영채의 타자성과 그녀를 인정하는 우선의 타자의 말에 의해, 형식의 독백적인 사상과 말은 은연중에 대화성을 내포하게 된다. 또한 그런 타자성과 대화성은, 영채를 낡은 여자로 비판하면서도 형식 스스로 그녀에 대한 옛 정을 버리지 못하는 '아이러니'를 유발한다. 형식은 결국 영채에 대해 '구식여자'라는 결론을 내림으로써 자신의 신식사상을 변호한다. 그러나 그런 독백적 결론은 항상 잠재적인 대화성과 이중적인 아이러니의 위험을 내포하고 있는 것이다.

형식이 우선의 말에 따라 영채를 찾아 나선 것 역시 그런 이중성을 포함하고 있다. 즉, 형식은 반은 의무감으로(즉 내키지 않은 채) 반은 정에 끌려 평양행을 실행한 것이다. 형식의 그 같은 이중성은 다음에서처럼 영채와 박진사에 대한 아이러니적인 심리를 통해 구체적으로 드러난다.

> 더구나 아까 경찰서에서 영채가 아주 죽은 줄을 알 때에 형식의 몸은 마치 끓는 물에 들어간 듯하였다. 그리고 계향의 집을 떠나 박 선생의 무덤을 찾아 올 때에도, 무덤에 가거든 그 앞에 엎드려 실컷 통곡이라도 하리라 하였었다. 그리하였더니 이것이 웬일인가. 은사의 무덤 앞에서 억지로 눈물을 흘리려 하였으나 조금도 슬픈 생각이 아니 난다. 사람이 이렇게도 갑자기 변하는가 하고 혼자 빙그레 웃었다. 계향은 형식의 모양이 수상하다 하였으나 알아보려고도 하지 아니한다.[58]

형식이 이처럼 슬픔을 진정시킨 것을 '옛 정'을 억누르는 이성적인 '새로운 사상'에 근거한 것이다. 즉, 형식은 '무덤 밑에 있는 불쌍한 은인의 썩다가 남은 뼈'를 슬퍼하기보다는 그 썩은 삶을 먹고 자란 '무덤

---

58) 이광수, 앞의 책, 198면.

위의 꽃'을 즐거워해야 한다고 생각한 것이다.[59] 형식이 평양에서 올라
올 때 새로운 기쁨을 얻은 것을 그 때문이었다.

> 그러나 형식은 다만 계향을 떠나는 것이 서운할 뿐이요, 영채를 위하여서는
> 별로 생각도 아니하였다. 형식은 차 속에서 '꿈이 깬 듯하다'하면서 여러 번 웃
> 었다. 평양서 올라올 때에 형식은 무한한 기쁨을 얻었다. 차에 같이 탄 사람들
> 이 모두 다 자기의 사랑을 끌고, 모두 다 자기에게 말할 수 없는 기쁨을 주는
> 듯하였다. 찻바퀴가 궤도에 깔리는 소리조차 무슨 유쾌한 음악을 듣는 듯하고,
> 차가 철교를 건너갈 때와 굴을 지나갈 때에 나는 소요한 소리도 형식의 귀에는
> 웅장한 군악과 같이 들린다.[60]

형식이 영채에 대한 슬픔을 잊고 '무한한 기쁨'을 얻은 것은 기차로
상징되는 새 시대의 신문명에 도취되었기 때문이다. 박진사의 무덤에서
그랬듯이, 형식은 '구식 여자'의 죽음에 슬퍼하기보다는 그 희생 위에
핀 신문명의 꽃에 즐거워하고 있는 것이다. 기차의 웅장한 군악 같은 음
향이 유쾌한 음악처럼 들려올 때, 형식은 '꿈에서 깬 듯'이 영채에 대한
슬픈 옛 정에서 벗어나서 새 시대의 기쁨을 누렸던 것이다.

그러나 형식이 영채를 '낡은 여자'로 비판하면서도 무의식적으론 동요
했던 것처럼, '신문명'에 도취되면서도 영채에 대한 남은 '정'을 다 버릴
수는 없었다. 그것은 영채가 작별을 고해야 할 구시대의 흔적인 동시에,
또한 매번 형식의 신사상을 혼란시키는 신문명의 타자였기 때문이다.

> 형식은 곁에 놓인 가방을 생각하였다. 그 속에 있는 영채의 편지와 지환과
> 칼이 눈에 보인다. 형식은 오싹 소름이 끼치며 번쩍 눈을 떴다. 아아, 내가 잘
> 못함이 아닌가. 내가 너무 무정함이 아닌가, 내가 좀더 오래 영채의 거처를 찾

---

59) 이광수, 위의 책, 197~198면. 이 생각은 『무정』의 마지막 문장에서 반복된다. 즉, '기
   쁜 웃음과 만세의 부르짖음으로 지나간 세상을 조상하는 『무정』을 마치자'에서 되풀
   이된다.
60) 이광수, 위의 책, 199면.

아야 옳은 것이 아닌가. 설사, 영채가 죽었다 하더라도 그 시체라도 찾아보아야 할 것이 아니던가. 그리고 대동강에 서서 뜨거운 눈물이라도 오래 흘려야 할 것이 아니던가. 영채는 나를 생각하고 몸을 죽였다. 그런데 나는 영채를 위하여 눈물도 흘리지 않아. 아아, 내가 무정하구나, 내가 사람이 아니로구나 하였다. 남대문을 향하고 달아나는 차를 거꾸로 세워 도로 평양으로 내려가고 싶다 하였다. 그러나 형식은 마음은 평양으로 끌리면서 몸은 남대문에 와 내렸다.[61]

위에서처럼 구시대의 꿈에서 깨어났던 형식은 이번에는 신문명의 꿈에서 깨어 번쩍 눈을 뜬다. 이처럼 영채는 벗어나야 한 구시대의 흔적인 동시에, 아름다운 신문명의 환상을 깨뜨리는 이질적인 타자였던 것이다. 이어지는 형식의 반성적 사고는, 실상 영채를 동정하는 사람들의 말을 형식 자신의 입을 통해 반복하는 말로 볼 수 있다. 형식은 그처럼 내면에서 타자의 말을 자기 입으로 반복함으로써 신문명에 도취된 주체가 해체되는 경험을 하게 된다. 형식의 신문명에 도취된 자아를 해체하는 그 같은 잠재적인 '대화성'은 형식에게 아이러니적인 심리 상태를 갖게 만든다. 즉, 형식은 '정'으로는 영채를 찾는 길로 끌리면서, '이성적인' 행동[62]으로는 신문명의 일상으로 돌아오고 있다. 이번에도 결국 형식은 (신문명의 상징인) 경성의 일상으로 회귀했지만, 무의식 속에서는 언제나 평양행의 동요를 버릴 수 없을 것이었다. 경성에서 선형과 혼약하고 유학을 떠나는 형식의 독백적인 여로에는 늘상 잠재적인 대화성과 이중적인 아이러니의 위험이 깃들여 있는 것이다.

따라서 형식이 미국 유학행의 기차간에서 영채와 재회하며 다시 아이러니적인 심리를 느낀 것은 아주 당연한 일이었다. 물론 다시 만난 영채는 예전의 기생이 아니고 형식처럼 미국 유학을 떠나는 길이었다. 그러나 영채에 대한 형식의 사랑은 그녀와의 옛 정에 끌리는 것으로서 미국

---

61) 이광수, 위의 책, 203~204면.
62) '몸으로는'이라는 표현은 실상 '형식의 몸을 실은 기차로는'이라는 뜻이다. 따라서 신문명과 이성의 명령에 따라 경성으로 되돌아온 것으로 볼 수 있다.

유학행이라는 형식의 신문명에 대한 신념마저 무너뜨릴 수 있는 것이었다. 영채와 선형, 옛 정과 신문명 사이에서 갈등하는 형식은 이중적으로 분열된 아이러니적인 사랑의 감정을 경험한다.

형식의 영채와 선형에 대한 아이러니적인 사랑에는 에로스적인 연애 감정의 사랑이 얼마간 나타나고 있다. 물론 형식은 이미 관념적인 계몽사상의 세례를 받은 지식인이므로 그런 에로스적인 사랑이 전면에 부각되지는 않는다. 그러나 적어도 그가 선형과 영채 사이에서 방황하는 동안에는 그 같은 에로스적인 사랑의 단초가 나타나고 있었다

에로스적인 사랑은 경직된 관념적인 사랑과는 달리 타자성을 지닌 유연한 감정이다.63) 영채와 선형 사이에서 경험하는 형식의 아이러니적인 심리는 실상 그런 타자성을 지닌 유연한 감정을 의미한다. 두 여자 사이에서의 형식의 갈등은 형식 자신의 문제라기보다는, 전통과 새 시대, 옛 정과 신식 연애라는 조선민족이 지닌 두 개의 시간과 두 개의 감정에서 기인된 것이었다. 자기중심성을 벗어난(타자성을 지닌) 유연한 사랑의 감정을 지닌 형식은 자신의 신문명의 신념에도 불구하고 신문명(신식 연애)과 신문명의 타자(옛 정)라는 그 두 개의 공간 사이에서 아이러니를 경험할 수밖에 없었던 것이다.

그러나 형식은 조선의 '현실적' 문제인 그 같은 이중적인 문화적 위치의 경험을, 신문명 사상을 중심으로 한 자기 자신의 '내면'의 문제로 환원시킨다. 즉, 자신의 에로스적인 사랑을 진정한 사랑을 깨닫지 못한 유치한 감정으로 비판하면서, 신문명의 이상으로 나아가는 '정신적 혁명'으로서의 사랑을 자각한다.64) 하지만 그처럼 유치한 감정에서 '내면'의 정신적 혁명으로 나아가는 대가로 형식은 조선의 '현실'과 연관된 아이

---

63) 이는 자기중심성을 벗어나 타자의 침투를 허용하는 사랑이다. 타자성을 지닌 에로스적인 사랑에 대해서는 레비나스, 강영안 역, 『시간과 타자』, 문예출판사, 1996, 103~111면 참조

64) 이광수, 앞의 책, 333면.

러니와 타자성(그리고 대화성)을 잃어버린다. 형식의 사고와 말은 이제 아무런 동요도 아이러니도 없는 순수한 독백이 된다. 순수한 독백으로서의 그의 온전한 내면적 자각은 다음에서처럼 계몽적인 신문명 사상의 보다 확고한 내면화에 다름이 아니다.

> 형식의 생각에 선형은 자기의 아내라기보다 같이 손을 끌고 길을 찾아가는 부모 잃은 누이라는 생각이 난다. 옳다, 그러므로 우리들은 배우러 간다. 네나 내나 다 어린애이므로 멀리멀리 문명한 나라로 배우러 간다. 형식은 저편 차에 있는 영채와 병욱을 생각한다. '불쌍한 처녀들!'한다. 이렇게 생각하니 세 처녀가 다 같이 사랑스러워지고 정다워진다.[65]

위에서처럼 에로스적 사랑을 넘어선 형식의 '거룩한' 사랑은 단 하나의 독백적인 '명령문'[66]을 내포하고 있다. 그것은 문명한 나라를 배우는 교의적인(pedagogical) 교육[67]의 명령인 동시에 '부모 잃은' 고아들이 새 아버지=신문명을 맞아야 한다는 명령이다. 교육적인 스승인 동시에 정신적인 아버지인 신문명은 주인공들의 (현실적) 갈등을 일시에 극복하는 초월적 기표이기도 하다. 신문명이라는 초월적 기표에 의존해 갈등을 극복한 주인공들은 이제 하나로 결속된 '민족'을 발견하는 데까지 나아간다.

> "그렇지요, 불쌍하지요. 그러면 그 원인이 어디 있을까요?"
> "물론 문명이 없는데 있겠지요. 생활하여 갈 힘이 없는데 있겠지요"
> "그러면 어떻게 해야 저들을……, 저들이 아니라 우리들이외다. 저들을 구제할까요?"하고 형식은 병욱을 본다. 영채와 선형은 형식과 병욱의 얼굴을 번갈아 본다. 병욱은 자신이 있는 듯이, "힘을 주어야지요! 문명을 주어야지요!"

---

65) 이광수, 위의 책, 355면.
66) 독백적인 명령문이란 들뢰즈·가타리가 말한 다수파의 추상적 표준에 포함된 명령을 의미한다. 여기서 다수파란 수자상의 다수라기보다는 권력을 지닌 세력을 말한다. 들뢰즈·가타리, 김재인 역, 앞의 책, 195~213면 참조.
67) 이광수, 앞의 책, 355~356면.

　　"그리하려면!"
　　"가르쳐야지요! 인도해야지요!"
　　"교육으로, 실행으로"[68]

　위에서 주인공들은 서로 말을 주고받지만 그들의 대화는 더 이상 대화가 아닌 독백에 불과하다. 그들의 독백적인 말들은 작가의 독백이기도 하며, 여기에 이르면 인물들은 개성적인 개인이 아닌 작가의 메가폰이 되어 버린다. 아이러니(그리고 잠재적 대화성) 속에서 방황하던 그들의 언어를 이처럼 동일하게 만든 것은 스승이자 아버지인 신문명(초월적인 기표)에 근거한 계몽적인 언어게임이다. 인물들의 '내면적인 각성'은 실상 그 같은 '초월적인 외부'의 발견에 다름이 아니었다. 즉, 그들의 내면적인 성숙은 실제로는 공통의 코드로서 초월적인 신문명＝상징계(새 아버지)의 내면화였던 것이다.[69] 아이러니하게도 각성과 성숙이 신문명의 예속적인 코드화였던 셈이다.

　정신적인 각성이 실상은 예속화라는 그 같은 역설은, 아이러니를 넘어선 독백에 근거한 '우리(민족)'의 발견에 이르러 보다 심각해진다. 독백적인 민족의 발견은 백지 상태의 민중에게 신문명을 계몽하는 일방적인 (독백적인) 언어게임, 즉 예속적인 계몽적 각성에 의해 가능해지고 있다. 이 점에서 「무정」의 인물들이 독백적인 목소리로 발견한 민족의식은, 신문명이라는 새 아버지, 스승, 그 초월적 기표에 예속된 '식민화된 민족주의'였던 셈이다.

　『무정』의 식민화된 민족주의를 자주적인 민족주의로 전복시킨 것은 염상섭의 「만세전」이다. 그 점에서 「만세전」은 『무정』의 패러디로서 『무

---

68) 교의적인 교육은 계몽사상의 특징이며 비트겐슈타인이 말하는 수행적인 교육(가르치다―배우다의 위치)과는 구분된다. 바흐친은 독백적인 담론이 교의적인 교육이나 계몽사상과 연관된다고 논의하고 있다. 바흐친, 김근식 역, 앞의 책, 120면.

69) 형식은 아이러니의 경험을 통해서 잠재적으로 탈코드화된 공간에 위치할 수 있었지만 이제는 초월적으로 코드화된 공간에 갇히게 된다.

정』의 식민화된 신문명 사상에 대한 대화적인 질문이라고 할 수 있다. 다음의 인용문은 「만세전」의 『무정』에 대한 대화적인 질문의 관계를 잘 보여준다.

> 몇 천 년 몇 백 년 동안 가문에 없고 족보에 없던 일이 생기었다. 있는 대로 까불릴 시절이 돌아왔다. 편리해 좋아, 놀기가 좋아서 편해하며 한 섬지기 파는가 하면, 한편에서는, "우리겐 인젠 이층집도 꽤 늘고 양옥도 몇 채 생겼다네. 아닌 게 아니라 여름엔 다다미가 편리해, 위생에도 매우 좋은 거야." 하고 두 섬지기 깝살릴 수밖에 없게 된다. 누구의 이층이요 누구를 위한 위생이냐.[70]

위에서 '누구의 이층이요 누구를 위한 위생이냐'라는 이인화(1인칭 주인공)의 말은, 신문명에 동화된 자각 없는 '우리'에 대한 질타인 동시에 '아름다워 가는 우리 땅'을 말하는 『무정』의 독백에 대한 질문이라고 할 수 있다. '몇 천 년 몇 백 년 동안 족보에 없던 일이 생겼다'는 말은, 신문명이 실현되어 가는 '우리 땅'이 실상은 식민지적 핍박과 수탈에 의해 주체성을 상실한 타자의 공간이 되고 있음을 암시한다. 신문명에 의해 우리민족은 '번쩍하는' 빛의 공간[71]이 아니라 어둠 속의 타자의 공간에 놓이게 된 것이다.

따라서 이인화의 비판적인 말들은, 『무정』의 지식인들이 도취되었고 이인화 자신도 얼마간 갖고 있는 신문명 사상에 대한 대화적인 질문을 포함하고 있다. 또한 그 같은 대화적 질문은 '편리해진 삶의 고통스러움'이라는 아이러니적 인식으로 이어진다. 이인화의 대화적 질문과 아이러니는 식민지의 공간에서 '타자'로서의 민족을 발견한 데서 기인된다.

식민지 공간에서는 아이러니하게도 신문명에 대한 타자의 위치에 있는 민족이 발견되었던 것이다. 그런 타자로서의 민족에 대한 인식이 없었던 이광수는 식민주의적인 신문명에 동화되는 예속적인 민족주의를

---

70) 염상섭, 「만세전」, 『만세전』, 창작과비평사, 1987, 81면.
71) 이광수, 앞의 책, 364면.

주장했다. 반면에 「만세전」은 식민지에서 타자의 위치에 있는 민족을 발견함으로써, 『무정』의 독백에 대한 패러디의 형식으로 잠재적인 대화성을 드러낸다. 이인화의 대화적 질문은 식민지 현실에 대해 환멸하면서 자기 자신의 계몽사상마저 해체하는 데까지 나아간다.

> '이게 산다는 꼴인가? 모두 뒈져버려라!'
> 찻간 안으로 들어오며 나는 혼자 속으로 외쳤다.
> '무덤이다! 구더기가 끓는 무덤이다!' (⋯중략⋯)
> '공동묘지 속에서 사니가 죽어서나 시원스런 데 가서 파묻히겠다는 것인가? 그러나 하여간에 구더기가 득시글득시글하는 무덤 속이다. 모두가 구더기다. 너도 구더기, 나도 구더기다. 그 속에서도 진화론적 모든 조건은 한 초 동안도 거르지 않고 진행되겠지! 생존경쟁이 있고 자연도태가 있고 네가 잘났느니 내가 잘났느니 하고 으르렁댈 것이다. 그러나 조만간 구더기의 낱낱이 해체가 되어서 원소가 되고 흙이 되어서 내 입으로 들어가고 네 코로 들어갔다가, 네나 내나 거꾸러지면 미구에 또 구더기가 되어서 원소가 되거나 흙이 될 것이다. 에잇! 뒈져라! 움도 싹도 없이 스러져 버려라! 망할 대로 망해 버려라! 사태가 나든지 망해 버리든지 양단간에 끝장이 나고 보면 그중에서 혹은 조금이라도 쓸모 있는 나은 놈이 생길지도 모를 것이다⋯⋯'[72]

위에서처럼 이인화의 절규는 식민지 현실에 대한 환멸('무덤')에서 시작해서 자각 없는 조선사람에 대한 질책과 자기 자신에 대한 모멸감으로 이어진다. 식민지 현실이 더욱 환멸스러운 것은 진화론이라는 근대담론이 말하는 과학적 조건이 냉정히 진행되는 속에서 더 나은 삶에 대한 전망이 전혀 보이지 않는다는 점이다. 생존경쟁과 자연도태로 대표되는 진화론은 원래 자연에 대한 과학적 법칙을 말하는 것이었지만, 스펜서에 의해 제2의 자연(사회)에도 적용되어 열등한 사회에서 우등한 사회로 발전되는 원리로 주장되었다.[73] 그러나 식민지에서는 그 같은 과학

---

72) 염상섭, 앞의 글, 앞의 책, 132~133면.
73) 전복희, 『사회진화론과 국가사상』, 한울, 1996, 23면; 차승기, 「근대계몽기 민족주의

적 조건이 어김없이 진행되는 근대의 시간 속에서 오히려 사회는 파멸을 향해 치닫는다. 더욱이 그것에 대한 자각이 없는 조선사람들의 모습은 이인화의 울분을 치솟게 한다.

이인화는 그들과는 달리 비판의식(비판적 계몽)을 통해 계몽적 자아를 견지하고 있다. 그러나 위와 같은 격한 환멸의 순간에 이르러 이인화 스스로도 계몽적 자아가 파멸되는 지점에 놓이게 된다. '너도 구더기, 나도 구더기'인 것은 그 때문이다. 이인화는 더 이상 비판의식을 견지하지 못하고 '망할 대로 망해 버려라'라고 외친다. 그처럼 계몽적 자아가 파멸되는 순간은 현실에 대한 단순한 비판보다는 탈주의 욕망이 생성되는 지점이다. '사태가 나든지 망해버리든지' 끝장이 나야 한다는 말은 망하지 않으려면 탈주('사태')를 해야 함을 암시한다. 실상 3·1운동이라는 사건은 탈주의 욕망이 표면으로 노출된 '사태'에 다름이 아니다.

이인화는 타자의 위치에 있는 조선민족과의 잠재적 대화 속에서 자신의 계몽적 자아가 해체되는 지점에까지 이르게 된다. 그 같은 '대화적' 해체는 죽음의 공간에 대한 신문명의 정책인 공동묘지가 삶의 공간에서 나타나는 '아이러니'와 연관된다. 아이러니와 대화적 해체는 격렬한 울분의 순간에 이인화에게 탈주의 욕망을 불러일으킨다.

그러나 이인화의 탈주의 욕망은 직접 3·1운동 같은 '사태'로 연결되지 못한다. 그것은 그가 자신을 포함한 조선민족의 타자의 위치를 인식하면서도 지식인인 그와 다른 '민중들의 타자성'은 발견하지 못하기 때문이다. 3·1운동은 이인화 같은 지식인과 수많은 민중들의 만남 속에서 일어난 '사건'74)이었다. 하지만 계몽적 지식인 이인화는 아직 계몽되지 않는 민중들과 대화하며 그들로부터 '대화 불가능성'을 느낄 뿐이었

성격에 관한 고찰」, 『현대문학의 연구』 제12호, 1999.2, 367면. 사회진화론은 근대계몽기부터 지식인들에 의해 수용되었다. 원래는 제국주의의 논리에 이용되는 것이었지만, 계몽적 지식인들은 세계 정세를 지배하는 객관적 법칙을 환기시키기 위해 받아들였다.
74) 탈주선을 그린 들뢰즈적 의미의 사건이었다.

다. 그것은 그가 계몽적 자아(지식인)에 대한 민중의 타자성을 인정하지 않는 독백적인 지식인이었기 때문이었다. 이인화는 이형식(『무정』)과 달리 타자로서의 민족을 발견함으로써 잠재적인 대화성을 얻는다. 그러나 계몽적 지식인으로서의 그는 민중과 여성을 단지 계몽의 부재로 폄하하는 독백적인 태도를 드러낸다.

> 나는 화를 버럭 내다가 목소리를 낮추면서,
> "그러니까 공동표지가 좋다는 것이 아니라 근본 문제, 앞으로의 문제, 자식의 문제를 생각하여 놓고 이야기하자는 것이 아니오"
> 하고 나는 놓쳐버렸다.
> "나는 모르겠습니다."
> 하며 갓장수는 픽 웃어버린다. 나는 잠자코 말았으나 어쩐지 불유쾌하였다. 갓장수 따위를 데리고 그러한 논란을 한 것이 점잖지 않은 것 같기도 하고 남이 들으면 웃을 것 같아서 혼자 부끄러웠다.[75]

이인화는 비판적 계몽의식이 없는 갓장수에게 울분을 터트린다. 그러나 갓장수 같은 무지한 민중은 '계몽의 부재'이기도 하지만, 계몽으로 완전히 코드화할 수 없는 조선민중이라는 이질적 '타자'이기도 하다. 그 같은 민중의 타자성은 이인화 같은 개인주의적인 계몽적 지식인이 갖고 있는 한계를 열어젖혀 줄 것이었다. 따라서 3·1운동 같은 탈주의 욕망을 현실화한 '사건'을 위해 지식인과 민중의 만남은 필수적인 사안이었다.

하지만 이인화는 민중의 타자성을 인식하지 않는 계몽적인 독백성을 견지함으로써 탈주의 욕망을 현실 속에서 '사건화'할 수 있는 길을 잃어버린다. 현실 속의 사건이 될 수 없는 탈주의 욕망은 부득이 현실로부터 내면의 공간으로 도주하는 길을 찾게 된다. 현실에서 대화적 해체와 분열을 경험하고 내면으로 되돌아온 이인화는, 속악한 근대로서 식민지 현실에 대한 비판을 포함한 더 강해진 계몽이성으로 분열을 봉합한다. 그

---

75) 염상섭, 앞의 글, 앞의 책, 127면.

런 변증법적 과정을 통해 이인화는 한층 굳건한 자아를 갖게 되지만, 그
대가로 잠재적인 대화성은 독백으로 환원된다.

> 이러다가는 이 약한 나에게 찾아올 것은 질식 밖에 없을 것이외다. 그러나
> 그것은 장미꽃송이 속에 파묻히어 향기에 도취한 행복한 질식이 아니라, 대기
> (大氣)에서 절연된 무덤 속에서 화석(化石)되어 가는 구더기의 몸부림치는 질
> 식입니다. 우선 이 질식에서 벗어나야 하겠습니다.
> …… 소학교 선생님이 '사벨(환도)'을 차고 교단에 오르는 나라가 있는 것을
> 보셨습니까? 나는 그런 나라의 백성이외다. (…중략…)
> 혹은 연민의 정이 있을지 모르나, 연민은 아무것도 구하는 길은 못됩니다.
> …… 이제 구주의 천지는 그 참혹한 살육의 피비린내가 걷히고 휴전조약이 성
> 립되었다 하지 않습니까. 부질없는 총칼을 거두고 제법 인류의 신생을 생각하
> 려는 것 같습니다.[76]

이처럼 이인화는 식민지 현실에 대한 비판을 포함한 더 강력한 계몽
이념('신생')을 발견함으로써 '무덤속의 구더기'처럼 해체된 자아를 구원
한다. 그러나 그는 그 대가로 민중과 여성이라는 타자들과 대면하던 현
실공간에서 벗어나 사적 내면의 공간에 폐쇄된다. 이것이 이인화의 이성
중심적이고 독백적인 민족주의의 한계라고 할 수 있다. 이인화는『무정』
의 이형식과는 달리 타자의 위치에 있는 민족을 구원하려는 자주적인
민족의식을 지니고 있지만 그 구원의 길을 내면에 폐쇄된 계몽이성에
의존함으로써 현실의 살아 있는 타자들과 유리된 관념적인 독백으로 회
귀한다.

---

76) 염상섭, 위의 글, 위의 책, 170~171면.

8. 아이러니와 카니발리즘, 그리고 대화

「만세전」이 식민지 현실에 대한 비판의식을 지니면서도 독백적인 담론으로 회귀한 것은 외부현실과 내면 사이의 경계를 해체하지 못했기 때문이다. 그와 달리 대화적 담론은 이질적인 사고를 지닌 타자들이 만날 수 있는 공간으로서 현실과 내면 사이의 경계가 해체된 또 다른 현실을 발견해야 한다. 그 같은 또 다른 현실이란 사유의 평행선이 만날 수 있는 은유로서의 비유클리트적인 공간이며,[77] 지배권력의 몰적 담론이 전복되는 카니발적 공간이라고 할 수 있다. 또한 그것은 내면과 현실이 해체된 공간, 즉 내면의 자의식이 미결정적 상태로 되는 '제2의 현실'[78]이자, 현실의 상징계(사회적 규범)가 해체되는 탈코드화된 공간이다.[79]

그 같은 제2의 현실을 드러내는 '대화적 소설'은 실상 '이아러니'를 서사적 문법으로 하는 본격 리얼리즘에서 가장 잘 발견된다. 예컨대 염상섭의 『삼대』는 대화를 통해 아이러니를 경험하면서 제2의 현실을 드러내는 대표적인 소설이다. 「만세전」은 잠재적인 대화성을 지니면서도 결국 지식인 이인화의 독백으로 회귀하는 소설이다. 반면에 『삼대』는 이질적인 사고를 지닌 인물들의 대화적 관계를 통해 그들이 서로 접촉하는 미결정적인 공간을 보여준다. 「만세전」의 이인화와 『삼대』의 조덕기가 지닌 비판적 인식의 측면에서만 보면, 『삼대』는 「만세전」보다 현실비판의식이 훨씬 후퇴한 작품이다. 그러나 『삼대』는 이질적인 인물들의 대화적 관계를 통해 「만세전」이 보여주지 못하는 세계, 즉 이질적인 인물들이 서로 만나는 제2의 현실을 드러낸다.

---

77) 가라타니 고진, 송태욱 역, 『탐구』1, 새물결, 1998, 177면. 여기서 고진은 도스토예프스키 소설을 예로 들어 설명하고 있다.
78) 바흐친, 김근식 역, 앞의 책, 72면.
79) 이 공간은 상징계와 실재계가 접촉하는 공간으로서 공시적인 상징계에서 벗어나는 역사의 장이라고 할 수 있다.

『삼대』의 경우에도 초반부에서는 인물들이 독백적으로 대립할 뿐 대화의 공간을 찾지 못한다. 예컨대 합리적인 민족주의자 조덕기와 사회주의자 김병화의 대립은 사유의 평행선을 그리며 서로 접촉할 공간을 발견하지 못한다. 두 사람의 대화는 각기 다른 언어게임에 의존하고 있는 두 개의 독백일 뿐이다.

그러나 두 사람은 각각 이필순과 홍경애에게 사랑의 감정을 느끼면서부터 독백에서 벗어나 대화적 어조를 갖게 된다. 두 사람의 말이 대화적이 되었다는 것은 자기 자신의 신념이 해체되는 정도에 이르도록 이질적인 타자의 말을 받아들이는 것을 뜻한다. 그런 변화의 계기로서 두 사람이 느낀 사랑의 감정은 레비나스가 말한 타자성을 지닌 에로스적인 사랑과도 같은 것이다. 타자성을 지닌 사랑은, 자기 자신의 내부에서 시작하는 주체중심적인 운동과는 달리, 타자의 말을 받아들이기 위해 스스로 물러서는 운동의 방향을 지닌다.[80]

물론 조덕기와 김병화가 대화적이 되면서 타자를 받아들이기 위해 자신의 신념 자체를 변화시킨 것은 아니다. 그러나 두 사람은 자신의 신념을 고집하면서 타자의 말을 배격하는 의식의 방향에서, 타자의 말에 대응해야만 자신의 자아를 유지할 수 있게 되는 반대방향으로 전환된다. 김병화의 경우 그 같은 자의식의 운동의 전환은 홍경애에 대한 사랑에서 비롯된다.

> 여보게 빠커쓰 퀸(여왕)의 우박 같은 키스 — 아니 실상은 진눈깨비 같은 키스이었던지 모르지만 — 어쨌든 불의에 맛보는 그 키스의 불 같고도 촉촉한 쾌감이 자네의 전송을 방해하여서 그간을 정거장에 못 나간 것일세. (…중략…)
>
> 그렇다고 내 인생관이나 신념에 지진이야 왔겠나마는 그러나 그 후부터는 그 집에는 가고 싶지 않은 내 심경을 혼자 생각해보아도 얼굴이 붉어지네그려. 왜 안 가고 싶을까마는 차마 발길이 나서지를 않네그려. 머리도 좀 깎을 생각이

---

80) 레비나스, 강영안 역, 『시간과 타자』, 문예출판사, 1996, 167~108면.

나고 옷에 먼지도 털고 싶고 될 수 있으면 크림도 발라보고 싶다면 이 사람! 자네 웃으려나? 웃지 말게! 정말일세. 자네 일전에 그 굉장한 편지와 함께 내 담뱃값을 두고 갔네마는 이번에는 어쩌면 자네가 크림값까지 대어야 할지 모르겠네.[81]

위에서 병화가 '웃지 말게1 정말일세'라고 말한 대화의 상대는 편지를 받을 동경에 있는 덕기가 아니다. 병화는 이미 자신의 눈앞에서 웃고 있는 덕기를 보며 다급하게 말을 잇고 있는 것이다. 즉, 병화의 말은 자신의 내면에 침투한 타자로서의 덕기에게 대응하며 자신을 변호하는 언급이다. 대화의 상대로서의 덕기는, 이처럼 병화의 자아를 미결정적으로 만드는 타자로서 이미 경계선을 넘어 침투해 있는 것이다. 따라서 병화는 자신의 자아에 대해 말하기 위해서 먼저 그 타자에 대응하지 않을 수 없게 된다. 즉 여기서 병화는, 자신의 내면을 말하며 상대에게 대응하던 의식의 방향에서, 상대(타자)에 대응하야만 자신에 대해 말할 수 있게 되는 방향으로 전환되고 있는 것이다.

병화가 이처럼 타자로서의 덕기의 침투를 허용하게 된 것은 경애에게 사랑을 느끼며 자아의 경계선을 열어젖혔기 때문이다. 타자의 침투를 허용하는 열린 자아는 타자에 대응해야만 자기 자신에 대해 말할 수 있게 된다. 또한 그처럼 타자에 대응하며 자기 자신을 말하는 순간, 닫힌 자아 상태에서 보지 못했던 또 다른 자기 자신(크림을 바르고 싶은 병화)을 발견하게 된다. 그 같은 미결정적인 의식 상태에서 발견되는 자아의 이중화가 바로 '아이러니'이다. 그러나 아이러니는 신념의 변화를 의미하는 것이 아니라, 이질적인 타자와 대응하며 또 다른 자아를 확인하는 과정이자, 그런 대화를 가능하게 하는 제2의 현실(미결정적 공간)을 발견하는 과정이다.

이 같은 자의식 운동의 역전과 아이러니는 덕기에게서도 비슷하게 발

---

81) 염상섭, 『삼대』 상, 창작과비평사, 1993, 209면.

견된다. 덕기는 소설의 초반부에서 병화에게 집으로 들어가길 권하며 아버지와 타협하라고 말했었다. 병화가 그것은 아버지와의 타협이 아니라 '부르주아의 파수병정'과의 타협이라고 반박하자, 덕기는 '타협'이 아니라 '인륜'이라고 생각하라고 대꾸했다. 그처럼 덕기의 신념은 '인륜의 실천'이며, 그런 삶의 방식은 아버지나 부르주아와의 타협과는 아무런 상관이 없는 것이라고 생각했다. 부르주아 집안에서 뛰쳐나오지 않고 사랑과 인륜을 실천하려는 덕기 자신의 삶이 그런 신념의 표본인 셈이었다.

그러나 결말부에 이르면 덕기는 자신의 '인륜의 실천'이 병화의 말대로 부르주아 집안과 타협한 결과일지 모른다는 의혹을 제기한다. 덕기는 한때 타협이 아니라 인륜이라고 신념 있게 외쳤지만, 이제는 스스로 자신의 '인륜'의 실천이 결국 부르주아적 삶과의 '타협'이 아닌가 하고 의심한다. 덕기의 그런 변화는 독백적인 사유에서 대화적인 사유로의 전환과 연관된다. 덕기는 처음에 자신의 내면의 신념을 확신하면서 병화의 말에 자신 있게 반박했었다. 그러나 지금은 병화뿐만 아니라 민중(원삼)과 여성(어머니, 아내)이라는 타자의 말에 대응해야만 자신의 자아를 확인할 수 있는 상태에 이르게 된다.

덕기의 이런 자의식의 방향의 역전은 병화의 경우처럼 '타자성을 지닌 사랑'의 감정에서 기인된 것이다. 병화가 경애를 사랑하면서 닫힌 자아를 열었던 것처럼, 덕기는 필순에게 사랑의 감정을 느끼며 독백에서 대화적 사유로 전환된다. 그리고 그런 '대화적 사유'를 통해 덕기는 가장 부인하고 싶었던 자기 자신의 모습, 즉 부르주아적 삶과 타협한 또 다른 자아('돈 있는 덕기')를 발견하는 '아이러니'를 경험한다.

> 그걸 생각하면 원삼이가 조상이 급합니까? 돈이 긴하죠! 하던 말이 옳기는 옳다. 필순이 부친이 죽은 뒤의 일을 부탁하는 것도 결국 돈 부탁이었을 것이다. (…중략…)
> '아버지의 홍경애에 대한 경우도 그랬을 거라. 돈 없는 아버지였더라면 아버

지보다 먼저 부탁을 받을 동지도 많았을 것이 아닌가. 아버지 경우나 내 경우나 돈 있는 집 자손이라는 공통한 일점에 똑같은 처지를 당하였을 뿐이지 무슨 숙명적 암합이 있을 리가 있나. 그리고 아버지께서는 아버지답게 그 부탁을 이행하였을 따름이요, 나는 내 성격과 내 사상 내감정대로 이행해가면 그만 아닌가? ……'

덕기는 필순이가 '제이 경애'라고 한 모친의 말을 또 한번 힘 있게 부인해 보는 것이다.

'그러나 돈이란 뭐냐? 돈은 어디서 나온 거냐? ……'

그는 필순이 부친이 아내나 딸을 자기의 돈에게 부탁한 것이지 돈 없는 덕기였더라면 하필 덕기에게 부탁하였으랴 하는 생각을 할수록, 마치 돈을 시기하고 질투하듯이 반문을 하여 보는 것이다.[82]

위에서 덕기의 자의식은 '인류의 실천'이라는 자신의 사상('도의적 이념')을 변호하기 위해 먼저 타자의 말에 대응해야 하는 상태를 보여준다. 이는 덕기가 소설의 초반부에서와는 달리 타자의 침투를 허용하는 대화적 사유로 전환되었음을 의미한다. 원삼이나 모친, 혹은 아내는[83] 『삼대』에서 자신의 목소리를 드러내는 주요인물은 아니다. 그러나 그들(민중과 여성)의 말은 덕기의 신념을 동요시키는 타자로서, 그것을 부인하면 할수록 덕기의 뇌리에 더 파고든다. 덕기의 신념은 '돈없는 덕기'로서 인류을 실천하는 것이지만, '조상'보다 '돈'이 급하다는 원삼의 말은 '돈(부르주아)과의 타협보다 인류'이라는 덕기의 신념에 상처를 내는 것이다.

더욱이 '제이 경애'와 '첩(연재본)'이라는 모친과 아내의 말은 덕기가 그 자신이 가장 부인하고 싶은 부르주아임을 일깨우고 있다. 위에서 '돈이란 뭐냐?'라는 강박적인 질문은 타자의 말들에 대한 반박인 동시에, 떨쳐내고 싶은 그 또 다른 자기 자신에 대한 질문 것이다. 병화에게 부르주아와의 타협이 아니라 인류이라고 말하던 덕기는, 자신의 인류이 실

---

82) 염상섭, 『삼대』 하, 창작과비평사, 1993, 321~322면.
83) 개작본에서는 모친의 '제이 홍경애'라는 말이 강조되며, 연재본에서 아내의 '첩'이라는 말을 덕기가 듣게 된다.

상은 부르주아의 선심이 되는 '아이러니'를 경험한다. 이처럼 '대화'는
자아가 이중화되는 '아이러니'로 이어진다. 물론 이 소설은 표면적으로
덕기의 도의적 이념(인륜)으로 말미를 장식하지만,[84] 그럼에도 불구하고
덕기는 자신의 이념을 끝없이 전복시키는 타자의 말들을 통해, 그리고
그 말들이 누설하는 은폐된 자아와의 싸움을 통해, 자신도 모르게 제2의
현실이라는 역사의 장에 서게 된다.

'대화적 담론'은 『삼대』뿐만 아니라 '아이러니적 서사'를 드러내는 본
격 리얼리즘 소설에서 일반적으로 나타난다. 예컨대 앞서 살펴본 「녹천
에는 똥이 많다」 역시 주인공의 의식이 대화적 상태로 전환되면서 아이
러니를 경험하는 소설이다. 그레마스의 사각형이 보여주듯이 이 소설은
주인공 준식의 자아가 이중화되면서 아이러니를 드러내는 서사이다. 그
런데 그 같은 아이러니의 발견과정은 준식이 내적인 대화를 경험하는
과정이기도 하다.

준식의 평온한 소시민적 삶은 운동권 이복동생 민우의 출현에 의해
동요되기 시작한다. 순결한 민우의 영향을 받은 준식의 아내가 쓰레기
위에 세워진 소시민적 삶을 회의하는 불만의 목소리로 준식을 괴롭혔기
때문이다. 민우의 사상과 그에 의해 변화된 아내의 말은 준식에게 타자
의 말이 되어 대화적인 동요 상태를 경험하게 한 것이다. 그러나 준식은
어쩔 수 없는 현실의 벽을 인식하며 그 같은 동요 상태를 막연한 울분
으로만 느끼고 있었다. 그리고 타자의 말이 된 아내의 불만에 적극적으
로 대응하는 대신 민우를 신고하여 사회와 자신의 주변으로부터 격리되
게 만든다.

하지만 그로써 민우가 준식의 삶에서 완전히 사라져 버린 것은 아니
었다. 아이러니하게도 준식은 민우가 더 이상 눈앞에 존재하지 않게 된
후, 민우의 생각과 말이 이미 타자의 말이 되어 내면에 존재함을 깨닫는

---

84) 덕기는 아버지처럼 필순을 제2 홍경애로 만들지는 않을 것이다. 그러나 그의 부르주
아로서의 또 다른 자아는 사라지지 않는다.

다. 민우의 검거를 '순수함의 대가'라는 말로 합리화시키지만, 준식은 자신도 모르게 '가슴이 뻥 뚫린' 슬픔을 느끼게 된다. 준식의 슬픔은 자신도 모르게 오랜 세월 동안 몸 안에서 뭉쳐져 온 감정의 덩어리였다. 그것이 한꺼번에 터져 나온 것은, 민우라는 타자에 의해 그의 '녹천'의 환상이 비참하게 깨져버린 하나의 '사건'에 의한 것이었다.

> 그저 가슴이 찢어지도록 자기 자신이 비참하다는 느낌, 아무도 이해하지 못할, 아무에게도 설명하지 못할 그 자신만의 슬픔이 그를 울게 만들었다. 아주 오랜 시간 동안 그는 똥구덩이에 엉덩이를 깔고 앉은 채 일어날 생각도 않고 어린애처럼 소리 내어 울고 있었다. (…중략…)
> "저 사람 왜 저기서 울고 있지?"
> "술에 취했나봐."
> "술 취했다고 저렇게 슬프게 울까? 무슨 사고라도 당한 게 아닐까?" (…중략…)
> 아내는 지금 무엇을 하고 있을까? 민우 녀석의 말대로 집을 나가겠다는 생각을 포기하고 나를 기다리고 있을 것인가? 앞으로는 날 어떻게 대할까? 모든 것을 없었던 것으로 하고 지금까지 살아왔던 것처럼 살아갈 것인가? 그리고 민우는 어떻게 될까?
> 물론 민우 녀석은 이제 오랫동안 이 사회와 격리될 것이다. 하지만 생을 압류당한 채 살아가야만 하는 것이 어찌 민우 녀석뿐이겠는가. 이 거대한 오욕의 세상, 이미 모든 순결함과 품위를 잃어버린 이곳에서 나 또한 살아야 하는 것이다.[85]

행인의 눈이 질문하고 있는 그가 당한 '사고'란, 민우가 그의 내면에 침투하여 '녹천'의 꿈을 깨뜨리며 그를 똥구덩이에 주저앉힌 일이었다. 그것은 이제 현실의 공간에서 자신의 내면으로 옮겨 와 버린 민우라는 타자와 대면하게 된 '사건'이었다. 이어지는 준식의 질문은 외견상 독백 같지만 암암리에 민우의 존재와 말을 의식하며 생각을 이어가는 것으로

---

85) 이창동, 「녹천에는 똥이 많다」, 『녹천에는 똥이 많다』, 문학과지성사, 1992, 181~182면.

볼 수 있다. 준식의 말은 잠재적인 대화로서 '생을 압류당한' 민우에게 하는 말인 동시에 '녹천'의 꿈이 깨져버린 또 다른 자기 자신에게 하는 말인 것이다.

그 같은 대화의 과정에서, 준식은 민우를 격리되게 만든 자기 자신도 민우처럼 생을 압류당한 채 살아가야 한다는 아이러니를 경험한다. 그것은 '녹천'의 꿈이 순결함과 품위를 잃어버린 오욕을 대가로만 가능하다는 삶의 아이러니이기도 하다. 이 같은 대화와 아이러니가 의미 있는 것은, 민우를 격리시키는 닫힌 현실의 벽을 넘어서, 열린 공간에서 민우와 내적으로 대면하는 제2의 현실을 경험하게 하기 때문이다.

대화와 아이러니는 리얼리즘이 아닌 소설에서도 폐쇄적인 내면이 해체되는 경험으로 나타날 수 있다. 예컨대 『토지』에서 서희가 길상과 결합하게 되는 과정은, 반상의 관념을 고집하는 서희의 닫힌 내면이 길상과의 내적 대화를 통해 해체되는 경험으로 나타난다. 그 같은 '대화'의 과정은, 서희가 내면에 침투한 길상과 대면하면서, 자신도 모르는 또 다른 자아를 발견하는 '아이러니'의 경험이기도 하다.

> 상하로 선명하게 그어진 돈독한 그 낡은 관념은 직감이 몰고 온 거의 공포에 가까운 예감을 비로소 떼밀어내고 때려눕힌다. 길상을 겨누었던 필사적인 촉수는 방향을 잃는다. '내 천길 낭떠러지를 뛰어내리듯 너를 택하려 하기는 했으되 어찌 감히 너 스스로가 생심을 품을 수 있단 말이냐? 하늘의 별을 따지. 어림 반푼이나 있는 일이겠느냐! 언감생심, 나를 여자로 보아? 계집으로 네 눈에 보이더란 말이냐? 그래 너는 장살의 그 숱한 사연도 몰랐더란 말이냐? 내 비록 천애고아로서 이곳까지 왔다마는, 양반이 아직은 썩은 무말랭이가 되진 않았어! 감히 하인의 신분으로서!'
>
> 천길만길 뛴다. 그러나 어디까지 그것은 서희의 환상일 따름, 길상은 바위처럼 앉아 있을 뿐이고[86]

---

86) 박경리, 『토지』 2부 1권, 솔, 1993, 203면.

위에서 서희의 갈등은 여전히 낡은 관념에 집착하는 그녀의 고집에서 비롯된 것이다. 그러나 이미 서희의 자의식은 낡은 관념에 의존해 타자를 배척하는 방향에서, 타자에 대응해야만 자신의 자아를 유지할 수 있게 된 방향으로 전환되어 있다. 이 같은 대화적인 자의식은, 반상의 관념을 허무는 길상이라는 타자가 어느새 서희의 내면에 침투해 있음을 암시한다. 예문에서 길상이 이인칭인 '너'로 지칭되고 있는 것은 길상이 자아의 바깥에 위치한 제3자가 아니라 이미 그녀의 내면에 실존하는 인물이 되었음을 나타낸다.87) 제3자로서의 길상은 바위처럼 앉아 있지만 서희의 내면에 존재하는 길상은 끊임없어 그녀의 낡은 자아를 허물고 있는 것이다. 길상을 이인칭 '너'로 부르는 서희의 절박함은 길상('너')에 대한 질책이 사실은 자신도 모르게 흔들리는 자기 자신('나')에 대한 외침임을 뜻한다. '아이러니'하게도 서희는 반상의식의 낡은 자아를 지키려 애쓰면 애쓸수록, 이미 그녀의 마음속에 들어와 버린 길상을 의식하는 또 다른 자아를 드러낸다. 서희는 무너져 내리는 반상의 경계선을 세우려 안간힘을 쓰지만, 그럴수록 자기 자신도 모르는 또 다른 자기와 대면함으로써, 즉 자신의 일부가 된 타자와 싸우는 해체된 자아를 발견함으로써, 낡은 경계선을 허무는 역사의 장(제2의 현실)에 서게 된다.

대화적 자의식과 아이러니를 통해 나타나는 제2의 현실 혹은 역사의 장은 '카니발적 공간'으로 불리기도 한다. 카니발적 공간이란 규범적 질서의 상징계가 해체된 탈코드화된 공간인 동시에 지배권력의 몰적 담론이 전복된 탈영토화된 공간이기도 하다. 아이러니가 닫힌 자아가 열리면서 폐쇄적인 현실(상징계)이 해체되는 대화적 과정이라면, 카니발니즘은 지배권력의 몰적 담론(그리고 닫힌 현실)이 민중적인 언어의 잠재력에 의해 전복되는 풍자나 해학에서 나타낸다. 카니발적 공간이란 그처럼 규범적 권력의 독백적 담론(현실)이 타자성을 지닌 민중들의 대화적 담론에 의해

---

87) 바흐친, 김근식 역, 앞의 책, 95면.

뒤집어질 때 드러난다. 일례로 『춘향전』의 한 대목을 살펴보자.

> 모든 수(守)·령(令) 도망 할 제 거동보소 인궤(印櫃) 일코 과절 들고, 병부
> (兵符) 일코 송편 들고, 탕근(宕巾) 일코 용수 쓰고, 갓 일코 소반(小盤) 쓰고,
> 칼집 쥐고 오좀 뉘기. 부셔진니 거문고요, 짓지나니 북·장고(杖鼓)라, 본관이
> 상을 싸고 명셕 궁기 시앙쥐 눈 쓰듯 ㅎ고 닉아(內衙)로 드러가셔,[88]

위에서 인궤, 병부, 탕건, 갓, 칼집은 민중의 희망을 배반하는 지배권
력의 독백적 명령을 포함한 기표들이다. 그 같은 권위적인 기표들은 민
중들의 생생하게 살아 있는 언어(기표)인 과절, 송편, 용수, 소반, 오줌에
의해 풍자적으로 전복된다. 인용문에서는 그처럼 양반의 위선적인 권위
에 대한 탈관행위를 통해 카니발적 공간이 연출되고 있다.

민중적인 대화적 언어를 통해 지배권력의 권위적인 담론과 현실을 전
복시키는 카니발리즘은 김유정의 해학소설에서도 발견된다.[89] 예컨대
「안해」에서는 지배권력의 수탈에 의해 비참한 삶을 살아가는 인물들이
대화적인 활력의 발산을 통해 절망을 넘어서는 카니발적 공간을 보여
주고 있다. 이 소설의 인물들은 농사를 지어도 남는 것은 없고 빚에만
몰리는 상황[90]에 놓여 있는데, 이는 식민지 시대의 거의 모든 농민소설
에서 반복적으로 발견되는 현상이다. 그 같은 사실은 이 소설의 농민들
이 겪는 가난이 일상화된 것이며 농민들은 식민지 권력에 예속된 동일
성 세계의 타자들임을 말해준다.

식민지 권력은 독백적인 명령어를 포함한 '자본주의적 법'이라는 담
론(상징계)[91]을 통해 소작권을 강탈한 지주-소작인 관계를 강요한다. 농

---

88) 이가원 주역, 『춘향전』, 정음사, 1958, 304~305면.
89) 김유정 소설의 카니발리즘에 대해서는 김미현, 「김유정 소설의 카니발적 구조 연구」,
　　이화여대 박사논문, 1990 참조.
90) 김유정, 「안해」, 『김유정』, 벽호, 1998, 139면.
91) 이것이 실행된 것이 1910년대 토지조사사업이다.

민들이 겪는 빚에 몰리는 비참한 상황은 바로 그런 독백적인 명령어에서 기인된 것이다. 그러나 농민들은 이처럼 권위적인 담론—법이 권력을 행사하는 현실에서 그 표준어로 된 담론에서 일탈된 구어체의 사투리를 구사한다. 물론 농민들이 욕설 섞인 사투리를 통해 식민지 권력에 예속된 권위적인 담론과 현실에 저항하는 것은 아니다. 그렇기는커녕 그들은 부정적인 세태의 흐름에 휩쓸려 빈번히 터무니없는 상황을 연출하곤 한다. 하지만 소수자의 언어로서 농민들의 사투리는 권위적인 식민지의 동일성 언어와는 달리 잠재적으로 변이와 생성의 힘을 포함하고 있다.92) 그것은 그들의 언어와 생활이 지배권력의 담론과 현실에서 벗어난 탈코드화된 카니발적 공간을 연출하기 때문이다. 가령 「안해」의 마지막 부분은 사투리와 속어로 된 대화적 담론을 통해 그런 카니발적 공간을 보여주고 있다.

> 이년하고 들병이로 나갔다가는 넉넉히 나는 한 옆에 재워 놓고 딴 서방 차고 달아날 년이다. 너는 들병이로 돈 벌 생각도 말고 그저 집안에 가만히 앉았는 것이 옳겠다. 구구루 주는 밥이나 얻어먹고 몸 성히 있다가 연해 자식이나 쏟아라. 뭐 많이도 말고 굴대 같은 아들로만 한 열 다섯이면 족하지. 가만 있자, 한 놈이 일년에 벼 열 섬씩만 번다면 열 다섯 섬이니까 일백 오십 섬, 한 섬에 더도 말고 십 원 한 장씩만 받는다면 죄다 일천 오백원이지. 일천 오백원, 일천 오백원, 사실 일천 오백원이면 어이구 이건 참 너무 많구나. 그런 줄 몰랐더니 이년이 뱃속에 일천 오백원을 지니고 있으니까 아무렇게 따져도 나 보담은 낫지 않은가.93)

위에서 보듯이 1인칭 화자는 아내를 들병이로 내보내 돈을 벌어 보려는 생각을 갖고 있었다. 그처럼 아내를 들병이로 만드는 것은 당대의 부정적 세태의 반영으로서 여성을 성적 착취의 대상으로 삼는 남성중심적

---

92) 들뢰즈·가타리, 김재인 역, 앞의 책, 195~213면; 이진경, 앞의 책, 319~324면.
93) 김유정, 앞의 글, 앞의 책, 146면.

사고에서 기인된 것이다.94) 화자의 그런 남성중심성은 이미 언어 자체에서 나타나는데, 위에서 아내를 '이년'으로 호칭하는 것부터가 가부장제적 태도 잘 보여준다.

그러나 아이러니하게도 「안해」에서 화자의 '이년'으로 시작하는 비속어는 오히려 대화적인 활력의 발산으로 느껴진다. 그것은 기가 센 아내가 남편의 비속어에 주눅이 들지 않고 자신도 욕설을 퍼부우며 대들기 때문이다. '이년'하면 '이놈'하고 대들기로 약정된 두 부부의 '무언중의 계약'95)은 남성중심적 상징계에서 벗어난 탈코드화된 대화적 공간을 연출한다. 즉, 아내와 남편의 계약은 지배권력에 예속된 남성중심적 계약을 파기하는 카니발적 공간에서의 묵약이라고 할 수 있다. 이는 그들의 생활이 규범적 권력의 코드화를 전복시킨 활력의 공간을 연출함을 의미한다.

남편이나 아내의 '들병이 수업' 역시 그와 마찬가지이다. 두 부부가 들병이 노래연습을 하는 것은 당대의 부정적 세태의 반영이지만, 남편이나 아내 모두 그것이 행복한 삶이 아님을 알고 있다. 남편에게 대드는 아내의 무기는 들병이의 상품화된 외모가 아니라 자식을 쏟아내는 생산력이다. 또한 그런 아내를 인정하는 남편의 기준은 영악한 돈벌이가 아니라 '굴대 같은' 자식을 믿는 순박한 셈법이다. 따라서 '이년'하면 '이놈'하기도 약정된 카니발적 공간(탈코드화된 대화적 공간)에서는 순박한 계산법에 의해 영악한 상술이, 자식의 생산력에 의해 상품화된 외모가, 그리고 주눅들지 않는 여성의 활기에 의해 남성중심적 권력이 뒤집어진다. 이처럼 「안해」는 아내와 남편이 비속어를 주고 받는 대화적 공간에서 민중적 활력을 통해 지배권력의 담론을 전복시키는 카니발리즘을 연출하고 있다.

---

94) 물론 아내가 먼저 들병이를 제안했지만 들병이를 묵인하는 남편의 행위 자체가 여성을 상품화하는 남성중심적 사고와 연관된다.

95) 김유정, 앞의 글, 앞의 책, 138면.

9. 모더니즘과 포스트모더니즘의 대화성

이제까지 우리는 이질적인 사고(담론)를 지닌 인물들이 대화를 통해 탈코드화된(탈영토화된) 공간에서 만나는 양상들을 살펴보았다. 본격 리얼리즘의 경우 자아와 이질적인 타자의 만남은 아이러니를 매개로 제2의 현실로서의 역사의 장에서 이뤄진다. 또한 풍자·해학소설에서는 지배 권력의 독백적 담론에 억눌린 타자들이 대화를 연출하며 카니발적 공간에서 조우한다.

이처럼 대화는 동일성의 세계에서 이탈된 타자의 존재에 의해 나타난다. 그런데 모더니즘의 경우에는 이질적인 타자가 일상에서 소외된 비동일성의 존재로 드러난다. 리얼리즘(본격소설·풍자·해학)에서는 이질적인 타자 역시 일상에서 '생활'하면서 동일성의 세계에서 문득 이탈하는 존재로 그려진다. 반면에 모더니즘 소설의 타자는 환경과 괴리된 경험, 즉 일상에서 인간관계가 단절된 경험을 하게 된다. 그 같은 모더니즘의 비동일성의 인물은 생활 속에서 대화하며 일상의 동일성을 해체하는 아이러니나 카니발리즘을 연출하지 못한다. 생활이 부재한 비동일성의 인물은 일상의 공간에서 소외된 채 생활인들과 '평행선'을 그릴 뿐이기 때문이다.

그러나 비동일성의 인물 역시 생활인과의 화해를 소망하며 그들과 만나는 공간을 모색한다. 물론 그런 화해가 비동일성의 인물이 동일성의 세계에 억지로 동화되는 것일 수는 없다. 비동일성의 인물은 생활인과 평행선을 그리면서도 그 평행선을 만나게 하기 위해 화해를 모색하는데, 그처럼 '평행선을 만나게 하는 화해'는 탈주의 위치인 '비유클리트적 공간'에서 가능할 뿐이다.

따라서 모더니즘은 생활인과 타자(비동일성의 인물)가 만나는 위치로서 일상의 유클리트적 공간에서 벗어난 비유클리트적 공간을 드러낸다. 그 같은 화해를 소망하는 비유클리트적 공간을 가장 잘 보여준 것은 건축기사였던 이상이었다. 건축기사로서의 이상은 유클리트적 공간 안에서 활동했지만 작가로서의 이상은 그 공간을 해체한 비유클리트적 공간을 탐색했다. 그것은 그의 유클리트적 공간 경험의 극한지점에서 비유클리트적 공간의 모색이 가능했기 때문이었다. 그런 맥락에서 이상은 근대성의 극한지점에서 탈근대적인 공간을 탐구했다고 할 수 있다.

건축기사로서 '조감도'를 기획했던 이상은 작가로서는 그 근대적 기획을 해체한 '오감도'의 세계를 탐구했다. 그것은 근대의 동일성의 세계, 그 유클리트적 '조감도' 속에 담을 수 없는 화해의 소망을 비유클리트적 공간인 오감도를 통해 그리려 했기 때문이다. 그 점에서 기이하게 해체된 「오감도」의 언어들 속에는 이상의 진정한 화해에 대한 소망이 담겨 있다고 할 수 있다.

근대의 동일성 세계의 극한지점, 즉 유클리트적 공간의 극한 위치에서 나타난 비유클리트 경험은 비대칭성과 절름발이 의식이다. 예컨대 「거울」은 근대의 일상 속에 놓인 화자가 자아의 분열과 비대칭성을 발견하는 시이다. 이 시의 거울 밖의 '나'와 거울 속의 '나'는 대칭적인 것 같지만 실상은 비대칭적이다. 대칭적이라는 것은 두 부분이 겹쳐져서 하나로 동일화될 수 있다는 뜻이다. 그러나 거울 속의 '나'는 일상의 '나'와 동일하게 생겼으면서도 결코 하나로 동일화될 수는 없다. 그것은 또 다른 '나'가 왼손잡이이며 '나'와 악수를 나눌 수 없기 때문이다.96) '나'와 똑같지만 또한 반대인 거울 속의 '나'는 대칭적인 동시에 비대칭적이다.

'나'는 그 같은 비대칭성을 지닌 두개의 '나'에 의해 자아의 분열을 경험한다. 그런데 실상 자아의 비대칭성은 거울 속의 '나'와 세계와의 관계에서 기인된 것이다. 거울 속의 '나'는 소리가 없는 조용한 세계에 갇혀 있으며 '나'도 잘 모르는 '외로된 사업'에 골몰하고 있다. 그것은

---

96) 이상, 「거울」, 『이상시전집』, 문학사상사, 1989, 187면.

그 또 다른 '나'가 동일성의 세계에 동화되지 못한 비동일성의 위치에 있음을 암시한다. 자아의 분열은 일상의 '나'가 소외된 위치에 있는 또 다른 '나'와 결코 화해할 수 없음을 뜻한다.

그처럼 거울 속에 갇혀 있는 또 다른 자아와 화해할 수 없는 것은, 거울 속의 '나'가 왼손잡이이기 때문이기도 하지만, 또한 거울의 표면이라는 현실의 금지의 장벽 때문이다. 「거울」에서 '나'는 그 같은 금지의 장벽을 지닌 유클리트적 공간의 극한 위치에서 비동일성의 자아와 화해를 소망하며 비대칭성을 발견한다. 그런 유클리트적 공간의 금지의 규율을 넘어서서 소외된 자아와 화해를 시도하는 비유클리트 공간의 세계가 바로 「오감도」이다. 실제로 「오감도」 시제 15호는 거울 속에 영어된 '나(비동일성의 자아)'를 해방시키려는 비유클적인 내면공간(꿈)의 세계를 그리고 있다.

「거울」에서 두 개의 '나'의 비대칭성은 다른 작품에서 (일상에 동화되지 못하는) 비동일성의 자아의 절름발이 의식으로 나타난다. 즉 일상에서 균형을 잃고 불구적으로 살아가는 '나'의 모습은 의족,[97] 척각(隻脚),[98] 절름발이,[99] 절뚝발이[100] 등으로 상징된다. 그 중 특히 「날개」에서는 아내와 '나'의 숙명적인 절름발이의 관계가 조명되고 있다.

「날개」에서 일상 속의 아내와 비동일성의 위치의 '나'는 아주 기이한 부부의 모습을 연출한다. 아내와 '나'는 각기 다른 방을 쓸 뿐 아니라 마주 앉아 있어도 이야기를 나누는 법이 없다. 물론 그 같은 아내와 '나'의 대화의 단절은 세계에 대한 '나'의 소외된 관계의 한 부분일 것이다. 그러나 '나'는 그런 소외된 위치에서도 늘상 화해의 소망을 버리지 않으며, 그 소망은 '나'와 가장 가까운 아내에게 절실하게 표현된다. '나'는 아내

---

97) 이상, 「오감도」 시제15호, 위의 책, 49면.
98) 이상, 「척각」, 위의 책, 219면.
99) 이상, 「날개」, 『이상문학전집』 2, 문학사상사, 1991, 343면; 「실화」, 368면.
100) 이상, 「공포의 기록」, 위의 책, 203면.

와의 침묵 속에 숨겨진 화해의 소망을 '내적 대화'를 통해 숨김없이 드
러낸다.

> 나는 이불 속에서 아내에게 사죄하였다. 그것은 네 오해라고……. 나는 사실
> 밤이 퍽이나 이슥한 줄만 알았던 것이다. 그것이 네 말마따나 자정 전인 줄은
> 나는 정말이지 꿈에도 몰랐다. 나는 너무 피곤하였었다. 오래간만에 나는 너무
> 많이 걸은 것이 잘못이다. 내 잘못이라면 잘못은 그것밖에는 없다. 외출은 왜
> 하였더냐고? 나는 그 머리맡에 저절로 모인 五원 돈을 아무에게라도 좋으니 주
> 어보고 싶었던 것이다. (…중략…)
> 한 시간 동안을 나는 이렇게 초조하게 굴지 않으면 안되었다. 나는 이불을
> 홱 젖혀 버리고 일어나서 장지를 열고 아내 방으로 비칠 비칠 달려갔던 것이다.
> 내게는 거의 의식이라는 것이 없었다. 나는 아내 이불 위에 엎드러지면서 바지
> 포켓 속에서 그 돈 五 원을 꺼내 아내 손에 쥐어준 것을 간신히 기억할 뿐이
> 다.101)

위에서 아내의 오해는 '내'가 그녀의 생활('직업')을 방해했다는 생각에
서 비롯된 것이다. 아내의 직업은 돈을 중심으로 한 동일성 세계의 극단
을 상징하는 매음이다. 반면에 '나'의 외출은 돈을 쓸 능력을 잃어버린
'나'의 비동일성의 위치를 드러내고 있다. 아내와 '내'가 화해하기 어려
운 것은 그처럼 동일성 세계의 사고와 비동일성의 의식이라는 비대칭적
인 관계에 있기 때문이다.

더욱이 아내의 직업은 그녀와 내객 사이에서 파는 위치와 사는 위치
라는 자본주의적인 비대칭성을 드러낸다.102) 그 같은 자본주의적 비대
칭성에서 타자의 위치(파는 위치)에 있는 아내는 매음을 통해서 가까스로
동일성의 세계에 적응한다. 반면에 생활이 부재한 '나'는 비동일성의 위
치에서 벗어나지 못한다. 따라서 아내와 '나'의 불균형한 관계는 아내가

---

101) 이상, 「날개」, 위의 책, 331~332면.
102) 파는 위치와 사는 위치의 비대칭성에 대해서는 가라타니 고진, 송태욱 역, 『탐구』 1,
　　　새물결, 1998, 92~105면 참조

세계의 불구적인 불균형성(비대칭성)에 적응한 반면 '나'는 그렇지 못한 데서 기인된 것이다. 이처럼 아내와 '나'의 불구적인 관계의 이면에는 세계 자체의 불구적인 관계가 놓여 있다.[103]

'나'는 아내와의 내적 대화를 통해, 동일성 세계의 기이한 파행성에 적응하지 못한 '나'의 비동일성을 드러낸다. '내적 대화'에 이어지는 '나'의 '아이러니'적인 행위, 즉 아내에게 돈을 쥐여주고 같이 자는 행위는, 적응하기 어려운 불구적인 동일성 세계와 화해하려는 '나'의 몸짓이다. 그러나 그것은 동일성 세계가 은폐하는 기이한 불구성을 음화로서 보여줄 뿐이다. '나'의 화해의 시도가 그처럼 아이러니에 불과하다는 것은 아내와 '내'가 서로 오해를 풀기 어려운 관계에 있음을 암시한다. 또한 그런 오해된 관계는 세계와 '내'가 화해되기 어려움을 나타낸다. '나'는 결말에 이르러 아내와 '나'의 절름발이의 관계를 통해 그 점을 분명히 인식한다.

> 우리들은 서로 오해하고 있느니라. 설마 아내가 아스피린 대신에 아달린의 정량을 나에게 먹여 왔을까? 나는 그것을 믿을 수는 없다. 아내가 그럴 대체 까닭이 없을 것이니, 그러면 나는 날밤을 새면서 도적질을 계집질을 하였나? 정말이지 아니다. 우리 부부는 숙명적으로 발이 맞지 않는 절름발이인 것이다. 내가 아내나 제 거동에 로직을 붙일 필요는 없다. 변해 할 필요도 없다. 사실은 사실대로 오해는 오해대로 그저 끝없이 발을 절뚝거리면서 세상을 걸어가면 되는 것이다. 그렇지 않을까?[104]

'나'는 아내와의 내적 대화를 통해 아내와 나의 절름발이의 관계가 영원히 오해를 풀 수 없는 불구성을 지님을 깨닫는다. 그것은 동일성 세계의 코드와 비동일성의 암호 사이의 근원적인 불일치 때문이다. 하지만

---

103) 아내와 '나'의 관계(혹은 '나' 자신)가 절름발이인 것은 역설적으로 아무렇지도 않는 듯이 보이는 세계 자체가 절름발이이기 때문인 것이다.
104) 이상, 「날개」, 앞의 책, 343면.

그것을 알면서도 절뚝거리며 끝없이 세상을 걸어가려는 것은 '나'의 숨겨진 화해의 소망을 암시한다.

물론 '내'가 화해하고 싶은 것은 '오해하고 있는' 아내뿐만은 아니다. '나'에게 아내와의 화해의 소망이 그토록 절실한 것은 실상 그 이면에 세계와 화해하려는 소망이 내재되어 있기 때문이다. 절뚝거리며 세상을 끝없이 걸어가려는 심리는 '자죽'만 남은 날개로 날아 보려는 생각과 똑같은 소망의 표현인 것이다.

끝없는 절뚝거림과 날개짓, 그 무한한 화해의 소망은 비대칭성이 합쳐질 수 있는 또 다른 공간으로 탈주할 때 가능해진다. 비대칭성의 무한 반복105)('끝없는 절뚝거림')이 허용되는 공간, 절뚝거리는 몸으로 불구의 세상과 대면할 수 있는 장소, 그곳은 동일성 세계의 유클리트적 공간을 벗어난 비유클리트적 공간106)이다. 절름발이라는 근대성의 극한 경험을 통해, (근대의) 동일성 세계가 해체된 그 비유클리트적 공간을 내면으로 탐색한 것이 바로 「오감도」 등의 이상의 시세계이다.107)

「날개」에서처럼 모더니즘에서는 화해할 수 없는 일상과 화해하려 하면서 내면으로 비유클리트적 공간을 탐색한다. 그것은 모더니즘에서는 아직 내면의 화해의 욕망이 남아 있기 때문이다. 그러나 무의식, 욕망, 예술마저 예속화된 포스트모더니즘에서는 그 같은 내면의 화해의 욕망마저 가질 수 없게 된다. 그처럼 미시적인 분자적 삶마저 권력에 회유된 상태에서, 포스트모더니즘의 인물들은 막연한 두려움 속에서 절망하거나 상처에 중독된 채 자기 자신의 허무 속에 매몰된다. 모더니즘에서는

---

105) 무한은 타자의 문제와 연관되는데, 왜냐하면 무한이란 (상징계에서는) 비대칭적인 절름발이의 관계에 있는 타자와 만날 수 있는 (비유클리트적) 공간을 제공하기 때문이다. 가라타니 고진, 송태욱 역, 『탐구』 1, 새물결, 1998, 170~189면 참조
106) 모더니즘의 비유클리트적 공간은 리얼리즘에서 나타나는 제2의 현실(역사의 장)이나 카니발적 공간과 동일한 위상을 지닌다. 이는 상징계와 실재계 '사이'의 공간이라고 할 수 있다.
107) 「날개」의 세계와 「오감도」의 세계는 소설의 세계와 시의 세계의 차이지 시간적인 선후관계를 갖지는 않는다.

불구적인 상태에서라도 불가능한 대화를 시도했지만, 포스트모더니즘에
서는 더 이상 화해를 소망 할 수 없는 상태에서 그 정도의 대화의 욕망
마저 갖지 못하게 된다. 「은어낚시통신」에서처럼 인물들은 만날 때마다
섹스를 하면서도 아무런 감동도 대화도 나누지 못한다.

> 감동 없이, 그야 말로 '행위'가 끝났을 때, 그녀가 천천히 눈을 뜨고 넋이 나
> 간 얼굴로 중얼거렸다.
> "모든 게 점점 무서워져요 지금도 역시 그렇고 말예요" (…중략…)
> "사막에서 사는 사람."
> 그 말이 나를 겨냥한 것임을 깨달은 것은 그녀의 얼굴을 히뜩 올려다본 다음
> 이었다. 언제나와 마찬가지로 그녀의 얼굴은 창백하게 굳어 있었다.
> "상처에 중독된 사람."
> 그녀는 줄곧 희끄무레한 스크린에 시선을 고정시킨 채 그렇게 뇌까렸다. 나
> 는 싸늘히 식은 채로 그녀의 말을 듣고만 있었다.
> "감정에 나약한 척하면서 사실은 무모하고 비정한 사람, 터미네이터."
> "……."
> "무서운 사람."108)

위에서처럼 그녀와 '나'는 욕망의 교감도 대화의 언어도 갖지 못한다.
두 사람의 절망과 허무는 그들이 후기자본주의적 삶의 코드에 적응하지
못하면서도 그 사회의 권력에 자기 자신의 욕망이 회유되어 살아가야
하기 때문이다.

그녀와 '내'가 다시 대화를 나눌 수 있게 된 것은 현실의 공간에서 벗
어나 밀교적 광간에서 재회했을 때였다. 두 사람은 현실과는 다른 세계
의 공간에서 '은어'라는 비밀스러운 코드로 교감하며 대화를 나눌 수 있
었다. 그들의 대화의 과정은 예속된 욕망의 내면이 은어처럼 회귀하며
탈영토화되는 과정이기도 했다.

---

108) 윤대녕, 「은어낚시통신」, 『은어낚시통신』, 문학동네, 1994, 64~65면.

이제 당신도 돌아오기 시작하는 거예요. 당신은 지금까지 너무 먼 곳에 가 있었던 거예요. 그러다간 돌아오는 길을 영영 잊어버리게 될지도 몰라요.

정말 나는 지금까지 내가 있어야 할 장소가 아닌, 아주 낯선 곳에서 존재하고 있었다는 생각이 차츰 들기 시작했다. 이를테면 삶의 사막에서 존재의 외곽에서.

지금부터, 돌아가고 싶다고 나는 간신히 그녀에게 말했다. (…중략…)

아녜요, 더 거슬러 와야 해요. 원래 당신이 있던 장소까지 와야만 해요.

그녀가 그렇게 말하면 말할수록 나는 뼈아픈 마음이 되어갔다.

울진 왕피천까지 와 있다고 나는 말했다. 어쨌든 이런 식으로 말해야 한다는 걸 알고 있었다.[109]

위에서 그녀와 '나'의 대화는 '은어'의 코드를 사용함으로써 가능해지고 있다. '내'가 "이런 식으로 말해야 한다는 걸 알고 있었다"는 것은, 이제 닫힌 현실의 코드에서 벗어나 '은어'의 코드로 된 세계로 옮겨가고 있음을 뜻한다.[110] 그 점에서 '나'의 '은어되기'는 단순한 은유가 아니라 실제의 육체적, 정신적 전이를 나타낸다.

그러나 두 사람의 대화는 그들이 단순히 현실의 공간에서 '은어'의 코드로 된 밀교적 공간으로 이동했음을 뜻하는 것은 아니다. '은어낚시통신'의 공간이 대화의 장소를 마련해주기는 하지만 그곳이 현실을 대체한 대안적 삶은 공간은 아니기 때문이다. 그들은 다시 현실로 돌아올 수밖에 없으며 그들의 삶은 밀교적 공간이 아닌 현실의 공간에서 이루어질 수밖에 없다. 그러나 다시 현실로 돌아온 그들은 탈영토화된 내면을 지님으로써 원래의 허무와 절망에서 벗어나게 된다. 밀교적 공간에서의 '대화'의 진정한 의미는 이처럼 닫힌 현실에서 벗어나 탈영토화된 내면

---

109) 윤대녕, 위의 글, 위의 책, 79~80면.
110) 인용문에서 '돌아온다'는 것은 '은어되기'를 통해 '기관 없는 신체'로 탈영토화되는 것을 말한다. 여기서 은어'되기'란 들뢰즈적 의미의 생성(되기)의 사건을 뜻한다. 또한 기관 없는 신체란 억압적이고 유기체적인 조직으로부터 탈주하여 비유기체적인 육체의 상태가 되는 것을 의미한다.

을 회복하게 해준다는 데 있을 것이다.

그 점에서 현실 외부공간에서의 포스트모더니즘적 대화는 현실 내부에서의 아이러니적 대화와 근본적으로 유사한 의미를 지닌다. 아이러니적 대화에서 현실 내부의 자아는 이질적인 타자를 받아들이면서 닫힌 자아와 현실에서 벗어나 탈코드화된 제2의 현실에 던져지게 된다. 자아는 그 열린 공간에서 타자와 접촉한 후 다시 되돌아오면서 이중화된다. 그 같은 자아의 이중화 과정이 아이러니이며 탈코드화된 공간에서의 타자와의 만남이 바로 대화이다.

반면 포스트모더니즘적 대화에서 인물들은 현실 공간에서는 허무의식에 매몰된 채 아무런 대화도 나누지 못한다. 인물들은 현실로부터 달아나 또 다른 공간에서 이질적인 코드로 대화를 나눈 후 허무의식에서 벗어난 탈영토화된 내면으로 돌아온다. 그 같은 내면의 탈영토화 과정이 탈주이며, 현실 외부에서의 인물들의 만남이 대화이다. 이처럼 탈주란 또 다른 공간으로 달아나는 것이 아니라, 그곳에서의 대화를 통해 권력에서 벗어나 탈영토화되는 과정을 말한다. 또 다른 공간에서의 대화는 그 세계에서의 새로운 삶을 의미하는 것이기보다는 닫힌 현실을 탈코드화시키고 허무의식에 빠진 내면을 탈영토화시키는 과정으로 볼 수 있다.

이처럼 아이러니적 대화와 포스트모더니즘 대화의 공통점은, 닫힌 현실의 외부에 던져져서 다시 돌아오는 과정에서 탈코드화된 제2의 현실(역사의 장)을 경험하게 된다는 점이다. 그러나 아이러니적 대화는 현실 내부에서 발생하는 반면 포스토더니즘 대화는 현실 외부의 또 다른 공간에서만 가능하다. 또한 아이러니에서는 현실로 다시 돌아오는 과정에서 자아가 이중화되지만 포스트모더니즘에서는 그런 이중화보다는 내면의 탈영토화를 경험한다.

한편 두 경우에서 제2의 현실이라는 탈코드화된 공간의 경험이 가능한 것은 이질적인 두 개의 코드가 해체되는 과정으로서 대화가 발생하기 때문이다. 그러나 아이러니적 대화에서의 이질성은 자아와 타자 사이에서 나타나는 반면 포스트모더니즘 대화의 경우에는 현실세계와 또 다른 세계 사이에서 이질성이 드러난다. 즉, 전자에서는 자아와 타자의 이질적인 코드가 해체되면서 탈코드화된 공간(제2의 현실)이 나타나지만, 후자에서는 두 개의 이질적인 코드의 세계(현실 세계와 또 다른 세계)를 횡단하는 인물들에 의해 제2의 현실(탈코드화된 공간)이 경험된다. 이 같은 두 가지 대화의 차이점은 다음과 같이 표시될 수 있다.

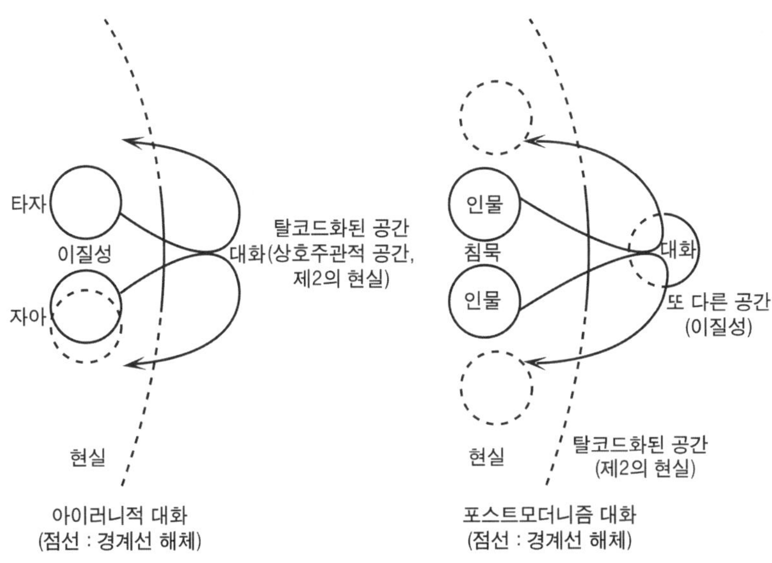

포스트모더니즘 대화에서 또 다른 공간은 「은어낚시통신」에서처럼 밀교적 공간으로 나타나기도 하지만, 인물들의 내면에 잠재되어 있는 또 다른 코드의 세계가 발현된 장소로 드러나기도 한다. 예컨대 「천지간」에서는 불교적 인연설의 세계가, 그리고 「나의 사랑 나의 귀신」(최인석)에서는 무속의 세계가 이질적 코드의 공간으로 생성된다. 물론 두 소설에서 또 다른 코드의 공간은 단지 합리주의적 세계와 구분되는 이질성의 위치만은 아니다. 위의 도표에서 보듯이 인물들 사이에서 대화가 이

루어지는 순간 또 다른 코드의 공간은 탈코드화되면서 인물들은 경계선
이 해체된(탈코드화된) 현실로 되돌아가게 한다. 현실에서 침묵하던 인물
들은 그처럼 현실외부 공간에서의 대화를 통해 닫힌 현실을 열어젖히면
서 다시 돌아오는 것이다.

가령 「천지간」에서 그녀와 '나'는 내면의 인연의 끈을 감지하면서도
서로 아무 말도 나누지 못한다. 합리주의적 현실의 공간에서 두 사람은
별다른 필연적인 관계를 만들 수 없는 타인들에 불과하기 때문이다. 더
욱이 사랑하던 사람을 잃어버린 그녀는 죽음의 그림자에 뒤덮인 채[111]
'나'에게서 단지 타인의 벽을 느낄 수 있을 뿐이었다.

> 계단을 다 올라와서 나는 복도를 막 걸어 나오고 있는 여자와 정면으로 마주
> 쳤다. 불현듯 천둥이 치는 소리를 들은 것처럼 여자의 입술이 약간 벌어졌다.
> 나도 계단 끝에 어색한 자제로 버티고 서서 어찌할 바를 모르고 허둥거렸다.
> (…중략…)
> 내가 두어 걸음 뒤로 물러나고 있을 때 여자가 참았던 날숨을 나직이 뱉어냈
> 다. 뒤이어 여자가 나를 향해 뭐라 중얼거린 것 같았다. 나는 귀 끝을 바싹 곤
> 추세웠다……그러나 아니었다. 내 방문 앞까지 와서 슬그머니 뒤를 돌아보니
> 여자는 아직도 벽에 몸을 붙인 채 그대로 서 있었다.[112]

위에서 천둥소리를 들은 것처럼 여자의 입술이 벌어진 것은 내면의
인연의 끈을 감지했기 때문이다. 그러나 그 모호한 감정은 '참았던 날숨'
에 의해 한순간에 날아가 버린다. 타인의 관계만을 허용하는 복도의 통
로에서, 그녀는 아직도 '나'에게서 자신이 몸을 붙이고 있는 벽의 감촉
만을 느낄 뿐이다. 물론 그 어쩔 수 없는 벽은 자살을 결심한 그녀 자신
의 벽이기도 했다. 그러나 몇 번의 스쳐지남과 벽을 타고 넘어오는 인기
척, 그리고 소리꾼의 죽음과 그로 인해 형성된 한과 재생의 공간은 그들

---

111) 그녀가 실연을 당한 후 자살을 생각하고 있는 심리 상태를 말함.
112) 윤대녕, 「천지간」, 『이상문학상 수상 작품집』, 문학사상사, 1996, 42~43면.

사이의 타인의 벽을 무너뜨린다.

> 나는 여자의 배 위에 손을 오려 놓고 잠꼬대라도 하듯이 뭐라 뭐라 웅얼거리고 있었다. 여자는 내 손끝을 쥐고 사이사이 한숨을 내쉬며 내 말에 대꾸하기도 했다. 나는 심청이와 인당수 밑에 누워 두런거리고 있는 것만 같았다. 그러다가 나는 손금에 걸린 달을 보며 잠이 들었다. (…중략…)
> 여자는 자신의 전생을 지우기 위해 나와의 관계를 원했고 그리하여 아이는 살리되 아이의 아비에게서는 놓여 날 수 있었다고 중얼거리며 내 팔 안에서 깊이 잠이 들었다.[113]

두 사람 사이의 대화는 희망이 죽어버린 현실의 공간 외부에서 이루어진다. 그녀와 '내'가 섹스를 하고 대화를 나눌 수 있게 된 것은, 그처럼 현실과는 다른 인연설의 비밀스런 코드로 된 공간에서였다. 그녀는 그 또 다른 코드의 공간에서 비로소 절망을 지울 수 있었고 탈영토화된 내면으로 다시 현실로 돌아오게 된다.

이처럼 이질적인 코드의 공간에서의 대화는 그 공간 자체를 탈코드화시키는 동시에 대화를 나누는 인물들을 탈영토화시킨다. 그리고 대화를 통한 탈영토화의 힘이 닫힌 현실을 열어젖히는(탈코드화시키는) 내면의 동력이 된다.[114]

이질적인 코드의 대화에 의해 현실을 탈영토화시키는 힘을 얻는 전개는 「나의 사랑 나의 귀신」에서도 비슷하게 나타난다. 그러나 이 소설에 나오는 인물들은 「은어낚시통신」에서와는 달리 현실에서 허무의식에 빠진 사람들은 아니다. 「은어낚시통신」처럼 허무의식이 만연된 후기자본주의적 현실을 배경으로 하면서도, 이 소설은 허무와 권력의 예속화에서 벗어난 타자들에 초점을 맞추고 있다. 즉, 포스트모던 리얼리즘으로 불

---

113) 윤대녕, 위의 글, 위의 책, 58~59면.
114) 「천지간」에서 이런 과정은 합리주의적 현실의 코드와 동양사상의 인연설의 코드가 혼성화되면서, 합리주의에 포함된 억압적 권력을 전복시키고 인연설을 탈코드화시키며 탈영토화의 힘을 얻는 전개로 볼 수 있다.

릴 수 있는 이 소설에는 미시권력에 회유되지 않은 이질적인 타자들이 나타난다. 돈이 인간의 운명이 된[115] 후기자본주의적 현실의 타자들이란 당골네 같은 무당이나 '나'와 같은 어린이이다. 그러나 무당이나 어린이·광인·장애아 등[116]은, 권력에 예속되지 않은 타자들이긴 하지만, 또한 현실에 맞서는 힘을 지니지 못한 무력한 인물들이기도 하다. 뿐만 아니라 그 각기 다른 이질적인 타자들은 서로간에 소통할 언어도 갖고 있지 않다. 예컨대 「내 사랑 나의 귀신」에서 '나'는 당골네를 사랑하지만 너무나 이질적인 그녀에게 접근할 수 없는 자신의 처지를 고통스러워한다.

> 나의 연인은 언제나 나를 저 강렬하면서도 황홀한 구심력으로 끌어당기면서도 동시에 그보다 훨씬 더 강하고 무자비한 원심력으로 밀어냈다. 나는 나의 연인에게 눈길 한번 제대로 줄 수 없었고, 나의 연인은 나를 제대로 바라본 적이 단 한 번도 없었다. 승규는 귀연이를 사랑했다. 귀연이는 승규가 아니라 나를 사랑했다. 그리고 나는 귀연이가 아니라, 결코 도달할 수 없는 거리에 떨어져 있는 사람을 사랑했다. 승규와 귀연이와 나는 모두 열두 살이었다. 내가 사랑하는 사람은 열두 살이 아니었다. 그보다 훨씬 나이가 많았다. 나는 나의 연인에 비하면 너무나 작고 너무나 무력하고 너무나 한심하고 너무나 가난하고 너무나 추하고 너무나 더럽고…… 벌레 같았다.[117]

무당이나 소년 같은 타자들이 서로 교감할 수 있는 유일한 방법은 사랑이었다. 그러나 소년(소녀)들의 사랑은 엇나가며 '나'의 당골에게 대한 사랑은 터무니없이 비현실적인 것이었다.

물론 절망과 슬픔에 압도된 어른들과는 달리 현실의 폭력에 당당히 맞설 수 있는 것은 소년이나 무당 같은 타자들뿐이다. 하지만 그들이 서

---

115) 최인석, 「내 사랑 나의 암놈」, 『아름다운 나의 귀신』, 문학동네, 1999, 225면.
116) 『아름다운 나의 귀신』 연작에 나오는 인물들임.
117) 최인석, 「내 사랑 나의 귀신」, 앞의 책, 15면.

로 교감하고 결속되지 못하는 한 그들 개인의 저항은 무력한 희생만을 낳을 것이었다. 예컨대 삽차를 향해 달려든 당골네의 행동은 현실적으로는 비참한 희생자의 죽음을 보여준 것에 불과했다.

하지만 그녀의 죽음은 결코 헛된 일은 아니었다. 사랑의 힘으로 당골네의 귀신을 접신한 '나'는, 무속적 코드의 공간에서 그녀와 교감한 후 현실로 되돌아오고 있었다. 현실에 대항하는 '나'는 결코 연약한 어린이만은 아닌데, '나'의 몸을 통해 사랑하는 당골네가 돌아오기 때문이다. 또한 당골네의 몸을 통해 최영 장군이 돌아오고 그런 식으로 수많은 사람들이 이미 '나'와 함께 하고 있는 셈이었다.

> 최영장군은 당골네를 통하여 이 세상으로 돌아왔다. 김정호는 귀연이를 통하여 이 세상으로 돌아왔다. 그렇다면 당골네는 누구를 통하여 돌아올 것인가? 나는 내가 무엇을 해야 하는지를 알 것 같았다. (…중략…)
> 나는 귀연이가 네 손 네 발을 다 치켜들고 하늘 높이 나비처럼 날아가는 것을 보았고, 승규가 그녀의 손에 매달린 것을 보았으며, 나의 방울과 삼신부채는 저 혼자 절경절경 팔랑팔랑 흔들리고 펄럭거렸고 나는 당골네의 음성으로 부르짖고 있었다. 독사지옥을 여우고 칼산지옥을 여우고 철산지옥을 여웠으니 인자는 왕들을 여우리라 인자는 왕들을 여우리라…….[118]

'내'가 연약한 어린이의 몸을 넘어설 수 있는 것은 위에서처럼 무속적 코드의 공간에서 당골네에게 접신할 수 있었기 때문이다. 그것은 까마득하게 느껴졌던 이질적인 타자와의 거리(어린이와 무당의 거리)를 뛰어넘는 '대화'라고 할 수 있다. 하지만 그 대화는 '내'가 당골네의 무속에 동화되는 일방적인 교감은 아니다. 당골네의 음성으로 부르짖는 '나'의 언어는 이미 무속적인 코드를 넘어선 탈코드화된 저항의 언어라고 할 수 있다. '나'와 교감한 당골네의 귀신이 '나'의 몸을 통해 현실로 돌아오는 과정에서 무속의 언어는 탈코드화되어 현실을 탈영토화시키는 힘으로

---

118) 최인석, 위의 글, 위의 책, 40~41면.

작용하기 때문이다.119)

　이처럼 또 다른 공간에서의 대화는 현실로 돌아오면서 자기 자신을 탈코드화시키고 현실을 탈영토화하게 된다. 즉, '은어'의 코드는 밀교적 공간을 넘어서서 현실의 허무의식을 극복하는 언어가 되며, 인연설의 코드는 불교적 공간을 뛰어넘어 필연성으로 닫힌 현실을 탈영토화한다. 또한 무속의 언어 역시 현실로 되돌아오는 과정에서 탈코드화된 저항의 언어가 된다. 이와 같이 인물이 현실에 대응할 힘을 잃어버린 후기자본주의적 상황에서, 인물들은 다른 코드의 공간에서 대화적 교감을 나누고 현실을 탈영토화시키는 힘으로 되돌아오게 된다. 대화의 교감을 얻은 인물들은 이미 무력한 자기 자신을 넘어서서 타인들과 함께 거주하는 존재가 되며, 그런 탈영토화된 인물과의 대면에서 폐쇄된 현실은 닫힌 경계선을 열어젖히게 되는 것이다.

10. 대화의 서사에서 욕망의 서사로

　이상에서처럼 닫힌 현실을 여는 탈코드화된 공간(포스트모더니즘)이나 비유클리트적 공간(모더니즘)이 나타나는 점에서 모더니즘이나 포스트모더니즘에서도 바흐친적 의미의 '대화'는 중요한 요소로 드러난다. 그러나 모더니즘과 포스트모더니즘의 경우 '대화'적 요소보다는 '탈주'의 요소가 보다 우세하게 부각된다고 볼 수 있다. 그것은 모더니즘의 경우 대화는 현실에서 소외된 비동일성의 위치에서 시도되며 포스트모더니즘에서는 현실에서 벗어난 또 다른 코드의 공간에서 가능하기 때문이다. 그

---

119) 이런 과정은 합리주의적 현실의 코드와 토속적인 무속의 코드가 '혼성화'되면서 닫힌 현실을 열어젖히는 탈영토화의 힘으로 작용하는 것으로 볼 수 있다.

들은 각기 자신들의 '사상'을 가지고 현실의 공간에서 이질적인 타자와 대화하기보다는, 현실의 동일성 세계에서 벗어난 채 화해의 '욕망'이나 탈영토화의 '욕망'을 지니고 대화를 시도하고 있는 셈이다.

리얼리즘의 아이러니적 서사에서는 현실에 대한 어떤 사상이나 사고를 지닌 인물들의 만남 속에서 대화가 일어난다. 그리고 그런 인물들간의 만남과 대화는 흔히 주인공과 환경의 상호작용의 과정으로 그려지기도 한다. 반면에 모더니즘과 포스트모더니즘에서는 현실에서 소외된 인물이나 허무의식에 빠진 인물이 나타나며, 그들은 어떤 '사상'이나 사유보다는 화해나 탈주의 '욕망'으로써 현실이나 타인에 대응한다.

또한 모더니즘의 소외된 인물에게는 현실이 군중들이나 들끓는 근대성의 이미지로 나타난다. 그렇지 않으면 그의 비동일성의 시선에 비춰진 탈자동화된 낯선 이미지들로 표상된다. 포스트모더니즘의 경우 역시 현실은 인간관계로 된 사회환경이기보다는 (다른 식으로도 코드화될 수 있는) 특정한 코드로 된 가상으로 드러난다. 가상이란 일종의 '이미지'인데 특히 후기자본주의적 현실은 인물들의 욕망을 자극하는 이미지로 나타난다. 물론 그 허위의식으로 된 욕망의 이미지는 탈주의 욕망을 자극하는 또 다른 이미지로 대체될 수 있다.

요컨대 모더니즘과 포스트모더니즘에서는 사상이나 담론보다는 욕망이, 몰적인 현실보다는 분자적인 이미지가 중요하게 부각된다. 따라서 서상을 지닌 인물들이 대화를 통해 몰적인 현실을 탈코드화(탈영토화)시키는 아이러니 서사와는 달리, 욕망을 지닌 인물들이 이미지로 된 공간을 매개로 대화하며 현실을 탈코드화시킨다. 모더니즘과 포스트모더니즘의 경우 담론으로 된 서사보다는 이미지로 된 서사가 중요한 것은 그 때문이다. 사상으로 된 담론보다는 욕망을 내포한 감각이, 말하는 사람들로 된 현실보다는 이미지로 된 세계가 부각되는 서사, 그런 또 다른 서사의 특징에 대해서는 이미지 서사를 살펴보면서 보다 자세히 고찰하기로 한다.

11. 닫힌 공동체와 열린 공동체에서의 대화적 서사―설과 소설

바흐친의 대화이론은 어떤 사상이 소설 내부에 들어오면 그 자체로서 대화적 서사가 됨을 말하고 있다. 또한 이질적 사상들이 대화적 서사를 통해 만나는 곳은 닫힌 공동체(현실의 상징계) 내부가 아닌 경계선을 열어젖힌 탈코드화된 공간(제2의 현실)임을 드러낸다. 그처럼 이질적인 사상(사유)을 지닌 사람들이 상호주관적으로 만나는 장소는 하나의 코드로 동질화된 공동체가 아니라 이질성을 그대로 지닌 채 접촉할 수 있는 열린 공간이라고 할 수 있다. 대화의 순간이란 이질적인 사상들이 동일성의 공동체를 가로질러 그 외부의 열린 공간에서 접촉한 후 탈코드화된 상태로 되돌아오는 과정인 것이다.

그와 같이 공동체의 이질적인 구성원들이 강제적으로 동일화되지 않고 각각의 차이를 지닌 채 '만날 수 있는' 열린 공간이란, 동일성의 공동체를 해체한 탈영토화된 열린 공동체일 것이다. 그곳은 닫힌 현실을 열어젖힌 '제2의 현실'인 동시에, 공시적인 상징계를 해체한 '역사의 장'이며, 동일성의 공동체를 가로질러 탈코드화된 사상들이 만날 수 있는 탈영토화된 (열린 공동체의) 공간이다.

앞서 논의했듯이 과학 담론과 구분되는 서사는 어떤 식으로든 공동체적 유대의 조건과 연관된다. 예컨대 독백적인 서사와 몰적인 서사가 닫힌 동일성의 공동체에 연결된다면, 대화적인 서사(바흐친)나 미시적인 서사(들뢰즈)는 구성원들의 이질성이 용인되는 탈영토화된 만남의 공간과 관련된다. 그 점에서 (공동체의) 구성원들이 대화를 통해 동일성의 공동체를 해체하며 이질성을 지닌 채 만날 수 있는 또 다른 공간, 그곳을 우리는 열린 공동체라고 부를 수 있을 것이다.

이처럼 바흐친의 대화이론은 '사상'들이 대화의 과정에서 '서사화'되는 변증법을 통해 제2의 현실(역사의 장)이라는 열린 공동체를 보여준다.

그러나 그와 달리 사상들이 대화적 서사를 통해 공동체 내부에서 합의에 이르러 구성원들의 유대를 보장하는 또 다른 변증법이 있다. 사상(사유, 지식, 논설)과 서사의 변증법에서 전자가 (해체적인) 열린 변증법이라면 후자는 (형이상학적인) 닫힌 변증법일 것이다. 바흐친이 말한 '사상'들이 소설 속에서 대화를 통해 '서사화'되는 과정이 열린 변증법인 반면, 근대 이전의 사상적 담론들이 대화적 형식으로 서사화되는 과정은 닫힌 변증법을 보여준다.

그 둘 중 어느 경우이든, 사상(인식)과 서사의 변증법은 서사가 문화의 장(공동체)에서 구성원들의 만남(유대)을 보증하는 기능을 지님을 암시한다.120) 그런데 세계가 닫힌 공동체에서 열린 공동체로 나아가듯이 사상과 서사의 변증법에도 그에 상응하는 변화가 나타난다. 가령 근대 이전에는 설(說) 등의 한문 논변류에서 보이는 닫힌 변증법이 눈에 띄었다면, 문제제기형 소설을 거쳐 근대의 대화적 소설에 이르면서 점차로 열린 변증법이 나타난다. 물론 그런 변화 과정은 도식적으로 '닫힌 변증법 - 전근대', '열린 변증법 - 근대'의 대응을 드러내는 것은 아니다. 근대 이전의 문제제기형 소설은 일종의 열린 변증법을 보여주며, 근대 이후에도 논설과 서사가 뒤섞인 형식(일종의 닫힌 변증법)121)이 잔존하기 때문이다. 그러나 두 가지 사상과 서사의 변증법은 문화의 장에서 하나의 변화의 흐름을 보여준다. 그러면 양자의 차이에 유념하면서 설에서 문제제기형 소설 - 대화적 소설에 이르는 과정을 살펴보자.

---

120) 이 사상과 서사의 접속은 '푸코의 담론이론'과 '들뢰즈의 사건의 철학'이 문화의 장에서 조우할 수 있는 점과 연관된다. 앞서 논의했듯이, 어떤 사유나 지식을 포함한 '담론'은 '서사'가 의미화되고 언어화되는 맥락과 문화의 장에서 만날 수 있다. 이는 문화의 장에서 서사적 의미화가 사유나 지식이 되고 그 반대로 사유나 지식의 담론이 서사화될 수 있음을 의미한다. 서사는 문화적 공동체의 구성원들에게 받아들여져 의미화되는 순간 객관화된 사상(사유)이 되며, 사상과 지식은 서사를 통해 객관화되는 방식으로 구성원들에게 수용될 수 있다. 예를 든 두 가지 대화적 담론들은, 사상의 서사화와 서사의 사상화의 두 측면 중에서, 사상이 서사화되는 두 가지 변증법을 나타낸다.
121) 예컨대 「만세전」이나 『광장』 등의 소설에서 나타난다.

근대 이전에 사상을 포함한 논설들이 빈번히 대화적 서사 형식을 지녔던 것은 논설을 정당화하기 위해 그처럼 공동체의 유대를 보증하는 서사적 기능이 필요했기 때문이다. 가령 한문 논변류 중에서 설(設)이나 문대(問對)가 대화적 서사형식과 뒤섞여 나타났던 것은 단지 독자(공동체 구성원)들을 우회적으로 설득하기 위한 것만은 아니었다. 설이나 문대체는 일종의 논설(사상적, 인식적 담론)로 볼 수 있는데 그 사유를 포함한 담론이 주관적 억견(doxa)이 되지 않으려면 공동체의 구성원들에게 승인되도록 하는 형식이 필요했던 것이다.

일반적으로 주관이 섞일 수 있는 논설이 진리를 입증하는 방법은 대략 두 가지라고 할 수 있다. 하나는 공동체의 문화의 장에서 소통되도록 인정받는 방식이며, 다른 하나는 구성원들 '개개인의 내면'에 존재하는 진리의 기준(계몽이성 등)에 의존하는 것이다. 앞의 것이 서사와 연관된 방식이라면 뒤의 것은 이성과 과학에 기대는 방식이다. 그중 전자는 '논설'적 담론을 '서사화'하는 방법인데, 구성원들 개개인의 내면에서 이성과 과학논리에 호소하는 또 다른 (후자의) 승인방식이 등장하기 전까지, 근대 이전의 (사상과 지식을 포함한) 논설은 흔히 그처럼 서사화 방법을 통해 나타나고 있었다.

한 예로 설이 서사화되면서 공동체의 구성원들에게 승인받는 과정을 살펴보자. 설에 포함된 어떤 사유(혹은 지식)가 구성원들에게 인정받으려면 먼저 그와 반대되는 입장과 겨뤄 그 논쟁의 과정을 이겨내야 한다. 그처럼 반대 입장에 대해 승리할 경우 원래의 사유에 비해 보다 강력한 설득력을 얻은 사유가 나타날 수 있다. 이 같은 사유 자체의 변증법적 과정은 사유와 서사의 변증법이기도 하다. 어떤 사유가 그 반대되는 입장과 갈등하면서 논쟁과 대화를 거쳐 공동체에서 더 나은 입장을 얻으려는 과정, 그것은 사유를 지닌 인물들이 갈등하며 더 나은 삶을 향해 나아가는 서사적 과정에 다름이 아니다. 이처럼 설은 문화적 장(공동체)에서 정당화되도록 스스로 논쟁하는 과정에서 자연스럽게 서사화된다.

그러면서도 서사 자체는 아닌 설로 남게 되는데 그것은 그런 서사화의 과정을 거쳐 보다 설득력을 얻는 설로 되돌아오기 때문이다. 이 같은 '설 → 서사 → 설'의 전개과정은 설이 문화의 장에서 형이상학적 진리로 정당화되고 공동체의 결속을 보다 공고히 하는 변증법을 보여준다. 이처럼 공동체 내부에서 형이상학적 진리를 승인받는 과정은 안정되게 코드화된 진리를 낳는 닫힌 변증법이라고 할 수 있다.

예컨대 1장에서 살폈던 「검설」이나 또 다른 설인 「도자설(盜子設)」은 그런 닫힌 변증법의 과정을 보여준다. 「도자설」은 도둑 부자의 이야기를 통해 지혜란 스스로 깨달아야 하는 것이라는 자득(自得)을 주장하는 설이다. 이 서사를 포함한 설인 「도자설」의 내용은 다음과 같다.

아버지와 아들 도둑이 있었는데 아들은 자신의 술법이 아버지보다 더 낫다고 주장했다. 즉, 아버지에게 배운 기술이 아버지와 조금도 다름이 없고 그 위에 강장한 힘까지 있으니 오히려 더 자신이 우월하다는 것이다. 그러나 아버지는 지혜란 자득이 있어야 되는 것이지 배워서 되는 것이 아니라며 아들을 탓했다. 아들이 수긍하지 않자 아버지는 그와 함께 도둑질하러 가서 아들을 보장(寶藏)에 가두고 나왔다. 스스로 꾀를 내어 빠져나온 아들이 아버지에게 불평하자 아버지는 자득을 깨우치게 하려 했음을 말한다. 실제로 자득의 지혜를 얻은 아들은 천하에서 제일가는 도둑이 된다. '이처럼 자신의 능력을 자랑하지 말고 몸을 낮추어 스스로 지혜를 깨닫는 자득을 마음에 두어야 한다.'

이 같은 「도자설」은 다음과 같은 구조로 되어 있는 것으로 볼 수 있다. 이 설은 '자득의 지혜'를 주장하기 위해 그 반대되는 입장인 '우월한 기술과 능력'을 설정하고 있다. 그 같은 두 가지 사유의 대립관계에서, 그것을 넘어서려는 변증법적 과정을 거쳐 보다 설득력 있는 설이 나타나게 된다. 그런데 이 사유의 변증법적 과정에서는 그 두 가지 사유를 지닌 인물(아버지와 아들)의 대화적 관계를 통해 서사로 발전하는 과정이 생겨난다. 설은 그런 서사를 매개로 공동체의 구성원들을 설득할 수 있는 힘을 얻은 후 보다 강화된 설로 다시 돌아온다. 이 같은 과정(설→서사→설)이 바로 설과 서사의 변증법이다.

그런데 위의 설에는 다른 설에 비해 보다 적극적인 서사적 과정이 나타나고 있다. 즉, 단지 아버지와 아들의 대화적 관계에 의한 서사 이외에 아들이 아버지의 자득의 '설'을 스스로 자득하게 하는 서사가 설정되어 있다. 이처럼 이 설은 '자득의 지혜'라는 주제에 설득력을 부여하기 위해 반대되는 입장을 설정해 대화적 서사를 전개하는데 그치지 않고, 반대 입장의 인물이 '자득'을 자득하게 하는 서사를 전개한다. 여기서 독자들이 그 자득의 서사적 형식에 감정이입할 경우 그들 자신이 이 설의 자득의 주제를 자득하게 된다. 따라서 이 설은 공동체의 구성원들에게 자득의 지혜를 설득하는 동시에 그들 스스로 그것을 '자득'하게 하고 있다.

이처럼 독자들 스스로 어떤 설(주제)을 자득하게 하는 자기인식의 과정이 바로 설과 구분되는 서사(서사문학)의 특징이라고 할 수 있다. 설이 서사를 통해 독자들을 설득하면서도 결국은 독자를 깨우치려는 인식적 담론인 반면, 서사는 설을 포함하더라도 독자들이 스스로 깨닫게 하는 (자득하게 하는) 자기인식적 담론인 것이다. 따라서 「도자설」은 단순한 설을 넘어서서 문학적 서사에 한발 더 접근하고 있다.

그럼에도 불구하고 이 설은 결국 설의 한계를 넘어서지 않고 있는데 그것은 결말이 상당량(작품의 1/4)의 평결로 끝나는 점으로도 알 수 있다. 즉, 앞의 내용요약에서처럼 '이처럼 …… 자득을 마음에 두어야 한다'라고 평결함으로써, 설과 서사의 변증법은 보다 설득력을 얻은 설로 복귀하고 있다.

「도자설」이 서사문학이 아니고 설인 또 다른 이유는 아버지와 아들의 대화적 서사가 닫힌 변증법으로 끝나고 있다는 점이다. 바흐친이 말한 대화적 소설의 특징은 열린 변증법이나 해체적 대화를 통해 인물들의 사상이 탈코드화된다는 점이다. 그러나 「도자설」의 대화적 서사는 아버지의 원래의 사상이 대화의 과정에서 보다 더 강력하게 코드화되고 있다. 이런 '닫힌 변증법'의 대화적 서사는 어떤 사상을 '닫힌 공동체' 내에서 구성원들에게 보다 설득력 있게 받아들여지게 한다. 그 같은 닫힌 공동체를 전제로 하는 닫힌 변증법이 설의 또 다른 특징이다.

설이 그처럼 닫힌 공동체를 전제로 하는 점에서, 근대소설에서 바흐친적인 대화적 서사가 나타나기 이전에, 논설과 서사(대화적 서사)의 혼합으로서 설의 양식이 가능했던 것으로 볼 수 있다. 실제로 한편으로 과학적 사실의 담론이 확립되고, 다른 한편으로 바흐친적인 대화적 소설이 등장하면서, 설 양식의 논설과 서사의 혼류는 자취를 감추게 된다.

그러나 이런 설(닫힌 변증법)과 대화적 소설(열린 변증법)의 차이는 단순히 근대 이전과 이후의 시기를 구분하는 경계선을 의미하지는 않는다. 앞서 말했듯이, 근대 이전에도 대화적 소설이 나타나고 있었으며, 근대 이후에도 또 다른 방식으로 논설(에세이)과 서사의 혼류[122]가 되살아났기 때문이다. 특히 근대 이전에 설과 구분되는 대화적 소설이 그 맹아를 드러냈다는 점은 매우 의미심장하다. 영웅소설이나 판소리계 소설로부터 이어지는 소설의 발전과정 이외에 대화적 소설의 발전이라는 또 다른 계보를 설정할 수 있기 때문이다.[123]

근대 이전에 설처럼 사상적 담론을 포함하면서도 그와 달리 소설의 형식을 지닌 대화적 소설에는 이른바 문제제기형 소설[124]의 계보가 있다. 예컨대 김시습의 『금오신화』의 「남염부주지」, 허균의 「남궁선생전」, 박지원의 「허생」 「양반전」 등(한문단편소설)은 바흐친적인 대화적 소설의

---

122) 염상섭의 「만세전」이나 『광장』 등 최인훈의 사변적인 소설에서 보듯이 내면고백체를 통한 방식이 대표적인 예이다.

123) 고소설에서 근대소설로 이행하는 과정은, 로만스적 영웅소설에서 이인직의 『혈의 누』나 이광수의 『무정』으로 이어지는 맥락과, 판소리계 소설 등 구어체 소설이 채만식이나 김유정 소설로 연결되는 전개, 그리고 문제제기형 소설이 대화적 근대소설로 이어지는 과정 등 세 가지 계보를 설정할 있다.

124) 이강엽, 『토의문학의 전통과 우리소설』, 태학사, 1997, 18면.

맹아들로 볼 수 있다. 이 소설들은 설과 다른 소설들이면서도 설처럼 사상적 담론들의 대화를 포함하고 있다. 그것은 설이 소설과 다르면서도 소설처럼 서사적 형상화를 포함하고 있는 것과 유사하다. 그러면 설처럼 대화를 포함한 소설과 소설처럼 서사를 내포한 설의 차이는 과연 무엇일까.

설이 서사와 혼류되는 것은 공동체의 구성원들에게 어떤 사상이 승인되도록 하기 위한 것이다. 반면에 일반적으로 소설은 처음부터 문화의 장을 형성하는 사건들의 계열화(들뢰즈)에서부터 출발한다. 형상화된 사건들을 통한 문화의 경험은 의식적이기보다는 무의식적이며 인식적이기보다는 자기인식적이다. 이는 소설 속에 어떤 사상적 논쟁을 포함한 대화적 소설의 경우에도 마찬가지이다. 소설 속에 들어온 사상은 그 자체로서 사건화되면서[125] 서사적 맥락을 형성한다. 이처럼 서사적 맥락을 형성하는 사상들의 대화는 독자들(공동체의 구성원들)에게 스스로 받아들여지도록 자기인식적으로 전달된다.

설은 어떤 사상을 독자들에게 설득하기 위해 서사를 차용하지만, 원래부터 서사에서 출발하는 소설은 어떤 사상을 독자들 스스로 자기인식하도록 사건으로 형상화한다. 설에도 서사가 포함되어 있는 한 소설적인 자기인식의 요소가 전혀 없지는 않으나, 설은 어디까지나 그것을 매개로 독자들을 설득하기 위한 인식적 담론이다. 반면에 소설에서도 설처럼 인식적 담론이 포함되어 있지만, 소설은 결국 그것을 통해 어떤 사상이 독자들 스스로에게 받아들여지도록 하는 자기인식적 담론이다.[126]

설과 소설(대화적 소설)의 또 다른 차이는 서로 다른 종류의 변증법을 보여준다는 점이다. 소설은 설처럼 사상들의 대화를 포함하며 그 점에서

---

125) 바흐친, 김근식 역, 앞의 책, 15면.
126) 소설은 문학(예술)의 인식－자기인식의 이층적 구조에서 시에 비해 인식 중심적 장르이지만, 사상적 담론과 비교하면 궁극적으로 미학적인 자기인식으로 귀결되는 담론이라고 할 수 있다.

사상(인식)과 서사의 변증법을 드러낸다. 그러나 사상적 대화를 포함한 소설에서는 서사를 포함한 설에서는 볼 수 없는 또 다른 형태의 변증법이 나타난다. 앞서 살폈듯이 설에서는 어떤 사상 → 반대 입장 → 보다 강화된 사상의 변증법에 전개된다. 이는 '설 → 서사 → 설'이라는 사상과 서사의 닫힌 변증법이기도 하다. 반면에 소설(대화적 소설)에서는 어떤 사상이 반대 입장에 부딪힌 후 원래의 사상이 공동체에서 받아들여지도록 보다 강화되어 나타나지 않는다. 그보다는 원래의 사상이 반대 입장과의 관계에서 복합적이 되거나 그렇지 않으면 공동체에서 수용되는 과정에 문제가 있음을 드러낸다. 즉, '사상 → 서사 → 사상'이 아니라 서사화된 사상이 또 다른 서사화된 사상과 논쟁하면서 사상 자체나 세계(공동체)를 해체하는 것이다.

요컨대 대화를 포함한 소설에서는 서사화된 사상과 세계의 서사 간의 해체적인 관계가 드러난다. 즉, 사상 의해 세계가 안정되게 닫히거나 세계 속에서 사상이 단순히 인정받는 것이 아니라, 사상에 의해 세계(공동체)가 해체되거나 세계에 의해 사상이 유보(지연)되는 복합적 양상이 전개된다. 따라서 대화적 소설 속의 사상은 원래의 사상으로 닫히지 않으며 원래의 세계 속에 폐쇄되지 않음을 알 수 있다. 설의 경우 어떤 사상이 닫힌 변증법을 통해 닫힌 공동체에서 승인되는 과정을 드러낸다면, 소설은 어떤 사상이 열린 변증법을 통해 닫힌 공동체를 열어젖히는 과정을 보여주는 것이다.

한 예로 앞서 살펴본 「남염부주지」(김시습)의 경우를 생각해보자. 이 소설은 박생의 '유교적 일리(一理)'와 '유교와 불교를 모두 인정하는' 염왕의 '이리(二理)' 간의 사상적 대화를 포함하고 있다. 이는 설에서 볼 수 있는 유교(일리) → 유교+불교(이리) → 유교(일리)의 변증법을 전개하고 있는 것처럼 보인다. 그러나 이 소설의 대화는 설에서 볼 수 있는 그 같은 닫힌 변증법으로 전개되지 않는다.

물론 표면적으로만 보면 염왕이 박생의 유교적 일리를 수긍함으로써 박생의 승리로 대화의 과정이 종결된 것처럼 보인다. 하지만 박생의 유교적 일리론은 단순히 현실의 공동체 내부에서 관철되는 것이 아니라 일종의 저승으로서의 현실 밖의 공간을 빌려 비로소 설득력을 얻는다. 박생은 초월적 저승관을 지닌 불교를 부정하면서 유교적 일리를 주장하지만, 그 자기 자신의 주장에 설득력을 부여하기 위해 또 다른 저승의 공간을 이용하고 있다. 즉, 박생과 염왕의 논쟁은 남염부주라는 이 세상 밖의 저승에서 이루어지며, 논쟁에서 승리를 거둔 박생은 이 세상에서 죽음을 맞고 저승의 왕으로 가게 된다. 불교의 저승관을 부정하는 유교는 이처럼 이 세상에서 자체적으로 실현되지 못하고 간신배를 응징하는 저승의 공간을 설정한 후에 비로소 설득력을 얻고 있다. 물론 이 소설의 남염부주라는 공간은 유교와 경쟁하는 불교의 초월적 저승이 아니라 유교의 일리 속에 수용된 또 다른 저승이다. 그러나 역설적으로 불교를 이단시하는 유교적 일리를 실현하기 위해 불교적 저승관이 보충되고 있는 것이다.

요컨대 이 소설에서는 설에서처럼 단순히 보다 강화된 유교적 일리론으로 회귀하지 않고 유교의 일리 속에 불교를 보충한 또 다른 유교적 일리론으로 나아가고 있다. 한층 강화된 원래의 사상으로 되돌아가는 설이 닫힌 변증법을 보여준다면, 반대 입장을 보충함으로써 정적인 원래의 사상을 보다 역동적으로 만드는 이 소설은 열린 변증법을 드러낸다.

이 같은 이 소설의 열린 변증법은 설에서처럼 단지 공동체의 구성원들을 설득하기 위한 대화적 과정만은 아니다. 박생이 일리론에 설득력을 부여하기 위해 현실의 공동체 외부의 또 다른 공간으로 갈 수밖에 없다는 사실은, 유교적 일리론은 현실의 공동체 내부에서 충족되게 실현될 수 없고 그 바깥의 보충적인 공간(저승)이 필요함을 암시한다. 즉, 박생의 유교적 일리론은 공동체 내부에서 즉각적으로 실현되는 것이 아니라 그것을 저해하는 세력(간신배)을 응징하는 장치(저승)를 마련한 후에야 비로소 현실성을 얻는 것이다. 박생과 염왕의 대화는 단지 유교적 일리가 보

다 우세한 진리임을 드러내는데 그치지 않고, 저승의 장치를 통해 오히
려 그 진리 실현이 연기됨을 말함으로써[127] 공동체 구성원들을 설득할
수 있게 된다. 여기서 진리는 일종의 차연(차이와 연기)이 되며, 불교라는
타자에 의해 자기 자신에 갇힌 관념적인 유교적 진리는 해체된다. 열린
변증법의 대화를 통해 불교적 저승관을 보충한 이 차연으로서의 유교적
일리론은, 혼란한 현실의 실상을 외면하는 관념적인 일리론에 얽매인 닫
힌 공동체를 해체한다.

　설과 구분되는 소설에서의 이런 열린 변증법은 박지원의 「허생」에서
도 유사하게 나타난다. 「허생」은 작품의 후반부가 허생과 변씨, 그리고
허생과 이완의 대화적 사사로 구성되어 있다. 그 중에서 허생과 이완의
대화는 다음과 같이 요약될 수 있다.

① 허생 : 임금이 와룡선생을 찾아가 삼고초려하게 할 수 있는가.
　이완 : 어렵습니다.
② 허생 : 조정에 아뢰어 종실의 딸들은 명나라가 망한 후 탈출해온 자손들에게
　　　　시집 보낼 수 있는가.
　이완 : 그것도 어렵습니다.
③ 허생 : 나라 안의 자제들을 선발하여 되놈의 복색으로 청나라에 보내어 과거
　　　　를 보거나 장사치로 스며들게 하고 그들의 허실을 엿보게 하시오
　이완 : (부끄러워하며) 사대부들이 모두 예법을 지키는 판에 누가 되놈의 복
　　　　색을 하겠습니까.
④ 허생 : (크게 꾸짖으며) 평생 처음으로 세 가지 계책을 가르쳤는데 하나도 실
　　　　천하지 못하니 어찌 소위 '신임 받는 신하'인가. 베어버리겠다.
　이완 : (깜짝 놀라 뒷들창으로 뛰쳐나감)
⑤ 이튿날 다시 찾아갔지만 허생은 집을 비우고 떠나버렸다.

　위의 대화는 외견상은 허생이 자신의 생각을 받아들이지 못하는 이완

---

127) 여기서 진리는 불교를 타자로서 수용하면서 차이를 드러내며 연기된다. 즉, 차연으
　　로 작용한다.

에게 일방적으로 승리를 거둔 것처럼 보인다. 그러나 두 사람의 대화는 단순한 대립관계에서 허생이 반대 입장을 물리치는 전개를 보여주는 것은 아니다. 위에서 이완이 허생의 요청을 거절하기는 하지만 그것은 허생의 생각에 반대한다기보다는 그 요구를 현실적으로 수용하기 어려움을 나타낸 것으로 볼 수 있다. 이완이 '부끄러워하며' 거절한 것이나 허생에게 수모를 당하고도 다시 찾아간 사실로 보아 그 점을 알 수 있다. 또한 허생 역시 대화의 과정에서 자신의 주장이 현실에서 받아들여지기 어려움을 인정하게 된 것으로 볼 수 있다. 이완이 다시 찾아갔을 때 허생이 집을 비우고 떠나버린 것은 실상 자신의 주장과 현실과의 괴리를 스스로 드러낸 행위인 셈이다.

따라서 허생과 이완의 대화는 허생이 반대 입장과의 논쟁을 통해 자신의 사상을 공동체 내에서 수용될 수 있는 진리로 설득하는 전개가 아니다. 두 사람의 대화는 오히려 허생의 사상이 공동체 내에서 '수용될 수 없음'을 드러내어 그 진리성을 입증하는 전개로 볼 수 있다. 어떤 사상을 공동체 내부의 진리로 설득하려는 설의 닫힌 변증법과는 달리, 이 소설에서는 진리를 주장하는 사람이 어디론가 떠날 수밖에 없음을 보여주는 또 다른 변증법을 제시한다.

설의 닫힌 변증법은 대화의 과정에서 원래의 사상이 진리성을 얻으면서 공동체 내에서 더욱 확고한 위치를 갖는 과정을 보여준다. 반면에 「허생」의 또 다른 변증법(열린 변증법)은 대화를 통해 허생의 사상이 진리임이 밝혀지면서 그와 동시에 공동체 내에서는 오히려 현실적으로 수용될 수 없음을 드러내고 있다. 설의 닫힌 변증법이 닫힌 공동체를 안정화시키는 진리를 입증하는 과정이라면, 『허생』의 열린 변증법은 진리성을 입증하기 위해 닫힌 공동체에서 떠나거나 공동체 내의 권력자들(사대부)의 코드(예법)를 이탈해야 함을 보여준다. 설의 대화적 서사가 닫힌 공동체의 코드와 조화되는 진리를 드러내는 반면, 이 소설의 대화적 서사는 닫힌 공동체를 탈코드화시키는 또 다른 공간(제2의 현실, 역사의 장)에서만 실현될 수 있는 진리를 암시한다.

「허생」 같은 문제제기형 소설의 대화적 서사를 근대적인 대화적 소설의 맹아로 볼 수 있는 것은 바로 그 점에서이다. 즉, 「남염부주지」나 「허생」의 대화적 서사는 닫힌 공동체를 열어젖히는 열린 변증법을 보여주는 점에서 근대소설의 아이러니적인 해체적 대화와 유사하다고 할 수 있다. 물론 근대소설의 해체적 대화가 다성적인 탈코드화를 보여주는 반면, 「남염부주지」나 「허생」의 열린 변증법은 어떤 사상이 반대 입장에 대한 우위를 점하는 과정을 여전히 보여준다. 그러나 어떤 사상이 세계에서 받아들여지기 위해 닫힌 현실을 해체한 탈코드화된 열린 공간이 필요한 점에서는 똑같다고 할 수 있다.

또한 (앞서 살렸듯이) 근대소설의 해체적 대화는 흔히 아이러니를 드러내는데, 「남염부주지」와 「허생」 역시 유사한 아이러니를 보여준다. 즉 「남염부주지」에서 박생이 불교를 '인정하지 않는' 사상(유교적 일리론)을 위해 불교적 저승관을 '인정하는' 것은 일층의 아이러니이다. 박생은 아이러니하게도 '이 세상'에서 유교적 일리론을 실현하기 위해 '저승'의 염왕으로 갈 수밖에 없었던 것이다. 또한 「허생」에서는 이완을 당황하게 하는 허생의 사상 자체가 아이러니적이라고 할 수 있다. 예컨대 청나라에게 수모를 갚기 위해 청나라 예법(코드)을 따르는 수모를 자청해야 한다는 주장은 더없이 아이러니적이다. 뿐만 아니라 허생이 자신의 사상의 진리를 주장할수록 집을 떠날 수밖에 없다는 사실과 이완이 허생의 요구를 거절하면서도 다시 그를 찾을 수밖에 없다는 점 역시 아이러니이다.

이 같은 아이러니는 권위적인 코드(예법)에 얽매인 현실128)의 논리로는 인정될 수 없는 탈코드화된 진리129)를 암시한다. 열린 변증법은 대화

---

128) 「남염부주지」의 경우 관념적인 유교적 일리가 이에 해당되며, 「허생」에서는 사대부의 예법이 여기에 속한다.
129) 「남염부주지」의 경우 불교적 저승관을 포함한 유교적 일리론을 말하며, 「허생」에서는 사대부의 예법으로부터 탈코드화된 사상을 말한다.

의 과정에서 탈코드화된 진리를 드러내면서 그것의 실현을 위해 탈영토화된(그리고 탈코드화된) 열린 공동체가 필요함을 암시한다. 그 점에서 열린 변증법은 이질적인 사상들이 탈코드화되면서 탈영토화된 열린 공동체에서 만나게 되는 다성적인 해체적 대화와 맥락을 같이 한다. 문제제기형 소설의 열린 변증법에서 다성적 소설의 해체(그리고 아이러니)로 이어지는 대화적 소설의 계보를 설정할 수는 있는 것은 그 때문이다.

12. 상상적 공동체에서의 대화적 서사―논설적 서사와 대화적 소설

설이 근대 이전의 닫힌 공동체에서의 '사상과 서사의 변증법'을 보여준다면, 문제제기형 소설은 열린 공동체를 전제하는 근대적 대화소설의 (사상과 서사의) '해체적 변증법'을 근대 이전에(그리고 닫힌 공동체에서) 미리 보여준 셈이었다. 설의 닫힌 변증법과 구별되는 문제제기형 소설의 열린 변증법은 근대의 해체적인 대화적 소설의 단초를 드러내고 있다. 그 점에서 우리는 '문제제기형 소설에서 근대의 대화적 소설'에 이르는 근대소설 형성의 또 다른 중요한 계보를 설정할 수 있다.

그런데 설이나 대화적 소설(문제제기형 소설―근대의 대화적 소설)과 구별되는 또 다른 대화적 서사가 근대계몽기에 나타난 점이 주목된다. 「향객담화」(1905), 「소경과 앉은뱅이 문답」(1905), 「거부오해」(1906) 등에서 볼 수 있는 이른바 '논설적 서사'[130]가 바로 그것이다. 논설적 서사 역시 사상(논설)과 서사의 혼류를 보여주고 있으며, 이는 개인의 내면에 호소하는 방식(과학의 방식)[131]보다는 공동체의 문화의 장에서 대화를 통해 진리를

---

130) 김영민, 『한국근대소설사』, 솔, 1997, 51~80면.
131) 개인의 내면에 호소하는 방식은 이성과 과학에 의존하는 담론들의 특성이다.

입증하는 방식을 의미한다.

그러나 논설적 서사의 대화의 주제는 설이나 문제제기형 소설, 대화적 근대소설의 그것과는 조금 구분된다. 설에서는 형이상학적 이념으로 결속된 공동체(닫힌 공동체)에서의 진리의 발견이 핵심적인 관심사였으며 문제제기형 소설은 닫힌 공동체를 열어젖힐 수 있는 문제적인 사상을 담고 있었다. 반면에 논설적 서사는 공동체의 결속을 보장하는 형이상학적 진리도 공동체에 대해 문제를 제기하는 복합적 사상도 갖고 있지 않다.

형이상학적 진리나 문제적 사상에 대한 관심이 '텅 비어 있는' 논설적 서사의 대화는 같은 시대 같은 나라에 살고 있다는 동시성과 동질성과 감각에 연관된 주제를 드러낸다. 즉, 논설적 서사의 경우 '텅빈 동질성'을 지닌 상상적 공동체132)의 민족의식에 연관된 시국담이 대화의 주제인 것이다. 상상적 공동체(민족)는 근대성의 한 부분이지만, 논설적 서사는 다양한 사상들의 대화를 통해 상상적 공동체의 이데올로기를 해체하는 근대적 대화소설과는 달리, 민족의식 그 자체의 단순한 시국담을 담고 있다.

이처럼 대화의 주제로서 사상들의 논쟁보다는 단조로운 시국담을 지닌 점에서 논설적 서사는 설이나 문제제기형 소설, 대화적 근대소설과 구분된다. 물론 논설적 서사 역시 대화를 통해 인물들의 사상들간의 논쟁을 전혀 드러내지 않는 것은 아니다. 그러나 이질적인 다양한 사상들의 충돌을 보여주는 설이나 대화적 소설에서와는 달리 논설적 서사는 계몽과 무지(혹은 봉건적 의식) 사이의 단순한 논박의 관계를 드러낸다. 더욱이 계몽과 대립의 관계에 있는 무지란 '계몽의 결여'에 다름이 아니며, 논설적 서사는 대화의 형식을 빌렸을 뿐 실상 계몽의 일방적 관계를 보여줄 뿐이다.

설, 문제제기형 소설, 대화적 근대소설은 대립되는 사상들이 충돌하며

---

132) 앤더슨, 윤형숙 역, 『민족주의의 기원과 전파』, 나남, 1991 참조.

교섭하는 공간으로서 형이상학적 공동체나 열린 공동체의 '상호주관적'
공간을 드러낸다. 반면에 논설적 서사는 형식적인 대화를 통해 계몽이라
는 '주체중심적' 사상의 일방적인 관계를 보여준다. 논설적 서사는 공동
체의 구성원들(독자)에 대해 계몽의 담론 주체가 우월한 위치에 있다는
점에서 주체중심적일 뿐만 아니라, 상상적 공동체를 결속하는 민족주의
사상이 타자(다른 사상, 위치)를 압도하는 점에서도 주체중심성을 지닌다.
　따라서 설, 문제제기형 소설, 대화적 근대소설에서는 대립되는 사상들
간의 역동적인 변증법(닫힌 변증법이나 열린 변증법)이 나타나지만, 논설적
서사에서는 대립의 관계 속에 이미 주체중심적인 동일성의 논리가 포함
되어 있다. 즉, 계몽 / 무지(봉건적 의식)의 대립관계에서는 역동적인 변증
법 대신 우월한 계몽의 코드(혹은 주체)가 무지한 (비주체적인) 인물을 각
성시켜 동일화하는 일방적 관계가 나타난다. 다음에서처럼, 논설적 서사
의 대화의 과정에서는 계몽이라는 초월적 코드에 의해 미리부터 그 승
패가 예정되어 있는 것이다.

　　"남 화나는 말 하지 말게. 자네는 듣지도 못하였나. 지금 경무청에서 무당과
　판수를 엄금한다네. 무당은 사지백태가 멀쩡하여 아무래도 관계치 않거니와,
　우리 눈깔 멀은 소경 놈은 아무것도 할 수 없고 다만 배운 바 경 읽고 점치는
　수밖에 없으니 내가 내 생각하여도 꼭 죽었지, 다른 계책 없습네."
　　"여보게, 아무리 금한다 하되 꽤 고루 잘들만 하나 보네. 사람마다 잠을 깨어
　정신이 있게 되면 경무청에서 아무리 경 읽고 굿 하라고 권하여도 아니 할 터
　이지만 혼몽 중에 있는 사람들이야 아무리 금하기로서니 될 말인가. 나야 들은
　말이지마는 자네 배운 생애는 없어져야 나라가 흥왕할 터일세."
　　"이 사람, 남의 말은 식은 죽 먹기같이 잘 하네. 그렇게 말하려면 자네 배운
　생애는 무엇이 유조(有助)한가. (…중략…)"
　　"아닐세. 망건이라 하는 것은 예의지국의 관으로서 왕의 고풍이니 일조에 없
　지 못할 것이지. (…중략…)"
　　"여보게, 그러면 자네 생애나 내 생애나 사람들에게 유해무익되기는 피차 일

반인즉 숙시숙비(熟是熟非) 그만 두고 나라에 유익하고 인민에게 유조한 것을
좀 하여보세."[133]

위에서는 앉은뱅이가 소경의 무지(그리고 봉건적 의식)를 탓하는 대화와
그 반대로 소경이 앉은뱅이의 잘못을 반박하는 과정이 나타난다. 이런
논쟁적 대화는 형식적으로는 서로 다른 생각들이 충돌하는 과정처럼 보
인다. 그러나 실상은 앉은뱅이가 소경의 무지를 계몽하고 그 다음 번에
는 소경이 앉은뱅이의 무지를 계몽하는 대화라고 할 수 있다. 이들은
'개명'이라는 초월적 코드에 의거해 서로서로 미각성된 부분을 각성시
킴으로써, 민족으로 호명되는 단합된 주체성에 이르고 있다. 이처럼 '개
명·나라·인민' 등의 언표를 포함한 담론만이 상상적 공동체에서 우월
한 주체의 위치를 점하게 되며, 그와 대립되는 담론들은 배제되거나 억
압된다. 이 같은 상상적 공동체의 대화에서는 대립되는 사유들의 변증법
적 관계 대신 주체중심적 계몽의 일방적인 관계만이 나타난다. 왜냐하면
모든 사유들은 계몽의 사유와 미자각된 사유로 구분되며 전자에 의해
동일성을 이룬 상상적 공동체가 형성되어야 하기 때문이다.

이처럼 대화의 논리가 주체중심적인(그리고 일방적인) 계몽의 특성을 지
닐 뿐 아니라 담론의 내용 역시 '개화'와 '민족'을 앞세운 주체중심성을
드러낸다. 즉, 위에서 개화된 민족이라는 주제에 의해 통합되기 이전에
소경이 푸념한 궁핍한 '민중'의 삶이나 앉은뱅이가 두둔한 민족적 '전
통'은—비록 올바른 방식의 문제제기는 아니지만—실제 현실에서 간
과될 수 없는 문제들을 내포한다. 그러나 민중의 삶이나 민족전통 같은
현실적 문제들은 개명한 민족적 주체라는 코드에 의해 일방적으로 무시
될 뿐이다. 이는 민족주의적인 상상적 공동체에서 개명한 민족의 주체에
의해 타자들이 배제되는 주체중심적 논리를 암시한다.

---

133) 무서명, 「소경과 앉은뱅이 문답」, 『대한매일신보』, 1905.11.17~12.13(현대어 표기—
인용자).

그처럼 일방적인 계몽의 논리를 포함하면서도 논설적 서사가 대화적 서사에 의존하고 있는 것은 주체중심적 계몽이 개인의 차원이 아닌 '공동체(민족)'의 차원에서 나타나고 있기 때문이다. 그 같이 공동체의 결속을 보장하기 위해서는 어떤 식으로든 일방적인 담론보다는 대화적 서사의 방식이 매우 유효한 것이다. 그러나 주체중심성을 지닌 상상적 공동체의 관념적 통합이 허구성을 갖듯이, 계몽성에 압도된 논설적 서사의 형식적 대화 역시 명백한 한계를 드러낸다. 즉, 형이상학적 공동체의 설이나 열린 공동체를 지향하는 대화적 소설과는 달리, '상상적 공동체'를 형성하려는 논설적 서사는 대화형식을 빌렸을 뿐 실상은 일방적인 계몽의 담론을 구사하는 셈이다(이는 상상적 공동체가 실상은 진정한 의미의 공동체가 되기 어려움을 시사한다).

여기서 한 발 더 나아가 계몽의 담론이 공동체(민족)의 차원이 아닌 개인의 내면적 각성의 차원으로 전이될 때 논설과 서사의 혼합은 더 이상 나타나지 않는다. 즉, 자아각성이 주장되고 과학 담론이 등장하면서부터, 대화적 서사보다는 개인의 내면의 논리에 의존해 진리를 입증하는 방식이 일반적이 된다. 그리고 논설에서 떨어져 나온 서사(혹은 대화적 서사)는 허구적 문학의 영역에 폐쇄된다. 그처럼 논설(사상)과 서사(소설)가 분리된 후, 논설은 대화적 서사 대신 개인의 내면에 호소하게 되며, 소설에서는 논쟁적인 토의구조 대신 개인 주인공의 내면고백체가 등장한다. 논설에서는 서사적 형식이 사라졌고 소설에서는 사상들의 논쟁이 자취를 감춘 것이다.

그러나 계몽(개화나 민족주의)을 비판하는 또 다른 사상(사회주의)이 등장하고 계몽의 타자들(민중이나 여성)의 목소리나 들리기 시작하면서부터, 소설 속에는 주체와 타자, 그리고 이질적인 사상들 간의 대화가 다시 출현하게 된다. 계몽의 타자로서의 또 다른 사상, 그리고 계몽에 억눌렸던 이질적인 타자의 사유들이 나타나면서, 소설은 다시 사상들 간의 논쟁의 무대가 되었으며, 다양한 사유들의 대화가 부활하게 된 것이다. 염상섭의 『삼대』에서 보듯이 내면고백체의 고독한 공간은 내면 속에서 타자와 만나는 대화의 장소로 전이되고 있다. 이 소설은 소설공간에 사상을 끌어들인 데 그치지 않고, 그 사상적 담론의 주체들이 현실에 부딪히면서 (계몽적인) 주체중심성을 전복시키고 타자의 목소리(민중이나 여성)와 만나도록 하고 있다. 이 내면적 사유 주체들의 타자성을 매개로 한 만남, 그리고 사상들의 탈중심화된 대화는, 내면고백체의 고독한 서사를 넘어서서 대화체가 다시 부활하게 만든다. 이는 내면에 폐쇄되었던 개인들의 담론적 재회를 의미하는 것일 터, 개인적 내면의 공간에서 타자(타자의 목소리)를 발견하는 방식의 새로운 대화체(바흐친)의 등장에 따라, 내면적 성찰과 대화, 그리고 사상과 서사의 재통합이 이루어진다.

앞서 살폈듯이 이 새로운 대화적 소설은 근대 이전의 문제제기형 소설의 계보와 연결된다. 물론 그 소설들과 다른 점은 내면적 성찰을 매개로 대화가 이루어진다는 점이다. 그러나 열린 공동체를 전제로 열린 변증법이나 해체적 대화(그리고 아이러니)가 나타나는 점은 유사하다고 볼수 있다. 따라서 우리는 설, 논설적 서사, 대화적 소설의 차이를 다음과 같이 표시할 수 있을 것이다.

설	논설적 서사	문제제기형 소설―대화적 소설
형이상학적 진리	개화와 민족주의	복합적, 탈코드화된 사상
한문 논변류	계몽의 서사	아이러니 서사
닫힌 변증법	형식적 대화―주체중심적 계몽	열린 변증법―해체적 대화
닫힌 공동체	상상적 공동체	열린 공동체

제6장

언어적 서사와 이미지 서사

1. 사상과 서사, 그리고 이미지

사상들이 대화적 관계를 통해 서사화되는 과정은 언어적 서사인 소설에서 가장 잘 나타난다. 소설 속에 들어온 사상은 다른 사상들과의 관계에서 이미 스스로 사건으로 작용하기 시작한다. 그런데 이처럼 사상이 소설화되기 이전에 현실 속의 사상 자체가 소설 같은 서사로 이해되기도 한다. 예컨대 계몽사상·헤겔주의·마르크즈주의 등은 오늘날 대서사라는 명칭으로 보다 친숙하게 불려진다.

그러면 그처럼 사상이 서사로 불려진다는 것은 과연 무슨 의미를 지니는 것일까, 일종의 우리시대의 유행어로서 사상의 또 다른 이름인 서사란 무엇일까.

서사란 그 자체로는 '사상' 같은 언어적 담론이기보다는 사물들(혹은 그 이미지들)이 반자율적으로 접속되는 관계들[1]을 뜻한다. 들뢰즈가 말했듯이 서사를 구성하는 '사건'이란 사물들의 계열화된 관계인 것이다. 물론 다른 한편 '서사'는 '사물 그 자체'의 기록도 아닌데, 그것은 서사가 사물들의 물리적인 탐사이기보다는 사물들을 계열화시킨 텍스트적 구성물이기 때문이다. 즉, 사건 혹은 서사는 사물과 인간, 객체와 주체, 그리고 존재와 의식 사이에서 나타나는 텍스트화된 중간물인 것이다.[2]

계열화되고 텍스트화된 중간물로서의 서사는 물질세계가 문화의 장으로 전이되는 접촉지점에서 두 가지 측면의 특성을 드러낸다. 하나는 물질적 사물들이 계열화되면서 '사건의 선'으로서 문화의 장에 진입하는 측면이다. 다른 하나는 (물질적) 사물들이 인간의 의식과 접촉하면서, 물질인 동시에 이미 인간에게 의식된 것인 어떤 중간적 입자들, 즉 이미지로서 문화의 장을 형성하는 측면이다.

따라서 서사란 사건의 선인 이야기이면서 또한 어떤 이미지들의 접속물 곧 시뮬라크르[3]라고 할 수 있다. 예컨대 소설이라는 서사물은 사건들의 연속으로서의 이야기인 동시에 세계를 이미지들의 접속관계로 보여주는 시뮬라크르라고 할 수 있다. 마르크스주의 같은 사상을 대서사로 부르는 것 역시 비슷한 용법을 지닐 것이다. 즉, 대서사로서의 마르크스주의는 담론화된 사상이기에 앞서 사물들의 계열화(혹은 주체-객체의 텍스트 작용)를 통해 기획된 한편의 이야기라는 뜻이다. 혹은 그것은

---

1) 서사가 사물들의 '반자율적' 접속인 것은, 서사란 사건(사물들의 접속관계) 그 자체라기보다는 사물들의 접속관계(사건)가 담론을 통해 구체적으로 드러난 것이기 때문이다. 그 같은 사건들(이야기)과 담론의 관계에서 반자율성(상대적 독립성)이 생겨나는 것이다.

2) '서사'는 사건(이야기)을 어떤 매체를 통해 구체적으로 드러낸 것, 즉 담론화한 것을 말한다. 여기서 담론은 언어·영상·그림 등의 매체를 뜻한다. 그러나 서사적 담론은 사상적 담론과는 달리 서사적 거리와 중개성을 지니기 때문에 마치 사건 그 자체인 것처럼 전달된다. 우리가 서사를 빈번히 사건과 거의 동의어처럼 사용하는 것은 그 때문이다.

3) 시뮬라크르란 원본이 없는 이미지를 말한다. 시뮬라크르가 원본을 모방한 이미지가 아니라는 점은, 세계가 어떤 원본의 실체로 존재하는 것이 아니라, 어디에도 원본이 없는 시뮬라크르로 이루어져 있음을 시사한다.

그처럼 서사적으로 접속된 이미지들로써 세계를 보여주는 프로젝트일 것이다.

그러므로 사상을 사사로 부르기 시작했다는 것은, 언어적 담론에 앞서 사물들(그리고 인간들)의 접속관계로 세계를 기획(편집)하는 방식에 더 관심이 기울고 있음을 나타낸다. 그 같은 학문적 어법과 관심의 변화는 실상 문화영역에서의 중대한 전환을 상징한다. 예전에는 사상들이 소설 속에서 서사화되었지만, 이제는 현실 속의 사상 자체가 소설 같은 서사가 되었기 때문이다. 과거에는 현실이 '인간'의 사상에 의해 지배되었으나, 현실 자체가 소설처럼 되어 버린 지금은 사상 역시 한 편의 서사적 프로젝트일 뿐이다.

이제 현실에 대한 정치적, 문화적 접근은 인간 주체의 사상에서 서사적 계열화로, 그리고 주체중심적 사유에서 사물들간의 접속관계로 그 초점이 이동한 것이다. 세계는 더 이상 주체의 사상에 의해 지배되지 않으며 사물들을 접속하고 배치[4]하는 기획이 중요해진 셈이다. 들뢰즈가 철학의 대상을 사상적 관념도 사물 자체도 아닌 사건에서 찾는 것도 같은 맥락에서이다. 서사적인 사건이란 사물들의 접속관계인 동시에 의식과 사물 사이의 중간물인 시뮬라크르인 것이다.

흥미로운 것은 그 같은 관심의 변화가 서사장르 자체에서도 나타나고 있는 점이다. 즉, 오늘날 상대적으로 언어적 서사보다는 이미지 서사가 부각되고 있는 사실은, 분명히 문화적 기획이 '사상'에서 '사물들의 배치(접속)'로 이동하고 있는 점과 연관이 있다. 언어적 서사의 장점은 사상을 담기 쉽다는 것이고, 이미지 서사의 특징은 사물들의 접속관계를 생생히 보여준다는 점인데, 서사장르의 중심이 전자에서 후자로 이동하고 있는 것이다.

지금 백년 이상의 전성기를 누려온 언어사사인 소설은 다양한 이미지

---

4) 배치는 들뢰즈의 용어로서 사물들의 접속관계(계열화)를 전략적으로 구성하는 것을 말한다.

매체의 강력한 도전에 부딪히고 있다. 우리의 손에서 소설책을 놓게 한 매력적인 새 문화장르는 영화·게임·컴퓨터 등 영상매체와 전자매체들이다. 테크놀로지의 발전과 함께 현란한 속도로 부상하는 이 새로운 장르들은 한결같이 '이미지'를 사용하는 '서사'매체들이다.

그 같은 새로운 매체와 이미지 서사의 부상은 두 가지 사실을 시사한다. 하나는 소설이라는 허구적 언어 사사의 위기와 함께, 허구공간을 넘어 현실 속 여러 매체에까지 영역이 확장된 또 다른 서사의 시대를 알리는 점이다. 다른 하나는 사상과 직접 교류하는 언어 서사보다는 사물들의 접속을 드러내는 이미지 서사가 중요해지고 있다는 사실이다.

그처럼 20세기 말엽부터 우리는 소설을 중심으로 한 언어 서사의 시대에서 이미지 매체를 중심으로 한 보다 확대된 후기 서사의 시대로 나아가고 있다. 소설에 대한 이미지 매체의 도전은 역설적으로 문화영역 전반에서 서사의 시대가 도래했음을 알려준다. 또한 사상을 담은 이야기보다는 사물들의 접속과 배치를 이미지로 보여주는 서사적 기획에 초점이 맞춰지고 있음을 드러낸다. 이미지 서사의 부상이 시사하는 그 두 가지 사실은 실상 서로 긴밀히 연관되어 있다. 즉, 언어 서사에서 이미지 서사로의 이동은 '사상과 서사'에서 '서사 자체'로의 전환을 알리면서 '서사의 시대'를 선언하고 있는 것이다.

이제 그런 서사의 시대의 도래를 사상─서사─이미지의 관계를 통해 살펴보자. 먼저 문화영역에서 서사의 시대가 다가온 사실은 우연한 유행이 아님을 알 필요가 있다. 즉, 우리 시대가 서사의 시대라는 것은 서사 장르들이 텍스트의 '형식' 자체 속에 근대적·탈근대적 인식론의 관계를 내포하는 점과 관련이 있을 것이다. 서사장르에서 이야기(사건들)와 담론(매체)의 관계는 현실의 객체─주체 관계에서의 근대적·탈근대적 인식론을 정확하게 텍스트 내부로 옮겨 놓은 것이다. 예컨대 소설의 이야기와 언어(화자)의 관계, 영화의 사건들(이야기)과 영상의 관계는, 마르크스주의 대서사에서 객관 현실을 인식하는 주체의 관계와 조금도 다르지 않다.[5]

다만 소설에서는 사건들이 책 속의 언어로 표상되며, 영화에서는 스크린 위의 이미지로 영사되는 반면, 마르크스주의에서는 객관 현실의 사건들이 인간의 뇌 속에서 이미지와 사유로 각인되는 것이다.

여기서 새롭게 부상하는 이미지 서사와 오래된 언어 서사, 그리고 이른바 대서사의 특징과 차이가 나타난다. 소설에서는 서술된 언어 속에 화자의 주관적인 담론과 사건들의 이미지가 중첩되어 있다. 또한 영화에서는 스크린 위의 영상 속에 주관적인 영상기법들과 사건들의 이미지가 겹쳐져 있다. 그에 반해 대서사의 경우에는 인간에 뇌 속에 사건과 사물들의 이미지와 그 이미지에 대한 사유가 기입되어 있다.

여기서 보듯이 사건들(사물들)의 이미지란 사물과 인간, 객체와 주체, 존재와 의식 만남 속에서 나타나는 것이라고 할 수 있다. 그 같은 사건들의 이미지의 한쪽에는 아직 인식되기 이전의 사물 자체가 있으며 다른 한쪽에는 객관 현실의 사건들에 대한 인간의 사상적 담론이 위치한다. 장르의 특성상 언어 서사인 소설에서는 이미지와 사상적 담론간의 교류가 용이하며, 이미지 서사인 영화에서는 이미지와 (아직 인식되기 이전의) 사물들의 잠재적인 이미지와의 교류가 수월하다. 또한 현실 자체(그리고 인간의 뇌)를 매체로 하는 대서사에서는 그 양쪽의 가능성이 비슷하게 열려 있다.

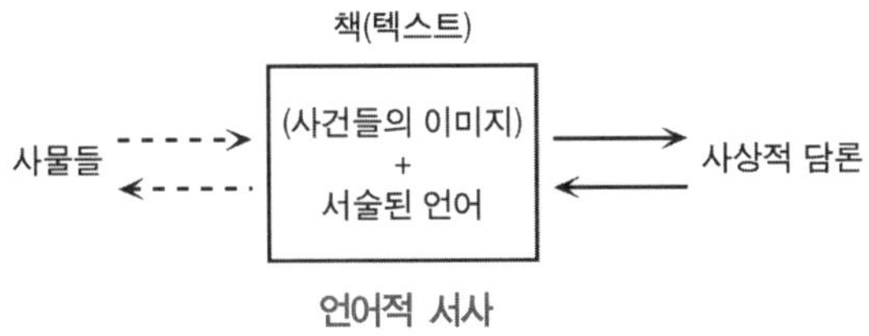

---

5) 이 같은 서사에서의 이야기와 담론의 관계는 시점과 시술의 문제를 만들어낸다.

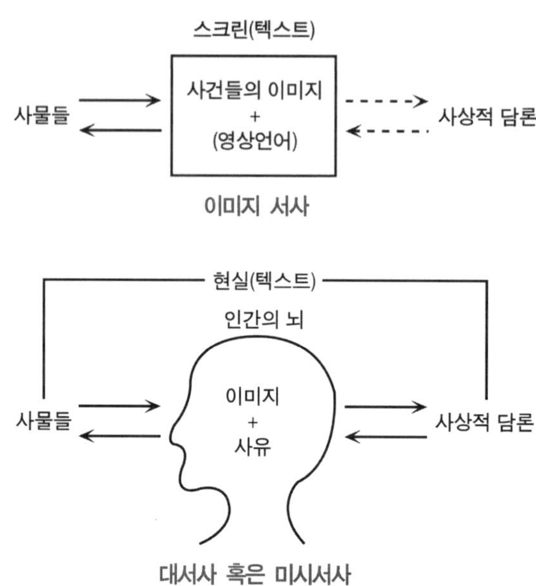

위의 그림은 소설과 영화, 그리고 인간의 두뇌가 서사 텍스트를 구성하는 작용을 보여주고 있다. 서사의 내용인 사건들이란 (들뢰즈가 말했듯이) 사물들이 접속되고 계열화되면서 사건의 선으로 나타난다. 그런데 사물들이 계열화된 이 '선'으로서의 사건은, 사물들 자체보다는 사물과 인간(의식)의 만남으로서의 사물들의 '이미지'로 드러난다. 즉, 사물들이 계열화되어 사건이 되는 순간, 계열화된 '사건의 선'은 이미 '사건들의 이미지'가 되는 것이다. 사물들이 접속되어 사건의 선이 되는 과정은, 사물들이 지닌 잠재적인 이미지들 중에서 특정한 이미지들이 선택되는 과정이기도 하다.6) 따라서 서사적 텍스트가 만들어지는 과정은 사물들이 계열화되어 '사건의 선'이 만들어지면서 또한 사물들의 잠재적인 이미지들에서 특정 '이미지'가 선정되는 과정인 것이다.

그런데 (앞서 살폈듯이) 오늘날 사상이 서사(대서사 혹은 미시서사)로 이

---

6) 들뢰즈는 이를 뺄셈의 과정으로 설명한다. 박성수, 『들뢰즈』, 이룸, 2004, 45~51면.

해된다는 것은 문화의 영역이 주체중심적 사상에서 인간(주체)과 사물(객체) 사이의 '사건들의 이미지'로 이동하고 있음을 뜻한다. 이 같은 변화는 서사장르 중에서 '사상'과 교류하기 용이한 '언어적 서사(소설)'에 비해 '사물들의 잠재적 이미지'와 교류하기 쉬운 '이미지 서사(영화)가 부각되는 과정에 상응한다. 이미 말했듯이 소설을 위협하는 이미지 매체의 부상은 그 같은 문화영역의 초점 이동의 중요한 한 현상인 셈이다. 스크린(혹은 전자매체) 위에 사건들의 이미지를 비추는 이미지 서사는, 현실을 인간의 뇌에 명멸하는 사건들의 이미지로 이해하는 서사의 시대를 견인할 수 있기 때문이다.

그러나 이 같은 변화가 이미지 서사에 의해 언어 서사가 대체될 것임을 예고하는 것은 아니다. 이미지 서사의 한계는 대서사(그리고 언어적 서사)의 미덕인 서사와 사상의 변증법을 표상하기 쉽지 않다는 점이다. 사상과 직접적으로 교류할 수 있는 언어서사(소설)는 대서사처럼 사상을 일종의 사건으로서 서사화할 수 있다. 그리고 그 같은 사상들의 대화적 서사의 과정에서 사상을 탈코드화시키는 제2의 현실을 드러낸다.

대화적 서사를 통해 나타나는 제2의 현실이란 사물 자체 곧 실재계와 교류하는 사건들에 다름이 아니다. 그런데 실상 그런 탈영토화된 제2의 현실을 이미지 자체로서 드러낼 수 있는 것은 바로 이미지 서사이다. 언어 서사가 닫힌 현실(상징계) 내부의 사상들을 탈코드화시키며 제2의 현실을 드러낸다면, 이미지 서사는 그런 매개과정 없이 직접 탈영토화된 이미지로서 제2의 현실을 그릴 수 있는 것이다.

따라서 언어 서사와 이미지 서사, 소설과 영상매체는 서로서로 보완적 관계에 있다고 할 수 있다. 소설의 미덕은 사상과의 교류가 직접적으로 가능하다는 점이며 영상 매체의 장점은 탈영토화된 이미지를 직접 드러낼 수 있다는 점이다. 그러나 소설 역시 탈영토화된 제2의 현실을 보여줄 수 있으며, 쉽진 않지만 영상매체 역시 영상언어[7]를 통해 사상과의 교류에 접근할 수 있다. 소설과 영상매체는 상호간에 번역될 수 있

는 가장 친밀한 장르인 동시에, 또한 서로 번역될 수 없는 약분불가능성
을 드러내기도 한다. 하지만 그 고유한 차이는 사상과 이미지라는 근대
적·탈근대적 문화영역에서 상호보충적인 관계를 보여준다. 이제 두 장
르간의 차이를 보다 자세히 살펴보면서 이미지 서사의 특징을 다시 고
찰해 보자.

2. 소설과 영화

　소설이 사상과 서사의 변증법을 보여준다면 영화(영상매체)는 이미지와
사물 자체(실재계) 간의 해체된 관계를 드러낸다. 소설에서 사상적 담론
과 서사의 경계선이 해체되는 것처럼 영화에서는 이미지와 사물 자체의
경계선이 무너지는 것이다. 이는 소설과 영화가 물질세계(사물)와 정신세
계(인간) 사이의 이중적인 매개작용으로서, 문화의 장을 횡단하는 서사의
두 측면을 보여줌을 뜻한다. 즉, 소설은 '사건의 선'을 제시하면서 '언어
적' 의미작용을 매개로 인간의 정신세계(내면)나 사상적 담론과 교류한다.
반면에 영화는 '사건의 이미지'를 보여주면서 '이미지'를 매개로 (실재계
의 영역인) 물질세계의 사물들과 교섭한다. 사건의 선인 동시에 이미지
인 서사는 이처럼 언어와 이미지를 매개로 정신(인간의 내면)과 물질(사물)
사이의 공간(문화의 장)을 가로지른다.

---

7) 영화는 영상언어와 함께 대화와 내러티브(서술)를 사용할 수 있다.

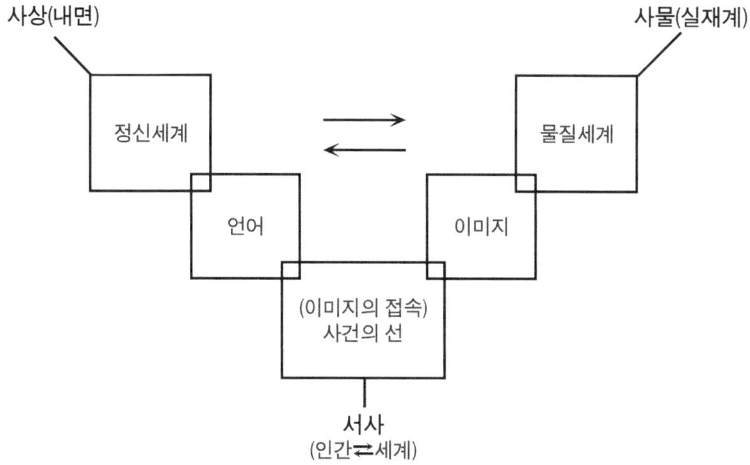

위의 그림에서 언어를 매개로 한 서사의 축이 소설이며 이미지를 매개로 한 또 다른 서사가 영화이다. 이 그림은 소설이 언어를 통해 정신세계(내면, 사상)와 직접 교류하는 반면 영화는 이미지를 통해 물질세계(실재계)와 직접 교섭함을 보여준다. 물론 두 서사장르에서의 그런 교류작용은 현실에서와는 달리 정신세계와 물질세계에 행동적으로 작용하는 것은 아니다. 즉, 소설의 언어는 선전구호와는 달리 정신세계에 직접 작용하여 인간을 행동하게 하지는 않는다. 영화의 이미지 역시 현실의 삶에서와는 달리 물질세계를 물리적으로 변형시키지는 않는다. 그처럼 예술의 문화영역은 물질적 삶이라는 현실의 문화영역에서와는 상이하게 직접 물질적인 변화를 일으키지는 않는다. 예술의 특성은 인간의 무의식에 자기인식적으로 작용하여 그 문화의 내적 영역(무의식)을 변화시키는 데 있기 때문이다.

그런 예술의 영역 내에서 소설과 영화는 언어와 이미지를 매개로 정신세계와 물질세계에 관계한다. 여기서 정신세계는 사상뿐만 아니라 인간 내면의 심리와 정서를 포함한다. 소설이 내면의 사상과 심리, 정서를 잘 드러낼 수 있는 것은 이야기(사건의 선)를 전달하는 매체로서 화자의 언어를 사용하기 때문이다. 언어는 인간의 사상과 내면세계를 직접적으로 제시할 수 있는 장점을 지니고 있다. 뿐만 아니라 소설은 내부시점(혹은 내적 초점화)을 자유롭게 사용하여 인간의 정신을 매개로 사건이나 외부세계를 드러낼 수 있다. 특히 현대소설은 인물시점(내부시점)[8]을 지속적으로 사용하는 방식을 선호하는데, 이 경우 내면심리와 정서를 직접 제시할 뿐만 아니라 외부세계조차도 내면의 프리즘을 통해 그려낸다.

물론 소설은 외부세계와 사건을 생생한 이미지로 직접 보여주지 못하는 것이 가장 치명적인 한계이다. 그러나 소설에서도 인물이나 화자의 의식(뇌)에 비쳐진 이미지를 얼마든지 실감나게 제시할 수 있다. 비록 언어로 표현됨으로써 감각적인 생생함이 얼마간 손실되지만 다양한 수사법(은유·상징 등)을 통해 소설 역시 이미지를 형상화한다. 소설에서도 언어와 이미지, 그리고 정신세계와 물질세계의 교류가 가능한 것이다.

반면에 영화는 소설의 취약점인 이미지 제시에서 가장 뛰어난 장점을 발휘한다. 영화가 이미지를 통해 교류하는 물질세계란 인간을 포함한 사물 그 자체, 즉 상징계를 통해 인식되기 이전의 실재계의 영역을 말한다. 그 같은 실재계의 영역에서는 무한한 잠재적인 이미지들이 카오스적인 상태로 사물을 뒤덮고 있다. 담론의 매체로서 카메라를 사용하는 영화는 다양한 기법을 통해 그처럼 우글거리는 이미지들 중에서 의미 있는 것을 선택할 수 있다. 영상기법을 통해 선택된 의미 있는 이미지란 서사의 전개에 긴요한 것뿐만 아니라 그 자체로서도 중요성을 지니는 것을 말한다. 즉, 그 같은 선택의 과정을 통해서 사회적 규범과 관습(상징계)에 예속된 상태에서 벗어난 탈영토화된 이미지가 제시될 수 있다. 영화는 그런 탈영토화된 이미지를 얻기 위해 프레임[9]의 현란한 전환,[10] 쇼트[11]

---

8) 어느 한 인물의 시점을 지속적으로 사용하는 방식을 말한다. 나병철, 『소설의 이해』, 문예출판사, 1998, 426~451면.

9) 프레임이란 화면 내부의 공간에 선택되어 담겨지는 이미지의 화편으로서, 선택되는 부분과 잘려나가는 부분을 구분짓는 틀을 지니고 있다. 서정남, 『영화서사학』, 생각의 나무, 2004, 48~52면.

들의 분할과 접속, 몽타주, 해방된 시점12) 등을 사용한다. 영화는 이처럼 규범과 관습에서 벗어난(사물 자체와 교류하는) 생생한 이미지들을 만들기 위해, 카메라를 고정시켜 있는 그대로의 사물을 찍는 대신 현란한 움직임과 기법을 동원한다.

그러나 영화의 한계는 소설의 장점인 직접적인 내면제시가 불가능하다는 점이다. 소설이 내면심리와 정서, 사상을 직접 드러낼 수 있는 것은 인간의 시점(그리고 뇌)과 언어를 매개로 이용하기 때문이다. 그러나 바로 그 점 때문에, 즉 시점(인간의 시점)과 언어의 매개가 필수적이며 그것 없이 뇌에 비쳐진 이미지를 그대로 영사할 수 없는 한계로 인해, 소설은 영화처럼 생생한 이미지를 보여줄 수 없다. 반면에 영화는 인간의 시점과 언어 대신 카메라를 사용하여 살아 있는 이미지를 얻을 수 있지만, 바로 그 때문에 내면심리와 정서, 사상을 직접 제시할 수 없다. 카메라에는 인간의 뇌의 기제(정신적 기제)와는 달리 이미지를 심리와 정서(그리고 사상)로 전환시키는 메커니즘이 없기 때문이다.

그 대신 카메라는 인간의 눈과는 달리 다양한 방향의 이동과 전환이 가능하다. 그처럼 인간의 몸에 부착된 시점에서 해방됨으로써 영화는 다양한 이미지 기법과 영상을 얻게 된다. 그리고 그런 이미지 기법과 영상언어를 통해 이미지를 내면의 심리와 정서로 전환시키는 메커니즘을 갖게 된다.

물론 영화에서도 소설과 유사하게 인물시점13)과 제3자 시점이 자주 사용된다. 또한 그들이 뒤섞인 자유간접화법14) 유형의 주객관적 시점도

---

10) 카메라를 움직이는 기법을 말함.
11) 쇼트란 커트 없이 지속되는 하나의 영상의 단위를 말한다.
12) 이런 영상기법들에 의한 영화의 이미지를 들뢰즈는 운동이미지라고 부른다. 들뢰즈, 주은우·정원 역, 『영화』 1, 새길, 1996, 54~70면.
13) 현대소설에서는 인물시점을 지속적으로 사용하는 경우를 흔히 볼 수 있다. 반면에 영화에서 인물시점은 매우 제한적이다. 영화의 경우 앞뒤 화면에 인물의 클로즈업된 얼굴을 제시하거나 화면의 한 귀퉁이에 인물의 얼굴이 나타날 때, 중간화면이나 화면의 중앙의 장면은 인물시점으로 보여진 것이 된다.

빈번히 나타난다. 그러나 기본적으로 인간의 시점과 언어에 의존하는 소설의 경우 특정한 유형의 시점(1인칭, 3인칭, 화자시점, 인물시점 등)이 매우 지속적인 반면, 카메라의 해방된 시점을 이용하는 영화에서는 다양한 시점에 의한 이미지들의 전환, 분할, 접속이 끊임없이 계속된다.

소설이 시점을 고정시킨 채 복잡한 심리·정서를 뇌[15]의 메커니즘과 언어를 통해 드러낸다면, 영화는 다양한 시점을 통해 이미지들을 운동하게 함으로써 그런 심리나 정서의 메커니즘을 얻는다. 소설의 경우 시점의 주체가 지닌 뇌(의식)의 회로와 언어가 하는 기능을 영화에서는 해방된 시점과 이미지들의 분할·접속의 회로를 통해 갖게 되는 것이다.

소설에서는 감정이입을 통해 작품에 빨려들어가 인물(혹은 시점의 주체)의 심리·정서와 만나는 반면, 영화에서는 움직이는 이미지들이 뇌에 비쳐져 우리의 의식 속에 빨려들어옴으로써 (그 이미지들의 효과로서) 인물의 정서, 심리와 조우하게 된다. 소설에서 시점과 언어의 주체에게 감정이입해 얻는 심리적·정서적 효과가 영화에서는 우리의 의식 속에 비쳐져서 상호작용하는 이미지들의 효과로서 얻어지는 것이다. 그처럼 심리적·정서적 교섭이 소설에서는 작품의 공간에서 상상적으로 이루어지지만, 영화에서는 우리의 의식과 무의식에서 직접적으로 일어난다.[16]

그러나 결과적으로 영화의 관객이 (해방된 시점을 통한) 현란한 이미지들의 운동을 보면서 느끼는 정신적 경험은 역설적으로 소설의 독자가 고정된 시점의 관계 속에서 얻는 뇌의 기능과 매우 유사하다. 소설의 독서는 관조적이고 정신집중적인 반면 영화감상은 혼란하고 정신분산적이지만,[17] 결국 그 둘은 비슷한 정신 상태에 이르게 된다. 소설은 언어와

---

14) 영화에서 인물시점의 화면을 보여주면서 같은 쇼트의 연속 상에서 인물의 모습을 객관적으로 제시할 때 자유간접화법이 나타난다. 그런 식으로 영화는 주관성과 객관성을 뒤섞는 다양한 방법의 자유간접화법을 자주 사용한다. 박성수, 앞의 책, 64~66면 참조.

15) 인물이나 화자의 의식(뇌)을 말함.

16) 영화의 효과가 더 충격적인 이유는 그 때문이다.

고정된 시점을 통해 관조적 상태에서 역동적인 심리와 정서로 나아가는 반면, 영화는 강렬한 이미지의 운동을 통해 역동적인 심리와 정서를 야기시키는 것이다. 그리고 그런 심리와 정서는 (소설의) 감정이입처럼 관조적이지도 오락적 유희에서처럼 정신분산적이지도 않은 탈영토화된 특이성(sigularity)[18]의 정감으로 경험된다.

영화에서 이미지를 심리와 정서로 전환시키는 중요한 방법은 대상을 인간의 이성적 시선에서 해방시켜 규범적인 현실적 조건[19]이 지워진 무규정적인 상태로 만드는 것이다. 예컨대 어떤 대상을 클로즈업[20]하게 되면 그 대상을 규범적으로 규정하고 있는 조건들이 화면에서 차츰 사라진다. 그와 함께 그 대상을 규범적인 상황 속에서 인식하는 (인물의) 시선에서 해방된 대상 자체의 표정(얼굴)[21]이 점점 다가온다.[22] 대상 자체의 표정이란 라캉이 말한 주체의 시선에 포착되지 않는 타자의 응시와도 같은 것이다. 클로즈업에서는 인물의 시선이 부딪혀 되돌아오는 그 같은 대상(타자)의 얼굴(응시)을 통해, 인물의 동일성의 이성이 해체된 타

---

17) 벤야민, 「기술복제시대의 예술작품」, 『발터 벤야민의 문예이론』, 민음사, 1983, 226~229면. 영화에서도 감정이입이 있지만 소설과는 달리 고정된 시점을 통한 감정이입에는 한계가 있다. 벤야민이 영화의 정신분산적 특성을 강조한 것은 그 때문일 것이다.
18) 특이성이란 보편적 관념이나 정서에서 이탈한 탈영토화된 특성을 말한다.
19) 상징계의 규범적 조건을 말함.
20) 클로즈업에 대해서는 들뢰즈, 주은우·정원 역, 앞의 책, 175~198면 참조
21) 얼굴이란 대상(인간이나 사물)의 신체가 그것을 (이성적으로) 보는 시선의 구속에서 벗어나 대상(타자) 자신의 표현으로 전이된 것을 말한다. 예컨대 클로즈업된 슬픈 호랑이의 눈은, 관찰자의 시선으로 포착된 동물의 머리의 일부가 아니라, 타자(호랑이)의 응시로 되돌아오는 얼굴로 나타난다. 그러나 주체의 시선이든 타자의 응시든, 그것이 얼굴로 작용한다는 것은 개체들간에 소통되는 기호로 코드화되었음을 의미한다. 그같은 코드화를 벗어나, 특정한 상징계 내부에서 주체화된 얼굴이 해체될 때 진정으로 탈영토화가 이루어질 수 있을 것이다. 그 점에서 시선의 구속에 저항하는 얼굴과 특정한 기호체계(상징계)로 코드화된 얼굴을 구별해야 할 것이다. 얼굴에 대해서는 이진경, 『노마디즘』 1, 휴머니스트, 2002, 495~587면 참조.
22) 시선이 상징계에 예속시키는 작용이라면, 응시는 상징계의 예속화에서 벗어나 실재계와의 만남이 이루어지는 순간이다. 응시에 대해서는 라캉, 민승기 외역, 『욕망이론』, 문예출판사, 1994, 186~255면 참조

자성이 심리가 나타난다. 클로즈업되는 대상의 얼굴, 즉 타자의 응시는, 인물의 이성적인 시선이 탈영토화된 무규정적인 공간에서 해체되는 심리적 과정의 등가물인 것이다. 흔히 말하는 정감이라는 것은 그처럼 규범적 현실에 대응하는 계산적인(그리고 개념적인) 이성이 와해되는 타자성의 심리23)에서 나타난다.

클로즈업뿐만 아니라 파편화된 이미지들의 접속 역시 비슷한 효과를 드러낸다. 파편화된 이미지들은 규범적 현실의 조건이 지워진 무규정적 공간을 연출하면서 이질적인 이미지들이 접속되는 기호작용을 통해 특정한 정서적 표현을 나타낸다. 즉 규범적 현실을 지시하는 기능에서 해방된 파편화된 이미지들은, 일종의 기표로 전환되어 언어적 은유처럼 정서를 환기하는 (기호)작용을 하는 것이다.

이미지가 심리와 정서로 전환되는 이런 예들에서 알 수 있듯이 이미지는 분할과 접속의 작용을 통해 일종의 언어로서 기능하게 된다. 그 점에서 영화의 분할된 이미지들은 소설의 단어나 문장에 해당되는 지위를 얻게 된다. 소설의 언어들이 낯설게 하기나 탈자동화를 통해 지각의 긴장을 얻고 이미지로 전환되듯이, 영화의 이미지는 (규범적 현실에서 해방된) 무규정적인 공간을 생성하는 운동을 통해 정서를 환기시키면서 언어적 표현이 된다. 소설은 그 같은 언어와 이미지의 교류과정에서 습속화된 세계로부터 벗어난 탈영토화된 공간을 드러낼 수 있다. 마찬가지로 영화는 이미지와 영상언어의 교섭과정에서 규범적인 현실로부터 벗어난 탈영토화된 무규정적인 공간을 생성시킨다.

이런 차원에서 소설과 영화는, 사건의 선(플롯)에 의존하지 않고도 정신세계와 물질세계를 매개하면서, 규범(관습)에서 해방된 새로운 문화적 삶을 암시하는 서사적 기능을 할 수 있다. 특히 그처럼 플롯(사건의 선)에 기대지 않고 언어의 탈자동화를 통한 감각적 표현이나 이미지의 탈영토

---

23) 타자성의 심리란 일종의 무의식임.

화를 통한 정신적 표현에 의존하는 것이 모더니즘(그리고 포스트모더니즘) 서사이다. 그에 반해 리얼리즘은 언어나 이미지의 창조적인 수사법을 동원하는 대신 주로 플롯의 논리에 의존해 탈영토화된 세계를 암시한다. 리얼리즘 소설은 낯설게 하기 대신 얼마간 관습화된 언어를 사용하며, 리얼리즘 영화는 무규정적인 공간 대신 사회적·역사적으로 규정된 이미지를 이용한다.24)

이처럼 언어와 이미지의 수사학에 의존하는 모더니즘과 사건의 선에 의존하는 리얼리즘 사이에는 다양한 사서형식들이 하나의 스펙트럼을 이루고 있다. 소설이 정신세계의 표현에서 우세하고 영화가 물질적인 감각의 세계의 표현에 유리하긴 하지만 두 장르 모두 리얼리즘에서 모더니즘(그리고 포스트모더니즘)에 이르는 다양한 서사적 형상화가 가능한 것이다.

그럼에도 불구하고 흔히 소설이 사상과 현실 공간에서 탈영토화된 공간으로 나아가는 반면 영화는 탈영토화된 이미지에서 사유로 나아가는 경향을 지닌다. 바흐친의 소설론은 사상들이 대화적 서사를 통해 제2의 현실을 드러냄을 논의하고 있는데, 이는 사상과 이념에서 서사적인 현실 세계를 거쳐 탈영토화란 공간(제2의 현실)에 이르는 과정을 보여준다. 그해 반해 들뢰즈의 영화이론은 탈영토화된 운동이미지에서 지각과 정감의 이미지를 거쳐 행동과 사유의 세계로 나아가는 과정을 논의한다. 바흐친과 들뢰즈의 이런 상반성은 소설이 직접 탈영토화된 이미지를 드러내기 힘들며 영화가 곧바로 사상을 표현하기 어려움을 암시한다.

소설과 영화가 정신세계와 물질세계를 매개하면서 문화의 장을 가로지른다는 사실, 그리고 소설의 언어와 영화의 이미지가 서로 교류할 수 있다는 점은, 두 장르간의 번역 가능성을 암시한다. 그러나 영화에서 사상적 표현이 어려우며 소설이 탈영토화된 이미지를 직접 그릴 수 없다

---

24) 들뢰즈, 주은우·정원 역, 앞의 책, 267~268면.

는 사실은, 두 장르의 약분불가능한 차이를 나타낸다. 영화는 탈영토화된 이미지가 예술적 보루인 반면 소설은 사유하는 인물과 사건에서 출발하는 것이다.

흔히 영화의 이미지를 숭고로 설명하고 소설의 서사를 재현의 양식으로 생각하는 것은 바로 그 때문이다. 숭고란 탈영토화된 이미지와의 대면에 다름이 아니며, 재현이란 현실에서처럼 사상을 가진 인물이 소설 속에 등장함을 뜻한다. 하지만 영화에서 재현적인 리얼리즘이 얼마든지 가능하듯이, 소설 역시 숭고로 설명되는 모더니즘과 포스트모더니즘을 창조할 수 있다. 다만 우리는 소설이 숭고미학을 위해 자신의 본령을 넘어서는 양상을 볼 수 있으며, 영화가 리얼리즘을 위해 자신의 현대미학적 무한한 잠재력을 유보하는 것으로 생각할 수 있다. 물론 그것이 소설의 숭고미학이나 영화적 리얼리즘의 미학적 취약성을 의미하는 것은 아니다. 그보다는 소설과 영화가 각기 다른 미학적 메커니즘을 통해 숭고와 리얼리즘을 성취하는 것으로 볼 수 있다. 이제 재현(리얼리즘)에서 숭고에 이르는 여러 서사형식들을 살펴보며 그 점을 고찰해보자.

3. 시뮬라크르의 두 얼굴―재현과 숭고

서사를 사건의 선인 동시에 이미지의 접속관계로 보는 관점은 인식론에 있어서 중요한 변혁을 암시한다. 앞서 살폈듯이 사물들의 계열화로서의 사건은 물질적 차원에서 문화적 차원으로 전이되는 접촉지점에서 발생한다. 그런데 물질(사물)과 문화의 접촉으로서의 사건은 우리에게 선으로 연결된 서사인 동시에 이미지들의 접속으로 의식된다. 그처럼 '사건'이 '이미지'로 경험된다는 것은 사물들이 계열화되어 사건이 되는 순간 우리는 사물 자체보다는 사물의 이미지를 인식한다는 뜻이다.

그러나 여기서 이미지는 사물이라는 원본에 대한 가상이 아니라, 사물들이 계열화되어 사건으로 될 때의 사물에 대한 문화적 경험이라고 할 수 있다. 즉, 이미지란 사건이 생성되고 문화의 장이 형성되는 순간 사물 자체와 우리의 의식 사이에서 나타나는 것으로 볼 수 있다. 그처럼 이미지는 물질적인 것인 동시에 문화적인 것이며, 사물의 입자인 동시에 우리의 의식의 분자들인 셈이다. 그것은 사물 자체도 의식 자체도 아닌 그 둘 사이의 중간물이라고 할 수 있다.[25] 이미지의 한 쪽에 있는 사물 자체란 우리가 직접 인식할 없는 어떤 것(실재계)이며, 다른 한쪽의 의식이란 이미지가 없다면 사물과 관계 할 수 없는 텅 빈 관념일 뿐이다. 따라서 세계는 사물 자체도 의식 자체도 아닌 수많은 이미지들 구성되어 있다. 즉, 우리는 사물들이 계열화되어 사건이 생성되는 문화의 장에서 사물들을 이미지로 경험하며 살고 있는 것이다.

이처럼 이미지가 없이는 사물의 인식도 없다는 점에서 이미지는 흔히 말하는 '원본이 없는 시뮬라크르'라고 할 수 있다. 또한 사건이 생성되는 문화의 장에서 이미지가 나타나는 점에서 시뮬라크르는 사건인 동시에 이미지인 셈이다. 그 같은 '원본이 없는 시뮬라크르'라는 개념은 어떤 실체가 따로 있으며 그것에 대한 감각적인 가상이 이미지라는 전통적인 인식론을 전복시킨다. 우리는 흔히 어떤 실체로서 현실이 존재한다고 생각하지만 우리에게 인식된 현실이란 그 자체가 일종의 시뮬라크르일 뿐이다. 즉, 시뮬라크르 뒤에 현실이 있는 것이 아니라 시뮬라크르 바로 그것에 의해 현실의 '문화의 세계'가 구성되는 것이다. 만일 시뮬라크르가 없다면 현실은 더 이상 현실이 아닌 무의미한 어떤 것으로 존재할 뿐이다.

---

25) 박성수, 앞의 책, 40면.

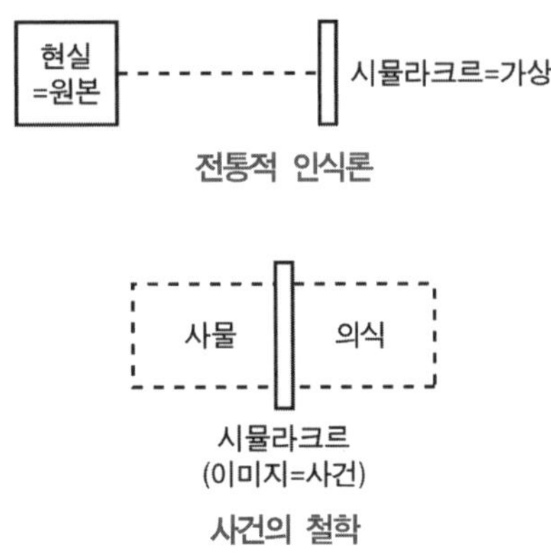

    이처럼 현실(문화의 세계) 자체가 시뮬라크르로 구성된다면 현실의 재현인 예술작품의 지위 역시 달라진다. 예전에는 예술작품을 현실을 재현한 가상으로 보았지만, 현실 자체가 원본 없는 가상일 경우 예술은 또 다른 원본 없는 가상이 된다. 즉, 현실이 (물질적) 사물과 (인간의) 의식을 직접 매개하는 시뮬라크르(원본 없는 가상)로 구성된다면, 예술은 예술작품이라는 자율적 공간 속의 시뮬라크르를 통해 물질적 세계(사물)와 의식세계(인간의 의식)를 매개한다.

    현실의 문화의 세계[26]에서는 인간의 두뇌에 비쳐진 시뮬라크르를 매개로 물질세계와 인간의 의식이 직접 교섭한다. 반면에 예술이라는 또 다른 문화의 세계에서는 예술작품 속에 형상화된 시뮬라크르를 매개로 사물(물질세계)과 의식(의식세계)이 교류한다. 전자는 일상생활이나 정치경제적 영역에서의 인간의 물질적 삶인 반면, 후자는 특정한 예술적 매체 속에서 경험되는 비물질적인 문화의 세계라고 할 수 있다. 그러나 그 두 가지 문화의 세계에서는 똑같이 원본 없는 시뮬라크르를 매개로 사물과 의식의 접촉이 이루어진다.

---

26) 이 문화의 세계는 예술작품의 세계가 아니라 의식주 등 일상생활이나 정치경제적 영역에서의 물질적 삶의 세계이다.

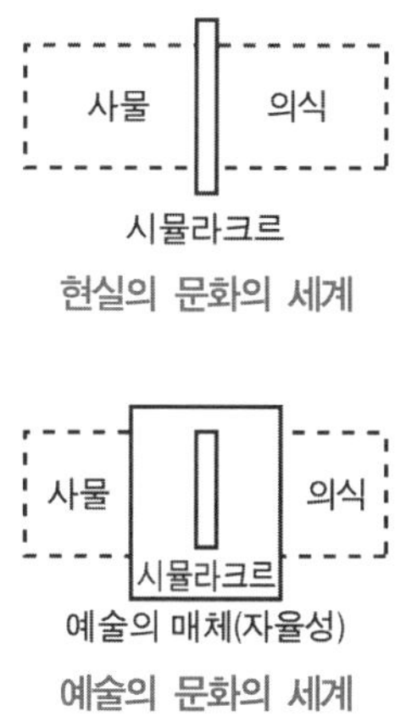

현실세계에서 인간의 의식이 물질적 사물들과는 직접 접촉할 수 있는 것은, 양자를 매개하는 시뮬라크르가 사물의 표면과 인간의 두뇌 속에서 생성되기 때문이다.[27] 반면에 예술작품의 경우, 우리는 책이나 스크린, 컴퓨터 등을 매개로 한 자율적인 텍스트 속의 시뮬라크를 통해 사물과 의식의 교류를 경험한다. 전자의 경우 시뮬라크르의 내용은 사물들이 계열화될때 '그 (사물) 표면'에서 '사건'으로 나타나며, 그것이 인간의 두뇌 속에 '이미지'로 비쳐져서 우리의 의식 속에 전달된다. 여기서 사건으로서의 시뮬라크르가 사물의 표면효과로서의 물질적 입자들이라면, 이미지로서의 시뮬라크르는 우리의 두뇌 속에 발생한 의식의 입자들이라고 할 수 있다. 그 같은 물질적 입자로서의 사건과 의식의 입자로서의 이미지는, 마치 서사양식에서의 사건의 내용(이야기)과 그것의 전달형식인 담론과도 유사하다. 즉, 그것은 소설의 이야기와 언어적 담론, 그리고 영화의 사건들(사건의 선)과 영상 이미지의 관계와도 비슷하다. 따라서 사건인

---

27) 사물의 표면이 시뮬라크르의 내용이라면 뇌 속에 비쳐진 이미지는 그것의 전달형식이라고 할 수 있다. 이 양자의 관계는 서사에서 사건의 내용과 담론(이미지)의 관계에 일치한다. 이 경우 그 둘이 모두 현실에 존재하므로 시뮬라크르와의 직접적인 접촉이 가능하다.

동시에 이미지인 시뮬라크르는 사물의 표면(사건)과 인간의 두뇌(이미지) 사이에서 연출되는 하나의 서사적 공연이라고 할 수 있다. 그리고 영화에서 사건들과 영상 이미지(소설의 경우 이야기와 언어)를 인위적으로 분리하기 어렵듯이, 물질적 입자로서의 사건과 의식의 입자로서의 이미지 역시 따로 떼어내기 힘들다.28) 그 점에서 시뮬라크르는 사건(사건의 내용)과 이미지(형식)로 된 서사형식인 동시에 물질-의식의 무한소의 입자들로 된 중간물이라고 할 수 있다. 그 같은 중간물로서의 시뮬라크르, 그 사건과 이미지로 된 서사물이 없다면 사물과 의식의 직접적인 교류는 불가능하다. 중간물이자 서사(사건-이미지)인 시뮬라크르로부터 '사후적으로' 의식과 사물의 개념이 형성되며,29) 주체와 객체의 상호작용으로서 행위의 세계가 나타나게 된다.

예술 매체의 시뮬라크르 역시 그와 똑같이 사물과 의식의 교류를 가능하게 하는 중간물이라고 할 수 있다. 흔히 예술을 현실의 시뮬라크르에 대한 시뮬라크르, 즉 가상의 가상으로 생각하는데, 그와 달리 예술 역시 현실의 사물과 의식을 매개하는 또 다른 시뮬라크르라고 할 수 있다. 예술과 현실의 차이점은 현실의 시뮬라크르가 사물의 표면과 인간의 두뇌 사이에서 나타나는 반면, 예술의 시뮬라크르는 제3의 공간으로서 구체적인 매체(책이나 스크린) 위에 그려진다는 점이다. 즉 현실의 시뮬라크르는 사물과 의식을 매개하는 가상이면서도, 현실의 맥락에 묶여 있어 빈번히 그(맥락)에 의해 규정되는 주체-객체의 관계로 환원된다.30) 반면 사물의 표면과 인간의 두뇌를 매개하는 제3의 공간에서의 예술의 시뮬

---

28) 우리는 개념적으로 서사적 거리를 두고 있는 이야기(사건)와 담론(이미지)을 구분할 수 있지만 실제적으로는 그들이 동시적으로 경험된다. 이처럼 사건이 나타나는 사물의 표면과 이미지를 구분하기 어렵다는 점에서 사물이 잠재적인 이미지로 덮여 있다는 말이 가능하다.
29) 박성수, 앞의 책, 42면.
30) 물질적 세계는 사회구조에 의해 규정되는 것으로 상정되며, 인간의 의식은 그 구조에 예속되거나 저항하는 주체로 환원된다.

라크르는, 그런 현실의 맥락에서 벗어나 자유로움을 얻게 된다. 즉, 현실
에서는 우리가 보는 사물의 이미지가 가상(시뮬라크르)임을 잊고 주체(의
식)－객체(사물) 관계로 생각하는 반면, 예술작품에서는 예술의 매체라는
가상을 사용함으로써 가상의 자유를 획득한다. '예술은 가상을 가상으로
다룬다'는 니체의 말로 그런 맥락에서 이해할 수 있다.31)

가상을 가상으로 보도록 하는 예술은 현실의 실용적인 맥락에서 벗어
나 무목적적인 자율성을 얻는다. 무목적적인 자율성을 지닌 예술의 1차
적인 목적은 심미성인데, 심미성이란 현실을 이상과의 연관 속에서 그릴
때 얻어진다. 이상과 현실의 연관이라는 심미성을 시뮬라크르의 형상으
로 드러냄으로써 예술은 현실이나 이념을 자기인식하도록 한다. 자기인
식이란 현실이나 이념을 감상자가 스스로 받아들여 내면화하는 것을 말
한다. 예술이 그처럼 자기인식적이라는 것은 감상자 내면의 무의식에 호
소하는 형식을 지님을 뜻한다.

현실의 시뮬라크르는 사물과 의식의 직접적인 교류를 통해32) 물질적
삶이라는 문화의 장을 만드는 행위의 세계로 나아간다. 반면에 예술의
시뮬라크르는 인간 내면의 무의식이라는 문화의 내적 영역에 작용하는
자기인식으로 진행된다. 예술을 통해 변화된 무의식은, 사물(물질세계)과
의 관계에서 새로운 시뮬라크르를 생성시키면서, 물질세계를 변화시켜
새로운 문화(물질적 삶)를 창조하는 행위로 발전한다.

따라서 예술은 가상의 가상이라기보다는 제3자(감상자)의 무의식에 작
용하는 자기인식적 가상이라고 할 수 있다. 이렇게 볼 때 흔히 예술작품
을 재현물로 말하는 것도 그리 정확한 표현은 아니다. 예술은 현실이라
는 원본의 재현도 또 현실의 시뮬라크르의 반복적인 재현도 아니다. 예

---

31) Nietzsche, *Sämtliche Werke* 7, Kritische Studienausgabe in 15 Bänden, hrsg, V. G. Colli und M.
Montinari, München / Berlin, 1980, s632; 최문규, 『문학이론과 현실인식』, 문학동네, 2000,
271면.
32) 일차적으로는 사물과 무의식이 상호작용하며 양자의 관계는 사후적으로 객체－주체
의 관계로 이해된다.

술은 현실에서와 똑같이 사물과 의식을 매개하는 시뮬라크르이지만 특별히 예술 텍스트라는 자율적 공간을 이용하는 자기인식적 시뮬라크르인 것이다. 이른바 '재현'이라는 것은 현실의 모방이기보다는 현실을 지배하는 상징계의 코드에 의존해 반복을 실행하는 일을 뜻한다. 즉, 상징계의 규범에 예속된 관습적인 스케마를 사용해 형상을 만드는 경우를 말한다.[33]

그처럼 상징계의 코드 내에서 반복되는 재현은 현실의 일상생활에서도 빈번히 일어난다. 부르디외가 말한 '사회제도(구조)에 의해 구조화된 동시에 (실천적) 행위를 구조화하는' 아비투스 역시 그런 재현의 메커니즘과 연관이 있다. 사회구조(사회적 장)에 예속된 무의식으로서의 아비투스는 (인간과 사물로 된) 물질세계에서 사회구조를 재생산하는 재현의 시뮬라크르를 생성시킨다. 예술작품 속에서 재현이 실행되기 전에 이미 사회현실에서 재현이 일어나고 있는 것이다.

그러나 그런 (사회구조에 예속된) 시뮬라크르의 재현은 사회구조에 동화될 수 없는 타자들(하층민 · 여성 · 피식민자 등)에 의해 항상 균열이 생겨나며, 사회구조의 상징계로 코드화할 수 없는 다른 종류의 시뮬라크르가 나타나기 시작한다. 물론 현실에서의 그런 균열과 이탈의 과정은 흔히 잠재적으로 드러난다. 반면에 현실과 이상의 관계를 그리는 자기인식적인 예술 텍스트에서는 재현의 과정에서 빈번히 균열과 이탈이 나타난다. 타자의 위치에서의 이탈이란 현실의 규범적인 삶을 해체하고 해방된 삶을 소망하는 이상의 지향이기 때문이다.

재현의 시뮬라크르가 상징계의 코드 내에서의 반복이라고 할 때, 그것의 균열과 이탈은 그처럼 규범화된 코드의 해체 가능성을 암시한다. 그와 같이 재현의 시뮬라크르가 형성되는 반복의 과정에서, 타자의 존재에 의해 균열과 해체가 나타나는 반전이 바로 아이러니이다. 재현의 시

---

33) 곰브리치, 『예술과 환영』, 열화당, 2003, 94~95면, 124~125면, 156면, 276~278면, 338~339면.

뮬라크르를 사용하는 '리얼리즘'의 서사적 문법이 아이러니라는 사실은, 재현의 이미지 속에 이미 해체의 이미지가 내포되어 있음을 암시한다. 이를 들뢰즈의 '사건의 선'으로 설명하면, 동일성을 반복하는 (재현적인) 경직된 몰적 선분 자체에서 그것에 균열을 내는 유연한 분자적 선이 나타나는 과정으로 이해된다.

이 같은 재현의 시뮬라크르를 사용하는 리얼리즘 예술은 현실 자체에서 이념(이상)을 실현할 수 있는 훼손되지 않은 영역이 남아 있을 때 가능하다. 즉, 현실의 공간 내에 동일성의 세계(자본주의적 합리주의적 세계)에 동화되지 않는 타자(민중, 여성, 피식민자)가 존재할 때 동일성을 해체하는 아이러니의 반전이 나타날 수 있다. 이처럼 현실의 재현적 시뮬라크르(형상)를 통해 이념을 암시할 수 있는 예술, 즉 이념과 현실이 조화된 예술이 재현적인 리얼리즘이다.

반면에 현실의 공간에 그처럼 이념을 드러낼 수 있는 근거가 존재하지 않을 때, 즉 이념과 현실이 부조화될 때, 더 이상 재현의 시뮬라크르를 사용하는 예술이 가능하지 않게 된다. 예컨대 총체적으로 조직화된 관리되는 사회(모더니즘의 시대)나 문화·무의식·욕망마저도 예속화된 사회(포스트모더니즘의 시대, 후기자본주의)에서는 재현의 가상을 이용하는 리얼리즘이 매우 어려워진다. 이 시기에는 '재현적인' 리얼리즘보다는 모더니즘이나 포스트모더니즘이 부각되는데, 그처럼 이념과 현실이 부조화된 시기에 사용되는 예술적 방법이 바로 '숭고'이다.

'재현'이 상징계의 코드 내의 도식(schema)을 사용하는 시뮬라크르라면, '숭고'는 그 같은 도식으로는 '표현할 수 없는 어떤 것'을 표현하는 또 다른 시뮬라크르이다. 숭고에서는 그처럼 '표현할 수 없는 것'과 표현주체(혹은 인식주체) 간의 부조화로 인해 고통과 불쾌감이 수반된다. 그러나 그런 고통과 불쾌감은 표현할 수 없는 것을 표현하려는 이념[34]의 확인

---

34) 이 이념은 칸트의 경우 인간의 확장된 정신(이성)이며 리오타르나 들뢰즈의 경우에는 탈영토화나 차이이다.

에 의해 쾌감으로 뒤바뀐다.

숭고는 칸트 미학에서는 주로 자연미와 연관시켜 논의되었다. 즉, 폭풍우나 화산폭발 같은 놀라움과 경악을 일으키는 장면에서는 대상과 관찰자 간의 부조화가 일어난다. 그 같은 부조화로 인해 인간은 상상력(지성과 감성의 결합)의 한계를 느끼며 불쾌감을 경험한다. 그러나 상상력을 초감성적으로 적용함으로써 자신이 자연의 대상에 대처하는 이념에 이를 수 없다는 부정적 방식으로 정신을 확장한다. 그리고 그런 확장된 정신 속에서 상상력의 제한을 넘어서면서, (부정적 방식으로) 이성적 이념이 현시됨으로써 부조화가 극복되고 불쾌감은 쾌감으로 전환된다.

이러한 칸트의 숭고론에는 인간이 엄청난 자연에 대해 무력하지만 인간 스스로 판단하는 능력에 의해 자연을 능가할 수 있다는 인간중심주의가 내포되어 있다. 그에 반해 리오타르나 들뢰즈의 숭고는 '표현할 수 없는 것'을 이성적으로 사유하는 대신 그 자체로써 드러내는 방식을 취한다. 또한 칸트의 경우 '표현할 수 없는 것'은 불가항력적인 자연인 반면, 리오타르와 들뢰즈의 경우에는 재현의 방식으로는 드러낼 수 없는 탈근대적 현상이나 사건이다. 현실 자체에 이념(이상)을 실현할 수 있는 근거가 잔존할 때는 재현의 시뮬라크르를 사용하는 예술이 가능했지만, 그런 근거가 더 이상 존재하지 않는 시대에는 근대성의 현실 자체에서 이탈하는 (표현할 수 없는) 탈근대적 사건을 표현하려 하는 것이다.

그런데 재현의 시뮬라크르를 대체한 이 탈근대적인 숭고는 모더니즘과 포스트모더니즘에서 조금 다르게 나타난다. 아직 현실과 화해하려는 총체성에의 향수를 지니고 있는 모더니즘에서는, 현실에서 그런 화해가 불가능하다는 '부정적 인식'의 방식으로 숭고를 표현한다. 즉, 미메시스적 화해(자연을 닮는 것)나 탈영토화된 삶이라는 '표현할 수 없는 것'은, 부정적 인식을 매개로 부재하는 내용으로 그려진다.35) '표현할 수 없는

---

35) 낭만주의나 낭만적 계기가 나타나는 사회주의 리얼리즘에서는 숭고가 숭고한 대상 자체를 그리는 방식으로 표현된다. 이는 그 시대가 현실 자체에 이념을 표상할 수 있

것'은 내면으로만 감지될 뿐 외적으로는 부정적 현실과 소외된 주체의 부조화된 형상이 제시된다. 형상적인 부조화를 경험하고 내면으로 돌아와 화해를 소망하는 예술, 즉 헤겔의 낭만적 예술모델이 모더니즘에 적용되는 것은 그 때문이다.[36] 그 같은 부조화의 형상은 표현할 수 없는 것이 내면으로만 느껴질 뿐 현실에는 부재한다는 고통스러운 숭고의 시뮬라크르이기도 하다.

그에 반해 포스트모더니즘의 숭고는 표현할 수 없는 것을 표현 그 자체로 드러내는 방식을 취한다. 즉, 포스트모더니즘의 숭고의 시뮬라크르는 상징계의 도식으로 재현할 수 없는 탈근대적 사건들을 이미지 자체로서 표현한다. '표현할 수 없는 것' 혹은 탈근대적인 사건들이란 한마디로 탈영토화된(혹은 탈코드화된) 삶과의 대면을 말한다. 상징계의 영토에서 이탈하는 '탈영토화'는 상징계 내의 코드화된 도식으로는 결코 표현할 수 없는 어떤 사건이다. 예컨대 상징계의 표면을 뚫고 실재계를 역사 그 자체로 드러내는 혁명적 사건,[37] 권력에 예속화된 무의식의 흐름을 역류시켜 기관 없는 신체(본래면목)로 회유하려는 밀교의식, 어떤 개념적 언어로도 포착할 수 없는 미묘한 색감의 창조 등이다.

뿐만 아니라 숭고는 그 같은 창조적인 탈주의 사건과는 반대되는 방향의 (탈영토화) 운동에서도 나타난다. 리오타르가 논의하듯이 자본주의적 경제는 상업적 성공을 위해 끊임없이 새로운 어떤 것을 만들어낸다. 그것은 후기자본주의 시대에 와서 보다 현저해지는데, 그런 무한한 갱신

는 근거가 남아 있는 시대이기 때문이다. 반면에 모더니즘 시대 이후에는 그처럼 숭고한 대상 자체를 그리는 방식으로 숭고가 표현되지 않는다. 그 대신 표현할 수 없는 것을 부재하는 내용으로 그리거나(모더니즘) 표현할 수 없는 것이 존재함을 입증하는 방식(포스트모더니즘)을 취한다.

36) 헤겔의 낭만적 예술모델과 모더니즘의 차이는, 전자의 경우 내면에서의 진리가 '정신'인 데 반해, 후자에서는 미메시스적 화해라는 점이다.

37) 혁명적 사건은 사회주의 리얼리즘으로 그려지면 이성적 주체의 행동으로 나타나지만, 모더니즘이나 포스트모더니즘으로 형상화되면 무질서의 고통을 수반한 '표현할 수 없는 것'으로 그려진다.

의 운동을 리오타르는 숭고로 파악한다.

자본주의 자체 내에서의 그 같은 일종의 탈영토화(무한한 갱신)의 흐름은 일찍이 마르크스에 의해서도 간파된 바 있다. 자본주의는 동일성의 세계에서 정적인 상태로 권력을 행사하는 것이 아니라, 체계 내에 차이(자본과 노동의 차이)를 포함하는 모순으로 인해 끝없이 자본의 확대를 반복해야 한다. 그 같은 끝없는 자본의 확대, 즉, 잉여가치 증식의 끊임없는 갱신, 그리고 화폐를 자본으로 유통시키기 위해 (노동을 포함한) 모든 것을 화폐로 계산하려는 교환가치에 대한 무한한 충동, 그것이 바로 마르크스가 말한 자본의 운동이다.38)

아이러니하게도 자본은 그처럼 동일성의 체계를 얻기 위해 끝없이 동일성을 연기해야 한다. 따라서 자본주의의 동일성을 얻기 위한 자본의 운동은 일종의 차연이나 탈영토화의 흐름을 드러낸다. 그리고 그 같은 탈영토화는 유연한 미시적 방식을 매개로 자본을 확장하는 후기자본주의에 와서 가시적으로 표면화된다. 즉, 문화·이미지·정보산업을 매개로 자본을 확대하는 후기자본주의의 자본의 운동은 끊임없이 새로운 상품을 생산하면서 잉여가치를 갱신해야 한다. 자본의 확대로서의 그 무한한 탈영토화의 운동은 포착할 수 없는 숭고의 감정으로 경험된다.

물론 그런 미결정적인 자본의 운동은 자본주의의 동일성을 유지하기 위한 차연, 즉 재영토화를 위한 탈영토화이다. 따라서 자본주의 경제의 탈영토화는 실상은 창조적인 탈주의 숭고를 파괴하기 위한 가짜 숭고일 뿐이다. 그런 숭고를 가장한 (상품화된) 욕망의 운동을 환멸로 드러내면서, 반대 방향으로 창조적인 생성의 운동을 시도하는 것이 포스트모더니즘의 숭고이다. 그 점에서 자본주의적 '현실'이 가짜 숭고라면 포스트모더니즘 '예술'은 진짜 숭고라고 할 수 있다. 이 경우 예술이 현실을 본뜬 가상이기는커녕 현실의 허위적인 시뮬라크르에서 벗어나 '진짜'를 보여

---

38) 나병철, 『탈식민주의와 근대문학』, 문예출판사, 2004, 112면.

주는 시뮬라크르인 셈이다.

앞서 살폈듯이 리얼리즘은 재현적인 시뮬라크르를 통해 몰적인 선분에서 유연한 분자적 선이 나타나는 아이러니를 드러낸다. 또한 모더니즘은 그런 재현의 가상 대신 낯설게 하기를 시도하면서 고통스럽게 내면으로 탈주한다.39) 반면에 포스트모더니즘은 회유된 유연한 선을 창조적인 탈주선으로 뒤바꾸면서, 그 탈영토화(혹은 탈주)라는 '표현할 수 없는 것'을 숭고의 시뮬라크로 드러낸다. 그처럼 포스트모더니즘은 후기자본주의의 가짜 낙원(회유된 유연한 선)에서 탈출하는 진짜 낙원에 대한 욕망을, 거짓 숭고에서 벗어난 진짜 숭고를 통해 보여준다.

포스트모더니즘이 재현의 시뮬라크르 대신 숭고의 방식을 사용하는 것은 앞서 언급했듯이 이념(이상)을 표상할 근거가 현실에 남아 있지 않기 때문이다. 물론 숭고는 포스트모더니즘에서만 유일하게 가능한 것은 아니다. 낭만주의나 낭만적 계기를 포함한 사회주의 리얼리즘의 시대에는 포스트모더니즘과는 달리 숭고한 대상 자체를 그리는 방식으로 숭고를 표현할 수 있었다. 특히 사회주의 리얼리즘의 숭고는 재현의 방식을 사용한 장엄함이라는 점이 주목된다. 그러나 포스트모더니즘이 만일 재현의 시뮬라크르를 사용한다면 사회주의 리얼리즘의 장엄함도 비판적 리얼리즘의 아이러니적 반전도 드러낼 수 없을 것이다. 그 경우 다만 후기자본주의의 가짜 낙원과 거짓 숭고만이 재현될 것이기 때문이다. 따라서 포스트모더니즘은 재현 불가능한 숭고한 대상을 그리는 대신 재현의 도식(schema)으로는 '표현할 수 없는' 것을 표현하려 한다. 그처럼 재현이 더 이상 가능하지 않는 시대에, 포스트모더니즘은 '표현할 수 없는 것(탈영토화)'의 존재를 증언하는 방식으로 숭고를 재발견한다.

이제 재현과 숭고의 시뮬라크르를 사용하는 여러 서사 양식들의 특징을 요약하면 다음과 같다. 낭만주의에서 포스트모더니즘에 이르는 이 서

---

39) 이 경우도 일종의 숭고로 볼 수 있다.

사양식들은 시대적 흐름의 순서에 따른 것이지만 비판적 리얼리즘, 모더
니즘, 포스트모더니즘은 어느 시대든지 병존할 수 있는 특징을 지니고
있다.

	재현	숭고
낭만주의	낭만적 아이러니	동경의 대상
비판적 리얼리즘	아이러니	
사회주의 리얼리즘	(아이러니)	집단적 인물의 운동
모더니즘		부재의 내용
포스트모더니즘		표현할 수 없는 것의 표현

4. 영화에서의 재현과 숭고—〈초록물고기〉〈섬〉〈올드보이〉

1) 영화에서의 리얼리즘 · 모더니즘 · 포스트모더니즘

재현의 시뮬라크르를 사용하는 리얼리즘에서는 사회적 · 역사적 조건
에 의해 규정된 이미지를 매개로 의식과 물질적 세계가 만나게 된다. 그
에 따라 물질적 세계는 사회적(역사적) 환경으로, 의식은 그 환경 속에서
살아가는 인물로 환원된다. 리얼리즘에서 인물과 환경의 상호작용이 중
요한 것은 그 때문이다. 인물과 환경의 상호작용은 사건의 선으로서 플
롯을 만들어 내므로 리얼리즘은 그 같은 서사성에 의존한다.

반면에 숭고의 시뮬라크르를 이용하는 모더니즘 · 포스트모더니즘에
서는 빈번히 무규정적인 이미지를 매개로 의식과 물질적 세계가 조우한
다. 사회적, 역사적인 규정성을 지니지 않는 그 같은 이미지는, 모더니즘

의 경우 환경으로부터 소외된 인물의 상태를 의미하며, 포스트모더니즘에서는 욕망과 무의식 같은 미시적인 세계의 삶을 뜻한다. 결과적으로 모더니즘과 포스트모더니즘에서는 인물과 환경의 상호작용으로서 플롯이나 서사성(사건의 선)이 크게 약화된다. 특히 행동적 플롯이나 서사성이 가장 미약한 것은 환경과 단절된 인물을 그리는 모더니즘이다. 포스트모더니즘에서는 욕망과 무의식에 의해 추동되는 인간과 세계의 교섭이 나타남으로써 미시적 차원의 서사성이 부활한다.

이제 (의식과 사물을 매개하는) 이미지를 예술 텍스트의 구성에 직접 이용하는 영화에서 그 두 가지 시뮬라크르의 서사적 특징이 어떻게 나타나는지 살펴보자. 한 예로 리얼리즘 영화인 〈초록물고기〉(이창동 감독)는 의식과 사물을 매개하는 무규정적인 이미지보다는 사회적으로 규정된 환경을 암시하는 이미지들을 제시한다. 그처럼 사회환경을 암시하는 이미지들은 이 영화의 인물들의 행동이 인물과 환경의 상호작용으로 보여지게 한다.

가령 영화의 첫 부분에 군대에서 막 제대한 막동이(한석규)를 등장시킨 것은 그의 눈을 통해 급격히 변화된 고향의 사회환경을 조명하기 위해서이다. 막동이는 아카시아 숲이 아파트 단지로 변해버린 풍경에 낯설어하며, 뿔뿔이 흩어진 가족들의 모습에 안쓰러워 한다. 막동이의 눈에 비쳐진 그 같은 변모된 환경은 새로 들어선 고층 아파트들과 남루한 막동이네 집을 대비시켜 보여주는 객관적인 시점의 롱 쇼트로 제시되기도 한다. 〈초록물고기〉에서 몇 번 반복되는 그 장면은 단 하나의 화면 속에 이 영화의 사회적 주제를 축약하고 있다. 이처럼 이 영화에서 배경의 이미지들은 암암리에 사회환경을 암시하는 방식으로 제시된다.

또한 정서와 심리를 표현하는 장면들은 이미지들의 접속보다는 롱테이크를 통해 보여지는데, 이는 인물의 정서가 (표현주의에서처럼) 정감 그 자체로서보다는 사건의 진행의 맥락 속에서 그려지는 점과 연관이 있다. 즉, 정서와 심리는 그 자체의 질감과 힘으로서가 아니라, 환경과 상호반응하는 사건의 맥락 속에 있는 인물을 표현하는 것으로서 드러난다. 이처럼 사회적으로 규정된 환경의 이미지와 사건의 맥락 속에 있는 (그리고 환경과의 연관 속에 있는) 인물의 이미지는 인물과 환경의 상호 작용이라는 리얼리즘의 영상을 만들어낸다.

반면에 모더니즘 영화인 〈섬〉(김기덕 감독)에서는 사회적 규정성을 지니지 않은 익명의 저수지 낚시터의 이미지들이 제시된다. 이 영화에서 외진 숲길을 지나야 갈 수 있는 저수지의 공간은 사회환경으로부터 격리된 세계를 보여준다. 그 적막한 낚시터에서 만난 두 주인공 역시 사회로부터 도피 중인 인물(현식)이거나 상처받은 인물(희진)이다. 환경으로부터 유리된 공간 속의 인물들을 그리는 이 영화는 인물과 환경의 상호작용보다는 인물들의 심리와 정서 자체에 초점을 맞추고 있다. 그 때문에 인물들의 심리와 정서는 클로즈업이나 이미지들의 접속을 통해 강렬하게 제시된다. 그 같은 이미지 기법을 통해 표현되는 두 주인공의 정감 속에는 유폐된 삶을 벗어나려는 욕망과 사회에 대한 부정적 인식이 내포되어 있다.

박찬욱 감독의 〈올드보이〉 역시 인물과 환경의 상호작용보다는 인물들의 심리와 정서에 초점이 맞춰진 작품이다. 그러나 이 영화는 모더니즘 영화(〈돼지가 우물에 빠진 날〉〈강원도의 힘〉〈섬〉〈빈집〉)와는 달리 대중장르인 미스테리의 서사를 이용하고 있다. 물론 이 영화는 미스테리물의 추리적 쾌감보다는 그 서사의 선을 추동하는 인물들의 욕망을 조명하고 있다. 이처럼 대중장르를 전복시켜 인물의 욕망의 문제를 심각하게 다루는 점에서 이 영화는 포스트모더니즘으로 분류될 수 있다.

이 포스트모던적 영화의 가장 중요한 특징은 탈영토화된 이미지를 자주 사용한다는 점이다. 즉, 이 영화는 15년 만에 감금에서 풀려난 인물(오대수)을 통해 일상생활의 아비투스를 상실한 경험들을 제시한다. 〈초록물고기〉에서 3년 만에 고향으로 돌아온 막동이의 눈에는 변화된 사회환경이 비쳐지지만, 오랜 격리생활에서 벗어난 오대수에게는 현실이 탈영토화된 이미지로 경험된다. 아비투스를 상실한 채 일종의 기관 없는 신체가 된 오대수의 눈에는 사회적 규정성을 잃어버린 이미지들이 어른거리는 것이다.

그러나 그 탈영토화된 이미지는 상대적인 것으로서 실제로 오대수의 삶이 탈영토화된 것은 아니다. 오대수로 하여금 탈영토화된 이미지에서 벗어나 현실감각을 갖게 하고 서사의 선에 연루되게 만드는 것은, 이제 그의 성격처럼 되어 버린 복수의 욕망이다. 〈올드보이〉는 그 복수의 욕망이 반전에 의해 (아이러니적으로) 해체되면서 오대수의 상대적인 탈영토화가 절대적인 탈영토화에 이르는 과정을 그리고 있다. 이 영화는 미스테리 서사의 시작과 끝을 이루고 있는 그 두 가지 탈영토화된 이미지들을 다양한 영상기법을 통해 보여준다. 이 영화의 흥미는 긴장을 늦추지 않는 (미스테리적) 서사의 선과 함께 그처럼 표현할 수 없는 것(탈영토화된 이미지)을 표현 그 자체로서 드러내는 데 있다.

〈초록물고기〉가 사회현실을 재현하면서 아이러니를 통해 균열의 틈새를 제시한다면, 〈섬〉은 현실과의 화해를 소망하지만 탈영토화된 현실과 만날 수 없는 '표현할 수 없는 것'의 부재를 보여준다. 반면에 〈올드보이〉는 표현할 수 없는 것(탈영토화된 삶)의 표현을 통해 고통과 불쾌를 포함한 쾌감(숭고)을 드러낸다.

2) 〈초록물고기〉와 리얼리즘

〈초록물고기〉에서 인물과 환경의 상호작용을 보여주는 플롯은 두 주인공 막동과 미애(심혜진)의 운명적 만남에서부터 시작된다. 막동은 미애를 통해 도시의 비정한 환경(도구적 이성의 세계)에 발을 들여놓게 되며 미애는 막동을 통해 잊고 있었던 순박한 삶의 흔적을 느끼게 된다. 이 영화에는 두 주인공의 그 같은 만남을 암시하는 두 개의 상징물이 제시된다.

하나는 기차간의 첫 만남에서 막동이 얻은 미애의 스카프이며 다른 하나
는 중간의 기차여행에서 미애가 얻은 막동의 옛날 (고향집) 사진이다.

이 영화가 막동의 사진들을 보여준 후 미애의 스카프에 얽힌 삽화로
부터 시작되는 것은 그런 두 주인공의 내면적 연관을 암시하기 위해서
이다. 특히 미애의 스카프가 막동에게 전해지는 첫 장면의 몽타주는 매
우 인상적이다. 먼저 기차 난간에 매달린 미애의 목에서 진홍색 스카프
가 풀려 날리기 시작하고 그것을 바라보는 미애의 얼굴이 (막동의 시점
으로) 제시된다. 이어서 다음 칸 기차 난간에 매달린 막동의 얼굴이 클
로즈업되는데, 이는 스카프가 바람에 날리는 다음 장면이 그의 시점임을
강조한다. 공중을 날아온 스카프가 막동의 얼굴을 휘덮는 다음 쇼트는
스카프를 잃은 미애의 시점으로 보여지고 있다.

이 몽타주는 막동이 미애를 통해 도시(영등포)의 화려하면서도 비정한
세계에 발을 들여놓게 되는 모든 사건의 출발점을 상징한다. 미애는 영
등포 일대를 근거지로 한 보스의 정부인데, 막동은 미애와 재회하면서
그 폭력의 암흑세계에 휘말리게 된다. 영등포 일대의 조폭들의 잔혹한
세계는 도구적 이성을 중심으로 한 도시의 타락한 사회환경을 상징한다.

신도시로 변해버린 고향에서 이질감을 느끼던 막동은 자신도 모르게
그 뒷골목의 세계에 빠져들게 된다. 막동은 조폭의 보스 배태곤(문성근)
의 지시로 오사장을 협박하기 위해 자해를 한 후 배퇴곤의 신임을 얻는
다. 배태곤의 신임과 위선적인 의리 속에서 막동은 저도 모르게 점점 어
둠의 수렁에 빠져든다. 마침내 막동은 배태곤의 암시를 받고 나서 배태
곤을 괴롭히던 또 다른 조폭의 보스 김양길(명계남)을 살해하기에 이른다.

그러나 아이러니한 것은 이처럼 막동이 최악의 상황에까지 타락한 순
간 그의 가장 순수했던 어린 시절의 기억으로 괴로워하게 된다는 점이
다. 막동은 장애인인 큰형에게 전화를 걸어 어렸을 때 초록물고기를 잡
으러 갔던 일을 이야기한다. 이때 화면은 전화박스 내부의 공간에 위치
한 막동의 모습을 비추는데, 전화박스의 윤곽에 의해 화면 외부의 세계

와 분리된 막동의 얼굴은 바깥의 험한 세계에서 차단되고 싶은 그의 심리를 암시한다. 울음과 웃음이 교차되는 막동의 표정 역시 이미 수렁(부정적 환경)에 깊이 빠진 막동의 위치와 그로부터 달아난 싶은 그의 양면적인 심리를 드러낸다. 그 점은 초록물고기에 대해 말하면서 클로즈업되는 막동의 표정에서 더욱 잘 나타난다. 서서히 초록물고기를 말하는 막동의 얼굴만 남기는 클로즈업은 전화박스처럼 화면 외부의 부정적 세계로부터 멀어지고 싶은 막동의 심리를 강조한다.

하지만 전화를 끊지 말라는 호소에도 불구하고 막동의 착잡한 심정이 정신지체자인 큰 형에게 전해지기는 어려웠을 것이다. 더욱이 막동은 그가 충성을 모두 바쳤던 배태곤에 의해 비참한 죽음을 맞게 된다. 죽음의 순간 막동의 얼굴은 배태곤 차의 앞 유리쪽으로 한발씩 다가서는데, 이는 앞의 클로즈업과는 반대로 소망을 상실한 채 부정적 세계에서 벗어날 수 없는 그의 운명을 암시한다. 차창에 기대면서 눌려 일그러진 막동의 얼굴 역시 초록물고기의 꿈을 잃어버린 기형적인 죽음의 표정을 보여준다.

막동은 살인의 순간에 가장 타락한 위치에서 가장 순수했던 시간을 기억해 내는 아이러니를 보여준다. 물론 그는 이제 어디로도 탈출할 수 없으며 순진함의 대가40)로 배신에 의해 비극적 운명을 맞는다. 그리고 그가 죽은 후에도 아무 것도 달라진 것이 없이 비정한 세상은 평온에 잠긴다. 그러나 막동을 통해 제시된 아이러니와 비극적 운명은, 부정적 환경에 의존한 삶의 평온한 외면에 균열을 내고 있다. 이것이 바로 〈초록물고기〉에서 나타나는 인물과 환경의 상호작용이다.

그 같은 아이러니에 의한 균열과 인물－환경의 상호관계는 또 다른 주인공 미애를 통해서도 나타난다. 미애는 배태곤의 정부이면서도 마음으로는 순박한 막동을 사랑하고 있었다. 그러나 막동이 죽은 후, 이제

---

40) 막동이 위선적인 배태곤에게 의심 없이 충성을 받친 것은 그의 내면에 순진성이 남아 있었기 때문이다.

모든 것을 포기한 듯 배태곤의 아이를 임신하고 안정된 모습으로 살아간다. 어느 날 우연히 들린 막동이 가족의 새로 차린 식당에서 미애와 배태곤은 예전과는 달리 평온한 표정을 보여준다.

하지만 미애는 막동의 사진을 버리지 못하듯이 자신도 모르게 그에 대한 기억을 마음 깊이 간직하고 있었다. 식당을 나오면서 그녀는 왠지 눈에 익은 듯한 풍경에 주위를 둘러본다. 클로즈업된 미애의 슬픈 눈빛은 기억 속의 어느 아픈 곳으로 빨려 들어가는 그녀의 심리를 보여준다. 그녀는 황급히 차안으로 가 막동의 옛날 사진에서 고향집을 확인하며 오열하게 된다. 옛날 사진에서 막동이가 사라진 대신 지금 그녀가 그 빈자리에 들어앉아 막동의 새로운 고향풍경에 둘러싸이게 된 것이다. 사진을 보며 막동의 부재를 분명히 깨달은 그녀는, 이제 그 부재의 아픔을 지닌 새로운 고향 풍경을 사진처럼 가슴에 품고 살아가게 될 것이다.

막동의 소원대로 가족들이 한데 모여 식당을 하게 되었고 새로 칠한 초록색 지붕이나 푸른 버드나무는 마치 초록물고기의 꿈을 이룬 듯 평온한 일상을 보여준다. 그러나 아이러니하게도 그 초록색 풍경에서 균열을 발견한 것은 가족들이 아니라 배태곤의 정부 미애였다. 옛 사진을 보며 오열하는 미애의 모습은 (가족들의) 평온한 일상 속에 숨겨진 균열을 드러내며 사회(환경)의 모순을 직시하게 한다. 〈초록물고기〉의 마지막 장면은 그 같은 환경의 모순을 길 건너 고층 아파트와 초록 버드나무 아래 막동이네 식당의 대비되는 풍경으로 제시한다.

3) 〈섬〉과 모더니즘

〈초록물고기〉가 인물과 환경의 상호작용을 통해 사회환경의 모순을 드러낸다면, 〈섬〉은 사회환경으로부터 유리된 인물들의 고립된 삶의 모습을 보여준다. 〈섬〉의 배경인 저수지 낚시터의 공간 자체가 이미 그런

격리된 세계를 제시하고 있다.[41) 뿐만 아니라 이 영화의 첫 부분에 나타
나는 롱 쇼트 역시, 저수지의 물로 화면 대부분을 채우거나 작은 섬들처
럼 떠 있는 방들(낚시터)을 보여주는 방식으로 고립감을 강조한다. 또한
창문의 윤곽을 통해 비좁은 실내를 비추거나 반대로 실내에서 인물시점
으로 막막한 저수지를 보여주는 방식 역시 사회(환경)에서 격리된 인물들
의 삶을 암시한다.

이 영화의 주인공 희진(서정)은 낚시꾼들에게 음식과 커피를 팔며 때
로는 매음도 하면서 살아가는 여자이다. 또 다른 주인공 현식(김유석)은
애인을 살해한 전직 경찰로 자살을 하러 낚시터로 찾아든 사람이다. 이
처럼 이 영화의 두 주인공은 모두 사회로부터 유배된 채 자신의 고립된
삶과 대면하고 있다. 〈섬〉은 그처럼 고독한 두 인물이 사랑을 갈망하며
서로간에 소통을 시도하는 과정을 그리고 있다. 그러나 몸을 팔며 사는
벙어리 여자와 애인을 죽이고 절망에 빠진 남자 사이의 교감은 그리 쉬
운 일이 아니다.

저질스러운 여느 손님과는 다른 현식을 주시하던 희진은 권총자살을
시도하는 그의 허벅지는 찔러 죽음을 막는다. 현식은 그에 대한 답변이
라도 하듯 그네를 타고 있는 희진을 본뜬 철사 조형물을 만들어준다. 두
사람 사이에 묘한 감정이 오가면서 현식은 자신의 노란방(낚시터)에서 희
진을 안으려 하지만 그녀는 완강하게 뿌리친다. 희진은 현식으로부터 매
춘부가 아닌 한 사람의 여자로서 인정받고 싶었던 것이다.

그러던 중 낚시터의 또 다른 수배자를 찾기 위해 경찰이 수색을 벌이
자 현식은 낚시 바늘을 삼켜 자해를 한다. 희진은 경찰을 따돌리고 현식
의 목에서 낚시바늘을 빼내준 후 섹스로 위로를 해준다. 현식의 자해는
(사회로부터 유리된 위치에서) 거짓 욕망과 죄악의 예속에서 벗어나 텅
빈 육체가 되려는 매조키즘적 시도라고 할 수 있다.[42) 그러나 그런 매조

---

41) 모더니즘은 〈섬〉처럼 사회로부터 격리된 공간을 보여주거나 〈돼지가 우물에 빠진
날〉처럼 사건(인물과 환경의 상호작용) 없는 일상을 드러낸다.

키즘적 행위는 욕망의 예속에서 벗어나는 대가로 육체 자체를 파괴하는 죽음의 본능의 발로이기도 하다. 반면에 희진의 섹스는 현식의 육체를 죽음으로부터 구출한 후 그의 비어 있는 몸에 새로운 욕망을 채워 넣으려 한 것이다. 그러나 현식의 매조키즘도 희진의 섹스도 두 사람의 육체를 원래의 상태(기관 없는 신체)[43]로 되돌려 새로운 욕망을 생성시킬 수는 없었다. 그들은 사회와 단절된 상태에서 저열한 욕망으로부터 자유로울 수 있었지만, 또한 바로 그로 인한 내면의 고독 때문에 세속적인 욕망에 대한 미련을 버릴 수 없었던 것이다. 현식에 접근하는 다방 레지에게 질투를 느낀 희진은 그녀를 비어 있는 낚시방에 가두어 죽음에 이르게 한다. 또한 현식은 실종된 여자를 찾으러 온 다방 주인과 싸워 그를 죽이게 된다.

이처럼 사회로부터 유리된 위치에 있는 두 사람은, 세속적인 욕망을 갈망할수록 점점 더 세상으로부터 유폐되고 내면의 고독은 더욱 깊어진다. 그들의 고독은 현실과 화해하지 않는 한 두 사람 사이의 사랑으로도 아무런 소통을 이룰 수 없음을 보여준다. 화면 가득 메운 저수지 위에 떠 있는 작은 점 같은 노란방이나, 이어지는 쇼트에서 노란방 마루에 걸터앉아 따로 떨어져 있는 두 사람의 모습은, 사회로부터 버려진 사람들의 고독을 보여준다. 두 사람은 다시 다가 앉지만 마음속의 고독은 사라지지 않으며, 그들이 위치한 갇힌 공간에서는 화해된 삶이 불가능함이 암시된다.

현식은 낚시에 걸린 물고기를 난도질하며 처절한 절망감을 표현한다. 이어서 그는 살점이 뜯긴 또 다른 물고기를 놓아주며 바깥으로 나갈 결심을 한다. 짐을 싸는 현식을 희진이 붙잡자 현식은 완강하게 뿌리치며 그녀에게 창녀라는 말을 한다. 상처를 받는 희진은 자신의 가게로 돌아와 물고기를 전기로 감전시키는데, 펄떡이는 물고기를 통해 희진의 고통

---

42) 들뢰즈·가타리, 김재인 역, 『천개의 고원』, 새물결, 2001, 287~292면.
43) 신체를 조직화하는 예속화에서 벗어난 상태를 말한다.

스러운 심리가 표현된다.

이 영화에서 그 같은 두 주인공의 피학과 가학은 욕망과 증오로 얼룩진 그들의 육체와 정신을 원래로 되돌리려는 행위에 다름이 아니다. 그러나 그런 시도는 실패할 수밖에 없는데 그 회귀의 과정에서 자신의 육체나 다른 생명체의 몸을 파괴하게 되기 때문이다. 현식이 떠나려하자 이번에는 희진이 성기를 자해하고 현식이 그녀를 구출한다. 희진이 현식의 매조키즘에서 검은 욕망에서 벗어나려는 몸짓을 보았듯이, 현식 역시 희진의 자해에서 새로운 욕망을 갈구하는 텅 빈 육체를 발견한다. 두 사람은 노란방을 다시 색칠하면서 서로 합쳐지는 붓을 통해 화해의 소망을 엿보게 된다. 그러나 그 화해의 소망은 섬 낚시터에서도 현실세상에서도 실현되기 어려운 것이었다. 더욱이 이미 다방 레지와 주인을 죽게 한 그들은 현실로부터 다시 달아날 수밖에 없었다.

희진은 노란방에 모터를 달아 바깥세상과는 정반대의 방향인 저수지 한가운데로 나아간다. 저수지 한복판에서 모터를 끈 채 차츰 작은 점으로 사라져 가는 노랑방의 모습은 화해된 세계의 부재 상태를 상징한다. 사회현실은 화해될 수 없는 거짓 욕망으로 가득 차 있으며 사회에서 유리된 화해는 현실화할 수 없는 부재를 드러낸다. 이처럼 이 모더니즘 영화는, 화해를 갈망하지만 부정적인 (사회)환경에서는 그것을 발견할 수 없으며, 환경에서 유리된 공간에서는 화해를 현실화할 수 없다는 '부정적 인식'을 드러낸다. 그리고 그 같은 부정적 인식을 통해, 탈영토화된 화해된 세계라는 '표현할 수 없는 것'의 부재 상태를 증언한다.

4) 〈올드보이〉와 포스트모더니즘

〈섬〉이 화해된 삶의 부재와 내면의 소망을 드러낸다면, 〈올드보이〉는 탈영토화된 '표현할 수 없는 것'의 표현을 통해 화해의 전망을 암시한다.

이런 차이는 〈섬〉이 환경으로부터 단절된 인물들의 폐쇄된 공간을 그리
는 반면, 〈올드보이〉는 복수의 욕망으로 가득 찬 환경 내부의 미시적 세
계를 그리는 점과 연관된다. 즉, 〈올드보이〉에서 주인공 오대수의 치명적
인 고통은 15년 동안의 감금방보다는 현실이라는 '더 넓은 감옥'에서 경
험된 것이다. 오대수에게 복수하는 이우진의 질문이 '왜 가뒀냐'가 아닌
'왜 풀어줬냐'에 있었듯이, 오대수는 어두운 감금방이 아니라 풀려난 현
실에서 '비극적인(이는 축자적인 의미의 비극성을 지닌다)'44) 파멸을 경험한다.

오대수가 감금방에서 육체적(심리적) 고통을 겪었다면 풀려난 현실에
서는 더 참을 수 없는 도덕적 파멸을 경험하게 된다. 그 점에서 〈올드보
이〉는 감금된 사람의 소외를 다룬 영화이기보다는 풀려난 사람의 욕망
의 비극을 그린 작품이다. 물론 풀려난 현실이란 감금방의 감시장치들이
현실의 공간에서 보다 미세하고 정교하게 작용하는 상황을 의미한다.

그런 '보이지 않는 감금'의 전단계인 '보이는 감금'으로서, 이 영화에
서 오대수가 갇혀 지낸 15년 동안의 시간은 그의 삶에서 매우 중요한
의미를 지닌다. 공간적인 변화가 없는 15년 동안의 '순수시간'은 오대수
의 내면에 큰 변화를 일으켰기 때문이다. 텔레비전이 유일한 '시계이자
달력이고, 학교이자 교회이며, 친구이자 애인인' 감금방에서, 오대수는
사회환경과 연관된 삶에서 갖고 있던 아비투스를 대부분 상실한다.

감금방에서 풀려난 후 집과 친구, 친척은 모두 없어졌으며, 오대수에
게 사회환경은 무규정적인 이미지로 경험될 뿐이다. 그 같은 사회적 규
정성의 상실은 오대수가 사람냄새를 맡기 위해 달려드는 장면이나 산
낙지를 원시인처럼 씹어 먹는 장면에서 잘 표현된다. 그가 아비투스를
상실했음은 무엇보다도 인간적인 특성을 잃어버린 기계소리 같은 말투
에서 극명하게 드러난다. 이처럼 오대수가 탈영토화된 이미지들을 보여
주는 것은 그가 습속화된 재현적인 이미지를 구성할 수 있는 상징계의

---

44) 그리스 비극적인 의미에서의 비극성이다.

도식을 잃어버렸기 때문이다. 즉, 탈영토화된 이미지들을 연출하는 오대수는 15년 동안의 시간의 풍화작용 속에서 상징계로부터 유리된 '기관 없는 신체'가 되어 버린 셈이다.

물론 좀더 정확히 말하면 그의 경우는 기관을 '상실한' 신체에 해당되며, 그 점이 그의 탈영토화가 해방된 삶과는 거리가 먼 이유일 것이다. 기관을 상실한 신체는 자신에게서 아비투스를 빼앗아간 자에 대한 복수심을 갖게 되고, 그 복수의 욕망이 유일한 성격이자 잔존하는 기관을 작동시키는 힘이 된다.

오로지 복수심에 의해서 남아 있는 '기관'을 작동시키는 오대수는 15년 전과는 달리 '오늘도 대충 수습이 안 되는'[45] 나날을 보내며 (오대수가 아닌) 괴물이 되어 간다. 오대수가 더욱 고통스러운 것은 이우진의 복수의 욕망과 감시의 시선 속에서 풀려난 현실이 '더 넓은 감옥'으로 경험된다는 점이다. 이우진은 15년 동안에 자신이 발명한 '괴물'을 이제 현실의 감옥 속에 풀어놓아 또 다른 실험을 하고 있는 것이다.

이처럼 이 영화는 '기관을 상실한 신체' 오대수나 감시의 감옥을 통해 '현실'에 대한 상대적인 개념을 갖게 한다. 현실이란 사회적 조건에 의해 규정된 불변의 영역만은 아니며, 때로는 무규정적인 이미지일 수도, 또 때로는 보이지 않는 시선에 포위된 감옥일 수도 있는 것이다. 그 같은 규정성이 상실된 알 수 없는 현실에서 '표현할 수 없는' 고통의 감옥을 그리는 것이 이 포스트모더니즘 영화의 특징이다.

그렇다고 변화된 오대수에게서 모든 현실이 지옥처럼 경험되는 것은 아니다. 15년의 감금이 오대수에게 선사한 유일한 선물은 아마도 미도와의 사랑일 것이다. 옛날과는 전혀 다른 감각으로 현실을 대면하게 된 오대수는, 그때는 생각할 수도 없었던 무규정적 심리 상태에서 특이하고도 순수한 사랑을 할 수 있게 된 것이다.

---

45) 15년 전 오대수의 별명은 '오늘도 대충 수습하며 사는 사람'이었다.

　그 같은 현실개념의 상대성, 즉 탈영토화된 이미지는 이 영화에서 특징적으로 제시되는 시간 이미지를 통해서도 나타난다. 예컨대 오대수의 감금방은 현실의 영토를 상실한 공간에서의 시간의 흐름을 보여준다. 감금방 같은 삶의 영토를 잃어버린 공간에서는 텔레비전이 유일하게 현실의 시간을 보여주는 창문의 기능을 한다. 그러나 텔레비전은 더 이상 오대수와 사회를 연결해주는 네트워크가 아니며, 사회현실의 이미지를 삶의 의미가 제거된 시간의 흐름으로만 제시할 뿐이다. 어둠 속의 오대수의 모습과 함께 화면의 반쪽에서 텔레비전이 달력처럼 넘어가는 장면은 그처럼 삶의 내용을 잃어버린 시간 이미지를 보여준다.

　오대수의 감금방은 탈영토화된 이미지라기보다는 삶의 영토를 빼앗긴 자의 시간 이미지로서 제시된다. 반면에 현실로 다시 돌아온 오대수가 연출하는 탈영토화된 이미지들 속에는 그의 아비투스를 표백시킨 15년의 시간 이미지가 어른거린다. 오대수가 정상적인 현실의 시간을 되찾기 시작한 것은 그의 ‘인생의 복습’에서 최초의 인간적 교감인 미도와의 섹스 이후이다. 오대수는 미도와의 사랑에 힘입어 복수를 다짐하면서 이우진의 과거의 시간을 추적해간다.

　상록고등학교에서 이우진(그리고 오대수)의 과거를 추적하는 장면에서는 과거와 현재 간의 해체된 시간 이미지가 나타난다. 이 장면에서는 과거와 현재가 공존하면서 뒤얽히고 있는데, 이는 과거가 현재의 시간의 점에 응축될 수 없는 자신의 평면을 갖고 있음을 암시한다.

　오대수는 이우진의 과거를 기억해 내는 순간, ‘같은 화면 속에’ 과거의 ‘나’와 현재의 ‘나’가 공존하는 이미지로 제시된다. 즉, 이 부분에서는 시점이 잠정적으로 1인칭으로 전환되면서 경험자아(과거의 ‘나’)와 서술자아(현재의 ‘나’)의 변증법적 관계가 역동적으로 나타나고 있다. 여기서 이우진이 누나와 섹스하는 장면을 엿보는 오대수의 눈은, 서술자아의 회상인 동시에 경험자아 자신의 시선이기도 하다. 이어서 현재의 오대수의 시선과 과거의 그의 눈을 두 개의 화면으로 병치시키는 기법은, 현재의

‘나(서술자아)’의 시간 속에 과거의 ‘나(경험자아)’의 시간이 지속되고 있음을 뜻한다.[46]

오대수는 이처럼 회상 속에서 과거와 현재 간의 해체된 시간감각을 경험하지만 다시 현실로 돌아오면서 그 탈영토화된 시간 이미지를 재영토화시킨다. 즉, 그는 과거의 그의 눈이 응시했던 이우진과 누나 사이에서의 사건, 그 ‘표현할 수 없는 것’의 이미지를 상징계의 도식을 사용한 언어로 발설해 버린다. 오대수는 이우진이 ‘누나와 잤다’고 중얼거리는데, 이는 그가 고교시절 과거에 했던 말과 동일한 것이며, 이우진의 누나를 자살에 이르게 한 말이기도 하다. 이처럼 두 번씩 되풀이된 오대수의 최대의 실수란 ‘표현할 수 없는 것’을 너무 쉽게 재영토화시켜 발설한 데 있었다.

근친상간이 ‘표현할 수 없는 것’이라는 말은 그것이 인간의 상징계의 언어로는 표현될 수 없는 욕망이라는 뜻이다. 들뢰즈(그리고 데리다)는 인간의 한계인 근친상간이란 ‘이쪽과 저쪽’ 어디에도 없으며 단지 경계선에서만 나타난다고 말한다. 즉, 근친상간이 문제시되지 않던 시기에는 어머니나 누나 등의 이름이 단지 대지의 육체와의 관계에서 이해됐으므로 근친상간은 존재하지 않았다. 그와 달리 근친상간에 금기시되는 시기에는 오이디푸스적 가족[47]의 규율(그리고 어머니, 누나 등의 이름)이 인간에게 각인되므로 근친상간은 일어나지 않는다. 근친상간이 문제시되는 것은 그 경계선에서 인간의 한계를 드러내며 나타날 때이다. 즉, 제도적으로 근친상간이 금기시되는 시대에 미처 어머니나 누나 등의 이름이 식별(혹은 각인)되지 않았을 경우이다.

---

46) 이 장면은 베르그송의 ‘지속’의 시간을 드러내고 있다. 박성수, 앞의 책, 121~141면 참조

47) 오이디푸스적 가족은 인류 역사에서 국가와 자본의 등장으로 인해 만들어진다. 근대 자본주의 시대에 뚜렷하게 나타나는 오이디푸스 가족의 특징은, 공동체와의 연관이 상실된 사적인 가족이 만들어지면서, 아버지(상징계)를 중심으로 한 그 가족의 구조가 자본－화폐(상징계)를 중심으로 한 사회구조에 포개진다는 점이다.

이우진의 근친상간 역시 누나의 이름이 금지의 규율로서 완전히 각인되기 이전(사춘기)에 일어난 것으로서, 그것은 이쪽도 저쪽도 아닌 경계선에서 나타난 인간의 비극적인 한계를 상징한다. 다시 말해, 이우진의 행위는 근친상간인 동시에 근친상간이 아닌 표현할 수 없는 어떤 '비극'인 것이다. 그런데 오대수는 그런 '표현 불가능한 것'을 금지의 제도의 언어(재현의 언어)로 말해 버린다.

이우진의 복수는 감금이나 살해가 아니라, 오대수가 실수로 말해버린 그 '말할 수 없는' 비극을 오대수 자신이 경험하게 만드는 것이었다. 이우진의 근친상간이 누나의 이름이 미쳐 각인되기 전의 일이라면, 오대수의 경우는 딸의 이름을 식별할 수 없는 상황에서 일어난 사건이었다. 두 경우 모두 금지의 위반은 개인의 잘못이기보다는 인간의 비극적인 한계를 드러내는 것일 뿐이다. 다만 오대수의 운명이 더욱 비극적인 것은, 소위 '인생의 복습' 과정에서 그가 다시 삶에 발붙이게 만든 미도의 사랑이 바로 그 비극의 근원이 된 점이다(미도는 오대수의 딸이었다). 또한 이우진의 비극은 그 누구의 잘못에 의한 것도 아닌 반면 오대수의 경우는 이우진이 자신의 비극을 오대수에게 전이시킨 것이었다. 그처럼 인간의 한계를 인간의 손으로 조작해낸 점에서 이우진의 복수는 더없이 비인간적인 행위였다.

물론 이우진의 복수는 '말이 많은' 오대수가 말할 수 없는 것을 말해버린 데에 대한 응징일 수도 있다. 그러나 오대수의 실수는 그 개인의 잘못이 아니라 금지의 규율을 만든 인간세상의 한계일 뿐이다. 오대수는 자신의 혀를 자름으로써 대가를 치르지만 그것은 인간세상의 한계를 그 개인이 혼자서 짊어지는 희생제의 형식일 따름이다. 이우진의 펜트하우스에서 벌어진 복수의 사건들은 인간의 원형적 무의식이 표층으로 노출되면서 그처럼 신화의 세계로 잠입한다.

오대수는 스스로 혀를 잘라 희생제물이 되지만 자신을 수렁에 빠뜨린 이우진에 대한 복수심을 버릴 수 없었다. 오대수는 이우진의 심장 리모

콘을 눌러 복수를 실행하는데 그 순간 그에게 되돌아온 것은 자신과 미도의 섹스의 녹음소리였다. 이처럼 복수는 복수를 낳을 뿐 결코 성공할 수 없는 것이었다.

오대수의 혀를 자른 이우진의 복수는 성공했다고도 볼 수 있지만 이우진은 그 대가로 과거의 절망의 시간에 사로잡히게 된다. 이우진은 복수심에 사로잡혀 자살한 누나의 손을 놓지 않고 있었는데, 이는 그가 누나의 죽음으로 인한 절망을 복수심의 힘으로 견뎌왔음을 뜻한다. 그러나 복수가 끝나자 이우진은 그 순수한 과거의 절망의 시간으로 돌아간다.

그가 복수를 끝내고 돌아선 엘리베이터 안에서 누나의 손을 잡고 있는 장면은 그런 과거와의 조우를 암시한다. 그 순간에 복수에 성공한 이우진이 절망적인 것은, 복수심으로 인해 지연시켜왔던 그 절망의 순간, 즉 누나의 손을 놓을 수밖에 없었던 과거의 순간과 대면해야 한다는 점이다. 여기서도 현재와 과거는 해체된 시간 이미지로 그려지며, 현재의 '나(이우진)'와 과거의 '나'는 변증법적으로 뒤얽히게 된다. 물에 빠지려는 누나의 손을 잡고 있는 과거와 현재의 '나'가 차례로 클로즈업되는 장면은, 그런 두개의 '나'의 해체된 관계를 보여준다. 이어서 현재의 '나'가 손을 놓자 과거의 '나'도 손을 놓고 마는데, 이 장면에서도 표현할 수 없는 것의 비극이 표현 그 자체로 제시되고 있다. 즉, 경계선에 놓여 있는 근친상간의 비극, 그 누나와의 사건이 현실의 한계상황의 측면에서 (상징계의 규율로는) 표현할 수 없는 비극으로 표현된다. 이우진은 복수를 끝냄으로써 그런 과거의 '표현 불가능한' 사건으로 돌아가게 되지만, 또한 바로 그 때문에 현재의 금지의 세계와 과거의 사건을 연결하던 손을 놓아 버리게 된다. 그 단절의 순간 그는 복수 이후에도 과거의 누나와의 사건이 여전히 현실의 세계에서 인정될 수 없는 것이라는 절망으로 인해 자살하게 된다. 그처럼 복수는 '인간의 한계'를 개인적인 원한의 문제로 환원시킴으로써 금지의 세계와의 단절에서 벗어나지 못하게 만드는 것이다.

반면에 '복수'에 실패한 오대수는, 개인적인 원한 대신 인간 전체의 비극을 책임지는 희생제물이 됨으로써, 미도에 대한 '사랑'이 여전히 의미 있는 것임을 보여준다. 그 점에서 미도와의 사랑은 '짐승'같은 것이면서도 그와 동시에 더없이 인간적인 것(인간적 한계를 넘어선 인간적인 것)이기도 하다. 즉, 오대수는 자신의 혀를 자르는 희생의 대가를 치르면서 (오대수와 미도가 딸임을 증명하는) 판도라의 상자 같은 사진첩 상자를 열지 못하게 한다. 그리고 '짐승만도 못한 놈도 살 권리가 있다'는 말로 최면술사를 설득해 그의 내면의 몬스터(괴물)를 사라지게 만든다. 마지막 장면에서 미도의 '사랑해요, 아저씨'라는 말에 희미하게 웃음짓는 오대수의 얼굴은 인간의 비극적 한계를 넘어선 사랑의 힘을 보여준다. 즉, 클로즈업된 '혀를 잃은' 오대수의 얼굴은 인간의 언어로는 '말할 수 없는' 사랑의 표정을 드러내고 있다.

그 점에서 이 영화는 복수의 실패의 이야기인 동시에 인간의 혀로 말할 수 없는 사랑의 이야기라고 할 수 있다. 이 영화에서 표현된 사랑은 도덕과 금지의 규율을 넘어선 '표현할 수 없는' 사랑이다. 그것은 상식적인 도덕과 규범으로는 도식화할 수 없는 것이기 때문에 우리에게 불쾌감을 주지만, 그 불쾌감은 인간의 한계를 넘어선 사랑으로 인해 쾌감으로 전환된다. 즉, 이 영화는 불쾌감을 수반하는 쾌감이라는 숭고의 미학을 보여주고 있는 것이다. 복수에 성공한 이우진을 통해서는 비극적인 숭고를, 그리고 실패한 오대수를 통해서는 말할 수 없는 사랑의 숭고를 표현하고 있다.

5) 재현과 숭고―리얼리즘 · 모더니즘 · 포스트모더니즘

이제까지 우리는 〈초록물고기〉와 〈섬〉〈올드보이〉를 통해 영화에서의 리얼리즘과 모더니즘 · 포스트모더니즘의 특성을 살펴보았다. 그 세

가지 이미지 서사의 특성은 다음과 같이 요약될 수 있다. 먼저 리얼리즘은 사회역사적으로 규정된 환경의 이미지와 사건의 맥락 속에 놓인 인물의 이미지를 통해 인물과 환경의 상호작용을 보여준다. 그 같은 인물—환경의 상호작용은 사회적 '상징계 내부의 도식들'로 그려질 수 있는 '재현'의 이미지로 제시된다. 리얼리즘은 그런 재현의 이미지가 아이러니를 통해 양가적으로 해체되는 과정을 보여준다.

반면에 모더니즘은 환경으로부터 단절된 격리된 공간의 이미지를 통해 인물들의 소외와 고독을 보여준다. 그처럼 환경으로부터 유리된(혹은 환경에 대해 무력화된)48) 공간이 그려짐으로써 모더니즘에는 리얼리즘과는 달리 사회적 규정성이 약화된 이미지들이 그려진다. 그런 소외된 공간의 이미지 속에서 모더니즘의 인물은 사회현실(환경)과 화해할 수 없음을 드러내며, 그 부정적 환경에서 벗어난 화해된 삶에 대한 내면의 소망을 나타낸다. 그 같은 부정적 인식과 내면의 소망은 (예속에서 벗어난) 탈영토화된 화해의 삶이 부재함을 암시한다.

포스트모더니즘에서도 모더니즘처럼 사회적 규정성이 약화된 무규정적 이미지들이 그려진다. 그러나 이는 환경의 인물에 대한 예속화가 욕망과 무의식 차원에서 작용하는 데 따른 것으로, 그에 의해 리얼리즘과 구분되는 미시적 차원의 서사가 나타난다. 그 같은 미시적 서사에서는 인물—환경 간의 거시적 상호관계보다는 욕망과 무의식을 매개로 한 미시적 삶의 인간관계가 제시된다. 인물과 환경 간의 그런 거시적 관계의 해체는 일종의 탈영토화로 보이지만 실제로는 환경의 동일성 논리(교환가치나 도구적 이성)에 예속된 상대적 탈영토화일 뿐이다. 따라서 포스트모더니즘의 무규정적 이미지는 상대적 탈영토화에서 절대적 탈영토화로 탈주하는 과정을 그리게 된다. 그처럼 절대적 탈영토화로 탈주하는 과정에서 (상징계 내의 도식들로) 표현할 수 없는 것을 표현 그 자체로 드러

---

48) 〈섬〉이 환경으로부터 유리된 경우라면 〈돼지가 우물에 빠진 날〉은 환경에 대해 무력화된 경우이다.

내는 '숭고 미학'이 나타난다. 리얼리즘이 상징계 내의 도식들을 이용한 '재현'의 시뮬라크르를 그리면서, 아이러니를 통해 동일성[49]의 삶(몰적 삶)의 해체를 보여준다면, 소외된 삶이나 탈영토화된 삶을 그리는 모더니즘과 포스트모더니즘은, 상징계의 도식들로 표현할 수 없는 숭고의 시뮬라크르를 통해 동일성의 해체를 드러내는 셈이다. 이제 세 가지 이미지 서사의 특성을 도표로 간단히 요약해 보자.

	서사	미학	이미지	작품
리얼리즘	인물 ⇄ 환경	재현 (아이러니)	사회역사적으로 규정된 이미지	〈초록물고기〉 〈박하사탕〉
모더니즘	인물 / 환경(소외)	숭고	소외와 분열의 이미지 (탈영토화의 부재)	〈돼지가 우물에 빠진 날〉 〈섬〉
포스트모더니즘	인물, 환경 해체 (미시적 서사)		무규정적 이미지 (탈영토화의 표현)	〈지구를 지켜라〉 〈올드보이〉

---

49) 상징계 내에서 반복되는 자본의 논리나 도구적 이성의 원리가 동일성의 논리임.

서사문화의 시대를 위하여

1. 서사의 본질과 '대립의 해체'

이제까지 우리는 '서사'를 이해하기 위한 다양한 언어들을 통과하는 여행을 해왔다. 우리가 탐사한 언어들이란 대화, 이미지, 여로, 사건의 선, 언표작용, 시뮬라크르 등이다. 이 여러 용어들은 지금까지 '서사란 무엇인가'에 대해 말해온 이론가들의 핵심적인 기표들이기도 하다. 우리는 그 기표들을 통해, 루카치·바흐친·들뢰즈·리오타르·푸코·그레마스 등의 서사론(그리고 담론이론)을 관통하는 여로를 지나왔다.

그 같은 여러 사람들의 용어를 검토하고 서로 연관시키는 과정에서, 우리는 '서사'가 전통적인 인식론과 존재론을 해체하는 새로운 범주를 제시함을 발견했다. 즉, 서사는 인간과 세계, 주체와 객체, 그리고 물질(사물)과 의식의 경계선을 해체하는 역동적인 범주를 암시한다. 또한 서사는 그 둘을 매개하는 범주로서 보다 더 일차적이며, 양자 사이의 경계선은 사후적으로 생겨난 것임을 알려준다.

　그처럼 대립의 경계선을 해체하는 서사가 의미를 지니는 것은, 인간과 세계 사이의 경계선이 단지 인식론과 존재론의 문제만은 아니기 때문이다. 즉, 대립의 경계선과 해체된 경계선은 철학적 영역을 넘어서서 사회적 삶의 조건을 암시한다. 예컨대 인간과 사회환경(세계) 사이의 대립적 경계선은 사회환경에 예속된 인간의 삶의 조건을 나타낸다. 인간과 사회환경이 대립적인 세계에서 인간이 주체가 되려면 사회구조를 내면화해 예속적인 주체로 탄생해야 한다. 그렇지 않으면 인간은 사회구조를 견지하는 동일성의 삶에서 타자로서 배제되거나 억압된다. 이처럼 인간과 세계 사이의 대립적인 경계선에는 억압적인 동일성의 논리가 포함되어 있다.

　그런데 우리가 살펴본 다양한 서사론들은 하나같이 서사의 본질을 그 같은 대립의 경계선과 동일성의 세계를 해체하는 것으로 설명한다. 예컨대 루카치는 소설이란 잃어버린 총체성을 서사적 형식의 구성을 통해 찾아내는 장르라고 말한다.1) 총체성이란 인간과 환경이 화해된 세계를 말하는 것으로, 근대는 인간과 사회환경 사이에 대립의 경계선이 설정됨으로써 그런 총체성을 잃어버린 시대이다. 소설이 형식적 구성을 통해 상실한 총체성을 찾아낸다는 것은 그 같은 인간과 사회환경 사이의 대립의 경계선을 해체하는 서사형식을 지님을 뜻한다.

　그런 의미에서 루카치는 소설이 영혼을 입증하기 위해 길을 나서는 주인공의 이야기라고 말한다.2) 영혼이란 총체성에 대한 지향을 뜻하며 소설 주인공의 총체성을 찾으려는 서사적 여행은 자신의 영혼을 입증하기 위한 모험적인 여로인 것이다. 소설의 서사적 여행으로서 총체성을 찾으려는 모험적인 여로는 인물과 환경(세계)의 상호작용으로 나타난다. 소설의 주인공(인물)이 그처럼 (대립적인) 환경과 상호작용하면서 총체성

---

1) 루카치, 반성완 역, 『소설의 이론』, 심설당, 1985, 76~77면.
2) 루카치, 반성완 역, 위의 책, 115면.

(대립의 해체)을 창조할 수 있는 형식적 원리는 바로 '아이러니'이다. 소설의 주인공은 대립적인 환경에 동화되어 예속적인 주체로 살아가는 한편 그 대립을 해체하려는 영혼의 모험을 시도한다. 그 같은 이중성 속에서 주인공의 영혼의 모험은 총체성의 이상을 지향하는 '주관'이 되지만, 주인공을 예속시킨 (대립적 환경의) 동일성의 논리가 스스로 해체됨으로써 주관성은 객관성으로 지양된다. 앞서 예를 들었듯이, 이는 환경에 동화되어 살아가던 주인공이 자신도 모르게 그 동일성의 세계로부터 이탈하는 행위를 하게 되는 경우이다.3) 이처럼 소설의 아이러니는 주인공의 주관의 자기 지양을 통해 객관적 조건을 드러냄으로써, 총체성을 잃어버린 대립과 동일성 논리의 세계에서, 대립(그리고 동일성 논리)의 해체를 암시하는 총체성을 창조한다. 아이러니는 그 같은 주인공의 이중화 과정(환경에 동화되는 동시에 이탈하는 과정)을 통해, 신으로부터 버림받은 세계에서 얻을 수 있는 최고의 자유를 드러낸다.4)

이처럼 루카치가 총체성을 상실한 시대에 소설의 형식이 아이러니를 통해 총체성을 창조한다고 말한 것은, 인간과 사회환경이 대립된 근대세계에서 소설이 그 대립의 경계선을 해체하는 서사형식으로 작용함을 의미한 것으로 볼 수 있다. 그와 비슷하게 바흐친의 대화이론 역시 대립의 경계선을 해체하는 서사적 과정을 말하고 있다. 물론 바흐친의 경우 서사란 (루카치처럼) 인물과 환경의 상호작용보다는 주인공의 '자의식'을 통한 대화(특히 내적 대화)의 과정에서 나타난다. 왜냐하면 대화적 소설에서는 주인공이 미리 정해져 있는 인물－환경(현실)의 관계 속에서 그려지기보다는 그 반대로 주인공의 자의식을 통해 그 자신과 현실이 나타나기 때문이다.5) 즉, 루카치의 관점에서는 인물과 현실(환경)의 상호작용에

---

3) 예컨대 「운수 좋은 날」에서 인력거를 끌며 돈벌이에 정신을 빼앗겼던 김첨지는 어느 순간 "이 웬수엣 돈!" 하며 돈을 내동댕이친다. 김첨지의 돈에 대한 증오심은 그의 이상을 지향하는 주관이기도 하지만, 필연적으로 그와 같은 이탈자를 만들어내는 돈을 중심으로 한 동일성 세계의 자기모순과 해체의 조짐이기도 하다.
4) 루카치, 반성완 역, 앞의 책, 119~120면.

의해 서사성이 나타나지만, 바흐친에게는 인물(주인공)과 현실의 상호관계를 드러내는 주인공의 자의식과 대화의 과정이 서사인 것이다. 바흐친에 의하면, 보통소설에서는 주인공의 자의식이 현실과 연관된 그의 이미지의 일부로 그려지는 반면, 도스토예프스키 소설에서는 그 반대로 현실이 주인공의 자의식에 의해 드러나는 요소가 되고 있다.[6] 이처럼 보통소설에서는 인물과 현실의 상호작용이라는 서사를 통해 인물의 자의식이 그려지지만, (바흐친이 주목하는) 대화적 소설에서는 인물의 자의식 속의 대화(내적 대화)라는 서사에 의해 현실 및 그와 연관된 인물의 특성이 나타난다.

그러면 어떻게 주인공의 자의식을 통해 그 자신과 현실이 드러나는 것일까. 일차적으로는 각기 다른 인물들의 사상(동일성)에 의해 그가 규정하는 인물과 현실이 암시될 것이다. 그러나 주인공의 자의식은 이질적인 사상(사고)을 지닌 타자(다른 인물)들과 만나는 무대로서, 그곳에서 이루어지는 타자들과의 대화를 통해, 주인공은 자신의 사상의 동일성이 해체된 또 다른 자아와 제2의 현실을 발견한다. 대화의 과정이란 주인공이 타자의 말의 침투를 경험하는 순간 자신의 동일성이 해체되면서 또 다른 자기 자신과 만나는 과정이다. 또한 그처럼 이질적인 사상을 지닌 인물들이 대화를 통해 교섭하는 공간은, 인물들을 완결된 특성으로 규정하는 상징계(현실의 규범)의 경계선이 해체된 제2의 현실(역사의 장)이다. 따라서 주인공과 타자의 대화의 과정에서는 주인공의 동일성이 해체된 무의식적 자아와 규범적 현실의 경계선이 해체된 제2의 현실이 나타난다.[7]

이처럼 대화적 서사를 통해 나타나는 또 다른 자아란 의식적인 신념

---

5) 루카치, 반성완 역, 위의 책, 70면.
6) 루카치, 반성완 역, 위의 책, 70면.
7) 예컨대 『삼대』의 결말부에서 조덕기는 필순의 부친을 문상하러 가기 직전 이질적인 타자의 말들에 붙들리게 된다. 조덕기는 그 타자들과의 내적 대화의 과정에서 그의 신념(인륜과 사랑의 실천)의 동일성이 해체된 또 다른 낯선 자아를 발견한다. 그리고 그 순간 조덕기는 이질적인 타자들과 교섭하는 제2의 현실이라는 역사의 장에 서게 된다.

과 사상이 해체된 무의식적 자아이며, 그 순간 드러나는 제2의 현실이란 규범적 현실(상징계)이 해체된 역사의 장이다. 여기서 주목되는 것은 대화적 서사가 동일성의 자아와 현실을 해체해 미결정적인 상태로 만든다는 점이다. 그처럼 동일성의 현실과 그에 예속된 자아를 미결정적인 상태로 만드는 점에서, 대화적 서사는 근대세계의 인간과 사회현실간의 대립된 관계를 해체한다. 루카치가 인물과 현실(환경)의 상호작용의 과정에서 아이러니에 의해 대립의 경계선이 와해됨을 말했다면, 바흐친은 대화적 서사를 통해 인물과 현실이 드러나면서 대립과 동일성의 논리가 해체됨을 암시한다.

또한 자의식 속의 대화를 통해 '제2의 자아와 현실'이 나타난다는 바흐친의 말은, 자아(인물)와 현실의 출현보다 대화적 사건이 선차적이라는 점을 시사하는 점에서 중요하다. 즉, 대립과 동일성의 논리를 해체하는 대화적 사건의 서사가 일차적이며, 인물과 현실은 사후적으로 나타난다는 사실이다. 흔히 생각하듯이 인물과 현실(환경)이 먼저 설정되고 그 둘의 교섭에 의해 서사가 구성되는 것이 아니라, 대화적 사건이라는 서사가 먼저 진행되면서 후속적으로 인물과 현실이 출현한다는 것이다. 더욱이 사후적으로 등장하는 인물과 현실은 명확한 동일성이 해체된 미결정적인 것으로 나타난다.

이처럼 인물과 현실, 그 주체와 객체의 관계보다 사건이나 서사가 일차적이라는 생각은 들뢰즈에게서 보다 분명하게 드러낸다. 들뢰즈의 경우 서사란 인물-환경의 상호작용이나 대화이기보다는 사건이 발생하는 시뮬라크르이다. 사건이란 사물들의 접속에 의해 물질과 문화의 접면에서 생성되는 것으로서, 물질세계와 (인간의) 의식세계 사이의 경계를 해체하는 시뮬라크르로서의 이미지이기도 하다. 그처럼 사물(세계)과 의식(인간)의 경계를 해체하는 사건의 시뮬라크르는, 물질적 실재(현실)나 인간의 의식(관념)에 선차성을 부여하는 실재론과 관념론의 대립을 넘어선다. 따라서 들뢰즈에게 사건의 시뮬라크르는 물질과 의식, 그 객체와 주체의 대립관계보다 더 일차적인 범주이다. 그리고 그것을 이미지로서 직접 보여주는 서사장르가 바로 영화이다. 들뢰즈가 영화를 단지 예술장르로만 보지 않고 핵심적인 철학적 사유의 대상으로 삼는 것은 그 때문이다.

영화는 대표적인 서사장르이지만 들뢰즈는 영화에서 유기적인 사건의 전개보다는 이미지를 통해 드러나는 사건의 시뮬라크르에 관심은 갖는다. 그것은 유기적인 사건의 전개에 의존하는 재현적인 영화가 상투적이고 저열한 세계를 보여줄 뿐이고, 그 점에서 우리가 사는 세계는 우리를 규정적인 아비투스 내에 가두는 그런 저속한 영화와도 같기 때문이다.[8] 그 같은 상투적인 일상의 세계로부터 탈주하기 위해 들뢰즈는 탈영토화된 무규정적 이미지를 사건으로 보여주는 영화를 선호한다. 이런 들뢰즈의 관점은 현대 영화가 유기적 서사(내러티브)에서 크리스털적 서사로 변화되고 있는 점과 일치한다.[9] 유기적 서사는 관습적인 도식에 의존해 사건의 전개를 보여주며 주체와 객체가 분리되어 있음을 전제로 한다. 유기적 서사의 영화에서 배경이나 상황이 카메라부터 독립된 객체적인 환경으로 제시되는 것은 그 때문이다.[10] 반면에 크리스탈적 서사는 관습적인 도식에서 이탈한 무규정적인 이미지를 보여주며 주체와 객체의 경계선을 해체하는 미결정적인 이미지를 제시한다. 크리스털적 서사에서는 보여지는 이미지가 그 이미지를 바라보는 우리의 의식의 운동과 일치되는 것이다.

그 같은 영화의 탈영토화된 무규정적인 이미지는 재현의 미학보다는 숭고 미학으로 설명될 수 있다. 숭고의 이미지는 관습적인 도식으로 이해될 수 없는 탓에 불쾌감을 수반하지만, 그 불쾌감은 규범적인 세계에서 해방되는 탈영토화로 인해 쾌감으로 전이된다. 이 숭고로서의 영화의

---

8) 그레고리 플랙스먼, 「서문」, 『뇌는 스크린이다』(들뢰즈 외, 박성수 역), 이소출판사, 2003, 26면.
9) 들뢰즈 외, 박성수 역, 위의 책, 54면.
10) 들뢰즈 외, 박성수 역, 위의 책, 55면.

탈영토화된 이미지(서사)는 근대세계의 인간과 세계의 대립된 관계를 해체하며, 규범적인 동일성의 세계와 그에 예속된 주체를 와해시킨다.

뿐만 아니라 영화의 탈영토화된 이미지는, 물질적 실재나 인간의 의식에 선차성을 부여하는 실재론과 관념론을 전복시키면서, 이미지 자체가 주체(인간)－객체(물질세계) 관계에 선행하는 일차적인 범주임을 알려준다. 바흐친의 경우 대화를 통해 나타나는 탈영토화된 서사의 공간이 들뢰즈에게서는 영화의 이미지 자체로서 직접 보여지고 있는 것이다. 두 사람에게는 똑같이 서사(대화적 서사와 이미지서사)가 물질세계와 인간의 의식의 대립관계보다 선차적인 것으로 나타나고 있다.

서사가 인간과 세계의 대립관계를 해체한다는 것은 루카치의 서사론에서도 마찬가지이다. 다만 루카치의 경우에는 주체－객체 관계에 대한 서사의 선차성이 아이러니의 순간에 이르러서야 나타난다. 주관의 자기지양으로서의 아이러니는 주인공의 주관이 세계의 객관성과 구분될 수 없게 해체되는 경험인 것이다. 그런 아이러니에 이르기 전까지 루카치가 인물과 환경의 관계에 유념하는 것은 그의 관심이 재현적인 서사(리얼리즘)에 있기 때문이다. 그러나 재현적인 서사 역시 관습적인 도식에만 의존하는 것은 아니며 재현에 내재한 균열의 조짐에 근거해 궁극적으로는 주체와 객체의 대립관계를 해체(총체성)한다.

루카치가 재현적인 서사에 관심을 가졌다면 바흐친은 근대적 사상들이 상호텍스트적 공간에서 해체되는 과정을 주목했다. 반면에 들뢰즈는 관습적인 도식으로는 이해할 수 없는 탈영토화된 숭고의 이미지를 현대적(탈현대적) 서사의 특징으로 생각했다. 이 점에서 세 사람의 관심영역은 근대 리얼리즘(루카치), 근대 서사속의 탈근대성(바흐친), 모더니즘과 포스트모더니즘 서사(들뢰즈)라고 할 수 있다.

그러나 세 서사론자들의 공통점은 한결같이 서사의 본질을 인간과 세계의 대립된 관계의 해체로 생각한 점일 것이다. 아이러니를 통한 총체성의 창조나 이질적인 사상들이 교섭하는 제2의 현실, 그리고 탈영토화

된 무규정적인 이미지 등은, 인간과 세계의 대립관계가 해체된 탈영토화
된 공간을 암시한다.

그 같은 서사의 본질은 철학적 차원뿐만 아니라 사회적, 정치적 차원
에서 매우 중요한 의미를 지닌다. 철학적 차원에서는 인간(주체)과 세계
(객체)의 대립보다는 그 둘이 서로 얽히며 해체되는 서사의 공간이 보다
더 우선권을 지님을 나타낸다. 또한 사회적, 정치적 차원에서는 억압적
인 동일성의 세계를 해체하고 해방된 삶으로 나아가는 과정을 암시한다.
이런 서사의 본질은 매우 핵심적인 의미를 지니는데, 왜냐하면 억압적인
세계를 해체하고 예속적인 주체에서 벗어나는 길이 '우선적으로' 서사
문화를 실현하는 데 있음을 암시하기 때문이다. 그러면 그 같은 의미심
장한 의미를 함축하고 있는 서사문화의 본질을 보다 자세히 살펴보자.

2. 서사문화의 위치와 문화의 공간

현실의 동일성의 사회적 영토로부터 이탈하는 서사적 운동의 공간은
어떻게 만들어질 수 있을까. 서사의 해체된 공간이 가능한 것은 소설이
나 영화 같은 서사매체가 가상을 사용하기 때문일 것이다. 즉, 가상을 사
용함으로써 잃어버린 총체성을 창조할 수 있으며, 이질적인 사상들이 만
나는 공간과 탈영토화된 미결정적인 이미지를 생성시킬 수 있는 것이다.

소설과 영화의 가상은 현실세계와 인간 사이에 그 둘과 구분되는 또
다른 공간이 가능함을 보여준다. 그것은 그 예술적 서사들이 책(언어)이
나 스크린(이미지) 같은 독립된 매체를 사용하는 점으로 분명히 알 수 있
다. 그 점에서 우리는 매체를 이용하는 허구적인 예술적 가상과 그와 구
분되는 비허구적인 현실세계가 있는 것으로 흔히 생각한다.

그러나 비허구적인 현실세계가 과연 가상과 구분되는 현실 그 자체의
실재로 존재하는 것일까. 우리가 인식하는 현실이 단지 실재 그 자체는
아님은 다른 문화권 사람의 눈으로 볼 때 우리의 현실이 전혀 상이하게
인식되는 점으로 알 수 있다. 우리는 실재(혹은 라캉이 말한 실재계 'the Real')
그 자체를 인식하는 것이 아니라 우리의 특정한 문화적 코드(상징계)를
매개로 현실을 보는 것일 뿐이다. 즉, 우리는 실재계 그 자체도 그와 유
리된 관념적 조작물도 아닌 그 둘 사이의 중간물로서 현실을 경험하고
있는 것이다.

이처럼 현실세계가 물질로 된 사물 그 자체와 인간의 관념 사이의 매
개물인 점에서 현실은 소설이나 영화의 가상과 크게 다를 바 없다. 단지
가상을 가상으로 보는 예술적 가상과 가상을 현실로 인식하는 현실세계
의 가상이 있을 뿐이다. 양자의 차이는 예술의 가상이 독립된 매체를 사
용하는 반면 현실의 가상은 사물 자체와 인간 사이의 공간을 이용한다
는 점이다. 독립된 매체를 사용하는 예술의 가상은 허구적인 서사와 이
미지를 구성할 수 있지만, 반드시 사물의 표면을 통과하야 하는 현실의
가상은 (과학적) 사실의 점에서 이탈할 수 없다. 그러나 현실의 가상이
사실의 점에 예속되는 것은 아니며 사물들이 접속되고 계열화되는 가운
데 사실의 점을 통과하는 서사(사건의 선)를 생성시킬 수 있다. 소설과 영
화 같은 허구적 가상과 사실의 점을 통과하는 현실의 가상의 공통점은,
그처럼 사건의 선이라는 서사의 시뮬라크르를 구성한다는 점이다.

이처럼 현실을 서사의 시뮬라크르 곧 일종의 가상으로 보게 되면 소
설이나 영화처럼 얼마든지 재구성이 가능하게 된다. 즉, 현실의 가상은
관습적인 아비투스에 예속된 저질 영화11)로 구성될 수도 있으며, 총체
성을 창조해냄으로써 최고의 자유를 누릴 수 있는 소설12)로도 쓰여질
수도 있다. 물론 일반적으로 예술은 대립을 해체하는 자유로운 서사적

---

11) 들뢰즈 외, 박성수 역, 위의 책, 26면.
12) 루카치, 반성완 역, 앞의 책, 120면.

운동을 보여주는 반면 현실은 사회구조에서 기인된 대립과 동일성의 논리에 얽매여 있다. 그것은 예술은 자율적 매체를 사용함으로써 이상을 지향하는 자유를 얻게 되지만 현실의 사회구조에는 동일성의 권력이 작용하기 때문이다. 즉, 소설과 영화에서는 대립의 해체를 지향하는 서사의 해방적 힘이 한껏 발휘되는 반면, 현실에서는 대립의 세계(그리고 동일성의 세계)의 가상을 현실 그 자체로 보게 하는 권력이 작용한다.

그러나 만일 현실에서도 사물들의 '배치'를 다르게 하고 상이한 방식으로 계열화한다면 전혀 다른 서사로 된 새로운 세계가 나타날 수 있을 것이다. 우리는 어떤 정치적인 혁명으로도 사회구조를 하루아침에 새롭게 변화시킬 수는 없다. 하지만 사물들을 재배열시키는 서사적 운동을 통해, 우리의 아비투스(문화적 무의식)를 변화시키고 문화를 재형성해 나갈 때, 어느 날 사회구조 자체도 변화될 것이다.

이처럼 현실을 영화나 소설 같은 서사로 보는 관점은 사회구조와 실천의 주체를 매개하는 가변적인 범주를 제공한다. 그것은 인간과 사회, 그 주체와 객체의 대립관계를 해체하는 서사라는 문화의 공간이다. 서사문화는 현실을 사회구조에 예속된 아비투스의 소설로 보여줄 수도 있고 탈영토화된 이미지의 영화로 제시할 수도 있다. 문화의 공간은 이처럼 부르디외식의 재현(재생산)의 서사와 그와 다른 예술영화나 소설 같은 서사[13]로 형성된다. 전자는 사회구조를 재생산하는 서사문화이며 후자는 그로부터 이탈하려는 서사문화이다. 그러나 어느 경우이든 사회구조와 실천의 주체 간의 단절을 넘어서서 그 둘에 선행하는 중간 영역으로서 서사적 문화의 공간을 암시한다.

---

13) 영화나 소설을 말하는 것이 아니라 그와 비슷한 현실의 서사를 말하는 것이다.

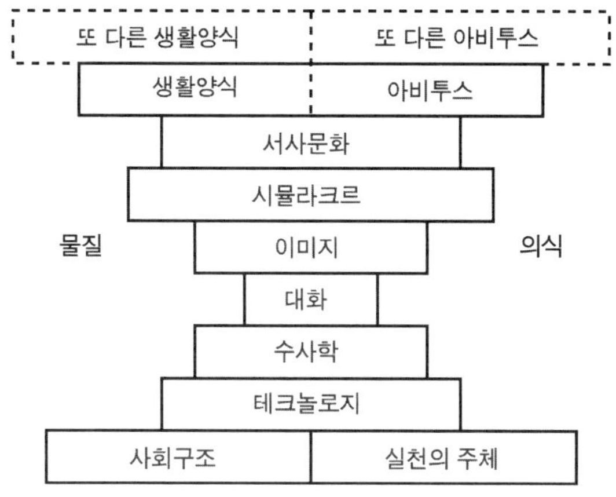

서사문화는 우리들의 살아가는 삶의 이야기이며 그것은 사건·시뮬라크르·이미지·대화·수사학·테크놀로지라는 세목들을 포함하고 있다. 사건이자 시뮬라크르인 우리의 삶의 이야기는 사회구조에 예속된 것일 수도 또 그로부터 이탈하는 것일 수도 있다. 앞의 문화형식은 부르디외식의 생활양식과 아비투스로 나타나며, 뒤의 경우는 그것을 전복시키는 또 다른 문화형식으로 표현된다. 전자가 들뢰즈의 용어로 몰적 선분의 삶이라면, 후자는 유연한 분자적 선이나 탈주선의 삶이다. 일반적으로 우리의 일상생활은 몰적 삶으로 진행되며 그것은 사회구조에 예속된 생활양식과 아비투스의 문화로 재생산된다. 그러나 몰적 선분의 삶이 전복되면서 분자적 선이나 탈주선이 나타날 때,[14] 새로운 문화형식이 생성되면서 사회구조에 영향을 미치게 된다. 그와 동시에 새로운 문화형식은 새로운 아비투스와 생활양식의 생성을 가져온다. 이 과정은 언어학적으로 파롤(문화형식)에 변화가 일어나면서 랑그(사회구조)에 영향을 미치고 새로운 언어적 무의식(아비투스)과 언어생활(생활양식)이 형성되는 과정과도 비슷하다. 파롤과 랑그의 관계에서처럼, 사회적 변화는 파롤로서의

---

14) 물론 분자적 선이나 탈주선은 파시즘의 방식으로 더 강화된 몰적 삶을 가져올 수도 있다.

문화형식에 변화가 일어나면서 랑그로서의 사회구조가 달라지게 되는
것이다.

3. 서사문화의 미학과 사회적 삶의 변화

변화된 파롤로서 새로운 문화형식은 어떻게 나타날 수 있을까. 가장
최근의 예로서 새로운 문화형식의 출현은 월드컵 응원문화가 촛불시위
로 이어진 광장문화에서 찾아볼 수 있다. 월드컵 응원은 상업적인 자본
주의 스포츠 문화인 동시에 민족주의적인 이데올로기가 표현된 몰적 삶
의 한 부분이었다. 그러나 그런 몰적 사건이 광장문화로 전복되면서 탈
주의 공간이 연출되기 시작했다. 그리고 자발적인 축제로서의 그 광장문
화는 또 다른 고통의 축제로서 세밑의 촛불시위를 점화시켰다.

촛불시위는 예속적인 일상의 생활공간에서 탈주하는 하나의 사건이
자 시뮬라크르였다. 이 광장축제는, 미군장갑차 사건이라는 환유적 수사
학의 서사와 민중들의 대화적 카니발리즘, 촛불의 탈영토화된 제의적 이
미지, 그리고 인터넷이라는 테크놀로지가 어우러져 빚어낸 문화적인 혁
명이었다.

또한 그 탈주의 퍼포먼스는 고통을 수반한 축제로서 숭고의 시뮬라크
르를 연출해냈다. 그런데 새로운 삶의 생성을 기원하는 이 문화적 공연
은 단지 한순간의 축제에 그친 것이 아니었다. 월드컵 응원에서 촛불시
위로 이어진 (삶의) 서사로서의 문화적 연출들은, 대통령 선거에 영향을
미쳐 진보적인 정치적 선택을 성취시켰다. 이것이 (새로운 삶의 서사로
서) 탈주를 소망하는 문화적 축제가 정치나 사회구조의 변화에 힘을 끼
친 대표적인 예일 것이다. 사회구조의 변화에 의해 문화가 달라진 것이

아니라 문화적 변혁의 힘이 사회구조의 변화를 촉구한 셈이다.

새로운 문화형식은 사회구조에 영향을 미칠 뿐만 아니라 일상생활의 아비투스와 생활양식까지 변화시켜야 한다. 그처럼 일상의 문화가 변화되어야만 진정으로 사회구조가 달라질 것이기 때문이다. 촛불집회가 한두 번의 퍼포먼스에 그치는 것이 아니라 우리시대의 문화적 표현형식으로 일상화되는 현상은 그 점에서 매우 흥분되는 일이다. 그러나 그 숭고의 시뮬라크르의 에너지가 일상생활의 곳곳에까지 흘러넘쳐 세부적인 문화형식들이 생성될 때 비로소 사회적 변혁이 성취될 수 있을 것이다.

우리의 삶의 서사로서의 문화형식은 단지 촛불집회 같은 축제의 형태로만 나타나는 것은 아니다. 그밖에 정치·경제·법률·교육, 그리고 의식주의 양식 같은 일상생활의 삶의 형식이 모두 서사적 문화의 영역에 포함된다. 예컨대 정치·경제적인 범주로 볼 때 우리시대는 신자유주의와 후기자본주의에 지배되는 사회를 살고 있다. 그런데 신자유주의나 후기자본주의는 사회구조로서 인식되기 이전에 우리에게 서사적 문화로서 경험되고 있다.

신자유주의와 후기자본주의 특징은 이제까지 동일성 논리와 교환가치로부터 벗어나 있었던 욕망(사랑)·지식·예술의 영역마저 예속화시키는 점이다. 예컨대 신자유주의 시대의 지식은 진리를 인정받음으로써가 아니라 시장에서 팔리도록 실용화되어야 살아남을 수 있다. 또한 후기자본주의 시대에 와서 예술은 문화산업이 되었으며 욕망이나 사랑 역시 교환가치의 논리에 예속되었다. 신자유주의와 후기자본주의는 우리에게 비슷한 수사학을 사용하는 서사적 문화로 경험된다. 자유주의는 원래 주체 내면의 이성을 동일성으로 발견함으로써 자유로운 주체를 확립하는 것이며, 자본주의는 사적 소유권을 통해 사회적 주체의 위치를 부여하는 제도이다.[15] 이 둘의 공통점은 타자성이 배제된 동일성과 사적 소유를

---

15) 이에 대해서는 마이클 라이언, 나병철·이경훈 역, 『포스트모더니즘 이후의 정치와 문화』, 갈무리, 1996, 247~270면 참조.

주체 확립의 근거로 삼는 점이다.16) 신자유주의와 후기자본주의의 새로
운 점은 욕망, 지식, 예술마저도 그 같은 동일성 논리와 사적 소유의 원
리에 예속시킨다는 점이다. 그처럼 이질적인 영역들까지 동일성 논리에
종속시켜 사적 소유의 대상으로 만듦으로써, 사회제도(신자유주의적 후기자
본주의) 내에서의 주체성의 공간은 확장되지만, 그 대가로 욕망, 지식, 예
술이 갖고 있던 동일성에 저항하는 타자성은 상실된다. 그 결과로 소유
의 능력을 지닌 자는 더없이 확대된 자유를 누리게 된 반면, 사회전체의
동일성의 구조는 그런 능력이 없는 타자들을 더욱 참담하게 배제하거나
억압한다.

　이 같은 신자유주의와 후기자본주의의 원리는 실상 미학적인 서사의
구성원리와 동일한 메커니즘을 갖고 있다.17) 신자유주의적 후기자본주
의 시대에 우리는 예전의 신파극에서처럼 '돈이냐 사랑이냐'의 기로에
놓이지 않는다. 왜냐하면 돈이 없는 사랑은 비현실적이며, 사랑은 사적
소유의 대상으로서 (어느 정도) 교환가치화된 상품의 목록이 되었기 때
문이다. 우리는 사랑의 욕망의 대상을 소유하지 못할 때 고통을 느끼는
데, 그것은 사적 소유가 결핍될 때 자본주의 사회에서 자유로운 주체로
서 장애를 느끼는 것과 같은 이치이다. 물론 사랑은 단순한 소유권의 목
록과는 다르며 자본주의 사회에서 유일하게 타자성이 잔존하는 소유의
대상이다. 그러나 후기자본주의 시대에 타자에 대응해야 하는 타자성으
로서 사랑의 표현은, 만일 소유의 잠재력으로서 돈이 수반되지 않는다면
더 이상 사랑의 수사학이 될 수 없다. 아무 것도 소유하지 않는 상태에
서의 사랑의 소유는 결코 자유롭고 행복한 주체의 삶을 보장해주지 않

---

16) 주체는 어떤 면에서 타자들과의 만남이 일어나는 공간인데 자유주의는 그런 타자성
　　을 배제하며, 그와 비슷하게 자본주의는 타자들과의 공동의 관계를 지닌 소유의 대상
　　에 개인의 소유권을 부여한다.
17) 마이클 라이언, 나병철 · 이경훈 역, 『포스트모더니즘 이후의 정치와 문화』, 갈무리,
　　1996, 252면. 라이언은 자유주의적 자본주의 시대에 대해 논의하고 있지만 우리는 신
　　자유주의(그리고 후기자본주의) 시대에 대해서도 비슷하게 말할 수 있을 것이다.

기 때문이다. 반면에 더 많은 사적 소유가 보장되면 될수록 행복한 주체를 탄생시키는 사랑의 힘은 위대해진다. 이 같은 사적 소유에 예속된 사랑의 수사학이 신자유주의적 후기자본주의 시대의 서사적 경험이다.

그런 우리시대의 서사문화의 미학적 메커니즘은 대중문화로서 TV 드라마의 구성원리와 매우 유사하다. 가령 〈발리에서 생긴 일〉이나 〈불새〉에서 보듯이, 사랑은 천대받는 고학생이 아니라 재벌이세나 유능한 경영인(실장이나 CEO)을 통해 위대한 미학을 보여준다. 멜로드라마적인 사랑의 경쟁관계는 이제 '돈이냐 사랑이냐' 대신 '엄청난 재력이냐 능력 있는 재력'이냐의 선택으로 치환되었다. 여기서 주목할 것은 재벌이세나 실장(혹은 CEO)이 결코 돈으로 사랑을 사는 식으로 욕망의 대상을 소유하려는 것이 아니라는 점이다. 그렇기는커녕 그 멋진 주인공들은 누구보다도 상대방을 배려하는 사람들이며 아주 세련된 방식으로 사랑을 표현한다. 그들이 보여주는 것은 이제 그처럼 타자를 배려하는 사랑의 표현마저도 상대에게 소유의 능력을 부여하는 소유의 수사학이 없이는 무의미해졌다는 점이다. 마치 사적 소유에 의해서만 자본주의적 주체가 확립되듯이 사랑의 관계에서도 (사적) 소유의 능력에 의해서만 아름다운 주체적 삶이 보장되는 것이다. 이것이 자유롭고 행복한 주체에 대한 꿈을 제공하는 우리시대의 신자유주의적 사랑의 서사이다.

물론 TV 드라마가 모두 그처럼 동일성 논리에 예속된 소유의 미학을 서사적 원리로 삼는 것은 아니다. 이른바 작품성이 있는 드라마는 예술적 서사처럼 현실의 동일성 논리에서 이탈하는 타자성의 사랑의 미학을 보여준다. 예컨대 〈옥탑방 고양이〉는 신분상승을 모티프로 한 소유의 사랑의 미학을 전복시키는 타자성의 사랑의 발견을 그리고 있다. 사랑마저도 동일성 논리에 예속된 시대에 그에서 벗어난 타자성의 사랑을 보여줄 수 있는 미학적 비밀은 '옥탑방에서의 동거'라는 이 드라마의 특이한 주제와 연관되어 있다. 이 드라마에서도 주인공들은 부잣집 딸이나 대기업의 실장과 결합하는 것이 보다 더 행복하고 현실적인 선택임을 잘 알고 있다. 즉, 경민(김래원)은 처음부터 명문가 규수인 혜련(최정윤)을 사랑하고 있었으며 정은(정다빈) 역시 날이 갈수록 회사 실장인 동준(이현우)에게 마음이 기울어짐을 느끼게 된다. 그러면서도 두 주인공은 아무런 매력도 미래도 없어 보이는 옥탑방을 떠나지 못한다. 부잣집 딸과 왕자 같은 실장 대신 그들이 선택한 옥탑방에는 어떤 비밀이 숨겨져 있는 것일까.

옥탑방은 박상우의 「내 마음의 옥탑방」에 잘 나타나 있듯이 신데렐라 이야기의 주인공을 꿈꾸는 '지상의 사람들'로부터 소외된 공간이다. 경민과 정은 역시 보통사람들처럼 지상의 공간에서는 행복한 소유의 사랑에 솔깃해 한다. 그러나 그들의 옥탑방에는 그런 일상적인 행복과는 구별되는 다른 종류의 사랑이 있었다. 두 사람의 동거는 혼전 관계라는 무거운 의미 대신에, 그 또 다른 사랑의 의미를 깨닫게 하는 그들만의 규칙으로 된 게임의 성격을 갖고 있었다. 즉 두 사람은 서로 알콩달콩 싸우고 화해하는 동안, 되풀이된 두 사람의 시간들이 옥탑방에 흔적처럼 남아 있음을 깨닫게 된다. 옥탑방은 이처럼 어느 누구가 소유할 수 있는 공간이 아니라, 하나로 동일화될 수 없는 타자와의 지난한 관계들이 시간의 흔적으로 기억되어 있는 공간이다. 두 주인공은 그들의 무의식에 기록되어 있는 그 시간의 흔적들과 그것의 공간화된 표상인 그들의 옥탑방에서, 소유의 사랑과는 다른 종류의 사랑이 있음을 발견하게 된다. 그들은 결코 아름답지만은 않은 자신들의 또 다른 사랑의 공간을 떠날 수 없는데, 왜냐하면 그 타자와의 시간이 기억된 공간은 바로 자기 자신의 정체성에 다름이 아니기 때문이다.

이처럼 〈옥탑방 고양이〉는 신데렐라 이야기에서 볼 수 있는 소유의 미학과 예속적인 주체대신, 공유의 사랑의 수사학과 타자성의 주체를 보여준다.[18] 반면 〈발리에서 생긴 일〉 〈불새〉 〈황태자의 첫사랑〉 〈파리의

---

18) 결말부에서 경민과 정은이 각각 검사가 되고 해외 연수를 다녀옴으로써 사회의 엘리트층으로 자리잡는 전개는, 기존의 해피엔딩 드라마로 회귀한 듯이 보이기도 한다. 그

연인〉 등에서 보듯이, 재벌가의 인물들이 멜로 드라마적 삼각관계(실제로
는 사각관계)[19]의 주인공으로 등장하는 드라마들은 사랑마저도 소유의 미
학에 예속된 현실을 보여준다. 〈옥탑방 고양이〉 같은 특이한 주제의 작
품 대신 후자의 드라마들이 주류를 이루고 있는 것은 우리 시대(후기자본
주의 시대)가 소유의 미학에 연관된 예속적인 주체를 재생산하고 있는 상
황에 상응한다.

물론 후자의 드라마에서도 주인공은 대부분 아버지(재벌회장)와 갈등하
며 사랑의 타자성을 내세워 (아버지의) 동일성 논리(도구적 이성과 교환가치
의 원리)를 비판한다. 그러나 앞서 살폈듯이 주인공의 헌신적인 사랑 역
시 부드러운 형태로 변형된 소유의 미학에 다름이 아니며, 그것을 통해
이제 사랑의 타자성마저도 부유층에게 절취당한 현실을 보여준다. 박완
서의 「도둑맞은 가난」이 예고하고 있듯이, 우리시대는 부자에게 대항하
던 사랑의 이질성을 도둑맞은 시대인 것이다.[20]

재벌이세가 소유의 미학을 은유한다는 사실은 그가 냉혹한 아버지와
반목하는 듯 하면서도 (〈불새〉에서 나타났듯이) 결국은 아버지의 이름과
부르주아적 주체를 포기하지 못하는 점에서 분명히 밝혀진다. 아버지와
아들의 차이는 아버지가 사랑을 하찮은 것으로 배제하는 반면, 아들은 사
랑마저도 소유의 미학에 편입시켜 부르주아적 주체를 확장하고 있는 점
일 것이다. 물론 신데렐라 이야기와는 달리 〈발리에서 생긴 일〉이나 〈불
새〉는 재벌이세의 파멸을 그리고 있지만, 사랑에 실패한 후에도 그들의
매력이 사라지지 않음은 여전히 소유의 미학과 부르주아적 주체의 확장
을 보여준다.

재벌이세들은 그처럼 사랑의 문제에서는 아버지와 갈등하면서도 결국

러나 그런 한계에도 불구하고 옥탑방의 공간적 특성에 연관된 의미는 소멸되지 않는다.
19) 삼각관계 대신 사각관계가 주로 나타나는 것은, 재벌가의 인물에게는 의례 '소유의
   수사학'으로 연결된 '사랑하지 않는 여인'이 따라다니기 때문이기도 하다.
20) 이 점에서 박완서의 「도둑맞는 가난」은 후기자본주의 시대의 예고편이다.

은 등을 돌리지는 못하는데, 그것은 아버지의 이름이 자기 자신의 부르주아적 정체성의 일부이기 때문이다. 따라서 새로운 사랑의 드라마들은 아버지와 반목하면서도 그 사회적 주체(위치)를 계승하는 '아버지의 서사'라는 특징을 드러낸다. 그런 부권적 서사의 특징은 그렇지 않은 〈옥탑방 고양이〉나 〈꽃보다 아름다워〉21)와 비교할 때 분명히 알 수 있다. 〈옥탑방 고양이〉에서는 아버지로부터 분리된 인물들이 사랑의 주인공이며, 〈꽃보다 아름다워〉는 일종의 어머니의 서사라고 할 수 있다. 반면에 예를 든 드라마들은, 원래 가부장제적인 아버지의 서사인 자유주의나 자본주의의 수사학을 통해, 그 아버지의 서사의 이중적인 특성을 보여준다. 즉 아버지(재벌회장)를 통해서는 냉혹한 동일성의 세계를 드러내며, 아들(재벌이세)의 부드러운 매력으로는 사랑의 타자성을 예속화시킨 소유의 미학을 제시한다.

중요한 것은 그 같은 TV 드라마들이 단지 현실과 동떨어진 우리의 꿈의 세계를 표상하고 있는 것은 아니라는 점이다. 아버지를 통해 나타나는 동일성 논리와 아들이 제시하는 부드러운 소유의 미학은, 바로 우리 시대의 신자유주의적 자본주의가 사용하고 있는 서사적 미학 그 자체인 것이다. 자유주의와 자본주의는 사회학적 제도나 이념이기에 앞서 그처럼 한편의 서사적 미학으로서 우리의 삶을 지배하고 있는 것이다. 그 같은 서사적 미학(파롤)에서 유리된 자유주의와 자본주의 제도(랑그) 그 자체라는 것은 있을 수 없다. 그리고 마치 랑그(구조)가 변화되려면 파롤(담론)이 달라져야 하듯이 사회적 제도에 변화가 일어나려면 물질성을 지닌 문화적 삶으로서 서사적 미학 자체가 변모되어야 한다.22) 즉, 우리의 문화적 삶이 〈발리에서 생긴 일〉이나 〈황태자의 첫사랑〉보다는 〈옥탑방 고양이〉나 〈꽃보다 아름다워〉 같은 서사로 변화되어야 하는 것이다.

---

21) 〈꽃보다 아름다워〉는 어머니의 서사를 중심으로 한 가족 이야기라고 할 수 있다.
22) 제도적 변화도 중요하며 어떤 때에는 제도적 변화가 먼저 일어날 수도 있다. 그러나 문화적 삶이 변화되지 않는 한 제도적 변화는 또 다른 방식의 억압을 가져올 뿐이다.

　(신)자유주의와 (후기)자본주의가 아버지의 서사를 사용하듯이 자유주의(그리고 자본주의)의 법률제도 역시 부권적 서사에 의존한다. 라캉의 정신분석학에 의하면 부권적 서사에서 법은 상징계의 초월적 기표인 아버지(남근)의 이름으로 권위를 얻는다. 즉, 어머니와의 상상계적 관계에서 벗어나 사회화된다는 것은 아버지의 이름을 지닌 법 앞에 무릎을 꿇는 것을 의미한다. 그처럼 아버지=법이라는 상징계의 규범을 내면화함으로써 우리는 자유로운 주체가 되며 법은 상징계의 동일성을 유지한다.

　그러나 그처럼 부권적인 법을 내면화한 자유로운 주체는 또한 (실재계와 연관된) 물질적 문맥에서 유리된 상징계 내부에 폐쇄된 주체이기도 하다. 법적인 담론은 우리의 실제 삶에서의 사례와 연관되어 해석되어야 하는 점에서 일종의 문학적 서사의 특징을 지니고 있다. 그런데 부권적 권위를 지닌 법의 해석과정은 실재계와 물질적 문맥에서 유리된 상징계 내부의 삶을 예증하는 문학에 불과하다. 즉, 부권적인 법의 문학적 서사가 참조하는 지시대상은 자유주의적 자본주의의 상징계 내부의 삶일 뿐이다. 그처럼 부권적인 문학적 서사로 작용하는 법은 상징계의 동일성을 유지함으로써 아버지의 권위를 지키지만, 그 대가로 우리의 삶은 물질적 문맥에서 유리되어 제도(상징계) 내부에 폐쇄된다. 흔히 우리는 '법대로 한다'든지 '법 앞에 평등'하다고 말하곤 하는데, 그런 문학적 수사학들은 부권적 법의 서사에 예속된 삶을 의미할 뿐이다.23)

　그와 달리 상징계를 열어젖히는 물질적 문맥의 이질성에 유념하는 또 다른 법은, 부권적 권위 대신 상징계와 실재계, 물질적 문맥과 이성 사이의 대화를 중시할 것이다. 이 또 다른 법은 물질적 문맥과의 대화적 관계에 따라 잠재적인 가변성을 지니는 서사적 형식을 갖게 된다. 또한

---

23) 라이언은 그 점에서 '법 앞'에서의 평등이 아니라 독자적인 법의 권위가 해체된 '법 안'에서의 평등을 주장하고 있다. 즉, 사람들은 '권위 있는 법' 앞에 서 있기보다는 물질적인 문맥에 의해 '수사학적으로 구성되는 법' 안에 서 있어야 한다는 것이다. 마이클 라이언, 나병철·이경훈 역, 『포스트모더니즘 이후의 정치와 문화』, 갈무리, 1996, 256~258면.

그 새로운 법을 해석하는 담론은 자본주의적 동일성의 상징계를 해체하는 문학적 서사로 나타난다. 즉, 부권적 법이 경직된 몰적 삶에 근거한 동일성의 문학적 서사에 상응한다면, 또 다른 법은 분자적 선이나 탈주선에 의해 끊임없이 동일성을 해체하는 문학적 서사와 연관될 것이다.

법적 담론이나 그 해석과정을 문학적 서사를 보는 시각은 단순한 은유에 그치는 것이 아니다. 실제로 법의 해석은 문학적 서사로 나타나며, 문학적 서사는 법에 관한 질문을 담고 있다. 법의 해석과정이란 법의 문구를 논리적으로 판단하는 것이 아니라 실제의 사례를 문학적 서사처럼 이야기하면서 전개된다. 또한 법의 제정 역시 그런 삶에 대한 문학적이고 사회학적인 해석을 염두에 두고 이루어진다.

법적 담론의 문학적 서사와 실제 문학작품의 차이는 후자가 상징계에 폐쇄된 법에 대해 근본적인 질문을 제기한다는 점이다. 즉, 법적 담론이 법의 적용에 연관해서 문학적인 서사적 사례에 대해 질문하듯이, 문학작품 속에서는 그 반대로 서사적 전개와 연관해서 법에 대해 질문하는 과정이 나타난다. 예컨대 『인간문제』(강경애)에서 주인공 첫째는 농민의 물질적 삶을 유린하는 법에 대해 추궁하고 있는데,[24] 이는 경직된 자본주의적 동일성 서사를 강요하는 법에 대한 반박이라고 할 수 있다.

또한 『난장이가 쏘아올린 작은 공』(조세희)에서 난장이는 지나친 부의 축적으로 사랑을 상실한 사람을 처벌할 법이 제정되어야 한다고 말한다. 물론 그의 말처럼 사랑을 갖지 않는 사람 집에 '햇빛을 가리고 바람도 막아버리고 전기줄과 수도선도 끊어버리는' 세상[25]이란 문학적 공상에 지니지 않을지도 모른다. 그러나 부권적 법과 자본주의적 동일성을 해체하는 또 다른 법은 그와 똑같은 문학적 상상력을 지닌 서사적 담론에 다름이 아닐 것이다. 법은 법 그 자체의 제도이기에 앞서 이처럼 문학적

---

24) 강경애, 『인간문제』, 『강경애전집』, 소명출판, 242~243면, 257~258면, 345면.
25) 조세희, 「잘못은 신에게도 있다」, 『난장이가 쏘아올린 작은 공』, 문학과지성사, 1986, 164~180면.

서사와 거의 비슷한 서사적 담론의 형식인 것이다.

한편 「난장이가 쏘아올린 작은 공」에서 난장이 아들(영수)은 아버지처럼 새로운 '법'을 제정하지 말고 '교육'으로 누구나 고귀한 사랑을 갖게 해야 한다고 말한다.26) 난장이 아들의 그 같은 말이나, 이 연작소설의 시작(「뫼비우스의 띠」)과 끝(「에필로그」)이 교사와 학생의 대화로 된 점은, 법뿐만 아니라 교육 역시 인간과 사회를 변화시키는 중요한 문화적 영역임을 암시한다. 법적 담론이 사회적 주체와 사회제도 자체를 변화시킬 수 있는 서사적 문화라면, 교육은 새로운 현실 속의 사회적 주체로 성장하는 과정을 제공하는 또 다른 서사적 문화이다. 앞에서 우리는 서사문화가 일차적이고 주체와 현실은 사후적으로 나타난다고 말했는데, 교육은 그 같은 서사의 선차성을 가장 잘 보여주는 문화형식이다. 왜냐하면 교육은 그 서사적 과정이 어떻게 진행되느냐에 따라 전혀 다른 주체와 사회현실을 형성할 수 있기 때문이다. 교육의 서사를 성장소설에 비유한다면, 이광수의 『무정』처럼 (서구적 제도에 동화된) 동일성의 주체와 현실을 생산하는 서사와 그와 달리 타자성의 주체─현실을 생성시키는 또 다른 서사가 있을 수 있다. 이처럼 주체와 사회현실은 사후적으로 나타나며 그 두 영역에 가변성을 부여하는 것은 교육이라는 서사인 셈이다.

교육의 서사적 과정은 그 자체가 성장소설의 서사와 상응성을 지니고 있다. 예컨대 이광수의 『무정』은 진리를 소유하고 있는 스승(서구문화)과 그것을 모르는 제자들(주인공들) 간의 서사적 관계를 제시하는데, 이 계몽적인 서사는 교의적(pedagogical)이고 독백적인 교육의 형식27)을 드러낸다. 『무정』에 나타난 독백적인 교육의 서사는 진리(과학)의 동일성을 신성불가침한 것으로 가정하며, 교육의 과정은 그런 진리에 예속됨으로써 동일

---

26) 조세희, 위의 책, 164면. 그러나 그는 「잘못은 신에게도 있다」 끝 부분에서 다시 아버지의 생각에 동의하지 않을 수 없음을 깨닫는다.
27) 바흐친, 김근식 역, 『도스또예프스끼 시학』, 정음사, 1988, 120면.

성의 주체와 현실을 생산하는 것으로 진행된다. 이 같은 계몽적인 성장 소설과 교의적인 교육의 서사에서는, 전달되는 지식이 독백적인 '과학' 의 진리이고, 그것을 가르치는 스승은 진리의 아버지로서 부권적 권위를 지니고 있다. 『무정』은 주인공들이 구식문화와 교육의 불모성을 암시하 는 고아 상태에서 벗어나 신교육의 아버지의 품에 안기는 서사를 제시 한다.

반면에 그와 다른 종류의 성장소설은 상이한 형식의 교육의 서사를 암시한다. 예컨대 아버지의 부재 속에서 어떤 진리도 발견하지 못하고 방황하는 인물을 그리는 성장소설은 『무정』의 교의적인 교육과는 다른 서사를 시사한다. 아버지의 부재는 『무정』에서도 나타나지만 이 소설의 주인공들은 신문명(그리고 신교육)이라는 새로운 아버지를 진리의 전수자 로 받아들이고 있다. 그와 달리 염상섭의 「해바라기」, 박완서의 『나목』, 이문열의 『젊은 날의 초상』 등은 (각기 조금씩 차이는 있지만) 아버지의 부재 속에서 어떤 진리의 아버지도 갖지 못한 채 방황하는 인물들을 그 리고 있다. 이들이 갈망하는 진리란 일상과 조화될 수 없는 예술이나 일 상에서 발견할 수 없는 어떤 지혜 같은 것으로서, 그들은 갈등과 방황 속에서만 언뜻언뜻 그것을 볼 수 있을 뿐이다. 또한 그 주인공들이 조금 씩 알아가는 삶에 대한 지식은 과학처럼 개념화할 수 없는 미결정적인 것이어서 소설의 서사적 과정 자체로서만 드러낼 수 있게 된다. 이처럼 삶에 대한 미결정적인 지식을 전달하는 성장소설들은 교의적인 방식과 는 달리 수행적인 공간에서 진행되는 교육의 서사를 암시한다.

먼저 주인공들이 처해 있는 아버지의 부재 상태는 교사와 학생 간의 공통규칙(코드)이 미리 전제되지 않는 수행적인 교육의 공간에 상응한다. 성장이나 교육의 과정이 부권적 서사에 예속되는 것은 아버지의 권위를 지닌 지식이 교육(그리고 성장)의 서사에서 지배적인 코드로 전제됨을 뜻 한다. 그와 달리 아버지 부재의 상황에서는 교사가 지배적인 코드를 지 니고 있지 않으며, 교사와 학생 간에 비트겐슈타인이 말한 '가르치다—

배우다' 관계의 언어게임(서사)28)이 나타남을 의미한다. 비트겐슈타인의 '가르치다—배우다'의 언어게임에서는 교사의 코드에 학생이 동일화되는 독백적인(그리고 교의적인) 서사가 아닌 학생이 교사에 동일화될 수 없는 타자성의 대화적 서사29)가 나타난다. 이 대화적인 언어게임에서는 규칙의 발견이 사후적이며 그것도 많은 경우에 미결정적인 코드를 지닌 것으로 드러난다. 이는 대화적 언어게임(서사)으로서 수행적 공간에서의 교육이 교의적인 교육과는 다른 방식으로 주체의 형성과 현실적 삶의 인식(생성)을 제공함을 뜻한다.30) 교사가 지배적인 코드를 갖고 있는 교의적인 교육에서는 형성될 주체의 교본과 현실에 대한 지식(인식)이 교육의 서사적 과정 이전에 미리 전제되어 있다. 반면에 그 같은 교사의 독백적인 코드(아버지의 권위)가 부재하는 수행적인 교육에서는 형성될 주체의 특성과 현실에 대한 지식이 사후적으로 나타나며, 그것도 대부분 교육의 서사적 과정 자체와 분리되기 어려운 내용을 지니게 된다. 즉, 수행적인 대화적 서사의 게임에서는 대개의 경우 동일성을 해체하는 미결정적인 주체와 현실인식이 얻어진다.

이처럼 어떤 서사형식의 교육이 선택되느냐에 따라 전혀 다른 종류의 주체와 현실이나 나타나게 된다. 즉, 계몽적인 성장소설(『무정』)에서처럼 교의적이고 독백적인 교육서사에서는 동일성을 지닌 주체와 현실이 형성된다. 반면에 아버지의 부재가 나타나는 성장소설(「나목」, 『젊은 날의 초상』, 『새의 선물』)에서처럼 수행적이고 대화적인 교육서사에서는 동일성을 해체하는 (타자성의) 주체와 현실이 생성된다. 이와 같이 교육이라는 문화영역에서, 서사형식이 달라지면 그에 따라 주체와 현실에도 변화가 일어나게 된다.

---

28) 가라타니 고진, 송태욱 역,『탐구』1, 새물결, 1998, 13~14면.
29) 바흐친이 논의한 의미의 대화를 말함.
30) 교육에서의 주체의 형성과 현실인식에 대해서는 유한용 외,『서사교육론』, 동아시아, 2001 참조.

이제까지 우리는 정치경제·법률·교육의 영역에서 서사적 문화가 지니는 의미를 살펴봤다. 정치경제는 사회적으로 힘을 지닌 사적, 공적 주체와 그것을 뒷받침하는 제도(사회구조)의 영역이며, 법률은 사회화된 주체와 그것을 형성하는 규범의 분야이다. 또한 교육은 사회적으로 힘을 지닌 사적, 공적 주체가 형성되는(즉 사회화되는) 과정인 동시에 그 사회적 제도이다. 그런데 그런 분야들에서의 주체와 제도는 처음부터 미리 독립된 영역을 지니고 있는 것이 아니라, 물질적 삶으로서의 서사적 문화에 의해 매개됨으로써 의미 있는 내용으로 나타난다. 그리고 인위적인 강요에 의해서보다는 물질성에 근거한 문화가 달라졌을 때 주체와 사회적 제도도 변화된다. 그 점에서 '서사형식을 지닌 문화(물질적 삶)'와 '주체의 의식구조―사회구조'의 관계는 마치 언어학에서의 파롤과 랑그의 관계와도 같다. 파롤이 없는 랑그가 있을 수 없듯이 (서사적) 문화 없는 주체와 사회제도 그 자체라는 것은 생각하기 어렵다. 또한 파롤이 변화되어야 랑그가 변화되듯이 (서사적) 문화가 달라질 때 주체의 의식(무의식)구조와 사회현실도 변모된다.

서사의 형식을 지닌 문화란 한마디로 (인간을 포함한) 사물들이 접속되어 계열화되는 '사건'[31]으로서의 물질적 삶을 말한다. 사건인 동시에 물질적 삶인 서사형식의 문화는 마치 예술적 서사(소설·영화·TV드라마)에서처럼 다양한 미학과 수사학에 의해 구성된다. 따라서 어떤 종류의 미학(수사학)을 사용하느냐에 따라 서로 다른 소설과 영화가 만들어지듯이, 어떤 수사학을 선택하느냐에 따라 상이한 서사적 문화가 생성된다. 그리고 그 상이한 서사적 문화에 따라 서로 다른 주체와 사회구조가 형성되는 것이다.

우리는 흔히 현실의 사회구조와 주체의 의식이 먼저 존재하고 문화는 그 둘 사이에서 이차적으로 형성되는 재현물이라고 생각한다. 그러

---

31) 들뢰즈적 의미의 '사건'을 말함.

나 그런 생각이야말로 지배적인 사회구조와 아비투스(주체)에 예속된 문화의 산물일 뿐이다. 물론 새로운 사회를 구성하기 위해서 새로운 사회구조와 제도를 기획하고 주체의 이념을 내세우는 것(대서사의 차원)은 당연히 필수적인 일이다. 그러나 그런 이념과 기획의 실천은 물질적 욕망과 연관된 문화의 차원을 매개로 진행되어야 하며, 그럴 때에만 제도와 주체의 의식의 변화 역시 실현될 수 있다. 서사형식을 지닌 문화의 영역이 현실의 사회구조와 주체의 의식보다 선차적이라는 것은 그런 의미에서이다.

4. 힘의 의지로서의 서사적 무의식

새로운 문화는 현실내용의 이차적 재현으로서가 아니라 마치 언더그라운드 예술처럼 주체의 이름도 현실의 무대도 갖지 않은 문화적 퍼포먼스로서 출현한다. 그것은 정치적 소모임(연구 모임)[32]의 형태나 낙선운동 같은 시민운동 형식, 그리고 소수자를 존중하는 이례적인 재판의 서사(판례)일 수도 있다. 또한 잘 알려지지 않지만 매우 감동적인 새 교육의 운동일 수도 있다. 그런 정치·경제·법률·교육 영역에서의 문화적 운동은 일상생활[33]에서의 담론·기호·이미지·매체(인터넷)·테크놀로지의 새로운 수사학과 결코 무관하지 않다. 그처럼 공적, 사적 영역에서 공연되는 새로운 문화운동이 마치 영화나 소설처럼 우리에게 생생하게 느껴지기 시작할 때 비로소 새로운 이름을 지닌 주체(의식구조)와 현실(사회구

---

32) 소속 정당을 초월한 국회의원 연구모임 같은 것을 예로 들 수 있다. 물론 지원금과 특권만 챙기고 열정은 부족한 부실연구모임은 해당되지 않는다.
33) 부르디외가 '생활양식'이라고 부른 영역을 말한다.

조)이 (이차적으로) 나타날 것이다.

영화나 소설처럼 서사적 형식을 지닌 그 같은 문화적 실천은 실제의 예술적 서사들의 문화운동과 결코 무관하지 않다. 예술적 서사는 현실의 삶에서 물질적 변화를 직접 일으키는지는 않지만 그것을 촉발하도록 우리의 무의식과 욕망을 변화시킨다. 즉, 예술적 서사는 우리가 사회구조에 예속된 무의식(아비투스)과 욕망에서 벗어나 새로운 사회를 생성하려는 또 다른 무의식과 욕망을 갖게 만든다.

무의식이란 순수한 동일성의 의식이 아니라 타자성에 의해 생성되는 의식의 운동을 말한다. 그 같은 무의식에는 동일성의 사회구조(그리고 상징계)에 예속된 것과 그로부터 이탈해 새로운 사회를 생성하려는 또 다른 무의식이 있다. 전자의 경우 타자성이란 사회적 규범 혹은 상징계를 뜻한다. 즉, 우리는 유아론적인 충족을 지닌 동일성에서 벗어나 사회적 규범이라는 타자성을 내면화함으로써 무의식(아비투스)을 지닌 사회적 주체가 된다. 그러나 이때의 타자성은 동일성 논리(도구적 이성이나 교환가치 원리)를 지닌 사회적 규범을 말하는 것으로, 우리는 사회화를 통해 (유아론에서 벗어나) 타자들과 관계하는 주체가 되지만, 그와 동시에 동일성의 규범에 동화된 상상적인(이데올로기적인) 동일성의 주체로 성장하게 된다. 그처럼 동일성의 사회적 규범(그리고 사회구조)을 내면화함으로써 갖게 되는 무의식은 자본주의와 합리주의 사회 구조에 예속된 아비투스일 뿐이다.

그와 달리 그 같은 예속적인 무의식적 주체에서 이탈하는 또 다른 무의식은, 동일성 세계(자본주의와 합리주의 사회)에서 타자의 위치에 있는 주체들(민중, 여성, 피식민자, 소수자)과의 대화를 통해 상상적 동일성을 해체할 때 나타난다. 앞의 무의식적 주체가 동일성 세계에 예속된 욕망에 지배된다면, 뒤의 또 다른 무의식적 주체는 동일성 세계에서 탈주해 새로운 세계를 창조하려는 욕망을 드러낸다. 이처럼 흔히 말하는 무의식에는 두 가지가 있으며, 욕망 역시 두 종류로 구분된다.

예술적 서사가 관여하는 것은 바로 그 같은 두 가지의 무의식과 욕망의 영역이다. 즉, 예술적 서사는 (다양한 방식으로) 동일성 세계에 예속된 무의식과 욕망에서 벗어나 또 다른 무의식과 욕망을 갖게 되는 과정을 형상화한다. 그리고 우리에게 자기인식을 제공하는 그런 형상화의 방식을 통해 우리의 무의식과 욕망을 변화시킨다. 물론 대중적인 서사물(TV 드라마나 영화, 대중소설) 중에는 오히려 동일성의 세계에 예속된 무의식(그리고 욕망)을 촉발시키는 작품들도 있다. 대중적인 영향력이 가장 큰 대중서사물의 영역에서는 아직까지 관습화된 무의식을 생산하는 텍스트들과 창조적인 무의식을 생성시키는 텍스트들이 공존하고 있는 것이다. 따라서 대중서사물의 영역은 새로운 사회를 만들기 위한 기획에서 1차적인 문화적 전쟁터라고 할 수 있다. 즉, 베스트셀러 코너나, TV, 영화관 등에서 새로운 창조적 무의식을 자극하는 문화적 혁명일 일어날 때, 우리의 물질적 삶에 영역에서도 변화가 나타날 수 있을 것이다. 그리고 더 나아가 일상생활(생활양식)과 정치·경제·법률·교육의 영역에서, 우리가 문화라고 부르는 물질적 삶의 형식 속에 창조적인 무의식과 욕망이 흘러넘칠 때, 우리 자신과 사회가 변화될 것이다. 즉, 우리의 물질적 삶(문화)이 〈발리에서 생긴 일〉〈황태자의 첫사랑〉〈장희빈〉〈조폭 마누라〉〈친구〉보다는 〈옥탑방 고양이〉〈다모〉〈오아시스〉〈집으로〉〈지구들 지켜라〉 같이 경험될 때, 우리 자신과 사회현실 역시 새로운 무의식에 의해 변화될 것이다.

다른 한편 물질적 삶으로서의 문화적 변혁은 새로운 지식(혹은 인식)의 출현과도 연관이 있다. 인식과 서사의 변증법, 그리고 지식(푸코)과 서사(들뢰즈)의 접합의 관점에서 보면, 근대적인 몰적 삶에서 이탈하는 미시 서사들의 등장은 분명히 지식의 영역에서 해체론이나 노마디즘 같은 새로운 철학이 나타난 사실과 연관이 있다. 지식이란 사물들이 계열화된 사건/의미를 담론으로 체계화한 것으로, 어떤 방식으로 계열화된 사건이냐에 따라 그에 상응하는 지식도 달라진다. 예컨대 몰적 삶으로 계열화된 서사에 계몽적 지식이 대응한다면 분자적 선이나 탈주선의 사건에는 해체론적 지식이 연관된다. 따라서 문화적 삶의 서사가 동일성의 세계에서 탈주하는 사건으로 나타나게 하려면 해체론이나 노마디즘 같은 지식에 관심이 주어져야 할 것이다.

탈구조주의적 지식이 원래 문화이론의 성격을 지니고 있는 사실 역시 그 점과 연관이 있다. 해체나 탈주를 강조하는 탈구조주의는 암암리에 '문화적 삶'의 서사에서 변혁이 일어나길 소망하고 있는 셈이다. 그 같은 문화적 변혁에 대한 전망이 보다 적극적으로 사회를 변화시키려는 주장으로 전환될 때 문화이론은 정치적 사상으로 전이된다. 이 문화이론에서 정치적 사상으로의 전이는 문화(정치·경제·법률·교육·일상생활)의 미시적 영역에서 정치적 논쟁의 거시영역으로의 전환이라고도 할 수 있다.

정치적 거시영역이란 사회구조를 변혁하기 위한 다양한 정치적 사상들이 논쟁하는 대서사의 무대이다. 이제까지 우리는 문화의 장에서의 서사의 선차성을 말해 왔으며 사회가 변화되려면 문화(서사)가 먼저 변화되어야 한다고 논의해 왔다. 그것은 대서사로서 정치적 사상의 기획에 의해 사회구조의 변혁을 시도하는 경우에도 문화가 먼저 변화되어야만 사회구조도 실제적으로 달라질 수 있기 때문이었다. 그러나 그런 문화(그리고 서사)의 선차성의 주장이 대서사나 정치사상의 폐기를 뜻하는 것은 결코 아니다. 사회적 변혁의 실천은 문화이론뿐만 아니라 정치사상에 의해 먼저 시작될 수도 있으며, 그런 정치사상의 능동성은 문화이론의 역동성을 위해서도 매우 중요하다. 문화(서사)의 선차성이란 정치사상에 의한 변혁을 꾀하는 경우에도 문화적 변화에 매개되어야만 실제적인 힘을 얻을 수 있다는 뜻이다. 문화이론과 정치사상, 미시이론과 거시이론의 접합이 논의될 수 있는 것은 바로 그런 맥락에서이다. 이제 문화적 서사를 중심으로 예술, 지식, 정치사상(거시영역)의 영역이 어떤 위치를 지니는지 도표로 나타내보자.

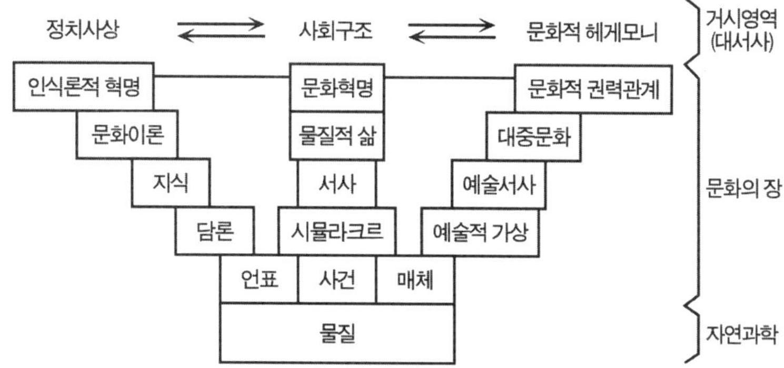

위에서 인식론적 혁명이란 대서사(정치사상)와 미시이론의 접합이 이루어지는 위치로서, 이곳에서는 마르크스주의를 넘어선 마르크스주의, 해체론을 넘어선 해체론, 그리고 마르크스주의와 해체론의 접합이 발생한다. 또한 문화혁명이란 물질적 삶(정치·경제·법률·교육·일상생활)의 영역에 변혁이 일어남으로써 사회구조가 달라지게 되는 위치를 뜻한다. 그 같은 문화혁명은 예술적 문화의 영역에서 일차적으로 나타날 수 있는데, 여기서는 예속적인 무의식과 욕망을 생산하는 예술과 그에 대항하는 예술 사이에서 권력관계의 전복이 일어난다.[34] 예술문화의 권력관계의 전복은 문화혁명을 유도하고 사회구조를 변혁하기 위한 (문화적) 헤게모니의 탈취를 의미한다.

이 같은 문화의 공간에서의 변혁의 사건들은 도표에서처럼 거시영역과 문화의 장의 경계선에서 발생한다. 거시영역이란 의식적 의도의 주체(정치적 주체)와 사회구조(객관 현실)의 상호작용이 이루어지는 공간이며, 문화의 장이란 무의식과 욕망의 주체, 그리고 문화와 서사의 선차성을 내세우는 미시 영역이다. 그런데 그 양자의 화학적 접촉은 흔히 대서사와

---

34) 권력관계가 전복되면서 힘과 힘들의 차이가 나타나는 위치이다. 권력이 지배체계를 안정되게 유지하려는 상징계 내부의 역학이라면, 힘은 해방된 삶을 향한 욕망을 포함하는 상징계와 실재계 사이에서의 역학이다. 힘은 사회적 관계를 비롯한 모든 삶의 에너지들 사이의 상호관계로 나타난다.

미시서사의 **접합**으로 말해진다. 여기서 정치적 주체와 객관 현실(사회구조)의 상호작용에 붙여진 대서사라는 새로운 이름은 결코 단순한 은유적 유행어가 아니다. 정치적 기획(정치적 주체와 객관 현실의 상호작용)을 대서사라는 은어로 부르는 것은, 의식적 의도의 주체를 앞세우는 경우에도 무의식적 차원에서는 서사적 상상력이 전제된다는 뜻이며, 의도의 주체에 대한 서사의 선차성을 암시하는 셈이다. 무의식과 욕망을 중시하는 문화와 서사의 선차성이란, 그처럼 거시영역의 폐기가 아니라 대'서사'라는 서사적 상상력을 통해 미시영역과의 접합을 요구하는 것이다. 대서사와 미시서사의 접합이란 의도의 주체와 정치적 사상을 포기하지 않으면서도, 무의식과 욕망, 그리고 문화와 서사의 선차성을 중시하는 전략이다.

이처럼 정치적 사상의 주체에까지 서사적 상상력을 접속시킴으로써, 근대초기에 허구적 예술의 영역에 축소되었던 서사는 이제 문화의 공간과 정치적 실천의 영역에서 화려하게 부활한다. 문화라는 이름의 물질적 삶의 영역뿐만 아니라 삶에 대한 앎으로서의 지식, 그리고 세상을 변화시키려는 정치적 사상의 영역에까지 서사의 코드(탈코드)에 접속할 것이 요구되고 있는 것이다. 진리의 영역에서 과학이 아닌 우화로 취급되었고, 물질적 삶의 무대에서 예술이라는 비물질적인 보충물로 여겨졌던 서사가, 오늘날 모든 영역에서 최종성 없는 **최종심급의 '사건'**으로 떠오르고 있는 것이다. 정치적 사상, 의도의 주체, 합리적 토론의 전략은 여전히 중요하지만, 그것에 따라다니는 대리보충[35]인 서사가 보다 더 근원적인 것(근원 없는 근원)으로 밝혀지고 있다. 그것은 서사형식으로 된 문화가 변해야 실제적으로 우리의 삶이 변화될 수 있다는 자명한 이유에서이다.

---

35) 대리보충(supplementarity)이란 해체론적 용어로, 어떤 본질에 부차적으로 덧붙여지는 보충적인 것이 보다 더 근원적인 지위에 있음을 나타내는 용어이다. 예컨대 어떤 원본에 대해 시뮬라크르는 이차적인 것으로 생각될 수 있지만, 해체론은 모든 것은 시뮬라크르이며 원본(이데아)은 어디에도 없다고 말함으로써 형이상학을 전복시킨다.

이제 우리는 왜 우리가 태초부터 끊임없이 이야기의 욕망에 사로잡혀 왔는지 알 수 있을 것이다. 끝없이 반복되는 '이야기의 욕망'은 마치 영원회귀성을 지닌 니체의 '힘의 의지'[36]를 닮은 듯하다. 이야기 혹은 서사란 모종의 힘의 의지에 의해 시뮬라크르/사건이 끝없이 생성되는 운동인 것이다.[37] 그처럼 이야기의 욕망은 비단 예술작품을 만들기 위한 것이 아니라, 우리의 삶 자체를 창조적인 것으로 생성시키려는 힘의 의지로서 '서사적 무의식'의 자연스런 발로인 것이다.

따라서 이제 물질적 삶의 현실이 영화나 소설처럼 경험되어야 한다는 주장[38]은 더 이상 단순한 은유가 아니다. 소설과 영화에서처럼, 신으로부터 버림받은 세계에서 최고의 자유를 얻을 수 있고(루카치), 이질적인 주체들간의 대립이 해체된 제2의 현실을 경험하며(바흐친), 주체와 현실의 대립이 와해된 숭고한 탈영토화의 이미지(들뢰즈)가 문화(물질적 삶)의 공간에서 나타날 때, 분명히 우리는 지금과는 다른 세상에서 살 수 있게 될 것이다.

---

36) 힘의 의지는 기존의 표상들을 비판하고 새로운 가치를 창조하려는 니체 철학의 최종심급이다. 그와 유사하게 우리는 사건/시뮬라크르를 생성시키는 이야기의 욕망으로서의 서사를 최종심급으로 생각할 수 있을 것이다.

37) 힘의 의지와 권력의 의지의 차이는 차이(차연)를 반복하느냐 동일성을 반복하느냐의 차이이다. 힘의 의지에 의해 운동하는 서사는 차이를 끝없이 반복하는 반면, 권력의 의지에 의존하는 서사는 차이를 동일성 속에 폐쇄시키려 한다.

38) 마이클 라이언, 나병철·이경훈 역, 『포스트모더니즘 이후의 정치와 문화』, 갈무리, 1996, 53~54면; 그레고리 플랙스먼, 「서문」, 『뇌는 스크린이다』(들뢰즈 외, 박성수 역), 이소출판사, 2003, 26면.

찾아보기

미결정적인 이미지 512
미메시스(아도르노) 98
미학적 단자 318
민중적 유랑의 서사 215~224, 236~239

바흐친 393~399, 507
박상우 522
박완서 339
박지원 447, 451
박찬욱 490
박태원 455
〈발리에서 생긴 일〉(김기호 극본, 최문석 연
　출) 521~524, 533
방현석 302
방황의 선 337~340
본격소설 122
부권적 서사 525
부르디외 516
부정의 부정 392, 393
부정적 인식(아도르노) 318
분리(통과제의) 126
분자적 선(선분) 333, 335~337, 345, 366
〈불새〉(이유진 극본, 오경훈 연출) 521~523
「비 오는 길」(최명익) 155, 250, 252, 253
비대칭성 428
비동일성의 위치 316, 317, 428, 429
비동일성의 의식 316
비동일성의 자아 428
비유클리트적 공간 414, 426, 427
비트겐슈타인 529

사건 40, 46, 49, 462
사건의 계열화 50, 365, 367, 372~393

사건의 선 366, 369
사건의 의미 48
사건의 주체 53~61
사건의 형식 40, 78, 79
사물들로 된 텍스트 55, 56
사물들의 계열화 53, 462
사물들의 이미지 57
사상(인식)과 서사의 변증법 394, 443
사실 40
사유(인식)와 서사의 변증법 393, 394
사유와 서사의 만남 394
사회주의 리얼리즘 302, 336, 352
〈살인의 추억〉(봉준호) 42~45, 50
『삼대』(염상섭) 414
「삼포 가는 길」(황석영) 87, 106, 160, 209~211,
　215, 218~221, 339, 386, 387
상상적 공동체 454~459
상징계 51, 64
서사 30, 365, 370, 461~463, 507, 508
서사문화 517~537
서사시 303
서사의 부활 13
서사의 선 345~359
서사적 거리 60, 61
서사적 논설 37
서사적 담론 41, 48
서사적 무의식 537
서사적 사유 77
서사적 욕망 93
서사적 지식 25, 73
서사적 진리 22
서정소설 221~239
『선운사 미륵 비결 설화』 85
선의 사유 369
설(說) 26~30, 442~451
〈섬〉(김기덕) 490, 494~497
성장소설 185~192, 236~239
「소경과 앉은뱅이 문답」 457
『소대성전』 130, 134